DEUTSCHE
STANDARDS

DEUTSCHE STANDARDS

UNTERNEHMERISCHE VERANTWORTUNG

Herausgeber
Dr. Florian Langenscheidt

Beirat
Prof. Dr. André Habisch (Kath. Universität Eichstätt),
Dr. Antonella Mei-Pochtler (The Boston Consulting Group),
Liz Mohn (Bertelsmann AG),
Alfred Ritter (Alfred Ritter GmbH),
Bernd Ziesemer (Handelsblatt)

Chefredaktion
Olaf Salié

Redaktion
Steffen Heemann, Cläre Stauffer

Koordination
Dr. Eric A. Hoffmann

Assistenz
Henning Röhr

Gestaltung
Dipl.-Des. Stefan Laubenthal

Mit Texten von
Catrin Cohnen, Peter Gennet, Julian von Heyl, Dr. Gerhard Kock,
Dr. Martin Kött, Gianpiero Liuzzi, Dr. Manfred Luckas, Hilko Röttgers,
Armin Scheid, Gregor Schuhen, André Zwiers-Polidori u.a.

INHALT

STIFTER & MÄZENE

ANHANG

GRUSSWORT

Dr. Dieter Hundt

„Tu Gutes und rede darüber!", heißt ein bekanntes deutsches Sprichwort. Die erste Aufforderung – „Tu Gutes" – beherzigen die deutschen Unternehmen, bei der zweiten dagegen bedarf es noch einiger Nachhilfe. Insbesondere deutsche Unternehmen scheinen sich schwer damit zu tun, über ihre „Taten" auch zu reden. Die Kenntnis über das freiwillige unternehmerische Engagement als Ausdruck gesellschaftspolitischer Verantwortung steht in einem offensichtlichen Missverhältnis zur Vielfalt der entsprechenden Aktivitäten der deutschen Unternehmen.

Unternehmerische Verantwortung zeigt sich in zahllosen Facetten. International hat sich dafür in der politischen Debatte der Begriff Corporate Social Responsibility, kurz CSR, durchgesetzt, wobei „social" hier mit gesellschaftlich übersetzt wird. Neu ist aber wirklich nur der Begriff – denn das was heute ‚neudeutsch' CSR heißt, gibt es in Deutschland bereits seit Jahrhunderten, genau genommen schon seit es Unternehmen gibt.

So hat zum Beispiel Jakob Fugger im 15. Jahrhundert eine Armensiedlung gebaut, und Friedrich Alfred Krupp hat vor über einem Jahrhundert eine besondere Gesundheitsversorgung in seinem Unternehmen eingeführt und ein Krankenhaus für seine Mitarbeiter eingerichtet. Das sind nur zwei Beispiele für viele.

Wenn heute über CSR oder unternehmerische Verantwortung debattiert wird, dann darf nicht vergessen werden, dass gesellschaftliches Engagement ein selbstverständlicher Teil der historisch gewachsenen deutschen Unternehmenskultur ist.

CSR umfasst das mannigfaltige Engagement der Unternehmen, das sie freiwillig über all ihre bestehenden gesetzlichen Verpflichtungen hinaus eingehen. Dieses Engagement reicht von der Unterstützung von Schulen vor Ort über betriebsinterne Programme zur Förderung der Vereinbarkeit von Familie und Beruf sowie umfangreiche Umweltprogramme bis hin zu HIV/AIDS-Präventions- und Unterstützungskampagnen. Das Engagement ist so vielfältig wie die Unternehmen selbst.

Die Aktivitäten variieren nach Unternehmensgröße, Branche, Markt und geographischem Umfeld. Bei genauer Betrachtung zeigt sich außerdem, dass nicht nur die großen Global Player in dieser Hinsicht aktiv sind. Auch die kleinen und mittleren Unternehmen engagieren sich vielfältig in ihrem direkten lokalen Umfeld. Oft im Verborgenen und ohne großes Spektakel. Ihr Einsatz für Sportvereine, Kindergärten oder lokale Theater – öffentlich selten wahrgenommen – ist gelebte gesellschaftliche Verantwortung vor Ort.

Dabei geht es nicht um Gutmenschentum. Basis für das freiwillige Engagement kann und muss der wirtschaftliche Erfolg der Unternehmen sein. Nur wettbewerbsfähige und wirtschaftlich gesunde Unternehmen, die Gewinne erzielen, sind in der Lage, einen Beitrag zur Lösung gesellschaftlicher Probleme zu leisten. Das wird bedauerlicherweise allzu oft in der öffentlichen Debatte übersehen oder gar bewusst ausgeblendet.

Ökologisch und gesellschaftlich verantwortliches Handeln ist zugleich ein Beitrag zur Sicherung der eigenen Zukunftskompetenz und Innovationskraft. Gesellschaftliches Engagement ist deshalb auch aus betriebswirtschaftlicher Sicht eine sinnvolle, zukunftsorientierte Investition.

Die deutschen Unternehmen können ihre Aktivitäten im Bereich der CSR selbstbewusst darstellen. Es ist an der Zeit, über das Gute auch öffentlich zu reden. Deshalb danke ich dem Verlag für sein Projekt, ein Buch der Darstellung des vielfältigen unternehmerischen Engagements deutscher Unternehmen zu widmen. Ich wünsche allen Lesern eine spannende und interessante Lektüre.

DR. DIETER HUNDT,
Arbeitgeberpräsident (BDA)

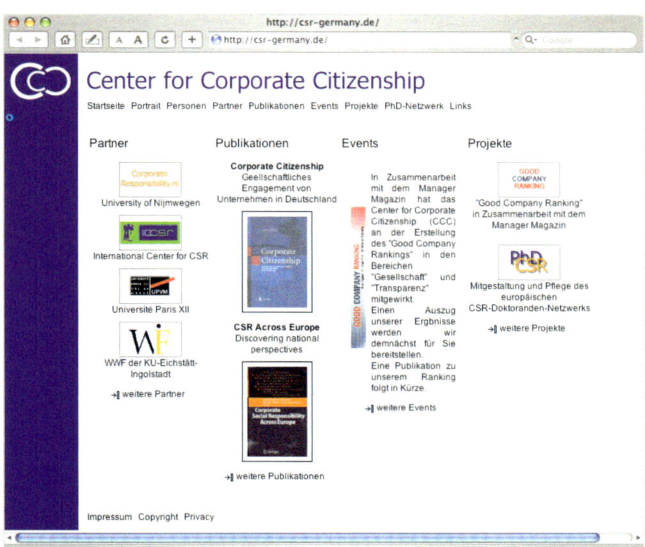

Die beiden Spitzenorganisationen der deutschen Wirtschaft, die Bundesvereinigung der Deutschen Arbeitgeberverbände (BDA) und der Bundesverband der Deutschen Industrie (BDI), stellen unter www.csrgermany.de der Öffentlichkeit ein Internetportal zur Verfügung, das über das gesellschaftliche Engagement der Unternehmen informiert. Es will gleichzeitig ein Netzwerk und Forum für die Protagonisten der CSR-Community sein.

VORWORT DES HERAUSGEBERS

Dr. Florian Langenscheidt

Wenn wir nun den mittlerweile dritten Hauptband der Reihe „Deutsche Standards" vorlegen, greifen wir ein Thema auf, das mir besonders am Herzen liegt. Als ich im Jahre 2002 die Rechte an den „Deutschen Standards" erwarb, war es bereits Teil unserer strategischen Erwägungen, ein Buch über „Unternehmerische Verantwortung" zu publizieren. Es zeichnete sich damals ab, dass unter dem Schlagwort Corporate Social Responsibility (kurz: CSR) ein gewichtiges und kaum zu unterschätzendes Thema auf die deutschen Unternehmen zukommen würde. Heute, drei Jahre später, wird es kaum ein Unternehmen in unserem Lande geben, das sich nicht mit den zahlreichen Implikationen von CSR ernsthaft auseinander setzt.

Wenn man so will, ist dies ein positiver Effekt der Globalisierung. Angloamerikanische Unternehmen, die mit ihren Filialen und Dependancen in Deutschland wirtschaften, haben CSR gleichsam importiert. Sie sind in diesem Bereich, der die Unternehmenskultur ebenso betrifft wie die Unternehmensstrategie, häufig viel weiter als deutsche Unternehmen. Aus diesem Grund haben wir uns entschieden, auch internationale Unternehmen, die in Deutschland ansässig sind, in unser Buch aufzunehmen. Sie sind Vorbilder und vor allem in der strategischen Implementierung von CSR in vielen Fällen standardsetzend. In diesem Zusammenhang hat sich auch gezeigt, dass sich einige deutsche Unternehmen noch mitten in strategischen Überlegungen zur zukünftigen CSR-Ausrichtung befinden und sich mit einem „Zwischenstand" in diesem Buch nicht präsentieren wollten. Umso mehr freue ich mich schon heute auf die nächste Ausgabe unseres Werkes.

Diese Tatsache zeigt, dass CSR keinesfalls ein Modebegriff ist. Bei den meisten Unternehmen, die wir befragt haben, ist es ein Thema, das unmittelbar beim Vorstand angesiedelt ist. Fragt man nach CSR-Aktivitäten bei deutschen Unternehmen, so landet man ganz schnell sogar im Vorzimmer des Vorstandsvorsitzenden. CSR hat kein Verfallsdatum, wie so viele PR-Konjunkturen. Vielmehr prophezeie ich dem Thema eine große Zukunft, denn, dies zeichnet sich ab, es verändert nicht nur Unternehmensführung und -kultur grundsätzlich, es wird auch das Verhältnis Unternehmen – Gesellschaft nachhaltig prägen. Ja, mehr noch: Ich bin davon überzeugt, dass die beträchtlichen Herausforderungen der Globalisierung ohne eine gelungene CSR nicht zu bewältigen sein werden. Die ordnungspolitischen Aufgaben, die sich aus der Vielzahl der unterschiedlichen Beziehungen zwischen Händlern, Zulieferern, Mitarbeitern und Menschen verschiedenster Kulturkreise an den internationalen Standorten ergeben, überfordern den Staat. Die Regeln für ein zukünftiges Miteinander müssen von den Beteiligten selbst verhandelt werden und in Verhaltensmaßstäbe münden (Code of Conduct), auf die sich dann wieder alle verlassen können. Das funktioniert aber, wie CSR überhaupt, nicht aufgrund staatlicher Verordnung, sondern nur freiwillig und unter Mitsprache aller Beteiligten. Überlassen wir es angesichts der ohnehin schon katastrophalen hohen Steuerlast nicht dem Staat, uns von der Wiege bis zur Bahre in seine behördliche Obhut zu nehmen. Wir Unternehmer und Bürger dieses Landes können zu vieles besser, effizienter und pluralistischer. Und wir können uns um unendlich wichtige Einzelthemen kümmern, die der Staat in seiner Orientierung auf Mehrheiten nie abdecken kann. Nehmen wir die Herausforderung an! Und fordern im Gegenzug, dass die steuerliche Abzugsfähigkeit von Spenden und Stiftungen radikal erweitert wird.

Im neunzehnten Jahrhundert verloren viele das stützende Korsett der Religion, die Belohnung im Jenseits versprach, wenn wir nur Gutes im Diesseits täten. Im zwanzigsten Jahrhundert verloren wir jegliche Hoffnung, dass Ideologien wie der Sozialismus zu allgemeinem Glück führen könnten. Übrig bleibt nach dem Fall der Mauer die Überzeugung, dass Wettbewerb, Leistungsgesellschaft und Kapitalismus das beste Rezept für ein gesundes und erfolgreiches Zusammenleben auf diesem Planeten bilden, und der Konsens, dass die darauf basierende Marktwirtschaft eine soziale sein muss. Nun dürfen wir die Ausgestaltung dieser sozialen Komponente nicht allein dem Staat und seinen Hängematten überlassen. Wir alle sind gefordert, dem Kapitalismus Seele einzuhauchen und ihm zu größtmöglicher Menschlichkeit zu verhelfen. Jeder und jede in seinem oder ihrem Bereich, mit ganz persönlichen Zielen und Methoden, mit ganz individuellen Interessen und Motiven. Ob durch ehrenamtliches Engagement oder Spenden, ob als Stifter oder Corporate Citizen – Altruismus und Mitgefühl haben viele Gesichter. Nehmen wir John F. Kennedy ernst: „Fragt nicht, was euer Land für euch tun kann – fragt, was ihr für euer Land tun könnt."

Welche Rolle aber spielt dabei CSR? Und vor allem: Was ist neu am Begriff? Wir wissen es alle: Ein verantwortlicher Umgang mit Mitarbeitern, mit Ressourcen, Standorten und den so genannten Stakeholdern des Unternehmens ist ebenso wenig neu für deutsche Unternehmen wie das Stiftungswesen oder etwa die Großzügigkeit von Unternehmen und Unternehmern in Bezug auf Spenden und Sponsoring. Eine Reihe von fulminanten Beispielen finden Sie in diesem Buch. Es sind *Unternehmer*-Stiftungen wie die Michael-Otto-Stiftung und, dieser Unterschied ist wichtig, *Unternehmens*-Stiftungen wie die Bertelsmann-Stiftung, die seit vielen Jahren Beeindruckendes für die deutsche Gesellschaft leisten. Das Spektrum reicht weit, von der freiwilligen Zusatzversorgung der Mitarbeiter bis zum Betriebskindergarten, von der Finanzierung von Lehrstühlen bis zum Sponsoring von Sportereignissen, vom großartigen Kunstengagement bis hin zur Unterstützung von karitativen Vereinen. Bemerkenswert und typisch deutsch ist dabei vor allem ein Bereich: der Umweltschutz, von dem man sagen möchte, die Deutschen hätten ihn erfunden. Sicher, dies wäre fraglos zu weit gegriffen, aber Weltmeister sind die deutschen Unternehmen im Umweltschutz sicherlich – beim Umweltschutz selbst ebenso wie bei der Entwicklung von umweltrelevanter Spitzentechnologie.

Wir haben uns sehr bewusst entschlossen, unserem Buch den deutschen Titel „Unternehmerische Verantwortung" zu geben. Es ging uns dabei um die Tradition, die das Engagement der deutschen Wirtschaft hat – und zwar lange, bevor es den Begriff „CSR" überhaupt gab. Gleichwohl ist das vorliegende Werk auch eine Arbeit über CSR, ein Thema, das uns alle in den nächsten Jahren beschäftigen wird. Das Neue daran ist die neue unternehmensstrategische Wahrnehmung des Engagements. CSR bringt sozusagen Ordnung in die Debatte. CSR ist Methode. Sie unterscheidet zunächst Formen von Kapital, eine grundlegende und wichtige Unterscheidung. Es geht um Kapital im Unternehmen und um das erwirtschaftete Kapital der Shareholder. Die Unternehmensleitung hat die Aufgabe, das Kapital der Unternehmenseigner zu mehren und Gewinne zu erwirtschaften. Dies ist eine Binse, aber eine entscheidende, es ist die Grundlage unseres kapitalistischen Wirtschaftssystems. Daran wird sich auch in Zukunft nichts

VORWORT DES HERAUSGEBERS

ändern. Verantwortliches Handeln von Unternehmen muss dieser Tatsache Rechnung tragen. CSR aber geht davon aus, dass verantwortliches Handeln und erfolgreiche Unternehmensführung durchaus keine Widersprüche darstellen. Im Gegenteil! CSR bedeutet, Engagement so strategisch zu implementieren und im Unternehmen zu installieren, dass eine Win-win-Situation entsteht. Viele angloamerikanische Unternehmen und eine Reihe von deutschen Unternehmen zeigen, wie erfolgreich man eine solche für alle Beteiligten ertragreiche Situation schaffen kann. Im Gegenzug bedeutet CSR aber auch die Überprüfung gegebenenfalls überflüssiger Maßnahmen, die für die Entwicklung des Unternehmens und seine Anliegen keinen Sinn ergeben. Engagement bilanzierbar zu machen wie eine unternehmerische Investition, dies ist das Desiderat aller CSR-Strategen, denn dies würde nicht nur die Kommunikation mit Stakeholdern und Interessengruppen vereinfachen und die Glaubwürdigkeit des Engagements erhöhen, es vereinfacht sich auch die Argumentation für neue Projekte vor Entscheidern und Shareholdern im Unternehmen. Die Entwicklung des Umweltschutzes in den vergangenen 20 Jahren ist, davon bin ich überzeugt, ein Vorbild auch für die Entwicklung anderer CSR-Segmente. Umweltschutz ist heute ein nach DIN-Normen zertifizierter Unternehmensbereich, über den spannende Umweltberichte Rechenschaft ablegen. Die Unternehmen haben erkannt: Umweltschutz ist u.a. ein ernst zu nehmender Kostenfaktor, vom Imagegewinn ganz zu schweigen.

Wie hat das Ganze angefangen? Wir erinnern uns: Anfang der 80er-Jahre formierte sich eine politisch ebenso interessierte wie engagierte Öffentlichkeit zu einer Reihe von Bewegungen, welche die Bundesrepublik nachhaltig verändert haben. Es gab die Frauenbewegung, die Anti-Atomkraft-Bewegung, die Friedensbewegung, die Schwulen-Bewegung und allen voran die Umweltbewegung. Diese Menschen stellten Fragen an Unternehmen ebenso wie an politische Entscheider. Nach anfänglich großen Irritationen zeigte sich, dass im Ernstnehmen der Fragen und Forderungen eine Chance steckte: die Chance auf etwas Neues.

Heute haben wir es mit einer globalen Öffentlichkeit zu tun, deren Fragen, einmal freigeschaufelt von frühsozialistischen Parolen verzweifelter Wahlkämpfer, ernst zu nehmen sind. Wie gehen Unternehmen mit Arbeitnehmern und Zulieferern in der Dritten Welt um, wie betreiben sie den Schutz der Umwelt, wie schaffen und erhalten sie Arbeitsplätze? CSR begreife ich als die Matrix, auf der diese Fragen zwischen den Parteien verhandelt werden. CSR vermittelt dafür die notwendige Transparenz und Glaubwürdigkeit in Richtung einer hinterfragenden Öffentlichkeit.

Die Vorbereitung zu dem nun vorliegenden Kompendium war so etwas wie eine redaktionelle Pionierarbeit, die uns auch gezeigt hat, wie wenig die CSR-Projekte und -Leistungen der deutschen Unternehmen in der Öffentlichkeit bekannt sind. Rund 900 Unternehmen haben wir in der zweijährigen Vorbereitungsphase des Buches gemeinsam mit unserem Medienpartner Handelsblatt befragt. Was unsere große Umfrage – statistisch ausgewertet am 27. April 2005 in einer Sonderbeilage des Handelsblatts – zu Tage förderte, war fulminant und hat uns in unserem Wunsch, ein Werk über unternehmerische Verantwortung herauszugeben, mehr als bestätigt. Wir fragten die Unternehmen nicht nur nach Einzelprojekten wie z.B. Stiftungen. Wir wollten auch wissen, wie sie mit Mitarbeitern umgehen, mit dem Umweltschutz, in welchen Bereichen sie sich aktiv engagieren (Sport, Kultur,

Wissenschaft, Soziales etc.), bei welchen Initiativen sie Mitglied sind und wie sie ihr Engagement kommunizieren. Eine Fülle von Erkenntnissen hat diese Umfrage, auf die Unternehmen umfassend reagierten, zu Tage gefördert. So entstand als Nebenprodukt unserer Arbeit ein erstes Archiv, welches das Engagement von einigen hundert Unternehmen in Deutschland dokumentiert.

CSR bezieht sich, dies wurde bereits unterstrichen, auf die methodische und überprüfbare Steuerung unternehmerischen Engagements. Die Vorteile dieses Vorgehens liegen auf der Hand. Einen Aspekt klammert es allerdings bewusst und gewollt aus. CSR interessiert sich nicht für den Umgang mit Kapital, das aus den Unternehmen zu seinen Gesellschaftern fließt. Privatvermögen ist sozusagen Privatangelegenheit. Als Herausgeber wollte ich das Thema mit dem Titel „Unternehmerische Verantwortung" aber weiter fassen. Denn gerade der Umgang mit und die Verwendung von Privatvermögen gehört, wie ich meine, zwingend zu einer ganzheitlichen Betrachtung des Themas. Was Unternehmerpersönlichkeiten wie Alfred Ritter, Reinhold Würth oder Hasso Plattner, um nur drei von zahllosen Beispielen zu nennen, für das Gemeinwesen leisten, ist absolut vorbildlich und leistet einen unschätzbaren Beitrag für unsere Gesellschaft. Der berühmte Artikel 14 unseres Grundgesetzes findet hier seine gelebte Erfüllung: „Eigentum verpflichtet. Sein Gebrauch soll zugleich dem Wohle der Allgemeinheit dienen." Es war mir deshalb besonders wichtig, diesen wichtigen Aspekt publizistisch aufzugreifen. Aus diesem Grunde präsentieren wir, ergänzend zu den Unternehmensdarstellungen, eine Auswahl beispielhafter Unternehmer und ihrer persönlichen Projekte und Initiativen. Vor dem Hintergrund der aktuell geführten Debatten um die innere Verfassung unseres Staats sollen diese Beispiele auch daran erinnern, dass die Idee der „sozialen Marktwirtschaft" ein Erfolgsmodell ist, dem wir Wohlstand, inneren Frieden und soziale Gerechtigkeit verdanken.

Abschließend darf ich mich herzlichst bedanken bei allen Beiträgern und Unterstützern dieses in unserem Hause so lange vorbereiteten Projektes, ohne deren Hilfe unser Buch nicht hätte entstehen können. Mein ganz besonderer Dank gilt unseren Beiratsmitgliedern Dr. Antonella Mei-Pochtler, Liz Mohn, Prof. Dr. André Habisch, Alfred Ritter und Bernd Ziesemer. Und nicht unerwähnt soll bleiben, dass die „Geburt" dieses Buches nicht würdig hätte vollzogen werden können ohne die großzügige Unterstützung und Gastfreundschaft der Deutschen Bank und des Bankhauses Metzler.

Möge es großen Erfolg haben und inspirierend wirken auf Unternehmen und Unternehmer zugleich!

DR. FLORIAN LANGENSCHEIDT,

Herausgeber

▌UNTERNEHMERGEIST IN DER BÜRGERGESELLSCHAFT

Verfangen in mittelalterlichen Moralvorstellungen?

Zur Kritik gesellschaftlichen Engagements von Unternehmen.

Ein Essay von Prof. Dr. André Habisch

UNTERNEHMERGEIST IN DER BÜRGERGESELLSCHAFT

Prof. Dr. André Habisch

Fragt man gesellschaftlich engagierte Unternehmer, warum sie auf Märkten verdientes Geld, kostbare Zeit, Kreativität und Arbeitszeit ihrer Mitarbeiter, Kontakte zu Geschäftspartnern und Führungskräften usw. für gemeinnützige Zwecke einsetzen, dann sagen viele: „,I want to give back to society' – Ich möchte der Gesellschaft etwas zurückgeben".

Ja haben sie ihr denn etwas weggenommen?!? – so wenden Kritiker der neueren Diskussion um unternehmerische Verantwortung (Corporate Responsibility) im In- und Ausland sarkastisch ein. Ist das Bemühen um sozial verantwortliche Unternehmensführung eine Art ‚Ablasshandel', ein Relikt des mittelalterlichen Sühnegedankens? Das mittelalterliche Bild vom Kosmos als Gleichgewicht ging davon aus, jedes Übel (‚malum') müsse auf der anderen Seite durch etwas Gutes kompensiert werden, damit Mensch und Welt nicht aus den Fugen geraten.[1] In der Übergangszeit der frühen Modernisierung haftete unternehmerischem Erfolg deshalb etwas Anrüchiges an – weil er die überkommene Ordnung zerstörte. Ein Teil unternehmerischer Philanthropie, die so alt ist wie das Unternehmertum selbst, war sicherlich immer auch Tribut an die Moralvorstellungen der Feudalgesellschaft, aus deren Fesseln man sich erfolgreich befreit hatte. Und selbst in den USA ist in der Frühzeit der Industrialisierung die ‚license to operate', die ethische Betriebserlaubnis für das Unternehmen, eng mit gesellschaftlichem Engagement für die local community verbunden.

Doch ist eine solche Interpretation unternehmerischen Gemeinwohlengagements als rückwärtsgewandte Selbstlegitimation die einzig mögliche? Kauft sich der engagierte Unternehmer hier nur frei und zollt nachträglich den überkommenen Moralvorstellungen seiner Zeitgenossen Tribut? Ist er gar selbst darin verfangen – und wird dadurch anfällig für windige Ethik-Berater? Braucht der gesellschaftlich engagierte Unternehmer den ‚ökonomischen Therapeuten', der ihm die ‚unsichtbare Hand' des Marktes erklärt und damit von seinen Moralkomplexen freispricht?

Aufklärerisches Pathos in der Kritik gesellschaftlichen Engagements hat in der Neuzeit eine lange Tradition. Diese vereinigt – wie noch heute – eine eigenartige Koalition: Liberalistische und sozialistische Denker sind sich in dieser Kritik einig. Beide halten gesellschaftliches Engagement von Unternehmen für ein fadenscheiniges Täuschungsmanöver. Nur die Schuld daran weisen sie unterschiedlich zu. Die Liberalisten machen eine im Neidkomplex verfangene Gesellschaft dafür verantwortlich, die den Unternehmen solches Pharisäertum abverlangt. Die Sozialisten dagegen entlarven als Schuldigen das schmarotzerhafte Unternehmertum selbst, das der kritischen Öffentlichkeit Sand in die Augen streut und nur vor seinen ‚harten' Verpflichtungen – Steuerzahlungen und Einhaltung staatlicher Regulierungen – ablenken will. Beide aber sind sich einig: Unternehmen sollten ihr ‚Window-Dressing' einstellen, Steuern zahlen und das Gemeinwohl Staat und Politikern überlassen. Freilich: Wer lebt hier in der Vergangenheit?

DER VERÄNDERTE KONTEXT: SOZIALE ORDNUNG IN ZEITEN DER GLOBALISIERUNG

‚Das 19. Jahrhundert war das Jahrhundert des Marktes, das 20. das Säkulum des Staates, das 21. Jahrhundert steht im Zeichen der – internationalen – Bürgergesellschaft.' Wem diese Zeitansage zu amerikanisch-pathetisch klingt, der wird dennoch zur Kenntnis

1 Vgl. A. Angenendt, Geschichte der Religiosität im Mittelalter, Wiss. Buchgesellschaft: Darmstadt 2000.

nehmen müssen, dass der Nationalstaat nie mehr jene Rolle der umfassenden Dienstleistungsagentur der Gesellschaft einnehmen wird wie in der Nachkriegszeit des ‚Kalten Krieges'. Europa steht mitten in einem Veränderungsprozess, der in seiner Radikalität durchaus mit der Industrialisierung vor gut 100 Jahren vergleichbar ist. Wesentlicher Motor ist die Globalisierung, das immer stärkere Zusammenwachsen der Wirtschaftsräume bis tief in den Mittelstand hinein.

Kritiker haben diesen Prozess als Machtübernahme des globalen Kapitalismus und die Entmachtung von Politik und Demokratie gegeißelt. Doch eine solche Analyse verwechselt Ursache und Wirkung. Das wirtschaftliche Zusammenwachsen Europas wird nicht von profitgierigen Hedge-Fonds oder ungehemmten Kapitalinteressen vorangetrieben. Wirtschaftliches Handeln auf Wettbewerbsmärkten für Güter und Dienstleistungen folgt vielmehr dem Wunsch von Verbraucherinnen und Verbrauchern. Sie alle wünschen sich ein immer besseres Preis-Leistungs-Verhältnis und auch sozial Schwächere erstreben möglichst hochwertige Güter zu niedrige(re)n Preisen. Das übt Kostendruck auf Anbieter in vielen Segmenten aus. Die wirtschaftlichen Integrationskräfte kommen überall dort zum Durchbruch, wo offene Märkte nicht durch nationale Schranken behindert werden, die für Investoren und Arbeitnehmer nur zu hohen Kosten überwindbar sind. Politik und Demokratie sind hier also gerade nicht überwältigt worden. Globalisierung und europäische Integration sind vielmehr das Resultat intensiver politischer Bemühungen um den Abbau solcher nationalen Handelsschranken. Der Beitritt der mittel- und osteuropäischen Länder zur Europäischen Union markiert den erfolgreichen Abschluss jahrzehntelangen Ringens um die Überwindung der europäischen Teilung. Keine Globalisierung ohne Politik: Das große Ziel der europäischen Politik des 20. Jahrhunderts – das Zerreißen des eisernen Vorhangs – selbst ist es, das das wirtschaftliche Zusammenwachsen Europas befördert hat und weiter befördert.

Doch dieser Sieg trifft unser Gemeinwesen unvorbereitet. Politiker aller Parteien haben zwar über Jahrzehnte hinweg die Zollschranken aus dem Weg geräumt und der wirtschaftlichen Integration den Boden bereitet. Sie haben internationale Institutionen wie die Welthandelsorganisation WTO geschaffen, um diesen Prozess (wenigstens ansatzweise) zu gestalten. Aber sie haben es weitgehend versäumt, dabei auch ihre nationalen Hausaufgaben zu machen und das Gemeinwesen auf die neuen Herausforderungen offener Märkte vorzubereiten. So sind nach wie vor fast alle unsere Ordnungssysteme nationalstaatlich organisiert. Die soziale Marktwirtschaft – das leistungsfähigste Ordnungsmodell der deutschen Geschichte, das den einzigartigen Wiederaufstieg des Landes nach der Katastrophen der ersten Jahrhunderthälfte ermöglicht hat – ist doch ein zutiefst nationalstaatliches System. Entscheidende Referenzgröße ist die – geschlossene – Nationalökonomie, die durch die nationale Politik nahezu vollständig reguliert werden kann. In einem geschlossenen nationalen Rahmen macht es etwa Sinn, dass Autobahnen und Hochschulausbildung, soziale Sicherung und Infrastruktur kostenlos angeboten werden. Denn die Nutznießer finanzieren über Steuern und Abgaben letztlich diese Leistungen. Progressive Einkommenssteuersysteme stellen sicher, dass dies im Großen und Ganzen auf eine ‚gerechte' Art und Weise geschieht. Bei grenzüberschreitender Mobilität dagegen wird dieser nationalstaatliche Finanzierungszusammenhang aufgebrochen. In Deutschland ausgebildete Ärzte zahlen ihre Einkommensteuer dann in Großbritannien oder Norwegen; Transitfahrer tanken in Polen und Holland und beteiligen sich nicht an der Finanzierung der Verkehrsinfrastruktur; deutsche Rentner und Pensionäre geben ihr Geld in Spanien aus.

UNTERNEHMERGEIST IN DER BÜRGERGESELLSCHAFT

Im offenen Wirtschafts- und Lebensraum werden nationalstaatliche Finanzierungskreisläufe von Leistung und Gegenleistung aufgebrochen. Systeme müssen daher neu adjustiert werden. Im Bereich der Verkehrsinfrastruktur läuft dies auf eine Autobahnmaut (mindestens) für LKW hinaus; im Bereich des Hochschulstudiums auf Studiengebühren, die eine ‚Kostenbeteiligung' an einer wertvollen Investition sicherstellen, im Bereich der Gesundheits- und Sozialversicherung auf mehr Eigenverantwortung. Die Reformen, die wir gegenwärtig in Deutschland erleben und – unabhängig von der Regierungspartei – noch weiter erleben werden, sind (verspätete) Anpassungsmaßnahmen an veränderte Rahmenbedingungen eines offenen Lebens- und Wirtschaftsraumes Europa.

Doch diese Veränderungen markieren veränderte Anforderungen nicht nur an Politiker und Verwaltungen. Die Enquetekommission ‚Zukunft des Bürgerschaftlichen Engagements' des Deutschen Bundestages 1999-2002, in der ich als Sachverständiger mitarbeiten konnte, hat versucht, die Bürgergesellschaft als Antwort auf die Herausforderung der Globalisierung zu verstehen – leider weitgehend ohne Resonanz im Lande. Doch in der Zwischenzeit sind die Probleme nicht kleiner geworden. Immer offenkundiger werden die Grenzen des Staates, als umfassende Dienstleistungsagentur die komplexen Probleme des 21. Jahrhunderts zu lösen – bei der Bekämpfung der Arbeitslosigkeit, bei der Verbesserung der Lebenschancen für Kinder und Jugendliche, bei der Integration von Zuwanderern, bei der Erhöhung der Lebensqualität für Familien und bei mehr Kinderfreundlichkeit.

In diesen und anderen Bereichen gesellschaftlichen Lebens sind die Bürgerinnen und Bürger selbst gefordert, ihr Gemeinwesen mitzugestalten und auch ordnungspolitische Mitverantwortung zu übernehmen. Den Unternehmen kommt dabei eine Schlüsselrolle zu. Leistungsfähige Spieler profitieren am meisten von funktionierenden Regeln. Daher haben vor allem die Unternehmen ein virulentes Interesse an einem funktionsfähigen Gemeinwesen und hoher Lebensqualität seiner Bürgerinnen und Bürger.

ZUR RATIONALITÄT GESELLSCHAFTLICHEN ENGAGEMENTS I.: GEGEN LIBERALISTISCHE EINWÄNDE

Eine auch nur flüchtige Analyse des sozio-ökonomischen Umfelds des 21. Jahrhunderts zeigt: Die Kritik von liberalistischer und sozialistischer Seite geht an der Realität gesellschaftlich engagierter Unternehmen vorbei. Gesellschaftlich engagierte Unternehmen sind nicht von gestern – sie hängen nicht mittelalterlichen Moralvorstellungen nach. Sie haben besser als andere die Zeichen ihrer Zeit erkannt: des 21. Jahrhunderts als Zeit der globalen Märkte, der weltumspannenden Kommunikation, der offenen technologischen Möglichkeiten; aber auch als Zeit der nachlassenden Kraft des Nationalstaates, der grenzüberschreitenden Umwelt-, Kriminalitäts- und Sozialprobleme, der Erosion familiärer Erziehungsleistungen, der ungelösten Migrationsprobleme. Die Triebfeder gesellschaftlich engagierter Unternehmen ist nicht der Aberglaube, sondern unternehmerische Rationalität – aber eben die Rationalität des Bürgers, der seine eigenen Interessen mit den Interessen seines Gemeinwesens, seiner Polis, konstruktiv und nachhaltig zu verknüpfen versteht.

Hier liegt die schöpferisch-kreative Unternehmerleistung jedes ‚Corporate Citizen': Er bringt seine Potenziale in die Suche nach besseren Lösungen für eine gemeinsame Zukunft ein – und versteht es, durch dieses Engagement auch seine eigene Wettbewerbsfähigkeit zu steigern. Ist also nicht der Aberglaube, sondern die Rationalität des Bürgers der eigentliche Antrieb für gesellschaftliches Engagement, dann muss sich diese Rationalität auch im Unternehmensalltag immer klarer zum Ausdruck bringen. Dann brauchen wir etwas, das fast wie ein Selbstwiderspruch anmutet, nämlich Professionalisierung des ehrenamtlichen Engagements von Unternehmen. Denn auch hier, im Bereich des gesellschaftlichen Engagements, sind ökonomische Rationalitätsgesetze nicht außer Kraft gesetzt. Auch hier geht es darum, mit knappen Mitteln ‚more bang for the buck', mehr Wirkung und Effekt zu erzeugen – und zwar für Unternehmen und Gesellschaft. Vorstände und Unternehmenslenker müssen dann gesellschaftliches Engagement so professionell mit ihrem Kerngeschäft verbinden, dass der Raum des ‚win-win', der ‚Zugewinnsgemeinschaft' von Unternehmen und Gesellschaft, möglichst groß ausfällt. Operatives Management muss Projekte intern und extern möglichst breit kommunizieren, möglichst viele Mitarbeiterinnen und Mitarbeiter ‚mitnehmen', die Ressourcen und Potenziale des Unternehmens möglichst umfassend nutzen, mit möglichst kompetenten externen Gruppen und Organisationen zusammenarbeiten etc. Leitfragen dafür sind also

UNTERNEHMENSINTERN:

- Passt ein Engagement zum Unternehmen, seinen Geschäftsfeldern und Kompetenzen, aber auch zu seinen Netzwerkpartnern und langfristigen Interessen? Macht das Engagement mithin – sowohl gesellschaftlich als auch unternehmerisch – Sinn?!?

- Wie kann sichergestellt werden, dass das Engagement von möglichst vielen Mitarbeiterinnen und Mitarbeitern mitgetragen wird und entsprechende positive Identifikationspotenziale entstehen?

- Nutzt das Engagement die Potenziale des Unternehmens (Fähigkeiten der Mitarbeiterinnen und Mitarbeiter, Zugang zu Informationen, Netzwerken, Distributionskanälen etc.) umfassend oder wird ‚nur' Geld gespendet?

UNTERNEHMENSEXTERN:

- Ist ein relevantes Ordnungsproblem der Gesellschaft des 21. Jahrhunderts adressiert?

- Organisiert das Unternehmen sein Engagement ‚im Alleingang' oder nutzt es das Problemwissen und die Kontakte von Partnerinstitutionen wie Bildungs- und Sozialeinrichtungen, Nichtregierungsorganisationen, Netzwerken etc.?

- Werden die Erfahrungen und innovativen Lösungswege in die Öffentlichkeit zurückgespiegelt (z.B. in der Bildungspolitik), um sie ‚auf Dauer zu stellen'? Erbringt das Unternehmen in diesem Sinne einen Beitrag zu nachhaltigen Strukturverbesserungen seines Lebens- und Wirtschaftsstandorts?

Gesellschaftliches Engagement ist nicht Ausdruck einer vormodernen Orientierung, sondern spiegelt unter den veränderten Bedingungen des 21. Jahrhunderts mehr denn je überragende unternehmerische Rationalität wider. Gerade deshalb ist dieses Engagement auch offen für eine Professionalisierung, wie sie jede unternehmerische Rationalität kennzeichnet. Weil es auch ökonomisch Sinn macht, einen Beitrag zum Gemeinwesen zu erbringen, gerade deshalb sollten Unternehmen darum ringen, einen möglichst wirksamen Beitrag zu erbringen. Wenn in der augenblicklichen Diskussion um ‚Corporate Responsibility' ausgerechnet Kämpfer für Markt und Wettbewerb beklagen, dass hier ein Markt entsteht und Anbieter Geschäfte machen wollen, so ist dem entgegenzuhalten: Wir brauchen mehr Markt, mehr Anbieter und mehr öffentlichen Wettbewerb um das gelungenste Engagement.

UNTERNEHMERGEIST IN DER BÜRGERGESELLSCHAFT

Welches Unternehmen bewirkt am meisten für die Verlierer der Globalisierung, für die AIDS-Waisen in Südafrika, für arbeitslose Jugendliche in Mecklenburg-Vorpommern, für Opfer von Kinder-Prostitution in Bangkok? Wer bezieht seine Mitarbeiterinnen und Mitarbeiter am umfassendsten mit ein und schlägt ihnen damit Handlungsfelder vor, die über reines Karrieredenken hinausgehen? Wer nutzt in einer Partnerschaft mit Bildungs- und Sozialeinrichtungen, Selbsthilfegruppen, Umweltinitiativen etc. deren Problemwissen am nachhaltigsten für sein Engagement? Wer sensibilisiert die Öffentlichkeit und sucht gemeinsam mit Politik und internationalen Institutionen nachhaltige Lösungen für ‚sein' Ordnungsproblem? Die Lösungen der gesellschaftlichen Probleme des 21. Jahrhunderts könnten von einer Konkurrenz der Unternehmen um die besten Ideen und Projekte ebenso profitieren wie die Versorgung der Bevölkerung mit Gütern und Dienstleistungen schon heute von diesem Wettbewerb profitiert. Wenn Berater und Agenturen ihrerseits den Unternehmen helfen, professioneller zu werden und mit knappen Mitteln noch effizienter für Gesellschaft und Unternehmen zu wirken – was ist daran verwerflich? Hier scheinen sich die zeitgenössischen Kritiker der Corporate Responsibility selbst in einer Moralfalle verfangen zu haben. Wer die Professionalisierung gesellschaftlichen Engagements ablehnt, der ‚friert' damit auch die Wirksamkeit entsprechender Projekte und Strategien für Unternehmen und Gesellschaft ‚ein'. Eine unprofessionell agierende Bürgergesellschaft leistet aber letztlich nur einem allmächtigen Staat Vorschub.

Aus sozialethischer Sicht ist es nicht problematisch, dass Unternehmen in Sachen CSR um Kompetenz ringen; problematisch ist es vielmehr, wenn mit dem Geld von Aktionären (und – bei abzugsfähigen Ausgaben – von Steuerzahlern) Projekte realisiert werden, die weder der Gesellschaft noch dem Unternehmen wirklich nutzen.[2] Engagementbereitschaft ist ein knappes Gut, das von allen Beteiligten einen sorgsamen Umgang verlangt – gerade im Interesse all jener, die im 21. Jahrhundert in dessen Genuss kommen oder eben kommen würden. Daher muss die Bürgergesellschaft selbst Instrumente und Mechanismen entwickeln, die diesen gemeinsamen Lernprozess organisieren und anstoßen: Wettbewerbe und öffentliche Plattformen auf allen Ebenen des Gemeinwesens (lokal – regional – national – international), Verstärkung der Berichterstattung und des wechselseitigen Lernens, Schaffung von Schnittstellen zwischen Wirtschaft, (lokaler) Politik und fachkompetenten Institutionen, flankierende Hilfen für engagementbereite Kleinunternehmen etc. Im Unterschied zu liberalistischer Agitation weiß wirklich liberales Denken darum, dass Freiheit und Verantwortung zwei Seiten einer Medaille sind. Eine wirklich liberale Kultur wird sich nur dort entwickeln, wo Netzwerke engagierter Bürgerinnen und Bürger (inklusive der Unternehmen) so treffsicher und wirksam Mitverantwortung für ‚ihr' Gemeinwesen übernehmen, dass wohlfahrtsstaatlicher Interventionismus und bürokratische Regulierungswut erst gar nicht Platz greifen können. Das 20. Jahrhundert war in großen Teilen Europas keine gute Zeit auf diesem Weg; es gilt, im 21. Jahrhundert neue (Denk-)Wege zu beschreiten.

ZUR RATIONALITÄT GESELLSCHAFTLICHEN ENGAGEMENTS II.: GEGEN DIE SOZIALISTISCHEN EINWÄNDE

Doch auch die sozialistischen Kritiker gesellschaftlichen Engagements von Unternehmen verfangen sich in ihrer Moralfalle. Sie werfen gesellschaftlich engagierten Unternehmen vor, sie verfolgten ja ‚in Wirklichkeit' nur ihr kaschiertes Eigeninteresse. Gesellschaft wird als ‚Nullsummenspiel' der Klasseninteressen begriffen: Nur was dem einen entzogen werde, könne auch dem

2 Dies ist auch die Pointe der Position des Harvard-Ökonomen Michael Porter.
3 Vgl. dazu auch die Arbeiten von K. Homann, A. Suchanek u.a.

anderen gegeben werden. Wenn ein solches Nullsummen-Konzept die moderne Gesellschaft richtig beschreiben würde, dann wäre gesellschaftliches Engagement von Unternehmen tatsächlich ein ‚hölzernes Eisen', eine Denkunmöglichkeit.

Doch ein solches sozialistisches Gesellschaftskonzept geht an der Wirklichkeit vorbei. Mit Autoren der christlichen Gesellschaftslehre einerseits und liberalen Sozialphilosophen der Gegenwart (J. Rawls, J. Buchanan u.a.) andererseits ist die moderne Gesellschaft zutreffender als ‚Unternehmen zum wechselseitigen Vorteil' zu rekonstruieren. Denn von besseren Regeln und Arrangements könn(t)en prinzipiell alle Bürgerinnen und Bürger profitieren. Dies zeigt im Zeitalter der Globalisierung gerade der internationale Vergleich: Länder, die ihre Ordnungsprobleme besser in den Griff bekommen, bieten generell bessere Lebensbedingungen als ‚unterentwickelte' Länder mit schlechter Rechtsordnung, wenig Bildungs- und Ausbildungsinvestitionen, fehlender sozialer Absicherung und fehlender Garantie elementarer Menschenrechte.

Hellsichtige Autoren wie der Wiener christliche Sozialethiker Johannes Messner haben sich deshalb schon früh geweigert, die Marktwirtschaft ethisch als ‚gnadenlose Konkurrenzgesellschaft' zu geißeln, in der jeder nur an seinen individuellen Vorteil denke. Er machte vielmehr bereits 1926 seine sozialromantischen Zeitgenossen darauf aufmerksam, dass sich Wettbewerb zwar aus der Teilnehmerperspektive bisweilen als harte Zumutung darstellt, aus einer Gesamtbetrachtung heraus aber auch eine Wettbewerbsordnung Ausdruck der Solidarität ist. Denn sie leistet eine Mobilisierung der Selbsthilfekräfte einer Gesellschaft (Anreizfunktion) ebenso wie die effektive Nutzung knapper Ressourcen (Allokationsfunktion). Wirtschaftlicher Wettbewerb hilft gerade den Schwachen – zwingt er doch tendenziell mächtige Anbieter ständig, sich an den Interessen tendenziell machtloser Verbraucher zu orientierten.[3]

Ist mithin auch eine funktionsfähige Wettbewerbsordnung ein Instrument der Solidarität, dann darf gesellschaftliches Engagement von Unternehmen nicht als Widerspruch oder Gegenkonzept zu dieser Wettbewerbsordnung begriffen werden. Das gesellschaftlich engagierte Unternehmen fällt in seinem Engagement nicht ‚aus der Rolle'; es wird nicht zum Sozialamt oder zur Bildungseinrichtung. Es bleibt Unternehmen im Wettbewerb. Als ‚Bürger' engagiert es sich für diese soziale und wirtschaftliche Ordnung gerade deshalb, weil es von ihrer Stabilität und Weiterentwicklung auch seinerseits profitiert. Durch intelligente Strategien und professionelles Arbeiten weiß es zudem sein Engagement für bessere Regeln auch mit operativen Vorteilen im Wettbewerb zu verbinden.

Auch das gesellschaftlich engagierte Unternehmen bleibt also Unternehmen im Wettbewerb – ‚und das ist gut so'. Ist dem so, dann darf gesellschaftliches Engagement auch dem Unternehmen selbst Vorteile bringen – ja es muss dies sogar leisten. Hier werden keine Nullsummenspiele zwischen Gemeinnützigkeit und Unternehmensnutzen gespielt. Es gibt nicht zwei konkurrierende Rationalitäten – auch wenn dies in unserer ausdifferenzierten Welt bisweilen so erscheinen mag. Das Verhältnis ist nicht antagonistisch, sondern komplementär: Nur wenn ein Projekt einen – möglichst klar ausweisbaren – Wertschöpfungsbeitrag für das Unternehmen erbringt, wird es von den Vorlieben Einzelner unabhängig, ‚überlebt' es einen Führungswechsel und kann damit überhaupt auch eine nachhaltige Wirkung im gesellschaftlichen Umfeld erzielen. Ein PR-Gewitter nützt niemandem – nur den Agenturen. Ein nachhaltiges Engagement aber muss unternehmensintern

UNTERNEHMERGEIST IN DER BÜRGERGESELLSCHAFT

mitgetragen werden und ist hier aus guten Gründen rechenschaftspflichtig.

‚Unternehmensnutzen durch (ordnungs-)politische Mitverantwortung – ist das nicht nur graue Theorie? Wo liegt der konkrete Wertschöpfungsbeitrag gesellschaftlichen Engagements? Wertsteigerung muss nicht Umsatzsteigerung bedeuten, sie kann auch als Kostensenkung oder Stärkung wichtiger Ressourcen wie der Glaubwürdigkeit des Unternehmens nach innen und außen realisiert werden. Wenn in schwierigem Umfeld plötzlich gut ausgebildete Nachwuchskräfte zur Verfügung stehen; wenn Mitarbeiterinnen und Mitarbeiter sich mit ihren Familien am Standort wohl fühlen; wenn sie stolz sind, für dieses Unternehmen zu arbeiten und sich entsprechend engagieren; wenn beschäftigte Eltern Familie und Beruf miteinander vereinbaren können; wenn das umfeldsensible Unternehmen frühzeitig wichtige Informationen und ‚Rückmeldungen' bezüglich seiner Außenwirkung erfährt; wenn nach einer Fusion die beiden Betriebsteile zu einer gemeinsamen Unternehmenskultur zusammenwachsen; wenn wichtige Kunden oder Personengruppen durch eine gemeinsame Aktivität an das Unternehmen gebunden werden; wenn Branchenprobleme wie schlechtes Image oder rechtliche Risiken gemildert werden; wenn der Zwang zu Korruptionszahlungen geringer wird; wenn sich das gesellschaftliche Bewusstsein für den Wert, aber auch die Notwendigkeiten unternehmerischen Handelns erhöht; wenn Spannungen und Diskriminierungen in der Belegschaft nachlassen; wenn Forschung und Entwicklung kostengünstig von Vorlieben und Interessen ihrer Kunden erfahren; wenn die Umweltbelastung am Standort nachlässt; wenn Anwohner bei Störfällen nicht gleich nach der Polizei rufen; wenn die Leistungsfähigkeit der eigenen Produkte und Dienstleistungen ohne große Werbekosten einer relevanten Öffentlichkeit bekannt wird – die Liste möglicher Wertschöpfungsbeiträge gesellschaftlichen Engagements ließe sich fast endlos fortsetzen. Viele lassen sich in ihrer Wirkung nur schwer messen, sind aber für die Lösung betrieblicher Probleme und nachhaltigen unternehmerischen Erfolg deshalb nicht weniger wichtig.

Für viele Unternehmen, die über eine Tradition gesellschaftlichen Engagements verfügen, standen solche Vorteile lange Zeit nicht im Vordergrund. Der ursprüngliche Impuls ist häufig ein ethischer – etwa bestimmten Menschen oder Gruppen konkret zu helfen oder etwas für sein gesellschaftliches Umfeld zu tun. Das Bewusstsein der ökonomischen Vorteilhaftigkeit gesellschaftlichen Engagements muss dennoch gestärkt werden – schon um auch in schlechten Zeiten gegenüber Geldgebern zu argumentieren und eine ‚Kultur des Engagements' in der Wirtschaft zu stärken. Zugleich wird deutlich: Viele der genannten Vorteile stellen sich nur ein, wenn gesellschaftliches Engagement mit transparenter und qualitativ hochwertiger Aufgabenerfüllung im Unternehmensalltag selbst verbunden wird. Gemeinwohlrhetorik und Aktivismus nach außen hin, die dem alltäglichen Erleben von Mitarbeiterinnen und Mitarbeitern deutlich widersprechen, werden eher Zynismus und Verachtung als Identifikation und Motivationssteigerung befördern. Engagement für die Wahrung der Menschenwürde im gesellschaftlichen Umfeld muss auch mit der Achtung der Würde von Mitarbeiterinnen und Mitarbeitern korrespondieren; Engagement für die Lösung von Umweltproblemen wird auch zu sparsamem Ressourceneinsatz im Produktionsprozess selber führen; Hilfen für Probleme bestimmter Kundengruppen müssen auch damit einhergehen, entsprechende Geschäftspraktiken im eigenen Haus zu überdenken oder die Produktqualität zu erhöhen. Allerdings: Dieser Zusammenhang wirkt in beide Richtungen. Nicht erst, wer intern schon alles gelöst hat, darf sich mit Anspruch auf Glaubwürdigkeit gesellschaftlich engagieren. Gesellschaftliches Engagement nach außen kann auch zum Signal an die eigenen Mitarbeiter und Führungskräfte werden, bestimmte Werte doch intern ernster zu nehmen und auch im betrieblichen Alltag konsequent umzusetzen. Engagement ist in diesem Sinn immer Kommunikation nach extern wie nach intern: Kohärenz des Verhaltens bewirkt Glaubwürdigkeit, aber eine ‚Selbstbindung' nach außen hin kann auch intern ethische Standards erhöhen und kritische Reflexion der eigenen Praxis auslösen – gerade weil die Glaubwürdigkeit auf dem Spiel steht. Gesellschaftliches Engagement ist ein Instrument strategischer Unternehmensführung.

MÖGLICHKEITEN UND GRENZEN GESELLSCHAFTLICHEN ENGAGEMENTS VON UNTERNEHMEN

Anhaltende hohe Verschuldung öffentlicher Haushalte weist auf strukturelle Störungen im modernen Gemeinwesen hin. Offenbar stehen die Erwartungen, die westliche Gesellschaften an ihren öffentlichen Sektor richten, in keinem Verhältnis zu den finanziellen Möglichkeiten, mit denen dieser in Zeiten der Globalisierung und Verflechtung der Wirtschaftsziehungen ausgestattet ist. Kann gesellschaftliches Engagement von Unternehmen diese Lücke schließen? Treten Selbstregulierungen an die Stelle staatlicher Gesetze und Auflagen? Kommen die Gelder für Bildungs- und Sozialeinrichtungen demnächst in steigendem Maße aus den Kassen mittlerer und großer Unternehmen? Überzogenen Erwartungen und Forderungen sollte sich die gerade erst anlaufende Diskussion um die Bedeutung gesellschaftlich engagierter Unternehmen im Gemeinwesen hier auf jeden Fall entgegenstellen. Das oben wiedergegebene Wort vom 21. Jahrhundert als Zeit der Bürgergesellschaft darf nicht in dem Sinn missverstanden werden, dass staatliches Handeln hier keine Rolle mehr spielen werde oder auch in beträchtlichem Umfang von unternehmerischem Engagement ersetzt werden könnte. Um es deutlich zu sagen: Unternehmen alleine werden die Ordnungsprobleme des 21. Jahrhunderts nicht lösen können. Gerade weil ihr Engagement freiwillig bleiben soll und muss, darf es nicht für den laufenden Betrieb etwa im Bildungs- und Sozialsystem ‚verplant' werden. Gerade weil ‚Unternehmergeist' Spontaneität und Kreativität in innovative Projekte und Initiativen einbringen soll, muss er sich auch aus Projekten wieder zurückziehen dürfen, ohne dass dies seine öffentliche Glaubwürdigkeit beschädigt (allerdings bleibt es unternehmerischem Engagement dabei aufgegeben, Projekte von vornherein auf nachhaltige' Wirksamkeit hin anzulegen und Rückzugsmöglichkeiten ‚einzubauen').

Wenn unternehmerisches Engagement staatliches Handeln aber auf absehbare Zeit nicht ersetzen kann und wird, wo liegt dann sein gesellschaftlicher Wert? Bürgerschaftliche Netzwerke haben hier eine Pfadfinder- oder Innovationsfunktion in Bezug auf wirksame Problemlösungsstrategien. Die Bürgergesellschaft ist in diesem Sinne ein Forschungslabor des Gemeinwesens. Hier werden zunächst auf dem begrenzten Raum einer Projektkooperation neue Wege beschritten, die dann in den Raum von Öffentlichkeit und Politik zurückgespiegelt werden können. Die Kooperation mit einer Bildungseinrichtung, die auf Projektbasis neue Formen interaktiven Unterrichts erprobt oder für bestimmte Probleme der schulischen Sozialarbeit sensibilisiert hat, wird diese Erfahrungen an das Kultusministerium weitergeben, um sie in die Fläche zu bringen; die Betastiftung der Betapharm hat in Zusammenarbeit mit Gesundheitspolitikern aller Parteien sogar eine Änderung des Sozialgesetzbuches V erwirkt, um ihre Arbeit im Bereich der Nachsorge in eine Verbesserung der gesetzlichen Grundlagen

UNTERNEHMERGEIST IN DER BÜRGERGESELLSCHAFT

münden zu lassen, die allen Patienten zugute kommen kann. In dieser Weise sind im Übrigen bereits die sozialpolitischen Innovationen des ausgehenden 19. und frühen 20. Jahrhunderts vorbereitet worden. Der Einführung des staatlichen Sozialversicherungssystems durch Bismarck gingen ‚private' Kooperationsmodelle zumeist christlicher Unternehmer voraus, die mit ihren Arbeitern betriebliche Bündnisse und Kooperationen eingegangen waren. Betriebliche Solidarkassen, aus denen bedürftige Betriebsangehörige oder deren Familien unterstützt wurden, speisten sich aus Unternehmergewinnen einerseits und Lohnbestandteilen der Arbeiter andererseits: Hier war die paritätische Finanzierung des Sozialversicherungssystems auf der Ebene gesellschaftlich engagierter Unternehmen vorgestaltet – sie musste von Bismarck nur mehr auf eine allgemein verbindliche Grundlage gestellt werden.

Bürgergesellschaft und Unternehmen als Pfadfinder besserer Lösungen und Modelle – dies setzt auf allen Seiten veränderte Profile und Kompetenzen voraus. CR-Manager wie auch ihre Ansprechpartner bei Bildungs- und Sozialeinrichtungen, Bürgergruppen und Nonprofit-Organisationen müssen lernen, bereichsübergreifend zusammenzuarbeiten und dabei die Verschiedenheit und Kulturunterschiede zu akzeptieren. Der amerikanische Industriesoziologe und Managementtheoretiker Richard Burt hat darauf hingewiesen, dass Netzwerke umso produktiver, Erkenntnisgewinne aus Netzwerken umso größer sind, je stärker durch sie ‚strukturelle Löcher' überwunden werden – also Kommunikation zwischen Bereichen in Gang kommt, die sonst nicht miteinander kommunizieren. Gerade hier liegen die Chancen, aber auch die Herausforderungen bereichsübergreifender Zusammenarbeit in der Bürgergesellschaft. Dazu muss auf allen Seiten in ‚Partnerschaftsfähigkeit' investiert und müssen entsprechende Spezialisten für bereichsübergreifende Kommunikation ausgebildet werden. Aus- und Weiterbildungseinrichtungen müssen neue Studienangebote entwickeln, die nicht nur fachinterne Professionalisierung innerhalb gegeneinander abgeschotteter Wissensbestände liefern.

Dies schließt ein verändertes Denken auch auf Seiten wirklicher oder möglicher Partnerinstitutionen von Unternehmen ein. Sie werden sich nicht darauf beschränken können, zu formulieren, was sie von den Unternehmen wollen (z.B. Spenden). Gefordert ist vielmehr ein Wissen um die eigenen Stärken und die ‚Angebote', die man seinerseits auf dieser Grundlage engagementwilligen Unternehmen machen kann und will, um gemeinsam Projekte zur Lösung eines gesellschaftlichen Problems oder zur Verbesserung der Lebensbedingungen von Bürgerinnen und Bürgern auf den Weg zu bringen. Im traditionellen System hing für Sozial- und Bildungseinrichtungen, für Wohlfahrtsverbände und regionale Initiativen alles von staatlichen Zuschussgebern und deren politischen Notwendigkeiten und Interessen ab. Führungskräfte mussten insbesondere darin geübt sein, politische Themen und Tendenzen zu wittern und sich entsprechend darauf einzustellen. Ein breiteres Spektrum der Finanzierung von Non-Profit-Aktivitäten verlangt auch komplexere Fähigkeiten der Verantwortlichen in den Einrichtungen. Sie können selbstverantwortlicher denken und handeln – und können sich dabei auch Hilfe von gesellschaftlich engagierten Unternehmen holen. In den Ländern, in denen gesellschaftliches Engagement von Unternehmen bereits eine nennenswerte Rolle auch in der öffentlichen Diskussion spielt, sind dem oft Professionalisierung und Qualifikation gerade auch im Non-Profit-Sektor vorausgegangen.[4] In Deutschland beginnt dieser Prozess erst langsam, sollte aber vorangetrieben werden, um die Umstrukturierungen zu unterstützen.

4 Vgl. dazu die 23 europäischen Länderstudien in A. Habisch / J. Jonker / M. Wegner / R. Schmidpeter (Ed.) CSR across Europe, Heidelberg-Berlin-New York: Springer 2004.

SCHLUSS: ENGAGIERTE UNTERNEHMEN ALS POTENZIAL DER GESELLSCHAFT

Unternehmen und Unternehmer sind nicht nur der zentrale Faktor des Wirtschaftslebens. Sie schaffen nicht nur Arbeitsplätze, organisieren Investitionen und neue Produktionsprozesse, tragen zur wirtschaftlichen Entwicklung bei. Unternehmer und Unternehmen sind auch als Bürger wichtige Gestalter ihres Gemeinwesens. Die enormen Potenziale, die gesellschaftlich engagierte Unternehmen ihrem gesellschaftlichen Umfeld zur Verfügung stellen können, gehen weit über finanzielle Leistungen und Spenden hinaus. Sie umfassen Kreativität und Engagementbereitschaft von Mitarbeiterinnen und Mitarbeitern, Zugang zu Informationen und Netzwerken, Vermittlung wichtiger Fähigkeiten und Wissens etc. etc.

Bereits seit Jahren streben viele der kompetentesten Nachwuchskräfte in Führungspositionen in die Wirtschaft. Ein Gemeinwesen kann es sich aber nicht leisten, auf deren Kreativität und Engagementbereitschaft bei der Weiterentwicklung seiner Strukturen und Bearbeitung komplexer sozialer und gesellschaftlicher Probleme zu verzichten. Unternehmerpersönlichkeiten und Führungskräfte aus der Wirtschaft auch in die Weiterentwicklung anderer gesellschaftlicher Bereiche mit einzubeziehen ist eine wesentliche Aufgabe weitsichtiger Gemeinwohlverantwortung.

Im internationalen Vergleich auch innerhalb Europas geben wir uns in Deutschland wenig Rechenschaft von der gesellschaftlichen Bedeutung dieser Aktivitäten. Z.T. tragen Unternehmen selbst dazu bei, weil sie von ihrem Engagement nicht viel Aufhebens machen wollen. Dadurch aber wird das in der Öffentlichkeit vorherrschende ‚Denken aus dem Staat heraus' (Hans Maier) in der Wahrnehmung der Erfüllung gesellschaftlicher Aufgaben eher noch verstärkt. Hinzu kommt, dass die latente Engagementbereitschaft gerade kleiner und mittelständischer Unternehmen häufig erst mobilisiert werden muss. Hier bedarf es unterstützender Strukturen und Angebote auf regionaler und kommunaler Ebene, die es auch Kleinunternehmen und Selbstständigen leichter machen, ihre Potenziale und ihr Engagement in ihr Gemeinwesen einzubringen, ohne dabei das Rad jeweils neu erfinden zu müssen und zu viel Zeit mit der Identifikation eines geeigneten Projektes verschwenden zu müssen.

Der vorliegende Sammelband beweist auf beeindruckende Weise den Reichtum und die Vielfalt gesellschaftlichen Engagements namhafter deutscher Unternehmen. Sie stehen ihren ausländischen Wettbewerbern in puncto Motivation und Engagementbereitschaft in nichts nach. Und doch gilt in Bezug auf die deutsche Öffentlichkeit und die gesellschaftliche Diskussion: Engagement von Unternehmen ist ein noch weitgehend verborgener – historisch gesehen: ein in Vergessenheit geratener – Schatz. Wenn dieser Schatz gehoben und konsequent in den Dienst der Lösung der Probleme des 21. Jahrhunderts gestellt werden soll, dann sind nicht nur in den Unternehmen, sondern auch bei möglichen Partnerorganisationen und in der Politik Veränderungen notwendig. Dann darf aktive Bürgergesellschaft als politisches Ziel nicht nur an Enquete-Kommissionen delegiert, sondern muss auch als Leitlinie für das Alltagshandeln in Wirtschaft, Politik und im Non-Profit-Sektor ernst genommen werden. Dann müssen schließlich auf allen Seiten entsprechende Professionalisierungsprozesse angestoßen werden. Solchen Bemühungen kommt in Zeiten der unerbittlichen Sparzwänge und des Rückbaus von Sozialleistungen eine gesellschaftspolitisch geradezu zentrale Bedeutung zu. Die vorliegende Publikation leistet einen wichtigen Beitrag dazu. Ihr sollten – auf allen Ebenen unseres föderalen Gemeinwesens – weitere folgen.

MEHRWERT DURCH KOMMUNIKATION

Ein Essay von Michael Reinert,
Geschäftsführer von Ahrens & Bimboese Kommunikationsberatung,
Frankfurt am Main

MEHRWERT DURCH KOMMUNIKATION

Michael Reinert

Die Bedeutung der unternehmerischen Verantwortung hat sich in den vergangenen Jahren stark verändert und weiterentwickelt. Die Folgen der Globalisierung, wachsende Anforderungen der Corporate Governance und der durch weltweit sichtbare Skandale ausgelöste und weithin spürbare, dramatische Vertrauensverlust der Unternehmensführung haben die Frage nach der Verantwortung von Unternehmen als „guter Bürger" für die soziale, gesellschaftliche ökologische Entwicklung ganz oben auf die Agenda gerückt. Begriffe wie: Corporate Social Responsibility, Corporate Citizenship oder Sustainability gehören mittlerweile zum Standardrepertoire in der Unternehmensführung.

Dabei geht es nicht mehr darum, mäzenatisch oder philantrophisch Gutes zu tun, ohne den strategischen Wert für das Unternehmen zu berücksichtigen. Heute ist unternehmerische Verantwortung eine strategische Managementaufgabe, die zentrale Zielgruppen (Stakeholder, also die Gruppen, die Einfluss auf oder Interesse an der Zielerreichung des Unternehmens haben) adressiert, Legitimation und Handlungsspielräume sichert (die sogenannte „License to operate") und so langfristig den Unternehmenswert steigert. So ist nicht verwunderlich, dass dies inzwischen auch in eigenen Indizes wie dem FTSE for Good oder dem Dow Jones Sustainability Index dokumentiert und bewertet wird.

Unternehmen, börsennotierte wie inhabergeführte, stehen also vor der Herausforderung, wie sie die unternehmerische Verantwortung und die entsprechende CSR-Strategie nachhaltig und strategisch verankern, welche internen Strukturen und Prozesse das Engagement unterfüttern – und wie sie die Kommunikation ihres Engagements in der Öffentlichkeit und mit den verschiedenen Stakeholdern gestalten.

Dies wird umso wichtiger, je deutlicher die unterschiedlichen Stakeholder ihre Erwartungen und Anforderungen an gute und verantwortliche Unternehmensführung artikulieren – insbesondere auf öffentlichen Plattformen.

CHANCEN UND PERSPEKTIVEN DER UNTERNEHMERISCHEN VERANTWORTUNG

Viele Unternehmen bewegen dabei aber noch Zweifel und Fragen: Verliert mein Engagement nicht an Glaubwürdigkeit, wenn es gleichzeitig meinem Unternehmen Nutzen stiftet? Verbietet es sich nicht, sein Engagement offensiv in die öffentliche Aufmerksamkeit zu rücken? Oft bestimmt auch noch die Furcht vor überhöhten Erwartungen, kritischer Berichterstattung oder möglichen Eskalationen die Kommunikation. Dabei werden jedoch die großen Potenziale einer offensiven Kommunikationsstrategie nicht ausgeschöpft.

Hierin liegen für das Unternehmen große Chancen und Möglichkeiten: der konstruktive Dialog mit den Stakeholdern, die frühzeitige Erkennung von kritischen Issues, also minimierte Risiken, die Stärkung von Vertrauen, Glaubwürdigkeit und Reputation, die erhöhte Akzeptanz von Strategien, Produkten oder Leistungen und nicht zuletzt die Steigerung der Motivation der Mitarbeiter.

Entscheidend dabei ist: Unternehmerische Verantwortung gilt als umso glaubwürdiger, je „besser sie zum Unternehmen passt", aus seinen Kernkompetenzen ableitbar ist und auf die Unternehmensziele „einzahlt". Ihre strategischen Funktionen kann Corporate Social Responsibility nur erfüllen, wenn sie durch tragfähige, offene und aktive Kommunikation mit den Stakeholdern unterfüttert, begleitet und interpretiert wird. Prozessmanagement, nicht allein Ergebnisverkündung ist die kommunikative Kernaufgabe!

DIE ENTWICKLUNG DER RICHTIGEN KOMMUNIKATIONSSTRATEGIE

Kommunikation spielt schon bei der Strategieentwicklung eine zentrale Rolle: Wie wird das Unternehmen von seinen Stakeholdern gesehen, wie ist die Ausgangslage für das künftige Corporate Social Responsibility-Programm, welche Erwartungen richten die Stakeholder an das Unternehmen und wie soll der Dialog mit den Stakeholdern aufgebaut werden. Es ist von großer Bedeutung für den Erfolg der Kommunikation, dass sie den Dialog mit den relevanten Stakeholdern wie Kunden, Lieferanten, NGOs, Aktionäre, Verbände, Wettbewerber, Politik, Standortöffentlichkeiten, Nachbarn oder Medien offen, nachhaltig und zielführend gestaltet.

Notwendig ist, die Aktivitäten der unternehmerischen Verantwortung mit der Ausrichtung und Strategie eines Unternehmens zu verbinden: Es muss eine konsistente Geschichte erzählt werden. Ausgangspunkt und Basis der Kommunikation bilden die unternehmerischen Ziele, die Strategie des Unternehmens und die Unternehmenskultur, sie werden sinnvoll integriert und eingebunden. Es geht darum, den richtigen Ton zu finden, die richtigen Botschaften und Inhalte zu senden und dafür die richtigen Instrumente zu wählen. Wichtig ist, dass die Inhalte konsistent sind und auf die Geschichte einzahlen.

Kommunikation orientiert sich an folgenden Grundsätzen:

- Die Kommunikation ist geprägt vom Dialog, von konstruktiven und belastbaren Beziehungen.

- Die Kommunikation nimmt die Erwartungen der Stakeholder ernst und thematisiert auch kritische Themen, Risiken und Herausforderungen.

- Die Kommunikation ist proaktiv, interaktiv – nicht nur Berichterstattung, sondern Einbindung.

- Die Kommunikation basiert auf Ehrlichkeit, Transparenz und Glaubwürdigkeit.

DIE UMSETZUNG DER KOMMUNIKATIONSSTRATEGIE

Die Kommunikation sollte die unterschiedlichen Interessen der Stakeholder identifizieren und adressieren. Während ein Medienvertreter vielleicht eher skeptisch danach fragt, ob die Aktivitäten nicht nur eine PR-Blase sind, wollen beispielsweise die regionalen Öffentlichkeiten eine Antwort auf die Frage haben, welche Auswirkungen das Engagement auf die Standorte hat. Die Kommunikation geht auf die Fragen ein und wählt dafür Kommunikationsstrategien und -instrumente aus, wie Redaktionsreisen zu Projekten, Best Practice Darstellungen oder Nachbarschaftsdialoge.

Zentrales Instrument der Kommunikation ist das Reporting der Aktivitäten der unternehmerischen Verantwortung. Die Stakeholder – gerade die Aktionäre – erwarten heute eine sorgfältige Dokumentation der Aktivitäten. Gefordert sind Nachhaltigkeitsberichte, die den nationalen und internationalen Standards entsprechen und Auskunft geben über Corporate Social Responsibility-Strategien und -Aktivitäten, die Kennzahlen und Ergebnisse, den Ressourceneinsatz und betriebs- und finanzwirtschaftliche Effekte. Auch wenn die Zahl dieser Berichte von Jahr zu Jahr zunimmt – fraglich ist, ob die richtigen Informationen dargestellt

MEHRWERT DURCH KOMMUNIKATION

und die Erwartungen der Stakeholder wirklich adressiert werden. Der Nachhaltigkeitsbericht ist kein losgelöstes Instrument, sondern integraler Bestandteil der CSR-Aktivitäten, ein Medium des Dialogs.

An dieser Stelle möchte ich eine Stakeholder-Gruppe besonders hervorheben – die Einbindung der Führungskräfte und Mitarbeiter. Besonders erfolgreiche Konzepte unternehmerische Verantwortung werden getragen von den internen Stakeholdern eines Unternehmens – diese interne Verankerung wird Corporate Volunteering genannt. Nicht nur, dass damit die Akzeptanz der Aktivitäten nach innen erhöht wird und die Kernkompetenzen des Unternehmens durch die Mitarbeiter selbst eingebracht werden können.

Ein zentraler Vorteil ist, dass die Führungskräfte und Mitarbeiter zu den wichtigsten Multiplikatoren werden und sich damit nicht nur nach außen die Glaubwürdigkeit des Engagements erhöht, sondern auch die Identifikation der Mitarbeiter mit dem Arbeitgeber gestärkt wird. Die Mitarbeiter werden aktiv in die Aktivitäten eingebunden, setzen Projekte um und engagieren sich. In der Kommunikation sollten die internen Zielgruppen frühzeitig eingebunden, umfassend informiert und nachhaltig mitgenommen werden.

Die unternehmerische Verantwortung wird noch stärker als bisher ein zentrales Thema in der Unternehmensführung werden. Auch hierzulande wird der Legitimationsdruck und die Notwendigkeit, den konkreten Wertbeitrag von Corporate Social Responsibility zu messen – ähnlich wie beispielsweise in Großbritannien oder den USA- in den nächsten Jahren zunehmen. Unternehmerische Verantwortung rückt damit noch weiter in den Fokus des Top-Managements. Und damit steigen auch die Kommunikationsanforderungen: komplexe Strategien müssen erklärt, der Dialog mit Zielgruppen wie Analysten und Investoren intensiviert und auch vermehrt kritische Themen aufgenommen werden.

Diese Herausforderung können Unternehmen meistern, wenn sie die unternehmerische Verantwortung, verankert auf Vorstandsebene, als alle Unternehmensbereiche einbindende Aufgabe von Unternehmenskommunikation, Human Ressources, Investor Relations, Marketing, und Lobbying begreifen und umsetzen. Die Modelle dafür liegen vor.

UNTERNEHMENSPRÄSENTATIONEN

ADIDAS-SALOMON

Unsere Prinzipien der Nachhaltigkeit bilden den operativen Rahmen für unsere Entwicklung zu einem nachhaltigeren Unternehmen und die Grundlage für unsere Missionen in den Bereichen Umwelt und Soziales, Human Resources und gemeinnütziges Engagement. Unsere Grundwerte verkörpern, wer wir sind und wonach wir Tag für Tag streben – ein ehrliches und engagiertes Unternehmen, das für Authentizität und Innovation steht und seine Inspiration aus der Leidenschaft für den Sport gewinnt. Unsere Werte, die sich aus dem Sport ableiten, bestimmen unser Handeln ebenso wie unseren Umgang miteinander und mit unseren Stakeholdern. Als ein führendes sozial- und umweltbewusstes Unternehmen bemühen wir uns um die Umsetzung sicherer, sozialverträglicher und ökologisch nachhaltiger Geschäftspraktiken in unserem eigenen Konzern und bei unseren Zulieferern.
Wir zielen damit auf die Verbesserung unserer Markenwerte ab.
Als Mitglied unserer Standortgemeinden wollen wir unserer Rolle als verantwortungsbewusstes Unternehmen gerecht werden. Wir tun dies auf verschiedene Weise, durch Spenden, freiwillige Tätigkeiten und Programme zur Förderung kommunaler Beziehungen.

Herbert Hainer,
Vorstandsvorsitzender der adidas-Salomon AG

Sportler freuen sich über einen Sieg, um sofort für den nächsten zu trainieren. Diese Einstellung teilt die adidas-Salomon Gruppe als einer der weltweit führenden Sportartikelhersteller. Nachhaltigkeit ist ein essentieller Bestandteil der Geschäftsstrategie. Und das nicht als Marketingstrategie, um einer europäischen Mode zu genügen, sondern als ein durchdachtes, konsistentes Konzept. Dafür stehen nicht zuletzt die 35 Mitarbeiterinnen und Mitarbeiter der Sozial- und Umweltabteilung, die weltweit daran arbeiten, die adidas-Salomon Standards im eigenen Unternehmen und in Zusammenarbeit mit den Geschäftspartnern umzusetzen.
Zum Erfolg der Nachhaltigkeitsstrategie trägt ein umfassendes Kommunikationskonzept bei. adidas-Salomon war der erste Sportartikelhersteller, der einen umfangreichen Sozial- und Umweltbericht herausgab. Im fünften Jahr ist daraus ein 60-seitiger Überblick geworden, der das Engagement des Unternehmens für alle Stakeholder transparent macht. Die Zielgruppen sind breit gefächert. Für viele Endkunden ist es heute bei ihrer Kaufentscheidung von Bedeutung, ein Produkt zu erstehen, bei dessen Herstellung Umwelt- und Sozialstandards an allen Stellen der Herstellungskette eingehalten werden. Potenzielle Geschäftspartner bekommen einen Eindruck, welche Maßstäbe für die Zusammenarbeit mit einem Top-Unter-

nehmen bindend sind. Auch Analysten finden hier einen überzeugenden Überblick: Der Dow Jones Sustainability Index verzeichnet adidas-Salomon als branchenführend.

Die weltweite Arbeitsteilung hat dazu geführt, dass ein Unternehmen wie adidas-Salomon mit Zulieferbetrieben rund um den Globus zusammenarbeitet. 60 Prozent dieser Partner und sogar über 85 Prozent der Beschäftigten befinden sich in Asien. Um glaubwürdig handeln zu können, hat sich adidas-Salomon klaren Standards verschrieben, deren Umsetzung für alle Interessierten nachvollziehbar ist. Diese „Standards of Engagement" stellen an die Geschäftspartner hohe Ansprüche. International anerkannte Grundlagen zu Beschäftigungsstandards, Gesundheitsschutz, Arbeitssicherheit und Umweltschutz werden damit zur Basis der Geschäftsbeziehung.

Beispiel Umweltschutz: Am Heimatstandort beteiligte man sich an der Erstellung eines Leitfadens für umweltbewusstes Handeln in der Textilindustrie und startete das Pilotprojekt „Integrierte Produktpolitik" für ein Fußball-

adidas-Salomon

PROGRAMME ZUR REPRODUKTIVEN GESUNDHEIT IN BESCHAFFUNGSLÄNDERN

Zu den NGOs, mit denen adidas-Salomon Projekte in den Beschaffungsländern entwickelt, gehört auch Marie Stopes International (MSI). Die Namensgeberin war die Ärztin Marie Stopes, die sich nach dem 1. Weltkrieg in London mit einer Klinik für reproduktive Gesundheit der Frauen annahm, die durch die Tabus rund um Sexualität, Empfängnisverhütung und Abtreibung gefährdet waren. Dieser Themenbereich ist heute in Vietnam und China von brennender Aktualität. Bei Untersuchungen und Umfragen in Zulieferfabriken in Vietnam stellte sich heraus, dass die Beschäftigten nur über wenige Grundkenntnisse zur Gesundheitsvorsorge verfügen und keinen Zugang zu ärztlicher Versorgung im Bereich der reproduktiven Gesundheit haben. Ähnliche Ergebnisse kamen bei Befragungen von Beschäftigten in Südchina zutage. Inzwischen hat die chinesische Regierung anerkannt, dass HIV/AIDS präventiv angegangen werden muss. MSI bietet ein Programm an, das es den Fabrikleitungen ermöglicht, ihre Mitarbeiter zu geringen Kosten aufzuklären und sich für ihre Gesundheit eigenverantwortlich zu zeigen. In Vietnam entsteht seit 2005 ein Programm, zu dem eine Klinik gehört, die Mitarbeiter und Bewohner der Region betreut. Ein mobiles Team schult darüber hinaus Klinikpersonal in den Betrieben, bietet ambulante Behandlung und Information rund um die reproduktive Gesundheit an. Ziel ist es, ein wirksames lokales Gesundheitsnetz aufzubauen.

adidas-Salomon war der erste Sportartikelhersteller, der einen umfangreichen Nachhaltigkeitsbericht herausgegeben hat

schuhmodell, jeweils in Zusammenarbeit mit dem bayerischen Umweltministerium. Auch im eigenen Werk in China geht man mit gutem Beispiel voran und ließ sich nach der internationalen ISO-Norm 14.001 zertifizieren. Die Zulieferbetriebe unterstützt man bei der Einrichtung von Umweltmanagementsystemen. Außerdem hat sich adidas-Salomon zum Ziel gesetzt, flüchtige organische Verbindungen in der Sportschuh- und Ballproduktion zu verringern und so weit wie möglich einzuschränken.

Hiervon profitieren auch die Mitarbeiter in den asiatischen Fabriken. Deren Situation in arbeitsrechtlicher und medizinischer Hinsicht macht adidas-Salomon zu seinem eigenen Anliegen, indem klare Vorgaben bestehen für eine Zusammenarbeit mit Zulieferbetrieben. Wie beim Umweltschutz spielt man auch in der Mitarbeiterpolitik im eigenen Land in der ersten Liga. Flexible Arbeitszeiten, ein umfassendes Personalentwicklungsprogramm und zusätzliche Vorsorgeleistungen sind Teil der Maßnahmen, um durch eine nachhaltige Personalpolitik langfristig den unternehmerischen Erfolg zu sichern.

Besondere Anstrengungen werden unternommen, damit Privatleben und Arbeit keinen Gegensatz bilden. Die Teilnahme am Audit der Hertie-Stiftung brachte adidas-Salomon 2004 die Zertifizierung als familienfreundlicher Arbeitgeber ein.

Zu den Grundüberzeugungen des Konzerns gehört, dass wirtschaftliches Handeln nicht im luftleeren Raum stattfindet. Deswegen hat gesellschaftliches Engagement einen hohen Stellenwert. Gemeinnützige Aktivitäten werden durch Produkt- und Geldspenden unterstützt. Ein klassisches Feld für adidas-Salomon ist der Bereich der Sporterziehung und -förderung. Wesentlich ist immer, dass Unternehmen und Niederlassung des Konzerns vor Ort einen breiten Handlungsspielraum haben, um sich nach den regionalen Gegebenheiten angemessen einbringen zu können. Weil es vielfach mehr auf Menschen als auf das Geld ankommt, werden Mitarbeiter freigestellt, die sich an gemeinnützigen Projekten beteiligen wollen. Direkte finanzielle Unterstützung ist hingegen oft in den Hauptbeschäftigungsländern Asiens z.B. bei Sozial- und Gesundheitsprogrammen gefragt.

Sowohl auf lokaler als auch auf internatonaler Ebene kommt der Kooperation mit NGOs, den Nicht-Regierungsorganisationen, große Bedeutung zu. Sie ist sowohl für den Erfolg wie für die Glaubwürdigkeit vieler Projekte essentiell. Diesem Ziel dienen auch Mitgliedschaften und die Zusammenarbeit in verschiedenen nationalen und internationalen Zusammenschlüssen und Verbänden. Seit 1999 nimmt adidas-Salomon z.B. am Überwachungsprogramm der Fair Labor Association teil. Ebenso gehört

Die Erarbeitung einheitllicher Arbeits- und Sicherheitsstandards bei allen Zulieferern weltweit ist fester Bestandteil der Unternehmenspolitik der adidas-Salomon AG

man den Weltverbänden für nachhaltige Entwicklung WBCSD und der Sportartikelhersteller WFSGI an.

Das Erreichen eines Etappenziels bringt noch keinen Gesamtsieg. Das gilt im Wirtschaftsleben wie im Sport. Im Nachhaltigkeitsbericht präsentiert der Konzern deshalb, welche Ziele und Ergebnisse im Berichtsjahr in den Bereichen Umwelt, Management, Zulieferer und Finanzen angestrebt und erreicht wurden. Wie weit man gekommen ist, zeigt auf einer Skala von 0 bis 100 Prozent ein stilisierter Läufer an. Vielfach ging der Läufer schon durch das Ziel, doch bei einigen Themen geht es um einen Marathon, bei dem Ausdauer gefragt ist. Diese Transparenz gilt auch bei der Umsetzung der GRI-Richtlinien. Ein Index hilft die relevanten Themen nicht nur aufzufinden, sondern zeigt auch, wo noch Lücken zu schließen sein werden, die mithilfe der GRI-Richtlinien identifiziert werden konnten. An sportlichem Ehrgeiz herrscht also im Team adidas-Salomon kein Mangel.

AUF EINEN BLICK:

GESELLSCHAFT

- Unterstützung gemeinnütziger Aktivitäten durch Geld- und Produktspenden, Mitarbeiterfreistellung (Volunteering), direkte finanzielle Unterstützung von Sozialprogrammen in Hauptbeschaffungsländern (z.B. HIV/AIDS-Prävention, Vietnam)
- Engagement in der Sporterziehung und -förderung; Unterstützung von Initiativen in den Bereichen Kultur, Bildung, Soziales, Wissenschaft, Umwelt

MITARBEITER

- Vertrauensarbeitszeit; umfassendes Personalentwicklungsprogramm; zusätzliche Vorsorgeleistungen; Work-Life-Balance, Sportprogramm
- Talent-Management mit dem Trainingsprogramm „Fit for Gold“

UMWELT

- Erstellung des Leitfadens „Die umweltbewusste Textil- und Bekleidungsindustrie – Leitfaden für umweltbewusstes Handeln“; als Grundlage für Trainingsprogramme für internationale Zulieferpartner
- Pilotprojekt „Integrierte Produktpolitik“ (IPP) für ein Fußballschuhmodell
- Verwendungsverzicht von PVC-haltigen Materialien
- EMASII Zertifizierung der adidas Schuhproduktionsstätte in Scheinfeld; Zertifizierung eigener Produktionsstätten in China nach ISO 14100
- Unterstützung der Zulieferbetriebe bei der Einrichtung von Umweltmanagementsystemen; Initiative zum nachhaltigen Baumwollanbau
- Globales Programm zur Reduzierung von flüchtigen organischen Verbindungen / Lösungsmitteln (VOC) in der Sportschuh- und Ballproduktion

KOOPERATIONEN, INITIATIVEN, PROJEKTE, STIFTUNGEN

- Teilnahme „Runder Tisch Verhaltenskodizes“ / AG „Pilotmaßnahmen“
- Aktive Teilnahme des Unternehmens am Diskurs über das Thema CSR auf EU-Ebene durch Partizipation an Multi-Stakeholder Veranstaltungen
- Konkrete Projektarbeit in der Beschaffungskette mit Hilfsorganisationen wie CARE, SOS, Marie Stopes International (MSI)

MITGLIEDSCHAFTEN

- Fair Labor Association (FLA) seit 1999; B.A.U.M.
- World Business Council for Sustainable Development (WBCSD)
- World Federation of Sporting Goods Industry (WFSGI)

PREISE & AUSZEICHNUNGEN

- als branchenführend eingestuft in folgenden Nachhaltigkeitsindizes: DJSI, FTSE4Good, Ethibel, VIGEO
- Dt. Wirtschaftsprüferkammer: Bester Nachhaltigkeitsbericht 2002
- Zertifizierung als familienfreundlicher Arbeitgeber (Hertie-Stiftung, 2004)

INFORMATION

adidas-Salomon AG
Adi-Dassler-Straße 1
91074 Herzogenaurach
sustainability@adidas.de
www.adidas-salomon.de

AUDI

Audi ist eine der weltweit führenden Premium-Marken für hochwertige, sportliche und technologisch fortschrittliche Automobile, die zu den begehrtesten auf dem internationalen Markt gehören. Eine zukunftsweisende Haltung in Unternehmensführung und -entwicklung bildet die Basis unseres Erfolges. Als einer der größten Arbeitgeber in Bayern und als globales Unternehmen trägt Audi Verantwortung für mehr als 50.000 Mitarbeiter weltweit, die Standorte, die Regionen und die Umwelt. Wir engagieren uns deshalb aktiv und haben mit der Vereinbarung „Zukunft Audi – Leistung, Erfolg, Beteiligung" Weichen für die Zukunft gestellt.
Die Sicherung der Beschäftigung und damit die Sicherung der Standorte trägt nachhaltig zum Erfolg des Unternehmens bei.
Die gute Nachbarschaft wiederum ist die Basis für erfolgreiches Wirtschaften. Wir stellen uns uneingeschränkt dem Dialog mit der Öffentlichkeit.

Dr. Horst Neumann,
Vorstand Personal-und Sozialwesen AUDI AG

Ihrem Credo „Vorsprung durch Technik" treu bleibend, konnte die AUDI AG in den letzten Jahren ihre Position auf dem Weltmarkt stetig weiter ausbauen. Heute gehören die Ingolstädter zum Kreis der automobilen Premiummarken und haben ihr abgesetztes Fahrzeugvolumen nahezu verdoppelt. Dieser Erfolg wäre ohne die Kompetenz und Motivation aller Mitarbeiter nicht zu erreichen gewesen. Und deshalb hat es sich Audi im Zuge seiner Unternehmensstrategie zum Ziel gesetzt, zum attraktivsten Arbeitgeber zu werden. Um dieser Vision einen konkreten Handlungsrahmen zu verleihen, haben sich Unternehmensleitung und Gesamtbetriebsrat der AUDI AG unter Mitwirkung der Tarifvertragsparteien auf die Inhalte der neuen Vereinbarung „Zukunft Audi – Leistung, Erfolg, Beteiligung" verständigt.
Der Titel ist Programm, denn die Vereinbarung umfasst die Beschäftigungssicherung bis 2011, flexiblere Arbeitszeiten durch die Nutzung von Zeitkonten sowie eine erweiterte Erfolgsbeteiligung für alle Mitarbeiter. „Zukunft Audi" schließt betriebsbedingte Kündigungen bis zum 31.12.2011 aus und gibt die hierfür erforderliche Zusage, die deutschen Standorte auszulasten. In einem zunehmend verschärften Wettbewerb schafft die Vereinbarung somit den Mitarbeitern die Sicherheit ihrer Arbeitsplätze. Denn niemand wird sich für die Ver-

besserung der Effizienz und das Wachstum der Produktivität engagieren, wenn hierdurch das Risiko des Arbeitsplatzverlustes befürchtet werden muss.

Ein unter Zustimmung aller Vertragspartner neu eingeführter Entgeltrahmen-Tarifvertrag (ERA) sieht ein neues Entgeltsystem vor, das gegenwärtig konkretisiert wird. Die Anstrengungen der Mitarbeiter werden zukünftig noch stärker honoriert, denn zehn Prozent des zukünftigen Gewinnzuwachses werden an die Belegschaft ausgezahlt. Mit der Flexibilisierung der Arbeitszeiten bei gleichzeitiger Belohnung der Leistung der Mitarbeiter und der Sicherheit der Beschäftigung kann Audi den Wettbewerb um die besten und kreativsten Köpfe für sich entscheiden sowie auf eine hohe Motivation der Belegschaft bauen.

Besondere Aufmerksamkeit verdienen auch die Festlegungen von „Zukunft Audi" im Bereich der Berufsausbildung: Die AUDI AG wird die vorhandenen Ausbildungskapazitäten, die in den vergangenen fünf Jahren um 40 % erweitert worden sind, aufrechterhalten. Um der

FIT UND GESUND – DER AUDI CHECK-UP

Die Fitness und Gesundheit der Mitarbeiter ist bei Audi ein zentrales Unternehmensziel, in dem sich die soziale Verantwortung gegenüber den Mitarbeitern widerspiegelt. Mit dem „Audi Check-up" geht Audi bei der betrieblichen Gesundheitsvorsorge und -förderung innovative Wege. In direkter Ergänzung zu den arbeitsmedizinischen Vorsorgeuntersuchungen erhält jeder der rund 45.000 Mitarbeiter an den Standorten Ingolstadt und Neckarsulm das Angebot, ein Diagnoseprogramm zu durchlaufen, das auf dem modernsten Stand der Medizin basiert. Diese medizinische Diagnose dient der Früherkennung von Risikofaktoren. Auf Basis der Ergebnisse erhalten die Mitarbeiter individuelle Beratung und Vorschläge für entsprechende Präventions- oder Heilmaßnahmen. Empfehlungen können dann Fitnessprogramme, Maßnahmen zur Gesundheitsförderung oder Hinweise auf gegebenenfalls notwendige medizinische Betreuung sein. Der „Audi Check-up" liefert aber auch Hinweise auf denkbare arbeitsplatzbedingte Ursachen gesundheitlicher Probleme. Damit ermöglicht der „Audi Check-up" in Kombination mit arbeitsmedizinischen Vorsorgeuntersuchungen Mitarbeitern und Unternehmen die frühzeitige Erkennung gesundheitlicher Beeinträchtigungen, bevor diese zu einer Krankheit werden. Der Vorteil für beide Seiten liegt auf der Hand: Fitness und Gesundheit bilden die Basis für Motivation und Arbeitszufriedenheit sowie Leistungsfähigkeit des Mitarbeiters.

Zur Nachhaltigkeit zählt bei Audi auch die hohe Ausbildungsquote

Verantwortung den jungen Menschen gegenüber gerecht zu werden, die bei Audi ausgebildet worden sind, wird es bei dem Autokonzern künftig einen flexiblen Berufseinstieg geben. Nach der beruflichen Erstausbildung können die jungen Frauen und Männer zuerst auch bei einer externen Firma (z.B. Zulieferer oder Händler) oder einer anderen Konzerngesellschaft in Deutschland oder im Ausland eingesetzt werden. Nicht zuletzt erhalten die jungen Leute damit die Chance, ihren Wissens- und Erfahrungshorizont um die Begegnung mit anderen Kulturen zu erweitern und neue Arbeitsabläufe kennen zu lernen.

„Zukunft Audi" ist als Handlungsrahmen nur durch das aktive Engagement, das Mitdenken und Mitmachen der Belegschaft und deren Bereitschaft zur Übernahme von Verantwortung möglich. Hierfür sind schon in der Vergangenheit unterschiedliche Beteiligungsprozesse etabliert worden, die von Gruppengesprächen im Rahmen der Gruppenarbeit bis zum Ideenprogramm und dem kontinuierlichen Verbesserungsprozess reichen. Darüber hinaus ist mit dem „Audi Stimmungsbarometer" ein weiteres Instrument eingeführt worden, durch das alle Mitarbeiter anonym zu Themen der Zusammenarbeit, der Führung, der Qualität und der Information Stellung nehmen können. Die Ergebnisse dieser Befragung fließen in die Organisationseinheiten zurück und bieten eine Ausgangsbasis zur Analyse und Lösung von möglicherweise bestehenden Problemen. Bei der ersten flächendeckenden Befragung beteiligten sich 70 % der Mitarbeiter, was die Tauglichkeit sowie die Aussagefähigkeit dieses Instruments eindrucksvoll untermauert.

Ein weiterer wesentlicher Bestandteil von „Zukunft Audi" ist das Handlungsfeld „Fitness und Gesundheit". Mit dem „Audi Check-up" wird ein Diagnosesystem eingeführt, das die Voraussetzungen für maßgeschneiderte Maßnahmen zur Gesundheitsförderung aller Beschäftigten bietet (s. gesonderte Darstellung).

Und schließlich ist die Vereinbarung „Zukunft Audi" ein klares Bekenntnis zum Standort Deutschland, denn für die beiden Werke Ingolstadt und Neckarsulm gilt eine sechsjährige Auslastungsgarantie. Allein in Deutschland sind rund 45.000 Menschen in den Audi Werken beschäftigt, woraus sich für den Konzern auch die Verantwortung für die Städte und die Regionen ableitet. Dieses Engagement setzt Audi als „Gute Nachbarschaft im Zeichen der vier Ringe" um und stellt sich damit dem Dialog mit der Öffentlichkeit zur Lösung regionaler Struktur- und Arbeitsmarktprobleme. So hat Audi u.a. ein Projekt mit jungen Arbeitslosen gestartet und bildet diese zum Automobilbauer aus.

Als Automobilhersteller trägt Audi auch Verantwortung gegenüber der Umwelt. Sportlichkeit, emotionales Design und Qualität der

Die Vereinbarung „Zukunft Audi – Leistung, Erfolg, Beteiligung" sichert Arbeitsplätze in Deutschland. Bis 2011 sind betriebsbedingte Kündigungen ausgeschlossen

Produkte und Umweltbewusstsein sind bei Audi keine widersprüchlichen Ziele. Daher bezieht sich bei Audi der Umweltschutz auf den gesamten Lebenszyklus des Automobils. Von der Rohstoffgewinnung und -aufbereitung über Herstellung, Transport, Vermarktung und Gebrauch bis hin zu Recycling und Entsorgung werden alle Phasen des Produktlebensweges ganzheitlich betrachtet. Das Audi Umweltmanagementsystem erfasst das komplexe Zusammenspiel der ökologischen, ökonomischen und sozialen Aspekte der Produkte und ihrer Nutzung. Mit diesem vorausschauenden Managementinstrument schafft Audi die personellen, technischen und administrativen Voraussetzungen für die Einhaltung aller Umweltgesetze und die Erreichung der hohen selbst gesteckten Umweltziele.

AUF EINEN BLICK:

GESELLSCHAFT

- PPP-Projekt mit Stadt Ingolstadt, FH Ingolstadt, KU Eichstätt, IG Metall
- „Sommerkonzerte" – Regionales Kultursponsoring an den Audi Standorten
- Unterstützung des Regionalsports an den Audi Standorten
- „Restcentspende" der Audi Belegschaft für Projekte terre des hommes
- Freiw. Belegschaftssammlung: Sterbegeldsammlung u. Unterstützungsfond
- Unterstützung Verein „Mobile Familie", Förderverein Palliativstation
- Aufträge an die Caritas Werkstätten Ingolstadt, die Lebenshilfe Werkstätten Ingolstadt

MITARBEITER

- Betriebsvereinbarung „Zukunft Audi"
- Vereinbarkeit Beruf + Familie: Teilzeitmodelle, „Job and Child-Programm", Wiedereinstellgarantie, Telearbeitsplätze, Sabbatical
- Mitarbeitererfolgsbeteiligung/ Ideenprogramm
- Gesundheits-Check-up, Vorsorge, Betriebsrente
- Audi Arbeitssicherheitspreis zur Senkung der Unfallzahlen
- Qualifizierungsoffensive: Ausbildung analog der Audi Schichten

UMWELT

- Umweltmanagementsysteme nach EMAS an allen Standorten
- Standort Ingolstadt nach DIN ISO 14001
- Beteiligung am Umweltpakt Bayern II

KOOPERATIONEN, INITIATIVEN, PROJEKTE, STIFTUNGEN

- Gründungsmitglied Bürgerstiftung (Ingolstadt, Bürger der Stadt und Firmen)
- IAF (Institut für angewandte Forschung an der Fachhochschule Ingolstadt)
- INI.TUM (Kooperation mit der TU München)
- HIN (Hochschulinstitute Neckarsulm, Koop. Uni Stuttgart und Karlsruhe)
- Projekte „Klasse" und „ZiSch – Zeitung in der Schule"
- Kooperation mit der Berufsakademie Mosbach
- Einstiegsqualifizierung für arbeitslose Jugendliche

MITGLIEDSCHAFTEN

- Global Compact (über VW-Konzern)
- Umweltpakt Bayern, Lokale Agenda 21
- ACEA-Verpflichtung

INFORMATION

AUDI AG
85045 Ingolstadt
Dr. Werner Widuckel
Leiter Personalpolitik und Grundsatzfragen
Fon 08 41 / 89 - 3 38 90
Fax 08 41 / 89 - 9 21 90
werner.widuckel@audi.com
www.audi.com

B. BRAUN MELSUNGEN

In der 165-jährigen Geschichte von B. Braun sind wir stolz auf die enge Verbundenheit mit den Regionen, in denen wir tätig sind, und haben dieses Selbstverständnis in den Unternehmensleitlinien verankert: Nachhaltigkeit ist eine der tragenden Säulen der Marke B. Braun. Mit diesem Markenwert ist auch gesellschaftliche Verantwortung gemeint – für die Menschen, für die Umwelt, für die Kultur. Als vorausschauendes und in die Zukunft gerichtetes Unternehmen möchten wir in der Rolle als Unternehmens-Bürger den gesellschaftlichen Wandel mitgestalten und so unseren Beitrag zu sozialem Zusammenhalt und besseren Lebensbedingungen leisten.

Dr. h.c. Ludwig Georg Braun,
Vorstandsvorsitzender B. Braun Melsungen AG

Die Gesundheit des Menschen ist Anliegen und Verpflichtung der B. Braun Melsungen AG. Seit mehr als 165 Jahren stellt der Weltkonzern aus dem hessischen Melsungen Produkte für die Medizin her. Das im Gesundheitsmarkt führende Versorgungsunternehmen beliefert Kliniken, Arztpraxen, Apotheken sowie Pflege- und Rettungsdienste über den ganzen Globus mit mehr als 30.000 Produkten. Infusionslösungen, chirurgische Instrumente, Zubehör für die Intensivmedizin, Anästhesie und Infusionstherapie, Produkte für die Wundversorgung und die extrakorporale Blutbehandlung sowie Knie-, Hüft- und Wirbelsäulenimplantate sind nur einige Beispiele für die riesige Produktpalette. Die in 50 Ländern für B. Braun Melsungen tätigen 30.000 Mitarbeiter haben im Jahr 2004 rund 2,79 Mrd. Euro erwirtschaftet. Im Unternehmensclaim „Sharing Expertise" ist das Ziel des programmatischen und offenen Wissensaustauschs im gesamten Unternehmen und mit der medizinischen Praxis fest verankert. Für B. Braun steht dabei die Optimierung von Arbeitsabläufen in Kliniken und Praxen sowie die Verbesserung der Sicherheit für Patienten, Ärzte und Pflegepersonal an erster Stelle.
Unternehmerische Verantwortung übernimmt B. Braun in mehrfacher Hinsicht. Zum einen durch innovative Produkte wie die Venenverweilkanüle Introcan® Safety®, die aufgrund ihrer Konstruktion die Infektionsgefahr für

Krankenhauspersonal erheblich verringert. Zum anderen sorgen Produktionsanlagen mit modernsten Fertigungstechniken, wie die Infusionslösungsfabrik L.I.F.E., für einen schonenden Umgang mit den natürlichen Ressourcen. Und schließlich wird die B. Braun Melsungen AG ihrer unternehmerischen Verantwortung mit einer Vielzahl ausgewählter sozialer und kultureller Projekte gerecht, die entweder den Mitarbeitern im Unternehmen und ihren Familien zugute kommen oder gesellschaftliche, soziale und kulturelle Bedeutung haben.

Kinder, Jugendliche und Familien stehen im Mittelpunkt des bürgerschaftlichen Engagements der B. Braun Melsungen AG. Unter dem Namen „B. Braun for Children" unterstützt das Unternehmen an den weltweiten Unternehmensstandorten Projekte für Kinder und Jugendliche mit besonderen Bedürfnissen oder in benachteiligenden Situationen.

Auch unternehmensintern spielen Kinder und das Wohlergehen der Familien eine wichtige Rolle. B. Braun Melsungen ist geprägt durch

B. BRAUN FOR CHILDREN

Kinder sind unsere Zukunft – lautet das Bekenntnis der B. Braun Melsungen AG. Um diesem Anspruch auf adäquate Weise an den verschiedenen Standorten gerecht zu werden, wurde die Initiative „B. Braun for Children" ins Leben gerufen. Sie unterstützt und realisiert Projekte und Initiativen, um Kindern in schwierigen Situationen zu helfen. So beteiligt sich die B. Braun Medical Belgien an SOFHEA, einem Hilfsfonds für Menschen mit Blutkrebs. Ein wesentlicher Beitrag ist die Übernahme von Kosten für die Behandlung von Kindern mit Leukämie oder einer anderen schweren Blutkrankheit. B. Braun Indien setzt sich für die Projekte der NGO „Child Relief & You" (CRY) ein, die bereits mehr als 171 Kinderhilfsprojekte initiiert hat. So hat sich B. Braun an einer Initiative beteiligt, die Kinder und Jugendlichen, die von zu Hause ausgerissen sind, vor einem Leben auf der Straße bewahren möchte. Die „Topsy Foundation" in Südafrika wird in ihren Bemühungen unterstützt, HIV-positiven Kindern und Waisen ein neues Zuhause und eine Zukunftsperspektive zu geben. Mit weiteren Projekten in Dänemark, Singapur, der Schweiz und anderen Orten leistet die Initiative „B. Braun for Children" vor Ort einen Beitrag dazu, dass benachteiligte Kinder in schwierigen Situationen ein besseres Leben führen können.

Ob Wissenschaft, Schulen, Sport oder Kultur: B. Braun engagiert sich in vielen Bereichen

eine besonders familienfreundliche Unternehmenskultur, die darauf zielt, Eltern bei der Vereinbarkeit von Familie und Beruf zu unterstützen. Hierzu bietet das Unternehmen eine große Palette von Maßnahmen, die flexible Arbeitszeit ebenso umfassen wie das Programm „Beruf und Familie". Im Rahmen dieses Programms können Eltern ihre Erziehungszeit sogar bis zur Einschulung verlängern. Telearbeit und die Übernahme von 50 % der monatlichen Gebühren für ausgewählte Kinderbetreuungseinrichtungen sind weitere Elemente, die neben zahlreichen anderen Kriterien wie Führungskultur oder Entwicklungsmöglichkeiten dazu beigetragen haben, dass B. Braun den ersten Platz als „Top-Arbeitgeber in Deutschland 2005" eingenommen hat.

Weitere Auszeichnungen belegen die hohe Anerkennung, die B. Braun für sein innerbetriebliches Engagement bekommt. Im Jahr 2004 erhielt die B. Braun Melsungen AG im hessischen Wettbewerb „Engagiertes Unternehmen" den ersten Preis für das Programm „Perspektive PLUS", das die Chancen von Hauptschulabsolventen ohne Lehrstelle durch eine einjährige Lern- und Schulungsmaßnahme verbessert. Das Angebot der Aesculap Akademie, einer von B. Braun betriebenen medizinischen Trainings- und Weiterbildungsstätte, wurde im Jahr 2004 von über 40.000 Personen in über 30 Ländern genutzt. Für diese Leistung in der medizinischen Fortbildung verlieh die Unternehmensberatung Frost & Sullivan der Aesculap Akademie im Jahr 2005 den Titel „Medizinische Weiterbildungsinstitution des Jahres". Doch damit ist das Engagement für medizinische Bildung nicht erschöpft. Nach dem Vorbild der B. Braun-Stiftung, die schon die Fort- und Weiterbildung von über 14.000 Krankenpflegekräften, Ärzten und Apothekern unterstützt hat, vergibt die im Jahr 2003 gegründete B. Braun Medical Trust Foundation der indischen Tochtergesellschaft pro Jahr 50 Stipendien an postgraduierte Medizinstudenten.

Auch in den Bereichen Sport und Kultur engagiert sich B. Braun. Seit 1998 findet das Askina®-Sportfest statt, benannt nach der B. Braun-Marke für die Wundversorgung. Außerdem richtet das Unternehmen schon seit 20 Jahren die Deutschen Krankenhausmeisterschaften im Fußball aus. Regionale Verbundenheit zeigt der Melsunger Konzern mit der Förderung nordhessischer Sportvereine und lokaler kultureller Veranstaltungen. Mit dem Kultursommer Nordhessen unterstützt B. Braun ein vielseitiges Musik- und Theaterprogramm mit Workshops und Festen. Seit 1992 besteht die B. Braun-Sammlung zeitgenössischer Kunst junger Künstler aus den Ländern, in denen B. Braun Produktions- und Vertriebsstandorte betreibt. Weltweite Marktführerschaft im Gesund-

Ausbildung hat einen hohen Stellenwert bei B. Braun. Für das Einstiegsqualifizierungsprogramm „Perspektive PLUS" ist das Unternehmen von der hessischen Regierung ausgezeichnet worden

heitsmarkt, innovative und hochwertige Produkte und Dienstleistungen sowie eine Tradition, die bis in die Mitte des 19. Jahrhunderts zurückreicht, sind Werte von hoher unternehmerischer Bedeutung. Sie werden durch die vielfältigen sozialen und gesellschaftlichen Aktivitäten der B. Braun Melsungen AG als Corporate Citizen ergänzt und lassen das kohärente Bild eines Unternehmens entstehen, dem die Gesundheit und die Zukunft des Menschen am Herzen liegt.

AUF EINEN BLICK:

GESELLSCHAFT
- Kultursommer Nordhessen
- Askina-Sportfest
- Stiftung kinder- und familienfreundliches Melsungen

MITARBEITER
- Programm Familie+Beruf
- Perspektive PLUS

UMWELT
- Umweltmanagementsysteme
- Einsatz modernster Technologien

STIFTUNGEN, PROJEKTE, INITIATIVEN
- B. Braun Stiftung
- B. Braun Preis
- Kasseler Symposium
- Otto-Braun-Fonds
- B. Braun for Children

PREISE & AUSZEICHNUNGEN
- Top-Arbeitgeber
- Sieger im Wettbewerb der hessischen Landesregierung „Engagiertes Unternehmen"
- Deutschlands bester Arbeitgeber
- Medizinische Weiterbildungsinstitution des Jahres (Aesculap Akademie)

INFORMATION
B. Braun Melsungen AG
34209 Melsungen
Fon 0 56 61 / 71 - 0
Fax 0 56 61 / 71 - 35 69
info@bbraun.com
www.bbraun.de

BASF

Die wirtschaftliche, soziale und ökologische Verantwortung ist Grundlage nachhaltigen Handelns. Dies gilt für Staaten, Gesellschaften und Unternehmen in ihren jeweiligen Aufgabenfeldern gleichermaßen. Corporate Social Responsibility, d.h. Übernahme gesellschaftlicher Verantwortung durch Unternehmen, ist dabei ein Weg zur Umsetzung einer nachhaltigen Entwicklung auf Unternehmensebene. Damit wird ein dauerhafter wirtschaftlicher Erfolg durch glaubwürdige Reflektion und Integration sozialer sowie ökologischer Aspekte in ökonomischen Notwendigkeiten angestrebt. Unternehmen stehen dabei vor der Herausforderung, die unterschiedlichen und zum Teil auch gegensätzlichen Interessen ihrer Stakeholder, wie beispielsweise Kunden, Kapitalgeber, Mitarbeiter, Zulieferer oder Nichtregierungsorganisationen zu berücksichtigen. Durch den bewussten Konsumenten und das zunehmende Interesse an Socially Responsible Investing (SRI) am Kapitalmarkt wächst die Notwendigkeit, die Forderungen nach Nachhaltigkeit glaubwürdig aufzunehmen und zu kommunizieren. Gleichzeitig gilt es, die unternehmerische Verantwortung und die Wettbewerbsfähigkeit der deutschen Wirtschaft im internationalen Vergleich zu sichern. Dafür setzen wir uns weltweit im gesellschaftlichen Dialog mit voller Kraft ein.

Eggert Voscherau, stellvertretender Vorsitzender des Vorstands, Vorsitzender des Nachhaltigkeitsrates der BASF AG

Nachhaltige Entwicklung heißt für BASF: Wirtschaftswachstum, sozialer Zusammenhalt und Umweltschutz gehen Hand in Hand – und das weltweit. Mit Kunden in mehr als 170 Ländern, Produktionsstandorten in 41 Ländern und rund 82.000 Mitarbeitern ist BASF das führende Chemieunternehmen der Welt – The Chemical Company. Abnehmerbranchen sind unter anderem die Chemie- und Automobilindustrie, die Landwirtschaft und die Bauindustrie, außerdem die Bereiche Gesundheit und Ernährung sowie die Elektro-, Textil-, Verpackungs- und Papierindustrie. Der Umsatz im Jahr 2004 lag bei 37,5 Mrd. Euro.

Als eines der ersten Großunternehmen der Welt hat BASF bereits im Jahr 2000 das Leitbild der nachhaltig zukunftsverträglichen Entwicklung durch die Schaffung eines Nachhaltigkeitsrates auf höchster Unternehmensebene in seiner Organisation verankert. Seine Aufgabe: die Koordination der Nachhaltigkeitsstrategie. Früchte dieser Aktivität zeigen sich in der Aufnahme von BASF in den wichtigsten Sustainability Indizes. Sie belegen, dass BASF die anspruchsvollen Kriterien externer Ratingagenturen erfüllt und häufig sogar übertrifft. 2005 zum vierten Mal in Folge im Dow Jones Sustainability Index vertreten, gehört BASF zu den besten zehn Prozent der Unternehmen der Chemiebranche. „Best in Class" lautet auch das Urteil des skandinavischen Finanzdienstleisters Storebrands.

Gemeinsame Grundwerte geben für alle BASF-Mitarbeiter die Richtung vor: „Nachhaltiger Erfolg", „Innovation für den Erfolg unserer Kunden", „Sicherheit, Gesundheit und Umweltschutz", „Persönliche und fachliche Kompetenz", „Gegenseitiger Respekt und offener Dialog" sowie „Integrität". Die richtige Mischung aus einem stabilen Wertesystem, langfristige und vor allem messbare globale Ziele für Umwelt, Sicherheit, Gesundheit und gesellschaftliche Verantwortung sowie Partnerschaften für Nachhaltigkeit über die Unternehmensgrenzen hinaus weisen den Weg für die aktive Zukunftsgestaltung durch Sustainable Development. Über Fortschritte und Herausforderungen in der nachhaltigen Entwicklung berichtet BASF jährlich im Unternehmensbericht. Die Berichterstattung orientiert sich an den internationalen Leitlinien der Global Reporting Initiative. Kontinuierlich werden die neuesten Entwicklungen und Projekte sowie die ökonomischen, ökologischen und sozialen Kerndaten im Internet allen interessierten Lesern zur Verfügung gestellt.

BASF
The Chemical Company

BASF AUSBILDUNGSVERBUND

Auch in punkto Ausbildung übernimmt BASF gesellschaftliche Verantwortung und bildet schon seit Jahren weit über den eigenen Bedarf aus. Vor dem Hintergrund der angespannten Situation auf dem Ausbildungsmarkt hat BASF die Anzahl der angebotenen Ausbildungsplätze nochmals erhöht, indem sie im Jahr 2003 den BASF Ausbildungsverbund initiiert hat. Dadurch erhalten junge Menschen nicht nur die Chance auf einen Berufseinstieg – es werden auch zusätzliche Ausbildungsplätze geschaffen, neue Betriebe für eine Ausbildung gewonnen und die Beschäftigungschancen der Jugendlichen nach der Ausbildung verbessert. BASF stellt den Partnerbetrieben unter anderem Labore, Werkstätten und Schulungsräume sowie das Know-how ihrer Mitarbeiter im Ausbildungsbereich zur Verfügung und übernimmt die Rekrutierung und Auswahl der Bewerber. Während des betrieblichen Teils der Ausbildung arbeiten die Azubis direkt in ihren Partnerbetrieben mit, lernen dort vor Ort die jeweiligen Anforderungen ihrer Berufe kennen und haben dadurch gute Aussichten, in diesen Betrieben auch übernommen zu werden. Gerade kleinere oder spezialisierte Unternehmen, die nicht alle vorgeschriebenen Inhalte einer umfassenden Berufsausbildung vermitteln können, haben so Nutzen von der Infrastruktur des Chemieunternehmens. Im Herbst 2005 starteten insgesamt knapp 860 Jugendliche ihre Ausbildung bei BASF am Standort Ludwigshafen, davon rund 460 im BASF Ausbildungsverbund in Kooperation mit Partnerbetrieben der Region.

Rang 1 im diesjährigen Ranking des manager magazin „Bester Geschäftsbericht 2005“ belegt BASF: „Hohe Transparenz und Effizienz“

Dort berichtet BASF auch über die Fortschritte beim Erreichen der 2002 gesetzten, ehrgeizigen globalen Ziele für die Bereiche Umwelt, Sicherheit und Produktverantwortung. So konnte die Emission luftfremder Stoffe von 2002 bis Ende 2004 bereits um 37 % gesenkt werden. Das Ergebnis liegt damit schon heute nur knapp unter dem Reduktionsziel von 40 %, das bis 2012 erreicht werden soll. Ein exemplarischer Wert, aber auch in der Gesamtheit der getroffenen Umweltschutzmaßnahmen ist BASF führend. 2004 erhielt das Unternehmen in einer repräsentativen Allensbach-Umfrage unter den Deutschen die Auszeichnung „Umweltfreundlichstes Unternehmen im DAX30“. Ökologisch bewusstes Handeln ist für „The Chemical Company“ aber nicht nur im eigenen Unternehmen wichtig. Als globales Unternehmen gibt BASF ihr Wissen über umweltfreundliche Technologien weiter und pflegt intensive Partnerschaften zu wichtigen Stakeholdern. Zwei aktuelle Beispiele: Im Jahr 2004 unterzeichneten BASF und die Chinesische Forschungsakademie für Umweltwissenschaften ein Abkommen zur strategischen Zusammenarbeit bei der Entwicklung ökoeffizienter Kraftstoffadditive. Im selben Jahr wurde in Kooperation mit der Gesellschaft für technische Zusammenarbeit und den Vereinten Nationen die Stiftung Espaco ECO, Lateinamerikas erstes Zentrum für Ökoeffizienz, gegründet. Stichwort Ökoeffizienz: Der Nutzen von Investitionen wird bei BASF sowohl unter wirtschaftlichen als auch ökologischen Kriterien im Rahmen einer Ökoeffizienzanalyse betrachtet. Das Ziel ist, die beiden Dimensionen Ökonomie und Ökologie miteinander in Einklang zu bringen. Im nächsten Schritt wird nun auch die soziale Dimension in die Ökoeffizienzanalyse integriert. „Gemeinsam Emissionen global senken“ hat für BASF einen besonderen Stellenwert. Seit Juli 2003 ist das Unternehmen mit 2,5 Mio. US-Dollar am „Community Development Carbon Fund“ der Weltbank beteiligt. Aus den Kapitaleinlagen werden Projekte zur Klimagasreduktion in Entwicklungsländern gefördert. Doch alle Bemühungen sind vergeblich ohne den adäquaten politischen Rahmen. Daher steht BASF im ständigen konstruktiven Dialog mit breiten Kreisen der Gesellschaft und der Politik.

Als Global Player hat bei BASF neben dem Umweltschutz auch die gesellschaftliche Verantwortung einen hohen Stellenwert. Soziale Verantwortung und wirtschaftlichen Erfolg zu verbinden, hat im Unternehmen seit über 100 Jahren Tradition. Ein früher Schritt war 1870 die Einführung der freiwilligen Krankenfürsorge für Mitarbeiter. Zu den Topthemen 2005 gehören Diversity Management, mehr Frauen in oberen Führungspositionen und der Aufbau eines jährlichen Monitorings für die

In aller Welt fördert BASF lokale Public-Private-Partnership-Projekte, unter anderem in Brasilien, wo die Bevölkerung bei der Aufforstung der Küstenwälder unterstützt wird

weltweiten Arbeits- und Sozialstandards. Das Unternehmen orientiert sich an international etablierten Leitlinien, darunter die Allgemeine Erklärung der Menschenrechte der Vereinten Nationen, die OECD-Leitlinien für multinationale Konzerne und die Prinzipien des Global Compact. BASF zeigt so, wie im Rahmen der Globalisierung Möglichkeiten für eine weltweite nachhaltige Entwicklung geschaffen werden können.

AUF EINEN BLICK:

GESELLSCHAFT

- Standorte weltweit: „Community Advisory Panels" – Dialog mit Stakeholdern; Gesundheitsfürsorge; gezielte Förderung humanitärer, sozialer und kultureller Anliegen
- Asien: Sino-German-Research and Development Fund
- Indien: Bildungsförderung, Korruptionsbekämpfung, Patentschutz

MITARBEITER

- „Grundwerte und Leitlinien"
- Compliance Programm; Hotline, regelmäßige Schulungen
- „Schools Project Team" (ehramtl. Engagement der Mitarbeiter in Schulen)

UMWELT

Förderung internationaler Umweltinitiativen u. -projekte:

- Z.B. Voluntary Initiative, GB; Royal Reforestation Campaign Thailand
- Stiftung Espaco ECO in Brasilien zusammen mit GTZ, UNIDO
- Koop. mit chin. Forschungsakademie für Umweltwissenschaft (CRAES)
- EHS – Audits an allen Standorten
- Beteiligung „Community Development Carbon Fund"

INITIATIVEN & PROJEKTE

- „Mit uns gewinnt die Region" / „Jugend denkt Zukunft"
- „Start in den Beruf" (Praktika für sozial benachteiligte Jugendliche)
- BASF-Mitmachlabor für Kinder an internationalen Standorten
- PPP-Projekte in Brasilien / Bildungsförderung von Frauen

MITGLIEDSCHAFTEN

- Global Compact / Transparency International / econsense
- Responsible Care Initiative / Global Reporting Initiative (GRI)
- China Business Council for Sustainable Development (CBCSD)

PREISE & AUSZEICHNUNGEN

- Dow Jones Sustainability Index, FSTE4GOOD, Storebrand SRI Fonds
- Umweltfreundlichstes DAX-Unternehmen 2004
- 1. Preis der Deutschen Wirtschaftskammer „Beste Nachhaltigkeitsberichterstattung" 2003 / Total E-Quality Award 2003
- Design for Sustainability Award on Eco-Efficiency 2005, USA
- Presidential Green Chemistry Challenge Award 2005, USA
- Pollution Prevention Achievement Award 2003, USA
- Most Welcome Enterprise to the Staff Award 2003, China

INFORMATION

BASF Aktiengesellschaft
67056 Ludwigshafen
Dr. Lothar Meinzer
Fon 06 21 / 60 - 4 19 76
Fax 06 21 / 60 - 9 58 73
lothar.meinzer@basf-ag.de
www.basf.de

BAYER

Wir bekennen uns zu den Prinzipien des Sustainable Development und zur Rolle eines sozial und ethisch verantwortlich handelnden „Good Corporate Citizen". Unsere technische und wirtschaftliche Kompetenz ist für uns mit der Verantwortung verbunden, zum Nutzen der Menschen zu arbeiten, uns sozial zu engagieren und einen nachhaltigen Beitrag für eine dauerhafte und umweltgerechte Entwicklung zu leisten. Denn Ökonomie, Ökologie und soziales Engagement sind für uns gleichrangige Werte innerhalb unserer Unternehmenspolitik.

Wir wollen durch Leistungsfähigkeit, Flexibilität und einen offenen Dialog überzeugen. Es gilt, den Unternehmenswert nachhaltig zu steigern und eine hohe Wertschöpfung zu erwirtschaften – im Interesse unserer Aktionäre, unserer Mitarbeiterinnen und Mitarbeiter und der gesamten Gesellschaft in allen Ländern, in denen wir tätig sind.

Werner Wenning, Vorstandsvorsitzender der Bayer AG

Schon lange Zeit bevor Corporate Social Responsibility als ein Konzept für unternehmerisches Handeln erkannt wurde, übernahm Bayer in Leverkusen die nach den Worten des damaligen Generaldirektors Carl Duisberg „vornehmste Aufgabe" eines Unternehmens: sich für die Lösung sozialer Probleme zu engagieren. So richtete Bayer vor über 100 Jahren die erste Lehrwerkstätte in Deutschland ein, gründete eine „Abwasser-Commission" und bot den Mitarbeitern eigene Sozialleistungen. Seiner Vorreiterrolle als Good Corporate Citizen wird Bayer im Zeitalter der Globalisierung mit einer neuen, an den nachhaltigen Bedürfnissen der Menschen orientierten Unternehmensstruktur gerecht. „Science For A Better Life" lautet die Devise des neuen Bayer-Konzerns, der eine grundlegende Umstrukturierung – inklusive der Ausgliederung der klassischen Chemie-Sparte – vollzogen hat, um sich auf die Kerngeschäfte Gesundheit, Ernährung und hochwertige Materialien zu konzentrieren. Damit will das Unternehmen sein Ziel umsetzen, mit seinen Produkten und Dienstleistungen den Menschen zu nützen und ihre Lebensqualität zu verbessern. Neben einer sicheren, umweltgerechten und Ressourcen schonenden Produktion im Sinne des Sustainable Development zielt das neue Leitbild in gleichem Maß auf den engagierten Einsatz für Mitarbeiter, Aktionäre, Geschäftspartner und die Gesellschaft. Ein Corporate

Sustainability Board koordiniert unter der Leitung des Bayer-Umweltvorstandes die Aktivitäten der drei Teilkonzerne Bayer HealthCare, Bayer CropScience und Bayer MaterialScience zur Umsetzung der Nachhaltigkeits-Strategie. Das auf Innovation und Wachstum ausgerichtete Unternehmen ist unter anderem Gründungsmitglied der UN-Initiative Global Compact und es unterstützt aktiv die Global Reporting Initiative bei der Formulierung weltweit akzeptierter Richtlinien für die Nachhaltigkeits-Berichterstattung. Bayer leistet damit einen Beitrag zur internationalen Weiterentwicklung von Corporate Social Responsibility zu einem Unternehmensprinzip.

Im Rahmen dieser Philosophie fördert Bayer weltweit rund 300 verschiedene Projekte. Im Mittelpunkt der Aktivitäten stehen der Schutz von Umwelt und Natur, die Förderung von Bildung und Forschung, die Sicherung sozialer Grundbedürfnisse sowie die Unterstützung von Kultur und Sport. Durch die synergetische Nutzung seiner wirtschaftlichen, ökologischen und sozialen Kompetenzen leistet Bayer auch

Science For A Better Life

DIE PARTNERSCHAFT VON BAYER UND UNEP: GEMEINSAMES ENGAGEMENT FÜR JUGEND UND UMWELT

UNEP Partners for Youth and the Environment BAYER

Für eine umweltgerechte Entwicklung auf unserem Planeten spielt das Bewusstsein der jungen Generation eine entscheidende Rolle. Daher ist Bayer eine einzigartige Partnerschaft mit dem Umweltprogramm der Vereinten Nationen (UNEP) eingegangen: Gemeinsam wollen Bayer und die Umweltbehörde der Weltorganisation junge Menschen rund um den Globus in ihrem Umweltengagement unterstützen (Foto: Bayer-Vorstandsvorsitzender Werner Wenning und UNEP-Chef Klaus Töpfer bei der Vertragsunterzeichnung). In dieser „Public-Private-Partnership" mit Vorbildcharakter – Bayer ist als erstes Privatunternehmen weltweiter Partner von UNEP im Bereich Jugend und Umwelt – wird langfristig ein umfassendes Projektpaket gemeinsam umgesetzt, das neben den international wichtigsten Jugend-Umweltkonferenzen auch das führende Jugend-Umweltmagazin beinhaltet. Ebenso das Programm „Junge Umweltbotschafter", das ökologisch engagierten Jugendlichen aus aller Welt die Möglichkeit bietet, modernen Umweltschutz aus erster Hand kennen zu lernen. Mal- und Fotowettbewerbe setzen hingegen die suggestive Kraft der Kunst ein und lassen uns die Welt mit anderen Augen sehen. Bayer unterstützt die Aktivitäten mit 1 Mio. Euro pro Jahr sowie zahlreichen Sachleistungen. (www.unep.bayer.de)

Science For A Better Life: Nachhaltig die Bedürfnisse der Menschen zu befriedigen, ist Ziel des neustrukturierten Bayer-Konzerns

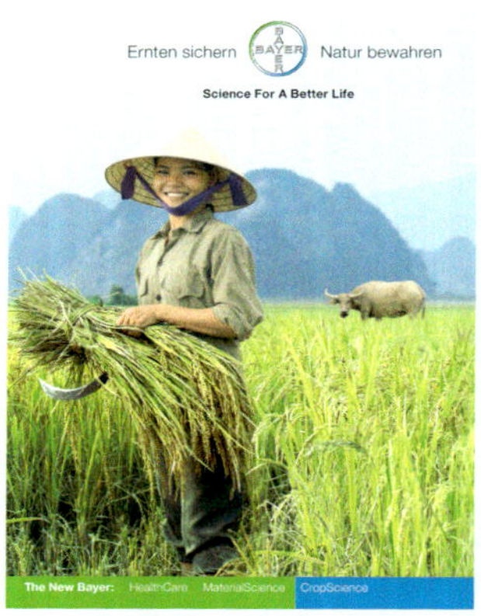

hier Pionierarbeit. So fördert das Unternehmen als erster privatwirtschaftlicher Partner des Umweltprogramms der Vereinten Nationen (United Nations Environment Programme – UNEP) weltweit das Umweltwissen von Jugendlichen.

Neben globalen Aktivitäten gestaltet das Unternehmen die sozialen Verhältnisse im Umfeld der Standorte positiv mit. Daher unterstützt Bayer die öffentliche Verkehrsinfrastruktur und ebenso Parkanlagen, Bürgerhallen und Kindergärten. Die schulische Bildung wird durch Werkspraktika, Schülerprojekte sowie Fort- und Ausbildungsangebote ergänzt. Was zunächst für die Schulausbildung in den USA gedacht war, erlangt mittlerweile internationale Dimension: Die 1995 von Bayer ins Leben gerufene und mit dem renommierten „Presidential Service Award" ausgezeichnete Bildungsinitiative „Making Science Make Sense" stützt sich auf das gemeinnützige Engagement von mehr als 1.000 Mitarbeitern. An einem guten Dutzend Standorten in den USA und Japan gehen sie in die Grundschulen, um mit praktischen Experimenten das naturwissenschaftliche Interesse von Kindern zu wecken. Fortschritte in der Wissenschaft fördert das forschungsorientierte Unternehmen über sein vielfältiges Stiftungswesen. Trinkwasser ist eines der wichtigsten Grundbedürfnisse der Menschheit. In Kooperation mit Bayer hat National Geographic Deutschland den „Global Exploration Fund" gegründet, um die Forschung zum Trinkwasserschutz voranzutreiben. Darüber hinaus betreibt das Unternehmen Projekte zur Armuts- und Hungerbekämpfung, spendet in Katastrophenfällen Arzneimittel und engagiert sich als Mitglied der Global Business Coalition on HIV/AIDS. Gemeinsam mit der Weltgesundheitsorganisation (WHO) bekämpft Bayer die afrikanische Schlafkrankheit sowie die Chagas-Krankheit in Südamerika. Zudem kooperiert Bayer mit der Non-Profit-Organisation GATB (Global Alliance for Tuberculosis Drug Development).

Neben Leistungsanreizen, betrieblicher Altersversorgung und Fortbildungsmöglichkeiten steht die individuelle Arbeitsgestaltung im Mittelpunkt der internen CSR-Aktivitäten. Flexible Arbeitszeitmodelle und die Vereinbarung von Familie und Beruf zählen ebenso dazu wie Hilfe bei der Pflege älterer Familienmitglieder oder bei der Kinderbetreuung. Auch das vorurteilsfreie Zusammenleben unterschiedlicher Kulturen und die Chancengleichheit von Frauen und Männern werden gezielt unterstützt. Bayer wurde in Deutschland unter anderem mehrfach mit dem Prädikat „Total E-Quality" der gleichnamigen deutschen Initiative für die Umsetzung von Chancengleichheit ausgezeichnet.

Weltweit wohl einzigartig ist die Förderung des Sports und des Vereinswesens bei Bayer. 60 olympische Medaillen aus den 28 unterneh-

Jugendliche aus aller Welt informieren sich über modernen Umweltschutz bei Bayer

mensgeförderten Sportvereinen mit über 50.000 Mitgliedern sind ebenso eindrucksvoller Beleg dafür wie 47 Medaillen bei den Paralympics. Denn das Bayer-Engagement orientiert sich nicht nur am Leistungssport. Vor allem der Breitensport sowie der Sport für den Nachwuchs und Behinderte finden im Umfeld des Unternehmens eine hervorragende Infrastruktur vor. Auch bei der Kulturförderung spielen Vereine eine wichtige Rolle: In Deutschland unterhält Bayer 17 unternehmenseigene Ensembles und Kulturvereine sowie 21 Vereine im Bereich Hobby.

In einer Zeit großer globaler wirtschaftlicher und gesellschaftlicher Veränderungen ist das Engagement aller Mitglieder einer Gesellschaft gefragt. Die in über 150 Ländern aktive Bayer AG hat sich in jüngster Vergangenheit mit dem Konzern-Umbau, dem neuen Leitbild und dem Bekenntnis zur Gleichwertigkeit von Ökonomie, Ökologie und sozialer Verantwortung als ein Unternehmen aufgestellt, das in Fortführung einer langen Tradition die modernen Herausforderungen an eine konsequent gelebte Corporate Citizenship vorbildlich umsetzt.

AUF EINEN BLICK:

GESELLSCHAFT

- 300 Sozialprojekte weltweit
- Ausbildungsinitiativen und Wissenschaftsförderung in Deutschland und international
- Vielfältige Unterstützung der Bekämpfung von Armut und Hunger, z.B. Projekte in nachhaltiger Landwirtschaft
- Arzneimittel-Spenden, Initiativen zu Gesundheitsverbesserung und -aufklärung (z.B. AIDS, Tuberkulose, Antibiotikaresistenz)

MITARBEITER

Spezifische Programme zur Förderung von:

- Vereinbarkeit von Familie und Beruf
- Chancengleichheit von Frauen und Männern
- Kultureller Vielfalt („Diversity")
- Hilfe bei persönlichen Notfällen
- Altersversorgung

UMWELT

- Nachhaltige Entwicklung ist integraler Bestandteil der Bayer-Unternehmenspolitik
- Responsible Care: aktive Unterstützung der weltweiten Chemie-Initiative für verantwortungsbewusstes Handeln
- Bayer-Öko-Check: produktintegrierter Umweltschutz
- Umweltbericht seit 1993, Nachhaltigkeitsbericht seit 2001

MITGLIEDSCHAFTEN

- Global Compact
- World Business Council for Sustainable Development
- econsense. Forum Nachhaltige Entwicklung
- Global Business Coalition on HIV/AIDS
- Global Reporting Initiative

KOOPERATIONEN & STIFTUNGEN

- Partnerschaft mit dem Umweltprogramm der Vereinten Nationen (UNEP)
- Zusammenarbeit mit der Weltgesundheitsorganisation (WHO)
- Kooperation mit National Geographic Deutschland
- 66 Bayer-Vereine in den Bereichen Kultur, Sport und Freizeit
- Bayer-Stiftungswesen zur Förderung von Bildung und Wissenschaft

INFORMATION

Bayer AG
51368 Leverkusen
Dirk Frenzel
Konzernkommunikation
Fon 02 14 / 30 - 2 99 08
Fax 02 14 / 30 - 5 89 23
dirk.frenzel.df@bayer-ag.de
www.bayer.de

BAYWA

Die BayWa ist seit ihrem Bestehen eng mit dem ländlichen Raum und der Natur verbunden. Das zeigt sich in unseren Handels- und Dienstleistungen, in der täglichen Arbeit unserer Mitarbeiter und im Umgang mit Ressourcen. So spiegeln sich Nachhaltigkeit und Schonung der Umwelt in unseren Sortimenten, logistischen Prozessen, der Verwendung von Rohstoffen und bei der Beratung unserer Kunden wider. Dies ist ebenso in unseren Unternehmensleitlinien festgeschrieben wie gesellschaftliche Verantwortung sowie Partnerschaft zwischen Menschen und Kulturen: Maximen, die in unseren Zielen verankert sind.

Wolfgang Deml, Vorstandsvorsitzender BayWa AG

Wer mit Erzeugnissen der Landwirtschaft sein Geld verdient, der weiß, was Nachhaltigkeit bedeutet: Natürliche Ressourcen müssen schonend und umweltverträglich behandelt werden, damit ihre Nutzung langfristig gesichert bleibt. Dieser Leitgedanke ist mitbestimmend für das gesamte unternehmerische Handeln der BayWa AG, die rund die Hälfte ihres Umsatzes mit dem Verkauf von Agrarprodukten und landwirtschaftlichen Betriebsmitteln erzielt. Dabei sind die Produkte und Dienstleistungen des Münchener Handelskonzerns, dessen Geschichte 1923 mitten in der Inflation begann, bewusst auf die Schonung von Umwelt und Ressourcen ausgerichtet.

Zum Kerngeschäft der BayWa AG zählen der Handel mit Getreide und Ölfrüchten sowie der Vertrieb von Dünger, Saatgut, Futter- und Pflanzenschutzmitteln. Doch auf dem Weg zum internationalen Handelsunternehmen hat sich der Tätigkeitsbereich erheblich erweitert. Neben dem Agrarsektor, in dem BayWa auch moderne Landmaschinen verkauft und ein Netz von entsprechenden Werkstätten unterhält, ist der Konzern zudem auf den Gebieten Bau und Energie aktiv. So betreibt BayWa zahlreiche Bau- und Gartenmärkte und nimmt beim Baustoffhandel im deutschsprachigen Raum einen Spitzenplatz ein. Außerdem ist der Konzern, der mehr als 250 Tankstellen in Deutschland und Österreich betreibt, auf den Verkauf von Heizöl, Diesel und Schmierstoffen spezialisiert. Mit insgesamt 2.400 Vertriebsstandorten in acht europäischen Ländern – neben Deutschland und Österreich ist BayWa vor allem in Osteuropa vertreten – erwirtschaftet der Handelskonzern einen Jahresumsatz von rund sechs Mrd. Euro und beschäftigt mehr als 15.700 Mitarbeiter.

Weil die BayWa AG auch künftig Menschen mit Nahrung, Baustoffen und Energie versorgen will, ist sie bestrebt, in diesen Bereichen neue nachhaltige und umweltverträgliche Lösungen zu entwickeln. Auf diese Weise lebt das Unternehmen gesellschaftliche und ökologische Verantwortung: Angesichts einer stetig steigenden Weltbevölkerung möchte die BayWa AG mit innovativen Agrarprodukten dazu beitragen, die Ernährung dauerhaft zu sichern und zugleich die Umwelt zu schonen. Zu diesem Zweck hat der internationale Handelskonzern anlässlich seines 75-jährigen Bestehens im Jahre 1998 eine eigene Stiftung ins Leben gerufen. Aber auch das unternehmerische Handeln des Konzerns richtet sich ganz auf das

BAYWA-STIFTUNG

Dank der BayWa-Stiftung haben Malawis Bauern die Süßkartoffel für sich entdeckt: In einem konkreten Hilfsprojekt wurden 4.400 Familien in dem von Missernten heimgesuchten Land im Süden Afrikas mit traditionellem Saatgut sowie mit Dünger und Pflanzenschutzmitteln versorgt. Darüber hinaus erhielten die Bauern auch 280.000 Süßkartoffel-Reben und damit eine echte Alternative zum einseitigen Maisanbau. Seit 1998, als der BayWa-Konzern zum 75-jährigen Bestehen seine Stiftung gründete, leistet diese Hilfe zur Selbsthilfe. Ziel ist es, weltweit die Ernährung nachhaltig zu fördern. Mit modernen Anbaumethoden und neuesten Erkenntnissen aus der Landwirtschaft will die BayWa-Stiftung dazu beitragen, in unterentwickelten Regionen die Bodenqualität dauerhaft zu verbessern und die Erträge langfristig zu steigern. Als Spezialist für moderne Agrarwirtschaft verfügt der BayWa-Konzern über das dazu notwendige Know-how. Nach dem Motto „Kleine Spenden, die große Früchte tragen" unterstützt die Stiftung die Verbreitung umweltgerechter und innovativer Lösungen in der Landwirtschaft. Dazu zählen neben direkten Anbau-Projekten vor Ort die Schulung von Landwirten und die langfristige Förderung durch Know-how-Transfer. (→ stiftung.baywa.de)

Unter dem Motto „Wenn kleine Spenden große Früchte tragen" wirbt die Stiftung für ihr aktuelles Projekt

ZERTIFIKAT

Die
QAL GmbH
Am Branden 6b
85256 Vierkirchen

akkreditiert nach DIN EN 45011
DAP-ZE-3274.00

bescheinigt hiermit, daß das Unternehmen

BayWa AG Obstgroßmarkt Kressbronn
Raiffeisenstr. 24
88079 Kressbronn / Bodensee

für den Geltungsbereich

Produktion von Obst (frisch/gekühlt)

ein
Managementsystem
eingeführt hat und anwendet.

Durch ein Audit, dokumentiert in einem Bericht, wurde der Nachweis erbracht, daß dieses Managementsystem die Forderungen der folgenden Spezifikation erfüllt:

„Internationaler Standard für die Auditierung von Eigenmarkenherstellern"
Ausgabe Januar 2004

Höheres Niveau des IFS, Version 3, erfüllt

Dieses Zertifikat ist gültig bis 2005-07-05
Zertifikat-Registrier-Nr.: QAL-8212-2004-1
Vierkirchen, 2004-09-01

Leitung der Zertifizierungsstelle

international food standard
IFS

Ziel der Nachhaltigkeit. So ist BayWa, die zudem neue Lösungen für gesundes Saatgut und wirksamen Pflanzenschutz voranbringt, der größte Anbieter für Kernobst aus ökologischer Herstellung. Darüber hinaus hält das Unternehmen in seinen Kernregionen die Marktführerschaft bei Bio-Diesel sowie umweltfreundlichen Schmierstoffen auf pflanzlicher Basis. Mit Erdgas, das an ausgewählten Tankstellen angeboten wird, setzt der Konzern neben Bio-Diesel, Bio-Ethanol und Rapsöl schließlich auf eine weitere umweltverträgliche Kraftstoff-Alternative der Zukunft.

Ein besonderes Beispiel dafür, dass BayWa mit innovativen Angeboten Umwelt und Ressourcen zu schonen versucht, bilden die so genannten Holz-Pellets. Mit ihnen hat der Münchener Konzern eine alternative und effiziente Energiequelle erschlossen. Nach dem Motto „natürliche Wärme aus nachwachsenden Rohstoffen" stellen die etwa drei bis vier Zentimeter langen gepressten Späne aus hochwertigen Holzresten eine umweltschonende Alternative zu fossilen Brennstoffen dar. Mit Hilfe der Solartechnik und Photovoltaik macht sich das Unternehmen inzwischen eine weitere erneuerbare Energie zu Nutze: Dabei kommt die Sonnenenergie einerseits durch die Geschäftssparte Haustechnik zum ökologisch sinnvollen Einsatz in privaten Haushalten. Zugleich eröffnet sie dem Baustoffbereich des Konzerns neue Perspektiven durch den wachsenden Markt der Solarstromproduktion.

Da BayWa für eine nachhaltige und zugleich profitable Agrarwirtschaft eintritt, besitzt das Qualitätsmanagement einen großen Stellenwert. Die hohen Anforderungen, die zum Schutz des Verbrauchers an Lebensmittel und landwirtschaftliche Produkte gestellt werden, erfüllt BayWa mit einer transparenten und durchgängigen Qualitätssicherung vom Acker bis zur Ladentheke. Mit der Zertifizierung seiner Agrarbetriebe befolgt der Konzern alle relevanten Richtlinien und sichert sich zugleich den Zugang zu den europäischen Märkten. So wird auch das vom Standort Kressbronn am Bodensee vertriebene Obst erfolgreich nach dem Internationalen Food Standard (IFS) zertifiziert.

Ein Unternehmen, das wie die BayWa AG mit seinen Dienstleistungen eine möglichst hohe Kundenzufriedenheit erreichen will, muss sich nicht nur um die Qualität seiner Produkte, sondern auch um die Qualifizierung seiner Mitarbeiter kümmern: Der in verschiedenen Sparten tätige Handelskonzern bildet in insgesamt 14 Berufen aus und liegt mit einer Ausbildungsquote von 10 % weit über dem Bundesdurchschnitt. Dabei investiert die BayWa AG jährlich rund 20 Mio. Euro in Ausbildung. Darüber hinaus hat der Münchener Konzern ein eigenes Konzept zur Weiterbildung ent-

Natürlich heizen mit Holz-Pellets – im BayWa-Konzern hat dieser Brennstoff aus nachwachsendem Rohstoff einen hohen Stellenwert

wickelt, dessen Seminarprogramm gezielt auf den Bedarf des Unternehmens zugeschnitten ist. Einen besonderen Stellenwert nimmt zudem das Beratungs- und Fördergespräch ein, in dem jeder Mitarbeiter einmal im Jahr seine persönlichen Bedürfnisse und Fragen äußern kann. Auf diese Weise will die BayWa AG nicht nur die interne Kommunikationskultur, sondern auch die Identifikation der Mitarbeiter mit den Zielen des Unternehmens nachhaltig erhöhen.

Indem der internationale Handelskonzern Nachhaltigkeit und Umweltschutz zu seinen zentralen Handlungsprinzipien macht, lebt er gesellschaftliche und ökologische Verantwortung. Die BayWa AG informiert regelmäßig in Pressemitteilungen und auf ihrer Website über alle Aktivitäten, die der Schonung von Umwelt und Ressourcen dienen.

AUF EINEN BLICK:

GESELLSCHAFT

- BayWa Stiftung – internationale Projekte zur Ernährungssicherung

MITARBEITER

- Ausbildungsquote über 10 %
- Förderungskonzepte für Führungsnachwuchs
- BayWa-Schulungsangebote zur Mitarbeiter-Qualifizierung
- Traineeprogramme/Unterstützung berufsbegleitender Maßnahmen
- Mitarbeiteraktienprogramm
- Ideenmanagement
- System zur Förderung von Führungsqualität und Kommunikationskultur

UMWELT/NAHRUNGSMITTELSICHERHEIT

- Engagement im Bereich erneuerbarer Energien und nachwachsender Rohstoffe
- Zertifizierung Agrarbetriebe und Logistiksysteme nach QC-Standard
- Eigener Bio-Obstgroßmarkt
- Hohes Sicherheitsniveau bei Gefahrstoffen durch Erfassung und Handling mit SAP-EH&S

MITGLIED- & PARTNERSCHAFTEN

- „Umweltpakt Bayern – Nachhaltiges Wirtschaften im 21. Jahrhundert"
- „Bayern Innovativ GmbH"
- „natureplus – Internationaler Verein für zukunftsfähiges Bauen und Wohnen e.V."
- „Qualitätsmanagement Biodiesel e.V."
- Münchner Agenda 21
- Umweltausschuss der IHK Oberbayern

PREISE & AUSZEICHNUNGEN

- „Ernst-Pelz-Preis" für Engagement bei der Förderung nachwachsender Rohstoffe
- Rudolf-Egerer-Preis für hervorragende Leistungen in der Berufsbildung
- Auszeichnung als Münchner „Ökoprofit"-Betrieb

SONSTIGES

- Ehrenamtliche Prüfungstätigkeiten auf regionaler Ebene für diverse Berufszweige

INFORMATION

BayWa AG
Arabellastraße 4
81925 München
Lothar Schönberger
Fon 0 89 / 92 22 - 36 91
Fax 0 89 / 92 22 - 36 98
presse@baywa.de
www.baywa.de

BEIERSDORF

Nachhaltiges Wirtschaften ist zwar ein Begriff der Zeit, aber der kluge Kaufmann hat sich schon immer so verhalten. Er wusste nämlich, dass Ressourcen, die er einmal erworben oder geschaffen hat, immer rentierlicher werden, je länger und effektiver er sie nutzt. Dies ist das Gegenteil der „Wegwerfgesellschaft". Doch das ist manchmal in Vergessenheit geraten. Und deshalb ist es gut, dass dieses neue alte Verhalten wieder an Stellenwert gewinnt. Bei Beiersdorf veröffentlichen wir bereits seit 1989 Berichte über Umweltschutz und Arbeitssicherheit. Wir berichten hier über die kontinuierlichen Fortschritte, wie sorgsam wir mit der Ressource Umwelt und der Ressource Mensch umgehen. Auch das Verhältnis zur Gesellschaft, in der wir leben und von der wir leben, gestalten wir nachhaltig. Wir kennen das chinesische Sprichwort: „Vertrauen aufzubauen, dauert 100 Jahre. Es zu verspielen oft nur einen Tag." Und die Marken, von denen wir leben, leben von Vertrauen. Dies gilt es durch unser Handeln jeden Tag nachzuweisen. Deshalb stehen wir zunehmend auch in einem ständigen Dialog mit den relevanten gesellschaftlichen Gruppen.

Thomas B. Quaas,
Vorsitzender des Vorstandes der Beiersdorf AG

Ein Unternehmen, das seit über 120 Jahren erfolgreich ist, besitzt ausreichend eigene Traditionen und Perspektive, um in einer sich wandelnden Welt weiterhin zu prosperieren. Soziale Verantwortung und nachhaltiges Handeln sind Begriffe einer modernen Debatte und doch bestimmen sie die Unternehmenskultur eines Konzerns, der mit Marken wie Nivea, tesafilm und Hansaplast Kultstatus erreicht hat, seit der Firmengründung. So innovativ wie die Produkte und ihre Vermarktung war auch immer die unternehmerische Einstellung. Oscar Troplowitz, gelernter Apotheker, hatte Beiersdorf 1890 übernommen und bereits mit Verbandspflaster und technischen Klebebändern Pionierarbeit geleistet, als ihm 1911 mit Nivea der große Coup gelang: eine völlig neuartige Hautcreme, die zum ersten Mal Fett und Wasser in einer stabilen Emulsion verband.
Aber Troplowitz war mehr als ein genialer Erfinder. Seine soziale Aufgeschlossenheit bescherte seiner Belegschaft den Achtstundentag, lange bevor er gesetzlich geregelt wurde; er führte bezahlten Urlaub und eine Altersversorgung ein. Eine Vorreiterrolle nahm er auch bei der Vereinbarkeit von Beruf und Familie ein. Anstatt werdende Mütter wie seinerzeit üblich zu entlassen, ermöglichte er ihnen den Verbleib durch leichtere Arbeiten und einen schnellen Wiedereinstieg nach der

Entbindung. 1911 richtete Dr. Troplowitz Stillstuben für Mütter ein. Daraus hat sich später der Betriebskindergarten entwickelt, der ein fester Bestandteil der Beiersdorf Kultur geworden ist. Heute ist es eine moderne pädagogische Einrichtung, die 56 Kinder von neun Wochen bis zu sechs Jahren betreut. Nah an den Menschen zu sein ist auch das Prinzip der Sozialberatung. Sechs Fachkräfte bieten vielfältige Hilfestellungen für die Angestellten an: Konfliktvermeidung, Hilfe bei Suchtproblemen, aber auch Rentenberatung und Beratung von Langzeitkranken gehören zu den Aufgaben.

Offenheit für neue Ideen ist ebenfalls eine Beiersdorf-Tradition. Beispiel SeitenWechsel: Bei diesem Corporate-Volunteering-Projekt gehen Manager für eine Woche in eine karitative Einrichtung – ohne Anzug, Krawatte und Mobiltelefon. Dafür gehen sie direkt in die sozialen Brennpunkte unserer Gesellschaft: zu Obdachlosen, Suchtkranken, minderjährigen Flüchtlingen. Der Nutzen ist ein doppelter. Gestandene Menschen erhalten überraschende

BDF ●●●●
Beiersdorf

50 JAHRE PARTNERSCHAFT DLRG UND NIVEA

Nivea und DLRG: seit 50 Jahren ein erfolgreiches Team zum Schutz und zur Rettung von Leben. Denkt man an Nivea am Strand, assoziiert man sogleich den Duft von hautschützender Sonnenmilch. Denkt man an die DLRG, so sind manche Kinder immer noch stolz auf den ersten Aufnäher mit dem Seepferdchen auf der Badehose. Gemeinsam vermitteln sie das Gefühl, den Badespaß an deutschen Gewässern sicher und verantwortungsbewusst zu genießen. Die Kooperation von Beiersdorf und der DLRG hat schon sehr früh einen wichtigen Beitrag geleistet, die Kraft einer Marke für die Aufklärung zu verantwortungsbewusstem Leben zu nutzen. Mittlerweile steht die Marke auch für eine der erfolgreichsten, bundesweiten Initiativen zur Frühaufklärung von Kindern über Gefahren am und im Wasser. Die Initiativen, die aus der Zusammenarbeit von Nivea und DLRG hervorgingen, hätten allein mit öffentlichen Mitteln nie finanziert werden können. Mit der Unterstützung von Nivea organisiert die größte freiwillige Wasserrettungsorganisation Kindergartentage und Strandfesttourneen an deutschen Küsten, um Kinder und Erwachsene auf spielerische, unterhaltsame Weise über umsichtiges Badeverhalten zu informieren. Die Erfolgsbilanz dieser Aktionen kann sich sehen lassen. Aus den Erlösen der Spendenaktionen, die Beiersdorf um beachtliche Beträge aufstockt, werden Rettungsschwimmer ausgebildet und zahlreiche neue Boote angeschafft – und Leben gerettet.

Weiterbildungsangebote, Corporate Volunteering im Programm „SeitenWechsel" – vielfältige Möglichkeiten für die Mitarbeiter

Einblicke auch in sich selbst. Das Unternehmen setzt darauf, dass die Herausforderung im ganz anderen sozialen Umfeld die Managementqualitäten positiv beeinflusst. So wird eine Woche bezahlte Arbeitszeit außerhalb des Unternehmens für alle Beteiligten zu einer lohnenden Investition.

Diese konsequente Verzahnung von sozialem Engagement und unternehmerischem Vorteil ist eine große Stärke des Konzerns, eine Tatsache, die auch bei der Mitarbeiterschulung zutrifft. Über 50 Seiten umfasst das Jahresprogramm von „Treffpunkt Weiterbildung": Fachtraining, Kommunikation, Arbeitsmethodik, Gesundheit, Englisch- und PC-Kurse. Ob als Wochenendseminar oder nach der Arbeit: Der Anreiz, das Programm zu schaffen und zu nutzen, ist für alle Seiten hoch. Wissenstransfer steht ebenso hoch im Kurs. Arbeits- und Produktsicherheit haben in den deutschen Beiersdorf-Betrieben einen hohen Standard erreicht. Das Wissen rund um Gefahrgut wird systematisch an die Kollegen aus den osteuropäischen Ländern bei speziellen Schulungen in Wien weitergegeben.

Die große Bedeutung des Umweltschutzes gehört für einen Global Player aus Deutschland zum natürlichen Auszeichnungsmerkmal. Ein firmeneigenes Auditierungssystem für Umwelt- und Arbeitssicherheit wurde auf der Grundlage zweier international anerkannter Normen – Öko-Audit-Verordnung der EU und ISO-14001-Standard – geschaffen. Im Jahr 1995 bei einem deutschen Tochterunternehmen begonnen, wird das modulare System konsequent weltweit im Konzern angewandt, bis zum kompletten Re-Audit in der vierten Stufe.

Szenenwechsel: 2002 wurde die Beiersdorf AG mit dem „KulturMerkur" für unternehmerische Kulturförderung ausgezeichnet, den die IHK Hamburg und die Hamburgische Kulturstiftung vergeben. Dies ist umso bemerkenswerter, als die Kulturförderung in der langen Unternehmensgeschichte eine relativ junge Einrichtung ist. Angefangen hat es 1992 mit „Kultur im Betrieb". Über 40.000 Mitarbeiter und ihre Freunde nutzten seitdem die Gelegenheit in der gewohnten Umgebung einer Fabrikhalle, ungewohnte Kulturangebote zu kosten: Kammermusik, Chansons, Musical, Kabarett gehörten dazu. Das Projekt stärkt die Sympathien für den Arbeitgeber, verschafft vielen Künstlern interessante Auftrittsmöglichkeiten und wurde für zahlreiche Mitarbeiter offenbar zum Aha-Erlebnis. Schon zwei Jahre später entstand die Kulturgemeinschaft Beiersdorf als Verein, in der sich Kollegen kreativ betätigen. Lehrkräfte sind Studenten der Hamburger Hochschule für Musik und Theater. Das kulturelle Engagement soll immer zum Unternehmen passen: Das galt z.B. für den

Seit 1992 fester Bestandteil des Arbeitsalltags bei Beiersdorf: Das Programm „Kultur im Betrieb" bringt Kammermusik, Theater und Kabarett auf das Werksgelände

einige Jahre lang ausgelobten tesafilm-Preis, der auf dem Hamburger Filmfest vergeben wurde. Weiterhin aktuell ist das Projekt „Tesalino und Tesalina", das in Kooperation mit der Stiftung Lesen an über 20.000 Grundschulen zum Lesen und Basteln anregt. Beiersdorf ist es wichtig, als Kultursponsor mit gutem Beispiel voranzugehen. Denn auch mit kleinen Summen können Unternehmer in ihren Gemeinden viel für die Kultur, für sich und ihre Mitarbeiter tun. Um zum Know-how-Transfer auf allen Gebieten beizutragen, gehört Beiersdorf deshalb vielen Organisationen an: von Responsible Care bis zum Arbeitskreis Kultursponsoring des BDI.

AUF EINEN BLICK:

GESELLSCHAFT

- Special Olympics 2004
- Flutopfer-Erdbebenhilfe
- Stiftung Phöniks
- Kulturinstitutionen
- Spenden
- Projekte der internationalen Beiersdorf-Töchter, z.B. „Hansaplast cares": Unterstützung und Ausbildung von Straßenkindern in Indonesien

MITARBEITER

- Treffpunkt Weiterbildung
- Internationaler Wissensaustausch
- „Seitenwechsel" (Corporate Volunteering)
- Betriebskindergarten
- Sport-, Kulturgemeinschaft
- Betriebliches Vorschlagwesen seit 1953
- Vision Arbeitssicherheit: „Null Unfälle im Betrieb"

UMWELT

- Interne Umweltschutz- und Sicherheits-Betriebsprüfung ESMAS (Environmental Protection and Safety Management Audit Scheme) auf der Basis von ISO 14001
- Kontinuierliche Reduzierung des Wasserverbrauchs bei der Produktion von Kosmetikrohstoffen durch Optimierungsmaßnahmen
- Reduzierung von Verpackung, sparsamer Umgang mit Ressourcen
- Verzicht auf Tierversuche z. Prüfung v. Kosmetika seit Mitte der 80er-Jahre
- Weiterentwicklung innovativer Prüf- und Produktkonzepte

KOOPERATIONEN, INITIATIVEN, PROJEKTE, STIFTUNGEN

- DLRG/NIVEA (Kooperation)
- Jugend forscht Landeswettbewerb (Projekt)
- Paul-Gersson-Unna-Preis
- Kultur im Betrieb (Mitarbeiter- und Nachbarschaftsprogramm)

MITGLIEDSCHAFTEN

- Global Compact
- Responsible Care
- World Environmental Center
- Arbeitskreis Kultursponsoring im BDI

INFORMATION

Beiersdorf AG
Unnastraße 48
20245 Hamburg
Prof. Manuela Rousseau
Fon 0 40 / 49 09 - 39 91
Fax 0 40 / 49 09 - 25 16
manuela.rousseau@beiersdorf.com
www.beiersdorf.de

BERTELSMANN AG

Eine nachhaltige Steigerung des Unternehmenswertes setzt voraus, dass ein Unternehmen aktiv Verantwortung in der Gesellschaft übernimmt und partnerschaftlich mit Mitarbeitern, Geschäftspartnern und anderen Stakeholdern umgeht. Langfristig erfolgreich kann es nur sein, wenn es die Gesellschaft aktiv mitgestaltet und an seinem Erfolg teilhaben lässt. An diesem Grundverständnis richten Mitarbeiter, Führungskräfte und Gesellschafter unseres Hauses ihr Handeln aus. Die Verantwortung, die Bertelsmann übernimmt, ist Teil unserer partnerschaftlichen Unternehmenskultur und schlägt sich nieder in Hunderten von Initiativen, die unsere Firmen und Unternehmensbereiche in ihrer täglichen Arbeit umsetzen. Sie trägt maßgeblich zu Erfolg, Entwicklung und Ansehen von Bertelsmann in der Welt bei.

Dr. Gunter Thielen,
Vorsitzender des Vorstands der Bertelsmann AG

Was heute als Corporate Social Responsibility bezeichnet wird, ist bei Bertelsmann seit jeher Teil der Unternehmenskultur. In ihrer modernen Ausprägung fußt diese auf den Überzeugungen und Ansichten des Nachkriegsgründers Reinhard Mohn, der bereits 1960 in seiner „Grundsatz- und Betriebsordnung" entscheidende CSR-Themen verankert hatte, die er letztlich auf die Prämisse „Eigentum verpflichtet" zurückführte. Daraus entstanden die heutigen „Bertelsmann Essentials", eine Selbstverpflichtung zu Grundwerten, in der auch die Erbringung eines Leistungsbeitrags für die Gesellschaft als Unternehmensziel verankert ist. Mohn konnte sich dabei auf eine lange familiäre und unternehmerische Tradition berufen: 1848 war Unternehmensgründer Carl Bertelsmann einer der Initiatoren des Evangelisch-Stiftischen Gymnasiums in Gütersloh. Und bereits 1887 richtete der damalige C. Bertelsmann Verlag für seine Mitarbeiter eine Invaliden- und Altersversorgungskasse ein. Die Unternehmenskultur von Bertelsmann speist sich in hohem Maße aus dem Grundsatz der Dezentralität. Das Medienunternehmen, das weltweit führende Positionen in den relevanten Märkten einnimmt, gliedert sich auf in die sechs Unternehmensbereiche RTL Group, Random House, Gruner + Jahr, BMG, Arvato und Direct Group. Insgesamt sind es mehr als 400 Firmen, die unter dem Dach der Bertelsmann AG nicht nur Menschen weltweit mit Produkten und Services inspirieren und Gewinne erwirtschaften, sondern auch eigene Corporate-Responsibility-Initiativen ergreifen. Ein Beispiel ist etwa die „Stiftung RTL – Wir helfen Kindern e.V.": Der Verein fördert seit zehn Jahren ausgesuchte Kinderhilfsprojekte in Deutschland und in aller Welt. Die Spendengelder werden vor allem durch den im deutschen Fernsehen einmaligen RTL-Spendenmarathon eingenommen, der seit 1996 jährlich stattfindet und über den bislang mehr als 47 Mio. Euro gesammelt werden konnten.

Die Aktivitäten der Bertelsmann Gruppe für Bildung, Kultur und im Charity-Bereich machen natürlich nicht an Deutschlands Grenzen Halt. Einige Beispiele: Die Buchverlagsgruppe Random House unterstützt in den USA maßgeblich die gemeinnützige Organisation First Book, die sich in Hunderten von Städten darum kümmert, Kindern aus einkommensschwachen Familien Bücher zu schenken. Random House stellt dafür in diesem Jahr 1,5 Millionen Bücher

BERTELSMANN
media worldwide

BERTELSMANN MITARBEITERBEFRAGUNG

Traditionell legt Bertelsmann einen Schwerpunkt auf das Engagement für seine Mitarbeiter. Dies drückt sich etwa in der bereits 1970 eingeführten Gewinnbeteiligung, in Gesundheits-Check-Ups oder im Vorschlagswesen aus. Laufend werden zudem Verbesserungen in Bertelsmann Firmen weltweit realisiert, zum Beispiel in der Weiterbildung und beruflichen Entwicklung, der Führung, den Arbeitsbedingungen oder der Vergütung. Bertelsmann setzt außerdem seit 1977 die Mitarbeiterbefragung ein – 2002 fand sie erstmals weltweit statt: 64.125 Befragte in 46 Ländern konnten sich anonym ausführlich zu Unternehmen, Arbeitsbedingungen, Weiterbildung und beruflichen Entwicklungsmöglichkeiten, Einkommen sowie Vorgesetzten äußern. Aus den Antworten wurden konkrete Verbesserungsmaßnahmen abgeleitet und grundsätzliche Erkenntnisse gewonnen, die die Bertelsmann Unternehmenskultur bestätigen: den Zusammenhang von partnerschaftlicher Unternehmenskultur, Mitarbeiteridentifikation und wirtschaftlichem Erfolg. Personalchef Detlef Hunsdiek: „Unsere Analysen bestätigen: Erfolg des Unternehmens und Verantwortung für die Mitarbeiter gehen Hand in Hand. Wo Vorgesetzte im Sinne unseres partnerschaftlichen Führungsverständnisses handeln, identifizieren sich Mitarbeiter am stärksten mit ihrer Firma und setzen sich besonders für deren Erfolg ein. Dieser Zusammenhang wird im finanziellen Erfolg unserer Firmen erkennbar."

Das Reporting über sein gesellschaftliches Engagement hat bei Bertelsmann seit den 70er-Jahren Tradition

zur Verfügung, wobei die Mitarbeiter bei der Verteilung helfen. Auch der französische Buchclub France Loisirs (Direct Group) macht sich für Heranwachsende stark: Im gemeinsam mit den Ministerien für Justiz und Bildung gestarteten Projekt „1.000 Worte gegen Gewalt" motivieren ehrenamtliche Helfer Jugendliche in Erziehungsanstalten, Jugendgefängnissen und besonderen Schulklassen für schwer Erziehbare zum Lesen und zur Erweiterung ihres Wortschatzes. In Polen hat die BMG mit „Ladies", einer Benefiz-CD, auf der zehn der populärsten Sängerinnen des Landes bekannte polnische Lieder neu aufgenommen haben, eine höchst erfolgreiche Platte herausgebracht – vom Erlös kam jeweils ein Zloty (rund 21 Eurocent) einer Stiftung zur Brustkrebsvorsorge zugute. In dieser Aktion zeigt sich auch, wie einzelne Bertelsmann Firmen bei CSR-Aktionen zusammenarbeiten: Der polnische Buchclub veröffentlichte einen Ratgeber zum Thema Brustkrebs, der zusammen mit der CD vertrieben wurde. Gruner + Jahr wiederum berichtete in einigen Zeitschriften über die Aktion und druckte Interviews mit den Künstlerinnen sowie mit der Schirmherrin der Stiftung, Polens First Lady Jolanta Kwasniewska.

Spricht man über das gesellschaftliche Engagement von Bertelsmann, so kann dies nicht losgelöst betrachtet werden vom Engagement der Familie Mohn, welches seit 1977 institutionalisiert ist in der Bertelsmann Stiftung, die sich als Förderin des gesellschaftlichen Wandels hin zu einer zukunftsfähigen Gesellschaft versteht. Bis Ende 2004 hatte die Bertelsmann Stiftung rund 548 Mio. Euro in die Reformarbeit investiert; im Jahr 2004 sind 60,9 Mio. Euro aus den Gewinnen der Bertelsmann AG an die Stiftung geflossen. Mit Schwerpunkten wie Bildung, Gesundheit, internationale Verständigung, Unternehmenskultur, Wirtschaft und Soziales, Demokratie und Kultur entwickelt und verwirklicht die Stiftung Lösungsmodelle zu gesellschaftlichen Herausforderungen und Problemen in selbst initiierten Projekten. Noch bis 2007 führt die Bertelsmann Stiftung beispielsweise das Leitprojekt „Corporate Social Responsibility" durch – mit dem Ziel, die Umsetzung der gesellschaftlichen Verantwortung in Unternehmen zu fördern, indem Gestaltungswissen und Handlungsempfehlungen für Akteure in Unternehmen bereitgestellt werden. Die Bertelsmann AG unterstützt darüber hinaus viele weitere Stiftungen und Initiativen, genannt seien etwa die Deutsche Stiftung Musikleben, die Stiftung Lesen oder das Kuratorium Museumsinsel.

Auch das Thema Umwelt ist in allen Bertelsmann Unternehmensbereichen und Tocherfirmen präsent und relevant: So sind etwa die Arvato-Druckereien Mohn Media und GGP Media unter anderem nach den Nach-

Yvonne Catterfeld, Patin des RTL-Spendenmarathons 2004, beim gemeinsamen Essen mit Patientinnen in der Berliner Charité. Mit den Spenden wurde ein Zentrum für Essstörungen eingerichtet

haltigkeitskriterien des Forest Stewardship Council (FSC) zertifiziert – Arvato erhielt hierfür im September 2005 den internationalen Umweltpreis „Global 100 Eco-Tech-Award". Bei Gruner + Jahr wird bereits seit 1991 ein ganzheitliches Umweltkonzept realisiert, und die Verlagsgruppe Random House bezieht das für die gesamte deutsche Buchproduktion eingesetzte Papier aus kreislauforientierter, nachhaltiger Forstwirtschaft.

AUF EINEN BLICK:

GESELLSCHAFT

- Partner für Innovation / Du bist Deutschland
- Kooperation mit SOS-Kinderdörfern für Waisenkinder in Südostasien
- Deutsche Stiftung Musikleben
- Stiftung Lesen
- Kuratorium Museumsinsel Berlin
- RTL-Spendenmarathon
- Lesefestival Leipzig liest

MITARBEITER

- Partnerschaftliche Unternehmenskultur
- Internationale Mitarbeiterbefragung
- Gewinnbeteiligung
- Gesundheitliche Präventions- und Schutzmaßnahmen
- Codes of Conduct

UMWELT

- Konzernweite Umweltpolitik
- Umweltbeauftragte in dezentralen Unternehmensbereichen
- Zertifizierung von Druckereien nach EMAS- und ISO-Standards
- Zertifizierung von Druckereien nach FSC-Kriterien
- Umweltpartnerschaft Lebendige Elbe

INFORMATION

Bertelsmann AG
Carl-Bertelsmann-Straße 270
33311 Gütersloh
Jasmine Borhan
Unternehmenssprecherin,
Leiterin Unternehmenskommunikation
Fon 0 52 41 / 80 - 22 44
Fax 0 52 41 / 80 - 6 61 20
jasmine.borhan@bertelsmann.de
www.bertelsmann.de

BETAPHARM ARZNEIMITTEL GMBH

Unsere Unternehmensphilosophie stellt seit jeher den Menschen in den Mittelpunkt. Bei betapharm soll sich jeder als Teil der Gemeinschaft fühlen und Sinn und Freude in der Arbeit finden. Wir gehen offen miteinander um, sind verlässlich und arbeiten partnerschaftlich zusammen – innerhalb unseres Unternehmens und mit unseren Kunden. Soziale Verantwortung nehmen wir ernst, deshalb stellen wir uns auch den psychosozialen Fragen im Gesundheitswesen und fördern sozialmedizinische Zukunftsprojekte. Auf der Basis unseres wirtschaftlichen Erfolges entwickeln wir unsere Werte weiter. Erfolg durch Vertrauen ist unser Ziel.

Peter Walter, Geschäftsführer betapharm Arzneimittel GmbH

Das Dilemma der Patientenversorgung im Gesundheitswesen ist bekannt: In immer kürzerer Zeit sind immer mehr Patienten zu betreuen. Patientenversorgung bedeutet zunehmend Abfertigung statt Begleitung und Versorgung. Dass die für eine Heilung so wichtigen zwischenmenschlichen Beziehungen dabei oft auf der Strecke bleiben, ist eine traurige Tatsache. Ein weiteres Problem des Gesundheitswesens in Deutschland ist die Segmentierung der medizinischen Versorgung: Oft müssen Informationen über mögliche Hilfen und Maßnahmen mühsam von den Patienten selbst zusammengetragen werden. Die betapharm Arzneimittel GmbH hat diese „soziale Lücke" erkannt und möchte mit ihrem gesellschaftlichen Engagement einen Beitrag zu Verbesserungen im Gesundheitswesen leisten.

Das 1993 gegründete mittelständische Unternehmen vertreibt patentfreie Arzneimittel, die so genannten Generika, mit einem Sortiment von 132 Wirkstoffen in 848 Handelsformen. Es beschäftigt ca. 350 Mitarbeiter und erzielte 2004 einen Umsatz von 161,1 Mio. Euro. Nach der Maxime „der Mensch steht im Mittelpunkt" pflegt das Unternehmen einen offenen und sozial verantwortlichen Umgang mit Kunden, Mitarbeitern und Partnern. betapharm ist es gelungen, sich als Pharmaunternehmen zu positionieren, das mit einer Vielzahl sozialer Maßnahmen die ganzheitliche Patientenver-

sorgung weiterentwickelt und so die Versorgungsqualität verbessert. Dadurch erreicht betapharm eine Alleinstellung in einem Markt austauschbarer Produkte, denn Wirkstoff, Qualität und Preise der generischen Arzneimittel gleichen sich in der Regel.
Im Rahmen ihres „ethischen Marketings" hat es sich betapharm zur Aufgabe gemacht, die ganzheitliche Krankheitsbewältigung zu unterstützen und die psychosoziale Gesundheit von Patienten zu fördern. Denn, so heißt es bei betapharm, der Mensch braucht mehr als Medizin und Arzneimittel, um gesund zu sein. Eine ganzheitliche Versorgung, die alle Möglichkeiten gesundheitlicher Fürsorge vor Augen führt und ausschöpft, fördert nicht nur den Gesundungsprozess von Patienten, sondern spart auf Dauer auch Kosten ein. Mehr Transparenz für die Patienten und die Förderung ganzheitlicher Patientenversorgung sind daher das zentrale Thema der Aktivitäten von betapharm als einem Corporate Citizen. Initialprojekt war die Förderung des Augsburger Nachsorgemodells, das schwer und chronisch

BETAPHARM NACHSORGESTIFTUNG

Die betapharm Nachsorgestiftung wurde im September 1998 gegründet. Ihr Ziel ist es, das Augsburger Nachsorgemodell der Initiative des Bunten Kreises zu fördern und weiterzuentwickeln. Die im Jahr 1992 an der Kinderklinik Augsburg ins Leben gerufene Initiative Bunter Kreis hilft Familien mit schwer und chronisch kranken Kindern bei dem oft schwierigen Übergang vom Krankenhausaufenthalt in das Alltagsleben. Die Stiftung möchte dazu beitragen, dass die menschliche, psychosoziale Nachsorge für diese Kinder und ihre Familien bundesweit zur Verfügung steht. Außerdem soll der Prozess der Nachsorge durch wissenschaftliche Forschung unterstützt und zu einem ganzheitlichen Versorgungssystem auch für Jugendliche und Erwachsene weiterentwickelt werden. Aus diesem Grund wurde die bundesweit erste gesundheitsökonomische Studie zum Thema Nachsorge durchgeführt. Die im Jahr 2003 abgeschlossene sozioökonomische Studie erbrachte den Nachweis für den menschlichen wie ökonomischen Nutzen der Nachsorge. Gemeinsam mit dem Bunten Kreis startete das beta Institut für sozialmedizinische Forschung und Entwicklung eine Gesetzesinitiative. Mit Erfolg, denn seit 1. Januar 2004 ist Nachsorge für Kinder bis 12 eine im SGB V festgeschriebene Leistung der Krankenkassen. Neben Augsburg gibt es mittlerweile in bereits mehr als 15 Städten in Deutschland Nachsorgeeinrichtungen, die nach dem Augsburger Modell arbeiten.

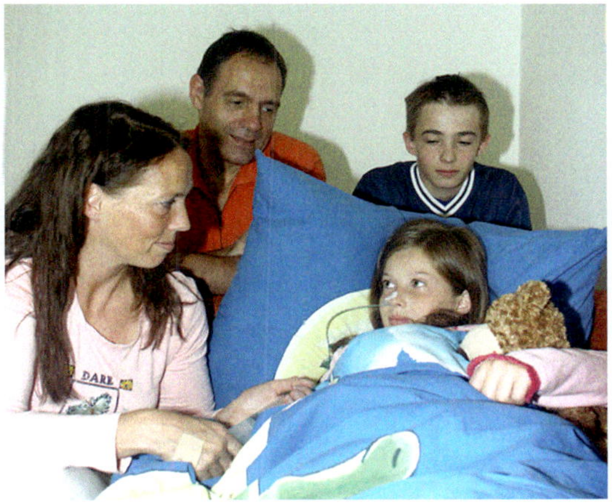

Interessenten steht umfangreiches Informationsmaterial zu den CSR-Aktivitäten von betapharm zur Verfügung

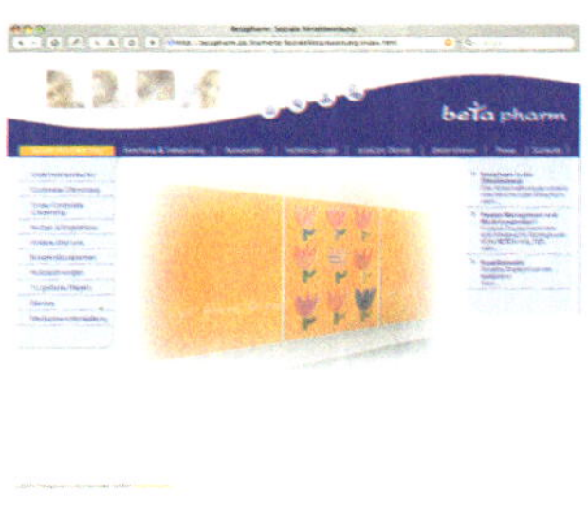

kranke Kinder und ihre Familien unterstützt. Die Gründung des von betapharm geförderten beta Instituts für sozialmedizinische Forschung und Entwicklung im Jahr 1999 war ein wichtiger strategischer Ausgangspunkt für die Weiterentwicklung dieses Modells zu einer bundesweiten Einrichtung. Das Institut entwickelt Methoden für eine Patientenversorgung, die medizinische Aspekte ebenso berücksichtigt wie die psychosoziale Situation des Patienten und die Struktur des Gesundheitswesens. Seitdem hat betapharm eine Reihe weiterer Projekte ins Leben gerufen. Im Mittelpunkt steht vielfach das Case-Management: Case-Manager, d.h. Patientenbegleiter, sind in der Nachsorge für Kinder und Erwachsene tätig.

Aufgrund ihres außergewöhnlichen Engagements wird das Corporate Citizenship der betapharm Arzneimittel GmbH mittlerweile selbst zu einem Thema. Am 17.12.2002 erhielt das Unternehmen für sein gesellschaftliches Engagement den ersten Preis beim Wettbewerb „Freiheit und Verantwortung". Das Unternehmen präsentierte seine Aktivitäten der britischen Initiative „Business in the Community" und stellte sie als einziges deutsches Unternehmen bei einer Anhörung der Europäischen Kommission zum Thema Corporate Social Responsibility vor. betapharm ist Gründungsmitglied des von UPJ initiierten Corporate-Citizenship-Netzwerks „Unternehmen: Aktiv im Gemeinwesen" (UAG). Die Bundesinitiative führt auf ihrer Website die 10 goldenen Regeln von betapharm zu Corporate Citizenship als beispielhaft für die Umsetzung bürgerschaftlichen Engagements mittelständischer Unternehmen auf.

Die Corporate-Citizenship-Aktivitäten von betapharm sind mit einer vielgestaltigen Medienpräsenz verbunden. Ob bei der telefonischen Beratung betafon, der Internetsuchmaschine betanet, dem Lexikon für Sozialfragen beta-Liste oder in der Nennung des beta Instituts als Herausgeber wissenschaftlicher Publikationen – der Name beta ist immer vertreten und wird überall positiv mit betapharm assoziiert. Die Forschungen des beta Instituts und die Seminare für Apotheken und Arztpraxen unter dem Namen betaCare sorgen für eine weitere Durchdringung der Branche. betapharm Arzneimittel erhalten durch diese Präsenz eine enorme Aufwertung im Markenpublikum. Der anhaltende Erfolg der betapharm Arzneimittel GmbH, die sich in den sieben Jahren seit dem Beginn der Förderung des Augsburger Nachsorgemodells zum viertgrößten deutschen Generika-Vertreiber entwickelt hat, ist ganz entscheidend auf die Unternehmenskultur zurückzuführen. Hier befruchten sich beide Bereiche gegenseitig – das soziale Engagement fördert den Geschäftserfolg und das

betapharm hat maßgeblich dazu beigetragen, dass die Nachsorge für Kinder 2004 gesetzlich verankert wurde

erfolgreiche Geschäft macht die finanzielle Förderung des sozialen Engagements möglich. Das von betapharm konsequent und überzeugend gelebte Corporate Citizenship ergänzt sich auf diese Weise ideal mit der pharmazeutischen Markttätigkeit des Unternehmens. Das Resultat kann sich sehen lassen: In ihrer erst 12-jährigen Unternehmensgeschichte ist es betapharm gelungen, sich als eines der größten deutschen Pharmaunternehmen zu etablieren und eine beispielhafte Rolle für die Wahrnehmung eines zukunftsweisenden Corporate Citizenship einzunehmen. Ein Meilenstein für eine menschlichere Zukunft im Gesundheitswesen.

AUF EINEN BLICK:

MITARBEITER

- Umfangreiches Weiterbildungsangebot
- Organisation des Unternehmens in Teams
- Zusätzliche Vorsorgeleistungen

AKTIONEN & INITIATIVEN

- Gesetzesinitiative zugunsten sozialmedizinischer Nachsorge für Kinder
- Augsburger Nachsorgesymposien – Sozialpädiatrische Fachtagungen
- Case-Management in Krankenhäusern/Arztpraxen/Apotheken
- Case-Management-Fortbildungen
- betaCare – Informationsdienst zu sozialen Fragen im Gesundheitswesen
- betaCare-Schulungen
- Patiententrainings
- mammanetz – Begleitstelle für Frauen mit Brustkrebs
- Papilio – Kindergartenprogramm zur Vorbeugung von Sucht und Gewalt

FORSCHUNGSPROJEKTE

- Augsburger Nachsorgeforschung
- QUIB – Qualität im Bunten Kreis
- INIP – Interdisziplinäre Nachsorge in der Pädiatrie
- Sozioökonomische Studie und PRIMA-Studie zur Nachsorge

KOOPERATIONSPARTNER (AUSWAHL)

- Bundesministerium für Bildung und Forschung
- Bayerisches Gesundheitsministerium
- Humboldt-Universität zu Berlin, Universität Augsburg
- Klinikum Augsburg, AOK, Barmer Ersatzkasse

EINRICHTUNGEN

- betapharm Nachsorgestiftung
- beta Institut für sozialmedizinische Forschung und Entwicklung gGmbH

PREISE, MITGLIEDSCHAFTEN, ZERTIFIZIERUNGEN

- 1. Preis im Wettbewerb „Freiheit und Verantwortung 2002"
- „Unternehmen: aktiv im Gemeinwesen" – bundesweites CC-Netzwerk
- CCC e.V., BBE e.V., UFJ e.V.
- Zertifizierung nach DIN EN ISO 9001:2000

INFORMATION

betapharm Arzneimittel GmbH
Kobelweg 95
86156 Augsburg
Petra Kinzl
Leitung CSR, Unternehmenssprecherin
Fon 08 21 / 74 88 10
Fax 08 21 / 74 88 14 20
info@betapharm.de
www.betapharm.de

THE BODY SHOP

Als Geschäftsleute tragen wir weltweit Verantwortung für das, was wir unternehmen. Unser Wirkungskreis geht über nationale Grenzen hinaus. Unsere Entscheidungen beeinflussen nicht nur die Wirtschaft, sondern auch ganze Gesellschaften; sie werfen nicht nur geschäftliche Fragen auf, sondern auch die nach der Armut, der Umwelt und der Sicherheit der Menschen. Daher ist es wichtiger denn je, dass die Wirtschaft eine moralische Vorreiterrolle übernimmt. Wenn im Business keine Moral, kein Mitleid und kein Verhaltenskodex mehr gilt, dann Gnade uns Gott. Wir müssen den Maßstab des Erfolges danach ausrichten, ob die Gemeinschaften, Kulturen und Familien gestärkt werden, und wir müssen auch die Folgen ermessen, wenn das nicht der Fall ist. Lieber wäre mir, daran gemessen zu werden, wie ich die schwächeren und bedrohten Gemeinschaften behandele, mit denen ich Geschäfte mache, statt an der Höhe meiner Gewinnspanne. Wenn wir uns alle, die wir im Business sind, im Kleinen dieser Sache annehmen würden, könnten wirklich große Dinge geschehen. Und: Die Erkenntnis, dass die Arbeit für The Body Shop mehr bedeutet als Regale aufzufüllen oder Seife zu verkaufen, weckt unbändigen Stolz und Begeisterung.

Dame Anita Roddick,
Gründerin von The Body Shop

Duschgel und Gesichtscreme, Lippenstift und Lidschatten – die scheinbar unendliche Palette der Kosmetikprodukte begleitet uns täglich. Wir leben mit ihr von morgens bis abends in hautnahem Kontakt. Da sich die Gesellschaft – wie schon so oft in der Geschichte – gerne an Jugendlichkeits- und Schönheitsidealen orientiert, entwickelt die konventionelle Kosmetikindustrie immer neue Inhaltsstoffe – verbunden mit vielen Werbeaussagen.
All das war Dame Anita Roddick irgendwann zu viel. Die aus Italien stammende Britin gründete 1976 ihre eigene Kosmetikfirma in Brighton, England: The Body Shop. Sie wollte zeigen, dass kommerzieller Erfolg und gesellschaftliche Verantwortung miteinander vereinbar sind. Zu Beginn wollte sie mit ihrer Firma eigentlich nur den Lebensunterhalt für sich und ihre beiden Töchter sichern, solange ihr Mann die Welt bereiste. Mittlerweile vertreibt The Body Shop, seit 1984 ein Aktienunternehmen, in 52 Ländern und 2.500, meist als Franchise-System geführten, Läden auf natürlicher Basis hergestellte Pflegeprodukte für Haut und Haar. Bis heute bleibt es Dame Anita Roddick, mittlerweile Mitglied im Aufsichtsrat, wichtig, ein Unternehmen mit ehrlichen und moralischen Grundsätzen zu führen. Die Philosophie von The Body Shop ruht deshalb auf fünf Pfeilern, die Corporate Social Responsibility auf vielfältige Weise ausdrücken: Tierschutz, Hilfe

durch Handel, Umweltschutz, Menschenrechte und Selbstachtung. „CSR ist die DNA des Unternehmens", sagt The Body Shop.

Eckpfeiler Tierschutz. The Body Shop setzt sich aktiv für ein Verbot von Tierversuchen in der Kosmetikindustrie ein. 1996 sammelte das Unternehmen mit der europaweiten Kampagne „Tierversuche? Schluss damit!" mehr als vier Millionen Unterschriften. Über die 1990 gegründete The Body Shop Foundation unterstützt das Unternehmen das John Hopkins Center for Alternatives to Animal Testing.

Eckpfeiler Hilfe durch Handel. Ende der 80er-Jahre entwickelte The Body Shop ein Programm für fairen Handel mit strukturschwachen Regionen. Im Zentrum stehen der Aufbau langfristiger Handelsbeziehungen, die Bezahlung überdurchschnittlicher Preise und der respektvolle Umgang mit den beteiligten Menschen. Die reine Handelsbeziehung begleiten häufig soziale Projekte: beispielsweise ein Gesundheitsprojekt im Amazonasgebiet und ein Schulprojekt in Nepal. Mittlerweile bezieht The Body Shop Inhaltsstoffe und Accessoires für seine

THE BODY SHOP

„BLAUSCHIMMEL" IM „GET ACTIVE"-PROGRAMM

Im Jahr 2001 begann eine außergewöhnliche Zusammenarbeit im Rahmen des „Get Active"-Programms von The Body Shop. Dieses Programm räumt allen lokalen The Body Shop Filialen einen halben Tag ihrer monatlichen Arbeitszeit für soziale Projekte ein. Einmal in Jahr bewertet das Unternehmen die aus Eigeninitiative entstandenen Projekte mit dem EMEA Values Award.

Gisela Wirth, Shopmanagerin des The Body Shop Oldenburg, organisierte 2001 erstmals für ein Sommerprogramm der Behinderteneinrichtung „Sterntaler-Wildeshausen" Schminkaktionen. Bald freundete sie sich mit den Heimbewohnerinnen an und erfuhr, dass die meisten von ihnen der Theatergruppe „Blauschimmel" angehören. In dieser Gruppe arbeiten geistig und körperlich Behinderte im Alter von 18 bis 65 Jahren zusammen mit Nichtbehinderten und führen einmal im Jahr einstudierte Stücke auf. Die Theaterkompanie ernannte die Mitarbeiterinnen von The Body Shop Oldenburg zum persönlichen Schmink- und Kostümierteam. Eine von Gisela Wirth und Kolleginnen freudig angenommene Herausforderung, der sie sich seitdem bei zahlreichen Aufführungen gestellt haben. Da die Theatergruppe „Blauschimmel" nur über geringe finanzielle Mittel verfügt, sammelt Gisela Wirths The Body Shop Filiale zusätzlich Spenden für die Blauschimmel-Truppe. Für ihr Engagement erhielt ihr Shop 2003 den Preis der Initiative Freiheit und Verantwortung in der Kategorie „Kleine Unternehmen".

Ob internationale Programme für fairen Handel oder lokale Kampagnen: die CSR-Aktivitäten sind fester Bestandteil der Unternehmenskultur

Kosmetik aus mehr als 30 Projekten in 26 Ländern. Beispiele sind Wildhonig aus Sambia, Kakaobutter aus Ghana (Projekt in Zusammenarbeit mit Transfair) und Babassu-Nüsse aus Brasilien.

Eckpfeiler Umweltschutz. Im Mai 1992 gab The Body Shop unaufgefordert eine Umwelterklärung gemäß der EG-Prüfungsrichtlinien ab. Es war damit das erste englische Unternehmen, das sich freiwillig prüfen ließ. Bis heute sind vier Ökobilanzen erschienen. Zur umweltorientierten Unternehmenskultur gehören Schulungen der Mitarbeiter in ökologischen Themen. The Body Shop Deutschland setzte sich 1995 für die Revitalisierung des Flusses Ise ein und führte zusammen mit dem B.U.N.D. eine Abfallvermeidungskampagne durch. Gemeinsam mit der Tropenwaldstiftung Oro Verde startete The Body Shop im gleichen Jahr eine Kampagne zum Schutz der Tropenwälder. „Ja" zur positiven Energie war das Motto, mit dem The Body Shop im Jahr 2002 gemeinsam mit dem B.U.N.D. die Kunden aufforderte, auf grünen Strom umzusteigen.

Eckpfeiler Menschrechte. 1990 gründete The Body Shop „Children on the Edge", ein weltweites Hilfsprogramm, das in Zusammenarbeit mit Hilfsorganisationen notleidende Kinder unterstützt. „Children on the edge" betreibt Projekte in Albanien, Bosnien, Kosovo, Rumänien und Ost Timor. Die Hilfsmaßnahmen stehen unter dem Motto, dass Kinder ein Recht auf Kindheit und Familie, ein Recht zu Spielen, ein Recht auf Schutz und Bildung haben. Im Kosovo beispielsweise unterstützte The Body Shop finanziell den Bau einer Schule. In einer Aufklärungskampagne machte The Body Shop 1995 auf Menschenrechtsverletzungen und Umweltverschmutzungen in Nigeria aufmerksam. Das Unternehmen engagierte sich im gleichen Jahr mit zwei bundesweiten Aufklärungskampagnen gegen Ausländerfeindlichkeit in Deutschland sowie gegen AIDS.

Der seit 2000 alle zwei Jahre vergebene The Body Shop Human Rights Award, dotiert mit 300.000 US-Dollar, unterstützt Initiativen, die im Kleinen Großes bewirken. Im Jahr 2000 erhielten die Auszeichnung vier Organisationen, die sich für das Recht auf Bildung einsetzen. 2002 war das Thema für die Preisvergabe Recht auf Wohnraum.

Anfang März 2004 startete The Body Shop deutschlandweit die Kampagne „Stoppt häusliche Gewalt". Sie will das Thema Gewalt in der Familie in das öffentliche Bewusstsein rufen. 2005 überreichte das Unternehmen 40.000 Euro an TERRE DES FEMMES, Kooperationspartner im zweiten Jahr. Das Geld stammt aus Sonderverkäufen für die Kampagne. Für jedes gebrauchte Handy, das an The Body Shop geschickt wird, erhält TERRE DES FEMMES zudem zusätzlich 3,50 Euro.

Dame Anita Roddick, Gründerin von The Body Shop, baute die Organisation Children on the Edge auf, die Kindern in Kriegsgebieten hilft, z.B. wurde in Cabra im Kosovo der Wiederaufbau einer Schule ermöglicht

Eckpfeiler Selbstachtung. Unter dem Motto „There are 2 billion women who don't look like supermodels and only 8 who do" wies eine im Februar 1998 gestartete Kampagne auf den Zusammenhang von Wohlbefinden und Selbstbewusstsein hin. The Body Shop wollte darauf aufmerksam machen, dass die westliche Gesellschaft an ihrem eigenen Schönheitsideal krankt.

Über so viel Engagement gerät es fast in Vergessenheit: The Body Shop produziert auch Kosmetikprodukte. Aber es bleibt dabei. Das Unternehmensleitbild bleibt wichtigstes Ziel: „Unser Unternehmen ist sozialer Veränderung und dem Schutz der Umwelt verschrieben." Mit Erfolg: 2004 stieg der Umsatz, obwohl The Body Shop auf bezahlte Werbung komplett verzichtet, weltweit um 31 %, der Gewinn pro Aktie um 22 %.

AUF EINEN BLICK:

GESELLSCHAFT

- CSR ist integrierter Bestandteil des Unternehmens
- 5 Werte-Bereiche: Tierschutz, Hilfe durch Handel, Umweltschutz, Menschenrechte und Selbstachtung
- Aufbau internationaler Programme für fairen Handel mit TransFair, häufig begleitet von sozialen Projekten z.B. Bildungs- oder Gesundheitsprogrammen
- Kampagnen zu gesellschaftlich relevanten Themen, z.B. „Stoppt häusliche Gewalt" zusammen mit Terre des Femmes
- Non-Profit-Organisation „Children on the Edge" unterstützt notleidende Kinder in Kriegsgebieten
- Die The Body Shop Foundation unterstützt das John Hopkins Center for Alternatives to Animal Testing
- The Body Shop Human Rights Award zeichnet Projekte für Menschenrechte aus

MITARBEITER

- „Get Active"-Programm, alle The Body Shop Filialen haben im Monat einen halben Arbeitstag für soziale Projekte zur Verfügung
- Auszeichnung der aus Eigeninitiative entstandenen Projekte mit dem EMEA Values Award

UMWELT

- Erstes britisches Unternehmen, das eine Umwelterklärung gemäß der EG-Prüfungsrichtlinien abgab und sich freiwillig prüfen ließ
- In Deutschland umfangreiche Kooperation mit dem B.U.N.D., u.a. gemeinsame Initiativen z.B. zum Naturstrom
- Internationale Kampagnen zum Schutz der Tropenwälder

INFORMATION

Cosmo Trading GmbH
The Body Shop Deutschland
41460 Neuss
Corporate Communications
Fon 0 21 31 / 9 54 - 6
Fax 0 21 31 / 9 54 - 7 01
pr@the-body-shop.de
www.the-body-shop.de

BOGE KOMPRESSOREN

Die Erfahrung hat gezeigt, dass lebendige Kooperation viel zu tun hat mit offener Kommunikation, regelmäßigem Informationstransfer und Mut zu neuen Wegen. Im Wettbewerb werden die gewinnen, die kompetente Vielfalt am effektivsten organisieren und damit die Schlagkraft erhöhen. Es gewinnen die Unternehmen, in denen eine Kultur der Kooperation einen spezifischen Mehrwert generiert, der von jedem Einzelnen fruchtbar gemacht werden kann. Wir bei BOGE setzen auf ein partnerschaftliches Miteinander, auf ein Klima des Dialogs, auf die Gemeinschaft der Profis.

Rolf Struppek, Geschäftsführer BOGE

BOGE packt an: BINGO! So lautet der glückliche Ausruf, wenn etwas gut gelungen ist. BINGO, so lautet auch die flotte Abkürzung der „BielefelderIngenieurOffensive", mit der es dem Unternehmen BOGE immer wieder gut gelingt, junge Leute an den Ingenieurberuf heranzuführen. Denn einmal im Jahr kurz vor den Sommerferien gibt der Druckluftspezialist Schülern die Gelegenheit, an Ort und Stelle in den Fertigungshallen von BOGE zu erleben, wie vielseitig, spannend und abwechslungsreich der Ingenieurberuf ist. Mittlerweile über 1.000 Schülerinnen und Schüler aus über 40 Schulen bekommen an diesem BINGO-Tag bei inzwischen über 40 Maschinenbauunternehmen in OstWestfalenLippe Einblicke in Produktion und Workflow – die Idee hat sich regional durchgesetzt!

BOGE hat da Erfahrung. Bereits seit 1999 arbeitet das Unternehmen konsequent und routiniert mit der nahe gelegenen Realschule der Stadt Enger in einer zielgerichteten Kooperation zusammen. Um die Kluft zwischen Schule und Arbeitswelt ein wenig zu schließen, hat BOGE in Zusammenarbeit mit den Lehrern ein lebendiges Programm zum Erfahrungstransfer ausgearbeitet. Allen Schülern wird die Möglichkeit gegeben, sich intensiv mit der Arbeitswelt im Maschinenbau zu beschäftigen. Das ist insbesondere für Mädchen ein großer Gewinn, denn durch praktische Erfahrungen werden sie an so genannte „Männerberufe" herangeführt, weiterführende Neugier wird geweckt. Projektweise wird diese intensive Schulpartnerschaft künstlerisch aufgearbeitet und im BOGE-Foyer präsentiert.

Mit rund 500 Mitarbeitern ist das konzernunabhängige, in Bielefeld ansässige Familienunternehmen BOGE ein Aushängeschild des wachstumsorientierten Mittelstands. Firmengründer und Tüftler Otto Boge begann 1907 mit dem Vertrieb und der Montage von Türschlössern, in den 1920er-Jahren wurden bei BOGE Motorräder hergestellt, bis sich das Werk schließlich auf die Entwicklung und Produktion von Kolbenkompressoren konzentrierte. Dass die Qualität „Marke BOGE" fast schon sprichwörtlichen Charakter hat, beweist die Reaktion eines Kunden, der aktuell noch einen BOGE Kompressor aus dem Jahre 1964 betreibt: „Alles in Ordnung", so seine knappe Antwort im Kontakttelefonat. „Fragen Sie in 10 Jahren noch mal nach."

Aktuell hat sich BOGE zum international gefragten Spezialisten für Druckluftsystemlösungen

INNOVATIONSNETZWERK OWL MASCHINENBAU

Produktive Vernetzung, Standortentwicklung, Arbeitsplatzsicherung – das sind die drei Schwerpunkte des Innovationsnetzwerks OWL MASCHINENBAU e.V. Und BOGE sorgt in vorderster Linie dafür, dass es hier nicht bei Lippenbekenntnissen bleibt, sondern es der agilen Brancheninitiative immer wieder gelingt, der traditionellen Maschinenbauregion OstWestfalenLippe neue Impulse zu geben. Über 100 Mitglieder zählt OWL MASCHINENBAU mittlerweile, nach außen durch den BOGE-Geschäftsführer Rolf Struppek als „Antreiber" und Vorstandssprecher der Initiative vertreten. Um den Kernzielen, also der Stärkung der wirtschaftlichen und technologischen Leistungskraft des regionalen mittelständischen Maschinenbaus, der Entwicklung von Standortvorteilen für die Unternehmen im globalen Wettbewerb und der Bestandssicherung dieser Unternehmen zur langfristigen Stabilisierung des Arbeitsmarktes gerecht zu werden, setzt die Initiative beständig innovative Akzente und erprobt neue Formate. So veranstaltet man Ende 2005 das erste „Forum Maschinenbau" – eine Branchenmesse für Wertschöpfungspartner – im Messezentrum Bad Salzuflen. Maschinenbauer, Zulieferer und Dienstleister treffen sich in einer „Arbeitsatmosphäre für Innovatoren", so Rolf Struppek bei der Präsentation dieser zukunftsweisenden Idee.

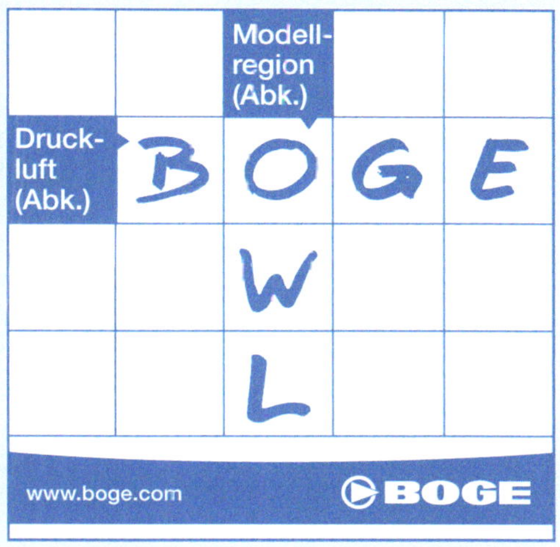

Mit Flyern und durch Events (Ausstellungen) informiert BOGE über die verschiedenen Aktivitäten

entwickelt, mit einem Umsatz von 78 Mio. Euro im Jahr. BOGE hat früh erkannt, dass die Zukunft des Unternehmens darin liegt, Kunden in aller Welt nicht nur Maschinen zu liefern, sondern komplexe Lösungen für spezifische Druckluftanforderungen anzubieten. Die Konsequenz aus diesen globalen Herausforderungen: Um das notwendige Know-how vor Ort zu versammeln und auch für die Zukunft zu gewährleisten, ist es unabdingbar, auch soziale Verantwortung für die heimische Region zu übernehmen und diese in jeder Hinsicht, speziell aber auf dem Weiter- und Ausbildungssektor, zu stärken.

Beispielsweise wird für Entwicklungsingenieure der Mechanikanteil zunehmend durch intelligente Elektronik substituiert. Hier müssen ganz neue Methoden der interdisziplinären Produktentwicklung neu gelernt und angewendet werden. BOGE engagiert sich daher in vorderster Linie im regionalen Branchennetzwerk OWL MASCHINENBAU, das sich für Kompetenzentwicklung und Beschäftigungssicherung in OstWestfalenLippe (OWL) einsetzt und u.a. der modernen Mechatroniker-Ausbildung in einem Spezialprojekt besonderes Augenmerk widmet (s. gesonderte Darstellung). BOGE gilt in diesem Netzwerk als Impulsgeber und Garant für zielgerichtete Umsetzung und sorgt mit unermüdlichem Einsatz für jede Menge Erfolge, die der Region OstWestfalenLippe zugute kommen. Dass CSR, Corporate Citizenship und Corporate Volunteering für BOGE gelebte Realität darstellen, zeigt sich auch darin, dass u.a. das Kreativkonzept inklusive Naming und Vermarktung der verschiedensten Netzwerk-Aktivitäten mit BOGE Marketing-Know-how professionalisiert wird.

Dazu zählt z.B. die SOLUTIONS, das jährliche Technologie- und Innovationsforum von OWL MASCHINENBAU, das sich an Unternehmer, Geschäftsführer sowie Fach- und Führungskräfte des Maschinenbaus richtet und unter anderem Praxis-Workshops aus den Bereichen Produktentwicklung, Logistik, Marketing, Service und strategisches Management anbietet.

Insgesamt ist OWL MASCHINENBAU als unternehmensgetriebener Netzwerkverbund eine intelligente Antwort auf die vielfältigen Herausforderungen des mittelständischen Maschinenbaus vor Ort. Durch den Erfahrungsaustausch der Praktiker über erfolgreiche Lösungen zur Steigerung von Innovationskraft und Prozesseffizienz sowie neue Formen der Kooperation untereinander wird die Fitness der Unternehmen für die Anforderungen des globalen Wettbewerbs gestärkt. Diese Art effizienter regionaler Zusammenarbeit von Unternehmen, Hochschulen, Wirtschaftsförderungen und Verbänden ist z.Zt. einzigartig in Deutschland.

Aus- und Weiterbildung wird bei BOGE nicht nur groß geschrieben, sondern mit verschiedenen Projekten auch konkret in die Tat umgesetzt

Einen besonders großen Stellenwert hat bei BOGE deshalb auch die Weiterbildung der eigenen Mitarbeiter. Mit dem neuen Jahrtausend startete BOGE eine unternehmensinterne Qualifizierungsoffensive mit einem breit gefächerten Angebot weiterführender Inhouse-Fachseminare mit eigenen und externen Referenten, die alle mit einem Test abzuschließen sind. Ziel dieser Fortbildung außerhalb der Arbeitszeit ist die Zertifizierung zur „BOGE-Fachkraft" und die Potenzialsicherung aus den eigenen Reihen. Im Rahmen dieser betrieblichen Höherqualifizierung für speziell gewerbliche Mitarbeiter können Teilnehmer sich in Bereichen wie Montage, Logistik oder Service ganz gezielt weiterbilden. „Wir machen aus der allgemeinen Pflicht zur Weiterbildung im eigenen Unternehmen eine Kür", heißt es dazu bei BOGE.
Der Mittelständler BOGE zeigt mit all seinen Aktivitäten eindrucksvoll, dass man sehr viel bewegen kann, für sich selbst und für den eigenen Standort – man muss es einfach nur anpacken!

AUF EINEN BLICK:

GESELLSCHAFT
- Standortinitiative OWL-MASCHINENBAU e.V.

MITARBEITER
- Weiterbildungsangebot BOGE-Fachkraft

PROJEKTE, KOOPERATIONEN
- BINGO-Projekt
- Schulpartnerschaft

INFORMATION
BOGE
Otto-Boge-Straße 1-7
D-33739 Bielefeld
Fon 0 52 06 / 6 01 - 0
Fax 0 52 06 / 6 01 - 2 00
info@boge.com
www.boge.com

BRITISH AMERICAN TOBACCO (GERMANY)

Verantwortungsvolles Handeln heißt für uns bei British American Tobacco, die an uns gerichteten gesellschaftlichen Erwartungen zu berücksichtigen, ohne unser unternehmerisches Ziel aus den Augen zu verlieren. Wenn wir für unsere Anteilseigner – die Shareholder – langfristig Werte schaffen und bewahren wollen, dann müssen wir erfahren, was unser gesellschaftliches Umfeld – die Stakeholder – von uns erwartet, und uns darauf einstellen.
Wir müssen zuhören, diskutieren und Konsequenzen aus den Erwartungen ziehen. Social Reporting ist für BAT ein Weg, in einen konstruktiven Dialog mit Stakeholdern aus unterschiedlichen gesellschaftlichen Bereichen einzutreten.
Als weltweit zweitgrößtes Cigarettenunternehmen möchte British American Tobacco mit diesem Prozess seine Verantwortung als Hersteller eines mit Gesundheitsrisiken verbundenen Genussmittels dokumentieren.

Mark Cobben, Sprecher der Geschäftsführung
British American Tobacco (Germany) GmbH

Corporate Social Responsibility steht für die Wahrnehmung der gesellschaftlichen Verantwortung eines Unternehmens. Es gibt zwei Möglichkeiten, dieser Verantwortung gerecht zu werden. Die eine besteht darin, dass ein Unternehmen über die Geschäftstätigkeit hinaus interne oder externe soziale Aktivitäten entwickelt, die ganz allgemein einen Beitrag zu gesellschaftlichem Fortschritt oder einer sozialen Verbesserung leisten und gleichzeitig positive Auswirkungen auf die Bilanzen des Unternehmens selbst haben. Die andere, von British American Tobacco, dem zweitgrößten Tabakkonzern der Welt, aktiv genutzte Möglichkeit besteht in der intensiven Auseinandersetzung des Unternehmens mit den gesellschaftlichen Beziehungen und Konsequenzen, die sich aus seiner Geschäftstätigkeit ergeben. Ziel dieser Form des Corporate Citizenship ist es, sich mit den unterschiedlichen Ansprüchen der verschiedensten Interessengruppen an das Unternehmen, den so genannten Stakeholdern, auseinander zu setzen. Ansprüche solcher Art an ein Unternehmen entstehen, wenn das Produkt oder die Produktionsweise zu einem Thema in der Öffentlichkeit werden. Bei dem Genussmittel Tabak ist das der Fall. In der öffentlichen Diskussion um die mögliche Gesundheitsgefährdung durch das Rauchen geht es seit Jahren um Rauch- und Werbeverbote, insbesondere auch um den Missbrauch des Tabakgenusses durch Kinder und Jugendliche. Unternehmerische Verantwortung wahrnehmen heißt für British American Tobacco, kurz BAT, daher, sich dem Dialog mit den Interessengruppen zu stellen und aus diesem Dialog vertretbare Maßnahmen zu entwickeln, die eine verantwortungsbewusste Reaktion auf die Ansprüche dieser verschiedenen Gruppen darstellen. Als ein sehr effektives Mittel zur Realisierung dieser Dialogbereitschaft hat BAT das Social Reporting eingeführt. Es handelt sich dabei um einen Prozess, der drei Aspekte aufweist: Eine jährlich stattfindende Dialogrunde bildet die Plattform für den Meinungsaustausch zwischen BAT und den Vertretern gesellschaftlicher Organisationen aus den Bereichen Wirtschaft und Handel, Verbraucher, Medien, Politik, Forschung und Wissenschaft, Gesundheit, Jugend, Umwelt sowie den Körperschaften und Verbänden. Die erste Dialogrunde fand im Januar 2002 statt. Sie wurde, wie alle folgenden, von dem ehemaligen Zeit-Herausgeber Theo Sommer als neutralem Moderator geleitet. Die Ergebnisse dieser

BRITISH AMERICAN TOBACCO
GERMANY

DAS BAT-JUGENDSCHUTZSYSTEM CHEKX

CHEKX
TECHNOLOGY BY BAT

Das Internet ist für die Mehrzahl der Kinder und Jugendlichen in Deutschland eines der wichtigsten Informations- und Kommunikationsmedien. Zugleich ist es ein Medium, das auch Kindern ungefilterten Zugriff auf Informationen ermöglicht, die für junge Menschen nicht gedacht oder geeignet sind. In der Überzeugung, dass das Rauchen als Genussmittel und die werblichen Informationen dazu nur Erwachsenen zugänglich sein sollten, hat die British American Tobacco (Germany) GmbH im März 2005 der Kommission für Jugendmedienschutz ein Konzept vorgestellt, das Kindern und Jugendlichen den Zugriff auf Internetseiten, die Zigarettenmarken vorstellen, unmöglich macht: das BAT Jugendschutzsystem CHEKX. Wer zukünftig auf die Webseiten der BAT-Marken zugreifen möchte, muss eine Altersüberprüfung vornehmen lassen. Praktisch sieht das so aus. Ruft man beispielsweise die Website der BAT-Marke Lucky Strike auf, sind zunächst Zugangsdaten zu beantragen. Dies ist mit dem Hinweis verbunden, dass nur erwachsene Raucher mit Wohnsitz in Deutschland Zugang erhalten. Wer unter 18 oder Nichtraucher ist, wird abgewiesen. Dabei stellt das BAT-Jugendschutzsystem durch die Überprüfung der Adress- und Altersdaten anhand von Pass- oder Personalausweisnummer sowie einer E-Mail-Verifizierung und Passwortschutz hohe Zugriffshürden auf.

Keine Abgabe von Tabakwaren an Jugendliche unter 16 Jahren.

§ 10 Jugendschutzgesetz

Social Reporting ist ein wichtiger Bestandteil der CSR-Strategie von BAT und unterstreicht das Interesse des Konzerns am Dialog

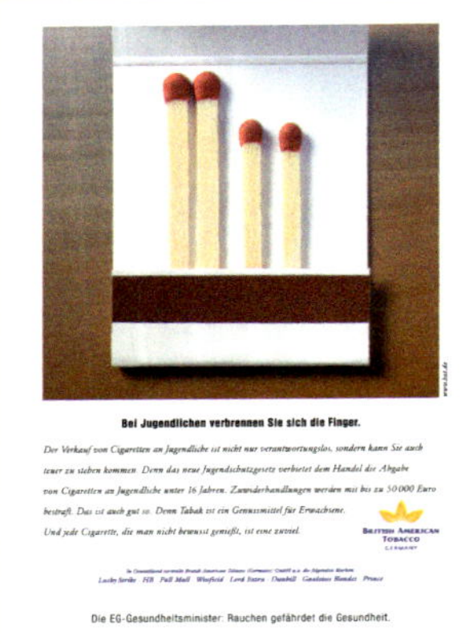

Gesprächsrunde wurden anschließend in aufgearbeiteter Form in dem Social Report der British American Tobacco (Germany) GmbH veröffentlicht. Dieser Bericht wiederum stößt einen weiteren Diskussionsprozess zwischen Unternehmen, Kunden und Gesellschaftsgruppen an, der sich nicht nur in der öffentlichen Reaktion, sondern beispielsweise auch in gezielten Gesprächen des Außendienstes mit 40.000 Kunden zum Thema niederschlägt.

BAT, das Tabakunternehmen, das weltweit über 85.000 Mitarbeiter beschäftigt und mehr als 300 Zigarettenmarken anbietet, unterstützt und initiiert in gut 70 Ländern etwa 130 Jugendschutz-Programme. Denn der Jugendschutz steht bei den Themenstellungen ganz oben auf der Agenda. Hierzu gehört neben der seit 1966 von der deutschen Zigarettenindustrie eingeführten freiwilligen Selbstbeschränkung in der Werbung vor allem die Erschwerung des Zugangs zu Zigaretten für Kinder und Jugendliche. Im Einzelhandel will BAT die mittlerweile gesetzlich verankerte Alterskontrolle konsequent durchgesetzt wissen. 80.000 Einzelhändler haben dazu entsprechende Informationsmaterialien und Hinweisaufkleber von dem Unternehmen erhalten, das in Deutschland einen Marktanteil von 23 % bei Zigaretten und 25 % bei Feinschnitt-Tabakprodukten hält. Prävention durch Aufklärung ist ein weiteres Thema, das BAT allerdings aus Gründen fehlender öffentlicher Kompetenzzuweisung nur indirekt über die Unterstützung von Initiativen fördert, wie etwa eine Kooperation mit dem Automobilclub von Deutschland, die Raucher zum Rauchverzicht auffordert, wenn sich Kinder oder Jugendliche im Auto befinden. Auch der direkte Dialog mit Rauchern wird gesucht. Sie werden zum toleranten Umgang mit Nichtrauchern und zum verantwortlichen Umgang mit dem Genussmittel Zigarette angehalten. „Jede Cigarette, die man nicht bewusst genießt, ist eine zu viel" lautet das Motto einer Anzeigenkampagne, mit der BAT seit 1997 Stellung zum Thema Rauchen bezieht.

Damit der eingeleitete Social-Reporting-Prozess objektiv, überprüfbar und vergleichbar ist, befolgt BAT die Qualitätsnorm AccountAbility 1000, ein genormtes Verfahren, das von einer unabhängigen Institution überwacht und verifiziert wird. Die Verifizierung dient dazu, eine konsistente und schlüssige Methode anzuwenden, die gewährleistet, dass die Standpunkte der Stakeholder in Fragen der gesellschaftlichen Verantwortung auch tatsächlich in der strategischen Unternehmensentwicklung berücksichtigt werden. Die Auswahl der Dialogpartner und Themen erfolgt nach allgemein festgelegten Kriterien und mit der Verwendung anerkannter Audit-Methoden wird dafür gesorgt, dass die von

Übersichtlich aufbereitet stellt diese Grafik die verschiedenen Stakeholder des Unternehmens dar

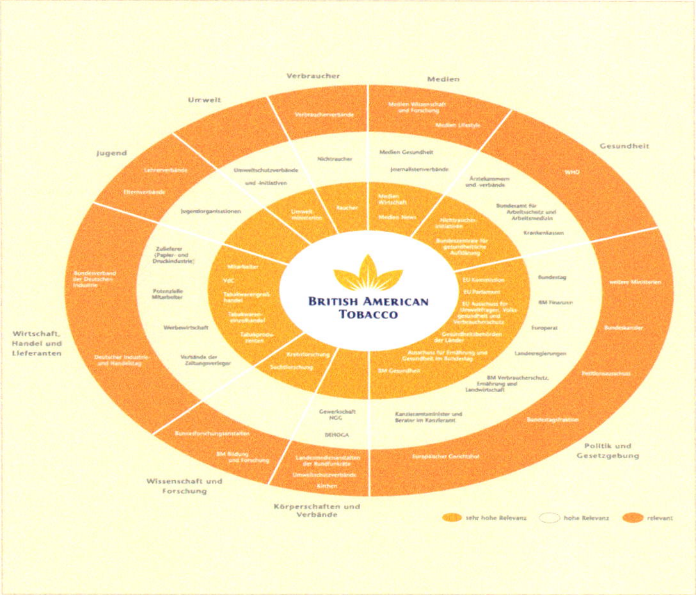

den Stakeholdern formulierten Ansprüche und das von dem Unternehmen verwirklichte bürgerschaftliche Handeln einen nachhaltigen Einfluss auf die Unternehmenspolitik haben.

Mit dem Social Reporting stellt sich die British American Tobacco (Germany) GmbH ihrer unternehmerischen Verantwortung als Hersteller eines legalen, aber mit Risiken behafteten Genussmittels, das ambivalente Reaktionen und Interessen in der Gesellschaft hervorruft. Der Dialog mit den Vertretern dieser vielfältigen und unterschiedlichen Interessen ist ein wichtiger Beitrag zur Wahrnehmung der Corporate Social Responsibility des Tabakwarenherstellers.

AUF EINEN BLICK:

GESELLSCHAFT
- Regelmäßige Stakeholder-Dialoge zu kontroversen Themen
- Jährliches Social Reporting nach AA1000

MITARBEITER
- Trainings- und Schulungsangebote
- Personalentwicklung
- Regelmäßige Zielvereinbarungen
- Feedback-Verfahren
- Förderung des internationalen Austauschs
- Umfassende Sozialleistungen

PROJEKTE, INITIATIVEN, KOOPERATIONEN
- CHEKX – Zugangskontrolle webbasierter Tabakwerbung
- Unterstützung der Automatenaufsteller bei der Umstellung auf Altersnachweis
- Info-Broschüren für den Einzelhandel zu Verkaufsverbot von Tabakwaren an Kinder und Jugendliche
- Internationale Marketingstandards zur Selbstbeschränkung der Tabakindustrie

WISSENSCHAFT & FORSCHUNG
- BAT Freizeitforschungsinstitut

INFORMATION
British American Tobacco (Germany) GmbH
Alsterufer 4
20354 Hamburg
Karin Müller
Fon 0 40 / 41 51 - 23 73
Fax 0 40 / 41 51 - 27 32
karin_mueller@bat.com
www.bat.de

BSH BOSCH UND SIEMENS HAUSGERÄTE

Verantwortung für Umwelt und Gesellschaft zu übernehmen ist für uns eine ethische Verpflichtung und gleichzeitig Voraussetzung, langfristig gute Geschäfte zu machen. Unsere unternehmerischen Werte, die Verantwortung für Umwelt und Gesellschaft sowie die Qualität unserer Produkte sind deshalb maßgeblich für unser Handeln. Mit unserem gesellschaftlichen Engagement an den Standorten, der Qualifizierung unserer Mitarbeiter und einem weltweit hohen Niveau bei Umweltschutz, Arbeitssicherheit und Gesundheitsschutz sichern wir die Akzeptanz unseres Handelns in den internationalen Märkten.

Dr. Kurt-Ludwig Gutberlet, Vorsitzender der Geschäftsführung
BSH Bosch und Siemens Hausgeräte GmbH

Dass man Geld ausgeben muss, um zu sparen, klingt zunächst paradox. Doch bei der BSH Bosch und Siemens Hausgeräte GmbH ergibt ein solcher Ansatz durchaus Sinn. So investiert der weltweit operierende Konzern mit Sitz in München rund drei Prozent seines Umsatzes in die Forschung und Entwicklung. Damit verfolgt die BSH zwei Ziele. Zum einen schafft jede Neu- und Weiterentwicklung einen Mehrwert für die Kunden und sichert dem Konzern einen Wettbewerbsvorteil. Zum anderen kommen technologische Innovationen auch der Umwelt zugute: Sie helfen, lebenswichtige Ressourcen wie Wasser und Energie zu sparen – und sorgen damit für eine nachhaltige Entwicklung. Vor diesem Hintergrund ist es für die BSH selbstverständlich, ihre Verantwortung für die Gesellschaft vor allem im Umweltschutz wahrzunehmen – und Innovationen sind dazu der Schlüssel.
Für ihr Engagement wurde die BSH zuletzt mit dem Umweltpreis 2003/2004 des Bundesverbandes der Deutschen Industrie e.V. (BDI) ausgezeichnet. Anlass war der erfolgreiche Transfer neuer Umweltschutz-Technologien nach China, wo das Unternehmen im Jahre 1996 bei Chuzhou eine Fabrik für Kühlgeräte übernommen hat. Bis zu diesem Zeitpunkt wurden dort noch Geräte produziert, bei denen als Kühl- und Isoliermittel Fluor-Chlor-Kohlenwasserstoffe (FCKW) und Fluor-Kohlen-

wasserstoffe (FKW) zum Einsatz kamen, Gase und Flüssigkeiten also, die die Ozonschicht schädigen. Nach Übernahme der Fabrik hat die BSH die Produktion umgerüstet und setzt im Werk bei Chuzhou seither auf die Kohlenwasserstoff-Technologie. Die ist in Asien inzwischen zum Maßstab geworden – und die BSH hat einen wesentlichen Beitrag zum globalen Klimaschutz geleistet. Gleiches passiert derzeit in Südamerika. Ab Ende des Jahres 2005 sollen im BSH-Werk bei São Paulo ausschließlich Kühlgeräte produziert werden, die FCKW- und FKW-frei sind. In Forschung und Entwicklung der Kohlenwasserstoff-Technologie sowie in die Umrüstung der Anlagen hat die BSH mehr als 20 Mio. Euro investiert.

Überhaupt wird Umweltmanagement an den BSH-Standorten groß geschrieben und soll, so gibt es eine Konzernrichtlinie vor, aktiv betrieben werden. Ende des Jahres 2004 waren fast alle umweltrelevanten Fertigungsstandorte der BSH nach der Umweltnorm ISO 14001 zertifiziert. Darüber hinaus legt der Konzern Wert darauf, dass auch seine Lieferanten ein

B/S/H/

DER PLANZENÖLKOCHER

„Nachhaltigkeit" ist ein breit gefasster Begriff, der die Schonung von Ressourcen, den Schutz der Umwelt und den Aufbau von Arbeitsplätzen umfasst. Alle drei Aspekte verbindet ein Projekt der BSH Bosch und Siemens Hausgeräte GmbH: die Produktion eines Pflanzenölkochers für die Entwicklungsländer. Jährlich werden dort bis zu 700 Kilogramm Feuerholz pro Person für die Essenszubereitung verwendet. Das ist nicht nur ein erheblicher Eingriff in die Natur, es gefährdet auch die Gesundheit der Menschen. Schätzungen der Weltgesundheitsorganisation gehen davon aus, dass jährlich rund 1,6 Mio. Todesfälle auf die Abgase solcher offenen Feuerstellen zurückzuführen sind. Der Pflanzenölkocher bietet einen Ausweg. Zum einen beeinträchtigt die Verbrennung von Pflanzenöl nicht die Gesundheit, zum anderen steht der Brennstoff in vielen Entwicklungsländern günstig und in großen Mengen zur Verfügung. Und schließlich kann vor Ort eine Infrastruktur zur Gewinnung des Öls – mit entsprechenden Arbeitsplätzen – entstehen. Ein Pilotprojekt wird seit Ende 2004 auf den Philippinen durchgeführt. Unterstützt wird das Projekt durch die DEG Deutsche Investitions- und Entwicklungsgesellschaft mbH im Rahmen des Public-Private-Partnership-Projekts des Bundesministeriums für wirtschaftliche Zusammenarbeit und Entwicklung (BMZ).

Der jährlich erscheinende Nachhaltigkeitsbericht der BSH dokumentiert die Aktivitäten des Unternehmens

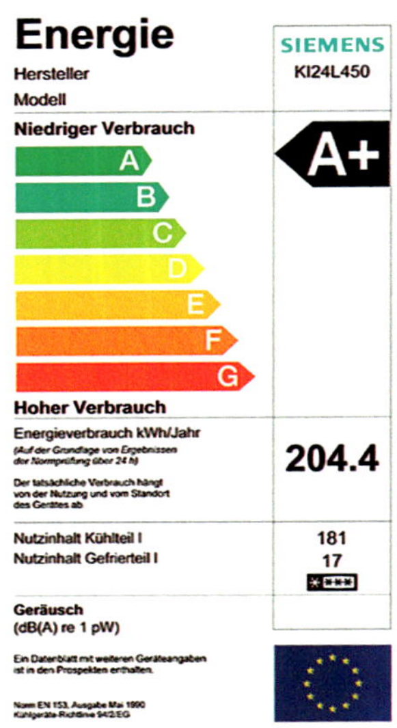

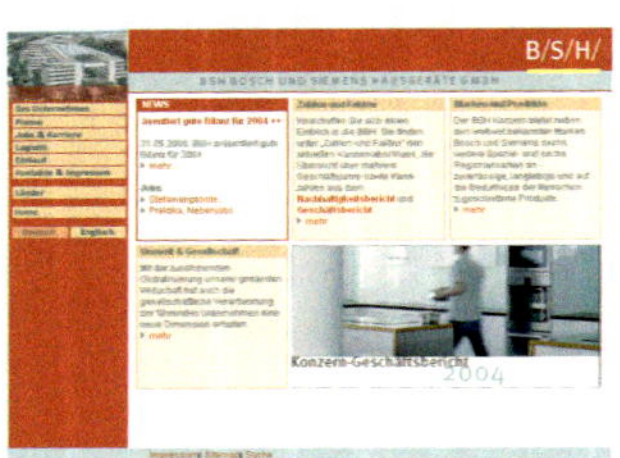

Umweltmanagement vorweisen können – und hilft gegebenenfalls dabei, ein solches einzuführen. Ebenso setzt sich die BSH als Mitglied der Global Compact Initiative der Vereinten Nationen dafür ein, dass die Arbeitnehmer- und Menschenrechte auch bei ihren Zulieferern gewahrt werden. Derzeit arbeitet der Konzern mit anderen europäischen Hausgeräte-Herstellern an einem Verhaltenskodex, der als Selbstverpflichtung der Branche die Umsetzung der Global-Compact-Prinzipien zum Ziel hat.

Als weltweit drittgrößter Hersteller von Hausgeräten und Marktführer in Deutschland und Westeuropa hat die BSH im vergangenen Jahr einen Umsatz von 6,8 Mrd. Euro ausgewiesen. Zur Konzern-Gruppe, die 1967 aus einem Joint Venture der Robert Bosch GmbH und der Siemens AG hervorgegangen ist, gehören 42 Fabriken in Europa, Lateinamerika, Asien und den USA. Rund 34.500 Beschäftigte arbeiten für die BSH. Forschung und Entwicklung genießen im Konzern einen hohen Stellenwert, was sich an der Zahl von 1.600 Entwicklern sowie einem Budget von über 200 Mio. Euro im Jahr 2004 festmachen lässt. Der Aufwand zahlt sich aus: Die BSH hat im vergangenen Jahr mehr als 350 Erstanmeldungen für Patente und Gebrauchsmuster beim Deutschen Marken- und Patentamt eingereicht – mehr als jeder andere Weiße-Ware-Hersteller im eigenen Stammland. Für seine Innovationsleistung wurde der Konzern vom Magazin Wirtschaftswoche und der Managementberatung A. T. Kearney beim Wettbewerb „Best Innovator" unter den 650 größten deutschen Unternehmen für den besten Innovationsprozess ausgezeichnet.

Die Innovationskraft eines Unternehmens bemisst sich aber nicht nur am Erfolg der Entwicklungsabteilung, sondern hängt von allen Beschäftigten ab. Ihre Ideen sind der Fortschrittsmotor innerhalb des Konzerns: Im vergangenen Jahr reichten fast 8.500 Mitarbeiter insgesamt mehr als 33.000 Vorschläge ein, wie Betriebsabläufe besser organisiert werden könnten. Mehr als die Hälfte dieser Anregungen konnte die BSH umsetzen – was zu einer Kostenersparnis von fast 22 Mio. Euro geführt hat. Das betriebliche Vorschlagswesen spielt bei der BSH eine wichtige Rolle und wird seitens des Konzerns mit dem „BSH Best Practice Award" gefördert.

Um sich die Innovationskraft ihrer Mitarbeiter zu erhalten, sieht sich die BSH ihnen gegenüber in der Verantwortung. Wichtigstes Anliegen ist es, den Beschäftigten individuelle Chancen zu eröffnen. An der „BSH Academy" finden jährlich rund 900 Seminare statt, die im Jahr 2004 von mehr als 3.700 Teilnehmern besucht wurden. Zudem verfügt das Unternehmen über ein Weiterbildungsportal im

Das Thema Weiterbildung wird bei der BSH groß geschrieben und die Mitarbeiter können ein umfangreiches Seminarangebot nutzen

Intranet. In den Bereich „individuelle Chancen" fällt auch die Vereinbarkeit von Familie und Beruf, die durch flexible Arbeitszeitmodelle in elf BSH-Landesgesellschaften gefördert wird. In Deutschland können BSH-Beschäftigte das Modell der Elternteilzeit nutzen, am Standort München gibt es zudem einen Betriebskindergarten.

All diese Aktivitäten fasst die BSH seit 1992 jährlich in einem Nachhaltigkeitsbericht zusammen. Dass es sich bei diesem Report unter dem Titel „Verantwortung für Umwelt und Gesellschaft" um lesenswerte Lektüre handelt, geht aus einem Ranking des Instituts für ökologische Wirtschaftsforschung (IÖW) und des future e.V. hervor. Dort erreichte der BSH-Bericht in Konkurrenz zu 150 Bewerbern den zehnten Rang, im Branchenvergleich Elektro/Technik belegte er sogar den Spitzenplatz.

AUF EINEN BLICK:

GESELLSCHAFT
- BSH Katastrophenhilfe e.V.
- Pflanzenölkocher – Kochen mit Pflanzenöl statt Holz
- Unterstützung Projekt „FOCUS macht Schule"

MITARBEITER
- Duale Ausbildung auch an internationalen Standorten
- BSH Academy mit jährlich rd. 900 Seminaren
- Ideenmanagement – BSH Practice Award
- Europäischer Betriebsrat: European Comitee
- Partnerschaftliches Verhalten am Arbeitsplatz – globale Standards
- Betriebskindergarten am Konzernsitz München

UMWELT
- Zertifizierung nach ISO 14001
- Produktion energieeffizienter Hausgeräte

MITGLIEDSCHAFTEN & KOOPERATIONEN
- B.A.U.M.
- Global Compact
- Europäischer Verband der Hausgerätehersteller (CECED)
- Bellagio Forum for Sustainable Development
- GTZ; BDU; BMZ; DEG

PREISE & AUSZEICHNUNGEN
- Best Innovater
- BDI Umweltpreis
- 1. Branchenpreis für den Bericht Verantwortung Umwelt und Gesellschaft 2003/2004

SONSTIGES
- Selbstbewertung der sozialen Leistungsbilanz nach EFQM-Modell

INFORMATION

BSH Bosch und Siemens Hausgeräte GmbH
Carl-Wery-Straße 34
81739 München
Eva Delabre
Corporate Communications
Fon 0 89 / 45 90 - 01
Fax 0 89 / 45 90 - 23 47
corporate.communications@bshg.com
www.bsh-group.de

CAMPINA

Wir wollen einen der Kernsätze unserer Unternehmensleitlinien – Campina stellt den Menschen in den Mittelpunkt – mit Leben erfüllen. Nicht nur nach innen im Umgang mit den Mitarbeitern, sondern auch nach außen wollen wir dementsprechend handeln. Dies sehen wir als unsere Aufgabe an, die wir als verantwortungsbewusstes Unternehmen gerne erfüllen. Diese Verantwortung beschränkt sich nicht nur auf unsere Kunden und das damit verbundene hohe Qualitätsniveau unserer Produkte. Das zeigt sich auch in zahlreichen Aktivitäten für gute Zwecke wie die ins Leben gerufene Spielplatzinitiative in Berlin und Brandenburg.

Detlef Holst, Vorsitzender der Geschäftsführung
der Campina GmbH & Co. KG

Fast überall, wo Milch drauf steht, ist Campina drin. In Deutschland gehört Campina mit etwa 1,4 Mrd. kg jährlich verarbeiteter Milch und 2.200 Mitarbeitern zu den führenden Unternehmen auf dem milchverarbeitenden Sektor. In vielen deutschen Haushalten sorgt Campina für die tägliche Portion des wertvollen Rohstoffs, von der Frischmilch über Butter, Quark, Sahne bis zu Käse und Desserts. Über die Konsumentenprodukte hinaus versorgt der internationale, genossenschaftlich organisierte Konzern mit Sitz in den Niederlanden auch die Nahrungsmittel- und Pharmaindustrie mit hochwertigen Molkereiprodukten wie Milchpulver, Butteröl und Kaseinat. Weltweit sind seine Produkte in über 100 Ländern, in Europa, Asien und in den USA zu finden. Nicht nur höchste Qualität, auch gesellschaftlich vertretbares unternehmerisches Handeln gehören zum Mission Statement dieses verantwortungsbewussten Unternehmens. „Campina macht mehr aus Milch" und setzt auf ein Unternehmenskonzept, das die Verantwortung gegenüber dem Menschen und der Umwelt zu seinen wichtigsten Zielen erklärt.

„Gemeinsam arbeiten, gemeinsam Verantwortung tragen, gemeinsam Engagement zeigen", dieser Grundsatz prägt Campinas Unternehmensstruktur und -kultur. Die große genossenschaftliche Gemeinschaft aus knapp 10.000 angeschlossenen Erzeugern ist nicht nur ein pro-

duktionsorientierter Verbund, sondern trägt zusammen die Verantwortung von der Gesundheit der Kühe bis zum Verbraucher und entwickelt gemeinsam Strategien für ein nachhaltiges Wachstum in einer intakten Umwelt, für einen Umgang mit den Mitarbeitern, der dem Motto „der Mensch im Mittelpunkt" gerecht wird, und schließlich für ein Engagement im Zeichen gesellschaftlicher Verantwortung.
Beispiel Umwelt. Campina fördert die Integrität von Nahrungsmittelherstellung und Umwelt. Das Motto des Unternehmens „Es liegt in unserer Natur" spiegelt sich auch im umweltbewussten Produktionsverfahren wider: Alle Betriebswerke sollen bis 2006 auf das Umweltmanagementsystem ISO-14001-Norm umgestellt werden. Damit verpflichtet sich Campina der Best Practice im anerkannten Umweltschutz. Auf diese Weise findet die Einhaltung von Umweltzielen und -gesetzen nicht nur auf dem Papier statt. Die Reduktion von Emissionen und Abfall sowie Wasser- und Energiesparmaßnahmen finden über zertifizierte Verfahren Eingang in die Herstellungspraxis und

CAMPINA SPIELPLATZINITIATIVE

"Unser Platz zum Spielen"

Im Jahre 2004 räumte Campina kräftig auf. Zusammen mit Kindern, Eltern, Jugendhilfsorganisationen und lokalen Behörden säuberte das Unternehmen Spielplätze in Berlin und Brandenburg und richtete sie neu her. Weil die öffentlichen Mittel für Sanierungen gekürzt sind, geraten immer mehr Kinderspielplätze in einen alarmierenden Zustand. Die 417.000 Berliner Kinder unter 15 Jahre haben nur noch 1.800 Spielplätze zur Verfügung. Deshalb gründete Campina die Spielplatzinitiative. „Kinder sind unsere Zukunft. Sie müssen sich gesund entwickeln können, und Spielen ist dabei sehr wichtig", sagte Detlef Holst, Vorsitzender der Geschäftsführung von Campina Deutschland, beim Start des Projektes. Nach einem Aufruf in den Medien kamen über 200 Bewerbungen für die Sanierung von Spielplätzen bei Campina an. Eine Jury wählte zehn Spielplätze aus, viele in sozial benachteiligten Vierteln. Campina finanzierte mit 50.000 Euro neue Spielgeräte, sauberen Sand, Umzäunungen und die Entfernung von Graffiti. Wichtig für das Projekt war das gemeinsame Engagement aller Beteiligten: Kinder entwickelten dadurch ein Verantwortungsgefühl für ihren neu hergerichteten Spielplatz. Im Jahr 2005 setzt Campina die Idee „Unser Platz zum Spielen" mit der Investition von 50.000 Euro für die Spielraumsituation auf zehn Schulhöfen fort.

Neben einer Mitarbeiterzeitung veröffentlicht Campina auch Informationen zum Thema Qualitätsmanagement

werden streng kontrolliert. Besonders verantwortungsbewusst geht Campina mit der knappen Ressource Wasser um. Das in der Produktion verschmutzte Wasser wird direkt vor Ort gleich gereinigt und für die weitere Nutzung wieder verwendet. Cleaning in Place (CIP) heißt dieses vorbildliche Verfahren und hat in den Werken Köln, Elsterwerda und Schefflenz zu deutlichen Wassereinsparungen geführt. In Heilbronn wird Schmutzwasser sogar zur Energieressource für die Produktion im Werk umgewandelt. 2.200 Kubikmeter Abwasser werden täglich gereinigt. Ganz nebenbei wird über natürliche Aufbereitungsmethoden Biogas gewonnen. Zehn Prozent der am Standort Heilbronn benötigten Energie kann das Unternehmen mittlerweile auf diese Weise herstellen.

Beispiel Mitarbeiter. Nicht nur im Bereich Umwelt setzt Campina auf Nachhaltigkeit. Dass ein Unternehmen nur so gut sein kann wie seine Mitarbeiter, ist bei Campina nicht nur eine theoretische Erkenntnis geblieben. Das Unternehmen setzt dies in die Praxis um. Sich langfristig für das Wohlergehen der Mitarbeiter einzusetzen hat sich bereits ausgezahlt. Initiativen, die sich speziell mit den Themen Arbeitssicherheit und Gesundheit auseinander setzen, und Reintegrationsmaßnahmen für kranke Mitarbeiter haben dazu geführt, dass der Krankenstand signifikant gesunken ist. In einem Awareness-Programm (awareness = Bewusstsein) lernen die Mitarbeiter, eigenverantwortlich mit der Arbeitssicherheit umzugehen. Denn Campina weiß, dass Maßnahmen und Investitionen in die Arbeitsbedingungen nur dann sinnvoll sind, wenn die Mitarbeiter die Risiken am eigenen Arbeitsplatz erkennen und damit umgehen lernen. Ein im Jahr 2004 durchgeführtes intensives Fortbildungsprogramm bereitete zukünftige Führungskräfte in den Bereichen Produktion und Logistik auf ihre neuen Aufgaben vor. Teamfähigkeit wird bei Campina groß geschrieben. Junge Nachwuchskräfte lernen im IDP, dem International Development Program, ihre Kompetenzen weiterzuentwickeln und sich auf Managementfunktionen vorzubereiten. In internationalen Arbeitsgruppen lernen sie Kollegen aus anderen Fachbereichen kennen und schulen auf diese Weise ihre interdisziplinären und kommunikativen Fähigkeiten.

Beispiel Gesellschaft. Campinas verantwortungsvoller Umgang mit Qualität ist die Antwort auf das Vertrauen, das Millionen von Konsumenten dem Unternehmen und seinen Produkten entgegenbringen. Ein seit 2004 freiwillig eingeführtes Qualitätsmanagement Milch (QM-Milch) sichert die Milchqualität. Bis Ende 2005 sollen alle Mitglieder nach QM-Milch zertifiziert sein. Innerhalb des so genannten Q2-Projektes verbessert Campina die

Campina strebt an, dass alle seine Mitglieder und Milchlieferanten in Deutschland nach dem Qualitätsmanagement Milch – ein Programm zur Sicherung der Qualität von Erzeugermilch – zertifiziert werden

Qualität der Produktionsverfahren mit Schwerpunkt auf Hygiene und Prozesssicherheit.

Den Kindern, unseren Zukunftsträgern, widmet Campina als größter deutscher Schulmilchlieferant besondere Aufmerksamkeit. Schulen und Vereinigungen, die sich für Behinderte und sozial benachteiligte Jugendliche einsetzen, dazu Sommercamps und Kinderferienwochen versorgt Campina mit Milchprodukten. In sozial benachteiligten Vierteln von Berlin und Brandenburg hat Campina eine Spielplatzinitiative gegründet. „Campina stellt den Menschen in den Mittelpunkt." Diese Kernaussage lebt das Unternehmen nicht nur, wenn es seine Mitarbeiter fördert, sondern auch im sozialen Engagement außerhalb des Unternehmens.

AUF EINEN BLICK:

GESELLSCHAFT

- Spielplatzinitiative
- Produktsponsoring für Kindergärten und -camps
- Sachspenden für Schulfeste
- Größter Schulmilchlieferant in Deutschland
- Sammelaktion „Menschen in Not"
- Kulturelle Veranstaltungen
- Museum Milch und Kultur, Köln

MITARBEITER

- Fortbildungsprogramme
- Awareness-Programm für Betriebssicherheit
- Mitbestimmung durch den Betriebsrat bei Qualitätsverbesserung, Effizienz, Kommunikation und Basis
- Firmeninternes digitales Wissenszentrum

UMWELT

- Umweltmanagementsystem ISO-14001-Norm
- CIP-Anlagen (Cleaning in Place)
- Werkseigene Kläranlage
- Gasgewinnung aus Abwasser und Klärschlamm

FORSCHUNG

- Campina Institut für Milcherzeugnisse und Gesundheit

MITGLIEDSCHAFTEN IN BERATUNGSORGANEN

- Bundesvereinigung der Deutschen Ernährungsindustrie (BVE)
- Bund für Lebensmittelrecht und Lebensmittelkunde
- Deutscher Raiffeisenverband (DRV)
- Landesvereinigung d. Milchwirtschaft (NRW), Milch Industrie Verband (MIV)

PREISE & AUSZEICHNUNGEN

- Platz 2 der Top-Ten-Rangliste 2004 der DLG
- PrixMax 2004 für Milch und Milcherzeugnisse
- Brandenburger Milchpreis 2003 für die Werke Elsterwerda und Prenzlau
- Auszeichnungen der Landesvereinigung der Milchwirtschaft NRW für die Standorte Köln und Gütersloh für hervorragende Qualität
- Medaillen für 108 Produkte aller Standorte und Marken

INFORMATION

Campina GmbH & Co. KG
Wimpfener Straße 125
74078 Heilbronn
Fon 0 71 31 / 4 89 - 0
Fax 0 71 31 / 4 89 - 3 00
presse@campina.com
www.campina.com

CELESIO AG

„Wir verdienen unser Geld mit den Gesundheitsbedürfnissen oder Krankheitsnöten der Menschen. Also steht es uns gut an, auch wieder ein Stück zurückzugeben. Deshalb ist für uns das Thema Corporate Social Responsibility zu einer sehr wichtigen unternehmenspolitischen Komponente geworden."

Fritz Oesterle, Vorstandsvorsitzender Celesio AG

Dieses Bekenntnis entspringt aus der Tradition und dem Verständnis von unternehmerischem Handeln und Verhalten gegenüber Kunden, Mitarbeitern, Aktionären und der Allgemeinheit. Celesio begreift sich nicht nur als Partner der Wirtschaft, sondern auch als Teil und aktives Mitglied der Gesellschaft. Deshalb hat der Konzern im Jahr 2004 neben den zahlreichen bestehenden Aktivitäten seiner Konzernunternehmen den Dialog mit wichtigen gesellschaftlichen Gruppierungen vertieft und sein soziales Engagement verstärkt.

„Gewinn ist so notwendig wie die Luft zum Atmen, aber es wäre schlimm, wenn wir nur wirtschaften würden, um Gewinne zu machen, wie es schlimm wäre, wenn wir nur leben würden, um zu atmen." Diese Erkenntnis stammt nicht etwa von einem weltfremden Poeten, sondern von Hermann Josef Abs, einem der einflussreichsten Bankiers der bundesdeutschen Wirtschaftsgeschichte. Und vor dem Hintergrund, dass auch im 21. Jahrhundert ein Großteil der Menschen wenig mehr hat als die Luft zum Atmen, lesen sich Abs' Worte aktueller denn je als Aufforderung zum unternehmerisch verantwortlichen Handeln. Dabei kennt Verantwortung keine Grenzen. Und so ist es auch für die Celesio AG selbstverständlich, dass sie sich nicht nur regional gesellschaftspolitisch und sozial engagiert, sondern auch national in den Ländern, in denen der Konzern präsent ist, sowie international, konzernübergreifend und weltweit, wobei ein Schwerpunkt in der Hilfe für Menschen in der Dritten Welt liegt.
Für Fritz Oesterle, Vorstandsvorsitzender der Celesio AG, ist dies eine einfache Gleichung: „Wir verdienen unser Geld mit den Gesundheitsbedürfnissen oder Krankheitsnöten der Menschen. Also steht es uns gut an, auch wieder ein Stück zurückzugeben. Deshalb ist für uns das Thema Corporate Social Responsibility zu einer sehr wichtigen unternehmenspolitischen Komponente geworden."

Die Celesio AG, in Deutschland durch die GEHE Pharma Handel GmbH vertreten, ist mit einem Umsatz von 19,2 Mrd. Euro (2004) und rund 32.000 Mitarbeitern in 15 Ländern das führende Pharmahandelsunternehmen in Europa. Mit seinen drei Geschäftsbereichen Celesio-Großhandel, Celesio-Apotheken und Celesio-Services deckt der Konzern die gesamte Bandbreite des Pharmahandels und der pharmabezogenen Dienstleistungen ab. Die Gesundheitsvorsorge für die Bevölkerung umfasst dabei nicht nur den Betrieb der Apotheken, sondern, auf nationaler Ebene, auch die zukünftige Sicherstellung der medizinischen Versorgung. So setzt sich der französische Großhandel von Celesio, OCP, aktiv für die Attraktivität des Apothekerberufs ein, um dem in Frankreich sich abzeichnenden Mangel an Apothekern zu begegnen. In Zusammenarbeit mit Apothekern, Hochschulprofessoren und Studenten entwickelte OCP konkrete Maßnahmen wie etwa einen studentischen Wettbewerb an den Pharmaziefakultäten, um das Thema „Apotheker – ein Beruf mit Zukunft" zu kommunizieren. Die

UNTERSTÜTZUNG „ÄRZTE FÜR DIE DRITTE WELT"

Das Komitee „Ärzte für die Dritte Welt" wird seit 2004 von Celesio finanziell, logistisch und organisatorisch unterstützt. In der Hilfsorganisation leisten deutsche Ärzte überwiegend innerhalb fester Langzeitprojekte in den Slums der Millionenstädte der Dritten Welt Hilfe vor Ort, behandeln Patienten, betreiben Krankenstationen und impfen Kinder. Konkret engagiert sich Celesio derzeit im Mathare-Vally-Slum von Nairobi/Kenia, wo rund 180.000 Menschen unter elenden Bedingungen leben – zumeist ohne Trinkwasser, Strom und Abwasserversorgung. In der dortigen Ambulanz, von den Kenianern „Baraka" (= Wohltat und Segen) genannt, behandeln sechs deutsche Ärzte, ein Klinikbeamter, zwei Berater und fünf Krankenschwestern jeden Tag bis zu 350 Patienten kostenlos. Zusätzlich stellen sechs Dolmetscher sicher, dass sich Patienten und das Ärzteteam verständigen können. „Ärzte für die Dritte Welt" entspricht in besonderem Maße dem Verständnis, das Celesio von sozialer Verantwortung hat. „Ziel dieser Partnerschaft ist, Menschen zu helfen und Menschenleben zu retten. Kranken Menschen die Chance für ein gesundes Weiterleben zu geben, entspringt unserem Verständnis von sozialem Engagement", so Fritz Oesterle, Vorstandsvorsitzender der Celesio AG.

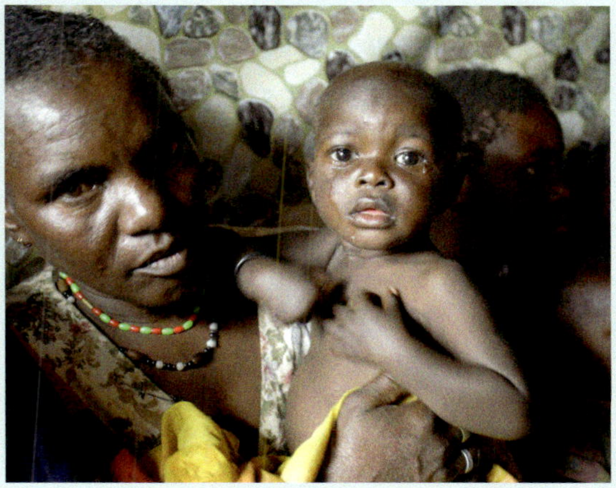

Die verschiedenen Aktionen des Celesio-Konzerns werden in Mitarbeiterzeitungen, auf der Website oder in Pressemitteilungen dokumentiert

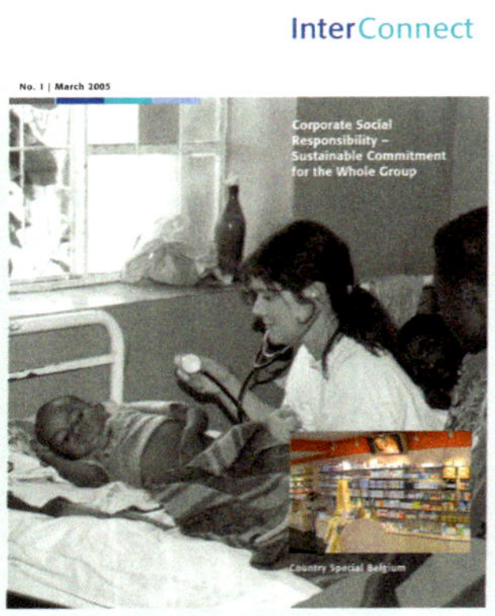

Attraktivität und berufliche Möglichkeiten des Apothekerberufs werden auch über eine Imagebroschüre und ein vierteljährlich erscheinendes Magazin vermittelt. Auf ganz andere Weise trugen die britischen Celesio-Apotheken, Lloydspharmacy, zur Gesundheitsvorsorge der Bevölkerung bei. Alarmiert dadurch, dass Schätzungen zufolge rund eine Million Menschen in Großbritannien an nicht diagnostizierter Diabetes leiden, bot Lloydspharmacy kostenlose Blutzuckertests an und leistete damit einen wichtigen Beitrag zur effizienten Behandlung und zur Vermeidung von Folgekrankheiten von Diabetes. Für ihre groß angelegte, landesweite Informationsinitiative zum Thema Diabetes wurde Lloydspharmacy von der renommierten britischen Fachzeitschrift „Marketing Week" mit dem Corporate Social Responsibility Preis für herausragendes soziales Engagement ausgezeichnet.

Soziales Engagement fängt bei Celesio schon bei den eigenen Mitarbeitern an: In Norwegen beispielsweise, wo Celesio durch vier Niederlassungen der NMD Grossisthandel vertreten wird, werden Zusammenhalt und Teamgeist der Mitarbeiter durch sportliche und soziale Aktivitäten im NMD-Club gefördert. Zum jährlichen NMD-Turnier kommen Teilnehmer aus allen Niederlassungen zusammen. Aber auch auf regionaler Ebene, am Stuttgarter Sitz von Celesio und GEHE, wird sportliches und auch kulturelles Engagement groß geschrieben; eine partnerschaftliche Zusammenarbeit mit dem benachbarten Schwimmverein Cannstatt 1898 e.V. oder die Unterstützung der Ausstellung „mensch du!" des Künstlers Wolfgang Thiel, welcher auch mit drei Themengärten bei der Neugestaltung der Außenanlagen der Konzernzentrale mitwirkte, setzen hier mehr als nur Zeichen. Sämtliche Beispiele stellen nur einen Ausschnitt aus dem umfangreichen Engagement des Konzerns dar, dessen einzelne Gesellschaften in 15 Ländern Europas mit eigener Projektarbeit gesellschaftliche Verantwortung übernehmen.

All dies schafft eine Unternehmenskultur, die dazu führt, dass sich auch internationales Engagement nicht nur in der Bereitstellung von Geldmitteln zeigt, sondern – wie bei der Partnerschaft mit dem Komitee „Ärzte für die Dritte Welt" (siehe gesonderte Darstellung) – auch logistische und organisatorische Unterstützung umfasst. Nach der Tsunami-Flutkatastrophe in Südostasien stellten die Konzernunternehmen insgesamt 196.000 Euro zur Verfügung, außerdem halfen mehr als 60 Celesio-Mitarbeiter bei der Buchung der über 50.000 Spenden, die an die „Ärzte für die Dritte Welt" gingen, um den Spendern ihre steuerlich relevanten Quittungen zukommen lassen zu können. So wurden die Ärzteteams durch mehr als 200 unbezahlte Arbeitsstun-

Die Celesio AG unterstützt u.a. regelmäßig mit Spenden Opfer von Naturkatastrophen wie hier die betroffenen Menschen in den Überflutungsgebieten in Südostasien

den entlastet und konnten sich ganz auf die konkrete Hilfe vor Ort konzentrieren. Darüber hinaus haben Unternehmen des Celesio-Konzerns Regierungsorgane bei der Verteilung von Arzneimitteln in den Krisengebieten beraten und Logistikdienstleistungen bereitgestellt. In Kalkutta schließlich bauten Celesio-Apotheker ein Kleinlabor auf, testeten Medikamente und schulten die Helfer vor Ort.

AUF EINEN BLICK:

GESELLSCHAFT

- Engagement für Ärzte für die Dritte Welt
- Corporate Volunteering
- Regelmäßiges Spendenaufkommen, u.a. für Tsunami-Opfer
- Koop. bei der Verteilung von Arzneimitteln in Krisengebieten
- Einsatz für Attraktivität des Apothekerberufes
- Kostenlose Vorsorgetests in Celesio-Apotheken

MITARBEITER

- Umfangreiche Freizeitangebote

STIFTUNGEN, INITIATIVEN & PROJEKTE

- GEHE-Stiftung (Geschichte)
- Unterstützung Sächsische Landesbibliothek
- Hauptsponsor Pharmazeutische Zentralbibliothek
- Förderung des Künstlers Wolfgang Thiel, Stuttgart
- Zusammenarbeit mit dem Schwimmverein Cannstatt 1898 e.V.
- Qualitätsförderpreis Gesundheit Baden-Württemberg

PREISE & AUSZEICHNUNGEN

- Corporate Social Responsibility Preis der britischen Fachzeitschrift Marketing Week

INFORMATION

Celesio AG
Neckartalstraße 155
70376 Stuttgart
Dr. Ruth Kappel
Direktorin Corporate Communications
Fon 07 11 / 50 01 - 11 92
Fax 07 11 / 50 01 - 12 60
service@celesio.com
www.celesio.com

COGNIS

Zu unserem Selbstverständnis als Global Player gehört es, dass wir unserer gesellschaftlichen Verantwortung gerecht werden, die wir gegenüber Mitarbeitern und Nachbarn haben. Mensch, Umwelt, Unternehmen und Produkte – die Nachhaltigkeits-Philosophie von Cognis erstreckt sich auf alle diese vier Dimensionen. Sie wird damit zu einem entscheidenden Argument, mit dem wir unsere Kunden ebenso überzeugen können wie den Kapitalmarkt. Cognis begreift den Trend zu einer nachhaltigen Wirtschaftsweise als besondere unternehmerische Chance. Corporate Citizenship und wirtschaftlicher Erfolg – für Cognis bedingt sich beides gegenseitig.

Dr. Antonio Trius,
Chief Executive Officer

Die aktuellen Lebensbedürfnisse der Menschen erfüllen, ohne die Perspektiven künftiger Generationen zu beeinträchtigen. So lautet der Grundgedanke einer nachhaltigen und zukunftsverträglichen Entwicklung. Indem Cognis dies zur Strategie seines Handelns macht, wird der Hersteller hochwertiger Produkte der Spezialchemie und von Inhaltsstoffen für die Nahrungsmittelindustrie einmal mehr der lateinischen Herkunft seines Namens gerecht. Denn „cognoscere" bedeutet „erkennen", und so sieht Cognis, dem die Iris des menschlichen Auges als Firmenlogo dient, das Prinzip der Nachhaltigkeit längst als unternehmerische Chance und setzt es in vier Dimensionen um: Mensch und Umwelt sowie das Unternehmen und seine Produkte stehen im Fokus der wirtschaftlichen Tätigkeit von Cognis.

1999 aus dem Unternehmensbereich „Chemieprodukte" von Henkel entstanden und seit November 2001 eigenständig, zählt Cognis heute mit rund 8.100 Mitarbeitern und Produktionsstätten sowie Servicecentern in 30 Ländern zu den weltweit führenden Spezialchemieanbietern. Dabei setzt das Unternehmen nicht nur auf die Wünsche seiner Kunden, sondern vor allem auf die der Verbraucher. Cognis hat alle seine Aktivitäten auf die Themen Wellness und Sustainability ausgerichtet und sie zum Teil seiner Strategie gemacht. Denn das Unternehmen hat diese Trends als wirtschaftliche

Wachstumsbereiche erkannt. Cognis bietet bereits heute eine Vielzahl von passenden Produkten und Konzepten auf Basis nachwachsender Rohstoffe an: zum Beispiel für hautpflegende Kleidung, Cholesterin senkende Magarine, sprühbare Sonnencreme, schadstofffreie Wandfarben sowie für Getriebeöle mit einer Laufleistung von bis zu 750.000 Kilometern.

Der Gedanke der Nachhaltigkeit spielt eine zentrale Rolle in allen fünf Geschäftsbereichen des Unternehmens, das jährlich einen Umsatz von rund drei Mrd. Euro erwirtschaftet. In all seinem Handeln folgt Cognis der Logik der Natur. Denn für ein Unternehmen, dessen wirtschaftlicher Erfolg auf nachwachsenden Rohstoffen basiert, ist eine intakte Umwelt unverzichtbar. Unter der „Formel Natur" bietet der Chemie-Experte daher hochwertige Produkte und Lösungen an, die im Einklang mit Mensch und Natur stehen: Aus den Samen und Blüten verschiedener Pflanzen gewinnt Cognis auf umweltschonende Weise natürliche Wirkstoffe und Bestandteile für Kosmetika, pharmazeutische

cognis.

KIDS AT THE CROP

AN INITIATIVE OF THE ABRINQ FOUNDATION FOR CHILDREN'S RIGHTS
CHILD FRIENDLY COMPANY

Wie sie Obst und Gemüse anbauen und sich gesund ernähren können – das lernen Kinder im Alter von acht bis zwölf Jahren nach der Schule auf einem Bauernhof ganz in der Nähe des brasilianischen Cognis-Standortes Jacarei. Die Kinder stammen aus armen und benachteiligten Familien, ein Drittel von ihnen lebt sogar in Slums. Dank Cognis entdecken sie im direkten Kontakt mit der Natur den Umweltgedanken: Indem sie sich um „ihre" Pflanzen kümmern, erfahren die Kinder hautnah, warum der sorgsame Umgang mit der Natur und ihren Rohstoffen so wichtig ist. „Kids at the Crop", so der Name der Aktion, ist eines der Projekte, für die Cognis Brasilien den Titel „kinderfreundliches Unternehmen" erhalten hat. Diese begehrte Auszeichnung wird von der Organisation Abrinq verliehen, die in Brasilien für die Rechte von Kindern kämpft und von UNICEF unterstützt wird. Insgesamt fördert Cognis Brasilien inzwischen 500 Kinder und Jugendliche aus sozial benachteiligten Familien in vier unterschiedlichen Projekten. Sie lernen Englisch oder Informatik, erhalten eine handwerkliche Ausbildung oder singen im Kinderchor. Auf diese Weise bietet das Unternehmen, das weltweit gegen Kinderarbeit eintritt, jungen Menschen eine Perspektive für die Zukunft.

Das Thema Nachhaltigkeit nimmt in der Kommunikation von Cognis mit seinen Stakeholdern einen hohen Stellenwert ein

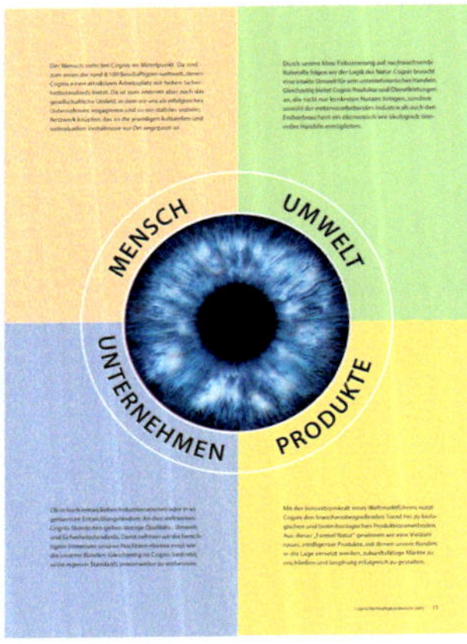

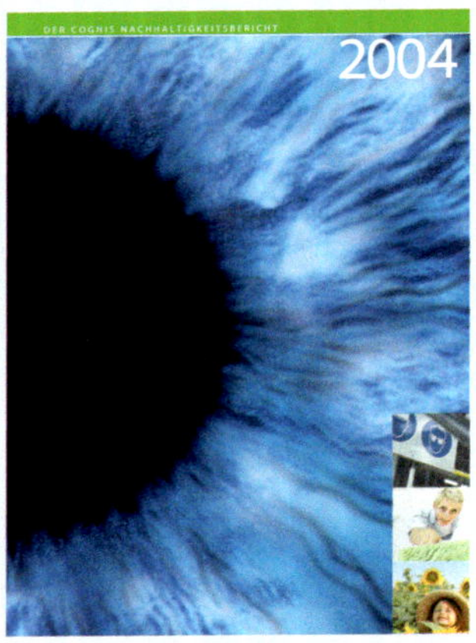

Produkte und Nahrungsmittel. Zudem lassen sich die naturbasierten Inhaltsstoffe, deren Einsatz toxikologisch unbedenklich ist, biologisch abbauen. Ein besonderes Beispiel dafür, wie das Unternehmen mit seinen Produkten die Entwicklung von Mensch und Umwelt nachhaltig fördert, bildet der Arganbaum, das Symbol Marokkos: Cognis ist es gelungen, aus den Früchten und Samen des Arganbaums drei neue Wirkstoffe zu entwickeln, die sich für die Herstellung kosmetischer Produkte verwenden lassen. Zugleich betreibt Cognis die Aufforstung der Arganbaumwälder und sichert damit nicht nur den Bestand der Pflanzen, sondern trägt auch maßgeblich dazu bei, dass die heimische Bevölkerung weiterhin von der Bewirtschaftung der Arganbäume leben kann.

Seiner Verantwortung gegenüber Mensch und Natur wird der Chemie-Spezialist weiterhin gerecht, indem er weltweit hohe Standards für die Qualität seiner Produkte, die Sicherheit seiner Mitarbeiter sowie den Schutz der Umwelt befolgt. Ob in Australien, China, Indonesien, Thailand oder in den USA – an all seinen Standorten tritt Cognis für gleich gute Arbeitsbedingungen ein. Auch lehnt das Unternehmen, das sich zu den Richtlinien der International Labour Organization (ILO) bekennt, jede Form von Diskriminierung und Kinderarbeit ab. Um Mitarbeiter und Natur zu schützen, definiert das Cognis-Management regelmäßig „Umweltziele". Dazu zählen konkrete Projekte zur Vermeidung von Unfällen sowie die Umsetzung internationaler Umweltstandards. Das integrierte SHEQ-Management (SHEQ umfasst die Bereiche Soziales und Sicherheit, Gesundheit, Umwelt, Qualität) des Unternehmens, in das alle Standorte eingebunden sind, erfasst weltweit die relevanten Daten und überwacht die Einhaltung der entsprechenden Richtlinien. Im Jahr 2001 war Cognis das erste Chemieunternehmen, das eine weltweite Zertifizierung nach der Umweltnorm ISO 14001 in Kombination mit der Qualitätsnorm ISO 9001 erhalten hat.

Weil Cognis das Prinzip der Nachhaltigkeit verinnerlicht hat, engagiert sich das Unternehmen auch außerhalb der geschäftlichen Tätigkeit für Mensch und Natur: Allein im Jahre 2004 hat Cognis 380.000 Euro in Organisationen und Initiativen investiert, die sozial benachteiligte Kinder fördern oder dem Umweltschutz dienen. Außerdem unterstützen die Mitarbeiter in ihrer Freizeit weltweit entsprechende Projekte und Hilfsaktionen. Am US-Standort Charlotte helfen die Beschäftigten, die Lebensqualität aller Bewohner zu verbessern, indem sie eine Patenschaft für das Ufer des Flusses Steele Creek übernommen haben und dieses zweimal im Jahr von Müll säubern. Insgesamt legt Cognis bei all seinen Aktivitäten Wert auf gute Nachbarschaft und bekennt sich

Aus den Früchten des Arganbaums gewinnt Cognis auf umweltschonende Weise natürliche Rohstoffe für seine Produkte

daher bewusst zum Prinzip der Corporate Citizenship. Auf seiner Website, in einem speziellen Nachhaltigkeitsbericht sowie in Pressemitteilungen und auf Journalistentreffen berichtet der Chemie-Spezialist darüber, wie Cognis Nachhaltigkeit begreift und in all ihren Dimensionen aktiv wahrnimmt.

AUF EINEN BLICK:

GESELLSCHAFT
- Förderung und Unterstützung sozialer Kinderhilfsprogramme
- Bildung Kinder & Jugendliche
- Aktive Unterstützung Umweltschutzprojekte

MITARBEITER
- Modelle zur Vereinbarkeit von Familie und Beruf: z.B. Betreuungsmodelle, Teilzeit, Home Office
- Gesundheitsförderung, Sicherheitsinitiative
- Code of Conduct

UMWELT
- Zertifizierung nach ISO 14001 an allen Produktionsstandorten
- Technology Segment Teams für Energie und Ressourcen

SOZIALES, KOOPERATIONEN, PROJEKTE
Auswahl national:
- „Pisa Power" für Kindertagesstätten in Düsseldorf
- Kinderhospiz Regenbogenland
- Verein zur Unterstützung bulgarischer Kinderheime
- Kinderschutzbund
- Hilfe für Afrika e.V.

Auswahl international:
- Kinderhilfsorganisation „Starlight Children's Foundation", Australien
- Cognis Thai Border Police Patrol School Thailand
- Hilfsorganisation United Way
- Aktion „Newspaper in Education" USA
- Engagement bei Renaturierung des Mill Creek, USA
- Förderung von Schulabgängern und Unis, Indonesien

MITGLIEDSCHAFTEN & INITIATIVEN
- Responsible Care Initiative
- Mitglied der Round Table on Sustainable Palm Oil (RSOP)

PREISE & AUSZEICHNUNGEN
- Umweltpreis der Irish Business and Employees Confederation
- Umweltpreise in Brasilien, Malaysia und USA

SONSTIGES
- Good Manufacturing Practices zum Schutz des Endverbrauchers

INFORMATION
Cognis Deutschland GmbH & Co. KG
Postfach 13 01 64
40589 Düsseldorf
Iris Scheepers
Fon 02 11 / 79 40 - 13 37
Fax 02 11 / 20 06 - 22 93
iris.scheepers@cognis.com
www.cognis.com

COMMERZBANK

Die Commerzbank hat sich nicht erst seit der Unterzeichnung der UNEP-Erklärung im Jahr 1992 zur Nachhaltigkeit verpflichtet, sondern wir haben das Engagement für einen sozial- und umweltverträglichen Fortschritt bereits zwei Jahre zuvor in unser Unternehmensleitbild aufgenommen. Diese Selbstverpflichtung hat zu einer Vielzahl von Aktivitäten in unserem Hause geführt. Wir betrachten das Thema „Nachhaltigkeit" weiterhin als eine wichtige Aufgabe und Herausforderung im Rahmen unserer gesellschaftlichen Verantwortung. Dies belegt auch unser neuer Corporate Responsibility-Report, der unser Engagement in seiner ganzen Breite darstellt.

Klaus-Peter Müller, Sprecher des Vorstands
der Commerzbank Aktiengesellschaft

Nachhaltigkeit steht bei der Commerzbank für jedes langfristig am gesellschaftlichen Interesse und unternehmerischen Nutzen ausgerichtete Handeln. Dieser Grundüberzeugung folgend, strebt die Commerzbank nach langfristigen Kunden- und Mitarbeiterbeziehungen, die auf Vertrauen, fairer Partnerschaft und Zuverlässigkeit basieren.

Als im Jahr 2003 im Rahmen einer von der Commerzbank in Auftrag gegebenen repräsentativen Studie große Wissensdefizite der Bevölkerung im Bereich der finanziellen Allgemeinbildung festgestellt wurden, hat die Commerzbank die Initiative „Ideenlabor" ins Leben gerufen. Das Ideenlabor hat sich zum Ziel gesetzt, Wissenslücken im alltäglichen Umgang mit Geld transparent zu machen und die finanzielle Allgemeinbildung zu verbessern. Weitere wissenschaftliche Studien bilden den Rahmen für Informationsveranstaltungen und -materialien zu finanziellen Themen, die z.B. Eingang in den Unterricht an Schulen in Baden-Württemberg gefunden haben.

Das bankeigene Wissen an die Gesellschaft weiterzugeben und hierdurch die Selbstbestimmung und Entscheidungsfreiheit eines jeden Einzelnen zu fördern, ist nur ein Aspekt des Nachhaltigkeitsengagements. Nachhaltigkeit heißt für die Commerzbank zugleich, bankeigenes Wissen als Kapital aufzufassen, das es effektiv zu managen gilt. Nicht zuletzt deshalb setzt sich die Commerzbank für ganzheitliches Wissensmanagement ein. Die eigentliche Herausforderung für jedes Unternehmen liegt darin, die Mitarbeiter dazu zu bringen, das in den Köpfen vorhandene Wissen konsequent zu teilen. Einen Anreiz hierfür bildet das betriebliche Vorschlagswesen COMIDEE. Seit der Gründung im Jahr 1998 wurden über 13.000 Verbesserungsvorschläge von den Mitarbeitern eingereicht, die mit Geldprämien in Höhe von insgesamt 1,1 Mio. Euro honoriert wurden. Der aus den Vorschlägen resultierende Nutzen für die Bank liegt deutlich höher.

Unter der Schirmherrschaft des Bundeswirtschaftsministeriums hat die Commerzbank zudem im Jahr 2005 zum dritten Mal gemeinsam mit der Zeitschrift „impulse" und der „Financial Times Deutschland" den mit insgesamt 30.000 Euro ausgestatteten Preis „Wissensmanager des Jahres" verliehen. Er wird an Unternehmen vergeben, die vorbildliche Initiativen für ein ganzheitliches Wissensmanagement umgesetzt haben. Das Preisgeld wird zweckgebunden

PRAKTIKUM FÜR DIE UMWELT – COMMERZBANK ALS PARTNER DER DEUTSCHEN NATIONALPARKS

„Wir engagieren uns für sozial- und umweltverträglichen Fortschritt." Mit der Aufnahme dieser Leitlinie in ihre Unternehmensphilosophie bekannte sich die Commerzbank als eines der ersten deutschen Großunternehmen Ende der 80er-Jahre zu ihrer gesellschaftlichen Verantwortung im Bereich Naturschutz. Den Worten folgten schnell konkrete Taten: Seit 1990 finanziert die Commerzbank das „Praktikum für die Umwelt". Die Basis hierfür bildet ein Sponsoringvertrag mit EUROPARC Deutschland, dem Dachverband der deutschen Großschutzgebiete. Bei der Initiative unterstützen jährlich ca. 60 Studentinnen und Studenten deutsche Nationalparks für drei bis sechs Monate bei ihrer Umweltbildungsarbeit. Sie informieren die Parkbesucher über die Schutzbedürftigkeit der Naturgebiete. Die Nationalparks profitieren dabei vom Tatendrang und Ideenreichtum der Praktikanten, die ihrerseits erste berufliche Erfahrungen sammeln können. Die Commerzbank macht die Zahlung eines Praktikantengehalts möglich und sorgt für die Unterbringung der Studenten. In den vergangenen 15 Jahren haben über 900 junge Menschen ein „Praktikum für die Umwelt" absolviert. Diese positive Bilanz wird dadurch unterstrichen, dass die Initiative im Jahr 2000 mit dem „Internationalen Sponsoring-Award" ausgezeichnet wurde. Ausführliche Projekt-Informationen sind auf der Website www.praktikum-fuer-die-umwelt.de zu finden.

Für bedeutende CSR-Projekte und Initiativen – z.B. das „Praktikum für die Umwelt" – betreibt die Commerzbank gesonderte Websites

für wissensorientierte Projekte verwendet. Ganz alltäglichen „Wissensmanagern", nämlich Pädagogen, hilft der „Lehrer-Info-Club" der Commerzbank bei der Unterrichtsgestaltung mit aktuellen und praxisbezogenen Informationen im Internet zum Thema Geld, Bank und Börse. Ergänzend dazu unterstützt die Commerzbank den bundesweiten Schulwettbewerb „So mobil ist Schule". Der Wettbewerb zielt darauf ab, den handlungs- und projektorientierten Unterricht von Schulklassen der Sekundarstufe I bundesweit zu fördern. Schülern soll eigenverantwortliches Handeln, selbstgesteuerte Wissensaneignung und fächerübergreifendes Wissen vermittelt werden. Nur so kann sichergestellt werden, dass zukünftige Generationen dem immer komplexer, aber auch immer wichtiger werdenden Erfolgsfaktor „Wissen" gewachsen sind.

Neben dem Engagement im Bereich Wissensmanagement versteht die Commerzbank auch das gesellschaftsrelevante Thema Diversity (engl.: Verschiedenheit) als einen wichtigen Themenbereich nachhaltiger Entwicklung. In Programmen zur Behindertenintegration oder zur Gleichstellung von Frauen wird nicht nur eine bloße Umsetzung von Antidiskriminierungsvorschriften gesehen: Aktives Diversity-Management wird als Chance für das Unternehmen mit all seinen Mitarbeitern begriffen. Dies akzeptiert nicht nur die individuelle Verschiedenheit der Mitarbeiterinnen und Mitarbeiter, sondern hebt Vielfalt im Sinne einer positiven Wertschätzung hervor. Das Diversity-Management der Commerzbank, das natürlich auch „klassische" Instrumente der Familienförderung beinhaltet, wurde schon mit einer Reihe von Auszeichnungen bedacht: Bereits 1996 wählte die Zeitschrift „Cosmopolitan" die Commerzbank zum „Familienfreundlichsten Betrieb Deutschlands". Hinzu kommt das Grund- und Hauptzertifikat des Audits „Beruf & Familie" der Gemeinnützigen Hertie-Stiftung. Aktuell wurde die Commerzbank beim Unternehmenswettbewerb „Erfolgsfaktor Familie 2005" mit einem Sonderpreis als „familienfreundliches Unternehmen" ausgezeichnet – wozu nicht zuletzt das beispielgebende Konzept „Kids & Co." beigetragen hat, das die spontane und kurzzeitige Betreuung von Mitarbeiter-Kindern sicherstellt.

„Danke den Ehrenamtlichen im Sport", so lautet das Motto der im Jahr 2000 gestarteten Initiative „Sport braucht Dein Ehrenamt". Mit dieser Initiative will die Commerzbank gemeinsam mit dem Deutschen Sportbund die Anerkennung ehrenamtlich engagierter Menschen erhöhen und sie aktiv unterstützen. Dafür wurde ein jährliches Maßnahmenpaket und die Homepage www.ehrenamt-im-sport.de entwickelt. Zugleich gibt es einmal jährlich eine „Danke-Aussendung", mit der sich die

Anlässlich des jährlichen Chase-Laufs trugen 1.166 Commerzbänker ein besonderes T-Shirt und liefen damit Werbung für den SOS-Kinderdorf e.V.

„Partner der Ehrenamtlichen" für das freiwillige Engagement der Führungskräfte in über 30.000 Sportvereinen bedanken.

Auf allen Gebieten der Gemeinnützigkeit ist nicht zuletzt die 1970 aus Anlass des hundertjährigen Bestehens der Commerzbank AG gegründete Commerzbank-Stiftung tätig. Rund 1,25 Mio. Euro Fördermittel werden von der Stiftung jährlich in den Bereichen Bildung und Wissenschaft, karitative Einrichtungen, Kultur, Denkmal- und Umweltschutz ausgeschüttet. Bereits seit mehr als 25 Jahren wird beispielsweise der deutsche SOS-Kinderdorf e.V. intensiv unterstützt – besonders auch in diesem Jahr anlässlich seines fünfzigjährigen Jubiläums.

AUF EINEN BLICK:

GESELLSCHAFT

- Unterstützung des SOS-Kinderdorf e.V.
- Commerzbank-Stiftung

MITARBEITER

- Betriebliches Vorschlagswesen COMIDEE, seit 1998 ca. 13.000 Vorschläge
- Umfangreiches Diversity-Management, Chancengleichheit, Maßnahmen zur Vereinbarkeit von Familie und Beruf, flexible Kinderbetreuung

UMWELT

- Partner der deutschen Nationalparks – „Praktikum für die Umwelt"
- Ernennung eines Umweltbeauftragten im Jahr 1990
- Energiesparaktionen in der Zentrale
- Ökologie im Betrieb: Maßnahmen zur Papier- und Energiereduktion
- Energieoptimiertes Gebäudemanagement bundesweit

KOOPERATIONEN, INITIATIVEN, PROJEKTE

- Wissensmanager des Jahres
- Kooperation mit der Stiftung Lesen
- „So mobil ist Schule"
- Lehrer-Info-Club
- Ideenlabor / Initiative für finanzielle Allgemeinbildung

MITGLIEDSCHAFTEN

- B.A.U.M.
- UNEP
- Commerzbank in Nachhaltigkeitsindizes: ESI – Ethibel Sustainability Index, Humanix Ethical Index

PREISE & AUSZEICHNUNGEN

- Internationaler Sponsoring-Award 2000 für das „Praktikum für die Umwelt"
- Familienfreundlichster Betrieb Deutschlands, Zeitschrift COSMOPOLITAN (1996)
- Total E-Quality Prädikat (1997, 2000, 2003)
- Grundzertifikat Audit Beruf & Familie (2000), Gemeinnützige Hertie-Stiftung
- Hauptzertifikat Audit Beruf & Familie (2003), Hertie-Stiftung
- Sonderpreis im Rahmen der Gemeinschaftswerbung des „Forum Frauen in der Wirtschaft" / Bundeswettbewerb „Erfolgsfaktor Familie" (2005)

INFORMATION

Commerzbank AG
Kaiserplatz
60261 Frankfurt/Main
Dr. Rolf Darmstadt
Fon 0 69 / 1 36 20
Fax 0 69 / 13 64 16 65
rolf.darmstadt@commerzbank.com
www.commerzbank.de

DATEV

Zukunftsorientiertes und damit erfolgreiches Wirtschaften bedeutet für DATEV, bei allen Geschäftsaktivitäten immer auch die potenziellen Auswirkungen auf die Umwelt und das soziale Umfeld im Blick zu haben. Treten dabei Widersprüche auf, setzen wir alles daran, eine ausgewogene Synthese zwischen ökonomischem Interesse, berechtigten ökologischen Belangen und sozialer Verantwortung zu finden. Wir sind überzeugt, dass dies der richtige Weg ist, um unsere Innovationskraft voll zu entfalten und so langfristig den wirtschaftlichen Erfolg von DATEV sicherzustellen.

Dieter Kempf, Vorsitzender des Vorstands der DATEV eG

Einmal im Monat sieht jeder vierte deutsche Arbeitnehmer den Namen Datev: auf seiner Gehaltsabrechnung. Hinter dem Kürzel steckt eines der erfolgreichsten Outsourcing-Projekte der Wirtschaftsgeschichte, denn als die Firma 1966 gegründet wurde, geschah dies vor dem Hintergrund der zunehmenden Herausforderungen an Personalabrechnung und Steuerwesen, die von vielen Unternehmen nicht mehr selbst gemeistert werden konnten. Da auch die mittelständischen Steuerberatungsunternehmen im Zeitalter der Großrechner an ihre investiven Grenzen stießen, lag es nahe, eine Genossenschaft zu gründen, um Kräfte zu bündeln. Heute ist Datev Europas Nummer 1 in Sachen Datenverarbeitung, Service und Software für Steuerberater, Wirtschaftsprüfer und Rechtsanwälte sowie deren Mandanten. Außerdem gilt das Unternehmen als eines der größten Branchen-Software-Häuser der Welt, denn mit 1.000 Softwareentwicklern ist fast ein Fünftel der Mitarbeiter auf diesem Gebiet tätig. Annähernd 40.000 Genossen gehören dem Verbund an, der über 550 Mio. Euro Umsatz erwirtschaftet.

Im Spannungsfeld der selbsthilfeorientierten Genossenschaftsidee und dem hohen innovativen Potential der EDV-Branche, zu deren Vorreitern Datev zählt, hat sich eine ganz besondere Unternehmenskultur entwickelt. Im Laufe der Jahrzehnte ist aus verschiedenen

Ansätzen ein Gesamtkonzept gelebter Corporate Social Responsibility geworden, das seinesgleichen sucht. Auf allen Ebenen wird der Blick fürs Ganze gepflegt; die eindrucksvollen Ergebnisse lassen sich im Nachhaltigkeitsbericht nachlesen.

Das Datev-Modell ruht auf drei Säulen: Nachhaltige Geschäftsentwicklung bedeutet die Leistungsfähigkeit für die Zukunft zu sichern, entsprechend zu investieren und einen Mehrwert für die Mitglieder zu erwirtschaften. Nicht kurzfristige Erfolge, sondern nachhaltiges, moderates Wachstum sollen für eine positive Zukunftsentwicklung sorgen. Der zweite Aspekt betrifft den Umweltschutz als Managementaufgabe. Die konkret umgesetzte ökologische Verantwortung lässt sich z.B. anhand der Umweltbilanz nachvollziehen. Die dritte Säule heißt Mitarbeiter und Gesellschaft und definiert die soziale Verantwortung und das gesellschaftliche Engagement.

Das vornehmste unternehmerische Ziel ist auch bei Datev, wirtschaftlich erfolgreich zu sein. Zur Zukunftssicherung gehört es, die

AUDIT BERUF UND FAMILIE

Zu den Top-Themen der aktuellen gesellschafts- und wirtschaftspolitischen Debatte gehört die Vereinbarkeit von Beruf und Familie. In einem Unternehmen mit 40-prozentigem Frauenanteil geht es dabei nicht nur um eine akademische Diskussion. Handfeste wirtschaftliche Eigeninteressen lassen gerade Dienstleistungsunternehmen nach Wegen suchen, Frauen-Power für das Unternehmen zu gewinnen und vor allem langfristig zu binden. Indem Datev Rahmenbedingungen schafft, die Frauen nicht vor den Zwang stellen, sich zwischen Beruf und Kinderwunsch zu entscheiden, leistet es gleichzeitig einer gesellschaftlich wünschenswerten Entwicklung Vorschub und stärkt die eigene Position durch zufriedene Mitarbeiterinnen. Mit der Teilnahme am Audit „Beruf & Familie" der Hertie-Stiftung demonstriert Datev nach innen und außen, dass familienbewusste Politik nicht nur Luxus ist für wirtschaftlich gute Zeiten. Das Audit ist ein Managementinstrument, das über die Erhebung des Status quo deutlich hinausgeht und betriebsindividuelle Entwicklungsperspektiven für das Unternehmen bringt. Ein ganzes Maßnahmenbündel wurde realisiert. Es reicht von flexiblen Pausenregelungen bis zur Ferienbetreuung. Es setzt auf Kommunikation in der Mitarbeiterzeitschrift, den öffentlichen Medien und dem Intranet, um die Bedeutung des Themas im Bewusstsein zu verankern und zu neuen Ideen zu motivieren. Schließlich gehört auch ein Rahmenvertrag mit dem Nürnberger Familienservice dazu. Und das Re-Audit in einigen Jahren sorgt dafür, dass es keinen Stillstand gibt.

DATEV hat bereits 1996 Umweltleitlinien aufgestellt, die nun Teil der Nachhaltigkeitsleitlinien sind

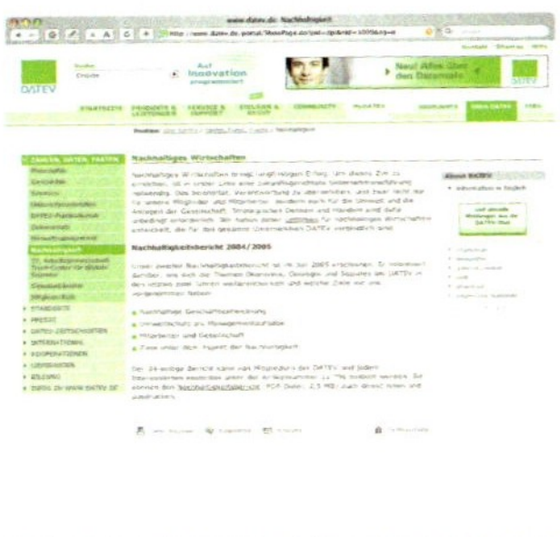

Wachstumspotenziale zu sichern und die Wettbewerbsfähigkeit zu steigern, z.B. durch den Ausbau der europaweiten Präsenz. Ein professionelles, gesetzeskonformes Risikomanagement-System trägt dazu bei, dass Datev zum Nutzen der Kunden, Genossen und Mitarbeiter ein prosperierendes Unternehmen bleibt.

Die Bedeutung ökologischen Handelns könnte man auf den ersten Blick bei einem Dienstleistungsunternehmen unterschätzen. Doch schon seit 1996 existiert bei Datev eine Umweltschutzrichtlinie, die dafür steht, dass jeder Geschäftsprozess, jedes Produkt und jede Dienstleistung bis zu Ende durchdacht und die ökologischen Auswirkungen berücksichtigt werden. Dabei begnügt man sich nicht damit, gesetzliche Bestimmungen zu erfüllen. Wo sie fehlen, aber sinnvoll wären, werden eigene Standards gesetzt.

Beispiel Papierverbrauch: Der wurde seit 1998 auf ein Drittel gesenkt – in einem expandierenden Unternehmen. Bergab geht es seit Jahren auch mit dem Kraftstoffverbrauch und der Abfallmenge; der Energieverbrauch ist immerhin seit 1998 fast unverändert und seit Ende 2004 produziert das Unternehmen auf dem Dach der Firmenzentrale umweltfreundlich Strom mit einer Fotovoltaikanlage. Solche Erfolge stellen sich nur ein, weil alle Mitarbeiter motiviert werden, mitzumachen und Ideen einzubringen. Dass es oft ohne Auto geht, zeigt die Aktion „Mit dem Rad zur Arbeit". Die spart nicht nur Sprit, sondern fördert auch die Gesundheit der Teilnehmer. Umweltbewusste Mobilität lässt sich Datev aber auch 450.000 Euro im Jahr kosten, indem es für die Mitarbeiter ein Jahresticket der Nürnberger Verkehrsbetriebe bezuschusst.

Diese Beispiele zeigen, wie alle drei Bereiche des Nachhaltigkeitskonzeptes ineinander greifen. Dreh- und Angelpunkt sind die Mitarbeiter, denn ihr Wissenspotenzial bildet die Grundlage für Innovation, Dienstleistung und Kundenzufriedenheit. Ein motivierendes Arbeitsumfeld macht Datev zu einem der größten und gefragtesten Arbeitgeber in der Region. Programme zur Job-Fitness und interessante Vorsorgeleistungen gehören dazu. Die Vereinbarkeit von Familie und Beruf wird durch viele Maßnahmen erleichtert, nicht zuletzt durch einen Betriebskindergarten. Alles Beiträge zur Mitarbeiterzufriedenheit, die dem Unternehmenserfolg zugute kommen.

Der Zusammenhalt der Mitarbeiter wird durch ein ganz besonderes Projekt deutlich, die Datev-Belegschaftshilfe. 1.300 Mitglieder leisten monatlich freiwillig einen finanziellen Beitrag, von dem rd. 350.000 Euro an Unterstützungsleistungen erbracht wurden, davon 250.000 Euro zinslose Darlehen.

Die DATEV-Belegschaftshilfe gewährt schnelle und unbürokratische Hilfe in Notfällen an Mitarbeiter, ehemalige Mitarbeiter der DATEV sowie deren Angehörige

Corporate Citizenship füllt Datev überregional mit Leben. Das Engagement reicht vom Bundesverband Informationswirtschaft, Telekommunikation und neue Medien Bitcom über B.A.U.M. bis zum Genossenschaftsverband Bayern. Nicht wegzudenken ist Datev in vielen regionalen Einrichtungen um Nürnberg. Kein Wunder, dass der Oberbürgermeister gerne das Grußwort zum Nachhaltigkeitsbericht liefert. Dem Dürer-Gymnasium spendete man 35 PCs, doch die Patronatsvereinbarung geht weit darüber hinaus: Datev ermöglicht Schülerinnen und Schülern einen einjährigen Highschool-Aufenthalt in den USA. Bei allen Aktivitäten geht es Datev darum, einen konkreten Bedarf zu decken, ob unternehmerisch, ökologisch oder sozial. Dieses erfolgreiche Wechselspiel aus unternehmerischem Ehrgeiz und sozialer Verantwortung ließe so manchen Arbeitgeber wünschen, Datev nicht nur als Dienstleister, sondern auch als Absender auf seiner Gehaltsabrechnung zu sehen.

AUF EINEN BLICK:

GESELLSCHAFT

- Engagement und aktive Mitwirkung in regionalen und überregionalen Arbeitskreisen
- Unterstützung von Schulen und karitativen Einrichtungen
- Förderung von 850 Bildungseinrichtungen

MITARBEITER

- Audit „Familie & Beruf" der gemeinnützigen Hertie-Stiftung
- Stiftung Belegschaftshilfe
- Betriebliches Vorschlagwesen INITIATIV

UMWELT

- Umweltleitlinien bereits seit 1996
- Engagement im städtischen Umwelt-Netzwerk COUP21 sowie im Nachhaltigkeitspakt in Nürnberg
- Förderung des Umweltbewusstseins bei den Mitarbeitern

MITGLIEDSCHAFTEN

- B.A.U.M.
- Inititative Pro Recyclingpapier
- verschiedene regionale Engagements in Nürnberg

INFORMATION

DATEV eG
90329 Nürnberg
Fon 09 11 / 2 76 - 0
Fax 09 11 / 2 76 - 31 96
info@datev.de
www.datev.de

DAIMLERCHRYSLER

Profitables Wachstum und die Übernahme ökologischer und gesellschaftlicher Verantwortung gehören bei DaimlerChrysler zusammen. Wir wollen unser Verständnis von Nachhaltigkeit mit eigenen Initiativen umsetzen. Wir wissen, dass dies nur dann gelingt, wenn wir dieses Ziel mit unseren Kernkompetenzen und unseren wirtschaftlichen Interessen verbinden, also gesellschaftliches und umweltbewusstes Handeln mit dem operativen Geschäft verknüpfen. Dabei gibt es ein vielfältiges Spektrum, das wir als Automobilunternehmen beeinflussen können. Wir wissen, dass Herstellung und Nutzung unserer Produkte die Ökosysteme beanspruchen, gleichzeitig leisten sie jedoch einen unverzichtbaren und zukunftsweisenden Beitrag für Freiheit, Wachstum und Wohlstand einer Gesellschaft: Unsere Forschung macht Fahrzeuge sicherer und effizienter. Die Weiterentwicklung umweltfreundlicher Antriebskonzepte zeigt uns den Weg in die Mobilität von morgen. Unsere Investitionen und gesellschaftlichen Engagements schaffen Arbeitsplätze und stabilisieren Gesellschaften. Diese Beiträge für Unternehmen und Gesellschaft nachhaltig und nicht als kurzfristige Aktionen zu gestalten ist unser erklärtes Ziel.

Prof. Jürgen E. Schrempp,
Vorstandsvorsitzender der DaimlerChrysler AG (bis August 2005)

DaimlerChrysler ist ein führender Anbieter von hochwertigen Pkw, Geländewagen, Minivans und Pick-ups sowie der weltweit größte Hersteller von Nutzfahrzeugen. Die DaimlerChrysler AG entstand im November 1998 aus dem Zusammenschluss der Daimler-Benz AG und der Chrysler Corporation. Das Unternehmen blickt auf eine mehr als hundertjährige Tradition zurück, die bei beiden Vorgängerunternehmen durch Pionierleistungen im Automobilbau geprägt ist. Mit seinen starken Marken, zu denen unter anderem Mercedes-Benz, smart und Maybach sowie Chrysler, Jeep und Dodge zählen, und dem umfassenden Angebot an Fahrzeugen ist DaimlerChrysler in nahezu allen Ländern der Erde vertreten. Das Unternehmen verfügt über Fertigungskapazitäten in insgesamt 20 Ländern. Im Geschäftsjahr 2004 erzielten die rund 385.000 Mitarbeiter einen Umsatz von 142,1 Mrd. Euro.

Der wirtschaftliche Erfolg von DaimlerChrysler gründet auf das Vertrauen der Menschen in allen Ländern, in denen das Unternehmen tätig ist. Deshalb hat das Unternehmen ökonomische, ökologische und gesellschaftlich-soziale Verantwortung fest in seiner Strategie verankert. Im Leitbild der Nachhaltigkeit werden die drei Dimensionen der Verantwortung wie folgt beschrieben:

(1) „Wir tragen Verantwortung für die wirtschaftliche Leistungsfähigkeit und den dauer-

haften ökonomischen Erfolg unseres Unternehmens."
(2) „Wir stellen uns der Verantwortung für die Schonung der Ressourcen unseres Planeten und die Bewahrung einer intakten Umwelt für heutige wie für kommende Generationen."
(3) „Wir nehmen unsere Verantwortung gegenüber den Menschen wahr, die an der Geschäftstätigkeit unseres Unternehmens beteiligt oder von deren Auswirkungen betroffen sind, sowie gegenüber der Gesellschaft, als deren mitgestaltender Teil sich unser Unternehmen versteht."

Im Jahr 2004 investierte der Konzern insgesamt mehr als 1,6 Mrd. Euro in den Umweltschutz. DaimlerChrysler konnte mit Hilfe verbesserter Motoren und hochwirksamer Abgas-Reinigungssysteme die Stickoxid-Emissionen seit 1995 um rund 70 % senken, der Dieselpartikel-Ausstoß sank im gleichen Zeitraum um über 95 %. Die Mercedes Car Group hat den durchschnittlichen Kraftstoffverbrauch der neu zugelassenen Pkw in Deutschland seit 1990 um 29 % reduziert. Der Konzern hat die Maßnahmen zur Reduzierung von Kraftstoffverbrauch

DaimlerChrysler

PUBLIC-PRIVATE-PARTNERSHIP-PROGRAMME IN AFGHANISTAN

DaimlerChrysler hat im Juli 2005 eine Ausbildungswerkstatt für Kfz-Mechaniker in der afghanischen Hauptstadt Kabul eröffnet. Die Werkstatt gehört zu dem im Dezember 2002 von DaimlerChrysler initiierten Ausbildungszentrum, das als Public-Private-Partnership in Zusammenarbeit mit der Deutschen Investitions- und Entwicklungsgesellschaft (DEG) und der AGEF (Arbeitsgruppe Entwicklung und Fachkräfte) aufgelegt wurde. Ziel der DaimlerChrysler Automotive Academy Afghanistan ist es, den fachlichen Nachwuchs im Land zu fördern und den Schulabgängern in Kabul eine berufliche Perspektive zu eröffnen. In sechs- bis neunmonatigen Lehrgängen werden in dem Ausbildungszentrum pro Semester 16 afghanische Auszubildende in den Fachgebieten Automechanik und Autoelektronik (Mechatronik) unterrichtet. Zur Instandsetzung defekter Fahrzeuge in Kabul und Umgebung wurde zudem eine mobile Werkstatt eingerichtet. DaimlerChrysler engagiert sich seit 2002 mit mehreren Hilfsmaßnahmen in Afghanistan. Herausragend war der Hilfskonvoi „TRACECA" von 12 Mercedes-Benz Lkw der Baureihe Actros, die 2003 mit insgesamt 220 Tonnen Hilfsgütern an Bord auf der so genannten TRACECA-Route (= Transport Corridor Europe-Caucasus-Asia) von Brüssel nach Kabul gefahren sind. Der Transport – eine Initiative der DaimlerChrysler AG unter der Schirmherrschaft der Europäischen Union – brachte dringend benötigte Güter für Wiederaufbau-Maßnahmen nach Afghanistan.

Die Fasern der Abaca-Staude, die auf den Philippinen nachhaltig angebaut werden, setzt Daimler-Chrysler in der A-Klasse ein

und Emissionen in der Initiative „Energie für die Zukunft" gebündelt. Zu ihr gehören die weitere Optimierung der Verbrennungsmotoren, die Verbesserung der Qualität konventioneller Kraftstoffe, die Förderung neuer synthetischer Kraftstoffe vor allem auch auf Biomassebasis sowie die Entwicklung und Einführung alternativer Antriebe auf Basis des Hybrids und der Brennstoffzelle.

Dass sich Profitabilität im Wettbewerb und Umweltbewusstsein nicht ausschließen, zeigt auch der „Globale Nachhaltigkeitsverbund". Innerhalb des Verbunds wird der Einsatz von nachwachsenden Rohstoffen im Automobilbau und erneuerbaren Biokraftstoffen vorangetrieben. Dabei wird gleichzeitig die soziale und wirtschaftliche Entwicklung gefördert sowie ein Beitrag zum Umweltschutz geleistet. Die Projekte umfassen den Anbau der Kokosfaser und deren Einsatz in Mercedes-Benz Nutzfahrzeugen in Brasilien, die Verwendung der Sisal-Faser in der C-Klasse Produktion in Südafrika, die Verbesserung der Bodenqualität und die Biodieselgewinnung aus der Jatropha-Nuss in Indien und das Hightech-Verfahren zur Herstellung des synthetischen Diesel aus Biomasse „SunDiesel" in Freiberg/Sachsen.

Die Fasern der Abaca-Staude, die in einem Public-Private-Partnership-Projekt auf den Philippinen nachhaltig angebaut werden, setzt DaimlerChrysler in der Ersatzradmuldenabdeckung der dreitürigen Mercedes-Benz A-Klasse ein. Zum ersten Mal wird damit ein Naturfaser-Serienbauteil im Außenbereich von Personenwagen verwendet. „Forschung hat bei DaimlerChrysler einen nachhaltigen Aspekt: Mit unserem Know-how zur Naturfasertechnologie und Optimierung biogener Kraftstoffe schaffen wir Anwendungen und dadurch Absatzmärkte im Automobilbereich", sagt Prof. Dr. Herbert Kohler, Leiter Forschung Fahrzeugaufbau und Antrieb sowie Daimler-Chrysler-Umweltbevollmächtigter. „Wir schaffen dabei eine Win-Win-Situation aus Ökonomie und Technologie, Ökologie und Sozialem und bauen beispielhafte Projekte in den Regionen auf."

Zum Nachhaltigkeitsmanagement zählt auch, dass DaimlerChrysler sich weltweit als „Good Corporate Citizen" in seinen Märkten engagiert. Mit Bildungsprojekten in aller Welt leistet DaimlerChrysler durch die Qualifizierung der Mitarbeiter vor Ort einen Beitrag zum technologischen Know-how-Transfer. So eröffnete DaimlerChrysler im Juli 2005 Ausbildungswerkstätten für Kfz-Mechaniker in der afghanischen Hauptstadt Kabul und in den palästinensischen Autonomiegebieten. „Mit diesen Ausbildungszentren in krisenbehafteten und wirtschaftlich problematischen Regionen leisten wir einen gesellschaftlichen Beitrag und schaffen Inseln der Stabilität",

DaimlerChrysler – Mitglied in der Global Business Coalition on HIV/AIDS (GBC) – hat im Kampf gegen HIV/AIDS eine Vorreiterrolle auf globaler Ebene

sagt Dr. Michael Inacker, Leiter Politik und Außenbeziehungen der DaimlerChrysler AG.

Einen weiteren Schwerpunkt setzt DaimlerChrysler bei der Bekämpfung von HIV/AIDS. Mit persönlichem Einsatz von Prof. Jürgen E. Schrempp engagiert sich DaimlerChrysler seit den frühen 90er-Jahren in Südafrika im Kampf gegen die Immunschwächekrankheit und für die gesellschaftliche Integration HIV-Infizierter. Im Jahr 2000 startete das Unternehmen für alle rund 5.000 Mitarbeiterinnen und Mitarbeiter sowie deren Familien in Südafrika ein Arbeitsplatzprogramm. Aufbauend auf den Erfahrungen in Südafrika hat DaimlerChrysler nun vorgesehen, auch in Märkten wie Russland, China oder Südostasien einen Beitrag im Kampf gegen HIV/AIDS zu leisten. Durch die Mitgliedschaft in der Global Business Coalition on HIV/AIDS (GBC) untermauert das Unternehmen seine Vorreiterrolle auf globaler Ebene und ruft andere Unternehmen dazu auf, sich aktiv am Kampf gegen HIV/AIDS zu beteiligen.

AUF EINEN BLICK:

GESELLSCHAFT

- Bekämpfung von HIV/AIDS
- Förderung des transatlantischen Dialogs
- Einsatz für den Dialog zwischen den Kulturen, z.B. mit dem weltweiten Schul- und Ingenieurswettbewerb „Mondialogo“
- Förderung von Mobilität und Verkehrssicherheit, vor allem im Zusammenhang mit Kindern („Global Road Safety Partnership“, „MobileKids“)
- Zahlreiche kulturelle und soziale Projekte an den Standorten weltweit

MITARBEITER

- Vereinbarung „Zukunftssicherung 2012“
- 8.400 neue Arbeitsplätze weltweit im Jahr 2004 geschaffen
- Weltarbeitnehmervertretung
- Verhaltensrichtlinie für alle Mitarbeiter auf Basis des „Global Compact“
- Global Diversity Management
- Initiative „Aging Workforce“

UMWELT

- Umweltleitlinien als Bestandteil der Unternehmensstrategie
- Projekt „Energie für die Zukunft“ (neue Antriebs- und Fahrzeugkonzepte, Kraftstoffe der Zukunft)
- Umweltgerechte Produktentwicklung
- Reduzierung von Kraftstoffverbrauch und Emissionen
- DaimlerChrysler investiert jährlich rund sechs Milliarden Euro in Forschung und Entwicklung

MITGLIEDSCHAFTEN

- International Chamber of Commerce
- World Business Council for Sustainable Development
- Global Compact – UN-Initiative für Umweltschutz, Arbeits- und Menschenrechte weltweit
- Global Business Coalition on HIV/AIDS
- SAFRI – Südliches Afrika Initiative der Deutschen Wirtschaft

PREISE & AUSZEICHNUNGEN

- Business Excellence Award 2002 der Global Business Coalition on HIV/AIDS
- Environmental Communication Award von Euronatur und Bellagio Forum 2003
- World Summit Business Award for sustainable development partnerships 2002
- Trust for the Americas Award for Corporate Social Responsibility 2003
- Energie- und Umweltpreis "Goldener Öltropfen" 2005

INFORMATION

DaimlerChrysler AG
70546 Stuttgart
Fon 07 11 / 1 70
Fax 07 11 / 1 72 22 44
www.daimlerchrysler.de/nachhaltigkeit

DEGUSSA

Unser Unternehmen kann seine Verantwortung als Corporate Citizen und damit auch für die Umwelt nur dann wahrnehmen, wenn es auf einer soliden wirtschaftlichen Basis steht und profitabel wächst. Degussa ist heute die Nummer eins in der Spezialchemie, mit mehr als 85 Prozent der Produkte besetzen wir führende Weltmarktpositionen. Unseren Mitarbeitern sind wir ein verlässlicher Arbeitgeber. Bei Umweltschutz, Sicherheit, Gesundheit, Qualität gelten wir als verantwortungsvoll handelndes Unternehmen. Wir engagieren uns gemeinnützig beispielsweise für Kultur, Forschung und Lehre. Alles dies macht Degussa als Corporate Citizen aus – eben als Teil der Gesellschaft mit allen Rechten und Pflichten wie ein guter Bürger – mit dem Ziel, einen wirksamen Beitrag für heute und morgen zu leisten.

Prof. Dr. Utz-Hellmuth Felcht,
Vorstandsvorsitzender Degussa AG

Degussa ist heute die Nummer eins in der Spezialchemie und besetzt mit mehr als 85 % ihrer Produkte führende Weltmarktpositionen. Im Geschäftsjahr 2004 erwirtschaftete das Unternehmen mit rund 45.000 Mitarbeitern einen Umsatz von 11,2 Mrd. Euro, davon fast drei Viertel außerhalb Deutschlands. Als global tätiges Unternehmen betreibt Degussa über 60 größere Standorte in mehr als 50 Ländern; in fast allen anderen Ländern ist das Unternehmen mit Vertriebsniederlassungen präsent. Degussa gilt den Mitarbeitern als verlässlicher Arbeitgeber. Bei Umweltschutz, Sicherheit, Gesundheit, Qualität gilt sie als verantwortungsvoll handelndes Unternehmen – das belegen die guten Bewertungen bei renommierten Nachhaltigkeitsindizes. Degussa engagiert sich gemeinnützig – beispielsweise für Kultur, Forschung und Lehre. Ein großer Teil der wissenschaftlichen, kulturellen und sozialen Förderung ist in der Degussa Stiftung zusammengefasst. All diese Faktoren gemeinsam machen einen Corporate Citizen – also einen guten Nachbarn – aus.

Degussa hat eine lange Tradition als Corporate Citizen und bekennt sich ausdrücklich zu ihrer Rolle als Teil der Gesellschaft – mit allen Rechten und Pflichten, die jeder Bürger hat. Das wirtschaftliche und soziale Engagement des Unternehmens als Arbeitgeber und guter Nachbar im lokalen Umfeld seiner Werke ist allgemein anerkannt. Nachhaltigkeit und verantwortliches Verhalten haben für Degussa einen besonderen Stellenwert. Die Balance von wirtschaftlichem, ökologischem und sozialem Verhalten ist für Degussa unverzichtbarer Bestandteil ihrer Geschäftsprozesse. Institutioneller Ausdruck dafür sind das langjährige Engagement des Düsseldorfer Konzerns in der Responsible Care Initiative der chemischen Industrie, die Mitgliedschaft im World Business Council for Sustainable Development sowie bei econsense, dem Forum Nachhaltige Entwicklung der Deutschen Wirtschaft. Glaubwürdig umgesetzt werden kann ein solches unternehmerisches Engagement allerdings nur, wenn intern die Voraussetzungen dafür geschaffen sind. Deshalb hat sich Degussa Regeln gegeben – so genannte Global Policies –, mit denen sie alle Mitarbeiter auf die darin beschriebenen Verhaltensweisen verpflichtet. Die Regeln beschreiben den rechtlichen und ethischen Rahmen der Unternehmenspolitik und bestehen im Wesentlichen aus einem Degussa Verhaltenskodex, der Degussa Sozialpolitik

degussa.
creating essentials

DEGUSSA-STIFTUNG

forschen · bilden · erhalten
Degussa Stiftung

Die Degussa Stiftung mit Sitz in Düsseldorf hat im Jahr 2003 ihre Aktivitäten aufgenommen. Sie erhielt von der Degussa AG zunächst Mittel in Höhe von 2,5 Mio. Euro. Nach der Integration zweier weiterer Stiftungen, der Degussa-Hermann-Schlosser-Stiftung und der Degussa-Konrad-Henkel-Stiftung, beläuft sich das Stiftungskapital heute auf über fünf Mio. Euro. Mit einer Vielzahl von Stipendien für Doktoranden und Postdoktoranden liegt der Fokus der Stiftung auf der Förderung der Forschung in den Naturwissenschaften. Doch wie der durch den Wahlspruch der Stiftung „forschen – bilden – erhalten" definierte Stiftungszweck verdeutlicht, werden darüber hinaus die Bereiche Umweltschutz und Nachhaltigkeit, Aus- und Weiterbildung sowie kulturelle Belange unterstützt. Die Stiftung realisiert beispielsweise mehrere Projekte zur Förderung junger talentierter Musiker, u.a. mit dem Landesjugendorchester NRW, dem Ensemble Cordarte oder mit Einzelkünstlern wie der Münchner Pianistin Alice Sara Ott. Ein besonderes Zukunftsprojekt stellt die Lernstation „Mannometer: Nanometer!" dar, die 2003 mit tatkräftiger Unterstützung der Degussa Stiftung im Deutschen Museum in Bonn eingerichtet wurde. Hier wird den Besuchern die spannende Welt der Nanotechnologie anschaulich gemacht.

Die Global Policies der Degussa sind für alle Mitarbeiter verpflichtend

und der Degussa Politik für Umwelt, Sicherheit, Gesundheit und Qualität.

Zeugnis von den vielfältigen Aktivitäten und Anstrengungen der Degussa zu nachhaltiger Unternehmensführung legen die Corporate Citizenship Reports (CCR) der letzten drei Jahre ab. Sie geben einen Überblick über herausragende Beispiele für gelebte Corporate Citizenship innerhalb des Unternehmens, verbinden Nachrichten und interessante Geschichten aus der Degussa Welt und fördern den kontroversen Dialog durch Beiträge externer Experten und Interessenvertreter. Der CCR wird durch den Degussa Statistics Band ergänzt, in dem das Zahlenwerk des Unternehmens zu Ökonomie, Ökologie und Personal ausführlich dargestellt und kommentiert wird.

Beide Publikationen gemeinsam ersetzen und erweitern den früher üblichen Umweltbericht und den Personal- und Sozialbericht des Unternehmens.

Besonders der Degussa Statistics Band profitiert bei der Aktualität von Degussas neuem Berichtssystem für Umwelt, Sicherheit, Gesundheit und Qualität (USGQ). Sustainability Reporting – kurz SuRe – heißt die webbasierte Softwarelösung, die das Unternehmen in Kooperation mit TechniData, Markdorf am Bodensee, entwickelt hat. Das System wird in dieser umfassenden Form erstmalig angewendet. Dank SuRe sind mit wenigen Mausklicks alle relevanten Informationen zu Umwelt, Sicherheit, Gesundheit, Qualität abrufbar. Geplant ist, das System um Themen zu sozialen Aspekten zu erweitern.

Der zentrale Datenpool des Business Warehouse ermöglicht es, die Konzerndaten nach den verschiedensten Gesichtspunkten zeitnah und schnell zu sortieren und auszuwerten. Von der untersten Berichtseinheit aus konsolidiert das System die Informationen über alle Hierarchie-, Regional- und Legalebenen. SuRe stellt ein ausgefeiltes Steuerungs- und Controlling-Instrument mit ausgezeichneter Datenkonsistenz dar. Mit seiner Hilfe kann das Unternehmen seine Leistungsfähigkeit bei Umwelt, Sicherheit, Gesundheit und Qualität stetig weiterentwickeln.

Auch die Aufarbeitung der Unternehmensgeschichte gehört zu guter Corporate Citizenship. Degussa steht zu ihrer historischen Verantwortung und zur Rolle, die ihre Vorgängerunternehmen während der NS-Zeit gespielt haben, und setzt sich offen mit diesem Teil der Geschichte auseinander. Im Herbst 2004 erschien das Buch von Professor Peter Hayes mit dem Titel „Degussa im Dritten Reich. Von der Zusammenarbeit zur Mittäterschaft". Es ist die zweite von insgesamt drei wissenschaftlichen Arbeiten, die Degussa zur Erforschung der Historie ihrer Vorgängergesellschaften angestoßen hat. Corporate Citizenship

Unter dem Titel „Degussa Meets Science“ veranstaltet Degussa regelmäßig Forschungssymposien mit internationalen Gästen

ist für die Degussa also kein Lippenbekenntnis, sondern täglich gelebte unternehmerische Praxis. Für Degussa ist aber klar: Das Unternehmen kann seine Verantwortung als Corporate Citizen und damit auch für die Umwelt und die Gesellschaft nur dann wahrnehmen, wenn es auf einer soliden wirtschaftlichen Basis steht und profitabel wächst. Degussa hat dazu das Strategieprogramm „Degussa 2008“ ins Leben gerufen, mit dem sie ihre anspruchsvollen finanziellen Ziele langfristig absichern will. Degussa will nicht nur ihre führende Marktposition festigen, sondern auch zum Maßstab für Innovation und Kundenorientierung werden und Chancen in neuen Wachstumsmärkten nutzen. Gleichzeitig wird die Wettbewerbsfähigkeit der Standorte und die Position der Degussa als weltweit besonders attraktive Arbeitgeberin in der chemischen Industrie gefestigt.

AUF EINEN BLICK:

GESELLSCHAFT
- Schul- und Hochschulkooperationen
- Pate bei Jugend forscht
- Unterstützung eines Kinderheims in Indien
- Wasser sparen in China, PPP-Projekt mit der DEG

MITARBEITER
- Regelmäßige Mitarbeiterbefragung weltweit
- Ausbildung über Industriequote
- Global Policies verbindlich für alle Mitarbeiter

UMWELT
- Neuartige Sustainability Reporting Software
- Kontinuierliche Programme zur Verbesserung der Arbeitssicherheit

STIFTUNG
- Degussa Stiftung

MITGLIEDSCHAFTEN
- World Business Council for Sustainable Development
- econsense – Forum Nachhaltige Entwicklung der Deutschen Wirtschaft
- Vertreten im Nachhaltigkeitsindex FTSE4Good

PREISE & AUSZEICHNUNGEN
- Mining Magazine Award für CyPlus

SONSTIGES
- Unterstützung unabhängiger Historiker bei der Erforschung der Unternehmensgeschichte

INFORMATION
Degussa AG
Bennigsenplatz 1
40474 Düsseldorf
Fon 02 11 / 65 04 - 10
Fax 02 11 / 65 04 - 14 72
info@degussa.com
www.degussa.com

DEKRA

Die Experten von DEKRA setzen sich für den sicheren Umgang von Menschen mit Technik, Umwelt und Mobilität ein. Als privatwirtschaftliche Sachverständigen-Organisation mit hoheitlichen Aufgaben bildet die gesellschaftliche Verantwortung einen wesentlichen Bestandteil des Unternehmenszwecks von DEKRA. Was vor 80 Jahren als Initiative zur Verkehrssicherheit begann, führen wir heute auf nationaler und internationaler Ebene fort: Mit unseren Dienstleistungen, aber auch gesellschaftspolitischem Engagement leisten wir einen wichtigen Beitrag für die Sicherung der Mobilität von Menschen und Gütern – eine Grundvoraussetzung für Wohlstand und Fortschritt.

Prof. Dr.-Ing. Gerhard Zeidler, Vorsitzender des Vorstands des DEKRA e.V. und Vorsitzender des Aufsichtsrats der DEKRA AG

Berlin, 1925: Das Leben pulsiert im Swing-Rhythmus der goldenen zwanziger Jahre, und das Automobil erobert sich einen festen Platz in Wirtschaft und Gesellschaft. Parkplatzsorgen und Staus gibt es zwar kaum, paradiesische Zustände herrschen auf Deutschlands Straßen dennoch nicht. Denn es gibt noch keine einheitlichen Sicherheitsstandards und kein Werkstattnetz. Darunter leiden besonders die Fuhrunternehmer, die auf zuverlässige Fahrzeuge angewiesen sind. So ist es dann auch der Großindustrielle Hugo Stinnes, der auf die zündende Idee einer freiwilligen technischen Fahrzeug-Überwachung kommt. Mit dem Leitgedanken der Verkehrssicherheit geht DEKRA 1925 als „Deutscher Kraftfahrzeugüberwachungsverein" an den Start. In den Folgejahren macht sich DEKRA immer wieder für eine regelmäßige Pflichtüberwachung von Fahrzeugen stark. Diese Forderung wird 1960 erfüllt; wenig später wird DEKRA als Sachverständigen-Organisation staatlich anerkannt.

Europa, 2005: DEKRA ist ein internationaler Konzern mit mehr als 1,2 Mrd. Euro Umsatz und rund 14.300 Mitarbeitern. Im Mittelpunkt des Leistungsportfolios steht der Mensch. Auf seine Gesundheit, Sicherheit und gesellschaftliche Integration sind viele Dienstleistungen von DEKRA ausgerichtet – zum Beispiel in den Bereichen Fahrzeug-, Material- und Anlagenprüfungen, Unfallanalysen und Unfallforschung sowie Umweltaudits, Zertifizierungen und Qualifizierung.

Wichtigstes Anliegen von DEKRA – und daran hat sich seit 80 Jahren nichts geändert – ist die Verkehrssicherheit. Spätestens seit der Erweiterung der Europäischen Union um zehn osteuropäische Staaten hat dieses Thema eine neue Dringlichkeit erfahren. Denn während die Zahl der Unfallopfer in den „alten" EU-Ländern seit Jahren sinkt, ist sie in den neuen Mitgliedsstaaten immer noch sehr hoch. Deshalb ist DEKRA auch als Erstunterzeichner der Europäischen Charta für Verkehrssicherheit beigetreten. In diesem Abkommen haben sich Vertreter von Politik, Wirtschaft und verschiedenen Organisationen verpflichtet, die Zahl der Verkehrstoten im erweiterten Europa bis 2010 von 50.000 auf 25.000 zu senken.

DEKRA leistet dazu wertvolle Beiträge. Das Unternehmen bringt nicht nur seine Erkenntnisse aus jährlich europaweit 21 Millionen Fahrzeugprüfungen sowie einer Million Schadengutachten ein. DEKRA nutzt auch seine Unfallanalytik mit dem Ziel, das Risiko für alle

DEKRA

DIE STRAHLEMANN-INITIATIVE: ZUKUNFT FÜR KINDER E.V.

Als Mitglied des Vereins „Die Strahlemann-Initiative: Zukunft für Kinder e.V." ist DEKRA in ein besonderes Netzwerk eingebunden. Neben dem jährlichen Förderbeitrag an den Verein fließen weitere Mittel in den Verein. Denn kommt ein Geschäft zwischen den Mitgliedsunternehmen zustande, so stiften sie mindestens zehn Prozent an die Strahlemann-Initiative. Der in Reichelsheim im Odenwald ansässige Verein unterstützt zahlreiche Projekte zur Förderung von bedürftigen Kindern in aller Welt – zum Beispiel in Portugal, Mosambik, Argentinien, Mexiko, Indien, Nepal und den Philippinen. Partner vor Ort sind jeweils Ordensschwestern und Patres, die mit ihrer Arbeit die Grundbedürfnisse von Kindern in Notsituationen abdecken, aber auch im Bereich Bildung und Ausbildung tätig sind.

Für mehr Sicherheit auf den Straßen zu sorgen ist das Kerngeschäft von DEKRA

Verkehrsteilnehmer zu mindern: Aktuell wurde eine Studie zur Gefährdung von Fußgängern und Radfahrern durch abbiegende Lkw veröffentlicht, die DEKRA im Auftrag der Bundesanstalt für Straßenwesen erstellt hat.

Seit mehr als einem Vierteljahrhundert forscht DEKRA in Sachen Verkehrssicherheit. Jährliche Symposien der DEKRA Unfallforschung zu Themen wie „Ladungssicherung" und „Nutzfahrzeugsicherheit" sind für die internationale Fachwelt Pflichtprogramm. Auch hat DEKRA wichtige Impulse zur Entwicklung des Dreipunkt-Sicherheitsgurts, des Airbags und zur Verbesserung der Konstruktion von Kindersitzen gegeben.

Alljährlich geht DEKRA mit einer spektakulären Aktion an die Öffentlichkeit: Im schweizerischen Wildhaus führen Unfallanalytiker der Winterthur Versicherung und DEKRA aktuelle Unfallkonstellationen unter realen Bedingungen vor. Polizei, Gerichtsmedizinern, Richtern und Anwälten leistet die enge Zusammenarbeit mit DEKRA wertvolle Hilfestellung bei der Aufklärung und Rekonstruktion von Unfällen oder bei der gerechten Beurteilung von strittigen Fällen.

Im Jahr 2003 hat DEKRA in Klettwitz mit enger Anbindung an die Test- und Rennstrecke Eurospeedway Lausitz sein hochmodernes Technology Center eröffnet. Hier steht die Frage im Mittelpunkt, wie das sichere und umweltfreundliche Automobil der Zukunft aussehen muss: Im Auftrag von Herstellern, aber auch staatlichen Institutionen messen DEKRA Ingenieure zum Beispiel Kraftstoffverbrauch, Motorleistung, Schwingungen, Geräusche und Abgase.

Mehrere Jahre schon ist der Name DEKRA auch mit dem Rennsport eng verbunden: Als technischer Partner der Deutschen Tourenwagen Masters sorgt DEKRA mit dem Know-how seiner Ingenieure für Sicherheit von Fahrern und Zuschauern bei der DTM.

Seit der Unternehmensgründung wird DEKRA als unabhängiger Anwalt für Verbraucherinteressen geschätzt. Die Expertenstimme des Konzerns wird in Politik und Wirtschaft – national wie international – gehört. Das Unternehmen wirkt an der Entwicklung von Richtlinien mit und unterstützt den Gesetzgeber und internationale Gremien. So informiert DEKRA auf seinen Parlamentarischen Abenden politische Entscheidungsträger zu aktuellen Fragen der Verkehrssicherheit. Außerdem ist DEKRA Mitglied in zahlreichen Ausschüssen und Initiativen – zum Beispiel in der eSafety-Initiative der EU-Kommission, im Welt-Fahrlehrerverband und in der Global Road Safety Partnership. Die Initiativen verfolgen das Ziel, die Verkehrssicherheit weltweit nachhaltig zu verbessern.

Wenn es um Verkehrssicherheit geht, unterstreicht DEKRA seinen Unternehmenszweck

Auch im Rennsport ist DEKRA ein gefragter Partner, wenn es um die Optimierung der Fahrzeugsicherheit geht

regelmäßig mit gesellschaftspolitischem Engagement. Dazu zählen kostenlose Safety-Checks für die Autos junger Fahrer ebenso wie die Aktion „Gulliver-Auto". Mit einem luftgefüllten Riesenauto werden Erwachsene für das Verkehrsgeschehen aus der Perspektive von Kindern sensibilisiert. Und bei der Initiative „Sicherheit braucht Köpfchen" stattet DEKRA alljährlich bundesweit rund 80.000 ABC-Schützen mit knallroten Baseball-Kappen aus. Sicherheit fängt eben beim Einzelnen an – und kann gar nicht früh genug beginnen.

AUF EINEN BLICK:

GESELLSCHAFT

- „Sicherheit braucht Köpfchen" (Sicherheits-Kappen für Schulanfänger)
- Safety Check (kostenlose Untersuchung von Fahrzeugen junger Fahrer)
- Motorradfahrer-Sicherheit (regelmäßige Aktionen der Niederlassungen)
- Verkehrssicherheitstage (eigene Initiativen der über 100 Niederlassungen in Zusammenarbeit mit Verkehrswacht und Polizei vor Ort)
- Springer-Stiftung „Ein Herz für Kinder e.V."
- Spendenaktion für „Impulse aus Berlin e.V." der Don-Bosco-Mission (Hilfe zum Bau einer Waisenhaussiedlung auf Sri Lanka)

FAHRZEUG- & VERKEHRSSICHERHEIT

- Nutzfahrzeugprüfungen seit 1925
- Amtlich anerkannte Überwachungsorganisation seit 1960
- Angewandte Unfallforschung im Crash Test Center in Neumünster seit 1979
- Unfallanalytik in Stuttgart
- Internationale Symposien für Ladungssicherheit/zur Nutzfahrzeugsicherheit
- Symposium „Aktive Fahrzeugsicherheit" in Klettwitz (Forum für neue Entwicklungen und aktuelle Forschungsergebnisse)
- Öffentliche Crashtest-Tage in Wildhaus in Zusammenarbeit mit Winterthur Versicherungen
- eSafety-Initiative der EU-Kommission
- Initiative „Safety Plus – für mehr Transportsicherheit" gemeinsam mit DaimlerChrysler

MITGLIEDSCHAFTEN

- Deutsches Verkehrsforum
- Pro Mobilität
- Förderkreis des Bundesverbands der Deutschen Industrie e.V. (BDI)
- Erstunterzeichner Europäische Charta für die Straßenverkehrssicherheit
- Clean Air Initiative for Asian Cities
- Global Road Safety Partnership

AUSZEICHNUNGEN

- Arbeitsplatz-Investor-Preis 2001
- Internationaler Sponsoring Award 2004, Auszeichnung Kategorie Innovation

SONSTIGES

- DEKRA Award und DEKRA Ethik Award für verantwortungsbewusste Unternehmensführung (wird jährlich von DEKRA vergeben)

INFORMATION

DEKRA e.V.
Handwerkstraße 15
70565 Stuttgart
Stephan Heigl
Kommunikation & Marketing
Fon 07 11 / 78 61 - 28 75
stephan.heigl@dekra.com
www.dekra.de

DEUTSCHE BANK

Wir sind fest davon überzeugt, dass zwischen internationaler Wettbewerbsfähigkeit von Unternehmen und ihrer gesellschaftlichen Verantwortung kein Widerspruch besteht. Ganz im Gegenteil: Wir sind der Ansicht, dass sich niemand dieser Verantwortung entziehen kann und darf – nicht nur im Interesse der Gesellschaft, sondern auch im Interesse des Unternehmens, der Mitarbeiter und der Aktionäre. Diese Maxime gilt nicht nur in guten, sondern auch in schwierigen Zeiten.

Josef Ackermann,
Sprecher des Vorstands und Chairman of the
Group Executive Committee der Deutsche Bank AG

Bahija Bouakhmin in Marokko kann ihrem Leben eine Wende geben: Dank Mikrokrediten kann sie ihre Bienenzucht ausbauen und so mittlerweile selbstständig für sich und ihre Kinder sorgen. Tatsächlich gehören Mikrofinanzierungen zu den wirksamsten und nachhaltigsten Instrumenten, um Armut zu bekämpfen. Dabei handelt es sich um Klein- und Kleinstkredite – oft nicht mehr als umgerechnet 50 oder 100 US-Dollar –, die an Menschen ohne materielle Ressourcen und Sicherheiten vergeben werden und die es ihnen ermöglichen, ein Stück Land zu kaufen oder einen Handel zu eröffnen und so den geschlossenen Kreislauf ihrer Armut aufzubrechen. Mit ihrem Deutsche Bank Microcredit Development Fund (DBMDF) engagiert sich die Deutsche Bank schon seit 1997 führend im Bereich der Mikrofinanzierungen. In Partnerschaft mit lokalen Banken konnte seit Bestehen des Funds ein Gesamtvolumen von knapp 47 Mio. US-Dollar an Mikrokrediten weltweit vergeben werden.

Mit ihrem Microcredit Fund verbindet die Deutsche Bank beispielhaft finanzwissenschaftliches Know-how mit sozialem Engagement in der nachhaltigen Armutsbekämpfung. Denn wo immer sich die Bank engagiert, bringt sie stets ihr Fachwissen als auch Unternehmensressourcen in gesellschaftliche Projekte und Partnerschaften ein. Dies entspricht der Förderstrategie der Deutschen Bank, die in der Formel

„4 + 4" zusammengefasst werden kann: In den vier Förderbereichen Bildung, Soziales, Kunst und Musik folgen alle Engagements den vier Förderkriterien „Nachhaltigkeit", „Vielfalt", „Investition in die Gesellschaft von morgen" und „Mehr als Geld". Dieses System fußt auf einem differenzierten Verständnis von gesellschaftlicher Verantwortung, nach der diese zunächst im Unternehmen selbst beginnt und darin besteht, dessen Bestand langfristig zu sichern, Mehrwert und Arbeitsplätze zu schaffen, Modelle zur Vereinbarkeit von Familie und Beruf zu realisieren, umwelt- und ressourcenschonende Prozesse zu gestalten, qualitativ hochwertige Produkte und Dienstleistungen anzubieten und gegenüber allen Interessengruppen umfassend und transparent Rechenschaft abzulegen.

Um diesen inneren Kreis gesellschaftlicher Verantwortung als Teil der täglichen Geschäftsprozesse legt sich ein Kranz von Aktivitäten der Deutschen Bank als „Unternehmensbürger": Spenden und Sponsorships, eigene Initiativen und Projekte, die Mitwirkung in nationalen und

Deutsche Bank

ZUKUNFT@BPHIL: EIN SCHULPROJEKT DER BERLINER PHILHARMONIKER

Es war ein spannendes Experiment, unterdessen dokumentiert in dem preisgekrönten Film „Rhythm is it!": 250 Kinder und Jugendliche unterschiedlicher sozialer und kultureller Herkunft proben unter der sachkundigen Führung des britischen Choreographen Royston Maldoom die Choreographie zu Igor Strawinskys „Le sacre du printemps" – bis hin zur Aufführung, begleitet von den Berliner Philharmonikern unter der Leitung von Sir Simon Rattle. Durch das von der Deutschen Bank unterstützte Education-Programm Zukunft@BPhil kamen die meisten der Kinder erstmals mit Ballett oder klassischer Musik in Berührung. Zukunft@BPhil vermag darüber hinaus aber noch mehr: Es zeigt, wie harte Arbeit und Vertrauen in die Gruppe Jugendlichen Zugang zu verborgenen Talenten verschaffen können; wie sie neue Potenziale in sich entdecken, und Selbstvertrauen gewinnen. Das Strawinsky-Projekt ist aber nur eines von vielen innerhalb von Zukunft@BPhil: Allein im Jahr 2004 waren 52 Philharmoniker mit Begeisterung dabei und haben mit nahezu 1.000 Kindern und Jugendlichen aus 29 Berliner Schulen und rund 100 beteiligten Lehrern gemeinsam an elf Education-Projekten gearbeitet. Die verschiedenen Synergie-Effekte bei dem Projekt bestätigen die Deutsche Bank: Kulturelle Bildung ist keine Beigabe, sondern essenzielle Grundlage für die Entwicklung von Denkfähigkeit und Kreativität.

Bei all ihren CSR-Aktivitäten verfolgt die Deutsche Bank das Ziel, Menschen zu ermöglichen, über sich hinauszuwachsen

internationalen Organisationen, die Arbeit von Stiftungen und nicht zuletzt das freiwillige, ehrenamtliche Engagement der Mitarbeiter. Mit einem Fördervolumen von 72,9 Mio. Euro im Jahr 2004 zählt das Unternehmen somit zu den engagiertesten Corporate Citizens weltweit. Soziales und kulturelles Engagement findet sich seit Januar 2005 in der „Deutsche Bank Stiftung" verschmolzen. Dabei wurde der Erfahrung Rechnung getragen, dass gerade an den Schnittflächen von sozialen, kulturellen und Bildungsprojekten wesentliche Innovationsimpulse entstehen und dort die Stiftungsarbeit die größten und nachhaltigsten Wirkungen erzielen kann.

„Bildung" versteht die Deutsche Bank dabei in einem ganzheitlichen Sinne: sowohl aufklärend als auch zur Selbstentfaltung anregend. Nur wenn Menschen in der Lage sind, ihre persönlichen Potenziale zu entdecken und dadurch über sich hinauszuwachsen, können sie für ihr Leben und in der Gesellschaft Verantwortung übernehmen. Entsprechend verknüpft etwa die Initiative Zukunft@BPhil beispielhaft Bildungsarbeit mit kulturellem und sozialem Engagement. Unter dem programmatischen Titel „Coole Schule: Lust statt Frust am Lernen" begegnete ein weiteres Projekt der Deutsche Bank Stiftung dem weit verbreiteten Problem der Schulverweigerung. Womit nicht gelegentliches „Schuleschwänzen" gemeint ist, sondern das langfristige Fernbleiben Jugendlicher vom Unterricht, welches ebenso Bildungs- wie soziales Problem ist und damit die Gesellschaft als Ganzes betrifft. Indem auch die sozialen Lebensverhältnisse der Jugendlichen zum Unterrichtsthema gemacht werden, werden Motivation und Leistungsverhalten der Schülerinnen und Schüler deutlich verbessert. Lust auf Bildung macht auch der Wettbewerb „Kinder zum Olymp!", der allgemein bildende Schulen in Deutschland einlädt, Kooperationsprojekte mit Kulturinstitutionen oder mit einzelnen Künstlern zu entwickeln.

Die Deutsche Bank ist in 74 Ländern der Welt aktiv, bei ihr arbeiten Menschen aus mehr als 120 Nationen. Entsprechend erfährt sie kulturelle Vielfalt als Bereicherung im eigenen Haus und fördert diese zum Beispiel im Praktikumsprogramm „I Have a Dream" für Studenten ethnischer Minderheiten. Darüber hinaus bedeutet Corporate Citizenship für die Bank auch eine schon immer aktive, bereichernde Teilhabe am kulturellen Leben: Die Sammlung Deutsche Bank, die im Jahr 2005 in der Ausstellungshalle Deutsche Guggenheim in Berlin ihren 25. Geburtstag feierte, ist beispielsweise mit mehr als 50.000 Werken die weltweit größte Unternehmenssammlung. In ihr verbindet die Bank das Konzept der Nachwuchsförderung mit der Vermittlung zeitgenössischer Kunst. Nachhaltiges soziales Engagement wird auch von

Dank ihrer globalen Präsenz und ihrer internationalen Netzwerke kann die Deutsche Bank in den vom Tsunami betroffenen Gebieten schnell reagieren und Hilfprogramme initiieren

den Mitarbeitern der Deutschen Bank gelebt. Zahlreiche Volunteering-Programme unterstützen sie dabei: Über 4.700 Bankmitarbeiter haben etwa seit 2001 an der globalen „Initiative plus" teilgenommen, in deren Rahmen gemeinnützige Organisationen, in denen Mitarbeiter ehrenamtlich tätig sind, gefördert werden. Das Programm „Mentor plus" in Zusammenarbeit mit u.a. der Hertie-Stiftung nutzt die Kompetenz und das Engagement der Mitarbeiter, um junge Menschen beim schwierigen Übergang von Schule zu Studium oder Beruf beratend zu unterstützen. Nicht zuletzt fühlt sich die Deutsche Bank gerade in Ausnahmesituationen zu unbürokratischer Hilfe verpflichtet, wie etwa nach der Tsunami-Katastrophe in Asien: Bereits zwei Tage nach dem Unglück organisierten Mitarbeiter Wasseraufbereitungsanlagen, Medikamente und Nahrungsmittel. Beeindruckt von der Soforthilfe – Kunden und Mitarbeiter brachten insgesamt über vier Mio. Euro auf –, spendete der Konzernvorstand weitere zehn Mio. Euro für unmittelbare Nothilfe und langfristige Aufbauprojekte.

AUF EINEN BLICK:

GESELLSCHAFT

- Internationale und regionale Programme in den Förderbereichen Bildung, Soziales, Kunst und Musik; Fördervolumen 2004: 72,9 Mio. Euro
- Deutsche Bank Microcredit Development Fund: Verbindung von finanzwissenschaftlichem Know-how mit sozialem Engagement in der Bekämpfung von Armut
- Volunteering-Programme; Katastrophenhilfe (Tsunami-Hilfe, 9/11, Elbflut)

MITARBEITER

- Programme zur Vereinbarkeit von Familie und Beruf
- Konzernweites Weiterbildungssystem
- Global Diversity: Mentoring- und Praktikantenprogramme

KUNDEN

- Angebot nachhaltiger Aktienfonds (DWS)
- Vermögensverwaltung mit nachhaltigen Investments
- Umfassende Qualitätsmanagementsysteme

NACHHALTIGKEIT

- Nachhaltigkeits-Management-System zertifiziert nach DIN EN ISO 14001
- Programme zum betrieblichen Umweltschutz

MITGLIEDSCHAFTEN & PARTNERSCHAFTEN

- Umweltprogramm der Vereinten Nationen (UNEP Finance Initiative; seit 1992)
- UN Global Compact (seit 2000)
- World Business Council of Sustainable Development (seit 2000)
- Deutsche Guggenheim Berlin
- Berliner Philharmoniker

PREISE & AUSZEICHNUNGEN

- B.A.U.M.-Umweltpreis: vom Bundesdeutschen Arbeitskreis für Umweltbewusstes Management f. herausragende Leistungen i. Bereich Umweltschutz
- Erfolgsfaktor Familie 2005: Sonderpreis des Bundesministeriums für vorbildliche, familienfreundliche Personalpolitik
- The World´s Most Socially Responsible Companies: Anerkennung als einer der weltweit 67 besten Unternehmensbürger
- Total E-Quality: Prädikat für langfristiges Engagement im Bereich Chancengleichheit

INFORMATION

Deutsche Bank AG
Roßmarkt 18
60311 Frankfurt am Main
Frank Trümper
Leiter Kultur und Gesellschaft
Fon 0 69 / 9 10 - 3 83 51
Fax 0 69 / 9 10 - 4 66 45
frank-peter.truemper@db.com
www.deutsche-bank.de

DEUTSCHE BP

BP wird in Deutschland und weltweit von einer starken unternehmerischen Kraft angetrieben. Damit einher geht aber auch die Verantwortung, die ein Unternehmen als Bestandteil der Gesellschaft übernehmen sollte. Wir nehmen diese Aufgabe ernst, indem wir uns nicht nur als Unternehmen einbringen, sondern verstärkt auch das gesellschaftliche Engagement unserer Mitarbeiter fördern.

Dr. Uwe Franke, Vorstandsvorsitzender der Deutsche BP AG

Gesellschaftliches Engagement, das nachhaltig wirken möchte, muss vom Unternehmen in seiner ganzen Breite getragen werden. Mit dieser festen Überzeugung hat die Deutsche BP mehrere Programme eingeführt, die darauf abzielen, das bürgerschaftliche Engagement der Mitarbeiter und des Unternehmens miteinander zu verknüpfen und gemeinsam einen Beitrag zum Gemeinwohl zu leisten. Darin steckt eine klare Botschaft: Shareholder Value sollte langfristig ausgerichtet sein und gesellschaftspolitische Verantwortung einschließen.

Denn BP führt ihre Geschäfte in Deutschland und weltweit in dem klaren Bewusstsein, selbst ein Teil der Gesellschaft und der gesellschaftlichen Entwicklung zu sein. Weil der Gegenstand des BP-Geschäfts vor allem darin besteht, Menschen mit Wärme, Licht und Mobilität zu versorgen, möchte BP dies nachhaltig tun – zum Nutzen aller Beteiligten, ohne dabei die Umwelt zu schädigen.

Im gesellschaftlichen Bereich engagiert sich das Unternehmen in Deutschland direkt und über die Förderung gemeinnütziger Tätigkeiten der rund 8.500 Mitarbeiter. Im Mittelpunkt steht das 2004 ins Leben gerufene Programm „Matching Fund", bei dem BP nicht nur Spenden von Mitarbeitern an gemeinnützige Organisationen verdoppelt, sondern auch ehrenamtliche Tätigkeiten sowie Spendensammlungen unterstützt. Ein weiteres Beispiel ist die Arbeit der Deutsche

BP Stiftung. Sie verfügt über ein Stiftungsvermögen von 5,5 Mio. Euro und kann jährlich 250.000 Euro in verschiedene Projekte investieren. Da die deutsche BP mit ihrer Hauptverwaltung in Bochum und wichtigen Produktionsstätten insbesondere im Ruhrgebiet vertreten ist, liegt der Wirkungskreis der Stiftung in Nordrhein-Westfalen. Sie hat sich zum Ziel gesetzt, gemeinsam mit Kooperationspartnern, sozial benachteiligten jungen Menschen berufliche Perspektiven zu vermitteln und damit einen Beitrag zum Abbau der Jugendarbeitslosigkeit zu leisten. Noch vor dem Eintritt in den Arbeitsmarkt setzen Programme an, um die Berufsreife mittels Praxis- und Projektunterricht zu fördern.

Mit dem Pilotprojekt der Civil Academy richtet sich BP ebenfalls an junge Menschen zwischen 18 und 27 Jahren, die gute Ideen für gesellschaftliches Engagement im sozialen, kulturellen oder Umwelt-Bereich haben. Sie werden bei der Entwicklung und Umsetzung ihrer Vorhaben unterstützt. 25 Stipendiaten bekommen dazu in drei Wochenendseminaren

GUTES VERDOPPELN MIT „MATCHING FUND"

BP hat ein in Deutschland bislang einzigartiges Programm zur Förderung des gesellschaftlichen Engagements ihrer Mitarbeiter außerhalb des Unternehmens gestartet. Damit werden die rund 8.500 Mitarbeiter ermutigt, gemeinsam mit BP Verantwortung zu übernehmen. BP sieht darin eine Verbesserung der Identifikation mit dem Unternehmen. Das Matching-Fund-Programm hat drei Ansatzpunkte. Bei „Matching Gifts" verdoppelt BP Spenden der Mitarbeiter an gemeinnützige Organisationen. Dabei entscheidet der Mitarbeiter, an wen das Geld geht. Einzige Kriterien sind Gemeinnützigkeit und weltanschauliche Neutralität. Aus 190.000 Euro privater Spenden z.B. an das Deutsche Rote Kreuz für den Wiederaufbau in Südostasien wurden so 380.000 Euro. Soziale Institutionen leben aber nicht nur von gespendeten Geldbeträgen. Der ehrenamtliche Einsatz vieler Menschen ist mindestens genauso wichtig. Hier hilft „Matching Time", indem die freiwillige Arbeitszeit im Ehrenamt durch BP vergütet wird – zu Gunsten der sozialen Institution. Bei „Matching Effort" verdoppelt die Firma auch jene Spenden, die Mitarbeiter für eine von ihnen ausgewählte soziale Organisation selbst sammeln, z.B. mit der Spendendose auf dem Weihnachtsmarkt. Insgesamt stellt das Unternehmen jährlich pro Mitarbeiter einen Maximalbetrag von bis zu 4.000 Euro zur Verfügung.

Vielfältige Aktivitäten zeichnen die unternehmerische Verantwortung von BP aus

nützliche Kenntnisse von Trainern aus Wirtschaft und Gesellschaft vermittelt. Das von BP initiierte Projekt wurde gemeinsam mit dem Bundesnetzwerk Bürgerschaftliches Engagement (BBE) entwickelt.

Die Verknüpfung von gesellschaftlichem Engagement und Unternehmen verwirklicht die deutsche BP auch mit einem anderen Personenkreis. Unter dem Motto „SeitenWechsel – Lernen in anderen Arbeitswelten" verlassen BP-Manager ihren Schreibtisch, um eine Woche lang aktiv in einer sozialen Einrichtung mitzuarbeiten. Ob Sterbeklinik, Justizvollzugsanstalt, Obdachlosenheim oder Behindertenschule: Die direkte Arbeit mit den Betroffenen soll die Manager für die Herausforderungen in sozialen Berufen sensibilisieren und die eigene Sozialkompetenz stärken.

Als Energieunternehmen ist sich BP der besonderen Beobachtung vieler gesellschaftlicher Gruppen bewusst. Damit geht man offensiv um, indem unter dem Gesichtspunkt der Nachhaltigkeit alle kritischen Themen identifiziert und offen und ehrlich kommuniziert werden. Regelmäßig geschieht dies im jährlich erscheinenden Nachhaltigkeitsbericht. Er orientiert sich an den Richtlinien der Global Reporting Initiative (GRI). Hier ist BP ebenso Mitglied wie im Global Compact. Rechtskonformität an jedem Standort ist die Basis der Unternehmenspolitik, doch die unternehmerische Verantwortung geht für BP weit darüber hinaus. Um Nachhaltigkeit zu erzielen, bedarf es einer Kombination verschiedener Faktoren. Neben langfristig ausgerichteten Investitionen gehört der verantwortungsvolle Umgang mit der Umwelt ebenso dazu wie der Aufbau von Beziehungen auf der Basis gegenseitigen Nutzens. Beziehungen also, die für alle Beteiligten Vorteile bringen.

Ein Beispiel für ein solches Handeln ist das Engagement beim Thema Klimawandel. Da BP von der Notwendigkeit vorbeugender Maßnahmen überzeugt ist, setzte man sich 1998 das Ziel, die eigenen Treibhausgasemissionen von 1990 bis zum Jahr 2010 um 10 % zu reduzieren. Das Ziel wurde bereits neun Jahre früher erreicht. Gleichzeitig konnten rund 650 Mio. US-Dollar durch Energieeffizienzprojekte eingespart werden.

Dass Umweltschutz und Nachhaltigkeit nach Auffassung der BP untrennbar miteinander verbunden sind, zeigt auch das Thema Kraftstoffe. Sie sind Teil des Kerngeschäfts der deutschen BP. Die ständige Weiterentwicklung emissionsärmerer Kraftstoffe zur Senkung des CO_2-Ausstoßes gehört zu den vorrangigen Zielen. Hier leistet vor allem die Einführung des neuen Premiumkraftstoffes Ultimate unter der Marke Aral, der bei mehr Leistung weniger Schadstoffe produziert, einen wertvollen Beitrag. Der Ottokraftstoff

Ziel der Deutsche BP Stiftung ist es, jungen Menschen eine berufliche Perspektive zu vermitteln

Ultimate 100 sowie Ultimate Diesel erfüllen und übertreffen als erste und einzige Kraftstoffe die World Wide Fuels Charter (WWFC), die von der Automobilindustrie entwickelten Anforderungen an die Kraftstoffe der Zukunft.

Hinzu kommen zahlreiche weitere Projekte zur Minderung der CO_2-Belastung im Kraftstoffbereich. Neben der Beimischung von Biokomponenten im Diesel und der Ausweitung des Erdgastankstellennetzes zählt auch die Beteiligung an Forschungsprojekten zum Thema Wasserstoff dazu. Unter der Marke Aral betreibt BP in Berlin die erste öffentliche Straßentankstelle mit einer integrierten Wasserstoff-Zapfsäule.

AUF EINEN BLICK:

SOZIALES

- Matching Fund: Verdopplung von Mitarbeiterspenden und -engagement
- Civil Academy: Pilotprojekt zur Unterstützung junger Menschen bei der Umsetzung ihrer Ideen für ein bürgerschaftliches Engagement
- „Seitenwechsel": Sozialpraktika für BP Mitarbeiter
- Aral Charity Walk: Spendenlauf zur Förderung des Behindertensports
- Diversity & Inclusion als Unternehmensziel mit vielfältigen Seminaren, bspw. Cross-Cultural-Trainings, Gender-Workshops
- Aufwändige Programme und Maßnahmen zum Schutz vor Arbeitsunfällen
- Regelmäßige Beteiligung am „Girl's Day" und „Dialog mit der Jugend"
- „Public-Private-Partnership" Finanzierung von Praktikumsplätzen im Rahmen der Qualifizierungsmaßnahme „E.i.d.A" (Einstieg i. d. Arbeitswelt)
- Einzelaktivität: 100.000 Euro-Spende an den Arbeiter-Samariter-Bund für das Projekt „Sozial macht Schule"
- Modelle zur Vereinbarkeit von Beruf und Familie

UMWELT

- Einführung des Premiumkraftstoffes Ultimate an Aral Tankstellen: Mehr Leistung bei weniger Umweltbelastung
- Intensive Forschung im Bereich Wasserstoff
- Starkes Engagement im Bereich Klimaschutz
- Führend im Bereich Solarenergie in Europa
- Zertifiziertes Umweltmanagementsystem nach ISO 14001
- Transportsicherheit: Die BP-eigene Schiffsflotte besteht ausschließlich aus doppelwandigen Tankern. Einsatz von Lotsen in der Ostsee.

STIFTUNGEN

- Deutsche BP Stiftung: Projekte zur Förderung von sozial benachteiligten, arbeitslosen Jugendlichen in NRW
- Unterstützung des Landeswettbewerbs „Chance NRW. Zugewanderte in Wirtschaft und Verwaltung"
- Beitrag von 100.000 Euro für die Stiftung „Partner für Schule NRW"

MEDIEN, PREISE, MITGLIEDSCHAFTEN

- Platz 1 im „Good Company Ranking" des manager magazins Anfang 2005
- Jährlich erscheinender Nachhaltigkeitsbericht (GRI-Richtlinien)
- Mitglied im Bundesnetzwerk Bürgerschaftliches Engagement
- International ist BP in vielen Initiativen für Menschenrechte, Umwelt- und Klimaschutz, unternehmerisch-bürgerschaftliche Verantwortung und Transparenz vertreten, bspw. als Teilnehmer der EITI, Extractive Industries Transparency Initiative

INFORMATION

Deutsche BP AG
Wittener Straße 45
44789 Bochum
Fon 02 34 / 3 15 - 0
www.deutschebp.de
info@deutschebp.de

DEUTSCHE POST WORLD NET

Multinationale Unternehmen wie Deutsche Post World Net brauchen einen ethischen Kompass, der für ihr Handeln überall in der Welt gilt. Grundlage dafür sind unsere Unternehmenswerte, die die Übernahme gesellschaftlicher Verantwortung einschließen. Überall, wo wir leben und arbeiten, engagieren wir uns auch für die Menschen vor Ort. Unsere Mitarbeiter sind unsere wichtigste Ressource, für sie tragen wir soziale Verantwortung. Aber auch der schonende Umgang mit unseren natürlichen Ressourcen spielt eine wichtige Rolle für einen Logistik-Konzern, der auf fossile Brennstoffe angewiesen ist. Wir legen deshalb Wert darauf, unsere Kernkompetenz zu nutzen, um zu gesellschaftlich tragfähigen Lösungen beizutragen.

Dr. Klaus Zumwinkel,
Vorstandsvorsitzender der Deutsche Post World Net

„Think global, act local": Die Richtigkeit dieses Standardlehrsatzes für internationale Unternehmensführung beweist die Deutsche Post World Net. Heute ist der Konzern einer der weltweit führenden Logistik-Dienstleister und profitiert von der Globalisierung, die ohne Logistik undenkbar wäre. Die Deutsche Post zeigt, dass Nachhaltigkeit und gesellschaftliche Verantwortung sowohl zur Steigerung des Unternehmenswertes beitragen als auch die Kundenzufriedenheit und die gesellschaftliche Reputation verbessern. Im Zeitalter der Indices ist auch die gesellschaftliche Performance messbar. Beim Good Company Ranking des manager magazins, bei dem 2005 erstmals eine Europa-Rangliste besonders gesellschaftlich verantwortlicher Unternehmen entstand, belegte die Deutsche Post prompt Platz drei. Das ist nur der jüngste Beweis für das nachhaltige Engagement des Konzerns, denn die Post-Aktie findet sich in verschiedenen wertorientierten Börsen-Indices.
Sieben Konzernwerte dienen als Richtschnur für das Verhalten der Mitarbeiter weltweit. Darüber hinaus plant der Konzern einen weltweit gültigen Verhaltenskodex (Code of Conduct) einzuführen, der Maßstäbe für ethisches Verhalten festschreibt. Immer mehr Unternehmen weltweit nutzen dieses Instrument, um zu gewährleisten, dass sich ihre Mitarbeiter an allgemein akzeptierten Werten und

Prinzipien orientieren. Studien beweisen, dass Firmen, die einer solchen Richtschnur folgen, erfolgreicher sind und eine langfristig sichere Anlage darstellen.

Konsequent ist, dass Deutsche Post World Net ihre CSR-Aktivitäten global definiert und dabei die eigenen Kernkompetenzen in den Mittelpunkt stellt. In vielen Fällen ist ein spezifisches logistisches Know-how entscheidend für den Erfolg von Hilfs- und Katastropheneinsätzen. Beispiel Tsunami: Hier schlug die Stunde des Airport Emergency Teams, unter der Leitung eines DHL-Mitarbeiters, das auf dem Flughafen von Colombo den Umschlag von mehr als 70.000 t Hilfsgüter bewältigte. Diese Teams sind Teil eines weltweiten Programms, um bei Katastrophen unbürokratisch zu helfen. Viele Mitarbeiter stellen dabei ihre Arbeitskraft freiwillig und unentgeltlich zur Verfügung.

Logistische Ausnahmesituationen entstehen ebenso bei Großveranstaltungen. Beim Weltjugendtag 2005 in Köln bewährte sich DHL als offizieller Logistikpartner und transportierte z.B. 500.000 Pilgerrucksäcke in 730 Gemeinden.

Deutsche Post World Net
MAIL EXPRESS LOGISTICS FINANCE

PUBLIC-PRIVATE-PARTNERSHIP-PROJEKT IN AFGHANISTAN

Neue Wege beschreitet DPWN, um die Versorgung der notleidenden afghanischen Bevölkerung mit bezahlbaren und qualitativ hochwertigen Medikamenten aus heimischer Produktion zu ermöglichen. Der Konzern ist Partner eines wegweisenden Public-Private-Partnership-Projekts, an dem neben dem Entwicklungsprogramm der UN verschiedene humanitäre Organisationen und der europäische Verband der Generika-Hersteller beteiligt sind. Generika, also preiswerte Medikamente, deren Patentschutz ausgelaufen ist, stellen eine Möglichkeit dar, die desolate medizinische Versorgung der afghanischen Bevölkerung zu verbessern. Der Aufbau einer landeseigenen Produktion kommt zudem der wirtschaftlichen Entwicklung nach 20 Jahren Krieg zugute. Die logistischen Anforderungen zur Realisierung dieses Projekts sind hoch. Für die Konzerntochter DHL eine gute Gelegenheit, ihr Know-how im Management komplexer Logistikprozesse einzubringen. Per Schiff gelangte die Produktionsanlage in die Vereinigten Arabischen Emirate, von dort ging es per Spezialflugzeug und Lastwagen weiter nach Kabul. DHL Experten steuerten den Transport und führten die Verhandlungen mit den lokalen Behörden. Mit Inbetriebnahme der Generika-Fabrik wird DHL die lokal Verantwortlichen darin unterstützen, die Medikamente fachgerecht zu lagern und zu verteilen. DHL gibt hierzu seine Kenntnisse auf dem Gebiet des temperaturgeregelten Transports von Arzneimitteln weiter.

Um transportbezogene Emissionen systematisch zu senken, setzt der Konzern auf technische Innovationen und optimierte Logistiknetzwerke

Und auch inhaltlich beteiligte sich Deutsche Post World Net: mit einer Podiumsdiskussion zum Thema „Mensch und Kapital" mit hochrangigen Kirchenvertretern und Vorstandsmitglied Dr. Frank Appel.

Die Postbank hat im Rahmen einer Sozialpartnerschaft mit der Non-Profit-Organisation „Aktion Mensch" ein besonderes Sparprodukt entwickelt. Dabei spendet die Postbank für jeden Euro, der den Anlegern als Gewinn-Bonus gutgeschrieben wird, zusätzlich einen Cent an „Aktion Mensch". Im Januar 2005 wurden so bereits 100.000 Euro zugewendet. Weiterhin engagieren sich Postbank und „Aktion Mensch" für Kinder und Jugendliche.

Gesellschaftliche Verantwortung muss gelebt werden – durch das Management ebenso wie durch jeden einzelnen Mitarbeiter. Sie ist global, gilt aber natürlich auch für den Standort Deutschland.

So richtig es ist, globale Ideen lokal umzusetzen, so wichtig sind dafür die Mitarbeiterinnen und Mitarbeiter vor Ort. Sie sind die kreative Kraft des Unternehmens. Vielfalt und Internationalität der Mitarbeiterschaft eröffnen Chancen, die der Konzern nutzt und fördert. Ein spezielles Mentoring-Programm richtet sich an den weiblichen Führungs(kräfte)nachwuchs, um ihm bei der beruflichen Weiterentwicklung zu helfen. Dazu passen Angebote zur Vereinbarkeit von Beruf und Familie, wie bspw. die Beratungsmöglichkeit durch den Familienservice. Chancengleichheit schaffen auch das für Auszubildende entwickelte Integrationsprogramm „Miteinander leben" sowie eine Integrationsvereinbarung, mit der die Beschäftigungssituation von Schwerbehinderten verbessert wird. Als zentrales Führungsinstrument bewährt sich das Ideenmanagement. 136.000 Ideen und Verbesserungsvorschläge wurden zuletzt eingereicht, siebenmal mehr als 1999. Der wirtschaftliche Nutzen betrug 106 Mio. Euro. Beträchtlich ist hier auch der Imagegewinn, denn das Ideenmanagement ist bereits mehrfach ausgezeichnet worden.

Zu einem glaubwürdigen Nachhaltigkeitskonzept gehört insbesondere der Umweltschutz, der einen globalen Logistiker wegen seiner Abhängigkeit von fossilen Brennstoffen vor besondere Herausforderungen stellt. Parallele Logistik-Netze, die im Rahmen des Konzernwachstums entstanden sind, wurden in Europa neu gestaltet und zusammengelegt. Aus den nationalen und grenzüberschreitenden Verbindungen der einzelnen Gesellschaften wurde ein integriertes Netzwerk, das wirtschaftlich effiziente Logistik-Dienstleistungen zur Zufriedenheit der Kunden ermöglicht und gleichzeitig unnötige Verkehre vermeidet. Mehr Öko-Effizienz nützt somit auch der ökonomischen Bilanz.

Um transportbezogene Emissionen systematisch zu senken, setzt der Konzern jedoch auch

Das Airport Emergency Team, unter der Leitung der Konzerntochter DHL, bewältigte auf dem Flughafen von Colombo den Umschlag von mehr als 70.000 t Hilfsgütern während der Rettungsmaßnahmen beim Tsunami

auf technische Innovationen. Hierzu zählt z.B. der Einsatz von gasgetriebenen Fahrzeugen in der Zustellung oder die Entwicklung intelligenter Produkte, die dem Kunden klimafreundliche Alternativen eröffnen. Wie zum Beispiel die „Grüne Tonnage". Hier bestimmt der Kunde den Anteil „grüner", kohlendioxidreduzierter Tonnenkilometer im Rahmen seiner Auftragsvergabe selbst. Er kann somit wählen, ob er das gesamte Ladungsvolumen besonders emissionsarm transportieren möchte oder lediglich Anteile davon. Die Konzerntochter DHL Danzas Air & Ocean sichert die Erbringung dieses Transportvolumens mit emissionsarmen Biogas- oder Elektro-Hybrid-Fahrzeugen.

Beim „Grünen Paket" erfolgt der Versand klimaneutral, indem die entstandenen Emissionen durch Schutzprojekte auf Basis des Kyoto-Protokolls ausgeglichen werden, etwa durch Wiederaufforstung illegal abgeholzten Regenwaldes oder die Förderung dezentraler Solaranlagen. Auch diese Beispiele verdeutlichen, dass der richtige globale Ansatz durch konsequentes lokales Handeln zum Erfolg führt.

AUF EINEN BLICK:

GESELLSCHAFT

- Code of Conduct für alle Mitarbeiter (auf Basis des UN Global Compact)
- Bekenntnis zum Standort Deutschland, Förderung neuer Arbeitsplätze und Standorte
- Disaster Preparedness und Leistung humanitärer Hilfe durch Logistik- und Warehousemanagement (z.B. bei Tsunami-Katastrophe)
- Internationales Community Investment: Public-Private-Partnership-Projekt in Afghanistan
- Zahlreiche lokale Community Investment Projekte, z.B. Schulpatenschaften

MITARBEITER

- Gesundheitsmanagement und Arbeitsschutz
- Weiterbildungsmaßnahmen, Ideenmanagement (mehrfach ausgezeichnet), Performance-Managementsystem „motiv8"
- Diversity und Chancengleichheit: Spezielle Frauenförderung, Gleichstellung von Homosexuellen, Integrationsprogramm für Mitarbeiter aus dem Ausland, Unterstützung in der Vereinbarkeit von Familie und Beruf

UMWELT

- Systematische Minderung der transportbezogenen Emissionen durch Optimierung der Logistiknetzwerke, technische Innovationen im Transportbereich, z.B. alternative Antriebe oder Kraftstoffe
- Förderung von „grünen" Innovationen bei Logistik-Produkten und -Services (z.B. Grünes Paket oder Grüne Tonnage)
- Moderne DHL-Luftflotte: 34 moderne Flugzeuge mit deutlich geringerer Lärmbelastung und Treibstoffverbrauch
- Umweltfreundliche Papierprodukte in den Filialen der Deutschen Post (FSC-Plusbrief, Recyclingpapiere)

MITGLIEDSCHAFTEN

- Global Compact seit 2001
- B.A.U.M.
- Weltwirtschaftsforum
- Corporate-Citizenship-Initiative der Logistik-Industrie
- Forum „Frauen in der Wirtschaft"

PREISE & AUSZEICHNUNGEN

- Good Company Ranking (bestes deutsches Unternehmen)
- Total E-Quality-Award
- Sonderpreis „Erfolgsfaktor Familie 2005" des Bundesministeriums für Familie, Senioren, Frauen und Jugend
- Auszeichnung mit dem europäischen Sicherheitspreis von DuPont Safety Resources

INFORMATION

Deutsche Post AG
Charles-de-Gaulle-Straße 20
53113 Bonn
sustainability@dpwn.com
www.dpwn.de

DEUTSCHE TELEKOM

Unternehmen sind nicht nur Teilnehmer eines ökonomischen Marktgeschehens, sondern auch Mitglieder der Gesellschaft. Aufgrund ihrer wirtschaftlichen Stärke, ihres Know-hows und der Relevanz ihrer Entscheidungen können vor allem international agierende Firmen das gesellschaftliche Leben auch über nationale Grenzen hinweg beeinflussen. Die Deutsche Telekom begreift es daher als ihre Aufgabe im Rahmen ihrer gesellschaftlichen Verantwortung, einen aktiven Beitrag zur Entwicklung der Gesellschaft zu leisten. Wir beziehen auf regionaler, nationaler und internationaler Ebene alle relevanten Aktionsfelder mit ein: Wirtschaft & Gesellschaft, Forschung & Innovation, Umwelt & Gesundheit, Jugend & Bildung, Soziales & Regionales und Sport & Kultur. Voraussetzung für dieses breite gesellschaftliche Engagement ist allerdings der wirtschaftliche Erfolg des Unternehmens. Denn nur ein überdurchschnittlich erfolgreiches Unternehmen kann es sich leisten, sich auch überdurchschnittlich zu engagieren. Dazu sind wir bereit.

Kai-Uwe Ricke, Vorstandsvorsitzender der Deutschen Telekom AG

Die Deutsche Telekom definiert gesellschaftliches Engagement neu – denn ihre CR-Strategie geht weit über den klassischen Ansatz von Corporate Social Responsibility hinaus. Das Unternehmen verpflichtet sich als Ganzes dem Anspruch der „Good Corporate Citizenship". Dabei integriert die Deutsche Telekom alle Geschäftsbereiche und hat sechs Themenfelder des Engagements definiert: Wirtschaft & Gesellschaft, Forschung & Innovation, Umwelt & Gesundheit, Jugend & Bildung, Soziales & Regionales und Sport & Kultur.

Das Handeln der Deutschen Telekom – eines der großen internationalen Unternehmen der Telekommunikations- und Informationstechnologie – hat weit reichende gesellschaftliche Auswirkungen. Für den Konzern gehen Wettbewerbsfähigkeit und gesellschaftliche Verantwortung Hand in Hand, denn verantwortungsvoll Handeln ist die Basis für langfristigen unternehmerischen Erfolg. Als Unternehmen hat sich die Deutsche Telekom deshalb auch dem Prinzip der Nachhaltigkeit verpflichtet, also dem Anspruch der ausgewogenen Berücksichtigung wirtschaftlicher, sozialer und ökologischer Aspekte.

Die Leistungen und Produkte der Deutschen Telekom eröffnen den Menschen neue Kommunikationsmöglichkeiten und bringen gesellschaftlichen Fortschritt. Gleichzeitig respektiert die Deutsche Telekom die Bedürfnisse von Mensch und Natur. Das Unternehmen engagierte sich schon frühzeitig für den Umweltschutz und nimmt dort eine Vorreiterrolle ein: Seit 2001 vereinbart die T-Com im Rahmen ihres Umwelt- und Nachhaltigkeitsprogramms mit ihren Niederlassungen Energieeinsparziele. Im Jahr 2004 reduzierte sie den Energieverbrauch um rund 60,729 GWh und entlastete die Umwelt um 36.500 Tonnen Kohlendioxid.

Die Deutsche Telekom versteht sich darüber hinaus als „Good Corporate Citizen", als verantwortungsvoll handelnder Bürger, der die Gesellschaft mitgestaltet und zum Allgemeinwohl beiträgt. So fördert der Konzern Projekte, die Menschen zueinander bringen und zur Kommunikation und zum Austausch anregen. Zum Beispiel unterstützt die Deutsche Telekom mit der "Nummer gegen Kummer" ein kostenloses und anonymes Beratungsangebot für junge Menschen in Notsituationen. Zudem übernimmt das Unternehmen sämtliche Verbindungskosten für die Telefonseelsorge der Katholischen und Evangelischen Kirche. „Verbinden" will die Deutsche Telekom auch die

GESPRÄCHE MÖGLICH MACHEN: DIE NUMMER GEGEN KUMMER

Die „Nummer gegen Kummer " ist ein kostenloses, anonymes Beratungsangebot für junge Menschen in Notsituationen. Seit 2001 ergänzt eine Hotline für Eltern den Service des Vereins Nummer gegen Kummer e.V. Rund 3.000 ehren- und 100 hauptamtliche Helfer stehen an 95 Kinder- und Jugendtelefonen für Fragen zur Verfügung, das Elterntelefon ist bundesweit an 45 Standorten vertreten. Die Deutsche Telekom unterstützt den Verein seit 1991 mit Sach- und Geldspenden sowie mit technischen Leistungen. Das Unternehmen übernimmt die Verbindungskosten für die bundesweit einheitlichen Freecall-Nummern, beteiligt sich an Werbemaßnahmen und wird als nächstes Projekt den Online-Auftritt des Vereins überarbeiten. Gleichzeitig rief die Deutsche Telekom ihre Mitarbeiter dazu auf, sich auch persönlich zu engagieren. Inzwischen betätigen sich rund 400 Beschäftigte nach einer ausführlichen Schulung regelmäßig als Teilzeit-Berater. Im Januar 1999 erhielt die Deutsche Telekom für dieses Engagement den Rheinland-Pfälzischen Kinderschutzpreis. Die Initiative der deutschen Wirtschaft zur Förderung des gesellschaftlichen Engagements von Unternehmen verlieh der „Nummer gegen Kummer" im Dezember 2004 den Preis für „Freiheit und Verantwortung".

Ob Kunst und Kultur, Verkehrserziehung oder Sport – die Deutsche Telekom tritt als Sponsor und Förderer auf

Bürger der Stadt Bonn – mit einer Standort-Kampagne an ihrem Hauptsitz. Unter dem Motto „Partner.Bürger.Nachbar." setzt das Unternehmen zahlreiche Projekte um, in die sie die Bürger der Stadt direkt einbezieht.

Die Förderung von Sport und Kultur sind der Deutschen Telekom ebenfalls ein wichtiges Anliegen. So ermöglichte der Konzern mit der Ausstellung „Tutanchamun – Das Goldene Jenseits" ein Kulturhighlight: Bis Mai 2005 strömten mehr als 800.000 Menschen aus der Region, aus ganz Deutschland und aus benachbarten Staaten in die Bundeskunsthalle Bonn. Zudem richten die Deutsche Telekom und Co-Sponsor T-Mobile 2005 erstmals die „International Beethoven Competition Bonn" aus. Der Wettbewerb unterstützt talentierte Nachwuchspianisten aus aller Welt.

Der Leistungsförderung hat sich die Deutsche Telekom auch im Sportsponsoring verschrieben: T-Com engagiert sich als Hauptsponsor des FC Bayern München und als offizieller Partner der FIFA Fußballweltmeisterschaft Deutschland 2006. Bereits seit 1991 fördert der Konzern den Radsport durch das Sponsoring des Team Telekom, das inzwischen als T-Mobile Team zahlreiche internationale Erfolge verbuchen kann.

Bildung ist die Voraussetzung für eine zukunftsfähige Gesellschaft. Die Deutsche Telekom möchte junge Menschen für komplexe Themen begeistern und ihnen eine gute Ausbildung ermöglichen. Deswegen integriert das Unternehmen mit seiner Initiative „T@school" neue Medien in den Schulalltag: In Kooperation mit dem Verein „Schulen ans Netz" rüstete die Deutsche Telekom alle rund 35.000 allgemein- und berufsbildenden Schulen mit schnellen Internet-Zugängen aus. Die damit verbundenen Verbindungskosten trägt der Konzern. Auch lokal setzt sich die Deutsche Telekom für eine optimale Ausbildung ein: Sie unterhält eine Partnerschaft mit dem Friedrich-Ebert-Gymnasium in Bonn. Die Schüler profitieren unter anderem von Veranstaltungsreihen, in denen sie Einblicke in unterschiedliche Berufsfelder erhalten. Zudem können sie Praktika im In- und Ausland absolvieren und über eine kostenlose W-LAN-Anbindung aus sämtlichen Klassenzimmern kabellos im Internet surfen.

Durch Bildung Veränderungen bewirken – dieses Ziel verfolgt auch die Telekom-Stiftung. Ihr Schwerpunkt besteht darin, die Ausbildung junger Menschen im mathematisch-naturwissenschaftlich-technischen Bereich zu fördern. Ebenso engagiert sich die Stiftung für die universitäre Spitzenförderung: Die Stiftungslehrstühle der Deutschen Telekom sind derzeit in ein Pilotprogramm eingebunden, das hochbegabte junger Wissenschaftler mit naturwissenschaftlich-mathematischem Schwerpunkt unterstützt. Auch in den 2005 neu gegründeten

Die Initiative t@school wurde von der Deutschen Telekom ins Leben gerufen, um die Internetkompetenz junger Menschen zu fördern, indem an zahlreichen Schulen Internetzugänge und -plätze eingerichtet wurden (und werden)

Deutsche Telekom Laboratories treffen Wirtschaft und Wissenschaft aufeinander. Hier erforschen die Deutsche Telekom und die Technische Universität Berlin in enger Kooperation Informations- und Kommunikationstechnologien für die Zukunft.

Das Engagement in allen sechs Themenfeldern spiegelt den unternehmensweiten Anspruch: Das Bekenntnis zum verantwortungsvollen Handeln als Unternehmen, zu nachhaltigen Produkten und Services sowie zu aktivem gesellschaftlichen Engagement. Die hier dargestellten Beispiele sind nur ein Auszug aus den CR-Aktivitäten der Deutschen Telekom. Einen umfassenden Überblick geben der „Personal- und Nachhaltigkeitsbericht", die „Konzern-Nachhaltigkeitsstrategie" sowie die aktuellen Grundsätze zur Umweltpolitik der Deutschen Telekom. Interessierte können diese Informationen auf der Website www.telekom.de abrufen.

AUF EINEN BLICK:

SOZIALES & REGIONALES

- Förderung des Kinder-, Jugend- und Elterntelefons „Nummer gegen Kummer"
- Unterstützung der Telefonseelsorge der Katholischen und Evangelischen Kirche
- Standortengagement im Rahmen der Kampagne „Partner.Bürger.Nachbar."

SPORT & KULTUR

- Hauptsponsor des FC Bayern München (T-Com)
- Partner der FIFA Fußballweltmeisterschaft 2006
- Hauptsponsor des Radsportteams Team T-Mobile
- Initiator der „International Beethoven Competition Bonn for Piano"

JUGEND & BILDUNG

- T@school / „Schulen ans Netz"
- Schulpartnerschaft mit dem Friedrich-Ebert-Gymnasium in Bonn

UMWELT

- Konzernweite Maßnahmen zum Klimaschutz
- Einsatz von ökologisch vorteilhaften Produkten bei der Fertigung

FORSCHUNG & INNOVATION

- Telekom Stiftung
- Telekom Laboratories

INFORMATION

Deutsche Telekom AG
Friedrich-Ebert-Allee 140
53113 Bonn
Frau Marion Muhr
www.telekom.de

T-MOBILE

Während technische Innovation und wirtschaftliches Wachstum zur Steigerung der Rentabilität im Mittelpunkt des unternehmerischen Handelns von T-Mobile stehen, arbeitet das Unternehmen gleichzeitig daran, auch auf anderen Feldern zu wachsen und dort innovativ zu sein: T-Mobile will ihre Zukunftsfähigkeit durch Nachhaltigkeit weiter steigern und in dieser Eigenschaft sowohl ein verantwortliches Beispiel für die Industrie als auch ein verlässlicher Partner für die Gesellschaft sein. Deshalb hat das Unternehmen vier Nachhaltigkeitsprinzipien als Richtschnur für seine unternehmerische Tätigkeit verabschiedet. T-Mobile hofft auf einen regen Dialog über diese Leitlinien mit ihren Kunden, anderen interessierten Personen, Gruppen und Organisationen.

T-Mobile ist überzeugt, dass Kunden, Partner und Investoren ihre Produkte und Leistungen auf lange Sicht nur dann honorieren, wenn sie über eine exzellente Qualität verfügen und zugleich nicht von negativen sozialen oder ökologischen Nebenwirkungen begleitet sind.

Die moderne Telekommunikation hat unser Leben verändert. Sie verbindet Menschen über den ganzen Globus hinweg in Sekundenschnelle und schafft so Möglichkeiten zur Kommunikation, die vor einigen Jahren noch undenkbar waren. Ein globales Netz des Informationsaustauschs ist entstanden, an dem immer mehr Menschen teilhaben. Die Menschheit rückt dadurch immer weiter zusammen. Als eines der weltweit führenden Unternehmen für mobile Information und Kommunikation leistet die T-Mobile International AG einen wichtigen Beitrag zu dieser Entwicklung. Die etwa 45.000 Mitarbeiter betreuen international mittlerweile rund 80 Millionen Kunden. Die multinationale Marke T-Mobile, die in Europa und den USA etabliert ist, erzielte im Jahr 2004 einen Umsatz von ca. 25 Mrd. Euro. Dabei versteht das Unternehmen seinen Auftrag „For a better world for you" nicht nur als Herausforderung zur Realisierung innovativer Produkte, die zu einer immer besseren und einfacheren mobilen Kommunikation des Kunden beitragen, sondern auch als eine Verpflichtung zu nachhaltigem Wirtschaften im Sinne der Wahrnehmung unternehmerischer Verantwortung. Dieses in die Unternehmensführung integrierte Konzept ist in den „T-Mobile Sustainability Principles" festgeschrieben. Die darin formulierten vier Nachhaltigkeitsprinzipien zielen darauf, Unternehmenswachstum und technische Weiterentwicklung mit der Schonung von Umwelt und Ressourcen, dem Engagement für Gesellschaft und Mitarbeiter sowie einer nachhaltigen Entwicklung zu vereinbaren. Eine gesunde wirtschaftliche Basis ist Voraussetzung für die Realisierung dieser Leitlinien. Dabei setzt man auf stetige Innovationen in allen Betriebsbereichen. Beispiel dafür ist die Erneuerung von ca. 10.000 Mobilfunkstationen des GSM-Netzes in Deutschland, die zu ca. 30 % Energieeinsparung, einer Entlastung der Umwelt und Senkung von Betriebskosten führt.

In seinen Leitlinien verpflichtet sich T-Mobile International zur Einhaltung international anerkannter Umwelt-, Arbeits- und Sozialnormen. Der Konzern Deutsche Telekom bekennt sich als Gründungsmitglied mit der Teilnahme am „Global Compact" der UNO zur konzernweiten Umsetzung dieser Normen. Konkret findet dieses Element einer Corporate Citizenship praktische Anwendung in Programmen, die den Mitarbeitern Möglichkeiten zur individuellen

PARTNER. BÜRGER. NACHBAR. BONNER CHANCEN

Partner.
Bürger.
Nachbar.
Eine Initiative der Deutschen Telekom
Deutsche Telekom

Als Corporate Citizen engagiert sich T-Mobile für die Anliegen der Menschen an den verschiedenen Unternehmensstandorten. Die Kampagne „Partner. Bürger. Nachbar." ist ein anschauliches Beispiel dafür, wie das Leitmotiv der Deutschen Telekom, „Wir verbinden die Gesellschaft für eine bessere Zukunft", am Standort Bonn umgesetzt wird. Jedes Jahr unterstützt T-Mobile gemeinsam mit der Deutschen Telekom und T-Com Projekte für Kinder aus der Region durch einen Betrag von 100.000 Euro. Um die bereitgestellten Mittel sinnvoll und zielgerichtet einsetzen zu können, wurde der Wettbewerb „Bonner Chancen" ausgeschrieben. Jeder Bonner Bürger kann förderungswürdige Projektideen einreichen, die sich jeweils einem Schwerpunktthema widmen. Im Jahr 2005 steht die Situation der ca. 320 Bonner Spielplätze auf der Tagesordnung. Ziel der Maßnahmen ist es, sanierungsbedürftige Anlagen phantasievoll in kindgerechte, sichere und spannende Spielplätze umzubauen. In den kommenden Jahren liegt das Augenmerk dann auf Kindergärten, Grundschulen und weiterführenden Schulen. Die Idee ist einfach und wirkungsvoll: Durch den Anreiz, selbst etwas für die Lebensqualität der eigenen Kinder tun zu können, werden die Bewohner vor Ort aktiv in die Gestaltung der eigenen Lebensumwelt einbezogen. Das Projekt „Bonner Chancen" ist ein gutes Beispiel dafür, dass unternehmerische Verantwortung auch darin besteht, soziale und gesellschaftliche Entwicklungen jenseits der Maßnahmen der öffentlichen Hand voranzubringen.

Ob Handy-Recycling, Kinderbetreuung oder Kundennähe, T-Mobile ist stets ein guter Partner, Bürger und Nachbar

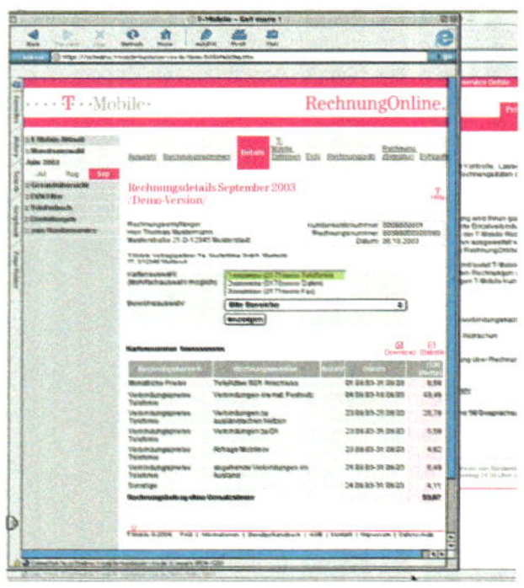

Gestaltung der Arbeitszeiten und der Vereinbarung von Familie und Beruf bieten. In Deutschland können sich Mitarbeiter für verlängerte Elternzeiten, Altersteilzeit und andere Teilzeitmodelle oder für ein längeres TimeOut entscheiden. Um die Gesundheit und die Familien der Mitarbeiter zu fördern, betreibt T-Mobile am Standort Bonn einen Fitness-Club mit Physiotherapiezentrum sowie einen Betriebskindergarten – Beispiele für unternehmensinterne CSR, die auch in anderen Ländern Schule machen. So wurde T-Mobile im Jahr 2004 in Ungarn und im Jahr 2005 in Tschechien als „Bester Arbeitgeber" ausgezeichnet.

Nachhaltigkeit bedeutet, die gesellschaftlichen Folgen des unternehmerischen Handelns einzuschätzen und in die Entscheidungen einzubeziehen. T-Mobile stellt sich den Fragen und Problemstellungen, die mit der Nutzung der Mobilfunktechnologie entstehen, wie z.B. der Schonung von Umwelt und Ressourcen durch ein Umweltmanagementsystem nach ISO 14001 und dem Programm „Rechnung online". Das Unternehmen ermöglicht überdies das kostenlose Recycling von Handys, seit kurzem auch in den USA. Die von dem Unternehmen betriebene Politik zum Thema Gesundheit und Elektromagnetische Felder (EMF) verdient besondere Aufmerksamkeit. T-Mobile bestätigt hierin die Einhaltung internationaler Strahlenschutz-Richtlinien sowohl bei Basisstationen wie bei Endgeräten. In der Praxis werden diese meist um ein Vielfaches unterschritten. Beim Aufbau neuer Antennenstandorte wird eine Kooperation mit den Kommunen angestrebt, um die Bevölkerung vor Ort einzubeziehen.

Transparenz ist ein weiterer Bestandteil der EMF-Politik. So unterstützt T-Mobile Standortdatenbanken in Deutschland, den Niederlanden, Österreich und Großbritannien, die Informationen darüber bereitstellen, wo sich Mobilfunkstationen befinden und welche Sendeleistungen von ihnen ausgehen. Weiterhin publiziert T-Mobile die Spezifische Absorptionsrate (SAR-Wert) jedes angebotenen Gerätes z.B. im Internet. Um das Wissen über die Auswirkungen der mit der Mobilfunktechnik verbundenen elektromagnetischen Felder zu fördern, unterstützt T-Mobile unabhängige Forschungsprojekte, die mögliche gesundheitliche Gefährdungen durch elektromagnetische Felder untersuchen.

Corporate Citizenship heißt bei T-Mobile auch, Produkte zu entwickeln, die den spezifischen Bedürfnissen besonderer Bevölkerungsgruppen gerecht werden, wie z.B. der CombiCard Teens und dem in Zusammenarbeit mit dem Deutschen Gehörlosenbund entwickelten E-Mail-unterwegs-Service per BlackBerry-Handheld. Dieses spezielle Angebot ermöglicht es Menschen mit Hörbehinderung, auf kostengünstige Art unterwegs E-Mails zu verschicken. Ziel der

Mittlerweile hat sich der T-Mobile Campus als ein
Ort der internationalen Zusammenarbeit etabliert

Kooperation ist die barrierefreie mobile Kommunikation für Gehörlose in allen gesellschaftlichen Bereichen. Ein weiteres Projekt ist die Kooperation im Bereich Telemedizin mit BIOTRONIK, einem Hersteller von Herzschrittmachern: Über ein spezielles Mobiltelefon können wichtige Patientendaten direkt an den Arzt übermittelt werden.

T-Mobile verfolgt eine umfassende Nachhaltigkeitsstrategie, mit der die Wahrnehmung unternehmerischer Verantwortung im gesamten Unternehmen langfristig verankert wird. Darüber hinaus leistet T-Mobile im Verbund des Konzerns der Deutschen Telekom AG in Initiativen wie dem Global Compact oder der Global e-Sustainability Initiative der großen Telekommunikationsunternehmen einen wichtigen Beitrag zu einer Globalisierung, die Wert auf eine sozial und gesellschaftlich verantwortliche Entwicklung legt.

AUF EINEN BLICK

GESELLSCHAFT

- Dreimalige Unterstützung des Bonner Benefizlaufes zugunsten der Flutkatastrophe in Südostasien
- Wettbewerb „Bonner Chancen"
- TM CZ: in 2005 erstmalig (bezahlter) Aktionstag für Mitarbeiter, um ehrenamtliche Arbeit zu leisten

MITARBEITER

- T-Mobile Campus, Bonn: Kindertagesstätte, Fitnessclub, Einkaufsmöglichkeiten mit Bank, Reinigung und Friseur
- TMD: Verlängerung der Elternzeit um ein viertes Jahr, Altersteilzeit, Teilzeitmodelle, TimeOut, Job-Rotation-Programm, Ideenmanagement

UMWELT

- T-Mobile Handy-Recyclingprogramme an zahlreichen globalen Standorten
- ISO 14001-Zertifizierung in Deutschland, Kroatien, Österreich, Polen, Ungarn, UK
- Europaweite Zertifizierung wird angestrebt

KOOPERATIONEN, STIFTUNGEN

- TMD: Stiftungsprofessur M-Commerce an Universität in Frankfurt a.M.
- TMO unterstützt die Deutsche Telekom Stiftung

MITGLIEDSCHAFTEN (GEMEINSAM MIT BZW. VERTRETEN DURCH DTAG)

- Global Compact
- Dow Jones Sustainability Index
- B.A.U.M. e.V.
- European Business Council for Sustainable Development
- econsense
- Global e-Sustainability Initiative

PREISE U. AUSZEICHNUNGEN

- Bester Arbeitgeber 2004 in Ungarn; 2005 in Tschechien
- Rating von EIRIS (Ethical Investment Research Services) 2005 „Gut"

INFORMATION

T-Mobile International AG & Co. KG
Landgrabenweg 151
53227 Bonn
Katja Werz
Corporate Communications T-Mobile International
Fon 02 28 / 9 36 - 1 55 05
Fax 02 28 / 9 36 - 1 55 29
katja.werz@t-mobile.net
www.t-mobile.net

DR. AUGUST OETKER NAHRUNGSMITTEL

Während der weit mehr als ein Jahrhundert währenden Unternehmensgeschichte haben sich im Familienunternehmen Dr. Oetker Prinzipien entwickelt, deren konsequente Umsetzung die nachhaltige ökonomische Entwicklung des Unternehmens fördert. Traditionell bewährte, ständig weiterentwickelte Grundsätze bestimmen die Unternehmenspraxis. Sie zielen niemals nur auf kurzfristige wirtschaftliche Erfolge, sondern stets auf den langfristigen Bestand. Bei Dr. Oetker ist der Umweltschutz fest in die Unternehmensführung integriert und in elf Umweltleitlinien formuliert. Umweltschutzregelungen sind für jeden Dr. Oetker Mitarbeiter verbindlich. Darüber hinaus wird an allen Standorten aus eigener Initiative Verantwortung für den Umweltschutz übernommen. Bei neuen Produkten und Technologien werden schon im Vorfeld mögliche Umweltauswirkungen beurteilt und erkennbare Potenziale bereits zu Beginn aufgezeigt. Mit der Definition von neuen Zielen stellen wir uns der Herausforderung, die Umweltleistung stetig zu verbessern.

Dr. h.c. August Oetker

Nachhaltige Entwicklung – ein Schlagwort, das heute in aller Munde ist. Gemeint ist damit vor allem, unser Handeln so zu gestalten, dass die nachfolgende Generation nicht unter den Folgen unserer Taten leiden muss. Es ist naheliegend, dass ein Unternehmen, welches sich bereits in vierter Generation in Familienhand befindet, den kommenden Generationen besondere Aufmerksamkeit schenkt. Tatsächlich haben nachhaltiges Handeln und soziale Verantwortung bei der Dr. August Oetker Nahrungsmittel KG eine langjährige Tradition und wurden bereits praktiziert, als der Begriff der Nachhaltigkeit allenfalls in der Forstwirtschaft bekannt war. Unternehmen, Inhaberfamilie und die Mitarbeiter von Dr. Oetker stellen sich dieser Verantwortung durch ihr Engagement in vielen unterschiedlichen Bereichen. Dabei steht nicht die öffentliche Aufmerksamkeit im Vordergrund, die manche Sponsoring-Projekte und Hilfs-Aktionen bewirken können. Vielmehr erfolgt die Förderung oder Hilfe gezielt und individuell und ist meist mit persönlichem Einsatz verbunden.

Seit Jahrzehnten unterstützen die Inhaberfamilie und das Unternehmen Dr. Oetker beispielsweise die Arbeit des Deutschen Kinderschutzbunds (DKSB). Maja Oetker, Ehefrau von Rudolf-August Oetker, dem Enkel des Firmengründers, initiierte 1969 die Gründung des Ortsverbands in Bielefeld, dessen Vorsitz sie über 30 Jahre innehatte. Der Kinderschutzbund Bielefeld betreut, berät und hilft mit zahlreichen Aktivitäten und Programmen, um Kinder direkt und unbürokratisch zu schützen und Familien gezielt zu unterstützen. Ein eigens eingerichtetes Kinderschutzhaus bietet eine wichtige Anlaufstelle für Kinder und Eltern.

Gemeinnützige Ziele verfolgen auch zwei Stiftungen der Oetker-Familie: Die Rudolf-August Oetker Stiftung widmet sich vielfältigen Projekten in Kultur, Kunst, Denkmalspflege und Wissenschaft. Die Ida und Richard Kaselowsky Stiftung wurde benannt nach der Witwe des Gründersohnes und ihrem zweiten Mann, der die Unternehmensführung zwischen 1920 und 1944 innehatte. Sie ist auf mildtätige Zwecke ausgerichtet und unterstützt Maßnahmen im Gesundheits- und Wohlfahrtswesen. Das Engagement konzentriert sich auf Verbände der freien Wohlfahrtspflege, den Kinderschutz, die Jugend- und Altenhilfe sowie auf die Förderung der Erziehung und die Studentenhilfe.

DAS DR. OETKER GESUNDHEITSPROGRAMM

Bereits 1999 unterzeichnete Dr. Oetker die Luxemburger Deklaration zur betrieblichen Gesundheitsförderung der Europäischen Union, die gemeinsame Aktionen von Arbeitgebern, Arbeitnehmern und Gesellschaft zur Verbesserung von Gesundheit und Wohlbefinden am Arbeitsplatz beschreibt. Einen Schwerpunkt der diesbezüglichen Tätigkeiten bildet das Dr. Oetker Gesundheitsprogramm, bei dem mit der Dr. Oetker Betriebskrankenkasse zusammengearbeitet wird. Es umfasst Kooperationen mit Sportstudios, verschiedene Kursangebote, Massage im Betrieb, Förderung von Betriebssportgruppen, Aktionen zu gesundheitsbewusster Ernährung in Zusammenarbeit mit der Betriebsküche, Maßnahmen zum Thema Hautschutz und Hautpflege, Blutspendetermine mit Blutanalysen, Impfaktionen, Sehtests und regelmäßige Informationen zu verschiedenen Gesundheitsthemen. Zur sozialen Verantwortung gegenüber den Mitarbeitern gehört auch, über gesundheitliche Risiken zu informieren und selbstverantwortliches, gesundheitsbewusstes Verhalten zu fördern. Seit April 2001 werden jedes Jahr die Dr. Oetker Gesundheitstage angeboten, während derer die Mitarbeiter über bestimmte Gesundheitsthemen, die sie im Vorfeld selbst auswählen, ausführlich informiert werden. Ein Thema der ersten Gesundheitstage war beispielsweise die Erstellung eines persönlichen Risikoprofils von Herzinfarkt, Durchblutungsstörungen und Schlaganfall durch das Info-Mobil der Stiftung Deutsche Schlaganfallhilfe.

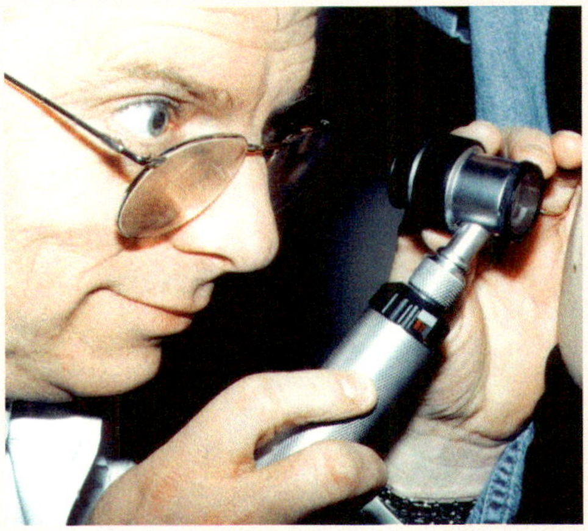

Seit 2004 zählt eine regelmäßige Nachhaltigkeitsberichterstattung zu den Veröffentlichungen des Hauses

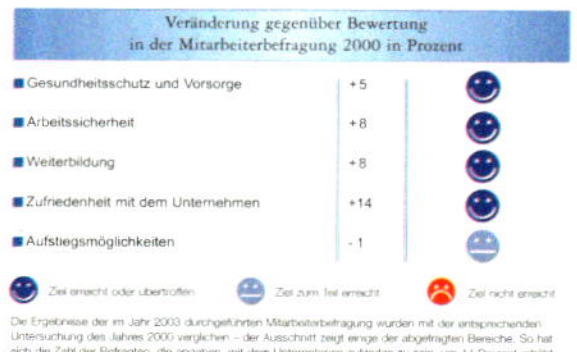

Das unternehmerische Handeln bei Dr. Oetker ist grundsätzlich nicht nur auf die Erzielung kurzfristiger wirtschaftlicher Erfolge ausgerichtet, sondern hat stets den langfristigen Bestand als Maßstab. Das Engagement für die Schaffung und den Erhalt von Arbeitsplätzen geht weit über die Umsetzung betrieblicher Maßnahmen hinaus und bezieht durch die aktive Mitgestaltung entsprechender Beschäftigungsinitiativen das wirtschaftliche und gesellschaftliche Umfeld mit ein. So ist der Vorsitzende der Geschäftsführung, Dr. h. c. August Oetker, auch Vorsitzender im Regionalnetzwerk Ostwestfalen der „Initiative für Beschäftigung", in der zahlreiche Vertreter aus Verbänden, Gewerkschaften, Kammern, wissenschaftlichen Einrichtungen, Politik und Wirtschaft aktiv an der Schaffung und Erhaltung von Arbeitsplätzen in der Region arbeiten. Die Integration von Jugendlichen in das Berufsleben sieht Dr. Oetker als elementar wichtig an, sowohl für die soziale Gemeinschaft als auch für den Fortbestand des Unternehmens. Die Nachwuchsförderung beginnt bereits frühzeitig mit dem Einsatz von Schülerpraktikanten, die im Rahmen eines mehrwöchigen Praktikums erste Einblicke in ihren Wunschberuf nehmen können. Im Rahmen des Projektes „Schule und Unternehmen im Dialog" sowie in Zusammenarbeit mit der IHK Bielefeld finden ferner Schulkooperationen statt, die Lehrern sowie Schülern Einblicke in die betriebliche Praxis ermöglichen. Auch auf den Berufsinfobörsen der „Bielefelder Initiative Berufsausbildung" ist das Unternehmen Dr. Oetker regelmäßig vertreten, um Schüler frühzeitig auf die Berufseinstiegsmöglichkeiten aufmerksam zu machen.

Im Unternehmen selbst offenbart das breit gefächerte Angebot der Sozialabteilung, in welchem Ausmaß Dr. Oetker Verantwortung für die sozialen und gesundheitlichen Belange der Belegschaft übernimmt. Die außerordentlich vielfältigen Aktionen reichen von der Beratung in allen sozialen Problemlagen über die Organisation von Gesundheitstagen, die Durchführung von Präventionsmaßnahmen, die Suchtkrankenhilfe, die Kooperation mit Fitness-Studios bis zu Betriebssportprogrammen. Veranstaltungen für Firmenpensionäre und Betriebsfeste runden das Angebot ab und tragen zu einer hohen Identifikation der Belegschaft mit dem Unternehmen bei, welche sich auch in sehr langen Betriebszugehörigkeiten widerspiegelt.

Der Umweltschutz ist bei Dr. Oetker fest in die Unternehmensführung integriert. Dabei beschränkt sich die Betrachtung von Umweltauswirkungen nicht nur auf den Produktionsprozess. Vielmehr wird der gesamte Produktlebenszyklus hinsichtlich ökologischer Implikationen analysiert. Von der ersten Pro-

Jährlich wird der Dr. Oetker Preis an Diplomanden verliehen, die sich durch eine besondere wissenschaftliche Arbeit im Lebensmittelbereich auszeichnen

duktidee über die Produkt- und Verpackungsentwicklung und von der Rohwarenauswahl über die einzelnen Produktionsstufen bis hin zum Produkt-Transport und zur Wiederverwertung oder Entsorgung der Verpackungen: Bei Dr. Oetker werden auf allen Stufen des Produktlebenszyklus die Umweltauswirkungen berücksichtigt und bereits im Vorfeld Maßnahmen entwickelt, um Belastungen so gering wie möglich zu halten. Scheinbar kleine Änderungen haben bei einem Unternehmen von der Größenordnung Dr. Oetker dabei schon große Auswirkungen: Im Tiefkühlbereich konnten etwa durch eine Reduzierung des Gewichts bei den Unterlegscheiben der Dr. Oetker Rohteigpizzen „Die Ofenfrische" 390 Tonnen Wellpappe jährlich eingespart werden.

AUF EINEN BLICK:

MITARBEITER

- Familienorientiertes Personalmanagement
- Führungsnachwuchskräfteentwicklung
- Wissensmanagement
- Umfassende Sozialleistungen
- Gesundheitsprogramm
- Ideen-Programm
- Mitarbeiter-Befragungen

UMWELT

- Umweltschutz Bestandteil Unternehmensführung und Leitlinien DIN EN ISO 9001/14001 zertifiziert
- EDV-gestütztes internationales Umwelt- u. Qualitätsmanagement
- International gültige Umwelteinkaufsrichtlinie
- Konkrete Maßnahmen zur Erreichung von Umweltzielen

KOOPERATIONEN & STIFTUNGEN

- Rudolf-August Oetker Stiftung: Projekte Kunst, Kultur, Denkmalpflege, Wissenschaft
- Ida und Richard Kaselowsky Stiftung: Maßnahmen im Gesundheits- u. Wohlfahrtswesen
- Unterstützung Deutscher Kinderschutzbund
- Einzelaktivitäten, wie Spenden für Opfer von Naturkatastrophen

MITGLIEDSCHAFTEN

- Mitglied im B.A.U.M. e.V.
- Mitgliedschaft in regionalen Umwelt- u. Beschäftigungsinitiativen

PREISE & AUSZEICHNUNGEN

- Dr. h.c. August Oetker Ökomanager 1995 (Capital/WWF)
- Nachhaltigkeitsbericht Platz 1 Branche „Nahrungsmittel" (future e.V. / IÖW 2004)

INFORMATION

Dr. August Oetker Nahrungsmittel KG
Lutterstraße 14
33617 Bielefeld
Fon 05 21 / 1 55 - 0
Fax 05 21 / 1 55 - 29 95
service@oetker.de
www.oetker.de

DRESDNER BANK

Die Dresdner Bank trägt als Konzern mit 30.000 Mitarbeitern besondere Verantwortung für die Gesellschaft. Wir wollen nicht nur geschäftlich erfolgreich, sondern auch ein „guter Bürger" sein. Für uns spielt deshalb Corporate Social Responsibility eine entscheidende Rolle. Seit vielen Jahren engagieren wir uns in den Bereichen Bildung, Wissenschaft, Kultur, Kunst, Sport und Umwelt. Dazu gehört natürlich die finanzielle Unterstützung einzelner Projekte und Institutionen. Ebenso wichtig ist es uns aber, mit unseren Partnern aus Wirtschaft, Staat und Gesellschaft eigene Initiativen zu starten und zu etablieren. Entscheidend ist dabei, dass unsere Mitarbeiter immer in die verschiedenen Projekte der Dresdner Bank eingebunden sind und so ihr großes Know-how einbringen können.

Dr. Herbert Walter
Vorstandsvorsitzender der Dresdner Bank AG

Banken tragen eine besondere volkswirtschaftliche Verantwortung: Sie unterstützen ihre Kunden bei der Verwirklichung ihrer Zukunftspläne und fördern damit die ökonomische und soziale Weiterentwicklung der Gesellschaft. Sie tun dies durch die möglichst sichere oder renditestarke Anlage des ihnen anvertrauten Geldes oder durch Bereitstellung benötigter Geldmittel. Der gute Ruf einer Bank hängt jedoch nicht nur von ihren wirtschaftlichen Leistungen ab. Er ist in hohem Maß auch von ihrem Engagement für Gesellschaft, Kultur und Mitarbeiter geprägt. Die Dresdner Bank hat diese bürgerliche Verpflichtung gegenüber ihren 5,3 Mio. Kunden, den ca. 30.000 Mitarbeitern und der Gesellschaft früh erkannt und fördert zahlreiche Projekte in den Bereichen Bildung und Wissenschaft, Kunst und Kultur, Gesellschaft und Sport. Mit der Unterstützung dieser „Cultural Affairs" setzt sie Impulse für ökonomischen, ökologischen und sozialen Fortschritt und bessere Lebensbedingungen. Junge Menschen stehen hierbei im Mittelpunkt, denn sie sind die Entscheidungsträger von morgen: „Talent Invest" – die Förderung besonders begabter junger Menschen –, das ist der gemeinsame Nenner nahezu aller CSR-Aktivitäten der Dresdner Bank. Die Initiierung eigener Projekte ist neben dem finanziellen Engagement der Schlüssel, der jungen Talenten die Türen auf dem Weg in die Zukunft öffnet. Basis für dieses Corporate Citizenship sind Partnerschaften mit öffentlichen und privaten Institutionen, also Public-Private-Partnerships: Der Victor-Klemperer-Jugendwettbewerb öffnet Jugendlichen die Tür zu mehr Toleranz und Demokratie: Gemeinsam mit dem ZDF, dem Bündnis für Demokratie und Toleranz sowie dem Bundesministerium des Innern prämiert die Dresdner Bank Engagements von Jugendlichen, die sich aktiv mit dem Thema Toleranz auseinander setzen. Mehr als 70.000 junge Menschen haben seit dem Jahr 2000 ihr Bild von einem toleranten Deutschland entworfen.

Die Internatsschule Schloss Hansenberg öffnet Jugendlichen die Tür zu Höchstleistungen: Das mit der Hessischen Landesregierung und anderen Unternehmen initiierte Kooperationsprojekt ermöglicht besonders leistungsmotivierten, verantwortungsbereiten und sozial engagierten Schülern das Abitur nach 12 Jahren. Die Dresdner Bank unterstützt die ambitionierten Jugendlichen aber nicht nur finanziell, sondern auch durch fachliches Know-how, indem

Dresdner Bank
Die Beraterbank

WIEDERAUFBAU DER DRESDNER FRAUENKIRCHE

Das „Wunder von Elbflorenz", der Wiederaufbau der Dresdner Frauenkirche, ist ein Projekt, an dem sich die Dresdner Bank seit zehn Jahren maßgeblich und federführend beteiligt. Der Stadt Dresden ihr Wahrzeichen zurückzugeben und die Frauenkirche als Symbol des Friedens und gemeinschaftlichen Denkens wieder für Gottesdienste, Konzerte und kulturelle Veranstaltungen nutzen zu können, ist das Ziel dieses ambitionierten Projektes, das mit der feierlichen Einweihung am 30. Oktober 2005 seinen Abschluss findet. Unter Mitwirkung der Bank wurde 1994 die „Stiftung Frauenkirche Dresden" gegründet, deren Vorsitzender der ehemalige Vorstandssprecher der Dresdner Bank Bernhard Walter ist. 1995 wurde die „Aktion Stifterbrief" gestartet: Jeder Käufer leistet durch den Erwerb eines Stifterbriefes (von 250 Euro in Bronze bis 10.000 Euro in Platin) seinen persönlichen Beitrag zum Wiederaufbau der Frauenkirche. Damit knüpft das Projekt an den Ursprung der Frauenkirche an, die als gemeinschaftliches Gotteshaus von den Bürgern der Stadt Dresden errichtet und 1734 eingeweiht wurde. Von den für den Wiederaufbau benötigten 131 Mio. Euro sammelte die Dresdner Bank 68 Mio. Euro ein und spendete selbst 7 Mio. Euro. 1997 „adoptierte" die Bank anlässlich ihres 125-jährigen Firmenjubiläums die Kuppel der Frauenkirche mit einer Spende in Höhe von 2,5 Mio. Euro. Auch in Zukunft bleibt die Dresdner Bank der Frauenkirche eng verbunden.

Talent Invest – der gemeinsame Nenner des gesellschaftlichen Engagements der Dresdner Bank

Referenten der Bank mit den Schülern wirtschafts- und finanzpolitische Fragen erörtern. Außerdem sorgen die Mitarbeiter der Dresdner Bank dafür, dass die Schüler in Praktika im In- und Ausland ihr Wissen anwenden und vertiefen können. Ein echtes Public-Private-Partnership-Projekt also, das zudem modellhaft einen wichtigen Beitrag zur Sicherung der Wettbewerbsfähigkeit Deutschlands leistet.

Das „Grüne Band für vorbildliche Talentförderung im Verein" öffnet Jugendlichen die Tür zum Leistungssport: Jedes Jahr erhalten 70 Sportvereine je 5.000 Euro für ihre aktive Talentförderung. Mehr als 100 der geförderten Talente sind mittlerweile Olympiasieger oder Weltmeister in ihrer Sportart geworden.

Die 1977 gegründete Jürgen-Ponto-Stiftung öffnet jungen Künstlern die Tür in die Welt der Kunst: Über 550 junge Talente aus allen Bereichen der Kunst hat sie schon gefördert. In Kooperation mit dem Bundeswettbewerb „Jugend musiziert" vergibt die Stiftung Stipendien an Musiker im Schulalter und ermöglicht ihnen erste Konzerterfahrungen. Im Bereich der bildenden Kunst werden jährlich zwei Künstler im Frühstadium ihrer künstlerischen Arbeit unterstützt.

Die Kulturstiftung Dresden der Dresdner Bank öffnet die Tür zu Kunst und Kultur in Dresden: Die im Jahr 1991 gegründete Stiftung fördert Projekte in den Bereichen Städtebau, Musik, Wissenschaft, Kunst und Literatur. Das Unternehmen setzt damit auch ein Zeichen bürgerschaftlichen Engagements für die Stadt, in der das Finanzhaus vor gut 130 Jahren gegründet wurde. Mit dem „Atelierstipendium" werden auch hier junge Talente gefördert. Ein Jahr lang kann ein Absolvent der Hochschule für Bildende Künste in Frankfurt am Main leben und arbeiten, während ein Absolvent der Frankfurter Städelschule ein Jahr in der sächsischen Landeshauptstadt verbringt.

Die Dresdner Bank öffnet ihren Kunden aber auch die Tür zu mehr Umweltschutz: Durch den von der EU verabschiedeten Emissionshandel mit CO_2-Zertifikaten hat der Klimaschutz eine neue Dimension bekommen. So begleitet die Dresdner Bank z.B. Firmenkunden beim Emissionshandel. Zahlreiche weitere Aktivitäten in Sachen Umweltschutz ergänzen die Nachhaltigkeitsstrategie der Dresdner Bank, z.B. die Verabschiedung eines Umweltprogramms, die Zertifizierung nach ISO 14001 oder die Integration ökologischer Aspekte in das allgemeine Risikomanagement.

Auch gegenüber ihren Mitarbeitern erweist sich die Dresdner Bank als Good Corporate Citizen. Für ihr Engagement in der Vereinbarkeit von Familie und Beruf wurde sie mit dem Hauptzertifikat Audit Beruf & Familie der Hertie-Stiftung ausgezeichnet. Neben intensiver Beratung in Fragen der Kinderbetreuung

START-Stipendiatinnen der Kulturstiftung Dresden der Dresdner Bank diskutieren im »raum für kultur« im Hochhaus Galileo in Frankfurt a. M. mit Mitarbeitern und interessierten Bürgern

stellt sie eine kostenlose Notfallbetreuung bereit. Zukünftig werden auch Teilzeit- und Auszeitmodelle ausgebaut. Interne Weiterbildungsmaßnahmen, ein Führungsnachwuchs-Programm und die Möglichkeit eines berufsbegleitenden Studiums an der Bankakademie eröffnen den Mitarbeitern Möglichkeiten, sich weiterzuentwickeln.

Verantwortliches Handeln heißt für die Dresdner Bank, sich für den ökonomischen, sozialen und kulturellen Fortschritt der Gesellschaft zu engagieren. Indem sich das Unternehmen auf die Förderung der Fähigkeiten und Begabungen junger Menschen konzentriert, leistet es – in Ergänzung seines Unternehmensauftrags – als Corporate Citizen einen beachtlichen Beitrag dazu, dass junge Menschen ihre Zukunftspläne verwirklichen können.

AUF EINEN BLICK:

GESELLSCHAFT

- Nachhaltiges Engagement für die Frauenkirche Dresden
- „Victor-Klemperer-Jugendwettbewerb" (mit ZDF und Bundesministerium des Inneren)
- Public-Private-Partnership-Projekt „Internatsschule Schloss Hansenberg"
- PPP „Institute for Law and Finance", Universität Frankfurt Main
- „Das Gründe Band für vorbildliche Talentförderung im Verein": Auszeichnung für Sportvereine, gemeinsam mit dem Deutschen Sportbund
- »raum für kultur« im Hochhaus Galileo Frankfurt Main

MITARBEITER

- Flexible Arbeitszeitmodelle zur Vereinbarkeit von Familie und Beruf
- Betriebssport

UMWELT

- Umweltmanagementsystem nach ISO 14001 zertifiziert
- Leitung der Climate Core Group innerhalb der Allianz Group
- Beratung von Kunden im Bereich Klimaschutz und Emissionshandel
- Betriebl. Umweltschutz auf Basis von Umweltleitlinien zu Einkauf und Bau

STIFTUNGEN

- Jürgen-Ponto-Stiftung: Förderung von jungen Künstlern
- Kulturstiftung Dresden der Dresdner Bank
- Stiftungsfonds der Dresdner Bank im Stifterverband für die Deutsche Wissenschaft

PREISE & AUSZEICHNUNGEN

- Auszeichnung „Engagiertes Unternehmen" des Landes Hessen, 2005
- Nominierung „Freiheit und Verantwortung", 2004
- Hauptzertifikat der Hertie-Stiftung „Audit Beruf und Familie"

INFORMATION

Dresdner Bank AG
Jürgen-Ponto-Platz 1
60301 Frankfurt am Main
Dr. Gabriele Jachmich
Bereichsleiterin Cultural Affairs
Fon 0 69 / 2 63 - 8 67 87
Fax 0 69 / 2 63 - 5 04 14
gabriele.jachmich@dresdner-bank.com
www.dresdner-bank.com

FABER-CASTELL

Manchmal werde ich gefragt, wieso Faber-Castell freiwillig eine weltweit gültige Sozialcharta unterzeichnete, die Diskriminierung und Kinderarbeit in allen Betrieben verbietet und auch sonst alle Beschäftigungsbedingungen der Internationalen Arbeitsorganisation (ILO) gewährleistet. Als Vertreter der sozialen Marktwirtschaft ist es für mich ebenso eine Verpflichtung wie eine Selbstverständlichkeit, mich den Herausforderungen der Globalisierung zu stellen. In der Tradition der Verantwortung, zu der sich schon mein Urgroßvater mit sozialen Pionierleistungen bekannte, sorgen wir für humane Arbeitsbedingungen rund um den Globus und verhelfen unseren Mitarbeitern durch eine Reihe von sozialen Leistungen zu mehr Lebensstandard und Lebensqualität. Und sichern somit nicht nur ihnen, sondern auch dem Unternehmen Faber-Castell eine langfristige Existenzgrundlage.

Anton W. Graf von Faber-Castell,
Vorstandsvorsitzender Faber-Castell AG

„Man muss kein Visionär sein, um zu erkennen, dass die Sicherung der Ressourcen für das Leben der kommenden Generationen von höchster Bedeutung ist." Mit diesen deutlichen Worten bezieht Anton W. Graf von Faber-Castell Stellung, wenn er erklärt, dass sich sein Unternehmen schon seit 20 Jahren in der nachhaltigen Forstwirtschaft engagiert. Faber-Castell ist mit 1,8 Milliarden Blei- und Farbstiften pro Jahr der größte Einzelproduzent seiner Branche. Entsprechend hoch ist die Nachfrage nach dem Rohstoff Holz.

Vor gut zwei Jahrzehnten hat Faber-Castell damit begonnen, im Südosten Brasiliens ein eigenes, einzigartiges Holzversorgungsprogramm zu entwickeln. In der sogenannten „brasilianischen Savanne", 2.500 km vom gefährdeten Amazonas-Regenwald entfernt, wurden auf kargem, sandigem Boden inselförmige Wälder mit Pinien-Bäumen angelegt. Die verwendete Pinie wächst dort vergleichsweise schnell und ist schon nach sieben bis zwölf Jahren schlagreif. Heute umfassen die Holzplantagen eine Größe von rund 10.000 ha, jährlich werden rund eine Million Pinien-Setzlinge gepflanzt, so dass der wertvolle Rohstoff beständig nachwächst. Vom Samenkorn bis zum schlagreifen Baum wird in den Holzplantagen selbst aufgeforstet. Das Faber-Castell-Werk verarbeitet aus nachhaltiger Forstwirtschaft rund 346 m^3 Holz pro Tag, aus denen sich 6 Millionen Blei- und Farbstifte herstellen lassen. Die Holzplantagen sind seit 1999 zertifiziert: Der Forest Stewardship Council (FSC) bescheinigt den brasilianischen Pinienwäldern des deutschen Mittelständlers eine „umweltschonende, sozial faire und nachhaltige Waldwirtschaft". Die gleiche Institution hat im November 2003 auch das Werk am deutschen Stammsitz Stein bei Nürnberg zertifiziert. Faber-Castell verfügt damit über das FSC-Gütesiegel C.O.C. (Chain of Custody Zertifizierung), das eine Voraussetzung für das Bedrucken seiner Produkte mit dem FSC-Öko-Siegel ist.

Ein weiteres Beispiel umweltorientierter Pionierarbeit seitens Faber-Castell ist die Lackierung seiner Blei- und Farbstifte. Fast alle Stifte aus europäischer Produktion erhalten einen umweltfreundlichen Wasserlack. Für dieses Verfahren wechselte Faber-Castell 1993 von herkömmlichen Lacken mit organischen Lösungsmitteln zum Einsatz umweltfreundlicher Wasseremulsionen – eine Technologie, die von Faber-Castell selbst entwickelt wurde. Diese

FABER-CASTELL
since 1761

DAS INTEGRIERTE MANAGEMENTSYSTEM FABIQUS

Die „Faber-Castell-Sozialcharta" legt einen Verhaltenskodex fest, der allen Mitarbeitern von Faber-Castell die Einhaltung der Beschäftigungs- und Arbeitsbedingungen, wie sie von der Internationalen Arbeitsorganisation gefordert werden, garantiert. Dazu zählt das Verbot von Kinder- und Zwangsarbeit ebenso wie Chancengleichheit und Gleichbehandlung der Beschäftigten oder Arbeitssicherheit und anständige Bezahlung. Damit die Sozialcharta kein Lippenbekenntnis bleibt, wird sie durch das Managementsystem FABIQUS (Faber-Castells integriertes Managementsystem für Qualität, Umwelt und Soziales) ständig überwacht. Mit diesem Instrument kann die Einhaltung der Standards überprüft werden. Eine FABIQUS-Kommission führt zu diesem Zweck regelmäßig Monitoring-Audits in den Regionen Lateinamerika, Europa, Nordamerika und Asia Pacific durch. Alle zwei Jahre überwacht außerdem ein Ausschuss aus Vertretern der internationalen Gewerkschaften die weltweite Umsetzung der Sozialcharta. Bestandteil von FABIQUS sind intern festgelegte Maßstäbe und Kriterien, die im Dialog mit den Tochtergesellschaften und Mitarbeitern die Arbeitsprozesse kontinuierlich verbessern sollen. Darüber hinaus basiert FABIQUS auf einschlägigen internationalen Standards im Bereich Qualität und Umwelt nach den ISO-Normen. Bislang wurden alle europäischen Werke sowie die Produktionsstandorte in Indien, Malaysia und Brasilien zertifiziert. Bis 2006 soll dieser Prozess in allen Werken weltweit durchgeführt worden sein.

Die Faber-Castell Sozialcharta gilt in allen Werken weltweit und wird durch interne und externe Audits laufend überwacht

Maßnahmen waren Nürnberg eine Auszeichnung wert: 2003 erhielt Faber-Castell den Nachhaltigkeitspreis der Stadt.

Faber-Castell zählt weltweit zu den führenden Herstellern und Vermarktern von hochwertigen Produkten zum Schreiben, Malen und kreativen Gestalten. Die heute international tätige Unternehmensgruppe wurde 1761 in Stein bei Nürnberg von dem Schreiner Kaspar Faber als Bleistiftfabrik gegründet. Als eines der ältesten Industrieunternehmen der Welt befindet sich Faber-Castell auch nach acht Generationen noch in Familienhand. Weltweit beschäftigt das fränkische Unternehmen in 15 Fertigungsstätten und 18 Vertriebsgesellschaften rund 5.500 Mitarbeiter.

Im Jahr 2000 wurde in allen Gesellschaften der Faber-Castell-Unternehmensgruppe die „Faber-Castell Sozialcharta" eingeführt. Die international verbindlichen Vereinbarungen gewährleisten Arbeits- und Beschäftigungsbedingungen, wie sie von der Internationalen Arbeitsorganisation (ILO) empfohlen werden. Sie umfassen u.a. das Verbot von Kinderarbeit, die Gleichbehandlung der Mitarbeiter ungeachtet der Rasse, der Religion, des Geschlechts und der Nationalität, die Gewährleistung sicherer und hygienischer Arbeitsbedingungen sowie die Zahlung angemessener Löhne. Die Überwachung des Verhaltenskodex erfolgt in der Faber-Castell-Gruppe durch ein integriertes Managementsystem (FABIQUS, s. gesonderte Darstellung). Darüber hinaus wird die Einhaltung der Standards alle zwei Jahre durch unabhängige Gewerkschaften kontrolliert. Das Engagement für die Mitarbeiter hat bei Faber-Castell übrigens eine lange Tradition: Bereits von Mitte des 19. Jahrhunderts an wurden für Mitarbeiter und deren Familienangehörige soziale Einrichtungen ins Leben gerufen, wie z.B. eine der ersten Betriebskrankenkassen in Deutschland (1844), einer der ersten Kindergärten (1851) sowie die Gründung von Schulen und die Einrichtung von Bibliotheken für die Mitarbeiter.

2003 ist Faber-Castell als erstes Unternehmen seiner Branche dem Global Compact beigetreten. Damit gehört Faber-Castell zu den ersten Mittelständlern in Deutschland überhaupt, die sich den sozialen, ökologischen und wirtschaftlichen Herausforderungen der Globalisierung im Rahmen des partnerschaftlichen Bündnisses von Privatwirtschaft und Politik stellen. Die Anerkennung der zehn Prinzipien des Global Compact nahm das Unternehmen zum Anlass für ein Pilotprojekt zur Einbindung der Lieferanten in die Sozialcharta. Dazu wurde gemeinsam mit der Gesellschaft für technische Zusammenarbeit (GTZ) und der IG-Metall in Indien ein Public-Private-Partnership-Projekt entwickelt. Zum Projektstart wurden mit Hilfe eines Informationsworkshops Institutionen,

Auf den Pinienplantagen von Faber-Castell in Brasilien wird nachhaltige Forstwirtschaft betrieben, die für das Nachwachsen des Rohstoffs sorgt und neue Lebensräume für Flora und Fauna erschließt

Ministerien, NGOs, Gewerkschaften und andere Unternehmen für dieses Thema sensibilisiert. Anschließend unterzogen sich vier Lieferanten einer Erstinspektion durch neutrale Auditoren. Auf der Basis dieser Erkenntnisse wurde ein Aktionsplan für die Lieferanten erstellt. Nach 15 Monaten erfolgte ein Nachaudit. Der Abschlussbericht dieser zweiten Auditierung dient nun als Grundlage zur Übertragung der Sozialstandards auf weitere Lieferanten.

Diese umfassende Verantwortung für Umwelt und Mitarbeiter gehört für Graf von Faber-Castell zu seinem Selbstverständnis: „Als Vertreter der sozialen Marktwirtschaft ist es für mich ebenso eine Verpflichtung wie Selbstverständlichkeit, mich den Herausforderungen der Globalisierung zu stellen."

AUF EINEN BLICK:

SOZIALES

- Sozialcharta: für alle Faber-Castell Betriebe gültiger Kodex nach den Empfehlungen der ILO (Überwachung durch das integrierte Managementsystem FABIQUS)
- „Quality of Life"-Programm in Brasilien: Kostenlose Aus- und Fortbildung sowie Freizeitaktivitäten für alle Mitarbeiter
- Arbeitsklimaverbesserung durch farbenfrohe Innen- und Außengestaltung
- Seit Mitte des 19. Jhr: Gründung und Finanzierung von Schulen, Betriebskindergärten, Werkswohnungen und einer Betriebskrankenkasse
- „Graf von Faber-Castell" Kinderfonds-Stiftung

UMWELT

- Bewirtschaftung eigener, zertifizierter Plantagen in Brasilien (10.000 ha) zur nachhaltigen Sicherung der Ressourcen als einziger Hersteller weltweit
- Verwendung umweltfreundlicher Wasserlacke in europäischen Betrieben
- Integrierte Produktpolitik (IPP) zur Reduzierung der Umweltbelastung
- Umweltschutzprogramme Arboris und Animalis in Brasilien
- Umwelterziehung der Gemeinden, Mitarbeiter und der Öffentlichkeit in Brasilien

ZERTIFIZIERUNG

- ISO 9001:2000, ISO 14001:2004, in allen Werken bis 2006
- FSC (Forest Stewardship Council) – Chain of Custody (Forste und Betriebe)

PROJEKTE, INITIATIVEN, KOOPERATIONEN

- Teilnahme am Gipfel für nachhaltige Entwicklung in Johannesburg (2002) als einziges mittelständisches Unternehmen
- PPP-Projekt in Indien mit GTZ und IG Metall: Pilotprojekt zur Ausweitung der Sozialcharta auf Lieferanten (2003)

MITGLIEDSCHAFTEN

- Global Compact der Vereinten Nationen
- Umweltpakt Bayern, COUP 21 (regionale Umweltinitiative der AGENDA 21)
- B.A.U.M.
- Fundação Abrinq, Brasilien

PREISE & AUSZEICHNUNGEN

- „Von Martius" (2003 + 2004), „Empresa que Educa", SENAC, Brasilien
- Nachhaltigkeitspreis der Stadt Nürnberg (2003)
- Preis f. Unternehmensethik vom Deutschen Netzwerk Wirtschaftsethik (2004)

INFORMATION

Faber-Castell AG
Nürnberger Straße 2
90546 Stein
Fon 09 11 / 99 65 - 0
Fax 09 11 / 99 65 - 7 60
Info@faber-castell.de
www.faber-castell.com

FISCHER

Eine der wichtigsten gesellschaftlichen Verpflichtungen ist für mich, unser Unternehmen so zu gestalten, dass es im internationalen Wettbewerb bestehen kann, ja mehr noch: die Spitzenposition einnimmt. Nur so können wir Arbeitsplätze erhalten und neue schaffen. Das gilt gerade für den Standort Deutschland. Der hat keine Perspektive, wenn viele Firmen ihre Aktivitäten ins Ausland verlagern. Wir müssen in Deutschland Wissen fördern – eine unserer wichtigsten Ressourcen! –, Prozesse verbessern und Verschwendung vermeiden, wie wir das zum Beispiel mit unserem fischer ProzessSystem machen. Das schafft die Voraussetzungen, um uns auch in Zukunft sozial engagieren zu können.

Senator E.h. mult. Dipl. Ing. Klaus Fischer, Inhaber und Vorsitzender der Geschäftsführung der Unternehmensgruppe fischer

Vom schwäbischen Werkstattbetrieb 1948 zum Global Player 2005, auch das ist ein Stück deutsche Wirtschaftswundergeschichte, geschrieben von der Familie Fischer. Zumindest zwei Erfindungen des Unternehmensgründers Artur kennt in Deutschland jedes Kind: den fischer-Dübel und die fischertechnik. Heute hält das Unternehmen über 2.000 Patente – dank einer Innovationskultur, die jährlich rund 50 Arbeitnehmererfindungen hervorbringt. Wesentlichen Anteil an dieser Kultur hat Klaus Fischer, der das Familienunternehmen mit 3.300 Mitarbeitern und 440 Mio. Euro Umsatz (2004) seit 25 Jahren führt. Und so offenbart der Blick in den schwäbischen Betrieb auch: fischer zählt nicht zu den Unternehmen, die über den Standort Deutschland klagen, sondern zeigen, was an Leistung machbar ist.

Die zentralen Begriffe des Unternehmensleitbildes lauten: innovativ, eigenverantwortlich, seriös. Formuliert wurden sie bereits 1988, als solche strategischen Festlegungen noch nicht zum Allgemeingut professioneller Unternehmensführung gehörten. Aber Klaus Fischer lebt seine Grundsätze vor und bewegt die Dinge, so zum Beispiel in der Ausbildung: Konsequent hat fischer sein Ausbildungsplatzangebot mehrfach erhöht, weil Fischer überzeugt ist, dass gute Ausbildung dazu beiträgt, die Wettbewerbsfähigkeit des Landes zu stärken. Fördern und fordern ist die Devise des Hauses. Seit 1992 organisieren die Nachwuchskräfte selbstständig Info-Tage für potenzielle Bewerber, sie übernehmen Betriebsführungen oder vertreten das Unternehmen mit einem eigenen Messestand. Möglichst frühzeitig werden alle jungen Mitarbeiter in das operative Geschehen eingebunden, damit keine Idee verloren geht. Auch die Azubis beteiligen sich schon an Workshops im Rahmen eines kontinuierlichen Verbesserungsprozesses. Überzeugt von den Erfolgen der Toyota-Philosophie hat das Unternehmen diese Strategie quasi ins Schwäbische übersetzt. Beim fischer ProzessSystem geht es darum, Prozesse konsequent zu vereinfachen, Verschwendung zu vermeiden und alles an den Kundenbedürfnissen zu orientieren. Die beachtlichen Umsatzzuwächse durch organisches Wachstum von 7,5 % sind sicherlich die beste Werbung, wenn dieses Know-how jetzt durch den vierten Unternehmensbereich, die fischer Prozessberatung, auch extern angeboten wird.

Unternehmerisches Handeln wird bei fischer als eine Dynamik begriffen, die in Wechselwirkung

FIT FOR FUTURE

Während fischer einerseits das erfolgreiche duale deutsche Ausbildungssystem mit Partnern nach China exportiert, setzt es in Deutschland neue Akzente, um dieses System sinnvoll zu ergänzen. Die Ausbildungsquote liegt bei fischer mit neun Prozent deutlich über dem Durchschnitt der deutschen Industrie, praktische Erfahrungen mit der Ausbildung und den Notwendigkeiten ihrer Weiterentwicklung gibt es also reichlich. Der Azubi-Jahrgang 1998 profitierte als erster vom fachübergreifenden Ausbildungsprogramm „fit for future". Es enthält annähernd 40 Bausteine und verschafft den jungen Leuten Zusatzqualifikationen, die ihnen auch bei jedem anderen Arbeitgeber nützlich sein würden. Zum Abschluss erhalten sie ein entsprechendes Zertifikat. Ziel ist es, die Handlungskompetenz der Azubis zu fördern. Es gibt Seminare, Workshops und Vorträge, Projektarbeiten und Planspiele, besonderer Wert wird auf die Förderung von Kreativität und Teamfähigkeit gelegt. So können sich die jungen Leute zum Beispiel in Workshops und im Rahmen des fischer IdeenProzesses an den kontinuierlichen Verbesserungen im Unternehmen beteiligen. Gesprächsführung und Präsentationstechniken werden gelehrt und einige schulen ihre kulturellen Kompetenzen bei einem Auslandsaufenthalt. Manches Projekt führt die fischer-Azubis hoch hinaus: 2004 nahmen sie am Red-Bull-Flugtag in Hamburg mit einem selbst gebauten fliegenden Dübel teil.

Die Azubis selbst werben in Anzeigen und im Internet für Lehrjahre, die schon 1999 mit dem „Ausbildungs-Oskar" ausgezeichnet wurden

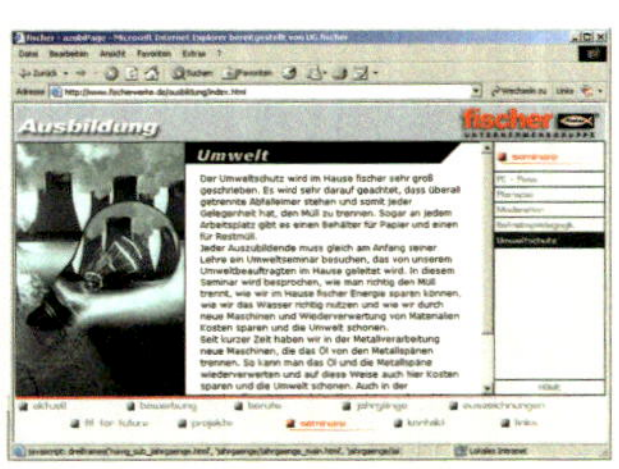

mit der Gesellschaft steht. Deshalb nutzt die qualitative Ausbildung dem Unternehmen genauso wie der Gesellschaft, deshalb sieht sich die Firma auch in der Verantwortung, selbst Beiträge zu mehr Bildung zu leisten. Das Unternehmen gehört zu den Mitbegründern der Wissensfabrik, einem Projekt führender deutscher Konzerne, dessen Ziel es ist, Deutschland zum Weltmarktführer „Wissen" zu machen. Die Beteiligten gehen in ihrer Region Partnerschaften mit Schulen und anderen pädagogischen Einrichtungen ein, um gezielt Lese-, Schreib- und Technikkompetenz sowie naturwissenschaftliches Denken zu fördern. fischer setzt damit schon bei den Grundschulen an. Und wer bei fischer einen Ferienjob antritt, bekommt im Rahmen der Aktion „Ferienarbeit plus" anderthalb Tage lang wirtschaftliche Zusammenhänge im Allgemeinen und über das Unternehmen vermittelt. So fördert man gezielt Deutschlands wichtigsten Rohstoff, das Wissen, und den Nachwuchs, der es weiterentwickeln soll.

Die schwäbische Gründlichkeit hat das Unternehmen in den über 50 Jahren seines Bestehens mit einer Weltläufigkeit gepaart, die es heute zum Weltmarktführer in der Dübeltechnik und zu einem bedeutenden internationalen Marktteilnehmer in den anderen Branchen macht. Den Blick über den Tellerrand fördert man deshalb frühzeitig auch bei den Auszubildenden, damit diese ein Gespür für andere Kulturkreise und internationale Märkte entwickeln. Initiativen vor Ort an den ausländischen Standorten zeigen, dass für fischer dort die gleichen Wertmaßstäbe wie zu Hause gelten. An der Universität für Bodenkultur in Wien gibt es seit 2000 den „Klaus-Fischer-Preis" für herausragende Leistungen in der Forschung, und schon seit 1999 arbeitet man mit der Tonji-Universität in Shanghai zusammen, fördert dort Studierende und Dozenten mit dem Klaus-Fischer-Stipendium und exportiert mit einem deutschen Partner das duale Ausbildungssystem nach China. Im Bereich der heimischen Handwerkskammern zeichnet man die besten Meister mit einem Preis aus, und bereits seit Anfang der 90er-Jahre vergibt das Unternehmen auch Stipendien für Mitarbeiter-Kinder der italienischen Tochtergesellschaft.

Die starke Stellung im italienischen Markt spiegelt sich auch im Social Sponsoring wider: In Padua unterstützte fischer Italia die Restaurierung bedeutender Gemälde in der Pinakothek, ebenso die des Chorgestühls in der Kathedrale, was ihm den Preis Peggy Guggenheim einbrachte, der die Kulturförderung von Unternehmen würdigt. Am Heimatstandort steht man regionalen Initiativen und Vereinen aller Art bei und engagiert sich auch in der Kulturförderung.

Die Verbindung von gesellschaftlichem Engagement und fortschrittlicher Unternehmens-

Frühe Verantwortung: Bei Betriebsbesichtigungen übernehmen fischer-Auszubildende buchstäblich Führungs-Aufgaben

führung wird nicht zuletzt im Umweltmanagement operativ umgesetzt, das seit 1997 auch kodifiziert ist. Doch Kunststoffrecycling wird bereits seit den frühen 50er-Jahren betrieben und einen Umweltbericht gibt es schon seit 1990. Drei deutsche Standorte sind nach dem internationalen Standard ISO 14001 zertifiziert. Die Auszubildenden erhalten Umweltseminare, um sie frühzeitig zu sensibilisieren. Durchweg macht fischer also seine Hausaufgaben, wie es Klaus Fischer nennt, von der Bildungsförderung bis zum Umweltschutz. Davon profitieren das Unternehmen, Mitarbeiter und Geschäftspartner. Und Umweltverbände wie die Deutsche Umwelthilfe und die Naturfreunde haben einen Sponsor, der seine Unterstützung nicht als Alibimaßnahme betreibt.

AUF EINEN BLICK:

GESELLSCHAFT

- Förderung kommun. Einrichtungen: Schulen, Kinderspielplätze, Sportplätze
- Regionale Kulturförderung
- Förderung rumänisches Kinderdorf Poiana Soarelui seit 1995
- Engagement in mehreren Kunstprojekten in Italien

FÖRDERPROJEKTE AUSBILDUNG

- Patenschaft für Austausch Heinrich-Schickhardt-Schule und Cleveland-Tertiary-College
- „Zukunftswerkstatt" Baden-Württemberg (2000)
- Aktion „Brücke" für New Yorker Schüler nach dem 11. September (2002)
- AIBA-Projekt: „Auszubildende lernen bei Auszubildenden" (2004)
- „Mitmachen Ehrensache – Jobben für einen guten Zweck" (2004)
- Technik-Orientierungs-Projekt Mädchen (2005)
- Unterstützung Eduard-Spranger-Schule, Freudenstadt (seit 1988)
- Italien: fischer-Stipendien für Auslandsaufenthalte von Mitarbeiter-Kindern (in Zusammenarbeit mit Intercultura seit 1993)

MITARBEITER

- Kantine / Betriebsrestaurant seit 1965
- Gesundheitsmanagement (Aktionen, Vorträge, Ernährung)
- Projekt „Telearbeit" mit IBM Bildungsgesellschaft mbH (1995)
- Aktion DKMS: Deutsche Knochenmark-Spenderdatei (2000)
- Unterstützungsverein für in Not geratene Mitarbeiter
- Aktion „Kinder lernen die Arbeit ihrer Eltern kennen" (2005)

UMWELT

- Kunststoffrecycling seit 1953, Umweltberichte seit 1990
- ISO 14001 zertifiziert
- Umweltmanagementsystem seit 1997, Umweltseminare für Azubis
- Spenden für Deutsche Umwelthilfe und Naturfreunde Breisgau

PREISE

- „Beste Personalanzeige 1993", Kategorie Auszubildende
- Auszeichnung betrieblicher Umweltschutz im Rahmen des baden-württembergischen Umweltpreises (1998)
- Ausbildungs-Oskar der Deutschen Wirtschafts-Junioren (1999)
- „Preis Peggy Guggenheim – Unternehmen und Kultur" 1997 / fischer Italia
- Premio Sponsor 2000" für fischer Italia

INFORMATION

fischer holding GmbH & Co. KG
Weinhalde 14 – 18
72178 Waldachtal
Marcus Keller
Asisstent Inhaber und Vorsitzender GF
Fon 0 74 43 / 12 - 43 15
Fax 0 74 43 / 12 - 88 31
marcus.keller@fischer.de
www.fischer.de

FORD

Die vielfältigen Fähigkeiten und das breite Fachwissen auf zahlreichen Gebieten, das unsere Mitarbeiter im Unternehmen erwerben, möchten wir über unser bürgerschaftliches Engagement an die Gesellschaft weitergeben. Aber auch wir als erweiterte „Ford-Familie" lernen durch die Beschäftigung mit gesellschaftlichen Problemen Wertvolles dazu. Der Umgang miteinander, aber auch das Arbeiten werden maßgeblich verbessert, was uns wiederum als Unternehmen stärkt. Kurzum: Es gibt nur Gewinner, weshalb wir auch zukünftig weiter Verantwortung für die Gesellschaft übernehmen werden.

Bernhard Mattes, Vorsitzender der Geschäftsführung der Ford-Werke GmbH

Nachhaltigkeit in der sozialen Verantwortung brachte bereits Henry Ford, Gründer der Ford Motor Company, in einem knappen Satz auf den Punkt: „Das Geben ist leicht; das Geben überflüssig zu machen, ist viel schwerer." Sein Urenkel, William Clay Ford Jr., jetziger Vorstandsvorsitzender der Ford Motor Company, fasst diese Erkenntnis pointiert zusammen: „Wir sehen keinen Konflikt zwischen geschäftlichem Erfolgsstreben und sozialem und umweltpolitischem Engagement. Für mich ist der Unterschied zwischen einem guten und einem großartigen Unternehmen der folgende: Ein gutes Unternehmen bietet exzellente Produkte und Dienstleistungen – ein großartiges Unternehmen bietet exzellente Produkte und Dienstleistungen und ist gleichzeitig bestrebt, eine bessere Welt zu schaffen." Womit sich der gedankliche Kreis schließt, denn in einer besseren Welt wird das Geben überflüssig, da jeder bereits genug hat. Das Verständnis von Corporate Citizenship und Corporate Social Responsibility ist bei Ford, die Zitate deuten es an, eng mit dem Begriff der Nachhaltigkeit verknüpft und beinhaltet umfassende gesellschaftliche Verantwortung sowie das ökologisch, sozial und ökonomisch ausgewogene Wirtschaften gleichermaßen. Der Automobilhersteller Ford ist davon überzeugt, dass jegliches Handeln als Unternehmen für die Gesellschaft Nutzenerwägungen unterzuordnen ist. Dem moralischen Anspruch des Engagements tut dies jedoch keinen Abbruch – im Gegenteil: Es ermöglicht, ethische Erwägungen langfristig und ernsthaft im Unternehmen zu integrieren – nicht nur als „Schönwetterthema", welches Gefahr läuft, in wirtschaftlich herausfordernden Zeiten von der Tagesordnung gestrichen zu werden.

Bei Ford führen diese Überlegungen zu einem „strategischen Corporate Citizenship". Dabei ist es maßgeblich die Belegschaft am jeweiligen Standort, die in ihrer Rolle als Bürger der jeweiligen Stadt und Umgebung das Sprachrohr für unterschiedlichste Problemlagen darstellt, die somit in den Betrieb getragen werden. Die Abteilung Corporate Citizenship fängt diese Stimmen auf und koordiniert mögliche Interventionen. Dabei werden direkt an mehreren Punkten „Business Values" erzeugt: In der Unternehmenskultur wird der Zusammenhalt der „Ford-Familie" enger, in der Personalentwicklung werden Mitarbeiterbindung und Sozialkompetenz gestärkt, aus Sichtweise des Marketings werden Imagebildung und Reputation

CORPORATE VOLUNTEERING BEI FORD: „16-STUNDEN-PROGRAMM"

Basis für das Corporate Volunteering bei Ford ist das „16-Stunden-Programm", wonach jeder Mitarbeiter pro Jahr 16 Stunden bezahlte Freistellung in Anspruch nehmen kann, um sich freiwillig in gemeinnützigen Projekten zu engagieren. Die Mitarbeiter setzen Projekte in den sechs Bereichen Gesundheit und Soziales, Bildung und Wissenschaft, Kunst und Kultur, Sport, Hilfs- und Rettungsdienste sowie Umwelt und Naturschutz um. Dieser breite Engagementansatz ist Basis für eine umfassende Förderung des gesellschaftlichen Engagements, welches wiederum dem Gemeinwesen in seiner Vielfalt zu Gute kommt. Seit Beginn des Corporate Volunteering im Mai 2000 wurden bereits 400 Projekte realisiert. Über 4.000 Ford'ler haben daran teilgenommen. So organisierte ein Team von über 30 Mitarbeitern bereits zum dritten Mal ein viertägiges Ferien-Sport-Programm für 400 sozial benachteiligte Kölner Kinder und Jugendliche, die ansonsten die Ferien auf der Straße verbracht hätten. Bewerbungstrainings für Schüler oder der Bau der Beobachtungshütte für die Okapi im Zoo sind weitere Projektbeispiele. Für die mannigfaltigen Engagements erhielt Ford bereits mehrfach Anerkennung: die Landesregierung Nordrhein-Westfalen zeichnete das „16-Stunden-Programm" als Best-Practice-Beispiel der Agenda 21 NRW aus und im Rahmen des bundesweiten Corporate-Citizenship-Wettbewerbs „Freiheit und Verantwortung" gehörte das Ford-Programm zu den drei nominierten.

Community Involvement bei Ford: In vielfältigen Bereichen setzen sich die Mitarbeiter für gesellschaftliche Belange ein

– „die Seele der Marke Ford" – positiv beeinflusst und schließlich ist die Investition in die Gesellschaft als Investition in den Standort auch als Sozialkapital zu betrachten. Diese Unternehmenswerte strahlen wiederum nach außen ab und führen der Ford-Nachhaltigkeitsstrategie nach sogar zu einer „Win-Win-Win-Win-Situation", von der gleich vier Parteien profitieren: das Unternehmen selbst, die Projektpartner des Unternehmens, die Mitarbeiter sowie die Gesellschaft.

Beispielsweise begreift Ford die Vielfalt seiner Mitarbeiterinnen und Mitarbeiter als Stärke. Diversity wird nicht als Förderprogramm für Minderheiten gesehen, sondern als Chance verstanden. Es geht nicht um das Erreichen und Einhalten von Quoten oder die Erfüllung eines karitativen Zweckes, sondern um die Kompetenz, mit der Unterschiedlichkeit der Belegschaft produktiv umzugehen und den gesellschaftlichen Verpflichtungen eines globalen Großunternehmens nachzukommen, was in eine Diversity-Strategie mit einer Reihe von konkreten Programmen mündet: Das „Elternnetzwerk" hilft etwa bei der Balance zwischen Beruf und Privatleben, während das deutsche Women's Engineering Panel zum Ziel hat, den Anteil von Ingenieurinnen innerhalb der Ford-Werke zu erhöhen. Beispielhaft ist auch die Arbeit von Ford GLOBE, dem weltweiten Netzwerk von lesbischen, schwulen und bisexuellen Mitarbeiterinnen und Mitarbeitern, welches sich erfolgreich für die vorurteilsfreie Gleichberechtigung einsetzt. So bietet die Ford-Werke GmbH als eines der ersten Großunternehmen in Deutschland Hinterbliebenen von Mitarbeitern, die in gleichgeschlechtlichen Lebenspartnerschaften nach dem Lebenspartnerschaftsgesetz (LPartG) registriert sind, seit Beginn des Jahres 2003 eine Betriebsrente. Damit sind eingetragene gleichgeschlechtliche Lebenspartnerschaften verheirateten Paaren bei Ford gleichgestellt.

Das bürgerschaftliche Engagement von Ford beinhaltet sowohl Bestandteile des Corporate Giving (vor allem Spenden und Sponsoring) als auch des Corporate Volunteering (das freiwillige Engagement von Mitarbeitern). Wert wird auf intensive Zusammenarbeit mit unterschiedlichen Akteuren der Gesellschaft gelegt: Im November 2002 haben etwa die Stadt Köln und die Ford-Werke GmbH (damals noch AG) das zunächst auf zwei Jahre befristete und mittlerweile unbefristet verlängerte „Bündnis für Köln" vereinbart. Unter dem Motto „Gemeinsam sind wir stark" schlägt die Stadt Köln dem Automobilhersteller konkrete Projekte vor und stellt die jeweiligen Kontakte her. Teams von Ford realisieren diese Projekte dann ehrenamtlich im Rahmen des Corporate Volunteering. Im März 2004 vereinbarten der Diözesan-Caritasverband im Erzbistum Köln und Ford

Ford hat weltweit beim Diversity-Management eine Vorreiterrolle eingenommen: die Vielfalt der Mitarbeiterinnen und Mitarbeiter wird als Stärke und Chance verstanden (Foto zeigt Girls' Day)

eine ebenfalls zunächst auf zwei Jahre befristete Kooperation („Gemeinsam Sozial"), bei der die Caritas als Träger unterschiedlicher sozialer Einrichtungen in der gesamten Region soziale Projekte vorschlägt sowie die jeweiligen Kontakte herstellt und Ford-Mitarbeiterinnen und -Mitarbeiter diese Projekte dann ehrenamtlich umsetzen. Zu den Partnern aus dem Gemeinwesen gehören zudem weitere renommierte Organisationen wie der Arbeiter Samariter Bund (ASB) oder die Lebenshilfe, aber auch unterschiedlichste kleine Initiativen und Vereine sind wichtige Projektpartner. Seit September 2004 können sich schließlich auch ältere Mitarbeiter der Ford-Werke GmbH und ehemalige Ford'ler in Corporate-Volunteering-Projekten des Unternehmens im Großraum Köln engagieren. „Ford'ler Aktiv Im Ruhestand" („FAIR") heißt das Programm, das sich gezielt an Ford-Mitarbeiter in Altersteilzeit, im Vorruhestand oder im Ruhestand wendet und ihr bürgerschaftliches Engagement fördern will.

AUF EINEN BLICK:

GESELLSCHAFT

- Nachhaltigkeitsstrategie
- Responsible Business Strategy
- Community Involvement (Stärkung bürgerschaftlichen Engagements)
- Programme zur Prävention von HIV/AIDS, Koop. mit lokalen Organisationen und Initiativen in Südafrika

MITARBEITER

- Responsible Employer Strategy
- „16-Stunden-Programm" und „FAIR": Corporate Volunteering
- Diversity-Management
- Arbeitsschutz- und Sicherheitsprogramme
- Code of Conduct
- Ford Freizeit Organisation (FFO)
- „Bündnis für Köln" mit der Stadt Köln
- „Gemeinsam Sozial" mit Diözesan-Caritasverband Köln
- Projekte mit ASB, Lebenshilfe
- Agenda 21
- Mitwirkung bei business@school

UMWELT

- Zertifizierung nach ISO 14001
- EMAS
- Intelligente Abwassereinigung Ford Saarlouis

MITGLIEDSCHAFTEN

- World Business Council for Sustainable Development
- Global Reporting Initiative
- Bündnis für Familie
- Bundesnetzwerk für Bürgerschaftliches Engagement (BBE)
- CERES

PREISE & AUSZEICHNUNGEN

- „Köln engagiert" – Kölner Ehrenamtswettbewerb
- Best Practice Beispiel Agenda 21 NRW
- Nominierung „Freiheit und Verantwortung"
- EU-Kommission: Ford zählt zu den 10 Unternehmen mit höchster soz. Verantwortung in Europa
- Bester Arbeitgeber 2004

INFORMATION

Ford-Werke GmbH
NG IE-701, Henry Ford-Straße 1
50725 Köln
Norbert Krüger
Fon 02 21 / 90 - 1 58 50
Fax 02 21 / 90 - 1 29 19
nkrueger@ford.com
www.ford.de

FRAPORT

Der Fraport-Konzern orientiert sein Handeln an der Zielsetzung nachhaltiger Entwicklung. Als ein weltweit führender Airport-Betreiber wollen wir einen wesentlichen Beitrag zur Befriedigung heutiger Mobilitätsbedürfnisse leisten, ohne dass künftige Generationen darin eingeschränkt werden, ihr Leben nach eigenen Präferenzen zu gestalten. Gewinn- und wachstumsorientiertes Wirtschaften und nachhaltiges unternehmerisches Handeln stehen miteinander im Einklang. Die Werteentwicklung von Aktien besonders nachhaltiger Unternehmen belegt dies klar – ebenso wie die wachsende Beachtung, die Aktienindizes für nachhaltiges und ethisches Handeln international finden. Wir sind daher überzeugt, dass auch die Fraport-Aktie von einer derart zukunftsorientierten Unternehmensführung profitieren wird. Die Rahmenbedingungen, unter denen wir morgen wirtschaften, können wir heute beeinflussen. Unsere Stakeholder, also alle Kunden, Mitarbeiter, Aktionäre und natürlich auch die Bewohner unserer Heimatregion Rhein-Main, laden wir ein, die kontinuierliche Verbesserung unserer Nachhaltigkeits-Performance in einem konstruktiven und kritischen Dialog zu begleiten.

Dr. Wilhelm Bender,
Vorsitzender des Vorstands der Fraport AG

Die Fraport AG, u.a. Betreiberin des Frankfurter Flughafens, arbeitet im hochsensiblen Bereich zwischen dem stetig steigenden Bedarf an Mobilität einerseits und dem Schutz der Umwelt und der Menschen andererseits. Das Unternehmen hat Wege gefunden, die sehr unterschiedlichen Ansprüche, die an es herangetragen werden, miteinander zu vereinbaren. Dafür sprechen zum einen wirtschaftliche Fakten: Der größte Airport Kontinentaleuropas zählt inzwischen über 50 Mio. Fluggäste jährlich.

Was einem Großteil dieser Passagiere unbekannt sein dürfte: Fraport ist mehr als der Frankfurter Flughafen. Das Unternehmen nutzt sein Know-how international. Ob Beteiligungen an Flughäfen oder eigene Servicegesellschaften: Fraport ist auch in Athen, Antalya und Lima oder an deutschen Airports wie Hannover und Hahn vertreten.

Was genauso wie der wirtschaftliche Erfolg für einen gelungenen Interessenausgleich spricht, ist das Ausbleiben spektakulärer Bilder. Der Bau der Startbahn West in den 1980er-Jahren trug noch zur Politisierung einer ganzen Generation bei. Heutige Wachstumsprojekte des Flughafens können in einem ganz anderen Kontext vermittelt werden. Dabei gehörte der Umweltschutz schon 1972 zu den Unternehmensgrundsätzen. Inzwischen ist daraus ein konsistentes Nachhaltigkeitskonzept geworden, das mit

Leben gefüllt ist und professionell kommuniziert wird.

Im Umweltbereich lautet der Anspruch, Belastungen im Vorfeld zu vermeiden, anstatt Folgen zu beseitigen. Ein Umweltmanagementsystem auf Basis einer EU-Richtlinie sowie die Zertifizierung nach dem internationalen ISO-Standard 14001 schaffen die Voraussetzungen. Ein wichtiges Instrument, um den Erfolg der Arbeit zu messen und gleichzeitig nach außen transparent zu machen, ist der neue Fraport-Umweltindex FUX. In ihn gehen Kennzahlen in unterschiedlicher Gewichtung zu den Themen Fluglärm, Intermodalität, Luft, Energie und Wasser ein. Über das Internet sind die rund 100 Kennzahlen öffentlich zugänglich. FUX steht neben Transparenz auch für Einfachheit, denn anhand einer Zahl sieht man dabei auf einen Blick, wie sich die Umweltaktivitäten entwickeln.

Der aktive Umweltschutz ist ein zentrales Feld, auf dem Fraport seine gesellschaftliche Verantwortung wahrnimmt. Über das Flugfeld hinauszudenken ist dabei zu einem wesentlichen

UMWELTFONDS DER FRAPORT AG

Ihre intensiven Umwelt- und Naturschutzaktivitäten beschränkt die Fraport AG nicht auf das Flughafengelände. Seit 1997 gibt es den Umweltfonds, der in der Region verschiedene Aktivitäten fördert. Die Zahlen sprechen für sich: Über 18 Mio. Euro hat das Unternehmen dafür als Spenden bereitgestellt, mehr als 300 Projekte wurden gefördert. Viele langfristig geplante Aktivitäten von Kommunen und Verbänden waren nur mit dieser Unterstützung möglich, weil öffentliche Gelder fehlten. Ein knappes Drittel der Mittel ging in den praktischen Natur- und Umweltschutz, etwa zur Pflege der immer wenigeren Streuobstwiesen oder zum Schutz von Fledermäusen; 2,5 Mio. Euro kamen der Umweltpädagogik zugute. Auch ökologische Studien wurden mit fast 1 Mio. Euro unterstützt. Der größte Anteil der Gelder floss mit 8,7 Mio. Euro in den so genannten Regionalpark Rhein-Main. Bei diesem Projekt geht es darum, im Ballungsraum noch vorhandene Freiflächen zwischen den Siedlungsgebieten für die Zukunft zu sichern, ohne die Entwicklung der Region zu behindern. Frankfurts Grüngürtel wird so mit dem Naturpark Hochtaunus verbunden. Alte Landschaftsstrukturen können wiederentdeckt werden. Bewahrt wird so eine Tier- und Pflanzenwelt, die eine kulturhistorisch seit den Römertagen bedeutende Region lebenswert macht. Bestehende Biotope werden erhalten und durch Vernetzung in ihrer Überlebensfähigkeit gestärkt.

Fraport sorgt mit Maßnahmen zur Work-Life-Balance für eine bessere Balance von Leben und Arbeiten

Bestandteil des Unternehmenskonzepts geworden. „Im Konsens mit der Region" lautet das Leitmotiv, wenn es darum geht, dem Unternehmen die notwendigen Wachstumspotenziale zu eröffnen. Die Beteiligung an einem Mediationsverfahren gehört ebenso dazu wie ein Zehn-Punkte-Programm zur Lärmminderung und zum Schutz der Nachtruhe.

Neben Umweltaspekten umfasst die Förderung der Region auch den Kultur- und Wissenschaftsbereich. Die Wiederherstellung des Petrihauses in Frankfurt, einst Refugium Georg Brentanos, wurde vom Unternehmen maßgeblich unterstützt. Es ist zu einem einmaligen Ort der Begegnung und des kulturellen Lebens geworden. Dem Umland ist im Übrigen auch die Stiftung Pro Region verpflichtet. Sie unterstützt die Ausbildungs- und Beschäftigungsprojekte regionaler Träger mit namhaften Summen.

Als erste Dimension im Konzept für zukunftsverträgliches Wirtschaften steht bei Fraport aber die soziale Verantwortung. Was das Unternehmen für seine Mitarbeiterinnen und Mitarbeiter tut, welche Chancen es ihnen eröffnet, beschreibt ein eigener Personal- und Sozialbericht. Der Frankfurter Flughafen ist mit 65.000 Menschen die größte lokale Arbeitsstätte Deutschlands und eine wahre Job-Maschine. Ein knappes Drittel arbeitet direkt für Fraport. Nur ein attraktiver Arbeitgeber findet auch attraktive Arbeitnehmer. Deshalb hat Fraport viele Ideen entwickelt, unter denen ein wichtiges Stichwort Work-Life-Balance ist. Dahinter steht die Vorstellung, dass Leben und Arbeiten gut austariert sein sollten. Das Unternehmen bemüht sich deshalb um bedarfsorientierte Sozial- und Serviceleistungen für die Beschäftigten, ein indirekter, aber erfolgreicher Weg für unternehmerischen Erfolg. Zwei Beispiele drehen sich rund ums Familienleben: Beim firmeninternen Programm Eldercare gibt es Informationen und Hilfestellungen zur Versorgung älterer Angehöriger, eine wachsende Herausforderung für viele Menschen. Einen praktischen Ansatz hat auch „Fluggi-Land" – die flexible Kinderbetreuung im Airport, die hilft, kurzfristige Engpässe zu überwinden.

Den Müttern Unterstützung bei der Kinderbetreuung zu geben ist bei Fraport nur ein Aspekt in puncto Frauenförderung. Man hat sich dem ganzheitlichen Grundsatz verschrieben, Chancengleichheit für die Geschlechter herzustellen, und dabei den Fokus auf Frauen gerichtet. Zum dritten Mal wurde Fraport mit einem Siegel für Total-E-Quality ausgezeichnet. Sechs Teams arbeiten kontinuierlich an praxisorientierten Ideen für verschiedene Bereiche. Inklusion statt Exklusion gilt auch für schwerbehinderte Arbeitnehmer. Das Unternehmen übertrifft beständig den gesetzlich

Regionale Kulturförderung: Mit maßgeblicher Unterstützung der Fraport AG wurde das Frankfurter Petrihaus wiederhergestellt und entwickelte sich schnell zu einer bedeutenden Stätte für Kunst, Literatur und Musik

geforderten Anteil von 5 % der Beschäftigten. In Zukunft werden sechs Ausbildungsplätze behinderten jungen Menschen vorbehalten.

Fester Bestandteil der Unternehmenspolitik ist das Gesundheitsmanagement. Als partnerschaftliche Aufgabe angelegt, dient es dem Einzelnen genauso wie dem Unternehmen. Vorgesetzte sollen gesundheitliche Aspekte im Blick haben: So konnten nach Gesprächen 565-mal krank machende Faktoren am Arbeitsplatz beseitigt werden. Ganz individuelle Vorteile verschafft allen Interessierten das Flughafen-Fitnesscenter. Fraport profitiert unterm Strich durch geringere Ausfallzeiten und gemeinsam mit den Beschäftigten auch finanziell vom differenzierten Gesundheitsangebot: Die erfolgreiche Teilnahme an einem AOK-Modellvorhaben brachte eine Beitragsminderung von 1,2 Prozentpunkten. Die Menschen mitnehmen, ob als Mitarbeiter oder Nachbarn: Fraport bietet nachahmenswerte Beispiele für nachhaltigen Erfolg.

AUF EINEN BLICK:

GESELLSCHAFT

- Umfangreiche Projektförderung in der Region
- Stiftung „Pro Region“: Förderung von Ausbildungs- und Beschäftigungsprojekten regionaler Träger
- Erich-Becker-Stiftung: Förderung von Wissenschaft und Forschung, Vergabe von Stipendien
- Fraport-Umweltfonds: Unterstützung von Natur- und Umweltschutzprojekten in der Region
- Kulturförderung: Kulturpartnerschaften, Förderung von Kunst und Ausstellungen, Engagement für das Petrihaus in Frankfurt
- Sponsoring-Aktivitäten im Sportbereich

MITARBEITER

- Umfangreiches Gesundheitsmanagement mit Gesundheitsfördergesprächen, Fitnesseinrichtungen und Krankenkassen-Bonussystem
- Überschreitung der Pflichtquote zur Beschäftigung schwerbehinderter Menschen
- Ausschüttung eines Beteiligungsbonus an die Mitarbeiter mittels Cafeteria-Systems
- Leistungs- und erfolgsabhängiges Vergütungssystem
- Maßnahmen zur Vereinbarkeit von Familie und Beruf: flexible Kinderbetreuung, Erholungshilfe, Work-Life-Balance, Eldercare, Chancengleichheit
- Weiterentwicklung flexibler Arbeitszeiten
- Insolvenzsicherung von Lebensarbeitszeit- und Altersteilzeitwertguthaben
- Ideenmanagement

UMWELT

- Umweltschutz seit 1972 ein Unternehmensgrundsatz der Fraport AG
- Umweltschutzmanagementsystem nach EMAS validiert und nach ISO 14001 zertifiziert
- Fraport-Umweltindex FUX als Instrument des Umweltmanagements
- Umfangreiches Programm zur Bekämpfung des Fluglärms
- CO_2-Einsparung durch Intermodalität (z.B. Verlagerung von Kurzstreckenflügen auf die Schiene)
- Job-Ticket für Beschäftigte

MITGLIEDSCHAFTEN

- CERES
- Deutsches Netzwerk Wirtschaftsethik
- Global Reporting Initiative (GRI)
- Initiative für Beschäftigung

INFORMATION

Fraport AG
Frankfurt Airport Services Worldwide
60547 Frankfurt
www.fraport.de

GLAXOSMITHKLINE

Wir von GlaxoSmithKline engagieren uns für die Verbesserung der Lebensqualität, um Menschen ein aktiveres, längeres und gesünderes Leben zu ermöglichen. Wir tun dies mit grenzüberschreitenden Strategien, doch unsere Stärke liegt in der Umsetzung vor Ort. Garant dafür sind unsere Mitarbeiter, die in mehr als 150 Ländern zu Hause sind. Wir fühlen uns als Weltbürger. Unsere Kolleginnen und Kollegen gehören praktisch jeder Nationalität und Glaubensrichtung an: Wir wissen, dass diese Vielfalt eine große Chance ist. Und eine große Verantwortung. Wir beschränken uns nicht darauf, neue Therapieansätze zu entwickeln, daraus Medikamente herzustellen und diese zu vermarkten: Unser Selbstverständnis geht weit über das Kerngeschäft eines forschungsorientierten Arzneimittelherstellers hinaus.

Wir sind keine Weltverbesserer, sondern nehmen die Herausforderungen im Sinne der „Corporate Social Responsibility" gerne und mit unternehmerischer Begeisterung an. Nicht aus Imagegründen, sondern aus innerster Überzeugung.

Dr. Thomas Werner,
Vorsitzender der Geschäftsführung

Die größte Herausforderung an die Menschheit zu Beginn des 21. Jahrhunderts besteht zweifellos darin, die Probleme in den Entwicklungsländern zu lösen. Gesundheit und ausreichende Ernährung haben dabei nach wie vor hohe Priorität. Das Gesundheitsunternehmen GlaxoSmithKline (GSK) hat die besondere Bedeutung, die der Pharmaindustrie in diesem Kontext zukommt, erkannt: Es entwickelt innovative Arzneimittel und Gesundheitsprodukte mit dem Ziel, der Bevölkerung des blauen Planeten ein aktiveres, längeres und gesünderes Leben zu ermöglichen. Mit einem Weltmarktanteil von 6,5 % gehört GSK zu den führenden forschenden Arzneimittelherstellern. Seine ca. 100.000 Mitarbeiter in mehr als 116 Ländern haben im Jahr 2004 einen Umsatz von rund 29,9 Mrd. Euro erwirtschaftet. Neben Impfstoffen und Arzneimitteln für Anästhesie, Atemwegs-, Haut- und Herz-/Kreislauf-Erkrankungen gehören Mittel zur Behandlung bakterieller und viraler Infektionen wie Hepatitis oder HIV sowie Magen-Darm- und Stoffwechselerkrankungen zur Produktpalette.

Facing the Challenge – sich der Herausforderung stellen – ist folgerichtig Titel und Motto der CSR-Aktivitäten des Unternehmens. Dabei wird in langfristige Projekte, wie die Eliminierung der so genannten „Elefantiasis" in 20 Jahren, ebenso investiert wie in schnelle Notfallhilfe: Für die Gebiete der Tsunami-Katastrophe wurden 3,6 Mio. Dosen Antibiotika und 600.000 Dosen Impfstoffe gegen Hepatitis A und Typhus gespendet. In der Überzeugung, dass Corporate Responsibility am wirkungsvollsten ist, wenn sie sich auf die eigenen Kompetenzfelder konzentriert, hat GSK drei strategische Schwerpunkte entwickelt: Produktspenden und Forschungsprojekte für Krankheiten in den Entwicklungsländern, die Gewährung langfristiger Vorzugspreise für Impfstoffe und Medikamente gegen Erkrankungen wie AIDS und Malaria sowie die Unterstützung von Selbsthilfegruppen und Partnerschaften für eine wirksame Gesundheitsversorgung.

Lymphatische Filariose oder Elefantiasis ist eine schmerzhafte und entstellende Erkrankung, von der weltweit etwa 120 Mio. Menschen betroffen sind. Im Rahmen eines auf 20 Jahre angelegten WHO-Programms zur Ausrottung der Krankheit hat das Unternehmen in fünf Jahren bereits 307 Mio. Tabletten des Medikaments Albendazole verteilt. Bis zum Abschluss des Projekts wird GSK Tabletten im

ORANGEDAY

Orange ist die Farbe der Lebensfreude und des Optimismus. Sie symbolisiert Wärme und Empathie. Nicht ohne Grund ist Orange daher auch die Farbe des Unternehmens GlaxoSmithKline. Als am 20. September 2004 insgesamt 536 Mitarbeiter den Aktionstag OrangeDay begingen, dürften sich die verschiedenen Bedeutungen dieser Farbe zu einer gemeinsamen Überzeugung verschmolzen haben: In logischer Konsequenz zum Unternehmensgrundsatz „Facing the Challenge" leisten die Mitarbeiter des Unternehmens zusammen etwas für Menschen, die Hilfe benötigen. Der „Ich-tu-was-Tag" von GSK wurde so zum Tag der praktischen Bürgerhilfe an den Unternehmensstandorten München, Hamburg, Bad Oldesloe, Dresden, Bühl und Herrenberg. Die Mitarbeiter rückten frühmorgens in über 50 sozialen Einrichtungen mit Werkzeugen und viel Elan an – und das nicht nur, um in Kindergärten, Altenheimen und Krankenhäusern zu arbeiten: Es wurde renoviert, gebaut, Gartenarbeit geleistet, ein Fußballplatz angelegt und sogar ein Marketing/PR-Konzept erstellt. Zugleich konnten die Mitarbeiter im Kontakt mit Kindern, alten Menschen, Kranken oder Obdachlosen direkt erleben, wie ihr soziales Engagement Früchte trägt. Der OrangeDay fand bei seinem zweiten Aktionstag am 20. Juni 2005 in 47 Projekten seine Fortführung – und wird somit zur ständigen Einrichtung.

Das GSK-Langzeitprogramm Positive Action hilft in 35 Ländern der Welt HIV-Infizierten bei der Verbesserung ihrer Lebenssituation

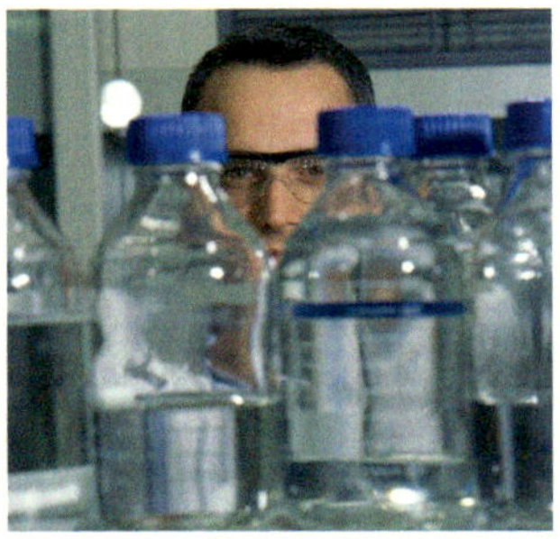

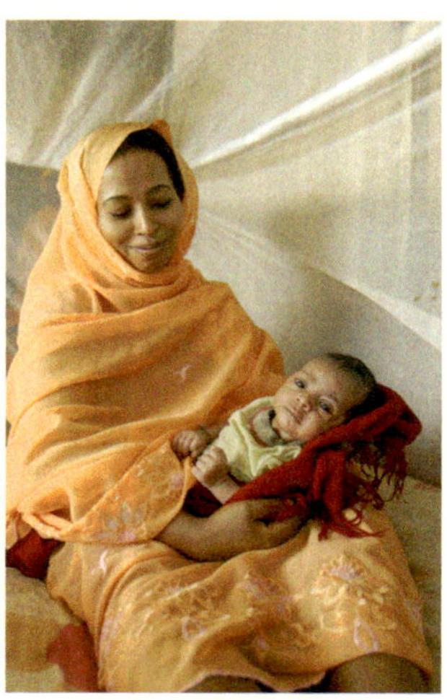

Wert von ca. 1 Mrd. Dollar spenden. 28 Mio. Tote und über 42 Mio. Infizierte in 20 Jahren: HIV und AIDS haben das Leben – vor allem in den Entwicklungsländern – verändert. Zur Eindämmung dieser Epidemie und zur Verbesserung der Lebenssituation der Betroffenen hat GSK 1992 das Langzeitprogramm „Positive Action" ins Leben gerufen. In 39 Projekten, die mit 31 Partnerorganisationen in 35 Ländern durchgeführt werden, unterstützt das Programm die Aufklärung, Entstigmatisierung sowie die soziale und medizinische Betreuung der HIV-Patienten. Positive Action ist neben der Verteilung und Bereitstellung von günstigen oder kostenlosen Medikamenten die wichtigste Säule im Kampf gegen AIDS. Denn erst wenn Brücken zwischen Betroffenen, Familien, Ärzten, Forschern, Organisationen und Regierungen entstehen, kann das Leben für Menschen mit dem Virus besser werden.

GlaxoSmithKline betreibt acht Kompetenzzentren, in denen Wissenschaftler nach Wirkstoffen für neue Medikamente suchen. Das „Diseases of the Developing World Center" im spanischen Tres Cantos dient ausschließlich der Erforschung von Wirkstoffen gegen Malaria, Tuberkulose, Dengue-Fieber und anderen in den Entwicklungsländern grassierenden Krankheiten. Gegen die schwere Form der Malaria wurde hier das Medikament Lapdap® entwickelt. Die Forschung wird ergänzt durch Partnerschaften mit Organisationen wie dem „One World Health Institute" oder dem „Medicines for Malaria Venture". So ist ein Netzwerk entstanden, das für den tatsächlichen Einsatz der neuen Medikamente in den Entwicklungsländern von entscheidender Bedeutung ist.

GSK weiß, dass ethisches Handeln eine Grundvoraussetzung ist, um wirtschaftlich erfolgreich zu sein. Daher hat das Unternehmen einen Code of Conduct verabschiedet, der Transparenz und Authentizität allen Partnern gegenüber fördert. Alle Mitarbeiter werden im Code of Conduct zu einem ehrlichen und professionellen Umgang und zur Einhaltung aller geltenden Bestimmungen angehalten.

Auch in Deutschland zeigt der pharmazeutische Weltkonzern soziales Engagement. Am Firmensitz München unterstützt GSK die Integrationsarbeit der Bergmann-Schule, einer Grundschule mit 73 % Schülern nichtdeutscher Herkunft. Im BioInnovationszentrum Dresden wird mit Hilfe des Arzneimittelkonzerns ein Schülerlabor eingerichtet werden, das es 30 Schülern ermöglicht, sich als Nachwuchsforscher zu betätigen. Schüler der Gesamtschule in Bad Oldesloe hingegen bauen ein echtes Wikinger-Boot für Schulfahrten nach. Das von GSK geförderte Projekt soll neben handwerklichen Tätigkeiten vor allem den Teamgeist stärken. Ebenfalls langfristig angelegt ist das Engagement für die Münchener Kinder-

GlaxoSmithKline investiert in schnelle Notfallhilfe:
Für die Gebiete der Tsunami-Katastrophe wurden
3,6 Mio. Dosen Antibiotika und 600.000 Dosen
Impfstoffe gegen Hepatitis A und Typhus gespendet

klinik Dritter Orden. Das dort initiierte Projekt für die Betreuung schwer und chronisch kranker Kinder während und nach dem Klinikaufenthalt wird mit 10.000 Euro gefördert. Es hilft betroffenen Kindern und Familien, besser mit der Krankheit zurechtzukommen. GSK Consumer Healthcare in Bühl pflegt seit nahezu zehn Jahren eine Partnerschaft mit dem Förderzentrum der Lebenshilfe Bühl, einer Vereinigung für Menschen mit Behinderungen und deren Familien.

Unternehmerische Verantwortung bedeutet Verantwortung für jene zu übernehmen, die sich nicht aus eigener Kraft helfen können. Dieses Bekenntnis des Konzernchefs Jean-Pierre Garnier ist zugleich ein Leitbild für die vielfältigen sozialen Aktivitäten von GSK. Es macht deutlich, dass Krankheiten und Mangel in den Entwicklungsländern nur in einer gemeinsamen Initiative aller gesellschaftlichen Gruppen beseitigt werden können. Eine Herausforderung, zu der neben Regierungen und internationalen Organisationen Unternehmen wie GlaxoSmithKline einen wichtigen Beitrag leisten.

AUF EINEN BLICK:

GESELLSCHAFT

- MVI (Malaria Vaccine Initiative)
- AAI (Accelerating Access Initiative)
- GAELF (Global Alliance to Eliminate Lymphatic Filariasis)
- Global Alliance for TB

MITARBEITER

- Ideenmanagement, Erfolgsbeteiligungsmodelle

UMWELT

- Umwelt-, Gesundheit- und Sicherheitsmanagement in Anlehnung an ISO 14001 und OHSAS 18001
- Schwerpunkte des Umweltschutzes: Klimaschutz, Einfluss von pharmazeutischen Produkten auf die Umwelt, nachhaltiger Ressourcenverbrauch, Emissionskontrolle
- Schwerpunkte der Sicherheitsprogramme: Fahrersicherheit, Materialsicherheit, Ergonomie und Prozesssicherheit
- Gesundheitsfürsorge umfasst Belastbarkeit und seelisches Wohlbefinden & Programme zu HIV und zum Schutz vor der Belastung durch Chemikalien

KOOPERATIONEN, INITIATIVEN, PROJEKTE, STIFTUNGEN

- GSK Stiftung in Deutschland und anderen Ländern
- Unterstützung Plan International
- PHASE: Personal Hygiene and Sanitation Education
- Positive Action: Weltweite Partnerschaften mit HIV/AIDS Communities

MITGLIEDSCHAFTEN

- UK Percent Club (umfasst Firmen, die mind. 1 % ihres Gewinns vor Steuern für karitative Zwecke verwenden)
- UK London Benchmarking Group (LBG)
- Committee to Encourage Corporate Philanthropy (CECP)

PREISE & AUSZEICHNUNGEN

- World Business Award 2004 der UN für das GSK-Projekt PHASE
- Business in the Community Awards for Excellence 2004 für GSK-Community-Programme in Barretstown
- Global Best Award für Science Across the World (GSK-Bildungsprogramm) von The Conference Board of Canada und The International Partnership Network sowie den European Language Award der EU-Kommission für das gleiche Projekt

INFORMATION

GlaxoSmithKline GmbH & Co. KG
Theresienhöhe 11
80339 München
Florian Martius
Fon 0 89 / 3 60 44 - 83 29
Fax 0 89 / 3 60 44 - 9 83 29
florian.martius@gsk.com
www.glaxosmithkline.de

GRUNER + JAHR

Es gehört zum grundlegenden Selbstverständnis des Druck- und Verlagshauses Gruner + Jahr, über die unternehmerischen Ziele hinaus aktiv gesellschaftliche Verantwortung zu übernehmen. Zu den wichtigsten Bestandteilen des G+J-Engagements gehören neben dem langjährigen Umweltengagement auch die Förderung von Kultur und Fotografie sowie die Hilfe für Menschen in Not. Mit der Henri-Nannen-Schule und dem Henri-Nannen-Preis fördern wir den Qualitätsjournalismus im deutschsprachigen Raum. Unser Ziel ist es, dass die Bezeichnung 'Henri-Nannen-Preisträger' zu einem Adelsprädikat im Printjournalismus wird.

Dr. Bernd Kundrun, G+J-Vorstandsvorsitzender

„Man steigt nicht zweimal in denselben Fluss" – die Weisheit Heraklits, eigentlich auf die immerwährende Bewegtheit der Welt bezogen, gewinnt im Fall der Elbe eine ganz konkrete Bedeutung: Unter anderem durch das Engagement des Verlagshauses Gruner + Jahr für diesen großen europäischen Fluss hat sich die Wasserqualität entscheidend verbessert, was am 14. Juli 2002 und am 17. Juli 2005 mit den „Elbe-Badetagen" gefeiert wurde. Langfristiges Ziel der Umweltpartnerschaft „Lebendige Elbe" zwischen der Deutschen Umwelthilfe e.V. und Gruner + Jahr ist die Entwicklung eines ganzheitlichen Schutzkonzeptes für die Elbe von der Quelle in Tschechien bis zur Mündung in die Nordsee. Das Projekt unterstützt die mehr als 400 an der Elbe ansässigen Organisationen. Thema ist nicht nur die Wasserqualität: In hohem Maße geht es auch darum, die einzigartigen Natur- und Kulturlandschaften entlang des Flusses zu erhalten. Das Projekt fand seine Nachahmer: Im Juli 2005 sprangen beim „Big Jump" – dem ersten Europäischen Flussbadetag – in über 30 Flüssen in Europa die Bürger in das saubere Nass.

Das Engagement für die Elbe ist ein gutes Beispiel dafür, wie sich das Unternehmen in seiner regionalen, kulturellen und ökologischen Verantwortung als „Bürger" begreift. Gesellschaftliche Verantwortung ergibt sich dabei schon aus der Tätigkeit des Unternehmens: Gruner + Jahr steht mit Zeitschriften wie STERN, GEO, BRIGITTE oder ELTERN für Journalismus von höchster Qualität. Artikel in G+J-Zeitschriften zeigen auch immer wieder Umweltprobleme auf, geben Alltagstipps für einen besseren Umweltschutz, unterstützen konkrete Aktionen oder fördern, wie die Wirtschaftstitel CAPITAL oder IMPULSE, herausragende Umweltinnovationen in der Wirtschaft. Auch mit eigenen Aktionen machen die Zeitschriften immer wieder von sich reden, z.B. mit der Initiative „GEO schützt den Regenwald", die seit 1989 über 50 Schutz- und Entwicklungsprojekte in den Tropen ins Leben gerufen oder unterstützt hat. Der 1999 gestartete „GEO Tag der Artenvielfalt" hat sich sogar mittlerweile zur größten Feldforschungsaktion Europas entwickelt.

Neben dem Einsatz für die Umwelt, welcher natürlich auch bei den eigenen Verlagsprodukten eine umweltschonende Zellstoff- und Papierherstellung und den Einsatz umweltverträglicher Druckfarben und Recyclingpapiere umfasst, liegt naturgemäß ein großes Augenmerk

G+J

HENRI-NANNEN-PREIS

HENRI NANNEN PREIS

Der STERN-Gründer und langjährige Chefredakteur Henri Nannen (1913–1996) stiftete bereits 1977 den Egon-Erwin-Kisch-Preis für herausragende deutsche Reportagen. Es zeigt sich aber, dass im Zeitalter der Medienvielfalt und der Globalisierung von Politik und Wirtschaft auf den Printjournalismus eine Reihe neuer Aufgaben zugekommen sind, die sich mit der klassischen Reportage nicht mehr abbilden lassen, jedoch ebenso wichtig und preiswürdig sind. Daher hat Gruner + Jahr den Wettbewerb erweitert und den Henri-Nannen-Preis ins Leben gerufen, eine neue Auszeichnung in sieben Kategorien, die die Vielfalt von modernem Printjournalismus widerspiegeln: Für die beste Reportage wird als Unterkategorie weiterhin der Egon-Erwin-Kisch-Preis verliehen, weitere Auszeichnungen gibt es für die beste investigative sowie für die beste fotografische Leistung, für eine besonders anschauliche Berichterstattung über einen komplexen Sachverhalt und für ein herausragendes Beispiel unterhaltsamer Berichterstattung. Außerdem vergibt der Henri-Nannen-Preis jedes Jahr eine Auszeichnung für ein publizistisches Lebenswerk sowie für engagiertes Eintreten für die Pressefreiheit im In- und Ausland. Die erste Verleihung des neuen Henri-Nannen-Preises fand unter großem öffentlichen Interesse am 20. Mai 2005 im Deutschen Schauspielhaus in Hamburg statt.

Herausragende Ausstellungen wie die PRESS ART im G+J Pressehaus schlagen eine Brücke zwischen Kunst und Medien

des Verlagshauses auf der Schreibkultur und der Leseförderung. So stärkte der STERN journalistische Qualität und Verantwortung mit dem Egon-Erwin-Kisch-Preis, der seit 1977 für die besten deutschsprachigen Reportagen eines Jahres verliehen wurde. Noch umfassender wird der Qualitätsjournalismus ab 2005 mit dem neuen Henri-Nannen-Preis gefördert. Der neuen deutschen Literatur widmet sich die Frauenzeitschrift BRIGITTE mit dem BRIGITTE-Romanpreis, der am 8. Oktober 2004 erstmals verliehen wurde: Aus über 100.000 Manuskriptseiten von insgesamt 2.033 Roman-Exposés zeigte sich eine unabhängige Jury vom Romandebüt „Abgetreten" von Kornelia Helfmann am meisten beeindruckt. Schreibkultur und Leseförderung, das heißt aber auch beispielsweise, Blinden und Sehbehinderten das Lesen zu ermöglichen. Beispielgebend ist die von Henri Nannen und Gerd Bucerius bereits 1968 entwickelte Blindenzeitschrift, ein Non-Profit-Projekt, in welchem alle 14 Tage ausgewählte Artikel aus dem STERN und der ZEIT in Brailleschrift erscheinen. Aber auch die GEO erscheint einmal im Monat als Hörzeitschrift der Aktion „Tonbandzeitung für Blinde", und die BRIGITTE verschickt ihre in Blindenschrift gesetzten Texte per Diskette oder E-Mail.

Auch im Bereich der Kunstförderung verliert Gruner + Jahr die Schnittstelle zu Journalismus und Publizistik nicht aus den Augen und macht sich besonders im Bereich der Fotografie stark. Im Mittelpunkt stehen dabei die Ausstellungen im Pressehaus in Hamburg, die jährlich über 60.000 Besucher anziehen. Ein Höhepunkt ist etwa die jährliche Deutschlandpremiere des World Press Photo Awards. Ein viel beachtetes Ereignis war auch die im Herbst 2004 präsentierte Sammlung PRESS ART von Peter und Anette Nobel mit Arbeiten renommierter Künstler wie Warhol, Beuys oder Schwitters, die über die gesellschaftliche Bedeutung von Medien künstlerisch reflektieren.

Neben der Kunstförderung hat auch die Nachwuchsförderung bei Gruner + Jahr eine lange Tradition. So sind etwa seit ihrer Gründung 1979 aus der renommierten, von Gruner + Jahr und der ZEIT getragenen Henri-Nannen-Schule in Hamburg fast 50 Chefredakteure, stellvertretende Chefredakteure und leitende Redakteure hervorgegangen. Eine Nachwuchsförderung der besonderen Art stellt die 1998 ins Leben gerufenen Galerie 11 dar: Im Rahmen eines ambitionierten Ausstellungsprogramms werden regelmäßig in der Cafeteria des Pressehauses die Arbeiten junger und angehender Fotografen dem Fachpublikum präsentiert. Doch nicht nur der journalistische Nachwuchs wird gefördert. Schülerwettbewerbe und spezielle Initiativen der Zeitschriften STERN, GEO und NATIONAL GEOGRAPHIC fördern und fordern Kinder und Jugendliche in vielfältiger Weise.

Gruner + Jahr engagiert sich im Projekt „Lebendige Elbe“: Aus dem einst gefährlichsten Fluss Europas ist ein Naturparadies und eine internationale Kulturlandschaft mit Badewasserqualität geworden

So z.B. im Schüleraustausch „ComeOn!“ für Kinder der Verlagsmitarbeiter oder in der von GEOLINO initiierten „Kinderuni“, an der in 2004 rund 30.000 Kinder in 44 Vorlesungen zu Fragen wie „Wo kommen all die Sprachen her?“ oder „Sind wir allein im Kosmos?“ begeistert teilgenommen haben. Schließlich darf der STERN-Wettbewerb „Jugend forscht“ nicht unerwähnt bleiben, ein herausragendes Beispiel für die jahrzehntelang gewachsene und erfolgreiche Zusammenarbeit verschiedener gesellschaftlicher Gruppen und Institutionen.

Nicht zuletzt engagiert sich der Verlag in den unterschiedlichsten Initiativen, wobei vor allem die Multiplikatorwirkung des STERN und seiner engagierten Leser genutzt wird. Besonders bemerkenswert ist die STERN-Aktion „Mut gegen rechte Gewalt“, die zu mehr Zivilcourage aufruft. Aber auch regionale Projekte haben bei Gruner + Jahr Tradition, so initiierten die Mitarbeiter und der Vorstand des Verlages im Jahr 1978 den Weihnachtsbasar. Die Einnahmen dieser jährlichen stattfindenden Feier kommen Hamburger Sozialeinrichtungen zugute.

AUF EINEN BLICK:

GESELLSCHAFT

- Umfangreiches Kulturengagement
- Brückenschlag zwischen Medien und Kunst durch Ausstellungen im Pressehaus in Hamburg
- Sponsoring, Spenden (z.B. Weihnachtsbasar der Mitarbeiter seit 1978)
- Lokale und nationale Projekte
- PPP-Projekte (z.B. Leseförderung)
- Unterstützung von Kinder- und Jugendprojekten in sozialen Brennpunkten Hamburgs

MITARBEITER

- Weiterbildungsmaßnahmen und -angebote
- Schüleraustausch für Kinder der Mitarbeiter
- Unterstützung in der Vereinbarkeit von Familie und Beruf
- Sabbatical
- Betriebssport
- Qualifizierte Ausbildung in der Henri-Nannen-Schule

UMWELT

- Projekt „Lebendige Elbe“
- Gruner Druck als erste Druckerei in Deutschland mit integriertem Qualitäts- und Umweltmanagement
- Verwendung von umweltschonendem Zellstoff und Papier
- Einsatz umweltverträglicher Druckfarben

MITGLIEDSCHAFTEN

- B.A.U.M. e.V.
- Stiftung Lesen

STIFTUNGEN

- Stiftung STERN
- Stiftung Lichtblick (Sächsische Zeitung)

PREISE & AUSZEICHNUNGEN VON G+J

- Henri-Nannen-Preis
- Brigitte Romanpreis
- Schülerwettbewerbe
- Jugend forscht
- Start-Up-Initiative

INFORMATION

GRUNER + JAHR AG & Co KG
Druck- und Verlagshaus
20444 Hamburg
Fon 0 40 / 37 03 - 40 00
Fax 0 40 / 37 03 - 56 17
oeffentlichkeitsarbeit@guj.de
www.guj.de

HENKEL

Gemeinschaften können nur funktionieren, wenn alle Gruppen bereit sind, Verantwortung zu übernehmen – Staat, Wirtschaft, aber auch die einzelnen Bürger, in vollem Rollenbewusstsein, ohne Rollenvermischung. Bei Henkel hat die Übernahme gesellschaftlicher Verantwortung Tradition. Henkel setzt sich seit seinem mehr als 125-jährigen Bestehen in vielfältiger Weise kulturell, karitativ, sozial, aber auch für die Wissenschaften und den Sport ein. Wir haben uns in unseren Werten verpflichtet, nachhaltig und gesellschaftlich zu wirtschaften. Wo immer Henkel ist, übernehmen wir Verantwortung. Unser Wertbeitrag sind unsere Produkte und Technologien, mit denen wir das Leben der Menschen leichter, besser und schöner machen wollen – für eine lebenswerte Welt heute und auch morgen.

Prof. Dr. Ulrich Lehner,
Vorsitzender der Geschäftsführung der Henkel KGaA

„Lachen und Lächeln sind Tor und Pforte, durch die viel Gutes in den Menschen hineinhuschen kann." Vielleicht hatten sich die CSR-Verantwortlichen bei Henkel dieses Ausspruchs von Christian Morgenstern erinnert, als sie beschlossen, mit dem Begriffswirrwarr der unterschiedlichen Definitionen von Corporate Social Responsibility, Corporate Citizenship oder Corporate Volunteering aufzuräumen: Heute steht bei Henkel der einprägsame, gleichermaßen programmatische wie sympathische Begriff „Henkel-Smile" für das gesamte über die Geschäftstätigkeiten hinausgehende Engagement für die Gesellschaft. Welches letztlich auf vier Säulen ruht: Unter „Community Involvement" sind alle Förderaktivitäten direkt an den Standorten zusammengefasst, die MIT-Initiative (siehe gesonderte Darstellung) beflügelt das „Corporate Volunteering", die Henkel Friendship Initiative e.V. wickelt als gemeinnütziger Verein schnell und unbürokratisch Hilfsmaßnahmen in aller Welt ab, und schließlich unterstützt Henkel über sein Spenden-Management weitere gesellschaftliche Initiativen auf den Feldern Soziales, Schule und Bildung, Kultur, Wissenschaft, Gesundheit und Sport. Wo immer es sinnvoll ist, zum Beispiel im Sponsoring, bittet Henkel – möglicherweise mit einem gewinnenden Lächeln – darüber hinaus seine Geschäfts- und Kooperationspartner zur gemeinsamen Übernahme gesellschaftlicher Verantwortung und vereinbart mit ihnen gemeinsame Charity-Aktionen. Auch im Charity-Bereich folgt der Weltkonzern Henkel, der heute in mehr als 125 Ländern vertreten ist, ganz der Vision des Firmengründers Fritz Henkel: Er wollte Produkte schaffen, die das Leben der Menschen einfacher und leichter machen, was ihm damals eindrucksvoll mit dem ersten selbsttätigen Waschmittel der Welt gelang, das das Ende des mühevollen Waschtags der Frauen brachte. Heute unterstützt Henkel im Rahmen von Henkel-Smile als Partnerunternehmen beispielsweise das Programm „Freude am Leben" der gemeinnützigen Gesellschaft Aktiv gegen Krebs (AGK) mit Geldspenden sowie mit Produktspenden aus dem eigenen Sortiment. „Freude am Leben" bietet krebskranken Frauen in Therapie umfassende Hilfe und unterstützt sie, ihr Selbstwertgefühl und ihre Lebensfreude nicht zu verlieren. Deutschlandweit werden unter diesem Programm Kosmetikseminare für krebskranke Frauen in Therapie veranstaltet. Mit seinen Kosmetikprodukten leistet Henkel einen

„MITEINANDER IM TEAM": DIE MIT-INITIATIVE

„A Brand like a Friend." Der bekannte Henkel-Claim ist nicht nur eine zeitgenössische Übersetzung des Gründeranspruchs, das Leben der Menschen mit Marken und Technologien leichter, besser und schöner zu machen, sondern er umfasst die ganze Philosophie und Nachhaltigkeitsstrategie des Unternehmens, sich für Menschen und ihre Belange einzusetzen. Seine schon immer vielfältigen Aktivitäten systematisierte Henkel in der jüngsten Vergangenheit und integrierte sie ab 1998 unter dem Motto „Miteinander im Team" in das konzernweite Corporate-Citizen-Konzept der MIT-Initiative. Zum einen stand dahinter die Überlegung, dass man mit rein finanziellen Zuwendungen, also Spenden, den wirklichen Problemstellungen nicht hinreichend gerecht werden kann, zum anderen konnte Henkel so den zunehmenden Wünschen der Mitarbeiter entgegenkommen, die sich selbst gerne aktiv als Corporate Volunteers betätigen wollten. Ihr ehrenamtliches Engagement in gemeinnützigen Projekten wird gezielt von MIT unterstützt. Die Vorteile: Henkel setzt seine Spenden gezielt, wirkungsvoll und transparent ein, gleichzeitig werden die ehrenamtlich tätigen Mitarbeiter – die MIT-Community – in ihrem Handeln unterstützt und damit motiviert, was wiederum zu einer wachsenden Identifikation mit dem eigenen Unternehmen führt. Vor allem durch die Förderung der bislang 2.417 internationalen MIT-Kinder-Projekte hat MIT einen gewaltigen Sprung in die Welt gemacht und sich auf allen fünf Kontinenten bei den Mitarbeitern der Henkel-Gruppe etabliert.

Das Henkel-Smile Logo ist überall dort zu sehen, wo Henkel als guter Nachbar auftritt

Beitrag, das Leben der betroffenen Frauen leichter, besser und schöner zu machen. Im Mittelpunkt der Henkel Friendship Initiative e.V. standen 2004 viele kleine Projekte für Menschen in unverschuldeter Not und Hilflosigkeit, aber auch für Gruppen, die am Rande der Gesellschaft leben. Auch Einzelschicksale werden immer wieder berücksichtigt: So unterstützte die Initiative eine Familie in der Ukraine nach dem Tod der erwerbstätigen Mutter und finanzierte eine dringend erforderliche Herzoperation des minderjährigen Sohnes. Auch eine Familie aus Monheim, die durch einen Brand ein kleines Kind sowie Hab und Gut verlor, konnte mit der Hilfe des Vereins rechnen.

Im Rahmen der MIT-Kinder-Projekte fördert das Unternehmen bislang mit mehreren Millionen Euro Projekte und Engagements seiner Mitarbeiter und Pensionäre, die sich in ihrer Freizeit speziell für Kinder in aller Welt engagieren, seien es Kindergärten in Südafrika, Schulen in Nigeria oder eine Kindertagesstätte in Nettetal. In den MIT-Community-Projekten wiederum krempeln Ehrenamtliche die Ärmel hoch und sammeln beispielsweise 116 Paletten Schuhe und Kleider für Bedürftige in Weißrussland und in der Ukraine, aber etwa auch Kinderwagen, Babysachen und -zubehör für den Düsseldorfer Verein „Hilfe im Schwangerschaftskonflikt e.V.". Die genannten Beispiele können nur einen blassen Eindruck geben von der gewaltigen Dimension und Eigendynamik, die die MIT-Initiative unterdessen erreicht hat: 2.417 Projekte in aller Welt sind es bis dato, für die Henkel seit 1998 mehr als 5,7 Millionen Euro bereitgestellt hat – 126 Tage Arbeitsfreistellung für sich engagierende Mitarbeiter nicht eingerechnet. Im Rahmen der „Woche des Bürgerschaftlichen Engagements", in der Henkel Gelegenheit hatte, die MIT-Initiative zu präsentieren, zeigte sich Peer Steinbrück, bis 2005 Ministerpräsident von Nordrhein-Westfalen, beeindruckt: „Henkel hat die Vielfalt und die Erfolge des ehrenamtlichen Engagements in unserem Land einer breiten Öffentlichkeit beeindruckend dargestellt." Gleichermaßen beeindruckend ist aber auch, wie sich Henkel für die eigenen Mitarbeiter einsetzt. Herausgegriffen sei nur das Thema „Familie und Beruf" mit einem vorbildlich breit gefächerten Angebot: Beratung für Eltern, Vermittlung von Kinderbetreuung, Auswahl von Betreuungspersonal, Betreuung für Mitarbeiter, die ältere und pflegebedürftige Familienangehörige zu versorgen haben. Für die Mitarbeiter, aber auch für Henkel ergibt das eine Win-Win-Situation: Gut ausgebildete und motivierte Mitarbeiter – in den meisten Fällen Frauen – werden unterstützt und an das Unternehmen gebunden und bleiben ihm auch dann erhalten, wenn sich die familiäre Situation der Betroffenen ändert. Und Ende Mai 2005

Die Weltkugel, von Menschenhänden gehalten, symbolisiert die weltweit umfassende Henkel-Friendship-Initiative, mit der der Konzern seine globale Verantwortung in die konkrete Tat umsetzt

wurde Henkel mit seinem vorbildlichen unternehmerischen Engagement bei der Vereinbarkeit von Familie und Beruf sogar ganz konkret zum Gewinner gekürt: Beim bundesweiten Unternehmenswettbewerb „Erfolgsfaktor Familie 2005" vom Bundesministerium für Familie, Senioren, Frauen und Jugend in Zusammenarbeit mit dem Bundesministerium für Wirtschaft und Arbeit konnte sich Henkel gegen 127 andere Unternehmen durchsetzen und belegte den ersten Platz.

AUF EINEN BLICK:

GESELLSCHAFT

- Henkel Smile – Community Involvement: Förderung regionaler Projekte
- Henkel Friendship Initiative e.V. – Soforthilfe in Notsituationen
- Spendenmanagement

MITARBEITER

- Code of Conduct
- MIT-Initiative – Corporate Volunteeering
- Audit Beruf & Familie
- Weltweite Führungskräfte-Befragung/internat. Mitarbeiterbefragung
- Fair Company – Bessere Chancen für Absolventen
- Europäisches Arbeitnehmergremium
- Gesundheitsprogramme in allen Werken

UMWELT

- Code of Sustainability
- Internationale Projekte zur Verringerung von Kohlendioxid-Emissionen
- Zertifizierung nach ISO 14001 an einer Vielzahl von Standorten

KOOPERATIONEN & MITGLIEDSCHAFTEN

- Hauptsponsor Forum Barcelona 2004
- Koop. mit WWF bez. nachhaltiger Palmölbewirtschaftung
- Global Compact
- Dow Jones Sustainability Index, FTSE4Good
- GRI Global Reporting Initiative

PREISE & AUSZEICHNUNGEN

- Familienfreundlichstes Großunternehmen 2004
- Nachhaltigstes Unternehmen seiner Branche 2004

INFORMATION

Henkel KGaA
40191 Düsseldorf
Ernst Primosch
Fon 02 11 / 7 97 - 35 33
Fax 02 11 / 7 98 - 24 84
ernst.primosch@henkel.com
www.henkel.com

HEIDELBERGCEMENT

Wir nehmen unsere gesellschaftliche Verantwortung an unseren Standorten ernst. Respekt gegenüber unseren Mitarbeitern und ihren Interessenvertretern bestimmen die Zusammenarbeit. Wir fördern unsere Mitarbeiter durch Qualifikation und Weiterbildung auf einem hohen Niveau. Unsere Verantwortung reicht aber noch weiter: Der Konzern profitiert von den lokalen Standorten, und wir wollen, dass die Standorte auch vom Konzern profitieren. Wir verstehen uns als Partner der Gesellschaft. Die Basis für gute Beziehungen ist die offene Kommunikation: Deshalb pflegen wir eine transparente Informationspolitik und informieren wahrheitsgetreu sowie verantwortungsbewusst. Wir suchen die lebendige und konstruktive Auseinandersetzung: im internationalen Rahmen ebenso wie auf lokaler Ebene.

Dr. Bernd Scheifele,
Vorstandsvorsitzender HeidelbergCement AG

1873 legte Johann Philipp Schifferdecker den Grundstein für den Bau eines Zementwerks in Heidelberg. Über 130 Jahre später hat sich HeidelbergCement zu einem der größten Baustoffhersteller weltweit entwickelt. Davon zeugen 42.000 Mitarbeiter, die an 1.500 Standorten rund um den Globus einen Gesamtumsatz von 6,9 Mrd. Euro im Geschäftsjahr 2004 erwirtschafteten. Der Zementabsatz stieg im gleichen Jahr auf mehr als 65 Millionen Tonnen; damit ist das Unternehmen, das bis Mitte der 60er-Jahre ausschließlich in Süddeutschland tätig war, der viertgrößte Zementproduzent der Welt.

Die dynamische Internationalisierung mit einer Präsenz in rund 50 Ländern prägt den Charakter des Konzerns. Das Dach einer gemeinsamen Corporate Mission ist für alle Standorte verbindlich. Die drei Eckpfeiler nachhaltiger Entwicklung – Ökonomie, Ökologie und gesellschaftliche Verantwortung – sind in das Unternehmensleitbild eingebettet: „Wir sind regional aufgestellt, aber durch gemeinsame Ziele miteinander verbunden." Mit dieser Erklärung wird das lokal organisierte und verantwortete Zementgeschäft auf einen gemeinsamen Horizont hin verpflichtet.

Im Mittelpunkt steht dabei der Umweltschutz. Zum einen, weil Ökologie im firmeninternen Verständnis Mehrwert schafft, zum anderen, weil die energie- und rohstoffintensive Herstellung von Zement einen verantwortungsvollen Umgang mit den Ressourcen geradezu erzwingt. Schon die Gewinnung der Rohstoffe Kalkstein, Ton und Mergel im Steinbruch, die am Beginn einer langen Wertschöpfungskette steht, stellt einen Eingriff in die Landschaft dar. Besonders energieintensiv ist der Prozessschritt des Klinkerbrennens, bei dem bei 1.450 Grad aus dem Rohmehl das Vorprodukt Zementklinker entsteht. Dieser wird dann unter Zusatz von Gips, Anhydrit und zum Teil weiteren Zumahlstoffen wie Hüttensand oder Flugasche zu Zement vermahlen.

HeidelbergCement ist Mitglied der Nachhaltigkeitsinitiative der führenden internationalen Zementhersteller (CSI), die sich unter der Schirmherrschaft des World Business Council for Sustainable Development (WBCSD) zusammengeschlossen haben.

Die Cement Sustainability Initiative (CSI) hat u.a. folgende Themen als zentrale Herausforderungen definiert: Klimaschutz, Roh- und Brennstoffe, Arbeitsschutz und Arbeitssicherheit,

HEIDELBERGCEMENT

HEIDELBERGCEMENT AFRICA ACADEMY

Die HeidelbergCement Africa Academy wurde gegründet, um jungen afrikanischen Managern eine umfassende und standardisierte Weiterbildung zu bieten mit gemeinsamen Zielen und Prinzipien. Die Absolventen werden vorbereitet, Führungsaufgaben in den afrikanischen Tochtergesellschaften anstelle der bisher entsandten ausländischen Manager zu übernehmen. Kulturelle Unterschiede, fachliche Schwächen und unvereinbare Führungsstile haben bisher Afrikaner von den Spitzenpositionen in den Unternehmen häufig ausgeschlossen. Mit der Africa Academy hat HeidelbergCement einen innovativen und nachahmenswerten Schritt gewagt: Die afrikanischen Konzerntöchter schicken ihre vielversprechenden lokalen Juniormanager auf die Akademie, wo sie in einem zweijährigen Programm fit für anspruchsvolle Führungsaufgaben gemacht werden. Neben Seminarblöcken zu Themen wie Ingenieurwesen, IT, Marketing, Controlling oder Personalentwicklung wird auch in Sachen Teamgeist und Motivation geschult. Einzelne Lernmodule werden in verschiedenen Ländern angeboten, der Hauptteil jedoch in den afrikanischen Staaten selbst. Die Erfahrungen der Teilnehmer geben dem Konzept in jeder Hinsicht Recht: Sie berichten übereinstimmend positiv von der gegenseitigen Wertschätzung, die sie im Umgang miteinander erfahren haben, und über die neu erlernten Fähigkeiten, sich in verantwortungsvollen Führungsaufgaben zu bewähren.

Das polnische Zementwerk Górazdze ist eines der modernsten und effizientesten in Europa mit hohen Sozial- und Umweltstandards

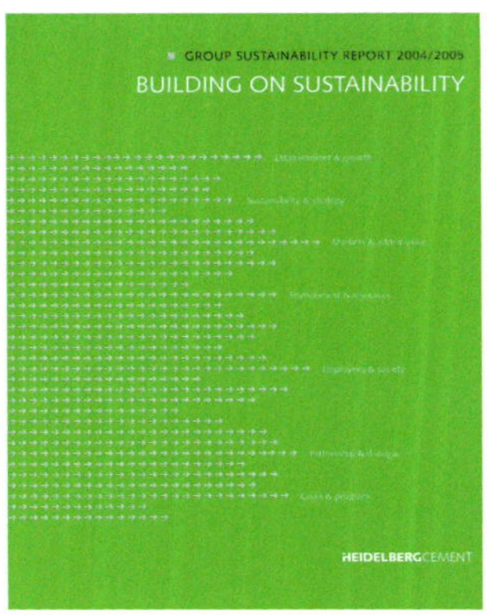

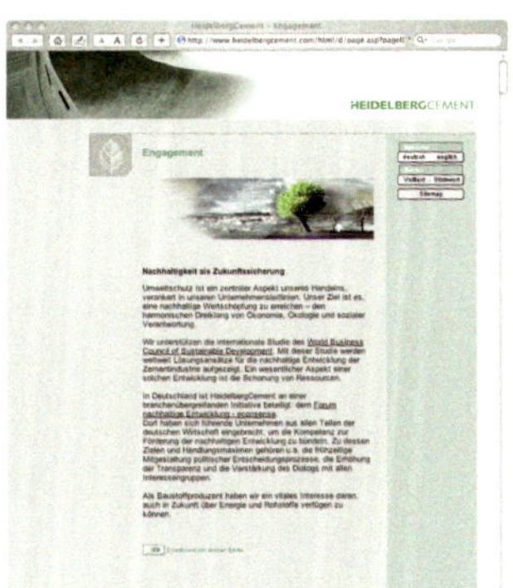

Emissionen sowie Umwelteinwirkungen am Standort. Diese Bereiche bilden die Basis des Aktionsplans, der das Arbeitsprogramm für die nächsten Jahre bestimmt. HeidelbergCement ist in allen CSI-Projekten aktiv und hat den Klimaschutz zu einem zentralen Anliegen seiner Nachhaltigkeitsstrategie erklärt. Ziel ist es hierbei, die spezifischen Netto-Kohlendioxid-Emissionen pro Tonne Zement im Konzern von 1990 bis 2010 um 15 % zu reduzieren. Dazu werden unter anderem die Produktionsanlagen kontinuierlich modernisiert. Des Weiteren wird, wo immer möglich, auf Klinker im Zement zugunsten anderer, weniger energieintensiver Materialien verzichtet. Im Jahr 2004 konnte der Klinkeranteil bereits auf 83 % gesenkt werden und soll bis 2010 auf 80 % fallen. Bei HeidelbergCement werden zudem in immer stärkerem Maße fossile Energieträger durch Sekundärbrennstoffe ersetzt. Hier kommen seit längerem schon Altreifen und Altöl zum Einsatz, insbesondere aber Produktionsabfälle anderer Industriebereiche aus Kunststoff, Papier, Pappe oder Textilien. Zunehmendes Interesse als Brennstoff gewinnt Biomasse wie z.B. Tiermehl, das seit der BSE-Krise europaweit eingesetzt wird. Auch bei der Senkung der Emissionen werden vielfältige Anstrengungen unternommen, die Belastungen für Mensch und Umwelt zu verringern. Durch moderne Filtertechniken, innovative Verfahren und prozessintegrierten Umweltschutz werden Staub, Stickoxide und Schwefeldioxid, die Hauptemissionen beim Klinkerbrennprozess, kontinuierlich reduziert. Die Fortschritte dieser Maßnahmen werden anhand von Indikatoren verfolgt, die den Guidelines for Emission Monitoring and Reporting der CSI entsprechen. HeidelbergCement bemüht sich auch darum, die lokalen Umweltauswirkungen zu mindern, die beim Abbau von Rohstoffen entstehen. Hier werden unter den Stichworten Rekultivierung und Renaturierung bereits vor dem Abbau Konzepte für die Folgenutzung entwickelt. So entstehen aus alten Steinbrüchen und Kiesgruben Nutzflächen für die Land- und Forstwirtschaft oder Naturschutzgebiete bzw. Rückzugsgebiete für selten gewordene Tiere und Pflanzen.

Doch das Engagement an den Standorten beschränkt sich nicht auf die Umwelt alleine. HeidelbergCement arbeitet nach dem Prinzip, weitgehend lokale Mitarbeiter mit Führungsfunktionen vor Ort zu betrauen und Aufträge an lokale Lieferanten oder Dienstleister zu vergeben. Die wirtschaftlichen Aktivitäten des Konzerns tragen damit zur Wertschöpfung an den Standorten bei, und HeidelbergCement engagiert sich gleichzeitig als Corporate Citizen, der gesellschaftliche Verantwortung vor Ort übernimmt. Als einige Beispiele von vielen sind hier kulturelle Projekte in Deutschland,

Jugend denkt Zukunft – Kinder forschen gemeinsam mit dem HeidelbergCement Biologen im rekultivierten Steinbruch in Nußloch bei Heidelberg, einem Rückzugsgebiet für seltene Tiere und Pflanzen

die Unterstützung sozial Benachteiligter in Osteuropa und die Förderung der Infrastruktur für Bildung und Gesundheit in der Region Afrika-Asien-Türkei zu nennen.

Prof. Klaus Töpfer, der Exekutivdirektor des Umweltprogramms der Vereinten Nationen, wies unlängst auf einer Konferenz in Frankfurt darauf hin, dass Unternehmen, die in hohe Umweltstandards investieren, nicht nur die Umwelt entlasten, sondern sich damit auch klare Wettbewerbsvorteile verschaffen. Sein Gesprächspartner Dr. Bernd Scheifele, der Vorstandsvorsitzende der HeidelbergCement AG, unterstützte diese These in Hinblick auf die eigene Strategie: „Markt und Wirtschaft sehen wir ebenfalls als Grundlagen, um nachhaltige Entwicklung zu fördern. Dabei investieren wir zunächst in Zukunftsmärkte [...]. Damit wachsen natürlich auch die Möglichkeiten für innovativen Umweltschutz in diesen Märkten."

AUF EINEN BLICK:

GESELLSCHAFT

- Aktives Engagement an den lokalen Standorten für Soziales, Kunst und Kultur

MITARBEITER

- Arbeitssicherheitsprogramme an allen Standorten weltweit
- Intranetportal World of Cement – Daten- und Informationsbasis
- Weiterbildungs- und Qualifizierungsmaßnahmen
- Investitionen in Wissensmanagement
- Outplacement – Unterstützung der Mitarbeiter beim beruflichen Neueinstieg
- Gesundheitsprogramme mit versch. Schwerpunkten an den Standorten
- HeidelbergCement Africa Academy

UMWELT

- Group Environmental Committee – Umweltexperten aus allen Geschäftsregionen
- Einführung von Umweltmanagementsystemen in allen Werken
- Regelmäßige Berichterstattung
- Maßnahmen zur Kohlendioxid-Senkung
- Clean Development Mechanism (CDM) Projekt in Indonesien realisiert
- Rohstoffe schonen, Sekundärstoffe nutzen, Emissionen senken
- Rekultivierungs- und Renaturierungsmaßnahmen an den Standorten
- Förderung der Biodiversität

PROJEKTE & INITIATIVEN

- Nachbarschaftsdialoge
- Zusammenarbeit mit CARE International: Wasserversorgung in Afrika

MITGLIEDSCHAFTEN

- World Business Council for Sustainable Development
- econsense
- Initiative für Nachhaltigkeit der deutschen Zementindustrie

PREISE & AUSZEICHNUNGEN

- Preise für Arbeitssicherheitsprogramme in zahlreichen Werken

SONSTIGES

- Nachhaltigkeitsberichterstattung gemäß GRI-Richtlinien

INFORMATION

HeidelbergCement AG
Berliner Straße 6
69120 Heidelberg
Unternehmenskommunikation
Fon 0 62 21 / 4 81 - 2 27
Fax 0 62 21 / 4 81 - 2 17
www.heidelbergcement.de

HENRY LAMBERTZ

Unternehmer sind nicht nur einer individuellen Ergebnisoptimierung verpflichtet, sondern tragen eine große gesellschaftliche Verantwortung. Wir empfinden diese Verpflichtung aufgrund der vielschichtigen Probleme, mit denen wir uns heute weltweit konfrontiert sehen. Um effektiv etwas bewegen zu können, engagiert sich Lambertz sehr konzentriert. Neben der nationalen Sport-Förderung und dem allgemeinen sozialen Engagement widmet sich Lambertz vor allem ausgesuchten Hilfsprojekten, die Herausragendes in ihrem Bereich leisten. Darin sehen wir eine andere Dimension, unserer Verpflichtung gegenüber den sich globalisierenden Märkten gerecht zu werden.

Dr. Hermann Bühlbecker, Inhaber der Aachener Printen- & Schokoladenfabrik Henry Lambertz GmbH & Co. KG

Adel verpflichtet! Diese Maxime hat sich auch Dr. Hermann Bühlbecker zu Eigen gemacht. Der bodenständige bürgerliche Name verbirgt eine stolze Tradition. In neunter Generation leitet er das wohl älteste deutsche Lebensmittelunternehmen. Lambertz in Aachen, bekannt für seine Printen und andere Leckereien, wurde 1688 gegründet. Damit blickt Bühlbecker auf eine ausgesprochen erfolgreiche Familiengeschichte zurück.

Über Jahrhunderte war Lambertz ein starker regionaler Anbieter, der Aachens Ruf als Stadt der Printen mitbegründete. 1820 brachte Henry Lambertz die erste Kräuterprinte auf den Markt. Auch das erste Gebäck in Deutschland mit Schokoladenglasur, natürlich eine Printe, kam aus dem Hause Lambertz. So gelang es dem Unternehmen, zum Hoflieferanten der Regenten von Preußen und Bayern ebenso wie der nahen Königreiche der Niederlande und Belgier aufzusteigen.

Als Hermann Bühlbecker mit erst 27 Jahren 1978 die Geschäftsleitung übernahm, baute er zielstrebig auf diesen Traditionen auf. Aus dem Nischenanbieter ist eines der drei führenden Unternehmen für Dauerbackwaren geworden, das über 3.200 Menschen beschäftigt und damit ein wichtiger lokaler Arbeitgeber ist sowohl am Heimatstandort Aachen als auch in anderen Regionen Deutschlands. Interessant an diesem Erfolg ist, dass hier ein Markenartikler ohne klassische Werbung groß wurde. Das Prinzip Hoflieferant wurde in die heutige Zeit übersetzt. Als Premium-Marke engagiert man sich dort, wo Prominenz und Marke sich ergänzen. Das gilt für die „Movie meets Media"-Nächte während der Filmfeste von Berlin, München und Hamburg ebenso wie für das weltbekannte CHIO Reitturnier in Aachen oder die Kölner Kunstmesse Art Cologne. In Aachen selbst gehört ein Besuch bei Lambertz für viele in- und ausländische Gäste zum Programm. Alt-Bundespräsident Richard von Weizsäcker bekannte, dass er beim Namen Aachen an Karl den Großen, Pferde und Printen denke. Und bei den beiden letzten Punkten ist man schon wieder bei Lambertz, dessen Weihnachtsgebäck gerne von deutschen Kanzlern als Reisegeschenk bis ins Weiße Haus mitgenommen wird.

Diese Marketing-Strategie hat Lambertz konsequent auf sein soziales und gesellschaftliches Engagement übertragen. Unterstützt werden Organisationen und Projekte, die sowohl weltweit als auch im nationalen Rahmen aktiv sind. Der Zugang zu den Reichen, Schönen

DR. BÜHLBECKERS ENGAGEMENT FÜR AMFAR

The American Foundation for AIDS Research, kurz amfAR, ist weltweit eine der führenden gemeinnützigen Organisationen, die die HIV/AIDS-Forschung, AIDS-Vorsorge und die Behandlung der Immunschwächekrankheit unterstützten. Die Aufklärung und Information der Öffentlichkeit zählt ebenfalls zu den Aufgaben der gemeinnützigen Stiftung. amfAR ist unabhängig und flexibel aufgestellt und verfügt über eine Organisationsstruktur, die es ermöglicht, schnell und pragmatisch zu reagieren. In der Beförderung von Forschungsvorhaben zum Thema HIV/AIDS spielt amfAR mit seiner hohen Investitionsbereitschaft eine treibende Rolle. Die Organisation finanziert sich durch freiwillige Spenden von Einzelpersonen, Stiftungen und Unternehmen. So konnte amfAR seit 1985 bereits über 233 Mio. US-Dollar in seine Mission investieren und Forschungsstipendien an mehr als 2.000 Forschungsteams weltweit vergeben. Dr. Hermann Bühlbecker, Inhaber der Aachener Printenfabrik Henry Lambertz, unterstützt amfAR seit Jahren nicht nur finanziell, sondern auch durch hohes persönliches Engagement, indem er sich z.B. an zahlreichen Charity-Veranstaltungen aktiv beteiligt und seine zahlreichen Kontakte zu den Prominenten und Reichen dieser Welt dazu nutzt, für amfAR Spendengelder zu sammeln.

Verschiedene Charité-Veranstaltungen werden aktiv von Henry Lambertz unterstützt und gesponsert

und Einflussreichen dieser Welt wird genutzt, Geld zu sammeln, das den Benachteiligten zugute kommt. Zwei Organisationen, die an diesem Punkt ansetzen, sind amfAR und die Elton John AIDS Foundation. amfAR wurde Mitte der 80er-Jahre von AIDS-Forschern gegründet und wird seitdem von Prominenten wie Elisabeth Taylor unterstützt. Die größte US-amerikanische Wohlfahrtsorganisation zur Bekämpfung von AIDS hat seit ihrer Gründung mehr als 233 Mio. US-Dollar gesammelt und diese über 2.000 Forschergruppen weltweit zukommen lassen. Bei der amfAR-Gala während der Internationalen Filmfestspiele in Cannes gehört Dr. Bühlbecker seit zehn Jahren zum Benefiz-Komitee und ist damit der einzige Deutsche unter Prominenten wie Elisabeth Taylor, Penélope Cruz oder Sharon Stone.

Auch bei der Charity Gala, die Elton John und sein Lebenspartner John Furnish ausrichten, sammelt Bühlbecker gemeinsam mit Prominenten von den Beckhams über Rod Stewart und Liz Hurley bis Ivana Trump für den guten Zweck. 1,2 Mio. britische Pfund kamen dabei zusammen. Elton Johns Stiftung setzt sich für AIDS-Aufklärung und die Unterstützung von Betroffenen ein. Allein im ersten Jahrzehnt ihres Bestehens seit 1992 konnte die Stiftung 30 Mio. US-Dollar verteilen.

Getreu dem Grundsatz, dass Projekte der Corporate Social Responsibility eng mit der Firma zusammenhängen sollten, entwickelte sich auch die Unterstützung für die Deutsche Welthungerhilfe. Lambertz stellt Produkte her, die das Leben sprichwörtlich versüßen. Da liegt es nahe, mit ihrem Verkauf jene zu unterstützen, die Menschen helfen, denen das tägliche Brot fehlt. Deshalb ging in 2004 ein fixer Anteil verkaufter Lambertzprodukte an die Welthungerhilfe. Auch die Arbeit von UNICEF und UNESCO wird in Deutschland tatkräftig gefördert. So unterstützt Dr. Bühlbecker nicht nur die UNESCO Gala von Ute Ohoven, sondern ist auch gern gesehener Gast und Förderer des Charity Dinners von Danièle Thoma, bei dem zuletzt in nur 20 Minuten über 3 Millionen Euro gesammelt werden konnten. Auf lokaler Ebene schließlich zählen der Kinderschutzbund in Aachen und der Tierschutzverein zu den Nutznießern des Engagements von Lambertz.

Als Alleininhaber eines so traditionsreichen Unternehmens weiß Dr. Bühlbecker besonders um den Wert persönlichen Engagements. Deshalb ist er ehrenamtlich in unterschiedlichen Bereichen aktiv. Dazu gehören z.B. die Deutsche Sporthilfe und der Aachener Laurensberger Reitverein, der Veranstalter der CHIO ist, dem bekanntesten Reitturnier der Welt, bei dem die Firma Lambertz als einer der Sponsoren auftritt. Darüber hinaus fühlt sich Dr. Hermann Bühlbecker als ehemaliger Profisportler eng dem Tennissport verbunden und unterhält in

Das umfangreiche Produkt-Sortiment aus dem Hause Lambertz sorgt unter anderem dafür, dass zahlreiche Charity-Veranstaltungen großzügig unterstützt werden können

der 1. Tennis Bundesliga ein Team, das zu den besten Deutschlands gehört, Kurhaus Lambertz Aachen. Mit den Lambertz Open richtet er sogar ein ATP Tennisturnier in Aachen aus. Eng verbunden mit den unternehmerischen Aktivitäten sind Mitgliedschaften in wirtschaftlichen Verbänden. So ist Bühlbecker stellvertretender Vorsitzender des Bundesverbandes der deutschen Süßwarenindustrie, Sprecher der Deutschen Gebäckindustrie sowie Senator des Bundesverbandes mittelständischer Unternehmen.

„Artists can make a difference" lautet der Titel der Gala „Cinema for Peace" während der Berliner Filmfestspiele, die zugunsten von UNICEF veranstaltet wird und deren Festkomitee der Lambertz-Inhaber angehört. Genauso gilt für Unternehmensführer wie Bühlbecker, dass unternehmerischer Einsatz für die Gesellschaft einen Unterschied macht: ob wir in einer besseren oder in einer schlechteren Welt leben.

AUF EINEN BLICK:

GESELLSCHAFT

- Sponsoring: CHIO Aachen (bekanntestes Reitturnier der Welt)
- Tennismannschaft Kurhaus Lambertz Aachen (1. Bundesliga)
- Fußballclub Alemania Aachen (2. Bundesliga)
- Sponsoring Europameisterschaften Turnspringen

MITARBEITER

- Förderprogramme für junge Mitarbeiter

MITGLIEDSCHAFTEN

- CIES

PREISE & AUSZEICHNUNGEN

- Entrepeneur des Jahres 2002
- „Goldener Zuckerhut" 1998 des deutschen Fachverlags
- „Goldene Uhr" 1989 des Bundesverbands des deutschen Süßwaren Groß- und Außenhandels

INFORMATION

Aachener Printen- & Schokoladenfabrik
Henry Lambertz GmbH & Co. KG
Borchersstraße 18
52072 Aachen
Dr. Hermann Bühlbecker
Geschäftsleitung
Fon 02 41 / 89 05 - 1 05
Fax 02 41 / 89 05 - 1 03
buehlbecker@lambertz.de
www.lambertz.de

HIPP

Seit der Rio-Konferenz 1992 ist das Thema Nachhaltigkeit zum Zauberwort für Umweltschützer, Wirtschaftstreibende und Politiker geworden – und das mit Recht. Der verantwortungsbewusste Umgang mit Ressourcen ebenso wie mit den Lebensbedingungen dieser und nachfolgender Generationen ist für mich selbstverständliche Voraussetzung unternehmerischen Handelns.
Ökonomie, Ökologie und ethisch-soziale Fragen sind dabei unteilbar; Nachhaltigkeit und effiziente Kreislaufwirtschaft sind das Gebot der Stunde. Die Wirtschaft muss daher Selbststeuerungsfunktionen entwickeln, die sie verantwortungsvoll ausfüllt.
Der Wirtschaft kommt bei der Umsetzung der Nachhaltigkeit eine besondere Bedeutung zu: Umwelt- oder Ethik-Managementsysteme leisten wertvolle Hilfe bei der Suche nach dem unter Nachhaltigkeitsgesichtspunkten richtigen Weg. Die persönliche Verantwortung der Geschäftsführung für ein zukunftsorientiertes Wirtschaften können sie aber nicht ersetzen.

Dr. Claus Hipp, Geschäftsführender Gesellschafter der Hipp OHG

Die gesunde Ernährung der jüngsten Mitglieder der Gesellschaft ist eine wichtige Aufgabe, der sich die Eltern oft mit großer Aufmerksamkeit widmen. Denn gutes Essen trägt auch bei Babys ganz entscheidend zum Wohlbefinden und zur Gesundheit bei. Außerdem entwickeln sich in den ersten Lebensjahren wichtige Funktionen des Organismus, die durch richtige und natürliche Nährstoffe begünstig werden. Die gesunde Ernährung von Säuglingen und Kleinkindern mit natürlichen Lebensmitteln ist seit ihrer Gründung im Jahr 1932 das oberste Anliegen der Firma HiPP. Schon vor 50 Jahren, im Jahr 1956 stellte das Familienunternehmen seinen Herstellungsbetrieb als einen der ersten auf biologischen Landbau um. Heute ist HiPP mit einem Umsatz von ca. 240 Mio. Euro im Jahr 2004 der weltweit größte Verarbeiter biologischer Rohstoffe wie Milch, Obst, Getreide, Gemüse und Fleisch. Das Angebot aus über 200 Produkten reicht von Milchnahrung für Säuglinge und Babykost im Glas über Breie, Getränke und Fertiggerichte bis zu Riegeln, Keksen und Frühstückscerealien. Der deutsche Marktführer für Babykost im Glas deckt damit fast die ganze Palette an Nahrungsmitteln für Säuglinge und Kleinkinder ab – und das mit sorgfältig getesteten und hochwertigen Bioprodukten.
Nachhaltigkeit durch umweltschonende Produktion, ein faires, ethisches Verhalten gegen-

über Mitarbeitern und Verbrauchern wie auch das Bewusstsein für die Verantwortung gegenüber der Gesellschaft sind integrierter Bestandteil der Unternehmenskultur. Sie prägten von Anfang an die Unternehmenspolitik des Familienbetriebs im bayerischen Pfaffenhofen. Die Säulen dieser Corporate Social Responsibility sind eine klar strukturierte und konsequent umgesetzte Umweltstrategie mit strengen Richtlinien für die Rohstoffproduzenten und einer Qualitätssicherung auf höchstem Niveau, ein Ethik-Management auf Grundlage einer Ethik-Charta sowie das Bekenntnis zu sozialer Marktwirtschaft mit der Verpflichtung zu sozialem und kulturellem Engagement. Dieses umfassende Engagement beruht auf der Tradition des Familienunternehmens, die von dem heutigen Geschäftsführer Prof. Dr. Claus Hipp zu einer konsequenten, verantwortlich ausgerichteten Markenführung weiterentwickelt wurde. Für sein Lebenswerk als Unternehmer wurde Claus Hipp im Jahr 2005 der Deutsche Gründerpreis verliehen.

HIPP-ELTERNSERVICE

Die Geburt eines Babys bringt für die Eltern oft einschneidende Veränderungen mit sich, vor allem, wenn die Familie zum ersten Mal Nachwuchs bekommen hat. Die neuen Lebensumstände rufen viele Fragen hervor, die zu Unsicherheiten führen können, wenn wichtige Entwicklungsschritte des Neugeborenen nicht bekannt sind oder Unklarheit über die beste Ernährung besteht. Hipp hat daher einen Elternservice eingerichtet, der Müttern wie Vätern kompetente Antworten gibt und wichtige Informationen zu den ersten Lebensjahren vermittelt. Der Elternservice kann auf unterschiedlichste Weise genutzt werden: Am Elterntelefon in Pfaffenhofen beantworten erfahrene Mütter und Ernährungswissenschaftler Fragen zum Thema Ernährung und Gesundheit von Babys. Das Internetportal unter www.mein-baby.hipp.de bietet ein umfangreiches Serviceangebot, das der jungen Familie mit Adressen von Kinderärzten und Hebammen oder Namensvorschlägen von Anfang an hilfreich zur Seite steht. Wöchentlich erscheint ein Elternbrief, der Informationen zur Entwicklung und richtigen Ernährung des Babys enthält. Im Hipp Ernährungsberater erfahren die Eltern, welche Lebensmittel sich für ihr Kind am besten eignen, wobei auch mögliche Allergien berücksichtigt werden. Online-Kalender und Baby-Tagebuch machen die Internetplattform zum täglichen Begleiter der ersten Lebensjahre. Mit Hilfe seines Elternservices steht Hipp nicht nur in einem engen Dialog mit seinen Kunden, der Babynahrungshersteller leistet damit einen weiteren Beitrag dazu, dass Babys gesund und zufrieden aufwachsen können.

Hipp besitzt eines der besten Analytik-Labore Europas: Jedes Gläschen Babynahrung durchläuft über 260 Kontrollen

Um Lebensmittel in Spitzenqualität und im Einklang mit der Natur herzustellen, verpflichtet Hipp seine etwa 3.000 Bio-Bauern zur Einhaltung strenger Auflagen. Boden- und Saatgutkontrollen gehören ebenso dazu wie die Verwendung rein pflanzlicher Spritzmittel und eine ausschließlich biologische Schädlingsbekämpfung etwa durch die Einrichtung von Nistplätzen für Vögel. Auch exotische Früchte wie Bananen und Mangos kommen aus dem ökologischen Landbau. So wird nicht nur höchste Produktqualität erzielt, sondern auch die Umwelt geschont: Jährlich werden durch den ökologischen Anbau zwei Tonnen Kunstdünger und fünf Tonnen Pestizide eingespart. Die nachhaltige Umweltpolitik des Unternehmens beschränkt sich nicht auf die umweltschonende Rohstoffgewinnung, sie wird auch an den verschiedenen Standorten betrieben. Seit 2001 bezieht das Unternehmen in Pfaffenhofen Wärme aus einem Biomasse-Heizkraftwerk, die Photovoltaik-Fassade des Verwaltungsgebäudes in Pfaffenhoffen ist eine von fünf Solaranlagen zur Stromgewinnung und Warmwasseraufbereitung. Als erster großer Lebensmittelhersteller wurde HiPP im Jahr 1997 nach dem EG-Öko-Audit zertifiziert.

Good Corporate Citizenship kommt auch durch die Berücksichtigung der Interessen von Verbrauchern zum Ausdruck. Neben der Rohstoffauswahl ist hierbei die Qualitätssicherung auf höchstem Niveau für HiPP von entscheidender Bedeutung. Das Unternehmen unterhält das beste Rückstands-Analytiklabor in ganz Europa. Der Inhalt eines Hipp-Gläschens mit Babykost durchläuft von der Bodenanalyse bis zur Überprüfung des Endprodukts über 260 Kontrollen.

.Darüber hinaus führt HiPP einen intensiven und offenen Dialog mit den Verbrauchern und der Öffentlichkeit. Der angebotene Elternservice ist ein gutes Beispiel für themenorientiertes soziales Engagement in den eigenen Kompetenzfeldern.

Verantwortliches Handeln im Geschäftsalltag und gegenüber den Mitarbeitern hat bei HiPP allerhöchste Priorität. Es ist die erste Maxime im christlich orientierten Unternehmensleitbild und wird durch das im Jahr 1999 eingeführte Ethik-Management umgesetzt. Die HiPP Ethik-Charta bildet die Grundlage für das Verhalten des Unternehmens am Markt, gegenüber Mitarbeitern, Staat, Gesellschaft und Umwelt. Sie formuliert Regeln für nachhaltige Erfolgsorientierung, Qualitätsmanagement und Corporate Governance und setzt sie in praktische Handlungsanweisungen für Management und Mitarbeiter um. Den Mitarbeitern steht ein umfangreiches Angebot familienbezogener Maßnahmen wie flexible Arbeitszeitregelungen zur Verfügung, Führungskräfte sind angehalten, auf familiäre Belange der

Mit Nistplätzen für Vögel unterstützt Hipp die ausschließlich natürliche Schädlingsbekämpfung – so kann jedes Jahr auf Tonnen von Pestiziden verzichtet werden

Mitarbeiter einzugehen. Die Ethik-Charta verpflichtet die Mitarbeiter ihrerseits zu einem fairen, kollegialen Umgang miteinander. Mit seiner Ethik-Charta und dem Ethik-Management zeigt sich HiPP als bewusst ethisch handelndes Unternehmen. Die Übernahme von Verantwortung für Umwelt, Verbraucher, Gesellschaft und Mitarbeiter als fester Bestandteil unternehmerischen Handels ist zugleich auch eine der wichtigsten Ursachen für den Erfolg der Marke HiPP. Sie entstand aus dem Unternehmensgeist der Firmengründer und wurde durch konsequente Weiterentwicklung zu einer modernen Corporate Citizenship ausgebaut, die ökonomische, ökologische und soziale Interessen miteinander in Einklang bringt.

AUF EINEN BLICK:

GESELLSCHAFT

- Eigenständiges Ethik-Management seit 1999
- Ethik-Charta als Code of Conduct
- Ökosponsoring / Volunteering: enge Kooperationen mit Verbänden und Organisationen, die sich für Erhalt und Wiederaufbau der natürlichen Lebensräume engagieren
- Unterstützung sozial schwächerer Familien oder Familien mit Mehrlingsgeburten mit Lebensmittelspenden
- „Tafel"-Projekt im Rahmen der Rumänienhilfe

MITARBEITER

- Ökologische Schulungsprogramme für Mitarbeiter
- Kinderbetreuung
- Gesundheitsaktivitäten, z.B. kostenlose Raucherentwöhnungskurse
- Betriebliches Vorschlagswesen
- Ökologischer Fahrkostenzuschuss

UMWELT

- Umstellung auf ökologische Landwirtschaft ab 1958
- Wegbereiter nachhaltiger Umweltpraxis in Deutschland
- Weltweit größter Verarbeiter organisch-biologischer Rohstoffe
- 70 % der Rohstoffe stammen aus ökologischer Landwirtschaft
- Energieversorgung am Standort Pfaffenhofen weitgehend mit eigenem Biomasse-Heizkraftwerk
- Betankung der Firmenfahrzeuge an der firmeneigenen Pflanzenöltankstelle

PREISE & AUSZEICHNUNGEN

- Dr. Claus Hipp „Öko-Manager des Jahres 1997" (WWF / Capital)
- 1. Millennium-Umweltpreis 2000 für Hipp (UNEP und Internationale Handelskammer ICC)
- Dr. Claus Hipp Initiativpreis der Deutschen Ernährungsindustrie für seine unternehmerische Gesamtleistung
- Dr. Claus Hipp Entrepreneur des Jahres 2002
- Auszeichnung des Energiekonzeptes von Hipp als eines der 50 weltweit besten mit dem Energy Globe 2002
- Dr. Claus Hipp Deutscher Gründerpreis 2005

INFORMATION

Hipp OHG
Georg-Hipp-Straße 7
85276 Pfaffenhofen
Fon 0 84 41 / 7 57 - 0
Fax 0 84 41 / 7 57 - 6 54
information@hipp.de
www.hipp.de

ish

Wir bei ish und iesy sehen uns als Teil der Gemeinschaft in den Regionen, in denen wir arbeiten. Wir wollen präsent und erkennbar sein, indem wir die Gemeinschaft auf vielfältige Weise unterstützen. Bei ish hat das schon eine gewisse Tradition. Ich bin sehr stolz auf das Engagement unserer Mitarbeiter, denn es zeigt, dass die persönliche Hingabe Einzelner zu einem beeindruckenden Ergebnis führen kann. Wir unterstützen das als Unternehmen sehr gern.

Parm Sandhu, Geschäftsführer von ish

Mehr als vier Millionen Haushalte in Nordrhein-Westfalen werden durch den Kabelnetzbetreiber ish mit Fernsehen und dort, wo die Technik schon aufgerüstet ist, auch mit Telefon und Internet versorgt. Das entspricht bei 6,5 Millionen anschließbaren Haushalten einer Marktdurchdringung von 67 %. ish ist Entwickler und Betreiber des ehemaligen Telekom-Kabelnetzes in Nordrhein-Westfalen, des größten zusammenhängenden Breitbandnetzes in Deutschland. Rund 900 Mitarbeiter sorgen dafür, dass die Haushalte der Region auf eine Kabelinfrastruktur zurückgreifen können, die auf eine zeitgemäße multimediale Nutzung ausgerichtet ist.

Damit spielt ish in der modernen Informationsgesellschaft eine wichtige Rolle, die jedoch auch mit bestimmten Erwartungen der Nutzer an den Kabelbetreiber einhergeht. Insbesondere die Verantwortung für den Zugang Kinder und Jugendlicher zum Internet und seinen frei verfügbaren Inhalten stellt für viele eine nicht zu unterschätzende pädagogische Herausforderung dar. Ish ist sich dieser Verantwortung sehr wohl bewusst und tritt deshalb mehrfach als Initiator und Unterstützer verschiedener medienpädagogischer Projekte auf. Ziel solcher Maßnahmen ist die Förderung der Medienkompetenz der jungen Internetnutzer, denn jedes Kind sollte an der Informationsgesellschaft teilhaben können und gleichzeitig aber vor den

Gefahren des Internets geschützt werden. Das funktioniert jedoch nicht nur über Verbote, sondern muss bei der Urteilskraft und -fähigkeit der Nutzer selbst ansetzen. Aus diesem Grund wurde ish 2003 Mitglied der Stiftung Partner für Schulen NRW und rief ein medienpädagogisches Angebot für Grundschulen ins Leben: „Ed – das e-Seepferdchen".

Der Name ist Programm. Wie das Seepferdchen im Schwimmunterricht Zug um Zug erworben werden muss, so ist sein elektronischer Bruder den Kindern Orientierungshilfe in den weiten Welten des virtuellen Surfens. Im Rahmen des e-Seepferdchens lernen die Kinder die Grundlagen des Internets kennen und werden mit wichtigen Sicherheitsregeln vertraut gemacht. Dabei spielt vor allem das Senden und Empfangen von E-Mails eine wichtige Rolle, denn die elektronische Post wird auch von den Kindern zunehmend genutzt. Das e-Seepferdchen können die Kleinen in der Schule, zu Hause, alleine, mit den Eltern oder unter pädagogischer Aufsicht erwerben und damit zeigen, dass sie selbstständig

Kabel in NRW.

ICH ENGAGIERE MISH

„Ich bin stolz auf das Engagement von ish", so Parm Sandhu, Geschäftsführer von ish. „Noch stolzer bin ich aber auf das Engagement der ish-Mitarbeiter." Diese Aussage hat einen handfesten Grund: Viele ish-Mitarbeiter engagieren sich in ihrer Freizeit ehrenamtlich für gemeinnützige und wohltätige Zwecke. Das Engagement ist notwendigerweise regional an den Wohnort der Kollegen gebunden, weshalb es vor allem kleineren Initiativen zugute kommt. ish als Arbeitgeber möchte, dass diese freiwilligen Einsätze nachahmenswertes Vorbild für weitere Kollegen werden. Deshalb hat das Unternehmen die Initiative „Ich engagiere mish" ins Leben gerufen. Engagierte Mitarbeiter können ihre ehrenamtlichen Tätigkeiten bei einer unternehmensinternen Jury einreichen, die die freiwilligen Einsätze dann entsprechend auszeichnet. Das Preisgeld ist mit 500 Euro dotiert, die direkt der jeweiligen Einrichtung zugute kommen. Damit erreicht ish zweierlei: Zum einen wird das freiwillige Engagement seiner Mitarbeiter öffentlichkeitswirksam gewürdigt, zum anderen kann das Unternehmen auf diese Weise zahlreiche karitative Organisationen und gemeinnützige Projekte in der Region unterstützen. Einmal im Monat erhalten damit regionale Projekte wie der Kinderhort „Naseweis", der Altenhagener Arbeitskreis Integration, der Förderverein Sellener Schule oder die Tschernobyl-Kinderhilfe in Bedburg eine Finanzspritze.

ish engagiert sich in Projekten, die die Förderung der Medienkompetenz Kinder und Jugendlicher zum Ziel haben

mit den Grundregeln des Internets umgehen können.

Ein weiterer Schwerpunkt in der medienpädagogischen Arbeit von ish liegt auf dem Schutz Kinder & Jugendlicher vor pornografischen Internetinhalten. Hier kooperiert der Kabelnetzbetreiber mit der bundesweiten Initiative der Polizei gegen Kinderpornografie im Internet. Ziel dieser Initiative ist es, die Eltern aufzuklären und sie dabei zu unterstützen, ihre Kinder vor jugendgefährdenden Inhalten zu schützen. Unter dem Motto „My Way – Fair Play" initiiert die Polizei Aktionen, die dazu dienen, den Präventionsgedanken bereits unter Jugendlichen und Heranwachsenden spielerisch zu verankern bzw. auf eine noch breitere gesellschaftliche Basis zu stellen.

Und schließlich bemüht sich ish, auch solchen Kindern und Jugendlichen, die aus sozial benachteiligten Familien stammen, die Möglichkeit zu geben, an der Informationsgesellschaft teilzuhaben. In Zusammenarbeit mit dem Jugendamt Köln hat ish das Projekt ish@jak ins Leben gerufen. In kleinen Gruppen werden die jungen Teilnehmer an Wochenenden kostenlos darin unterrichtet, sich die wichtigsten Kompetenzen im Umgang mit den Medien anzueignen. Unter fachlicher Anleitung lernen die Jugendlichen, wie sie eigene Videoclips, Animationsfilme oder Audio-CDs erstellen können. So wird der Umgang mit Computern oder Digitalkameras, aber auch mit Anwendungsprogrammen zur Grafikbearbeitung oder zur Programmierung auf kindgerechte Weise gelernt. Das bewusste Surfen und Chatten im Internet ist ebenfalls Bestandteil der Unterrichtseinheiten.

Die gleiche medienpädagogische Verantwortung ist ausschlaggebend, wenn ish die jährliche Veranstaltung des Landes NRW, den „Tag der Medienkompetenz", sponsert. Dieses Symposium findet im nordrhein-westfälischen Landtag in Düsseldorf statt und dient dazu, verschiedenste Interessengruppen zusammenzuholen und sich gemeinsam aktuellen Fragen und Problemen zu stellen, die mit dem Einsatz moderner Medien verbunden sind.

Daneben lässt ish aber auch ganz unabhängig vom Produktbezug unternehmerische Verantwortung als Teil der Gesellschaft erkennen und ist seiner Heimatregion Nordrhein-Westfalen ein großzügiger Bürger. Zur Weihnachtszeit spendet ish einen erheblichen Betrag an die Spendenaktion LICHTBLICKE. Diese gemeinsame Aktion von radio NRW, den 45 Lokalradios in Nordrhein-Westfalen, den kirchlichen Hilfswerken von Diakonie und Caritas sowie den freien Wohlfahrtsverbänden des Bundeslandes steht unter der Schirmherrschaft der Frau des nordrhein-westfälischen Ministerpräsidenten und will dafür sorgen, dass notleidenden Kindern und Familien in NRW schnell

Die Collage gibt einen Überblick zu den zahlreichen Initiativen, in denen sich die Mitarbeiter von ish freiwillig und ehrenamtlich engagieren

und unbürokratisch geholfen werden kann. Eine ganz besondere Form der Wahrnehmung gesellschaftlicher Verantwortung bei gleichzeitiger Unterstützung ehrenamtlicher Tätigkeiten der ish-Mitarbeiter ist das Projekt „ich engagiere mish" (s. gesonderte Darstellung). Mit dem unternehmensinternen Projekt „ich engagiere mish" zeichnet ish jeden Monat Mitarbeiter oder auch Angehörige für ihr soziales Engagement in der Freizeit aus. Die entsprechende Auszeichnung in Form von 500 Euro kommt dabei direkt dem jeweiligen Projekt, Verein oder der Initiative zugute.

AUF EINEN BLICK:

GESELLSCHAFT

- „ich engagiere mish" – Förderung Ehrenamt/Projekte
- Verschiedene Spendenaktionen u.a. für LICHTBLICKE

INITIATIVEN & PROJEKTE

- ish@jak – Medienkompetenz-Seminar für Kinder und Jugendliche
- Koop. mit Stiftung Partner für Schulen e-Seepferdchen
- Koop. bundesweite Initiative gegen Kinderpornografie im Internet

SONSTIGES

- Sponsoring ‚Tag der Medienkompetenz" im Landtag NRW

INFORMATION

ish GmbH & Co. KG
Widdersdorfer Straße 399-403
50933 Köln
Fon 02 21 / 7 3 77 92 - 1 97
Fax 02 21 / 7 3 77 92 - 8 13
info@ish.com
www.ish.de

J.J. DARBOVEN

In einer weitgehend von Männern geprägten Wirtschaftswelt haben es neue und unkonventionelle Ideen besonders schwer, wenn diese von Frauen vorgetragen und vorangetrieben werden. Aber gerade die zukunftsfähigen Ideen in Kombination mit unternehmerischem Gespür für das Machbare und der nötigen Portion Ehrgeiz sind es, die der derzeitigen wirtschaftlichen Resignation entgegenwirken, und es ist mein Anliegen, hier ein wenig die Steine aus dem Weg zu räumen und gerade Frauen Mut zu machen, in der heutigen Zeit den Sprung in die Selbstständigkeit zu wagen.

Albert Darboven, Geschäftsführender Gesellschafter
der J.J. Darboven GmbH

Es erscheint nahezu selbstverständlich, dass ein Unternehmen mit 140-jähriger Tradition mit guten Ideen aufwartet. Bei J.J. Darboven aus Hamburg ist aus einer guten Idee auch eine Marke mit hohem Bekanntheitsgrad geworden: Idee Kaffee ist nahezu das Synonym für gesundheitsbewussten Kaffeegenuss. Bereits seit 1927 gibt es unter diesem Label einen magenfreundlichen Kaffee. Von dem Forscher Karl Lendrich hatte sich das Unternehmen ein Verfahren entwickeln lassen, mit dem mittels Wasserdampf die grünen Bohnen vor dem Rösten von nahezu allen belastenden Stoffen befreit werden, ohne dabei Aroma und Koffeingehalt zu beeinträchtigen. Genauso bahnbrechend hatte sich der Unternehmensgründer bereits im Servicebereich engagiert und erstmals gerösteten Kaffee den Kunden nach Hause geschickt.

Hinter dem nachhaltigen Erfolg des Unternehmens stecken seit fünf Generationen Persönlichkeiten, die den hohen Qualitätsanspruch des Hauses vorgelebt haben und deren Engagement nicht an der Kontortür endete. Die heutigen geschäftsführenden Gesellschafter Albert Darboven und sein Sohn Arthur E. stellen sich dieser Herausforderung und ihr Wirken findet öffentliche Anerkennung. Albert Darboven wurde 2003 für sein unternehmerisches Lebenswerk ausgezeichnet. Der Preis wird im Rahmen eines Existenzgründerwettbewerbs durch verschiedene Hamburger Institutionen vergeben: von der Sparkasse und Medienunternehmen bis zu den Unternehmerverbänden. Getreu dem Familiennamen liegt Darbovens Anspruch an sich und seine Mitarbeiter „ganz oben" – und damit ist er Vorbild für alle Jungunternehmer.

So wie es die richtige Mischung beim Kaffee macht, gilt das auch für das unternehmerische Handeln im Hause Darboven. Auf Harmonie zwischen Natur und Hightech kommt es bei der Kaffee-Produktion an. Moderne Technologien garantieren gleich bleibende Qualität, doch ohne das sprichwörtliche Fingerspitzengefühl, mit dem die Röster den Prozess überwachen ist kein nachhaltiger Erfolg zu erzielen. Albert Darboven weiß allerdings, dass sein Erfolg schon bei der Auswahl der richtigen Kaffeebohnen beginnt. Seinen Beruf hat er von der Pike auf gelernt und einen Teil seiner Lehrzeit in El Salvador und Costa Rica absolviert. Daher rührt sein Verständnis für die Belange der Erzeugerländer. J.J. Darboven ist deshalb Mitglied bei Transfair, der Initiative für fairen

J.J. DARBOVEN
Kaffeerösterei seit 1866

IDEE-FÖRDERPREIS FÜR UNTERNEHMENSGRÜNDERINNEN

IDEE-FÖRDERPREIS

Einzigartig wie das bekannteste Produkt des Hauses J.J. Darboven ist auch der Idee-Förderpreis. 1997 von Albert Darboven ins Leben gerufen, wird der einzige Förderpreis in Deutschland, der ausschließlich für Unternehmensgründerinnen bestimmt ist, für neue Geschäftsideen verbunden mit einem unternehmerischen Risiko und für die Schaffung neuer Arbeitsplätze verliehen. So wie der Idee-Kaffee eine Innovation war, aus dem sich eine bis heute lebendige Unternehmenskultur entwickelt hat, soll an diese Tradition mit dem Förderpreis angeknüpft werden. Dieses Konzept verschafft der Marke eine zeitgemäße, gesellschaftlich relevante und langfristig wirksame Dimension. Die öffentliche Resonanz ist entsprechend positiv. Vor allem übertraf aber das Interesse der angesprochenen jungen Unternehmerinnen alle Voraussagen. Statt der erwarteten 300 Unternehmenskonzepte reichten 1.200 Frauen ihre Ideen ein. Angesichts der Vielzahl hervorragender Konzepte entschloss sich der Stifter, einen zweiten und dritten Platz auszuloben. Insgesamt werden 75.000 Euro vergeben, jede Siegerin erhält ein eigens gefertigtes Schmuckstück und nicht zuletzt die Möglichkeit, ihr Projekt öffentlich darzustellen. Während die erste Preisträgerin, Vera Feistkorn, 1997 für die Entwicklung zukunftsweisender elektromechanischer Bauteile ausgezeichnet wurde, überzeugte Dr. med. Marita Stein-Konertz 2003 mit einer neuen Herzklappen-Technologie.

Bürgersinn beweist das Unternehmen vor allem in Hamburg: Neben Sportförderung werden zahlreiche Kulturprojekte unterstützt

Handel mit den Entwicklungsländern, und bei B.A.U.M., der Umweltinitiative der deutschen Wirtschaft. Seit 1993 kommt der qualitativ hochwertige Kaffee der Kleinbauern unter Ausschluss von Zwischenhändlern, für den der Verein Transfair einen Mindestpreis garantiert, nach Hamburg.

In einem Familienunternehmen kommen Haltung und Engagement des Managements ganz unmittelbar zum Tragen. Das internationale Geschäft, die Tradition der weltoffenen Stadt Hamburg, leiten den Blick über den Tellerrand, z.B. beim Projekt „Wasser für Kuba" der Deutschen Welthungerhilfe. Gespendet wurden die Einnahmen verschiedener Firmenveranstaltungen und zu 100 % die Erlöse aus dem Verkauf von einigen Kaffee-Spezialitäten. Den Darbovens liegt der Erfolg der Initiative persönlich am Herzen, weshalb sich Vater und Sohn bei einer Reise nach Kuba davon überzeugten, wie die Spendengelder eingesetzt werden, um die Versorgung von Kindergärten und Vorschulen mit sauberem Trinkwasser zu verbessern.

Bürgersinn beweist das Unternehmen auch in seiner Heimatstadt. Mit der berühmten Speicherstadt ist das Unternehmen eng verbunden, lagerten hier doch über Generationen die frisch angelandeten Kaffeesäcke. Umso mehr vermisste man zwei Bronzeskulpturen, die seit 1888 bis zur Zerstörung Hamburgs im 2. Weltkrieg die Brooksbrücke geschmückt hatten. Albert Darboven gab sie 2003 als Stifter und Mitgestalter seiner Heimatstadt zurück. Während das Bildnis der Hammonia als Schutzgöttin Hamburgs wiederkehrte, wich die Allegorie der Germania einer Europa als Zeichen der Verbundenheit zu den europäischen Nachbarn, eine Haltung, die dem Hause Darboven mit Tochterfirmen in sieben europäischen Ländern gemäß ist. Zur Förderung von Kunst und Kultur hat Albert Darboven im Jahr 2000 die Hanne-Darboven-Stiftung ins Leben gerufen.

Besonders sinnfällig ist die Verzahnung zwischen unternehmerischem und sozialem Handeln bei der Sportförderung. Als weltoffenes, innovatives Unternehmen präsentiert sich das Traditionshaus mit der Förderung der Blue Devils. Die blauen Teufel spielen American Football und erreichen damit ein junges Publikum, das aufgeschlossen für die Trendgetränke aus dem Kaffee-Spezialitäten-Sortiment sein dürfte. Gerade bei der Sportförderung hängt der Erfolg von der Glaubwürdigkeit ab, soll für den Förderer eine Win-win-Situation entstehen. Ganz offensichtlich ist eine solche Konstellation auch bei der Unterstützung einer anderen Ballsportart gegeben. Der FC St. Pauli ist ebenso wie J.J. Darboven eng mit dem Hamburger Hafen verbunden.

Mit der Förderung des Galopp-Rennsports nähert sich J.J. Darboven auch ganz anderen

Albert Darboven hat sich bei einer Reise nach Kuba davon überzeugt, wie die Spendengelder eingesetzt werden, z.B. um die Versorgung von Kindergärten und Schulen mit sauberem Trinkwasser zu verbessern

Zielgruppen als beim Sponsoring der populären Ballsportarten, schließlich ist Kaffee überall zu Hause. Auf der Rennbahn in Hamburg-Horn laufen seit mehr als 13 Jahren Pferde um den Idee-Hansa-Preis. Albert Darbovens Liebe zum Pferdesport geht aber tiefer. Er gründete die Arbeitsgemeinschaft Pferderennsport Norddeutschland und engagiert sich in der Pferdezucht. Vier Zuchtstuten sorgen auf dem Gestüt Idee für leistungsfähigen Pferdenachwuchs, z.B. den Sieger des Deutschen Derbys 1992 Pik König. Die Geschichte und die Prosperität sowie das vielfältige gesellschaftliche Engagement des Traditionshauses Darboven zeigt, wie hanseatisches Kaufmannstum ein erfolgreiches Wirtschaften mit unternehmerischer Verantwortung in Einklang bringen kann.

AUF EINEN BLICK:

GESELLSCHAFT

- Auslobung des IDEE-Förderpreises für junge Unternehmensgründerinnen
- Mitgliedschaft bei TRANSFAIR

KULTUR

- Förderung von Kunst und Kultur durch die 2000 gegründete Hanne-Darboven-Stiftung
- Enge Verbundenheit mit der Hamburger Speicherstadt, regionale Förderungen

UMWELT

- Mitgliedschaft bei B.A.U.M. e.V.
- Engagement beim Projekt „Partner für Wasser" / „Wasser für Kuba" der Deutschen Welthungerhilfe

SPORTFÖRDERUNG

- Gründung der Arbeitsgemeinschaft Pferderennsport Norddeutschland
- Auslobung des Idee-Hansa-Preises im Pferderennsport seit 1992
- Unterstützung des Hamburger American-Football-Teams Blue Devils
- Sponsoring beim FC St. Pauli

INFORMATION

J.J. Darboven GmbH & Co. KG
Pinkertweg 13
22113 Hamburg
Fon 0 40 / 7 33 35 - 0
Fax 0 40 / 7 33 35 - 1 16
info@darboven.com
www.darboven.com

JENOPTIK

Jenoptik und unternehmerisches Engagement außerhalb der reinen Zahlen gehören eng zusammen. Innovation, Kompetenz in Licht und Raum, Kreativität bestimmen unser Engagement für Wissenschaft, Kultur und soziale Projekte. Als innovatives Technologieunternehmen nutzen wir die Nähe zur Wissenschaft – fördern wissenschaftlichen Nachwuchs, Interdisziplinarität, kulturelle Kompetenz und Soft Skills gemeinsam mit den Thüringer Hochschulen. Als Unternehmen, das den Einsatz des Lichtes als industrielles Werkzeug von der Erzeugung über die Manipulation, der Erfassung bis hin zur Nutzung beherrscht, nutzen wir unsere Kompetenz im Umgang mit Licht und engagieren uns vor allem für visuelle Kunstformen – bildende Kunst, Tanz, Theater. Als Unternehmen, das mit seinen Produkten neue Wege geht, interessieren wir uns für die Kreativität der Menschen in unserem Umfeld, wir helfen denen, die etwas auf die Beine stellen. Uns liegt daran, Identität durch kulturelles Erbe unserer Region zu schaffen und zu bewahren. Das unterstützen wir tatkräftig – mit eigenen Projekten oder als Partner.

Alexander von Witzleben,
Vorstandsvorsitzender der JENOPTIK AG

Jenoptik entstand 1991 aus dem ehemaligen Kombinat VEB Carl Zeiss Jena, das zu den führenden Hochtechnologie-Betrieben des ehemaligen Ostblocks zählte. Das deutsche Traditionsunternehmen Carl Zeiss blickt auf eine über 150-jährige Geschichte zurück, die stark in der Region Jena und dem Land Thüringen verwurzelt ist. Schon im 19. Jahrhundert verkörperten der Name Zeiss und die Stadt Jena ein Zentrum der feinmechanischen und optischen Industrie in Deutschland. Heute ist die JENOPTIK AG, die seit 1998 an der Börse notiert ist, in den Unternehmensbereichen Photonics Technologies und Clean Systems Technologies aktiv. Im Bereich Photonics beherrscht Jenoptik den Umgang mit Licht als industriellem Werkzeug entlang der photonischen Kette; vom Erzeugen im Bereich Lasertechnik, dem Einfangen im Bereich der Optik bis hin zur Nutzung, so durch Sensorsysteme. Der Unternehmensbereich Clean Systems, repräsentiert von M+W Zander, bietet weltweit ein ganzheitliches Leistungsspektrum rund um Firmengebäude und Hightech-Produktionsanlagen aus einer Hand. Im Geschäftsjahr 2004 erzielte Jenoptik einen Umsatz von rund 2,5 Mrd. Euro und beschäftigte mehr als 9.200 Mitarbeiter in über 20 Ländern.

Fast so lange wie die Geschichte des Unternehmens selbst währt auch das Engagement für künstlerische und kulturelle Projekte mit

Regionalbezug. Nach dem Tod des Unternehmensgründers Carl Zeiss rief dessen Mitstreiter Ernst Abbe 1889 die Carl-Zeiss-Stiftung ins Leben. Nach der Vorstellung des Wissenschaftlers, Entrepreneurs und Sozialreformers, dessen 100. Todestag Jena 2005 durch das Ernst-Abbe-Jahr feierlich beging, sollte ein Unternehmen nicht nur ein Arbeitsplatz, sondern ein ganzheitlicher Lebensraum sein. Als Lothar Späth 1991 den Vorsitz der Geschäftsführung der neustrukturierten Jenoptik übernahm, griff er diesen Gedanken auf und etablierte im Leitbild der Jenoptik ein kontinuierliches kulturelles Engagement. Primär hervorzuheben ist die Galerie des Unternehmens, in der unter dem Titel „tangente" seit 1994 regelmäßig eigene Ausstellungen gezeigt werden, so bisher unter anderem von Heinz Mack, Frank Stella, Magdalena Jetelova oder Olaf Nicolai. Ausstellungen zur klassischen Moderne, zum Beispiel von Ernst Ludwig Kirchner, Paul Klee oder im Sommer 2005 Auguste Rodin werden darüber hinaus gemeinsam mit Partnern, beispielsweise der Stadt Jena, veranstaltet. Neben einem klaren

DEUTSCHE NATIONALTHEATER & STAATSKAPELLE WEIMAR (DNT)

Das langjährige Engagement für Kunst und Kultur der Region wird bei Jenoptik durch ein innovatives Projekt weitergeführt. Getreu dem firmeninternen Schwerpunktthema Licht und Raum haben Jenoptik und das Deutsche Nationaltheater & Staatskapelle Weimar (DNT) neue Wege bei der Zusammenarbeit von Wirtschaft und Kunst beschritten. Jenoptik hat die Weltururaufführung der Oper „Die unendliche Geschichte" sowohl finanziell als auch besonders durch die Bereitstellung modernster Lasertechnologie unterstützt. Der White-Light-Laser von Jenoptik, der speziell für die Projektion beweglicher Bilder entwickelt wurde, verfügt über eine weltweit einmalige Farbbrillanz. Die vielfältigen Möglichkeiten des Lasers, der während der Opernaufführung wie von Geisterhand Überschriften und Sätze aus der unendlichen Geschichte schreibt und das Zeichen „Auryn" zum Glühen bringt, erweitern die Gestaltungsoptionen der Inszenierung entscheidend. Dazu Alexander von Witzleben, der Vorstandsvorsitzende der JENOPTIK AG: „Indem wir unsere Lasertechnologie einbringen, zeigen wir, dass Kulturengagement weit über rein finanzielle Unterstützung hinausgehen kann. Unser technisches Know-how erleben wir hier in einem ganz neuen Zusammenhang."

Seit über einem Jahrzehnt fördert die JENOPTIK AG Kunst- und Sozialprojekte mit regionalem Bezug

Regionalbezug zum traditionellen Kulturraum Jena-Weimar und insbesondere zu Jena als Hauptsitz der JENOPTIK AG steht das Kulturengagement unter einem klaren Motto: Kompetenz in Licht und Raum. Mit diesem thematischen Schwerpunkt reflektiert Jenoptik nicht nur die Wechselwirkung von Kultur und Technologie, sondern übersetzt gleichzeitig die eigene Kernkompetenz in den Bereich der Kunst. Dieser direkte Unternehmensbezug ist unter dem Stichwort des Corporate Image ein wesentliches Kriterium bei der Auswahl kultureller Projekte. Die Fokussierung auf bestimmte Themengebiete im kulturellen Kontext gehört mittlerweile zu den Eckpfeilern der Jenoptik-Strategie. Inspiriert durch das Bestreben, beide Seiten profitieren und Synergieeffekte entstehen zu lassen, haben sich die Kunstprojekte Schritt für Schritt den Themenfeldern angenähert, die mit dem Unternehmen assoziiert werden. So wirkte Jenoptik durch den weltweit leistungsstärksten Laser, der reinweißes Licht erzeugen kann, an der Installation des Chemnitzer Künstlers Carsten Nicolai in der Neuen Nationalgalerie Berlin mit. Kunst macht das Selbstverständnis dieses hochspezialisierten Technologieunternehmens sichtbar und darüber hinaus „führt diese Art von Dienstleistungssponsoring zu einer engeren Verzahnung mit dem Unternehmen", wie der Vorstandsvorsitzende Alexander von Witzleben betont.

Nicht umsonst erhielt die JENOPTIK AG im Jahr 1999 den von Hubert Burda 1997 ins Leben gerufenen Corporate Art Preis „für ihre vielseitige Förderung von Kunst und die Initiierung kultureller Veranstaltungen in der Region Jena".

Obwohl die Kunst eindeutig im Fokus des unternehmerischen Engagements steht, ist sie gleichwohl nicht der einzige Sektor, auf dem Jenoptik aktiv ist. Auch im sozialen Bereich fühlt man sich der Tradition Ernst Abbes verpflichtet und unterstützt eine Vielzahl von Projekten. Dazu zählt z.B. die Elterninitiative für krebskranke Kinder Jena e.V., eine in Thüringen einmalige Beratungs- und Betreuungsstelle für krebskranke Kinder und ihre Eltern. Auch dem Jenaer Zentrum für Familie und Alleinerziehende e.V. wird mit dem Ziel, dass berufstätige Eltern Familie und Beruf besser vereinbaren können, finanzielle Hilfe zuteil.

Dass der JENOPTIK AG als Technologieunternehmen eine besondere Affinität zu Bildung und Wissenschaft innewohnt, versteht sich von selbst. Auch hier dominiert vor allem die regionale Förderung im Kontext des Netzwerks Jena, bestehen doch sowohl zu der Fachhochschule Jena, der Technischen Universität Ilmenau als auch der Friedrich-Schiller-Universität (FSU) enge Kontakte. Eine besondere Kooperation wurde mit der Physikalisch-Astronomischen Fakultät der FSU vereinbart, in deren

Bei der JENOPTIK AG steht das Kulturengagement unter dem Motto „Kompetenz in Licht und Raum“: Carsten Nicolai in der Neuen Nationalgalerie Berlin im Jahr 2005

Mittelpunkt das 2005 erstmals ausgelobte Jenoptik-Promotionsstipendium steht. Von dieser Konstellation profitieren das Unternehmen und die wissenschaftlichen Einrichtungen gleichermaßen, denn so können Innovationsfähigkeit und technologische Kompetenz am Standort nachhaltig gewährleistet und ausgebaut werden.

AUF EINEN BLICK:

GESELLSCHAFT

- Langjähriges Engagement für Kunst und Kultur in der Region
- Förderung von Kulturprojekten, die sich mit Licht und Innovation befassen
- Schwerpunkt dabei: die hauseigene Kunstausstellungsreihe „tangente“
- Langjähriger Partner für soziale Projekte, Wissenschaft und Bildung

MITARBEITER

- Führungsprogramme für Hochschulabsolventen
- Modernes Altersvorsorgemodell
- Zusätzliche Leistung im Gesundheitsbereich
- Programme zur Vereinbarkeit von Familie und Beruf

UMWELT

- Optimierung der Produktionsprozesse
- Maßnahmen zur Energiereduzierung
- Qualitäts- und Umweltmanagement-Systeme in zahlreichen der Jenoptik-Unternehmen
- Umweltschutz als Dienstleistung oder Bestandteil der Anlagen für den Kunden

WISSENSCHAFT & BILDUNG

- Enge Beziehung zur Friedrich-Schiller-Universität Jena
- Preis für studentische Forschungsarbeiten
- Jenoptik-Stipendium an der Physikalisch-Astronomischen Fakultät
- Unterstützung der Bauhaus-Universität Weimar, der Fachhochschule Jena sowie der Technischen Universität Ilmenau
- Kooperationen mit Institutionen und wissenschaftlichen Einrichtungen der Region

INFORMATION

JENOPTIK AG
Carl-Zeiß-Straße 1
07739 Jena
Public Relations
Fon 0 36 41 / 65 22 55
Fax 0 36 41 / 65 24 84
pr@jenoptik.com
www.jenoptik.com

KRAFT FOODS DEUTSCHLAND

Für Kraft Foods ist Verantwortung ein grundlegendes Unternehmensprinzip. Für einen der führenden Lebensmittelkonzerne weltweit ist verantwortungsbewusstes Handeln nicht nur richtig, sondern trägt maßgeblich zu dem Unternehmenserfolg bei. Vor allem in den Bereichen Lebensmittelqualität und -sicherheit, Ernährung und Gesundheit, Umweltschutz und Nachhaltigkeit legt Kraft Foods großen Wert darauf, verantwortlich zu handeln. Kommunikation mit Stakeholdern, Zusammenarbeit mit Behörden sowie gute Verbraucherinformation sind essentielle Elemente dieses Prinzips. Darüber hinaus engagiert sich Kraft Foods auch gesellschaftlich und trägt so zum Wohl der Menschen an den Unternehmensstandorten bei.

Jean-Paul Rigaudeau, Managing Director und Vorsitzender der Geschäftsführung Kraft Foods Deutschland GmbH

Für Kraft Foods ist die Übernahme gesellschaftlicher Verantwortung ein grundlegendes Unternehmensprinzip und fest in den unternehmerischen Strukturen verankert. Der Gemeinschaft, in der man lebt, etwas von dem zurückzugeben, was man von ihr erhalten hat, ist ein leitender Handlungsgedanke bei Kraft Foods. Dabei liegt der Fokus des weltweit zweitgrößten Lebensmittelkonzerns auf zwei Hauptbereichen: den Hunger in der Welt zu lindern sowie den gesunden Lebensstil aller Teile der Bevölkerung zu fördern. Um diesen Maximen entsprechen zu können, hat der Konzern zahlreiche Initiativen an seinen internationalen Standorten ins Leben gerufen. Ein eigens eingerichtetes internes Gremium, das „Worldwide Corporate Responsibility Council", ist auf Managementebene organisatorischer Ausdruck der globalen Verantwortungsübernahme, denn hier treffen sich regelmäßig führende Mitarbeiter, um die CR-Strategien von Kraft Foods zu bewerten und weiter zu verbessern.

Kraft Foods Deutschland legt auf den verantwortungsvollen Umgang in den Bereichen Lebensmittelqualität und -sicherheit, Ernährung und Gesundheit sowie Umweltschutz und Nachhaltigkeit besonderen Wert. Ausdruck dieser Verantwortungsübernahme ist neben dem Dialog mit den Stakeholdern und der Zusammenarbeit mit den Behörden vor allem eine informative und transparente Verbraucherinformation. Um z.B. das Thema Ernährung & Gesundheit in der Bevölkerung zu verankern, hat Kraft Foods die internationale Initiative „Health & Wellness" gestartet. In Deutschland ist Kraft Foods Mitglied der „Plattform für Ernährung und Bewegung" (peb e.V.). Hierbei handelt es sich um eine partnerschaftlich organisierte Initiative, in der verschiedenste gesellschaftliche Organisationen und Gruppen Angebote und Konzepte entwickeln, die Kindern und Jugendlichen sowie deren Familien dabei helfen sollen, einen gesunden Lebensstil zu verfolgen. Außerdem hat Kraft Foods in Zusammenarbeit mit der Deutschen Schulsportstiftung eine fächerübergreifende Unterrichtsmappe mit dem Titel „Fit und gesund durch Bewegung und Ernährung" erstellt. Die Themen lauten: Energiebilanz, Bewegungscheck und Bewegungstipps für zwischendurch. Als Multiplikatoren werden jedoch nicht nur Lehrer, sondern auch Ausbilder von Sportvereinen angesprochen und zwar über das Werder-Bremen-Programm „100 Schulen – 100 Vereine". Partner dieser Aktion ist neben dem Fußball-

Kraft Foods

KOOPERATION MIT RAINFOREST ALLIANCE

Die Rainforest Alliance zählt zu den international führenden Umweltschutzorganisationen und hat es sich u.a. zur Aufgabe gemacht, den Regenwald zu schützen und für Menschen und Tiere zu erhalten. Die Teilnehmer an Rainforest-Alliance-Programmen verpflichten sich, strikte Standards zu befolgen, die die Artenvielfalt erhalten und ein nachhaltiges Auskommen bieten. Zertifikate von Rainforest Alliance sind heute international anerkannt. Kraft Foods unterstützt die Arbeit von Rainforest Alliance zum einen finanziell, um die Anzahl der teilnehmenden Farmen steigern zu können. Zum anderen hat sich Kraft Foods verpflichtet, die Abnahmemenge zertifizierten Kaffees laufend zu erhöhen. Damit trägt das Unternehmen maßgeblich dazu bei, dass die Kaffee anbauenden Bauern angemessene Löhne verdienen, in anständigen Unterkünften leben, Zugang zu medizinischer Versorgung haben und die schulische Ausbildung der Kinder gewährleistet ist. Gleichzeitig werden Flüsse und Wälder geschützt, auf bedrohte Tierarten wird besondere Rücksicht genommen. Die Kooperative Las Lajas im Westen El Salvadors, von der Kraft Foods nachhaltig produzierten Kaffee bezieht, ist durch Rainforest Alliance zertifiziert und der Leiter der Kooperative stellte fest: „Das Zertifizierungsprogramm hat uns geholfen, die Natur zu schützen und das Leben für die Familien in den Kooperativen zu verbessern."

Broschüren und Flyer sowie weitere Veröffentlichungen informieren über die aktuellen Kampagnen von Kraft Foods

verein und Kraft Foods Deutschland auch die AOK Bremen/Bremerhaven.

Seinen Mitarbeitern ein guter Arbeitgeber zu sein zählt für Kraft Foods ebenfalls zu den leitenden Unternehmensprinzipien. Kraft Foods stellt seinen Mitarbeitern flexible Arbeitskonzepte zur Verfügung, die einen individuellen Ausgleich zwischen Arbeit und Freizeit ermöglichen. Damit entspricht man den Anforderungen moderner Diversity-Konzepte, die die Realisierung individueller Lebensentwürfe ermöglichen sollen. So gibt es z.B neben Jobsharingangeboten auch Telearbeitsplätze, flexible Zeitkonten sowie die Möglichkeit, sich ein Sabbatical – bis zu einem Jahr unbezahlter Urlaub – zu gönnen. Ein eigens eingerichtetes „Diversity Council" setzt sich regelmäßig mit Impulsen und Anregungen der Mitarbeiter auseinander, um die aktuellen Maßnahmen zu optimieren. Am Hauptsitz in Bremen hat Kraft Foods in einem Public-Private-Partnership-Projekt mit der Stadt Bremen z.B. eine betriebliche Kinderkrippe eingerichtet. Das Angebot wird von einem Familienservice für Kraft-Mitarbeiter ergänzt, der dabei hilft, den Alltag mit Beruf, Familie und Haushalt zu organisieren. Dabei stand das Motto „Mehr Zeit für die Familie" glaubhaft im Vordergrund, so dass Kraft Foods es in Deutschland unter die Top 14 schaffte, als die Sieger des Unternehmenswettbewerbs „Erfolgsfaktor Familie 2005" von Familienministerin Renate Schmidt geehrt wurden. Und als Bremen im letzten Jahr (2004) ein „Bündnis für Familien" ins Leben rief, richtete Kraft Foods die Gründungsveranstaltung in seiner Verwaltungszentrale aus.

Die Bereitschaft, unternehmerische Verantwortung für Menschen und Umwelt zu übernehmen, dokumentiert das Unternehmen auch mit dem „Jacobs Café Logistikzug". Seit 1993 transportiert der Zug mehrmals pro Woche rd. 1.000 Tonnen Rohkaffee. Er entlastete so die Straßen zwischen Bremen und Berlin um bisher insgesamt 65.000 Lkw – das weiß nicht nur die natürliche Umwelt zu schätzen, sondern auch die Bewohner der An- und Zufahrtsstraßen genießen seitdem eine höhere Lebens- und Wohnqualität.

Als ein Lebensmittelkonzern, der in mehr als 150 Ländern vertreten ist, engagiert sich Kraft Foods auch in internationalen Programmen und Projekten. So setzt sich Kraft Foods seit einigen Jahren mit nachhaltigem Kaffeeanbau auseinander. In Zusammenarbeit mit Rainforest Alliance, einer der führenden Umweltschutz- und Zertifizierungsorganisationen, hat Kraft Foods Nachhaltigkeitsprogramme entwickelt und kaufte bereits im Jahr 2004 mehr als 2.400 Tonnen Rohkaffee von zertifizierten Farmen, die in die bekannten Kaffeemarken des Unternehmens eingeflossen sind. Außerdem vertreibt Kraft Foods in Deutschland

Kindern ein gesundes und sorgenfreies Leben zu ermöglichen ist eines der unternehmerischen Ziele des Lebensmittelkonzerns Kraft Foods

mit Jacobs El Condor einen nachhaltig erzeugten Bio-Kaffee aus Peru im Außer-Haus-Geschäft. Damit leistet Kraft Foods einen maßgeblichen Beitrag zur Verbesserung der Lebens- und Arbeitsbedingungen in kaffeeanbauenden Ländern Mittel- und Südamerikas. Dahinter stehen über 3.500 Farmen, die auf 9.500 Hektar Kaffeeanbaufläche nachhaltig wirtschaften. Mehr als 50.000 Bauern, Landarbeiter und ihre Familien profitieren bereits davon. Ähnliche Programme und Maßnahmen hat Kraft Foods auch in den Bereichen des Kakao- und Cashewnussanbaus in Afrika und Asien eingeführt. Zur Nachhaltigkeit zählen bei diesen Projekten auch begleitende Ausbildungs- und Versorgungsprogramme, die insbesondere den Kindern der Bauern zugute kommen.

AUF EINEN BLICK:

GESELLSCHAFT

- Kraft Cares – internationale gemeinnützige Initiativen
- Benefizveranstaltungen
- Kunst- und Kulturförderung
- Sportsponsoring

MITARBEITER

- Chancengleichheit
- Tele- u. Teilzeitarbeitsplätze, Jobsharing
- Betriebsangegliederte Kinderkrippe, Familienservice
- Flexible Arbeitszeitkonten, Sabbatical
- Sozialberatung
- Diversity – Realisierung individueller Lebenskonzepte

UMWELT

- Projekte zum Schutz der Alpenregion
- Environmental Performance Indicators – EPI (Benchmarking)
- Schiene statt Straße (Jacobs Café Logistikzug)

INITIATIVEN & PROJEKTE

- Kraft Foods Healthy Living – Gesundheits- und Bewegungsprogramme für Kinder und Jugendliche
- Projekte zum nachhaltigen Kaffeeanbau in vielen kaffeeanbauenden Ländern
- Aufforstung und begleitende Sozialmaßnahmen für die Kaffeebauern wie Gesundheitsvorsorge/Ausbildungsangebote

PREISE & AUSZEICHNUNGEN

- Capital-Studie: Bester Arbeitgeber 2003/2004
- Erfolgsfaktor Familie 2005

INFORMATION

Kraft Foods Deutschland GmbH
Langemarckstraße 4-20
28199 Bremen
Sabine Peters-Halfbrodt
Corporate Affairs
Fon 04 21 / 5 99 - 43 29
Fax 04 21 / 5 99 - 8 43 29
speters-halfbrodt@krafteurope.com
www.kraftfoods.de

MARSEILLE-KLINIKEN AG

Mit der Arbeit, die alle unsere Mitarbeiter in den Einrichtungen leisten, stehen wir stets in gesamtgesellschaftlicher Verantwortung. Unser Handeln kann daher niemals auf kurzfristige Erfolge ausgerichtet sein.
Es muss vielmehr dazu beitragen, den Sozialstandort Deutschland auf lange Sicht zu erhalten.
Für unser Unternehmen, seine Mitarbeiter, Partner und Aktionäre waren diese Grundsätze stets prägend in ihrem Engagement.
Die Vergangenheit hat uns darin bestätigt. Wir arbeiten dafür, dass dies auch in Zukunft so bleibt.

Axel Hölzer, Vorstandsvorsitzender
der Marseille-Kliniken AG

Kaum ein Themenkomplex bewegt die Gesellschaft so stark wie Gesundheit und demografischer Wandel. Und das zu Recht, denn die Herausforderungen sind beispiellos in der Geschichte. Wie gelingt es der alternden Gesellschaft, materielle und soziale Standards zu halten, allen Generationen lebenswerte Perspektiven zu bieten? Vordergründig dreht sich alles ums Geld: Wie finanzieren wir das medizinisch Mögliche, wenn immer mehr Menschen immer älter werden? Doch vor dem Wie steht die Frage, was es uns wert ist. Welches Bild vom älteren Menschen und von einem lebenswerten Leben haben wir?
Am lösungsorientierten Schnittpunkt dieser beiden Fragen arbeitet die Marseille-Kliniken AG seit über 20 Jahren. Das Unternehmen gehört zu den Marktführern der stationären Gesundheitsversorgung in Deutschland. In 60 Einrichtungen mit 7.800 Betten widmen sich 4.800 Mitarbeiterinnen dem Wohlergehen von Senioren und der Wiederherstellung von Kranken in Reha-Kliniken. Drei einfache Grundsätze stehen für den Unternehmenserfolg: Kundenorientierung, Wirtschaftlichkeit, soziale Verantwortung.
Das stetige Wachstum der Marseille-Kliniken demonstriert, dass nur durch eine Unternehmenspraxis, die alle drei Grundsätze in ein Gleichgewicht bringt, langfristiger Erfolg möglich ist. Vor allem aber wird sichtbar, dass die

gesellschaftlichen Herausforderungen des demografischen Wandels nicht bewältigt werden können, wenn ökonomische und soziale Interessen als Widerparte begriffen werden. Der wirtschaftliche Erfolg der Gruppe hat einen so einfachen wie überzeugenden Ausgangspunkt: die Menschen. Das gilt sowohl für Bewohner und Patienten als auch für Mitarbeiter. Den Kunden wird Pflege und Rehabilitation auf höchstem Niveau geboten. Das gilt für die pflegerische und medizinische Versorgung ebenso wie für den Service, der sich an den Standards der gehobenen Hotellerie orientiert. Das setzt voraus, dass die Mitarbeiterinnen und Mitarbeiter fortwährend geschult werden. Motivation und Leistungsfähigkeit des Teams als Beitrag zum wirtschaftlichen Erfolg erhält das Unternehmen, indem es seine soziale Verantwortung konkret wahrnimmt. Dazu gehören zusätzliche Vorsorgeleistungen, deren Bedeutung für einen friedvollen Lebensabend niemand besser beurteilen kann als die Marseille-Kliniken selbst. Auch die Vereinbarkeit von Familie und Beruf zählt zu diesem

MARSEILLE-KLINIKEN AG

ZWEI WISSENSCHAFTLICHE FÖRDERPREISE: PFLEGE UND REHABILITATION

Pflegewissenschaftlicher Förderpreis 2004
MARSEILLE-KLINIKEN AG

Zwei wissenschaftliche Förderpreise, die mit jeweils 7.500 Euro dotiert sind, werden von der Marseille-Kliniken AG jährlich ausgelobt und liegen dem Aufsichtsratsvorsitzenden Ulrich Marseille besonders am Herzen. Seit 2004 werden wissenschaftliche Arbeiten und Projekte prämiert, die der Pflegeforschung neue Impulse geben. Innovation und Praxisrelevanz stehen dabei im Mittelpunkt der Beurteilung im Bereich von Altenpflege, Gerontologie und Geriatrie. Ein breites Spektrum an Themen ist möglich, von der Bedarfsentwicklung stationärer Pflegeplätze über die Qualitätssicherung bis zur Auswirkung architektonischer Gestaltungsmerkmale auf alte Menschen.
Bereits seit 1994 gibt es den Rehabilitationswissenschaftlichen Förderpreis. Er ist zu einer festen Größe in der wissenschaftlichen Community geworden. Sein wesentliches Ziel ist die Förderung einer rehabilitationswissenschaftlichen Forschung, und er wird alljährlich auf der größten Fachtagung, dem VDR-Kongress, verliehen. Qualitätssicherung und insbesondere ihre klinikinterne Umsetzung gehören zu den Themenfeldern genauso wie die Frage nach der Vernetzung und Abgrenzung von ambulanter und stationärer Rehabilitation.

Verschiedene Broschüren gewähren ebenso wie die Website einen Einblick in die Tätigkeitsfelder der Marseille-Kliniken AG

Kontext. Der Frauenanteil in den Pflegeberufen ist traditionell hoch und die soziale Kompetenz der Frauen sehr gefragt. Interessante Arbeitszeitmodelle für berufstätige Mütter erschließen dem Unternehmen also wertvolle Mitarbeiterinnen und leisten gleichzeitig einen positiven gesellschaftlichen Beitrag.

Vom erfolgreichen Unternehmenskonzept profitieren die Stakeholder auf allen Ebenen. Die Kunden erfahren eine hochwertige Betreuung, die Mitarbeiter profitieren von einem attraktiven Arbeitsplatz, die Anteilseigner freuen sich seit Jahren über die gute Performance mit einem Wertzuwachs der Aktie über dem Durchschnitt von Dax und S-Dax und einer kontinuierlichen Dividendenausschüttung. Vielleicht überzeugendster Indikator: In Zeiten des Arbeitsplatzabbaus profiliert sich die Gruppe seit Ende der 90er-Jahre als Jobmotor mit durchschnittlich 300 zusätzlichen Arbeitsplätzen jährlich.

Die hohe Wirtschaftlichkeit, insbesondere im Vergleich zu Wettbewerbern in öffentlicher Trägerschaft, resultiert aus einer Organisation, die eine Konzentration auf die eigenen Stärken ermöglicht. Die Alten- und Behindertenpflege als Kerngeschäft und die Fach- und Rehabilitationskliniken können ihre Kompetenz weiter entwickeln. Dazugehörige Dienstleistungen von der Haustechnik bis zur Ernährung sind in einem eigenen Segment Dienstleistungen zusammengefasst, sodass diese Angebote konzernweit besonders kostengünstig und flexibel auf gleich hohem Niveau erbracht werden können. Beispiel Informationstechnologie: Das Unternehmen hat den Filialgedanken in die Altenpflege eingeführt, entsprechende Softwarelösungen entwickelt, und kann mit der Standardisierung der Abläufe und Prozesse die gewünschte Kostendegression realisieren.

Die beständige Wechselwirkung zwischen unternehmerischer und sozialer Verantwortung macht die Marseille-Kliniken zu einem Good-Practice für erfolgreiche Corporate Social Responsibility. Besonders augenfällig wird dies in einem Bereich, der im Dienstleistungssektor häufig eine eher untergeordnete Rolle spielt: Forschung und Entwicklung. Sowohl als Akteur wie auch als Förderer macht das Unternehmen hier von sich reden. Mit dem Privatinstitut für Evaluation und Qualitätssicherung im Gesundheits- und Sozialwesen, kurz eqs.-Institut, steht im Konzern Know-how zur Verfügung, um die Qualität der Dienstleistungen in Altenpflege und Rehabilitation zu evaluieren und auszubauen. Das Institut kooperiert mit verschiedenen Hochschulen und erhält Forschungsaufträge der Bundesregierung. Die Forschung im Bereich der Altenpflege gewinnt wegen der demografischen Entwicklung zunehmend an Bedeutung und muss in vielen Bereichen erst Grundlagenarbeit leis-

Die Fachkräfte der Marseille-Kliniken werden regelmäßig geschult und sorgen für eine optimale Versorgung und Betreuung der Bewohner und Senioren

ten. Diesen Prozess wollen die Marseille-Kliniken mit eigenen Förderpreisen unterstützen und legen damit einen Grundstein für eine möglichst kompetente Basis der Betreuung der ihr anvertrauten Bewohner und Patienten. Zwei wissenschaftliche Beiräte für die Segmente Pflege und Rehabilitation unterstützen die Unternehmensleitung nicht nur bei der Beurteilung der eingereichten Arbeiten, sondern versorgen auch das Fachpersonal mit neuesten Forschungserkenntnissen. Ihre Expertise steht dem Vorstand sowohl bei der Weiterentwicklung des Unternehmenskonzepts zur Verfügung als auch bei der Auswahl von Chefärzten. Erfolgreiches Wirtschaften im Gesundheitssektor ist ohne solche Rückkoppelungen undenkbar, eine hochwertige Versorgung von Menschen ohne erfolgreiche Unternehmen ebenso.

AUF EINEN BLICK:

DIENSTLEISTUNGEN/SERVICE

- CASA Trainingszentrum für Hotel- und Sozialberufe
- PRO F&B Food and Beverage Sozial-Catering
- PROWORK professionelle Hauswirtschaft
- PROMINT Wäscheservice
- PROTEC Gebäudemanagement

FORSCHUNG & ENTWICKLUNG

- Privatinstitut für Evaluation und Qualitätssicherung – eqs-institut „Zauberberg-Studien", Forschungsaufträge der Bundesregierung
- Jährlicher wissenschaftlicher Förderpreis (7.500 Euro) für den Bereich Pflege
- Jährlicher rehabilitationswissenschaftlicher Förderpreis (7.500 Euro)
- Beratung und Begutachtung in Pflege und Rehabilitation durch wissenschaftliche Beiräte in Pflegeeinrichtungen
- AMARITA Seniorenpflegeeinrichtungen, Senioren-Wohnparks, medizinisch betreute Pflege-Kliniken, Spezial-Pflegeheim
- Medina Behinderteneinrichtungen
- Betreute Wohnanlage Astor Park

MITGLIEDSCHAFTEN & KOOPERATIONEN

- Mitglied in der VBL (Versorgungsanstalt des Bundes und der Länder) (Arbeitsplatzsicherung und Weiterbeschäftigung durch tarifrechtliche Bindung)
- Zusammenarbeit mit BfA, LVs, KKs und Akutkrankenhäusern
- Kooperation mit Friedrich-Schiller-Universität Jena, Universitätsklinik Heidelberg, Universitätsklinik, Mannheim, Universitätsklinik Magdeburg

SONSTIGES

- Die Marseille-Kliniken schaffen seit 1999 rd. 300 neue Arbeitsplätze jährlich
- Ausbildungsquote wird kontinuierlich erhöht

INFORMATION

Marseille-Kliniken AG
Alte Jakobstraße 79/80
10179 Berlin
Matthias Soyka
Fon 0 40 / 51 45 - 93 09
Fax 0 40 / 51 45 - 97 56
soyka@marseille-kliniken.de
www.marseille-kliniken.de

MCDONALD'S DEUTSCHLAND

„Wir wollen der Gesellschaft einen Teil dessen zurückgeben, was wir von ihr bekommen haben", heißt einer der Wahlsprüche des Gründervaters von McDonald's, Ray Kroc. Die Umsetzung dieses Mottos ist bei McDonald's und seinen Franchise-Nehmern längst zur Tradition geworden. Unsere Franchise-Nehmer engagieren sich in ihrem lokalen Umfeld: von der Unterstützung des Kindergartens um die Ecke über die Mitgestaltung von Stadtfesten und Sportevents. McDonald's versteht sein gesellschaftliches Engagement als festen Bestandteil seiner Unternehmensphilosophie.

Bane Knezevic,
President Western Division – McDonald's Europe,
President and CEO – McDonald's Germany

Das erste McDonald's Restaurant öffnete 1955 in Des Plaines, Illinois seine Pforten. Mittlerweile sind es weltweit über 30.000 – davon allein in Deutschland 1.262. Als Marktführer der Systemgastronomie mit 47.000 Mitarbeitern und rund 751,8 Millionen Gästen pro Jahr nimmt McDonald's seine Verantwortung als Arbeitgeber und Ausbilder sehr ernst: Im letzten Jahr wurde eine neue Ausbildungsinitiative buchstäblich ins Rollen gebracht: Unter dem Motto „McDonald's – Ausbildung mit Zukunft" startete ein eigens ausgestatteter US-Schulbus durch 30 deutsche Städte, um vor Ort Auskunft über Ausbildungsmöglichkeiten und Karrierechancen bei McDonald's zu geben. Im Vordergrund stand dabei, das relativ neue, von der Industrie- und Handelskammer (IHK) anerkannte Berufsbild des Fachmann für Systemgastronomie bekannter zu machen. McDonald's Deutschland hatte maßgeblichen Anteil an der Schaffung dieses Berufsbildes im Jahre 1998. In 2004 wurden bundesweit 1.432 Auszubildende in allen Lehrjahren bei McDonald's beschäftigt, die nach ihrem systemgastronomischen Abschluss alle Voraussetzungen haben, um verantwortungsvolle Aufgaben im Restaurant-Management zu übernehmen.

Doch Verantwortung für die Gesellschaft bedeutet für McDonald's noch mehr. Nämlich seinen Gästen neben einer vielfältigen Auswahl an hochwertigen Produkten auch Informationen und Angebote für einen ausgewogenen Lebensstil zu bieten.

Die Gäste erhalten bereits seit 1996 umfassende Informationen zu allen Nährwerten der Produkte sowie zu deren Herkunft. Das McDonald´s Agricultural Assurance Programme (MAAP) beginnt dort, wo die Rohmaterialien aus landwirtschaftlicher Herstellung herkommen – das heißt beim Saatgut oder der Aufzucht. Die Nährwerte der Produkte können im Internet, auf der Rückseite aller Tablettauflagen sowie in Broschüren eingesehen werden. So kann sich jeder Gast über die Vielfalt der Produkte und Inhaltsstoffe informieren.

Wie sich eine ausgewogene Lebensweise mit einem oft turbulenten Alltag in Beruf und Familie vereinbaren lässt, zeigt McDonald´s im Ratgeber „Familie in Balance". Das Buch richtet sich mit Spielideen, Bewegungstipps und Kochrezepten gezielt an Familien, die mehr Zeit miteinander verbringen und ausgewogen leben möchten. McDonald's motiviert seine Gäste, Ernährung, aber auch Bewegung im

ich liebe es

DIE MCDONALD'S KINDERHILFE

Die McDonald's Kinderhilfe, der Prof. Dr. Rita Süssmuth als Präsidentin des Aufsichtsrates vorsteht, wurde 1987 als gemeinnützige Gesellschaft gegründet und hilft seitdem schwer kranken Kindern und deren Eltern. In der Nähe von Spezialkliniken werden Ronald McDonald Häuser gebaut und betrieben, in denen Eltern schwer kranker Kinder ein Zuhause auf Zeit finden, um während der oft langwierigen Behandlungen bei ihrem Kind sein zu können. „Nähe hilft heilen": Kinder werden schneller gesund, wenn die Eltern bei ihnen sein können – dies belegt auch eine Studie der Universität Groningen. Zur Zeit betreibt die McDonald´s Kinderhilfe 14 Ronald McDonald Häuser in Aachen, Bad Oeynhausen, Berlin, Cottbus, Erlangen, Hamburg, Jena, Kiel, Lübeck, Oldenburg, Leipzig, in München-Großhadern sowie in der Nähe des Münchner Herzzentrums und seit dem 01. Juli 2005 in Essen. Das Essener Haus wurde nach dem letzten Architekturentwurf des im Jahr 2000 verstorbenen österreichischen Künstlers Friedensreich Hundertwasser gebaut. Derzeit entsteht ein weiteres Haus in Homburg/Saar. Die McDonald's Kinderhilfe wurde 1987 nach dem Vorbild der Ronald McDonald House Charities gegründet, die 1974 in Philadelphia/USA ins Leben gerufen wurde. In den weltweit über 240 Ronald McDonald Häusern in 27 Ländern arbeiten mehr als 30.000 ehrenamtliche Helfer für den guten Zweck. Seit 1987 kamen in Deutschland rund 48,8 Millionen Euro zugunsten schwer kranker Kinder zusammen.

„Familie in Balance", so ein Titel aus der Vielzahl von Info-Broschüren und Ratgebern, die McDonald's zum Thema Ernährung herausgibt

Sinne von „Balanced Lifestyle" als Teil einer insgesamt ausgewogenen Lebensweise zu begreifen. So förderte McDonald's Bewegung im Alltag durch den Verkauf eines praktischen Schrittzählers, des Step-o-meters, mit dem jeder die empfohlenen täglichen 10.000 Schritte nachkontrollieren kann. Darüber hinaus entwickelte McDonald's die werbefreie Unterrichtseinheit „Mit Verstand groß werden". Dabei lernen die Schüler spielerisch, vernünftig mit Nahrungsmitteln umzugehen und auf ausreichend Bewegung zu achten.

Auch in anderen Bereichen macht McDonald's Schule. So soll die Unterrichtsmappe „Um Welten besser" Jugendliche mit Hilfe von Arbeitsblättern, Kopiervorlagen und Folien für das Thema Umwelt begeistern. Ebenso entwickelte McDonald's mit der deutschen UNESCO-Kommission und der Aktion Saubere Landschaft (ASL) Agenda-21-Boxen, die mit Spielen, Videos und einem Experimentierkasten spannendes Material zum Thema Nachhaltigkeit bieten. Aber nicht nur im schulischen Bereich, sondern in allen Bereichen des Unternehmens wird umweltbewusst gehandelt. 1987 führte McDonald's ein effektives Umweltprogramm ein, das ständig weiterentwickelt wurde. Besonders die Bereiche Kreislaufwirtschaft, Recycling, Energieeinsparung und Reinigungsmittelverbrauch stehen hierbei im Fokus. Zum Beispiel wird durch konsequente Wertstofftrennung sichergestellt, dass gebrauchte Materialien in den Stoffkreislauf rückgeführt werden, womit eine Recyclingquote von ca. 90 % erreicht wird. Dabei setzt McDonald's auf nachwachsende Rohstoffe, die zu derzeit 80 % eingesetzt werden.

Ein wichtiger Leitsatz des Unternehmensgründers Ray Kroc lautet: „Gebt der Gemeinschaft, in der ihr lebt, etwas von dem zurück, was sie euch gibt." Er wurde zur Unternehmensphilosophie und untermauert die weltweit gesellschaftliche Verantwortung des Unternehmens. Bedeutendstes Beispiel hierfür ist die McDonald's Kinderhilfe, die in bundesweit 14 Ronald McDonald Häusern jährlich rund 3.500 Familien mit schwer kranken Kindern ein Zuhause auf Zeit gibt (s. gesonderte Darstellung). Einen wesentlichen Beitrag zur Finanzierung leisten McDonald's, seine Franchise-Nehmer und Lieferanten mit über 3 Millionen Euro (in 2004) sowie den bekannten Spendenhäuschen in den McDonald's Restaurants: In 2004 haben die Gäste rund 1 Mio. Euro beigetragen. Darüber hinaus bat McDonald's Deutschland am 1. Oktober 2004 zur ersten Fundraising-Gala zugunsten der McDonald's Kinderhilfe in Berlin. 400 erlesene Gäste erlebten einen bunten Entertainment-Abend, durch den die bekannte TV-Moderatorin Frauke Ludowig führte, und trugen durch eine Auktion 520.300 Euro für die McDonald's Kinderhilfe

McDonald's kooperiert mit dem Verein „Deutschland liest vor", und begleitet die Initiative bundesweit und richtet Vorlesestunden in seinen Restaurants aus

zusammen. Eine weitere spektakuläre Sammelaktion waren die „Helfenden Hände", die McDonald's anlässlich des Weltkindertages am 20. November 2004 in seinen Restaurants anbot: gelbe Aufkleber in Handform, die für einen Euro zu kaufen und dann an die Fenster des Restaurants zu kleben waren. Der Reinerlös von 260.000 Euro aus 300.000 helfenden Händen kam dem Bau des 15. Ronald McDonald Hauses in Homburg an der Saar zugute.

AUF EINEN BLICK:

GESELLSCHAFT

- Sportengagement, national und international
- McDonald's Fußballeskorte, McDonald's Cups und Camps bis zur WM 2006

MITARBEITER

- Flexible Arbeitszeitmodelle
- Fortbildungsmaßnahmen auf allen Ebenen

UMWELT

- Eigenes Umweltteam seit 1987
- 53 Lieferbetriebe nach ISO 14001 zertifiziert
- Logistikunternehmen WLS nach EMAS validiert
- Einsatz Biodiesel
- Kreislaufwirtschaft und Recycling
- Zahlreiche regionale Kooperationen
- Umweltbildung

INITIATIVEN, PROJEKTE, KOOPERATIONEN

- McDonald's Kinderhilfe
- Deutschland liest vor
- World Childrens Day

MITGLIEDSCHAFTEN

- ASL (Umwelt)
- Umweltpakt Bayern

PREISE & AUSZEICHNUNGEN

- Top-Arbeitgeber

SONSTIGES

- Buchveröffentlichung: Familie in Balance
- Informationen Kinderärzte
- Lehrmaterial Grundschulen und Sek. I

INFORMATION

McDonald's Deutschland Inc.
Drygalski-Allee 51
81477 München
Jennifer Gehrmann
Corporate Affairs
Fon 0 89 / 7 85 94 - 5 27
Fax 0 89 / 7 85 94 - 4 79
jennifer.gehrmann@de.mcd.com
www.mcdonalds.de

MERCK

Bei allem Wandel sichern ethische Grundsätze, langfristiges Denken und Flexibilität unseren nachhaltigen Erfolg. Auch wenn wir heute kein reines Familienunternehmen mehr sind, so ist die 337-jährige Geschichte von der Tradition der Unternehmerfamilie Merck geprägt. Diese Tradition verpflichtet: Mit innovativen Produkten, engagierten Mitarbeitern und einem verantwortungsvollen Umgang mit den natürlichen Ressourcen wollen wir den Wert des Unternehmens für kommende Generationen steigern. Als forschender Arzneimittelhersteller und als Lieferant für hochwertige Chemikalien war es stets auch unser Anliegen, den Mitarbeitern ein attraktives Arbeitsumfeld zu bieten, uns sozial und kulturell über die Grenzen der Werktore hinaus für die Gesellschaft zu engagieren und uns den ökologischen Herausforderungen zu stellen – als verantwortungsvoller Nachbar an allen unseren Standorten weltweit.

Prof. Dr. Bernhard Scheuble,
Vorsitzender der Geschäftsleitung der Merck KGaA

Merck ist ein weltweit erfolgreiches Pharma- und Chemieunternehmen. Das Pharmageschäft umfasst rezeptpflichtige Arzneimittel, Generika und Präparate für die Selbstmedikation; das Chemiegeschäft konzentriert sich auf Flüssigkristalle für Flachbildschirme, Effektpigmente, analytische Reagenzien und Testsätze sowie Produkte und Dienstleistungen für die Pharmaindustrie. Die Wurzeln reichen bis in das Jahr 1668 zurück – Merck ist das älteste pharmazeutisch-chemische Unternehmen der Welt. Eine Tradition, der sich die Unternehmensleitung bis heute verpflichtet fühlt: „Merck denkt in Generationen." Ausdauer und Stetigkeit sollen auch in Zukunft das Fundament für den Erfolg des Unternehmens bilden, das heute mit rund 29.000 Mitarbeitern in 54 Ländern tätig ist. Eine der Grundlagen für den verantwortungsbewussten Umgang innerhalb und außerhalb des Unternehmens ist das im Jahr 1992 formulierte Leitbild der Merck-Gruppe. Ergänzt wird es durch einen Verhaltenskodex und die „Merck Management Principles". Mit dem Beitritt zum Global Compact bekennt sich das Unternehmen zum verantwortlichen unternehmerischen Handeln weltweit. Als Koordinations- und Informationsstelle sorgt das Corporate Compliance Office für die Einhaltung aller Regeln.

Als Corporate Citizen übernimmt Merck Verantwortung für Produkte, Umwelt, Mitarbeiter und die Gesellschaft. Dazu gehören weltweit einheitliche Qualitäts-, Umwelt-, Gesundheits- und Sicherheitsstandards, die aus der Tradition einer gelebten Unternehmenskultur im Sinne verantwortlichen Handelns entstanden sind.

Dreh- und Angelpunkt der Produktverantwortung sind die hohe Qualität und die Produktsicherheit für Mensch und Umwelt. Produkte von Merck sind umfassend geprüft, bevor sie auf den Markt kommen – leicht zugängliche Informationen sind wichtig für den sicheren Umgang mit ihnen. Dazu gehören zum Beispiel Informationen über wichtige laufende Arzneimittelstudien oder die Chemieprodukte-Datenbank ChemDAT® mit Informationen zu 9.000 Chemikalien. Eng verbunden mit der Produktverantwortung ist die Verantwortung für die Umwelt: Bei regelmäßigen Auditierungen werden Ziele gesetzt, um den Verbrauch an Ressourcen zu reduzieren und den Schutz der Umwelt zu verbessern. Aktuelles Beispiel ist die Reduzierung des CO_2-Ausstoßes.

CHEMIE IM ALLTAG, CHEMIE ZUM ANFASSEN

„Chemie im Alltag, Chemie zum Anfassen" ist der Titel des von Merck durchgeführten Projekts zur Schulförderung, mit dem das traditionsreiche Pharma- und Chemieunternehmen dazu beitragen will, die Bildungslandschaft in Deutschland zu bereichern und zukunftsfähig zu machen. Schülern naturwissenschaftliche Zusammenhänge zu vermitteln und das Verständnis für die Fächer Chemie, Physik und Biologie zu fördern sind die wichtigsten Ziele des Projekts, das sich auf die Breitenförderung in südhessischen Schulen sowie die Spitzenförderung an vornehmlich weiterführenden Schulen konzentriert. Im Rahmen einer Schulpartnerschaft stellt Merck Unterrichtsmaterialien wie Chemikalien, Laborgeräte oder Literatur zur Verfügung. Bei Bedarf stellt Merck Referenten und bietet Exkursionen in die Werke Darmstadt und Gernsheim an. Damit möglichst früh ein Interesse an naturwissenschaftlichen Fragestellungen entstehen kann, erhalten Grundschulen Experimentieranleitungen, Bücher, Chemikalien und Laborgeräte für die Experimente der ABC-Schützen. Lehrer und Erzieher werden entsprechend geschult. Merck ist ein offenes Unternehmen, das Lehrern Fortbildungen und Schülern Betriebsbesichtigungen, Praktika, Bewerbertrainings und Schnuppertage ermöglicht. Mit seinem Engagement in Sachen Bildung leistet Merck einen Beitrag zur Verbesserung der Zukunftschancen junger Menschen und der Sicherung des Standortes Deutschland.

Im Jahr 2003 hat Merck seinen ersten CR-Bericht veröffentlicht, im Oktober 2005 erscheint der zweite

Der wirtschaftliche Erfolg des Unternehmens, das im Jahr 2004 einen Umsatz von 5,9 Mrd. Euro erzielte, beruht in hohem Maß auf dem Engagement der Mitarbeiter. Ein gutes Betriebsklima gehört zur auf Selbstverantwortlichkeit ausgerichteten Unternehmenskultur. Merck bietet daher ein attraktives Arbeitsumfeld: So gibt es am Standort Darmstadt eine Merck-Kindertagesstätte; die Möglichkeit von Teilzeit- und Telearbeit trägt ebenfalls zur besseren Vereinbarkeit von Beruf und Familie bei. Merck fördert die Chancengleichheit von Frauen und Männern sowie die Eingliederung von Schwerbehinderten. Weiterbildung hat einen hohen Stellenwert, wird immer stärker international ausgerichtet und reicht bis in die Führungsetagen. Auch die Ausbildung ist im Fokus: Mehr als sechs Prozent der Beschäftigten in Deutschland (Stand Ende 2004) sind Auszubildende. Ein Vorbild, das Schule machen sollte: Für Merck tätige Unternehmen, die einen Auszubildenden einstellen, können im Rahmen einer Kooperation drei Jahre lang monatlich 250 Euro Unterstützung erhalten.

Gesellschaftliches Engagement hat bei Merck viele Facetten, denn häufig beruht es auf Initiativen der Organisationen und Mitarbeiter vor Ort. Neben kulturellen und karitativen Projekten legt das Unternehmen den Schwerpunkt auf Bildung und Gesundheit: Wissen ist neben Ausdauer und Stetigkeit eine Säule des Unternehmenserfolgs. Der Einsatz für Gesundheit und Lebensqualität gehört per se zu den Zielen eines Arzneimittelherstellers und spiegelt sich daher auch im gesellschaftlichen Engagement wider. Einige Aktivitäten sollen hier beispielhaft dargestellt werden.

Am Standort Quetta in Pakistan bietet die Merck Marker (Pvt) Ltd. kostenlose Erwachsenenkurse für Mitarbeiter mit geringen Lese- und Schreibkenntnissen an. Gemeinsam mit der Organisation „The Citizens Foundation" baut Merck dort zwei Schulen und ein College für je 500 Schüler. Merck Thailand führt zusammen mit der nationalen Vertretung von Care International das „Young Leadership Development Program" durch und bietet Führungstraining für junge Menschen aus den ärmsten Regionen des Landes an. Ein Schwerpunkt des Bildungsengagements in Deutschland ist die regionale Schulförderung. Darüber hinaus liegt Merck das naturwissenschaftliche Interesse junger Menschen auch außerhalb der Schule am Herzen. Das Unternehmen fördert Chemie-, Physik-, Mathematik- und Biologie-Olympiaden und unterstützt den Wettbewerb „Jugend forscht".

In Sachen Gesundheit unterstützt Merck den „German Pharma Health Fund" zum Beispiel bei der Bekämpfung von Arzneimittelfälschungen. Um die Erkennung von Schilddrüsenerkrankungen kümmert sich Merck in Kooperation

Aus dem internationalen Bildungsprogramm von Merck: In Quetta (Pakistan) bietet Merck für seine Mitarbeiter Alphabetisierungskurse in Englisch und der Landessprache an

mit der WHO und schickt seine „ThyroMobile" mit Diagnoseeinrichtungen durch die ganze Welt. Die Merck Eprova AG in der Schweiz beteiligt sich am Projekt „Clean Water Worldwide" zur besseren Versorgung mit sauberem Trinkwasser, in Südafrika fördert Merck den „Child Abuse Treatment und Training Service", der sich um Straßenkinder kümmert. Fast alle Mitarbeiter von Merck Chile haben 2004 bei der Aktion der Initiative „Ein Dach für Chile" für 28 mittellose Familien einfache Holzhäuser errichtet – hier geht die Gesundheitsvorsorge mit Armutsbekämpfung einher.

Ausdauer, Stetigkeit und Wissen – Merck hat diese drei Säulen des Unternehmenserfolgs wie selbstverständlich zur Basis seines Handelns als Corporate Citizen einer Weltgemeinschaft gemacht, in der Unternehmen nicht nur Arbeitgeber sind, sondern Verantwortung tragender Teil der globalen Gesellschaft.

AUF EINEN BLICK:

GESELLSCHAFT

- Unterstützung internationaler Projekte an den Merck-Standorten zur Förderung der Bildung und des Gesundheitswesens
- Förderung verschiedener regionaler Initiativen und Projekte in Deutschland: Schulförderprojekt mit Schwerpunkt Naturwissenschaften, Sponsoring „Jugend forscht", Philharmonie Merck

MITARBEITER

- Verbindlicher globaler Verhaltenskodex
- Internationale Qualifizierungs- und Weiterbildungsangebote: Asia Transfer Program – Austauschprogramm zur Karriere- und Personalentwicklung, Talent Management Prozess, Merck University
- Programme zur Gesundheitsförderung
- Forum für europäische Arbeitnehmervertreter
- In Deutschland: Teilzeitmodelle, flexible Arbeitszeitkonten, firmeneigene Kindertagesstätte, Tageselternvermittlung

UMWELT

- Eigene Stabsabteilung für Umwelt, Gesundheit und Arbeitssicherheit
- Zertifizierung nach ISO 14001 an 13 Produktionstandorten weltweit
- Reduzierung des CO_2-Ausstoßes

MITGLIEDSCHAFTEN

- Global Compact
- Gründungsmitglied des „German Pharma Health Fund"
- Stiftungsinitiative „Erinnerung, Verantwortung, Zukunft"
- Responsible Care-Initiative der Chemischen Industrie
- Ethibel Investment Register

PREISE & AUSZEICHNUNGEN

- Umweltpreis 2000 der Stadt Darmstadt an Merck und BUND
- Platz 4 im CSR-Ranking von oekom research
- Zertifikat Beruf & Familie
- Auszeichnung als „Engagiertes Unternehmen" beim aktuellen Wettbewerb der Hessischen Landesregierung
- „Successful Practice Award" für Risikomanagement der Universität St. Gallen (Schweiz)

INFORMATION

Merck KGaA
Frankfurter Straße 250
64293 Darmstadt
Maria Schaad
Corporate Communications
Fon 0 61 51 / 72 - 22 13
Fax 0 61 51 / 72 - 87 93
corpcom@merck.de
www.merck.de

METRO GROUP

Unternehmerische Verantwortung bedeutet für uns, das profitable Wachstum der METRO Group mit ökologischen und sozialen Erfordernissen in Einklang zu bringen. Denn die Sicherung des dauerhaften wirtschaftlichen Erfolgs schließt verantwortliches Handeln gegenüber Menschen und Umwelt ein. Einen hohen Stellenwert haben dabei der schonende Umgang mit natürlichen Ressourcen, faire und gerechte Arbeitsbedingungen sowie das gesellschaftliche Engagement des Unternehmens.

Bei unserer Geschäftstätigkeit schaffen wir Transparenz gegenüber unseren wesentlichen Anspruchsgruppen, insbesondere unseren Aktionären und Mitarbeitern, Kunden, Geschäftspartnern und Lieferanten. So fördern und vertiefen wir das Vertrauen in die wirtschaftliche Leistungsfähigkeit und in die ökologische sowie soziale Kompetenz der METRO Group und ihrer erfolgreichen Vertriebslinien. Die konsequent vorangetriebene Internationalisierung der METRO Group schafft neue Arbeitsplätze mit hohen Sozialstandards. Das ist zugleich ein aktiver Beitrag zur nachhaltigen Entwicklung der Zivilgesellschaften in den neu erschlossenen Märkten Osteuropas und Asiens.

Dr. Hans-Joachim Körber, Vorstandsvorsitzender

Die METRO Group betrachtet nachhaltiges Handeln als wichtigen Aspekt ihrer Geschäftstätigkeit und als unverzichtbar für die langfristige Zukunftssicherung. Bei allen unternehmerischen Aktivitäten hat der internationale Handelskonzern seine gesellschaftliche Verantwortung stets im Blick. Dahinter steht die Überzeugung, dass dauerhaft profitables Wachstum des Unternehmens nur gewährleistet werden kann, wenn die Berücksichtigung ökologischer und sozialer Erfordernisse fester Bestandteil des unternehmerischen Handelns ist.
Die METRO Group hat sich innerhalb weniger Jahre zu einem leistungsstarken Unternehmen mit mehr als 2.400 Standorten in 30 Ländern entwickelt. Mit Metro Cash & Carry, Real, Extra, Media Markt, Saturn sowie Praktiker und Kaufhof verfügt der Handelskonzern über leistungsstarke Vertriebsmarken. In den Bereichen Beschaffung, Logistik, Informatik, Umwelt, Werbung und Finanzierung schaffen Querschnittsgesellschaften Synergien, indem sie konzernweit übergreifende Aufgaben für alle Vertriebsgesellschaften wahrnehmen.
Ein maßgeblicher Wachstumstreiber der METRO Group ist die konsequente internationale Expansion. Sie hat dazu beigetragen, dass sich die METRO Group von einem herkömmlichen Handelsunternehmen mit Konzentration auf den Heimatmarkt zu einem zukunftsorientierten internationalen Handelskonzern entwickelt

hat. Das anhaltend dynamische Wachstum ermöglichte es der METRO Group, die Beschäftigtenzahl in den vergangenen Jahren kontinuierlich zu steigern und ihre Position als international tätiger, attraktiver und leistungsfähiger Arbeitgeber auszubauen. Im In- und Ausland schuf der Handelskonzern 2004 mehr als 10.000 neue Arbeitsplätze, was einem Zuwachs von 5,1 % entspricht. Die Mitarbeiter der METRO Group profitieren in nahezu allen Ländern von flexiblen Arbeitszeitmodellen, einer zielgerichteten Personalentwicklung, der Förderung von Führungskräften und nicht zuletzt dem internationalen Austausch.

Die Ausbildung junger Menschen ist der METRO Group ein besonderes Anliegen. Mit 7,6 % liegt der Anteil von Auszubildenden an der Belegschaft in Deutschland um rund zwei Prozentpunkte über dem Bundesdurchschnitt. Im Rahmen seiner Ausbildungsoffensive hat das Unternehmen alleine im Jahr 2004 über 3.000 Auszubildende neu eingestellt und damit Zeichen für neue Chancen auf dem deutschen Ausbildungsmarkt gesetzt.

METRO Group

ENTWICKLUNGSPROJEKTE IN INDIEN UND VIETNAM

Um sich das breit gefächerte Engagement der METRO Group konkret veranschaulichen zu können, sei im Folgenden ein Beispiel ausgewählt, das exemplarisch für die globale Verantwortungsübernahme des Konzerns steht.

2004 hat die METRO Group in Indien Trainingsprogramme für die lokale Landwirtschaft und Fischerei gestartet. Aufgrund fehlender Kühltechnik und veralteter Lieferketten verdirbt dort bis heute ein großer Teil der Waren auf dem Weg zum Konsumenten. Auf Basis eines Public-Private-Partnership-Modells (PPP) schult die METRO Group in Zusammenarbeit mit der Deutschen Investitions- und Entwicklungsgesellschaft (DEG) 14.000 Schafzüchter und 1.000 Fischer in Tierhaltung und -verarbeitung. Ziel des Kooperationsprojekts ist es, Wissen über hygienische Tierhaltung, angemessene Ernährung und tiermedizinische Maßnahmen zu vermitteln. Auch werden fast 100.000 Schafe geimpft, unter anderem gegen Maul- und Klauenseuche. Die verbesserte Qualität und Produktivität in der Agrarwirtschaft wirkt sich unmittelbar positiv auf die Absatzchancen der Landwirte vor Ort und die Wettbewerbsfähigkeit der METRO Group aus. Wesentliche Schwerpunkte des Fischereiprogramms bilden in erster Linie moderne Fang- und Verarbeitungsmethoden. Nach Verhandlungen mit der einheimischen Regierung ist es der METRO Group inzwischen gelungen, in Bangalore ein weiteres Schulungsprogramm für die Landwirtschaft im Gemüsebereich auf den Weg zu bringen.

Der alle zwei Jahre erscheinende Nachhaltigkeitsbericht informiert über Entwicklungen und Aktivitäten

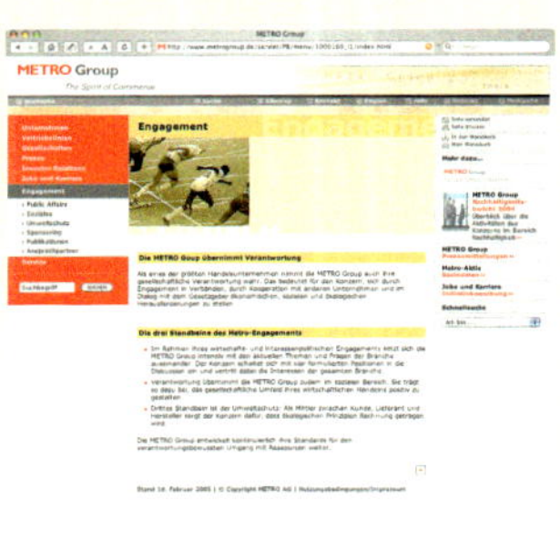

Eine besonders hohe Priorität hat in der METRO Group die Qualitätssicherung im gesamten Produktsortiment. Im Bewusstsein, dass die Sicherstellung einer hohen und zuverlässigen Qualität der angebotenen Produkte die wichtigste Grundlage für Kundenzufriedenheit und Kundenvertrauen ist, setzte das Unternehmen schon vor über 13 Jahren mit seinem eigenen Qualitätssicherungssystem Standards. Dieses ist weltweit in allen Metro-Ländern verbindlich und wird kontinuierlich weiterentwickelt. Das Modell stand auch für zahlreiche Initiativen von Wirtschaft und Staat Pate, deren Ziel die Förderung der Lebensmittelqualität zum Nutzen der Verbraucher ist. Alle Lieferanten der METRO Group werden einem anspruchsvollen Auditierungsverfahren unterzogen, in dem sie den Nachweis erbringen müssen, dass ihre Lieferungen den hohen Qualitätsansprüchen des Unternehmens genügen – von den Rohstoffen bis zum Transport. Die Lieferantenaudits werden im Auftrag der Qualitätssicherung jährlich wiederholt und von externen Spezialisten durchgeführt. Neben der Einhaltung der Qualitätsanforderungen wird die Einhaltung von Vereinbarungen über grundlegende soziale und ökologische Standards überprüft – immer mit dem Ziel, den Kunden bestmögliche Qualität zu liefern. Die Unterstützung der Ziele des deutschen „AVE Sektorenmodells Sozialverantwortung" setzt die METRO Group auf internationaler Ebene durch ihre Beteiligung an der Business Social Compliance Initiative (BSCI) fort.

Als eine wichtige strategische Herausforderung betrachtet die METRO Group außerdem die kontinuierliche Optimierung ihres Umweltmanagements. Der Anspruch, Ressourcen zu schonen und deren Effizienz zu steigern, begleitet das ökonomische Handeln der METRO Group weltweit. Im Jahr 2004 hat die METRO Group die international vergleichbaren Kennzahlen für den Energie- und Wasserverbrauch sowie für das Abfallaufkommen weiterentwickelt. Auf der Basis dieser Daten wird die METRO Group ihr Energie- und Ressourcenmanagement weiter verbessern und die ermittelten Kosteneinsparpotenziale konsequent nutzen.

Im Bereich Abfallwirtschaft konnten 2004 die hohen Verwertungsstandards der deutschen METRO-Group-Standorte auf weitere europäische Länder übertragen werden. Die maßgeschneiderten Entsorgungskonzepte berücksichtigen jeweils die lokale Entsorgungsinfrastruktur und bauen die Abfalltrennung weiter aus. So wurde beispielsweise in Frankreich das Gesamtabfallaufkommen reduziert und der stofflich verwertete Anteil signifikant erhöht.

Bereits 1998 veröffentlichte die METRO Group ihren ersten Umweltbericht. Seit 2002 wird

Zum Umweltmanagement der Metro zählt auch die Umsetzung eines Abfallwirtschaftskonzeptes

alle zwei Jahre ein Nachhaltigkeitsbericht publiziert, der die Entwicklungen im Bereich Nachhaltigkeit dokumentiert und einen detaillierten Überblick über alle Initiativen des Unternehmens in den Bereichen Wirtschaft, Umwelt, gesellschaftliches Engagement und Personalpolitik gibt.

AUF EINEN BLICK:

SOZIALES:

- Produzentenschulungen in Indien und Vietnam
- Unterstützung der Tafelbewegung durch Lebensmittelspenden
- Engagement für die „Plattform Ernährung und Bewegung" des Bundesverbraucherministeriums und der Lebensmittelwirtschaft
- Lernpartnerschaften durch Beteiligung am Institut „Unternehmen und Schule"
- Errichtung eines Betriebskindergartens am Standort Düsseldorf
- Allgemeine Förderung des Sozialengagements der Mitarbeiter
- Kunstförderung im Rahmen von Museumskooperationen
- Unterstützung hochkarätiger Sportereignisse wie den METRO Group Marathon Düsseldorf

UMWELT:

- Umweltleitlinien seit 1997
- Angebot von Bio-Lebensmitteln der Eigenmarke „Grünes Land"
- Angebot von Holzprodukten aus nachhaltiger Forstwirtschaft
- Rekultivierung der landwirtschaftlichen Anbauflächen im Dorf Ericek in der Türkei
- Gezielte Projekte zur Abfallreduzierung und zur getrennten Sammlung von Wertstoffen
- Energiemanagement
- Einsatz von Sonnenkollektoren zur Wärmenutzung
- Wassereinsparung durch Einsatz von Zisternen zur Regenwassersammlung

MEDIEN & MITGLIEDSCHAFTEN:

- Mitglied bei B.A.U.M. e.V.
- Mitglied des WWF
- Mitglied der Business Social Compliance Initiative (BSCI)
- Umweltbericht von 1998 bis 2000
- Sozialbericht von 1997 bis 2000
- Nachhaltigkeitsbericht seit 2002
- Online-Nachhaltigkeitsbericht im Internet

INFORMATION

METRO Group
Abteilung Nachhaltigkeit und Umwelt
Marion Sollbach
Schlüterstraße 1
40235 Düsseldorf
Fon 02 11 / 68 86 - 17 37
Fax 02 11 / 68 86 - 18 40
sollbach@metro.de
www.metrogroup.de

METZLER

Deutschland ist ein rohstoffarmes Land. Unsere wichtigste Ressource steckt in den Köpfen der jungen Leute. Daher sollten wir unsere Energie in die Ausbildung der nächsten Generation stecken. Als Bankier muss ich den „Return on Investment" im Blick haben, also das Verhältnis von eingesetztem Kapitel zum Gewinn. Bei unseren Projekten besteht der Gewinn in besseren Lernergebnissen, größeren Lernerfolgen und einer höheren Motivation, lebenslang zu lernen.

Friedrich von Metzler,
Gesellschafter B. Metzler seel. Sohn & Co. KGaA

Die meisten Menschen verlieren bei der Rückschau auf ihre Familiengeschichte schon bei den Urgroßeltern den Überblick. Friedrich von Metzler schaut sehr viel weiter zurück: In elfter Generation leitet er das Bankhaus B. Metzler seel. Sohn & Co. Die Erfolgsgeschichte ist eine zutiefst bürgerliche – das Adelsprädikat stammt aus den guten Geschäftsbeziehungen zur preußischen Krone –, und es sind bürgerliche Tugenden, die bis heute den Erfolg des Unternehmens ausmachen.
Nicht anders als sein Ahnherr Benjamin, der 1674 als Tuchhändler in Frankfurt am Main begann, ist Friedrich von Metzler ein Unternehmer, kein Manager. Als Bankier unter Bankern am Finanzplatz Frankfurt leitet er eine der wenigen Privatbanken in Deutschland, von denen zu Beginn des 21. Jahrhunderts nur rund 50 verblieben sind. B. Metzler seel. Sohn & Co. ist die älteste deutsche Privatbank in ununterbrochenem Familienbesitz. Das ist nicht zuletzt das Verdienst des heutigen Chefs, Friedrich von Metzler. Er übernahm 1971, mit nicht einmal 30 Jahren, die Leitung der Bank. Seine internationale Ausbildung verschaffte ihm die notwendige Weitsicht, um den Bestand des Unternehmens auch für die nächste Generation zu sichern. Er kam zu dem Schluss, dass eine moderne Privatbank sich auf das spezialisieren sollte, was sie besser machen kann als die Universalbanken.

Fünf Geschäftsfelder bilden das Kerngeschäft der Bank: Asset Management, Equities, Financial Markets, Private Banking und Corporate Finance. Ein zentraler Erfolgsfaktor in allen Bereichen ist die absolute Unabhängigkeit. Interessenkonflikte gibt es nicht, und Metzler kann so allein im Auftrag des Kunden handeln.

Eigentum verpflichtet: Diese Feststellung des Grundgesetzes der Bundesrepublik Deutschland hat für die Familie Metzler bereits seit Jahrhunderten Tradition. Wer sein unternehmerisches Denken nicht an Quartalsberichten ausrichten muss, behält den Sinn für langfristigen Erfolg und für Zusammenhänge, die über die reinen Kennzahlen hinausgehen. Deshalb begreifen sich die Metzlers als gestaltende Mitglieder der Gesellschaft. Basis dafür ist allerdings der geschäftliche Erfolg, denn in erster Linie ist Metzler eine Bank. Das Engagement ist nicht gänzlich altruistisch – schließlich nutzt ein funktionierendes, attraktives Umfeld auch dem Unternehmen.

Friedrich von Metzler gründete 1998 die Albert-von-Metzler-Stiftung, die er nach seinem Vater

METZLER

NETZWERK FÜR GEHIRNFORSCHUNG UND SCHULE

METZLER
Albert-von-Metzler-Stiftung

Lebenslanges Lernen ist zu einem wichtigen Thema in der öffentlichen Debatte geworden und wird auch von Unternehmen immer stärker eingefordert. Die Albert-von-Metzler-Stiftung, unter der Geschäftsführung von Sylvia von Metzler, will dazu beitragen, dass unser Verständnis davon, wie Lernen funktioniert, besser wird und dass wissenschaftliche Erkenntnisse in praktischer Anwendung überprüft und umgesetzt werden können. Gemeinsam mit dem Neurowissenschaftler Professor Manfred Spitzer gründete sie das Netzwerk für Gehirnforschung und Schule. Das Netzwerk forscht und evaluiert an der Schnittstelle zwischen Neurowissenschaften, Medizin und Pädagogik. Als Vorreiter in Deutschland ist es auf private Förderung angewiesen, weil es als interdisziplinäre Initiative aus dem Rahmen der klassischen Wissenschaftsförderung herausfällt. An dieser Stelle sieht die Metzler-Stiftung ihren wesentlichen Beitrag: Sie stellt nicht nur die Anschubfinanzierung zur Verfügung, sondern nutzt das Know-how aus dem Unternehmen und die Reputation des Stiftungsgründers Friedrich von Metzler, um weitere Förderer zu gewinnen. An der Initiative gefällt Metzler besonders der Netzwerk-Gedanke, der darauf ausgerichtet ist, die Lücke zwischen Forschung und Praxis zu schließen. Aus seiner unternehmerischen Tätigkeit weiß er, dass oft die besten Ideen im Austausch miteinander entstehen. Den Gewinn aus dieser Zukunftsinvestition sieht er in besseren Lernergebnissen, größeren Lernerfolgen und einer höheren Motivation zum lebenslangen Lernen.

Das Bankhaus Metzler informiert umfassend über seine Projekte und Initiativen im sozialen Bereich

benannte. Die Geschäfte führt seine Frau Sylvia, unterstützt von einem Beratergremium aus Mitarbeitern des Bankhauses. Die Arbeit der Stiftung konzentriert sich auf die ganzheitliche Entwicklung von Kindern und Jugendlichen. Das Lernen in der Schule ist Thema im „Netzwerk Gehirnforschung und Schule". Ein Wettbewerb zur Leseförderung, „Ohr liest mit", bundesweit ausgeschrieben an 32.000 Schulen, war dem kreativen Lesen und der Teamarbeit beim Produzieren von Hörspielen gewidmet. Der Früherkennung von Augenkrankheiten bei Kindern nimmt sich der „Augenstern e. V." an.

Das Finanzhaus ist nicht um Ideen verlegen, wenn es darum geht, auch andere zum Stiften anzustiften. „1+1=3" lautet die für Bankiers ungewöhnliche Formel. Zum 325-jährigen Firmenjubiläum spendete die Bank insgesamt eine Million D-Mark an zehn Frankfurter Kulturinstitutionen. Die Begünstigten hatten nun ein Jahr Zeit, eine weitere Million D-Mark an Spenden zu sammeln. Sollte dies gelingen, würde Metzler als Bonus eine weitere Million ausschütten. Die Hürde wurde deutlich genommen: Insgesamt knapp sieben Millionen D-Mark kamen zusammen.

Von der Verbundenheit der Familie Metzler mit Frankfurt profitiert auch die Goethe-Universität. Eine Stiftungsgastprofessur für Finanzwirtschaft beruft Wissenschaftler der renommierten Wharton Business School aus Philadelphia als Gastprofessoren in die Mainmetropole und ermöglicht Frankfurter Professoren einen Forschungsaufenthalt an der Wharton School. Das Austauschprogramm hat Vorteile für beide Universitäten – und auch für das Bankhaus Metzler, das an gutem akademischen Nachwuchs interessiert ist.

Die Glaubwürdigkeit eines Unternehmens lässt sich besonders am Umgang mit den Mitarbeitern messen. Friedrich von Metzler hat hohe Ansprüche an seine Mitarbeiter, bietet aber gleichzeitig ein modernes und familienfreundliches Arbeitsumfeld: Dazu gehören attraktive Teilzeitmodelle und die Möglichkeit, im Home-Office zu arbeiten. An den gemeinnützigen Projekten können sich die Mitarbeiter und ihre Angehörigen beteiligen. Beim so genannten „Patenschaftsmodell" halten Mitarbeiter Kontakt zu einer sozialen Einrichtung ihrer Wahl, leisten unbürokratisch Hilfe und lernen andere Lebenswirklichkeiten kennen. Metzler hat sich dabei ein Diktum von Henry Ford II zu Eigen gemacht: „Ein Unternehmen, das nur Geld verdient, ist ein armes Unternehmen."

Vom bewährten Know-how des Bankhauses profitieren seit kurzem die Mitarbeiter aber auch ganz persönlich. Über ein „Wertkontenmodell" können sie Überstundenvergütungen, Sonderzahlungen und Prämien oder Teile des laufenden Gehalts auf ein Wertkonto einzahlen.

Der Förderung von Kindern und Jugendlichen hat sich die Albert-von-Metzler-Stiftung verpflichtet; die Schwerpunkte sind lernen, hören, sehen

Für die Anlage bestimmt der Mitarbeiter eine Risikoklasse. Um die Mitarbeiterbindung noch zu erhöhen, gewährt Metzler einen zehnprozentigen Zuschuss auf die Einzahlungen, wenn der Mitarbeiter drei Jahre in einem ungekündigten Arbeitsverhältnis gestanden hat. Das gesparte Guthaben kann zur Finanzierung eines Sabbaticals, des Vorruhestands oder zur Auszahlung im Rentenalter verwendet werden. Die Unterstützung des Betriebsrats und die gute Resonanz bei den Mitarbeitern zeigen, dass Metzler wieder einen zukunftsweisenden Weg gefunden hat, Gutes zu tun: anderen und sich selbst.

AUF EINEN BLICK:

GESELLSCHAFT

- Albert-von-Metzler-Stiftung: Förderung von Kindern und Jugendlichen mit den Schwerpunkten lernen, hören, sehen
- Patenschaften der Mitarbeiter: „Mehrwert – Lebenswert"
- Inititative 1+1=3: umfangreiches Kulturengagement in der Stadt Frankfurt am Main
- Metzler-Stiftungsgastprofessur für internationale Finanzwirtschaft, Austauschprogramm Goethe-Universität Frankfurt am Main und Wharton School, Philadelphia/USA

MITARBEITER

- Metzler-Wertkontenmodell für Mitarbeiter
- Sabbatical
- Teilzeit-Modelle
- Home-Office
- Ideenmanagement

MITGLIEDSCHAFTEN

- Bürgerhospital e. V., Frankfurt am Main
- Freies Deutsches Hochstift (Goethe-Haus), Frankfurt am Main
- Freunde und Förderkreis Deutsches Museum e. V., München
- Gesellschaft für Kapitalmarktforschung e. V. (Center for Financial Studies), Frankfurt am Main
- Initiativkreis Stuttgarter Stiftungen Trägerverein e. V., Stuttgart
- Kulturkreis der deutschen Wirtschaft im Bundesverband der deutschen Industrie e. V., Berlin
- Senckenbergische Naturforschende Gesellschaft, Frankfurt am Main
- Städelscher Museums-Verein e. V., Frankfurt am Main
- Stiftung Centrale für Private Fürsorge e. V. , Frankfurt am Main
- Zoologische Gesellschaft Frankfurt von 1858 e. V., Frankfurt am Main

PREISE & AUSZEICHNUNGEN

- Ehrenbürgerwürde der Stadt Frankfurt am Main und Bundesverdienstkreuz für Friedrich von Metzler

INFORMATION

B. Metzler seel. Sohn & Co. KGaA
Große Gallusstraße 18
60311 Frankfurt am Main
Sigrun Stosius
Pressereferentin, Prokuristin
Fon 0 69 / 21 04 - 49 76
Fax 0 69 / 21 04 - 44 31
sstosius@metzler.com
www.metzler.com

MICROSOFT DEUTSCHLAND

Für Microsoft hat gesellschaftliches Engagement traditionell große Bedeutung. Wir möchten unseren Erfolg mit anderen teilen und der Gesellschaft etwas davon zurückgeben. Nicht nur international, sondern auch am Standort Deutschland unterstützen wir daher eine Vielzahl von Initiativen und Projekten, um gemeinsam mit Partnern Lösungen für drängende gesellschaftliche Probleme zu finden. Das Thema Bildung ist dabei seit je ein Schwerpunkt unseres Engagements, den wir künftig weiter ausbauen werden. Schließlich bestimmen unser Umgang mit Wissen und die Notwendigkeit, lebenslang zu lernen, darüber, ob wir in der Lage sind, die gegenwärtigen und künftigen Herausforderungen der Informationsgesellschaft zu bewältigen.

Jürgen F. Gallmann, Vorsitzender der Geschäftsführung
Microsoft Deutschland GmbH

„Ausbildung", so schrieb Bill Gates schon 1995 in seinem Buch „Der Weg nach vorn", „ist das entscheidende Instrument der Gesellschaft zur Beseitigung gesellschaftlicher Unterschiede, das heißt, jede Verbesserung des Bildungssystems bedeutet einen Schritt in Richtung Chancengleichheit." Und auch die Konsequenz aus dieser Erkenntnis findet sich in Gates' visionärem Buch bereits formuliert: „Die Gesellschaft wird durch entsprechende Fördermaßnahmen dafür sorgen müssen, dass alle Benutzer, unabhängig von ihrer geographischen und sozioökonomischen Situation, den gleichen Zugang zum Informations-Highway haben." Natürlich impliziert dies auch, dass beispielsweise Menschen mit Behinderungen uneingeschränkt von den Möglichkeiten der Informationstechnologie profitieren können sollen – in Deutschland leben immerhin 6,7 Millionen Menschen mit körperlichen Behinderungen. Daher gibt es auch schon seit 1995 bei Microsoft eine Richtlinie mit der Selbstverpflichtung, die eigenen Produkte barrierefrei zu gestalten. Im bekanntesten Produkt des weltweit führenden Herstellers von Software, Services und Internet-Technologien, dem Betriebssystem Windows, sind Funktionalitäten zur Bedienungserleichterung für Menschen mit Seh-, Hör- oder motorischen Behinderungen schon seit der Version 95 fester Bestandteil. Das Beispiel zeigt, dass soziale Verantwortung bei Microsoft tief im Firmenselbstverständnis verwurzelt ist. Für Microsoft Deutschland bedeutet CSR ganz fundamental, den Standort Deutschland zu unterstützen, wobei sich die vier Kernthemen Wirtschaftsförderung, Innovation, IT-Sicherheit und Bildung ausmachen lassen. Im Bereich Wirtschaftsförderung heißt es: „unternimm was". Denn so lautet der Name der Gründerinitiative, die Microsoft Deutschland gemeinsam mit Partnern aus Wirtschaft, Politik und Wissenschaft ins Leben gerufen hat. Rund 500 Gründer und junge Unternehmen werden pro Jahr mit Know-how, Zugang zu Partner- und Kundennetzwerken, speziellen Trainingsprogrammen sowie der Bereitstellung von Technologie gefördert. Darüber hinaus bildet das Partner-Modell, mit dem Microsoft im deutschen Markt agiert und welches bislang 22.000 Unternehmen ermöglicht hat, ihre eigene Geschäftstätigkeit darauf aufzubauen, einen enormen Beschäftigungshebel: 76.000 Beschäftigte erwirtschaften bei den Microsoft-Partnerunternehmen pro Umsatzeuro von Microsoft 7,50 Euro Microsoft-bezogenen Umsatz.

Microsoft®

SCHLAUMÄUSE – KINDER ENTDECKEN SPRACHE

Schlau Mäuse®

Mit „Schlaumäuse – Kinder entdecken Sprache" hat Microsoft Deutschland eine Bildungsinitiative speziell für Vorschulkinder auf den Weg gebracht. Die Initiative soll die natürliche Lust der Kinder am Lernen fördern und sie spielerisch an Sprache und Schrift heranführen. Berührungsängste gegenüber modernen Medientechnologien sollen abgebaut und Wege für einen sinnvollen Umgang mit ihnen aufgezeigt werden. Im Mittelpunkt der Initiative stehen Kinder, die aufgrund ihrer räumlichen und sozialen Rahmenbedingungen benachteiligt sind. Bundesweit stattete Microsoft Deutschland hierzu bislang rund 500 Kindergärten mit einem „Sprachkompetenzkoffer" aus, der pädagogisches Begleitmaterial sowie eine eigens entwickelte Lernsoftware zum Inhalt hat. 200 Einrichtungen aus Regionen mit besonders hohem Erneuerungsbedarf erhielten darüber hinaus kindgerechte Tablet-PCs, Drucker und Modems. Die Erzieher der beteiligten Einrichtungen wurden in zweitägigen Workshops durch erfahrene Medienpädagogen geschult. Kooperationspartner bei diesem Projekt sind UNICEF, der Cornelsen Verlag sowie das u.a. vom Bundesfamilienministerium getragene Modellprogramm E & C, „Entwicklung und Chancen junger Menschen in sozialen Brennpunkten".

Das gesellschaftliche Engagement von Microsoft Deutschland wird in vielfältiger Weise dokumentiert

Innovation bedeutet für Microsoft vor allem anwendungsorientierte Forschung, die sich im European Microsoft Innovation Center (EMIC) in Aachen bündelt. Forschungsschwerpunkte sind gemäß den Prioritäten der europäischen Technologiepolitik Themen wie Sicherheit, Datenschutz, Mobilität, mobile Anwendungen und Web-Services. Das Thema IT-Sicherheit ist nur vordergründig von rein technischem Belang, tatsächlich tangiert es die verschiedensten sozialen Bereiche – man denke etwa an sexuelle Belästigung von Kindern in Chaträumen. Gemeinsam mit namhaften Partnern aus Politik, Wirtschaft und Gesellschaft macht sich Microsoft in der Initiative „Deutschland sicher im Netz" (www.sicher-im-netz.de) für mehr Online-Sicherheit stark. Vor allem kleine und mittelständische Unternehmen, Behörden und Institutionen, aber auch Eltern und Lehrer haben oft weder die nötigen Informationen noch die finanziellen und zeitlichen Ressourcen, um sich wirksam vor aktuellen Gefahren aus dem Netz zu schützen. Die beteiligten Partner formulieren Handlungsversprechen zur Sicherheit in der Informationsgesellschaft – eines findet sich beispielsweise, mitgetragen von MSN, eingelöst in den „Internauten" (www.internauten.de), einem Portal für 8–13-jährige Kinder, welches Medienkompetenz vermitteln soll.

In „WissensWert", der Bildungsinitiative von Microsoft, werden neue effektive Konzepte für das lebenslange Lernen entwickelt und erprobt. Wie alle Microsoft-Projekte erfüllt auch die unter der Schirmherrschaft des Bundesministeriums für Bildung und Forschung Edelgard Bulmahn stehende Initiative den Anspruch eines Modellprojekts mit Multiplikatorwirkung und hohem Innovationsgrad. Neben dem Projekt „Schlaumäuse – Kinder entdecken Sprache" (s. gesonderte Darstellung) sind hier besonders hervorzuheben „Lernscouts.de", ein Projekt zur Stärkung der Medienkompetenz benachteiligter Jugendlicher in Zusammenarbeit mit der Bundesinitiative „Jugend ans Netz" und der Initiative D21, sowie „Innovative Ganztagsschule", ein Projekt in Kooperation mit einer Reihe von Kultusministerien zur Erprobung innovativer pädagogischer Konzepte im außerunterrichtlichen Bereich unter Einbeziehung der neuen Medien.

Corporate Social Responsibility wird von Microsoft sehr nachhaltig verstanden, das heißt, ein besonderes Augenmerk wird auf innovativen Fortschritt in gesellschaftlichen und sozialen Bereichen gelegt. Sich vor Ort zu engagieren und möglichst vielen Menschen den Zugang zur Informationstechnologie zu ermöglichen, hat für Microsoft oberste Priorität. Doch auch dem Charity-Bereich wird ein hoher Stellenwert eingeräumt, wobei Microsoft

Microsoft Deutschland engagiert sich intensiv in der Aus- und Weiterbildung junger Menschen

Deutschland Corporate Volunteering stark unterstützt. Microsoft fördert mit eigenen Mitarbeiterprogrammen ganz gezielt das freiwillige Engagement der Mitarbeiter. Derzeit haben über 200 Kollegen in der Schlaumäuse-Initiative Patenschaften übernommen oder engagieren sich im Rahmen von weiteren ehrenamtlichen Projekten.
Darüber hinaus gibt es eine Reihe von Initiativen, die aus einer akuten Notsituation heraus entstehen und schnelle unbürokratische Hilfe leisten.

AUF EINEN BLICK:

GESELLSCHAFT

- Förderung von Unternehmensgründern
- Barrierefreie Informationstechnologie
- IT-Sicherheits-Initiativen
- IT-Qualifizierungen
- Förderung von frühkindlicher Bildung
- Unterstützung von Ganztagsschulen
- Anwendungsorientierte Forschung im European Microsoft Innovation Center (EMIC)

MITARBEITER

- Corporate Volunteering: im Rahmen von Bildungsprojekten; Einsatz in sozialen Einrichtungen
- Mitarbeiterengagement in weiteren humanitären Hilfsprojekten (z.B. UNHCR)

PPP-PROJEKTE

- Bildungsnetzwerk WissensWert
- Schlaumäuse – Kinder entdecken Sprache
- Gründerinitiative „Unternimm Was"
- Deutschland Sicher Im Netz

MITGLIEDSCHAFTEN

- Initiative D21
- BITKOM

PREISE & AUSZEICHNUNGEN

- Deutschlands Bester Arbeitgeber 2005, 2004, 2003 (Capital)
- Schlaumäuse:
  PPP-Award von D21 und Behördenspiegel (2004);
  1. Preis bei „Freiheit und Verantwortung" (2003);
  PR-Award von PR Report (2005)

INFORMATION

Microsoft Deutschland GmbH
Konrad-Zuse-Straße 1
85716 Unterschleißheim
Fon 0 89 / 31 76 - 0
prserv@microsoft.com
www.microsoft.com/germany

MIELE

Seit 106 Jahren steht Miele für höchste Produktqualität. Miele, das bedeutet Langlebigkeit, Zuverlässigkeit, Sicherheit. Das Credo des „Immer besser", von unseren Urgroßvätern, den Gründern des Unternehmens, ausgegeben, hat noch immer Gültigkeit und ist für uns tatsächlich alltägliche Verpflichtung. Jenseits aller offiziellen Normen und Vereinbarungen ist für Miele vieles seit je selbstverständlich. Unsere Unternehmensphilosophie pflegt nicht nur die Leitlinie „Immer besser" in Bezug auf unsere Produkte und der Verantwortung unseren Kunden gegenüber, sondern beinhaltet auch die Verantwortung für unsere Mitarbeiter. Das alte Wort von der Miele-Familie hat selbst in den heutigen schwierigen Zeiten noch Bestand. Denn soziale Verantwortung, nachhaltiges Agieren und Wirtschaften sind für Miele keine Schlagworte, sondern seit vielen Jahren fester Bestandteil des Unternehmens.

Dr. Markus Miele,
Dr. Reinhard Zinkann,
Geschäftsführende Gesellschafter Miele & Cie. KG

„Immer besser" lautet die Philosophie der Firma Miele seit ihrer Gründung im Jahr 1899 und hat seitdem Bestand. Das Unternehmen erhebt den Anspruch, Produkte von höchster Qualität zu produzieren. Miele – das ist ein Markenname, der für Langlebigkeit, Zuverlässigkeit und Sicherheit steht – der Qualität und Nachhaltigkeit verspricht. Ein solches Versprechen schließt Verantwortung für Händler, Endverbraucher, Mitarbeiter, Umwelt, Lieferanten, Kommunen der Standorte – Verantwortung für die Allgemeinheit – mit ein. Miele hat sich zum Ziel gesetzt, auf höchstem Qualitätsniveau in ökonomisch und ökologisch verträglichen Verfahren langlebige Produkte herzustellen und zu vermarkten. Sie sollen leistungsfähig, effizient und sicher sein und für ihren gesamten Lebenszyklus die Umwelt so wenig wie möglich belasten. Für Miele-Geräte gilt eine Mindestlebensdauer von 20 Jahren. Damit liegen sie weit über dem Durchschnitt und schonen durch längere Nutzungsdauer und verringerte Abfallmengen die Ressourcen. Regelmäßig hat das Unternehmen in Forschung, Entwicklung, Produktion und Vertrieb investiert, um die Leistung der Geräte zu erhöhen und die Verbrauchswerte zu verringern. Somit sind die Produkte selbst der beste und „lebende" Beweis für den verantwortungsvollen Umgang mit Umwelt und Ressourcen. Internationale Warentest-Spitzenpositionen, Umwelt- und

Innovationspreise sowie die mehrfach verliehene Auszeichnung als „Most trusted brand" – die am meisten geschätzte Marke Europas bei Haushaltsgeräten – unterstreichen die beeindruckende Verknüpfung von Fortschritt und Nachhaltigkeit. Qualitätsgrundsätze werden bei Miele im 1992 eingeführten Managementsystem festgehalten: Neben Arbeitssicherheit, Gesundheitsschutz und Produkthaftung werden soziale Belange und Umweltschutz regelmäßig durch externe Gutachter und Miele-eigene Auditoren überwacht.

Freiwillige Leitlinien ergänzen international geltende Qualitäts- und Umweltnormen. Das seit 1951 bestehende betriebliche Vorschlagwesen (BVW) ermöglicht Mitarbeitern, an der Entwicklung und Gestaltung des Unternehmens mitzuwirken. Ca. 22 % der Verbesserungsvorschläge bezogen sich in den letzten Jahren auf umweltrelevante Themen. Hier zeigt sich, was gelebt wird: Umweltthemen sind ein fester Bestandteil des Alltags, der Aus- und Weiterbildung bei Miele.

BUNDESWEITER AKTIONSTAG „NACHHALTIG WASCHEN"

Bundesweit fand am 10. Mai 2005 der „Tag des Nachhaltigen Waschens" unter der Schirmherrschaft von Ministerin Renate Künast statt. Dr. Markus Miele, Mitglied der Miele-Geschäftsleitung, warb dafür, „einen nachhaltigen Beitrag zur Schonung der Umwelt zu leisten und dabei auch noch Geld zu sparen". Ein solcher Beitrag kann schon in der richtigen Dosierung bestehen: nicht zu wenig Wäsche, nicht zu viel Waschmittel. Miele-Geräte, die intelligentes Waschen ermöglichen, unterstützen die Verbraucher. Sie sind nicht nur sparsamer und umsichtiger im Umgang mit Strom, Wasser und Rohstoffen – ihre vollelektronische Steuerung stellt sich darüber hinaus optimal auf die jeweilige Wäscheart ein: Ob Jeans oder Seide – die Maschinen passen ihr Programm sensibel der Wäschemenge, dem Verschmutzungsgrad und der Wasserhärte an. Durchgängig alle Modelle erreichen Bestwerte bei der Einstufung in Energieeffizienzklassen, dem Energylabel. Vergleichsuntersuchungen etwa bei der Stiftung Warentest bescheinigen Miele regelmäßig die große Sparsamkeit im Wasser- und Energieverbrauch bei gleichzeitig besten Spülergebnissen.

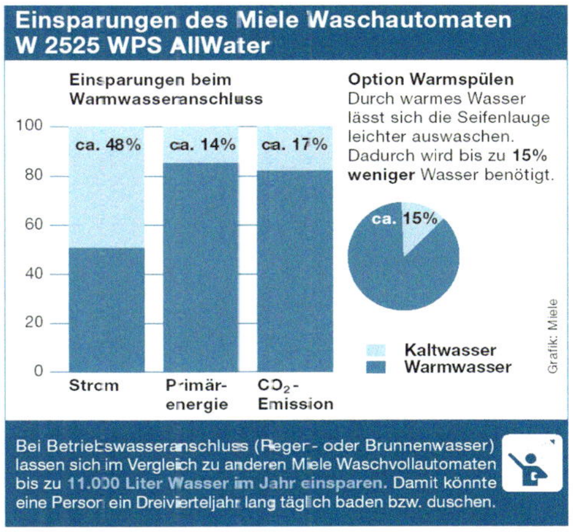

Das Miele Magazin gehört ebenso zu den Publikationen von Miele wie die regelmäßige Berichterstattung über Umweltthemen

Seit 1970 werden Umweltdaten systematisch erfasst, Umwelterklärungen und -berichte folgten. Wichtige Umweltziele sind die Verringerung des Energie- und Materialverbrauchs, der Abfallmengen und Emissionen. Miele berücksichtigt die Zeichen der Zeit: Natürliche Reserven werden knapper, der Energieeinsatz für die Rückgewinnung gebrauchter Materialien ist hoch. Daraus ergibt sich die Anforderung, energieeffiziente, langlebige und wiederverwertbare Gebrauchsgüter zu schaffen. Dieser Aufgabe widmet sich Miele durch umweltverträgliche Produktionsverfahren, schonenden Rohstoff-Einsatz, geringen Bedarf an Strom, Wasser, Reinigungs- und Spülmitteln, angemessene Entsorgung und Verwertung der Geräte und Materialien. Miele setzt auf Entwicklungen, die nicht nur guten Betriebsgewinn versprechen, sondern die es ermöglichen, den nachfolgenden Generationen eine ökologisch, sozial und ökonomisch intakte Welt zu hinterlassen. Nicht selten trifft man bei Miele die nachfolgende Generation direkt an: Großeltern, Eltern und erwachsene Kinder sind hier vertreten. Ein breit gefächertes Ausbildungsangebot, geringe Fluktuationsraten und zahlreiche Jubilarfeiern sprechen für sich. Rund 15.000 „Mieleaner" weltweit erleben heute die menschliche Unternehmenskultur und die soziale Absicherung, auf die von Anfang an viel Wert gelegt wurde: 1910 entstanden die ersten von über 200 Wohnungen für Mitarbeiter. Altersvorsorge (seit 1929), Sozialleistungen, Teilzeitmodelle und kostenlose Weiterbildungsangebote öffnen den Mitarbeitern gute Optionen für ihr Berufs- und Privatleben. Soziales Engagement ist für Miele von zentraler Bedeutung. Menschen mit Behinderungen sind selbstverständlich in die Miele-Arbeitswelt integriert. Regional engagiert sich Miele durch die zum 75. Firmenjubiläum (1974) gegründete Miele-Stiftung. Zum 100. Geburtstag des Unternehmens 1999 wurde das Stiftungskapital auf umgerechnet 2,5 Mio. Euro aufgestockt. Mit den Erträgen werden wohltätige Projekte und Aktionen der Heimatstadt Gütersloh gefördert. So haben zum Beispiel die Gütersloher Ferienspiele, die maßgeblich von der Miele-Stiftung finanziert werden, inzwischen eine ca. 30-jährige Tradition.

Neben der regionalen Verantwortung zeigt Miele auch globales Engagement: Respektvoller und verantwortungsbewusster Umgang miteinander und mit der Umwelt gehört ebenso selbstverständlich dazu wie die Achtung von Menschenrechten und die Bereitstellung gerechter Arbeitsbedingungen. Was im Unternehmen schon immer gelebt wurde, wird durch die sozialen Leitlinien der „Social Accountability International" (SA 8000) untermauert. Miele hat diese Leitlinien, die Kinder-

Seit seiner Gründung entwickelt und produziert Miele seine Produkte so, dass sie ökologischen Standards ebenso entsprechen wie den hohen Anforderungen an Qualität und Zuverlässigkeit

und Zwangsarbeit ablehnen sowie Gesundheits- und Sicherheitsstandards definieren, in das Managementsystem aufgenommen. Zusätzlich unterstützt Miele den 1999 vom Generalsekretär der Vereinten Nationen – Kofi Anan – vorgestellten Global Compact der UNO. Für Miele sind die hier formulierten Forderungen schon immer gelebte Wirklichkeit. Dennoch spornt der Anschluss an den globalen Pakt dazu an, sich auch in Zukunft „Immer besser" für Menschen- und Arbeitsrechte, Umweltschutz und soziale Gerechtigkeit einzusetzen.

AUF EINEN BLICK:

GESELLSCHAFT

- Aufträge an Behindertenwerkstätten
- Schulpatenschaften
- Regelmäßige Sach- und Geldspenden für gemeinnützige Projekte

MITARBEITER

- Zertifizierung nach SA 8000
- Ideenmanagement
- Migrantenprogramme, volle Integration ausl. Mitarbeiter
- Zusätzliche Gesundheits- und Sozialleistungen
- Betriebliche Altersvorsorge
- Job-Ticket
- Offene Weiterbildungsprogramme

UMWELT

- Zertifizierung nach ISO 9001
- Aufbau ISO 9001 + 14001 an internat. Werken
- Investitionen in umweltoptimierte Anlagen und Systeme
- Permanente Weiterentwicklung nachhaltiger Produkte
- Logistik nach Prinzip „Vorrang für die Schiene"
- Regelmäßige Berichterstattung/Umwelterklärungen aller Werkstandorte
- Schulungen der Mitarbeiter in Umweltthemen

STIFTUNG

- Miele-Stiftung

MITGLIEDSCHAFTEN

- Global Compact
- Umweltinitiative der Wirtschaft Kreis Gütersloh
- Umweltstiftung der ostwestfälischen Wirtschaft

PREISE & AUSZEICHNUNGEN

- BME-Innovationspreis 2001
- Best Practice 2002 Institut für Produktivität u. Qualität
- Most trusted brand, alljährich seit 2001
- Best on the Best 2004, US-amerik. Zeitschrift „House & Garden"

INFORMATION

Miele & Cie. KG
Carl-Miele-Straße 29
33332 Gütersloh
Fon 0 52 41 / 89 - 0
Fax 0 52 41 / 89 - 20 90
info@miele.de
www.miele.de

O$_2$ (GERMANY) GMBH + CO. OHG

Mit dem Mobilfunk hat für unsere Gesellschaft ein neues Zeitalter in der Kommunikation begonnen. O$_2$ beteiligt sich maßgeblich daran, die Entwicklung der modernen Kommunikation in Deutschland voranzutreiben. Dabei ist sich das Unternehmen seiner Verantwortung bewusst, die dieser gesellschaftliche Fortschritt mit sich bringt. O$_2$ Germany nimmt seine Verantwortung für die Gesellschaft umfassend wahr. Unser Engagement im Rahmen der Corporate Responsibilty entspricht der Bedeutung der mobilen Kommunikation. O$_2$ gibt neue Impulse, erschließt neue Möglichkeiten und Wege. Deshalb beteiligen wir uns an wegweisenden Projekten für Kinder & Jugendliche.

Dietrich Beese, Managing Director Corporate Affairs

Eine Krake und eine Brieftaube haben normalerweise nicht viel miteinander gemeinsam. Anders ist das beim „Handy-Kurs mit Polly und Fred“: In diesem interaktiven Kursus entdecken Kinder gemeinsam mit den Comicfiguren Polly, der umsichtigen Krake (gesprochen von Anke Engelke), und Fred, der neugierigen Brieftaube, spielerisch die Welt der mobilen Kommunikation und bekommen kritische und verantwortliche Nutzungskompetenz im Umgang mit dem Handy vermittelt. Die finanzielle Unterstützung der vom Institut für Film und Bild in Wissenschaft und Unterricht (FWU) und der Agentur Outermedia initiierten und bereits in vielen Schulen eingesetzten Lernsoftware sieht O$_2$ Germany als Mobilfunkanbieter in Deutschland als gutes Mittel, seiner Verantwortung gerade gegenüber jungen Nutzern seiner Technologie nachzukommen. Als konstruktive Reaktion auf die kritische Reflektion der Themen „Handys und Kinder“ und „Kostenfalle“ in den Medien ist „Polly und Fred“ ein gutes Beispiel dafür, wie O$_2$ Bedenken mit praktischen Maßnahmen entgegentritt und die Gelegenheiten erkennt und nutzt, sowohl dem eigenen Geschäft als auch der Gesellschaft insgesamt zu dienen.

O$_2$ Germany, hervorgegangen aus der deutschen VIAG Interkom und Tochter der Mobilfunk-Holding O$_2$ plc., stellt in Deutschland mit über 3.900 Mitarbeitern rund 8 Millionen

Mobilfunkkunden innovative mobile Datendienste zur Verfügung. Voll und ganz im Einklang mit dem Markenversprechen „can do" steht dabei nicht nur die geschäftliche Vision, die Entwicklung der modernen Kommunikation in Deutschland voranzutreiben und das Leben der Menschen zu bereichern, sondern auch das entsprechend breit angelegte Engagement von O_2 Germany im Rahmen der Corporate Responsibility. Das Unternehmen hat vier Säulen definiert, die das Gerüst für mannigfaltige Aktivitäten und Projekte bilden: Kinder und Jugend; Umwelt und Gesundheit; Kultur, Bildung und Sport sowie O_2-intern, der Personalbereich.

Besonders am Herzen liegt O_2 Germany die Projektarbeit an den Schulen. In enger Zusammenarbeit mit der Deutschen Kinder- und Jugendstiftung (DKJS) fördert das Unternehmen die Initiative SCHOLA-21, ein innovatives, internetgestütztes Informations- und Lernsystem, welches 2004 den Deutschen Bildungssoftware-Preis „digita" gewann, eine der renommiertesten Auszeichnungen für

INFORMATIONS- UND LERNSYSTEM SCHOLA-21

Das von der Deutschen Kinder- und Jugendstiftung (DKJS) entwickelte, internetgestützte und an mehr als 350 deutschen Schulen bereits erfolgreich eingesetzte Informations- und Lernsystem SCHOLA-21 bietet eine virtuelle Lernumgebung, in der Schüler mit ihren Lehrern themenbezogen und über die Grenzen des Unterrichtsfachs hinaus eigene Projekte online entwickeln, bearbeiten und präsentieren können. Es regt Schülerinnen, Schüler und Lehrkräfte an, gemeinsam neue Lern- und Unterrichtsformen auszuprobieren, und unterstützt sie bei der Umsetzung selbst gesteuerten Lernens. Dank der Fördermittel von O_2 konnte das erfolgreiche Programm, welches nach dem Vorbild von elektronischen Management-Systemen gestaltet wurde, ins Englische übersetzt werden und hat nun bereits eine internationale Dimension erreicht. Über das Portal www.schola-21.org sind gemeinsame Projektarbeiten über Ländergrenzen hinweg möglich, beispielsweise zwischen europäischen Partnerschulen. In den virtuellen Arbeitsräumen LEARN IT und DO IT können die Schüler so genannte „Communities of Practice" bilden. Das Engagement von O_2 Germany bei SCHOLA-21 geht zurück auf eine Mitarbeiterwahl der SCHOLA-21-Partnerorganisation International Youth Foundation (IYF) zur „Charity of the Year". Doch auch im laufenden Projekt sind die Mitarbeiter von O_2 direkt involviert, indem sie die Möglichkeit haben, sich als Mentoren in die Arbeit einzelner Projekte einzubringen.

Mit Polly und Fred lernen Kinder den Umgang mit Handys auf spielerische Weise

Bildungssoftware in Deutschland. Auf Länderebene beteiligt sich O_2 an der Stiftung „Bildungspakt Bayern", der Pädagogen und Jugendliche fit machen will für den kompetenten und selbstverständlichen Umgang mit modernen Informations- und Kommunikationstechnologien. Für die Allerkleinsten engagiert sich das von O_2 unterstützte Projekt „Kinder bewegen" der Deutschen Olympischen Gesellschaft (DOG), welches die Verbesserung der Motorik und der Bewegungsbereitschaft schon im Kleinkindalter zum Ziel hat und hierfür bundesweit insgesamt 25 Modellkindergärten schafft. Zunächst zehn davon werden von O_2 finanziell unterstützt. Wie bei vielen anderen CSR-Projekten können sich auch hier Mitarbeiter des Unternehmens persönlich einbringen, indem sie für Kindergärten Patenschaften übernehmen.

Im Bereich Umwelt und Gesundheit ist es für O_2 Germany selbstverständlich, die Sorgen von Teilen der Bevölkerung bezüglich vermeintlicher Belastungen der Menschen durch elektromagnetische Wellen ernst zu nehmen. So hat O_2 in einer Selbstverpflichtung gegenüber der Bundesregierung vereinbart, finanzielle Mittel für Forschungsvorhaben und Messprogramme zur Verfügung zu stellen. Darüber hinaus verpflichtet sich O_2 nicht nur, die gesetzlichen Auflagen zu erfüllen und Grenzwerte einzuhalten, sondern versucht – wo immer möglich – diese zu unterschreiten. Die Selbstverpflichtung enthält auch die Zusage, den Ausbau der Netze im Dialog mit den Kommunen zu betreiben.

Erklärtes Ziel ist es, nachhaltig zu wirtschaften. O_2 hat deshalb die Umweltauswirkungen sorgfältig analysiert und ein Umweltmanagementsystem etabliert, das nach dem Umweltstandard ISO 14001 zertifiziert ist. Um seine eigenen Umweltaktivitäten noch zu verbessern, wird sich O_2 am 6. Umweltaktionsprogramm der Europäischen Union orientieren, das sich auf die Themenbereiche Klimaveränderungen, Schutz der Natur und biologischen Vielfalt, Umwelt, Gesundheit und Lebensqualität, Schutz natürlicher Ressourcen und Abfallverringerung konzentriert. Zu jedem dieser Bereiche wird O_2 in den kommenden Jahren eine Reihe von Initiativen starten, unter anderem zur Erhöhung der internen Stromversorgung aus erneuerbaren Quellen, zur Reduzierung der durch Transport verursachten Abgase, zur Zusammenarbeit mit einer Umweltstiftung, zur Kooperation mit seinen Lieferanten sowie zur Verbesserung und Reduzierung der Verpackungen.

Aber schon in der Vergangenheit hat O_2 konsequent die Gedanken des Umweltmanagements verfolgt und bereits 2004 ein Programm zur Rücknahme alter Handys etabliert.

Das Ergebnis dieses konsequenten Umweltmanagements, das bei O_2 gruppenweit durch-

„Kinder bewegen" – Modellprojekt für
Deutschlands Kindergärten von O_2 und der DOG

geführt wird: Im Dow Jones Nachhaltigkeitsindex DJSI belegt O_2 plc. im Sektor Telekommunikation einen Spitzenplatz.

Dass Engagement für die Gemeinschaft nicht immer nur über Geldzuweisungen laufen muss, beweist der O_2 Chief Executive Officer Rudi Gröger mit seiner Vorlesungsreihe „Überlebensstrategien: Chancen und Herausforderungen der Unternehmensführung" an der Technischen Universität München. Weiterhin hat O_2 Germany zusammen mit Roland Berger & Partner die Initiative gegen den Mangel an IT-Fachkräften ergriffen und an der TU München einen neuen Lehrstuhl für Wirtschaftsinformatik – Schwerpunkt internetbasierte Geschäftssysteme – gestiftet. Mit Arbeitsschutzsystem und mannigfaltigen Angeboten zu Gesundheit und Fitness unterstützt O_2 schließlich auch die eigenen Mitarbeiter und ermutigt sie mit dem Programm „Can do Matching" auf vorbildliche Weise zur Beteiligung an sozialen Projekten: In der Belegschaft gesammelte Spendengelder werden durch das Unternehmen kurzerhand verdoppelt.

AUF EINEN BLICK:

KINDER & JUGEND
- Schola 21 in Koop. mit Kinder- u. Jugendstiftung
- Handy-Kurs mit Polly und Fred
- Koop. mit Initiative „Kinder bewegen" der Deutschen Olympischen Gesellschaft, Entwicklung von Modellkindergärten

KULTUR, BILDUNG, SPORT
- Vorlesungsreihe an TU München durch den CEO von O_2
- Stiftungslehrstuhl Wirtschaftsinformatik an der TU München
- „Mobile Movie Award"

MITARBEITER
- Ermutigung Corporate Volunteering
- „Can Do Matching" Verdoppelung jeder Mitarbeiterspende
- Hilfsfonds für Mitarbeiter in Krisensituationen
- Sponsoring Nichtraucher-Kampagnen
- Kostenlose Gesundheitsvorsorge
- Fitnessstudio für Mitarbeiter
- Besondere Angebote zur Stresslinderung

UMWELT & GESUNDHEIT
- Unterstützung versch. Forschungsvorhaben
- Unterschreitung vorgeschriebener Grenzwerte für Mobilfunk
- Zertifizierung nach ISO 14001
- Recycling alter Handys von Kunden und Mitarbeitern

MITGLIEDSCHAFTEN, KOOPERATIONEN
- Forschungsgemeinschaft Funk e.V.
- Informationszentrum Mobilfunk e.V.
- CSR Germany
- Engagement bei startsocial e.V.

INFORMATION
O_2 (Germany) GmbH + Co. OHG
Georg-Brauchle-Ring 23-25
80992 München
CR-DE@O2.com
www.de.o2.com/cr

OTTO

Wir alle können mit unserem privaten Konsum einen Beitrag dafür leisten, dass die Umwelt geschont wird und dass der Wohlstand der Menschen in den sich entwickelnden Ländern, wo ein großer Teil dieser Güter produziert wird, kontinuierlich steigt. Denn erst mit global wachsendem Wohlstand lassen sich auch Umwelt- und Sozialstandards in angemessenem Umfang weltweit durchsetzen. (...) Unser Engagement betrachten wir als einen wichtigen Beitrag zur Zukunftssicherung unseres Unternehmens.

Es ist unsere Überzeugung, dass wir in der globalisierten Welt langfristig nur dann erfolgreich sein können, wenn die gesellschaftlichen Rahmenbedingungen stabil bleiben. Hierfür wollen wir auch zukünftig unseren Beitrag leisten.

Dr. Michael Otto

Der Begriff der Nachhaltigkeit stammt aus der Forstwirtschaft und benennt das Prinzip, nach dem nicht mehr Holz gefällt werden darf, als nachwachsen kann. So wird der Wald als Ökosystem und als Wirtschaftsfaktor für die Zukunft erhalten.
OTTO und die Unternehmen der weltweit agierenden Otto Group verstehen Nachhaltigkeit als Zukunftsfähigkeit und Zukunftssicherung. Basis hierfür ist das Bewusstsein für einen verantwortlichen Umgang mit den natürlichen Ressourcen und ein klares Bekenntnis zur Generationengerechtigkeit. Denn die gesellschaftlichen Rahmenbedingungen müssen stabil bleiben, damit erfolgreiches Wirtschaften in der globalisierten Welt langfristig möglich ist.
Der einstige „Otto Versand, Hamburg" hat sich seit langem von einem Hamburger Einzelhändler zu einer weltweit operierenden Unternehmensgruppe mit rund 120 Gesellschaften in 19 Ländern weiterentwickelt. Im Geschäftsjahr 2004 wurde mit 54.000 Mitarbeitern ein Umsatz von 14,4 Mrd. Euro erwirtschaftet. Der OTTO-Katalog erscheint dreimal im Jahr in einer Auflage von 20 Millionen Exemplaren. Von der Einzelgesellschaft OTTO werden pro Jahr 60 verschiedene Kataloge und Prospekte mit einer Gesamtauflage von 110 Mio. Exemplaren verschickt – gedruckt auf total chlorfrei produziertem Papier (TCF). Das Schwergewicht des rund 130.000 Artikel zählenden

OTTO-Sortiments liegt bei Mode und Textilien. Aber auch Unterhaltungselektronik, Möbel oder Weiße Ware gehören zu dem umfangreichen Angebot von OTTO.
Umweltschutz ist bei OTTO seit Mitte der 80er-Jahre ein ausdrückliches Unternehmensziel und wird seit Anfang der 90er-Jahre im Rahmen eines zertifizierten Umweltmanagementsystems systematisch betrieben. Das abstrakte Unternehmensziel wird in einer Umwelt- und Sozialpolitik konkretisiert, aus der für alle Mitarbeiter verbindliche Handlungsgrundsätze abgeleitet werden. Die verantwortlichen Bereiche formulieren auf dieser Grundlage quantifizierte und qualifizierte Umwelt- und Sozialprogramme und setzen diese in einem festgelegten Zeitrahmen um.
Die Hauptaktivitäten richten sich auf Einsparung von Verpackungsmaterial, die Reduktion klimarelevanter CO_2-Emissionen im Transportbereich sowie die Nutzung nachhaltig erzeugter Rohstoffe. Insbesondere Holz für das Möbelsortiment und die Katalogproduktion sowie Baumwolle für Textilien werden aus

DIE MICHAEL OTTO STIFTUNG FÜR UMWELTSCHUTZ

MICHAEL OTTO STIFTUNG

Ziel der Michael Otto Stiftung ist es, Projekte zum Schutz von Meeren, Gewässern und Feuchtgebieten zu fördern und zu unterstützen. Wasser kennt keine geographischen Grenzen. Es verbindet Länder, Kontinente und Kulturen. Dasselbe gilt für die Michael Otto Stiftung. Sie verbindet die unterschiedlichen Interessengruppen wie Wirtschaft, Politik, NGOs (Nichtregierungsorganisationen) und Gesellschaft. Neben vielen Einzelprojekten dienen die großen Förderprojekte der Stiftung unseren Flüssen und den Lebensräumen einer einzigartigen Tierwelt:

- Schutz der Lebensader Elbe, einer der letzten intakten Flusslandschaften in Europa
- Schutz des Weißstorches, einem der über 150 Bewohner der Elbtalauen
- Erhalt des Pripjet-Gebiets in Weißrussland, einem der wertvollsten Feuchtgebiete in Europa und unter anderem die Heimat des vom Aussterben bedrohten Seggenrohrsängers
- Konzeption und Unterstützung einer sinnvollen, ökologisch vertretbaren Nutzung von Oder und Rhein

Das Förderprogramm „Junger Naturschutz", die zwei Stiftungslehrstühle in Hamburg und Greifswald sowie die Veranstaltungsreihe „Hamburger Gespräche für Naturschutz" entsprechen dem Ziel, in der Gesellschaft ein Bewusstsein für die Belange des Naturschutzes zu schaffen und Lösungsansätze zu entwickeln. (www.michaelottostiftung.de)

Aktuelle Publikationen und Internetauftritt von OTTO zu seinem umfangreichen Engagament

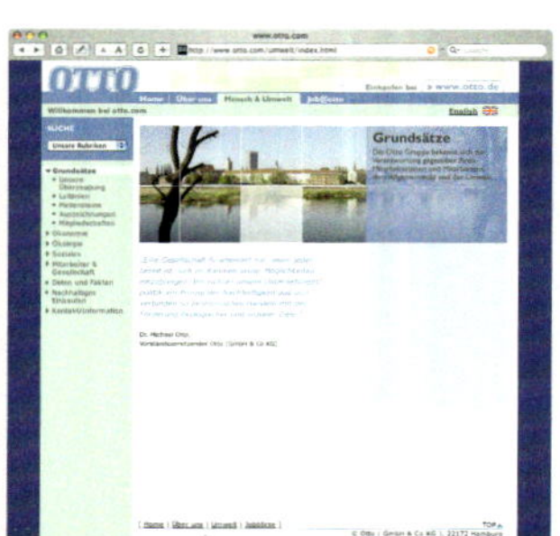

nachhaltigem Anbau bevorzugt. So ist OTTO in Deutschland führend im Angebot von Produkten aus Bio-Baumwolle sowie von Produkten aus FSC-zertifiziertem Holz.

Das erfolgreiche Angebot umweltfreundlich hergestellter Produkte setzt voraus, dass Mehrkosten vermieden und die Kunden begeistert werden können. Im Rahmen eines vom Bundesforschungsministerium geförderten Projektes entwickelte OTTO mit seinen Partnern in der Türkei Bio-Baumwolltextilien, die ökologischen Spitzenanforderungen entsprechen. Dies gilt ebenso für die Rohstofferzeugung wie für die Verarbeitung entlang der gesamten Wertschöpfungskette. Die dazugehörige Marktstrategie setzt aber nicht auf „Öko", ein Modeanspruch, der nur in einer kleinen Nische erfolgreich ist. Stattdessen werden trendorientierte Sortimente entwickelt und mit emotionalen Botschaften unterlegt. Dieses Konzept führte so zu der erfolgreichen Einführung eines neuen Qualitätssiegels für Textilien aus kontrolliert biologisch angebauter und hautfreundlicher Baumwolle: PURE WEAR.

Die Nachhaltigkeitsstrategie von OTTO beinhaltet auch die umfassende Wahrnehmung sozialer Verantwortung, insbesondere für das Wohl der bei Lieferanten von OTTO beschäftigten Mitarbeiter. Faire Löhne, das Verbot von Kinderarbeit und Diskriminierung, Arbeitssicherheit und eine vernünftige Regelung der Arbeitszeiten werden in einem Code of Conduct gefordert und laufend überprüft. Darüber hinaus betreibt OTTO die Vereinheitlichung von Sozialstandards im europäischen Einzelhandel in Anlehnung an das internationale Zertifizierungssystem Social Accountability 8000 (SA8000).

Seit 1996 bietet OTTO handgeknüpfte Teppiche aus Indien und Nepal an, die mit dem Rugmark-Siegel gekennzeichnet und garantiert ohne Kinderarbeit hergestellt worden sind. Ein Prozent des Importpreises fließt über UNICEF in Ausbildungsprogramme für Kinder.

Bereits seit dem Jahr 2000 ist OTTO Mitglied im Deutschen Netzwerk Unternehmensethik (DNWE), und seit 2002 Mitglied des UN Global Compact, der sich weltweit für Menschenrechte, sozial gerechte Arbeitsbedingungen und Umweltschutz einsetzt.

Ein wichtiges Ziel der Nachhaltigkeitsstrategie von OTTO ist es, die Potenziale der Mitarbeiter zu fördern. Das zeigt sich nicht nur in der Aus- und Weiterbildung bei OTTO, sondern auch in einem zukunftsgerechten und erfolgreichen Gesundheitsmanagement. Im Rahmen des so genannten „aktiv.net" gilt es, sowohl das Bewusstsein für die Gesundheit als auch die Wahrnehmung gesellschaftlicher Verantwortung zu stärken. Erarbeitet wurde dieses Gesundheitsmanagement von Experten für Arbeitssicherheit, betriebliche Sozialarbeit und Arbeitsmedizin.

Mit dem Code of Conduct hat sich OTTO zur Einhaltung von Sozialstandards verpflichtet, die auch auf sämtliche Geschäftsbeziehungen anzuwenden sind

Transparenz bildet den Schlüssel für die erfolgreiche Vertrauensbildung zwischen einem Unternehmen und seinen verschiedenen Anspruchsgruppen, den Stakeholdern. OTTO hat bereits Mitte der 90er-Jahre damit begonnen, durch eine regelmäßige Berichterstattung einen engen und vertrauensvollen Dialog mit allen relevanten gesellschaftlichen Kräften zu pflegen und auszubauen. Die Berichte des Unternehmens sind vielfach preisgekrönt und unterstreichen den Anspruch von OTTO, die Diskussion über Nachhaltigkeit in der deutschen Wirtschaft zu inspirieren und mit zu gestalten.

AUF EINEN BLICK:

SOZIALES

- Verpflichtender „Code of Conduct“ bei Lieferanten (u.a. Verbot von Kinder- und Zwangsarbeit, Mindestentlohnung, Gesundheits- und Sicherheitsvorschriften)
- Gesundheitsmanagement für Mitarbeiter („aktiv.net“)
- Public-Private-Partnership-Projekte mit der GTZ und dem BMZ
- Modelle zur Vereinbarkeit von Beruf und Familie: Teilzeit, Job-Sharing, Home Office
- Sprachkurse für ausländische Mitarbeiter
- Einzelaktivitäten: z.B. Spendenaktion für Jahrhundertflut im Osten

UMWELT

- Angebot von Textilien aus kontrolliert biologischem Anbau (PURE WEAR)
- Zertifiziertes Umweltmanagementsystem nach ISO 14001

STIFTUNGEN

- Michael Otto Stiftung: Projekte zum Schutz von Meeren, Gewässern und Feuchtgebieten
- Werner Otto Stiftung: Projekte zur Förderung und Behandlung behinderter Kinder

MEDIEN, PREISE, MITGLIEDSCHAFTEN

- Mitglied des UN Global Compact (seit 2002)
- Mitglied bei Social Accountability International (SAI, seit 1999)
- Mitglied im Deutschen Netzwerk Unternehmensethik (DNWE, seit 2000)
- Umweltbericht seit 1996
- Nachhaltigkeitsbericht seit 2000 (nach Richtlinien der Global Reporting Initiative)
- „Preis für Unternehmensethik“ vom DNWE, „Sustainability Leadership Award“ für Dr. Michael Otto (2002) u.v.m.

INFORMATION

Otto (GmbH & Co KG)
Dr. Johannes Merck
Direktor Umwelt- und Gesellschaftspolitik
Wandsbeker Straße 3–7
22179 Hamburg
Fon 0 40 / 64 61 - 0
Fax 0 40 / 64 61 - 85 71
press@ottogroup.com
www.ottogroup.com

OTTO BOCK

Unsere Vision – Mobilität für mehr Lebensqualität – und unsere wirtschaftlichen Ziele stellen einen hohen Anspruch an das Management und an die Mitarbeiter.
Um auch in der Zukunft technologische Meilensteine zu setzen, brauchen wir motivierte und hervorragend ausgebildete Mitarbeiter. Heute ist die Qualifizierung der Beschäftigten fest in der globalen Organisation verankert.

Lebenslanges Lernen ist an allen Standorten Pflicht. Vor uns liegen große Herausforderungen. Zu den Erfolgsfaktoren zählt dabei die interdisziplinäre Zusammenarbeit mit Universitäten, Hochschulen, mit unseren Kunden sowie mit Ärzten und Therapeuten. Sie befähigt uns dazu, weiter Maßstäbe in der Orthobionik zu setzen, also noch besser von der Natur zu lernen und mit technischem Know-how hochfunktionale Lösungen für die Orthopädie-Technik zu entwickeln. Entscheidend ist dabei, dass damit ein Plus an Lebensqualität erreicht wird. Dafür steht Otto Bock HealthCare – eben für „Quality for Life".

Prof. Hans Georg Näder,
Geschäftsführender Gesellschafter der Otto Bock HealthCare GmbH

Mobil zu sein ist ein Grundbedürfnis des Menschen. Wenn durch Krankheit, Unfall oder von Geburt an die Bewegungsmöglichkeiten eingeschränkt sind, können heutige technische Hilfen einen großen Teil der verlorenen Lebensqualität zurückgeben. In der Orthopädietechnik, die solche Lösungen ermöglicht, ist die Otto Bock HealthCare das weltweit führende Unternehmen.
Schon Otto Bock, der 1919 die nach ihm benannte Technische Orthopädie GmbH in Berlin gründete, entwickelte innovative Produkte und Fertigungsverfahren, als er die Grenzen der Versorgung durch das traditionelle Handwerk erkannte. Stattdessen setzte er auf die Serienfertigung von Prothesen-Passteilen, mit denen er den Orthopädiefachhandel belieferte. Damit revolutionierte er in kurzer Zeit die gesamte Branche.
Den Blick nach vorn hat sich der heutige Weltmarktführer in der Orthopädietechnik in seiner 86-jährigen Geschichte bewahrt. Technologie für Menschen wird als Herausforderung verstanden, aufbauend auf den Erkenntnissen der Orthobionic® die Prothetik und Orthetik immer näher an das natürliche Vorbild heranzuführen. Ohne sich anzumaßen, jemals vollständig die genialen Lösungen der Natur nachahmen zu können, ist es zum Markenzeichen der Otto Bock HealthCare geworden, durch Innovationen die Standards für den Weltmarkt zu

setzen. Gleichzeitig ist aus den ersten Auslandsgesellschaften Ende der 50er-Jahre ein globales Netzwerk hervorgegangen, das heute 30 Vertriebs- und Servicegesellschaften sowie Exportkontakte in über 140 Länder der Erde umfasst.

Der konsequente Globalisierungskurs mit Qualitätsprodukten „made in Germany" geht einher mit einer ausgeprägten Bodenständigkeit auf den nationalen Märkten. Mitarbeiter vor Ort pflegen intensive und persönliche Kontakte zu Patienten, Kliniken und universitären Forschungseinrichtungen. Wichtigste Produktionsstätten des deutschen Global Player sind Duderstadt/Niedersachsen und Königsee/Thüringen. Das Unternehmen stellt sich an seinen Standorten aktiv der Mitverantwortung für die Regionalentwicklung.

So hat Prof. Hans Georg Näder, Geschäftsführender Gesellschafter der Firmengruppe Otto Bock und Enkel des Unternehmensgründers, 2004 den Vorsitz der Südniedersachsenstiftung übernommen. Als mehrere Landkreise und die Landesgrenze Niedersachsen/Thüringen

Otto Bock®
QUALITY FOR LIFE

OTTO BOCK STIFTUNG

Otto Bock Stiftung

Das ursprüngliche Ziel der 1987 von Dr. Max Näder gegründeten firmenunabhängigen Stiftung bestand zunächst in der Förderung von Forschung und Entwicklung auf dem Gebiet der technischen Orthopädie. Die Erweiterung der Stiftungssatzung um „Tätigkeiten im mildtätigen Bereich" führte unter der Schirmherrschaft von Antje und Hans Georg Näder schnell zu einem konkreten Engagement in humanitären Projekten. Eine erste, bestandene Bewährungsprobe stellte im Sommer 2002 die Flutkatastrophe im Osten Deutschlands dar: In kürzester Zeit konnte eine Summe von 561.688 Euro für behinderte Flutopfer gesammelt werden. Nach dem Vorbild dieser erfolgreich verlaufenen Spendenaktion, die unter dem Motto „Hoffnung geben – Hoffnung leben" stand, rief die Otto Bock Stiftung im Jahr 2004 zu der Aktion „Kinder von Beslan" auf. Nach dem Geiseldrama in Südrussland konnten auf Initiative der Stiftung vier besonders schwer verletzte Kinder ausgeflogen und im Universitätsklinikum Göttingen behandelt werden. Das vorerst letzte Engagement zielte auf die Unterstützung der Opfer des Seebebens in Südostasien ab. Hier wurde vor allem in Mobilitätshilfen für verletzte Bewohner der verwüsteten Region investiert.

Ein CSR-Report informiert über die gesellschaftlichen Engagements von Otto Bock

übergreifende Initiative stellt sie sich der Herausforderung, insbesondere das Wissen leistungstragender Unternehmen und herausragender Bildungseinrichtungen der Region zu bündeln.

Aus dieser Kooperation gehen gemeinsame Zukunftskonzepte für das strukturschwache ehemalige Zonenrandgebiet hervor, mit denen politische Entscheidungsträger in ihrem Bemühen unterstützt werden, den Lebensraum Südniedersachsen wirtschaftlich wie sozial zu stärken. Darüber hinaus engagiert sich Prof. Hans Georg Näder finanziell zugunsten der Stadtentwicklung an seinem Heimatort Duderstadt, wo u.a. der baufällige Westerturm als markantes Wahrzeichen der Stadt saniert und zu einer architektonischen Tourismus-Attraktion erweitert werden konnte. Die finanzielle und konzeptionelle Förderung von Naturschutzprojekten erfolgt in Kooperation mit den regionalen Behörden und der Heinz Sielmann Stiftung. Am Seeburger See ist es auf diese Weise gelungen, sanften Tourismus und Naturschutz modellhaft in Einklang zu bringen. Umweltschutz wird auch in der Produktion von Otto Bock groß geschrieben. Wegen seines modellhaften Energiemanagements ist Otto Bock für den Bundesumweltpreis 2005 vorgeschlagen.

Jedes weltweite Konzept ist nur so gut wie dessen Umsetzung vor Ort. Globale Strategien als Unternehmer und lokales Engagement als Bürger sind deshalb für Prof. Hans Georg Näder, der 2003 zum deutschen Entrepreneur des Jahres gewählt wurde, zwei Seiten derselben Medaille. Als Honorarprofessor der Privaten Fachhochschule Göttingen gibt Hans Georg Näder solche Kenntnisse und Erfahrungen an die Studierenden weiter.

Die Firmengruppe Otto Bock besteht aus der Otto Bock HealthCare als Flaggschiff sowie der Otto Bock Kunststoff Holding GmbH und der als Spin-off aus der EDV-Abteilung von Otto Bock hervorgegangenen Sycor GmbH, ein aufstrebendes Unternehmen der Informations- und Kommunikationstechnologie. Die Firmengruppe erreichte 2004 einen Umsatz von 461 Mio. Euro und wird 2005 über eine halbe Mrd. Euro umsetzen. Der Ertrag wächst steiler als der Umsatz und sichert die Arbeitsplätze von weltweit derzeit rund 3.600 Mitarbeitern.

Jährlich investiert Otto Bock rund 20 Mio. Euro in Forschung und Entwicklung. In dem innovativen Medtech-Unternehmen ist Arbeiten als kontinuierlicher Lernprozess organisiert. Sichergestellt wird die Mitarbeiterfortbildung durch die Otto Bock Academy. Eine qualifizierte Berufsausbildung in den unterschiedlichsten Arbeitsbereichen sorgt für den beruflichen Nachwuchs. Sein Schulungs- und Seminarprogramm öffnet das Unternehmen

Auf den Paralympics sorgt Otto Bock seit 1988 als Technical Service Provider dafür, dass die Sportler mit technisch einwandfreien Prothesen an den Start gehen

auch für die Mitarbeiter seiner Kunden und der Krankenkassen wie für Ärzte und Therapeuten.

Besondere Verantwortung übernimmt die Otto Bock HealthCare für den Behindertensport, seit 1988 auch als Official Service Provider bei allen paralympischen Spielen. Das globale Netzwerk erlaubte zuletzt 2004 in Athen, ein internationales Otto Bock Technikerteam mit über 100 Fachleuten zusammenzustellen, das den Athleten aus aller Welt kostenlos zur Verfügung stand. Von insgesamt 2.299 zu bewältigenden Aufträgen zeigt einer besonders markant, wie spannend und zwischenmenschlich bewegend solche Großeinsätze der Otto Bock Spezialisten sind: Im Abschlusstraining am Vorabend des Finales brach die Unterschenkel-Orthese des querschnittsgelähmten Radrennfahrers Michael Teuber. In Nachtarbeit gelang es, bis zwei Stunden vor dem Finale eine neue Orthese herzustellen und auf die Extrembelastung eines Radrennens abzustimmen. Michael Teuber gewann damit seine zweite Goldmedaille von Athen.

AUF EINEN BLICK:

GESELLSCHAFT
- Finanzielle Unterstützung Denkmalschutz Südniedersachsen
- Paralympic Commitment
- Förderer des deutschen Behindertensports

MITARBEITER
- Otto Bock Academy
- Betriebliche Altersvorsorge
- 9 Betriebssportgruppen

UMWELT
- Anlagen zur Reduzierung umweltrelevanter Emissionen
- Frequenzumrichtertechnik zum Stromsparen
- Sortenreine Recycling-Systeme

KOOPERATIONEN & STIFTUNGEN
- Private Fachhochschule Göttingen
- Südniedersachsen-Stiftung
- Otto Bock Stiftung

MITGLIEDSCHAFTEN
- Measurement Valley

PREISE & AUSZEICHNUNGEN
- Nominiert für Deutschen Umweltpreis 2005
- Top Job 2002
- Prämierter Ausbildungsbetrieb IHK 1999

INFORMATION

Otto Bock HealthCare GmbH
Max-Näder-Straße 15
D-37115 Duderstadt
Joachim F. Hamacher
Fon 0 55 27 / 8 48 12 39
Fax 0 55 27 / 8 48 33 60
joachim.hamacher@ottobock.de
www.ottobock.com

PFALZWERKE

Wirtschaftlicher Erfolg, ökologisch orientiertes Handeln und die Übernahme sozialer Verantwortung sind unserer Ansicht nach keine Gegensätze. Im Gegenteil: Als regionales Dienstleistungsunternehmen mit traditionell sehr enger Beziehung zu unserem Standort und den Menschen hier sehen wir gerade in dieser Kombination wichtige Wettbewerbsvorteile. Mit guten Ideen zur regenerativen Energieerzeugung erschließen wir neue Marktchancen und fördern die Innovationskraft in unserer Region. Und durch unser Engagement in Ausbildung und Jugendförderung sowie im sozialen Bereich schaffen wir Identifikationspotenzial bei allen, die mit den Pfalzwerken zu tun haben. Deshalb übernehmen wir gerne Verantwortung gegenüber Kunden, Mitarbeitern und allen Menschen in unserer Region.

Dr. Werner Hitschler, Kaufmännischer Vorstand der
PFALZWERKE AKTIENGESELLSCHAFT

Vis-a-vis, das ist auf gut pfälzisch die Bezeichnung für den Menschen von gegenüber – den Nachbarn. Visavi, das steht im Südwesten Deutschlands für Strom, Wärme und Erdgas der Pfalzwerke, dem größten regionalen Energieversorger in der Pfalz und im Saarpfalz-Kreis. Nach dem Motto „Aus der Region für die Region" bietet das Unternehmen seinen 280.000 Privat- und 1.500 Geschäftskunden einen kundennahen Service und innovative Produkte zur Energieversorgung, die sich in erster Linie auf den Pfälzer und Saarpfälzer Raum konzentrieren. Die intelligente Nutzung von Energien und eine nachhaltige Energiewirtschaft stehen im Mittelpunkt der entwickelten Energiekonzepte. Große Bedeutung haben dabei erneuerbare und umweltfreundliche Energien, die nicht nur die Umwelt vor Ort schonen, sondern auch zu einer Reduzierung der weltweiten Emissionen von Kohlendioxyd beitragen, dem Hauptverursacher des Treibhauseffektes. So können ca. 5.000 Tonnen Kohlendioxyd jährlich durch das im Jahr 2007 in Betrieb gehende Geothermiekraftwerk in Landau/Pfalz eingespart werden. 6.219 Solarmodule im Solarpark Sembach bei Kaiserslautern erzeugen Ökostrom ohne schädliche Emissionen und sparen so 773 Tonnen Kohlendioxyd jährlich ein. Durch die Sanierung der bestehenden Energieversorgungsanlage mit Errichtung eines Gasmotor-Blockheizkraftwerks und einer

Hochtemperaturbrennstoffzelle im Kreiskrankenhaus Grünstadt reduzieren die Pfalzwerke den Kohlendioxydausstoß um 1.900 Tonnen jährlich und erhielten dafür das Energie-Plus-Gütesiegel der EffizienzOffensive Energie Rheinland-Pfalz. Das Innovationspotenzial zur Einführung regenerativer Energien ist bei den Pfalzwerken so hoch, dass das Unternehmen seine „guten Ideen" zu Recht als zusätzliche, nie versiegende Energiequelle ansieht. So erzeugt an der Autobahn A6 eine 1,5 Kilometer lange Fotovoltaik-Lärmschutzwand Strom für 20 Haushalte. In naher Zukunft dient sogar der Oberrheingraben der Stromerzeugung. Das Geothermiekraftwerk mit Hot-Dry-Rock-System wird dann dafür sorgen, dass kaltes Wasser in 5.000 Meter Tiefe auf bis zu 200°C erhitzt und an der Oberfläche zur Energieproduktion eingesetzt werden kann – ohne Rohstoffverschwendung und ohne Kohlendioxydausstoß.

Zusätzlich unterstützen die Pfalzwerke das Bemühen eines jeden Einzelnen in der Region, Energie auf umwelt- und ressourcenschonende

JUGEND STARK MACHEN

Jugendliche haben oft gute Ideen und sprühen vor Energie. Sie interessieren sich für Umweltschutz, Technik und Wissenschaft, Kunst, Musik und Kultur. Sie würden alles Mögliche tun, um ihre Ideen auch Wirklichkeit werden zu lassen. Nur leider fehlt manchmal das nötige Geld, um ein Projekt zu realisieren. Die Pfalzwerke haben dieses Dilemma erkannt und möchten – getreu ihrem Motto „Gute Ideen sind die beste Energie" – die Eigeninitiative und den Idealismus junger Menschen mit finanziellen Zuwendungen unterstützen. Dazu hat der pfälzische Energieversorger die Initiative „Jugend stark machen" ins Leben gerufen. Jugendliche zwischen 14 und 25 Jahren, die bisher nicht das Glück hatten, von Vereinen oder anderen Institutionen gefördert zu werden, können direkt bei den Pfalzwerken Geld für die Realisierung ihres Projektes beantragen, um beispielsweise eine technische Grundausstattung oder benötigte Materialen zu kaufen. Unterstützung erhalten sowohl einzelne Personen wie Gruppen oder Jugendinitiativen, die ihre Vorhaben selbstständig, ehrenamtlich und in Eigeninitiative durchführen. Als erstes „Jugend stark machen"-Projekt unterstützten die Pfalzwerke eine Bühne für Nachwuchsbands während des mehrtägigen Ohmbachseefestes in der Westpfalz im Juli 2005.

Die Pfalzwerke setzen auf erneuerbare Energien wie Fotovoltaik und Geothermie

Weise zu verwenden und zu erzeugen. Neben einem Strommix aus regenerativen und wirtschaftlichen Energiequellen können die Pfälzer und Saarpfälzer Naturstrom des Pfalzwerke-Beteiligungsunternehmens BESTEC aus 100 % regenerativen Energiequellen beziehen, der nach den Kriterien des „Grünen Strom Label e.V." zertifiziert ist. In den zwei visavi Energiezentren in Kandel und Rockenhausen steht außerdem die Beratung bei Fragen rund um Energienutzung und -erzeugung im Mittelpunkt. Mit Hilfe der Pfalzwerke können Eigenheimbesitzer zum Beispiel die Energieversorgung in ihrem Haus sicherstellen. So eignen sich Wärmepumpen oder Energiezäune für die Energiegewinnung.

Auch Restholz aus der Region findet Verwendung als Energiequelle. Das Biomasseheizwerk auf dem Gelände eines Geschäftskunden verarbeitet jährlich 30.000 Tonnen Holzhackschnitzel und deckt damit 100 % des Wärmebedarfs dieses Unternehmens. Pfalzwerke und BESTEC haben einige Schulen mit Fotovoltaikanlagen ausgestattet. Die Schulen leisten dadurch einen Beitrag zum Umweltschutz, erhalten Geld durch die Einspeisung von Solarstrom ins Stromnetz, und das Thema regenerative Energien rückt frühzeitig in das Bewusstsein der Schüler.

Das nachbarschaftliche Konzept visavi erschöpft sich allerdings nicht in dem Thema erfindungsreiche Energieversorgung am Standort. Auch die Aktivitäten im Sinne der Corporate Social Responsibility haben stets einen lokalen Bezug. Mit dem visavi Nachbarschaftspreis belohnen die Pfalzwerke das persönliche Engagement von Menschen aus der Region. Den Preis erhält, wer sich uneigennützig für Personen aus der Nachbarschaft einsetzt oder ehrenamtlich in sozialen Einrichtungen tätig ist. Der mit 1.000 Euro dotierte Preis geht zur Hälfte an den Preisträger, die andere Hälfte kommt einer Einrichtung oder Person zugute, die der Preisträger für förderungswürdig hält und die er selbst unterstützt. So wird soziales Engagement im Alltag nicht nur belohnt, auch das Interesse am Mitmenschen wird in das Bewusstsein der Bevölkerung gerückt. Um vielen jungen Menschen in der Region gute Berufschancen zu ermöglichen, bildet der Energieversorger über den eigenen Bedarf hinaus Auszubildende aus und bietet ihnen eine einjährige Weiterbeschäftigung, um erste Berufserfahrung zu sammeln. Zur Stärkung der Handlungskompetenz der Auszubildenden wurde im Bildungszentrum Maxdorf außerdem eine Juniorfirma gegründet. Die Juniorunternehmer lernen dort alle Unternehmensprozesse kennen und treffen eigenständige Entscheidungen. Die Zukunftsorientierung von Jugendlichen zu fördern ist Grund für die Beteiligung an der bundesweiten Initiative „Jugend denkt Zukunft".

Die Ausbildung bei den Pfalzwerken konzentriert sich im Bildungszentrum Maxdorf, wo die jungen Leute in der Juniorfirma auch einmal ihr eigener Chef sein können

Eine Woche lang waren Realschüler aus Rockenhausen in dem dortigen visavi Energiezentrum damit beschäftigt, eigene Produktideen zu entwickeln. Denn, so ist man bei den Pfalzwerken überzeugt, die Förderung der Kreativität junger Menschen stärkt auch die für Deutschland so wichtige Innovationskultur.

Die Pfalzwerke haben ihre standortorientierte Unternehmenspolitik zur Kernaussage ihrer Unternehmensphilosophie gemacht. Der Energieversorger kommt seiner Verantwortung als Corporate Citizen dort nach, wo gesellschaftliches Engagement am nachhaltigsten wirken kann: in der Region. Mit ihren Bemühungen, erneuerbare und möglichst umweltfreundliche, vor Ort gewonnene Energie bereitzustellen, verfolgen die Pfalzwerke ebenso wie mit ihrem sozialen Engagement das Ziel, den Menschen in der Pfalz und in der Saarpfalz ein wirklich Guter Nachbar zu sein – eine typisch pfälzische Definition des Begriffs Good Corporate Citizen.

AUF EINEN BLICK:

GESELLSCHAFT

- Unternehmerisches Leitbild „Aus der Region für die Region"
- Visavi Nachbarschaftspreis, Förderung von lokalem sozialem Engagement
- Unterstützung bzw. Durchführung der Initiativen „Jugend denkt Zukunft", „Jugend stark machen"
- Sponsoring und Spenden

MITARBEITER

- Ausbildung im Bildungszentrum Maxdorf
- Juniorfirma stärkt die Handlungskompetenz der Auszubildenden
- Betriebssport

UMWELT

Konzentration auf erneuerbare Energien:

- Geothermie, Fotovoltaikanlagen, Biomasseheizwerke
- Naturstrom aus 100 % regenerativen Energien, der nach den Kriterien des „Grünen Strom Label e.V." zertifiziert ist

INFORMATION

PFALZWERKE AKTIENGESELLSCHAFT
Kurfürstenstraße 29
67061 Ludwigshafen
Elke Spaeth
Fon 06 21 / 5 85 - 23 80
Fax 06 21 / 5 85 - 22 57
elke_spaeth@pfalzwerke.de
www.pfalzwerke.de

PHILIP MORRIS

Wir sind stolz auf unseren Geschäftserfolg und die Werte, die wir für unsere Aktionäre schaffen konnten. Aber die Gesellschaft erwartet zunehmend mehr von Unternehmen als nur Qualitätsprodukte und Gewinne. Dies gilt besonders für Tabakunternehmen. Heute ist uns dies klarer denn je.

Corporate Responsibility ist ein Hauptziel unternehmerischen Handelns. Vom Jugendschutz, dem offenen Dialog über Tabakthemen bis hin zur Forschung an risikoreduzierten Produkten verändern wir unser Unternehmen, um den Erwartungen der Gesellschaft zu entsprechen.

André Calantzopoulos,
Präsident und CEO Philip Morris International

Philip Morris International ist eines der weltweit führenden Tabakunternehmen. Die Philip Morris GmbH ist als Teil von Philip Morris International seit über 30 Jahren in Deutschland präsent und beschäftigt ca. 2.600 Mitarbeiter am Firmensitz München sowie den Produktionsstandorten Berlin und Dresden.

Das Unternehmen sieht seine Aufgabe und sein Ziel darin, wirtschaftlich erfolgreich zu sein. Philip Morris ist sich allerdings bewusst, dass langfristiger Erfolg mehr voraussetzt als gute Zahlen: Erfolgreiche Unternehmen müssen die ethischen, wirtschaftlichen und ökologischen Erwartungen der Gesellschaft beachten. Aber von einem Tabakunternehmen erwartet die Gesellschaft weit mehr. Deshalb stellt sich Philip Morris der Tatsache, dass die Gesellschaft berechtigte Bedenken gegenüber dem Produkt hat. Rauchen macht süchtig und verursacht schwerwiegende und tödliche Krankheiten. Philip Morris kommt also eine besondere Verantwortung im Umgang mit diesen Bedenken zu. Zur Unternehmenstrategie gehört es, die Ansichten über die gesundheitlichen Auswirkungen und andere wichtige Themen, die die Produkte betreffen, offen und transparent darzulegen.

Seit Jahren stellt Philip Morris umfangreiche Informationen über seine Produkte und die gesundheitlichen Auswirkungen des Rauchens auf seiner Homepage, bei Einreichungen an

Regierungen und in anderen Foren zur Verfügung. Um die Konsumenten direkt zu erreichen, verkauft der Konzern seit 2003 in vielen Ländern, seit 2005 auch in Deutschland, Zigarettenpackungen mit einem aufgeklebten Faltblatt, einem sog. Onsert. Diese Onserts erinnern Raucher daran, dass Rauchen gefährlich ist und süchtig macht, dass es keine „ungefährliche" Zigarette gibt und dass sie nicht annehmen sollten, dass Zigaretten mit einem geringeren Teergehalt sicherer oder besser für sie sind.

Ebenso stellt sich Philip Morris den Erwartungen der Gesellschaft hinsichtlich seiner Verantwortung gegenüber den Jugendlichen und der Einhaltung jugendschutzrechtlicher Bestimmungen. Rauchen unter Jugendlichen ist ein soziales Problem, zu dessen langfristiger Lösung das Unternehmen engagiert zusammen mit allen gesellschaftlichen Gruppen beitragen will. Hier in Deutschland werden Händler durch Informationskampagnen und Seminare über ihre Verantwortung aufgeklärt, keine Tabakprodukte an Minderjährige zu verkaufen.

PHILIP MORRIS
GMBH

PINK – EIGENE WEGE ZUR KUNST

PINK
Eigene Wege zur Kunst

Kunst ist keine elitäre Angelegenheit, sondern soll für alle Menschen zugänglich sein. Das ist der Anspruch, der im Oktober 2003 zu einem einmaligen Projekt in der deutschen Museumslandschaft geführt hat. In Zusammenarbeit mit der Münchener Pinakothek der Moderne hat die Philip Morris GmbH ein Programm zur Kunstvermittlung ins Leben gerufen: PINK. Unter dem Motto „Eigene Wege zur Kunst" richtet sich PINK an Personen, die bislang nur einen eingeschränkten Zugang zur Kunst gefunden haben. PINK entwickelt Angebote für Blinde und Sehbehinderte, für Menschen aus sozialen Brennpunkten, wie z.B. aus Seniorenheimen, Frauenhäusern. Die Inhalte der verschiedenen Führungen und Veranstaltungen werden von eigens dafür qualifizierten Mitarbeitern der Pinakothek konzipiert und auf die Bedürfnisse der jeweiligen Zielgruppe abgestimmt. Das Interesse an der Kunst soll bei den Teilnehmern beispielsweise mit praktischen Übungen geweckt werden, für Blinde stehen Tastobjekte zur Verfügung. Ein wichtiger Aspekt bei den PINK-Angeboten ist die individuelle Auseinandersetzung der Teilnehmer mit den Kunstwerken und der Austausch innerhalb der Gruppe. So wird Kunst zum Erlebnis – für alle Menschen.

Die Philip Morris GmbH engagiert sich in den Bereichen Soziales, Kunst und Wissenschaft

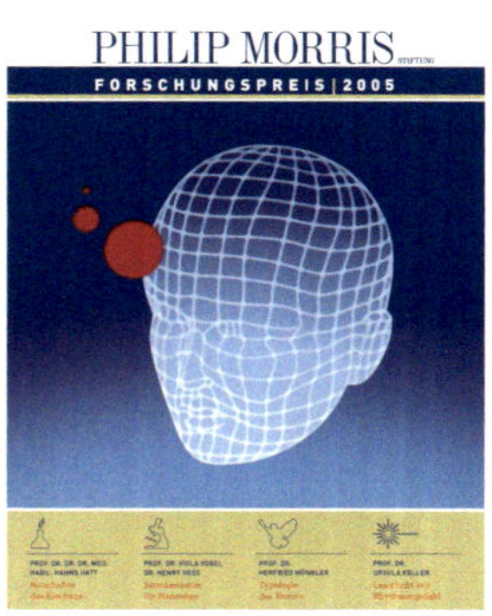

Wenn Regierungen den Tabak regulieren, ergreifen sie in der Regel eine Reihe von Maßnahmen mit dem grundlegenden Ziel, den Schaden, den das Rauchen verursacht, zu reduzieren. Auch Philip Morris verfolgt dieses Ziel in der Überzeugung, das Anliegen der Bevölkerung, die Schäden des Rauchens zu reduzieren, sinnvoll unterstützen zu können. 2004 hat Philip Morris International in einer Eingabe an die Europäische Gemeinschaft eine Reihe von starken und umfassenden Regulierungen vorgeschlagen. So ist der Konzern zum Beispiel der Auffassung, dass es angebracht wäre, ein Konzessionierungssystem für alle Akteure in der Tabakbranche einzuführen und jedem die Konzession zu entziehen, der gegen Gesetze verstößt, zum Beispiel indem er Tabak an Kinder verkauft. Ebenso wird vorgeschlagen, dass alle Tabakerzeugnisse in Bezug auf Produktnormen und Besteuerung gleich behandelt werden. Darüber hinaus befürwortet Philip Morris die Gründung einer europäischen Behörde, die Tabakprodukte überwacht, inklusive zukünftiger Produkte, die vielleicht die schädlichen Auswirkungen potenziell reduzieren können. Bei Philip Morris gilt die Überzeugung, dass solche umfassenden Maßnahmen nötig sind, um Tabak von Kindern fern zu halten, um den illegalen Handel einzudämmen und vor allem, um durch Rauchen verursachte Todesfälle und Erkrankungen zu reduzieren. Diese Ziele zu erreichen ist ein Hauptanliegen des Unternehmens.

Darüber hinaus wird von einem Unternehmen erwartet, dass es sich als guter Corporate Citizen verhält, der in Menschen und die Gesellschaft investiert. Deshalb nimmt Philip Morris seine Verantwortung als Corporate Citizen und seine Rolle als ein aktives Mitglied der Gesellschaft ernst. Schließlich blickt der Konzern auf eine lange Tradition zurück, der Gesellschaft, in der die Mitarbeiter leben und arbeiten, etwas zurückzugeben.

In Deutschland konzentriert sich das gesellschaftliche Engagement der Philip Morris GmbH auf drei Bereiche: Soziales, Kunst und Wissenschaft.

Im sozialen Bereich möchte das Unternehmen mit seiner Initiative „Für ein Zuhause ohne Gewalt" vor allem bei der Bekämpfung häuslicher Gewalt helfen und unterstützt Frauenhäuser oder Hotlines in München, Berlin und Dresden.

Seit über 30 Jahren fördert die Philip Morris GmbH in Deutschland innovative Kunst und Künstler. In den letzten fünf Jahren konnte diese Förderung zunehmend mit dem Sozialengagement verknüpft werden. Ein Beispiel hierfür ist das neuartige Kunstvermittlungsprogramm PINK. Es ermöglicht sozial und körperlich benachteiligten Menschen den Zugang zur Kunst. Mit seinen auf jede Gruppe

In der Pinakothek der Moderne in München finden mit Unterstützung der Philip Morris GmbH regelmäßig Führungen statt, um auch sozial und körperlich benachteiligten Menschen Kunst näher zu bringen

individuell ausgerichteten Programmen ist PINK einmalig in der deutschen Museumslandschaft.

Im Bereich der Wissenschaft wird schon seit 23 Jahren der Forschungspreis der Philip Morris Stiftung ausgeschrieben. Bis jetzt wurden über 160 Wissenschaftler für ihre Leistungen ausgezeichnet.

Die Philip Morris GmbH hat als Hersteller von Tabakprodukten eine Verantwortung, die weit über ökonomisch begründete Ziele hinausgeht. Das oberste Ziel ist es, weiterhin die Risiken des Rauchens zu kommunizieren, ein weniger schädliches Produkt zu entwickeln und, allgemeiner gesprochen, dabei zu helfen, den Schaden, den das Rauchen verursacht, zu reduzieren. Ein verantwortungsvoller Umgang mit dem Produkt, den Mitarbeitern und der Umwelt und das Engagement als Corporate Citizen sind für Philip Morris die wichtigsten Maßnahmen, um seiner Verantwortung als Unternehmen gerecht zu werden.

AUF EINEN BLICK:

GESELLSCHAFT

- Offenheit und Transparenz rund um das Thema Tabakprodukte
- Freiwillige Maßnahmen zur Aufklärung über die Gefahren des Rauchens
- Jugendschutz
- Seit über 30 Jahren Kunstförderung
- Forschungspreis der Philip Morris Stiftung
- Studie: Die soziale Verantwortung der Wirtschaft – was Bürger von Unternehmen erwarten
- Initiative „Für ein Zuhause ohne Gewalt"
- Finanzierung aufklärender Anzeigenkampagnen

MITARBEITER

- Corporate Volunteering – SWITCH/Startsocial
- Verdoppelung der Mitarbeiterspenden
- Code of Conduct und Compliance
- Personalentwicklungsprogramme
- Chancengleichheit

PROJEKTE & KOOPERATIONEN

- Kunst- und Kulturprojekt PINK
- Unterstützung Ausstellung „Architektur der Obdachlosigkeit"
- Koop. mit Frauenschutzhaus Dresden
- Koop. Frauenobdach Karla 51, München
- Koop. Berliner Initiative gegen Gewalt gegen Frauen
- Förderung Straßenzeitung BISS, München
- Förderung Präventions- und Lifeskills-Programme

STIFTUNGEN

- Philip Morris Stiftung

INFORMATION

Philip Morris GmbH
Postfach 70 14 29
81314 München
Fon 0 89 / 72 47 - 0
www.philipmorris.de

PHOENIX CONTACT

Vertrauen, Offenheit, Fairness und intensive Kommunikation mit den Mitarbeitern sind bei Phoenix Contact keine Schlagworte, sondern ein wesentlicher Bestandteil der Unternehmenskultur. Motivierte Mitarbeiter sind das wichtigste Kapital. Ihr Know-how, ihr Ideengeist und ihr Engagement sind Garanten des Unternehmenserfolges. Deswegen liegen uns Aus- und Weiterbildung besonders am Herzen. Beste Ausbildung für eine gute Zukunft ist ein wichtiges Unternehmensziel von Phoenix Contact – und das seit Jahrzehnten. Aber damit hört es nicht auf: Auch in der Praxis gilt für uns das Motto des lebenslangen Lernens.

Dipl.-Ing. Klaus Eisert, Geschäftsführender Gesellschafter
Phoenix Contact GmbH & Co. KG

„Wir gestalten Fortschritt mit innovativen Lösungen, die begeistern." So formuliert Phoenix Contact aus dem ostwestfälischen Blomberg seine Mission. Und die beschränkt sich keineswegs auf die Produkte des elektrotechnischen Unternehmens, das mit einer Produkt-Innovation für den Hermes Award 2005 der Hannover Messe nominiert wurde. Die Idee, mit Neuerungen zu überzeugen, spiegelt sich vielmehr in allen Bereichen des unternehmerischen Handelns wider und stellt vor allem die Menschen und Mitarbeiter in den Vordergrund. Dass Phoenix Contact diese als sein wichtigstes Kapital erkannt hat, belegt auch das Siegel „Top Job 2004", das den Hersteller elektrischer Verbindungstechnik als einen der fünf besten Arbeitgeber im deutschen Mittelstand ausweist.
Überall dort, wo Strom fließt, elektronische Signale transportiert und konditioniert werden, kommen die elektrischen Klemmen und Stecker von Phoenix Contact zum Einsatz. Neben elektrischer Verbindungs- und Geräteanschlusstechnik ist das Unternehmen, das weltweit rund 7.000 Mitarbeiter beschäftigt und in 2004 mit seinen 38 Tochtergesellschaften einen Jahresumsatz von 720 Mio. Euro erwirtschaftet hat, zusätzlich auf elektronische Interfacetechnik, Automatisierungstechnik und Überspannungsschutz spezialisiert. Der große Mittelständler, dessen Geschichte 1923

in Essen begann, zählt hier zu den Weltmarktführern.

In der Tat will Phoenix Contact nicht nur seine Kunden, sondern auch seine Mitarbeiter mit Innovationen begeistern: „Work-Life-Balance“ bringt Beruf und Privatleben in Einklang und erfüllt die persönlichen Bedürfnisse der Mitarbeiter, damit diese ihre Leistungsfähigkeit voll entfalten können. Eine Win-win-Situation, denn so gewinnt das Unternehmen mit seinen Leistungen die Menschen und bindet motiviertes Personal an sich.

Zu den wichtigsten Pfeilern dieser Unternehmenskultur, die ein starkes Bewusstsein für soziale Verantwortung erkennen lässt, zählen neben flexiblen Arbeitszeit-Modellen sowie einem weit reichendenden Engagement in der Aus- und Weiterbildung vor allem die betriebliche Gesundheitsförderung. Deshalb stehen Bewegung, Ernährung und Stressbewältigung im Mittelpunkt eines wegweisenden Health Managements, das seit 2004 ein firmeneigenes Gesundheitszentrum beinhaltet. Mit einer Workshop-Reihe wird zudem versucht,

GESUNDHEITSZENTRUM „ACTIWELL“

„Gesundheit ist ansteckend.“ Unter diesem Motto eröffnete Phoenix Contact im April 2004 sein firmeneigenes Gesundheitszentrum „Actiwell“, das der damalige NRW-Arbeitsminister Harald Schartau als „Meilenstein der betrieblichen Gesundheitsvorsorge“ bezeichnete. Am Stammsitz des Elektronik-Unternehmens in Blomberg trainieren nun regelmäßig 700 Menschen und lassen sich beraten. Das Angebot umfasst ein individuelles Bewegungstraining, Übungen zur Stärkung der (Rücken-)Muskulatur und des Herz-Kreislauf-Systems sowie Techniken zur Entspannung und Stressbewältigung. Gesundheits-Check, Ernährungsberatung und Massagen runden das Programm ab, das von Fachkräften des Staatsbades Pyrmont durchgeführt wird. Da ein Großteil der Kursgebühren von den Krankenkassen und vom Unternehmen finanziert wird, müssen die Mitarbeiter für das Bewegungstraining monatlich nur zehn Euro beisteuern. Neben Angestellten von Phoenix Contact und ihren Familien soll „Actiwell“ künftig auch Mitarbeitern anderer Betriebe aus der Region offen stehen. Das zukunftsweisende Projekt zur Gesundheitsförderung, das von der Fachhochschule Lippe/Höxter wissenschaftlich begleitet wird, wurde von der Europäischen Union in 2004 ausgezeichnet.

Interne und externe Kommunikation hat einen hohen Stellenwert bei Phoenix Contact

andere Unternehmen und Einrichtungen für die Idee der aktiven betrieblichen Gesundheitsförderung zu gewinnen, da alle Beteiligten von ihr profitieren: Indem das Unternehmen die Gesundheit seiner Mitarbeiter stärkt, vermindert es künftige Krankenstände und entlastet zugleich die Sozialversicherer.

Wer wie Phoenix Contact mit innovativen Spitzenprodukten begeistern will, ist auf die Kreativität von Menschen angewiesen. Und weil nur qualifizierte Mitarbeiter zum Erfolg eines Unternehmens beitragen können, engagiert sich das Unternehmen mit zahlreichen Aktivitäten in der Aus- und Weiterbildung, die in dem hauseigenen Bildungswerk „Phoenix Contact College" gebündelt werden.

Unter dem Motto „Qualifikation heißt Zukunft sichern" werden allein am Standort Blomberg rund 250 junge Menschen in elf verschiedenen Berufen ausgebildet. Zudem gibt das Unternehmen, das seit 2003 deutlich über den eigenen Bedarf hinaus junge Menschen qualifiziert, sein Fachwissen auch an die Nachwuchskräfte anderer Betriebe weiter und fördert damit den Standort Ostwestfalen-Lippe. Das gilt auch für das umfassende Weiterbildungsprogramm, dessen Seminare zu Kommunikation, Personalführung oder interkultureller Kompetenz ebenfalls von Mitarbeitern anderer Unternehmen genutzt werden können. Phoenix Contact investiert in die Personalentwicklung mehr als in der deutschen Industrie üblich. Außerdem eröffnet das Unternehmen älteren Arbeitnehmern und Arbeitsuchenden über 50 Jahren neue Berufsperspektiven, indem es sie in Kooperation mit der Bundesagentur für Arbeit etwa zum Mechatroniker umschult.

Besonders stolz ist man bei Phoenix Contact auf die kooperative Ingenieur-Ausbildung, die seit 1999 gemeinsam mit der Fachhochschule Lippe/Höxter angeboten wird: Während die künftigen Ingenieure bei Phoenix Contact zu Facharbeitern ausgebildet werden, studieren sie gleichzeitig an der FH die nötige Theorie in den Fächern Mechatronik, Produktions- und Elektrotechnik sowie Betriebswirtschaft. Zudem sponserte Phoenix Contact die FH nicht nur mit dem ersten Industrie-Labor mit Automatisierungstechnik, sondern finanzierte zudem gemeinsam mit dem Kreis Lippe eine Stiftungsprofessur für die zukunftsweisende Disziplin Feinsystemtechnik.

Da Phoenix Contact vor allem junge Leute für den Ingenieur-Beruf begeistern und damit als potenzielle Mitarbeiter für die Zukunft gewinnen will, setzt das Bildungsengagement des Herstellers nicht erst bei der Fachausbildung ein: In Kooperation mit Schulen aus der Region werden wichtige Kenntnisse im Technik-Unterricht vermittelt. Mit dem Bildungswettbewerb „xplore", der im Jahre 2004 zum

Qualifikation wird bei Phoenix Contact groß geschrieben und umfasst auch zahlreiche Weiterbildungsangebote für Mitarbeiter und andere Unternehmen

dritten Mal unter der Schirmherrschaft von Bundesbildungsministerin Edelgard Bulmahn stattfand, rief Phoenix Contact Schüler und Studenten aus aller Welt dazu auf, neue Lösungen und außergewöhnliche Anwendungsfälle für die Automatisierungstechnik zu entwerfen. Und schließlich widmet das Unternehmen einen Tag im Jahr der „Frauenpower", damit junge Frauen mögliche Arbeitsfelder in der Welt der Technik für sich entdecken.

Über seine vielfältigen Aktivitäten berichtet Phoenix Contact, das in seiner Produktion aktiven Umweltschutz praktiziert, regelmäßig in Pressemitteilungen und einer Umweltbroschüre. Als eines der ersten deutschen Unternehmen hat sich Phoenix Contact nach dem Arbeitsschutz-Standard OHSAS 18001 zertifizieren lassen. Das freiwillige Engagement des Herstellers, das eine hohe soziale Verantwortung widerspiegelt, wird durch den Einsatz für weltweit gleiche Arbeitsbedingungen abgerundet.

AUF EINEN BLICK:

GESELLSCHAFT
- Jährliches Phoenix-Kolloquium (Vortragsveranstaltung)

MITARBEITER
- Flexible Arbeitszeiten ohne Kernzeit (+/-70 Std.)
- Telearbeit
- Teilzeitarbeit
- Gesundheitsvorsorge
- Aus- und Weiterbildungsprogramm

INITIATIVEN & STIFTUNGEN
- Initiative zum regionalen Ausbildungspakt (Ausbildung über Bedarf)
- Stiftung Lehrstuhl Feinsystemtechnik

PREISE & AUSZEICHNUNGEN
- Best PersAward 2003
- Top Job 2004
- EU-Projekt: Betriebliche Gesundheitsförderung 2004

INFORMATION
Phoenix Contact GmbH & Co. KG
Flachsmarktstraße 8
32825 Blomberg
Angela Josephs-Olesch
Fon 0 52 35 / 3 41 - 5 12
Fax 0 52 35 / 3 41 - 8 25
ajosephs-olesch@phoenixcontact.com
www.phoenixcontact.com

RANDSTAD DEUTSCHLAND

Als sozial verantwortliches und kommerziell orientiertes Unternehmen ist Randstad immer auf der Suche nach dem bestmöglichen Ausgleich der an den Unternehmensprozessen Beteiligten. Ziel ist es, eine Win-win-Situation aller Partner zu erreichen. Hinzu kommt ein in der Unternehmensphilosophie verwurzeltes Gefühl für die soziale Verantwortung als Unternehmen. Die Kernwerte von Randstad sind die Triebfeder allen Engagements. Randstad versteht sich als integrierter Bestandteil des geschäftlichen und sozialen Umfelds in allen Märkten, in denen das Unternehmen tätig ist. Randstad leistet einen gesellschaftlichen Beitrag.

Heide Franken, Sprecherin der Geschäftsführung
Randstad Deutschland GmbH & Co. KG

Randstad ist eine der ältesten und zugleich größten Zeitarbeitsorganisationen der Welt. Das 1960 in den Niederlanden gegründete Unternehmen beschäftigt heute über 12.000 interne Mitarbeiter und nahezu 225.000 Zeitarbeitnehmer in 16 Ländern. Es ist marktführend in den Niederlanden, Belgien, Deutschland und dem Südosten der USA und erwirtschaftete im Jahr 2004 über 5,7 Mrd. Euro Umsatz. Der Name Randstad steht auf eine noch ganz andere Art und Weise für wirtschaftliche Kompetenz und Geschäftigkeit, denn als Randstad bezeichnet man auch die größte Wirtschaftsmetropole der Niederlande, das Gebiet zwischen Den Haag, Amsterdam, Utrecht und Rotterdam. Hier werden 50 % des gesamten niederländischen Bruttosozialproduktes erwirtschaftet, hier haben zahlreiche globale Unternehmen ihre Europazentrale. Besser kann ein Unternehmen seine Kompetenz in Sachen Arbeit eigentlich nicht zum Ausdruck bringen. Randstad ist in einer Branche tätig, die in den vergangenen Jahren einen überdurchschnittlichen Boom verzeichnete, verbunden mit einem stabilen Wachstum, das darauf hinweist, dass sich moderne Formen der Personalvermittlung mittlerweile in vielen Sektoren etabliert haben – und das zunehmend auch bei hoch qualifizierten Tätigkeiten.

Seine Rolle als Corporate Citizen begreift Randstand ganz eindeutig als Auftrag, die eigenen unternehmerischen Kompetenzen und Ressourcen zu nutzen, um einen Beitrag zur Weiterentwicklung der Gesellschaft zu leisten. Aus diesem Grund ist die Randstad Group eine enge Partnerschaft mit Voluntary Service Overseas, kurz VSO, eingegangen. Die im Jahr 1958 gegründete internationale Entwicklungshilfeorganisation ist die weltweit größte private Agentur für Freiwilligenarbeit. Ihr Ziel ist die langfristig angelegte, nachhaltige Beseitigung von Armut und die Schaffung einer Welt, die von menschlicher Kooperation und Gerechtigkeit geprägt ist. Die Menschenrechte, das Recht auf Bildung, ein sicherer Lebensunterhalt, Gesundheitsvorsorge und eine saubere Umwelt sind wichtige Etappen auf dem Weg zu diesem Ziel. Dafür werden auf der ganzen Welt Menschen benötigt, die einen freiwilligen Beitrag dazu leisten. Voluntary Services Overseas braucht vor allem Fachleute aus den Bereichen Bildung, dem Gesundheitswesen und dem Unternehmensmanagement, um sie in Entwicklungsländern einzusetzen.

randstad
flexible work solutions

INTEGRATIONSPROGRAMM FÜR ARBEITSLOSE JUGENDLICHE

Um arbeitslosen Jugendlichen eine Perspektive zu bieten, hat Randstad im Jahr 2001 gemeinsam mit dem Ministerium für Wirtschaft und Arbeit des Landes Sachsen-Anhalt sowie dem Europäischen Sozialfonds ein Private-Public-Partnership-Projekt gestartet. Ziel ist es, arbeitslosen Jugendlichen, die über eine Berufsausbildung verfügen, Möglichkeiten zu eröffnen, im Arbeitsmarkt wieder Fuß zu fassen und ein entsprechendes Integrationsprogramm anzubieten. Die Grundüberlegung der Kooperationspartner ist dabei, den Jugendlichen über das Instrument Zeitarbeit wieder zu regelmäßigen Beschäftigungsverhältnissen zu verhelfen. Nachdem die Arbeitslosen eine zwei- bis vierwöchige Trainingsmaßnahme durchlaufen haben, können sie mit Randstad einen Arbeitsvertrag abschließen. Nach dem Prinzip „Training-on-the-Job" vermittelt Randstad die Jugendlichen an Kundenunternehmen. So haben beide Seiten die Chance, sich innerhalb eines Arbeitsverhältnisses kennen zu lernen und zu testen, ob Anforderungsprofil und Qualifikation übereinstimmen. In der ersten Projektphase von 2001 bis 2004 haben 156 arbeitslose Jugendliche an dem Projekt teilgenommen. Von diesen sind insgesamt 89 wieder in den ersten Arbeitsmarkt integriert worden, was einer Erfolgsquote von 57 % entspricht. Anlass genug für alle Projektpartner, am 1. April 2005 mit einer weiteren Integrations-Phase zu starten, die zunächst für ein Jahr gilt.

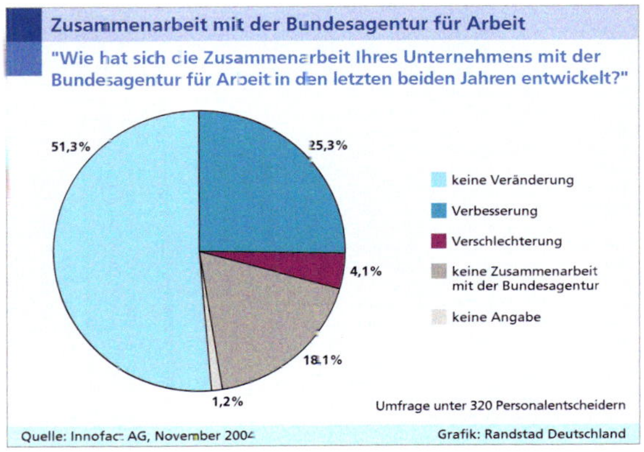

Die regelmäßig erscheinende Mitarbeiterzeitung berichtet über aktuelle Daten und Fakten und ist auf der Website verfügbar

Als Experte für Personaldienstleistung verfügt Randstad über die nötigen Erfahrungen und Strukturen, um die Projekte von Voluntary Services Overseas zu unterstützen. Die über Jahrzehnte erworbenen Kenntnisse des Arbeitsmarktes und das nötige Personal zur Rekrutierung geeigneter Freiwilliger bieten die besten Voraussetzungen dafür. Ein Schwerpunkt der Partnerschaft ist daher die Vermittlung von Entwicklungshilfe-Einsätzen bei der VSO. So nimmt Randstad Deutschland Bewerbungen entgegen und sucht das geeignete Personal für die Einsätze aus. Die Einsatzgebiete sind vielfältig und reichen von administrativen und erzieherischen Tätigkeiten über technische, Bau- und Handelsberufe bis zu Dienstleistungen. Insbesondere bei der wachsenden Nachfrage in den Entwicklungsländern nach Experten im Geschäfts- und Managementbereich kann Randstad kompetente Unterstützung leisten.

Ein wichtiges Ziel der Partnerschaft ist die Ausweitung der Reichweite der VSO in die Regionen, in denen Randstad erfolgreich tätig ist: Europa und Nordamerika. Mit ihrer gemeinsamen Aktion werden die Möglichkeiten der VSO, Freiwillige dort anzuwerben, enorm erweitert. Neben der Freiwilligenrekrutierung leistet Randstad finanzielle Unterstützung in einer Größenordnung von 1 Mio. Euro. Damit soll die Finanzierung der Arbeit von Voluntary Service Overseas in den nächsten drei Jahren gefördert werden. Darüber hinaus bietet Randstad seinen Mitarbeitern sowie den Zeitarbeitnehmern die Möglichkeit, sich aktiv in der Partnerschaft zu engagieren, indem sie selbst als Freiwilliger tätig werden oder sich an der Rekrutierung von Fachkräften oder an Spendensammelaktionen beteiligen. Dieser nach außen wirkenden Corporate Citizenship steht ein branchen- und unternehmensinternes Engagement gegenüber. Randstad hat sich zu einem Code of Conduct verpflichtet, der gültige Verhaltensmaßstäbe im Umgang zwischen den Mitarbeitern, den Zeitarbeitnehmern und mit den Kunden für alle Länder setzt, in denen Randstad vertreten ist. So ist für sämtliche Beteiligten ein hohes Niveau gegenseitiger Verlässlichkeit gegeben. Als deutscher Marktführer für Personaldienstleistungen engagiert sich Randstad auch für den Arbeitsschutz und die Gesundheit am Arbeitsplatz. Die Website des Unternehmens wird als Portal für Informationen mit Checklisten und Formularen genutzt, die bei der Durchführung arbeitsrechtlicher und gesundheitsfördernder Maßnahmen hilfreich sind. Mit Themen wie der Beschäftigung Behinderter oder Rauchen am Arbeitsplatz bezieht das Unternehmen über die Firmenzeitschrift randstadkorrespondent Stellung zu aktuellen Themen der Arbeitswelt. Das Randstad-Expertenpanel Personal stellt anderen

In diesem Jahr wurde im Rahmen von VSO nach langer und intensiver Vorbereitungsarbeit erstmalig eine Entwicklungshelferin in ein Projekt nach Kenia entsandt

Unternehmen eine Informationsplattform mit den aktuellsten Informationen zu Branchentrends und Entwicklungen am Arbeitsmarkt zur Verfügung. Alle diese Maßnahmen sind dazu geeignet, die sozialen, ökonomischen und gesellschaftlichen Standards im Unternehmen und der Branche zu sichern und weiterzuentwickeln.

Die eigenen unternehmerischen Kompetenzen für die Unterstützung sozialer und gesellschaftlicher Belange zu nutzen ist eine sehr effektive und wirkungsvolle Art der Wahrnehmung von Corporate Social Responsibility. Die Randstad Group hat in ihrer Partnerschaft mit der Organisation Voluntary Service Overseas eine hervorragende Möglichkeit gefunden, ihre Leistungsfähigkeit als globales Unternehmen für eine beispielhaft gelebte Corporate Citizenship einzusetzen.

AUF EINEN BLICK:

MITARBEITER

- Mitarbeiterzeitung
- Randstad-eigene Ausbildungskonzepte mit internem Examen
- Verhaltenskodex: Sozialfonds für Zeitarbeitnehmer
- Social dialog: praktizierte Mitbestimmung auf Europa-Ebene

INITIATIVEN & PROJEKTE

- Voluntary Service Overseas (VSO)
- Sponsoring und Netzwerkarbeit
- Arbeitsmarktprojekte zur Wiedereingliederung Langzeitarbeitsloser
- Modulare Qualifizierung, Lern-Prinzip Zeitarbeit
- Job-Tag, regelmäßiges Event

SONSTIGES

- Sponsoring BUGA 2005

INFORMATION

Randstad Deutschland GmbH & Co. KG
Ginnheimer Straße 4
65760 Eschborn
Petra Timm
Fon 0 61 96 / 4 08 - 1 77
Fax 0 61 96 / 4 08 - 17 75
petra.timm@de.randstad.com
www.randstad.com

ALFRED RITTER GMBH & CO. KG

Der Schutz der natürlichen Lebensgrundlagen ist eine der vordringlichsten Aufgaben unserer Zeit. Wir verpflichten uns zu umweltschonendem Handeln. Obwohl Investitionen für den Umweltschutz zunächst die Erträge belasten, sind wir überzeugt, dass sich rechtzeitige Maßnahmen in diesem Bereich langfristig auszahlen. Wir arbeiten deshalb insbesondere an Verbesserungen von Produktionsverfahren, Produkten, Verpackungen und Logistik und sind bestrebt, Emissionen unseres Betriebes ständig weiter zu reduzieren.

Alfred Ritter und Marli Hoppe-Ritter,
Inhaber der Alfred Ritter GmbH & Co. KG

Die Chancengleichheit von Mann und Frau wird in der Gesellschaft zur Zeit viel diskutiert und verhandelt. Bei der Alfred Ritter Schokoladenfabrik blickt dieses Thema allerdings auf eine lange „gleichberechtigte" Tradition zurück. Die Verbindung des Unternehmensgründers, dem Konditor Alfred Ritter, mit Clara Göttle, die einen Süßwarenladen betrieb, war privat wie geschäftlich erfolgreich. Die beiden heirateten 1912 und gründeten die Schokoladenfabrik. Die Idee, die der Marke Ritter Sport heute einen Bekanntheitsgrad von 95 Prozent verschafft, hatte Clara 1932: eine Schokolade zu produzieren, die ohne zu brechen in jede Jackentasche passen sollte. Der Slogan „Quadratisch, praktisch, gut" verschaffte dieser genialen Erfindung in den 70er-Jahren eine einprägsame Formel.
Die bunten Ritter-Sport-Quadrate durchziehen heute das Corporate Design des Unternehmens, das immer noch als Familiengesellschaft geführt wird und seit je eine offene Kommunikation pflegt. Chancengleichheit beginnt damit, dass für gleiche Arbeit gleicher Lohn gezahlt wird, so einer der zentralen Sätze aus der quadratischen Broschüre zum Leitbild der Alfred Ritter Schokoladenfabrik. Praktisch und gut, um im Slogan zu bleiben, sind auch die weiteren Inhalte. So z.B. zu Vereinbarkeit von Beruf und Familie, die viel Flexibilität von den berufstätigen Eltern erfordert, weshalb sich auch das Unterneh-

men beweglich zeigt. Flexible Arbeitszeitgestaltung gehört ebenso zum Standard wie die Möglichkeiten, nach der Elternteilzeit wieder im Unternehmen einzusteigen und Fortbildungen während dieser Auszeit wahrzunehmen. Zudem bleibt Ritter-Sport, das seine Produkte in über 60 Ländern der Welt vertreibt, seinem Standort im Waldenbuch treu und musste noch nie betriebsbedingte Kündigungen aussprechen – und wird es auch in Zukunft nicht, denn soziale Verantwortung heißt hier auch Standort- und Arbeitsplatzsicherung.

Besonders eng verwoben sind im Hause Ritter Qualitätssicherung und ökologische Verantwortung als Teil einer umfassenden Corporate Social Responsibility. Dem Umweltschutz misst man zentrale Bedeutung zu. Ob Produktionsverfahren, Produkte, Verpackung oder Logistik: Ritter ist bestrebt, Emissionen immer weiter zu reduzieren. Vorbildlich ist in diesem Zusammenhang, dass bei investiven Maßnahmen stets die ökologische Variante ergriffen wird, solange sie nicht mehr als 10 Prozent höhere Kosten verursacht als herkömmliche

CACAONICA

In Nicaragua leben 50 Prozent der Bevölkerung in Armut und der wichtigste Wirtschaftszweig ist nach wie vor die Landwirtschaft. Die beständig wachsende Zahl der Kleinbauern trägt dazu bei, dass der Regenwald zunehmend verschwindet, was klimatische Auswirkungen hat und durch die Bodenerosion langfristig auch der Landwirtschaft die Grundlage entzieht. Eines der Exportprodukte ist Kakao und hier besteht die Verbindung zu Ritter Sport. Ein intelligentes Entwicklungsprojekt bietet die Möglichkeit, für wirtschaftlichen, sozialen und ökologischen Fortschritt Hilfestellung zu geben und zugleich langfristig Geschäftsmöglichkeiten zu entwickeln. Der Lösungsansatz heißt agroforstliche Landwirtschaft. Um ihn zu implementieren, gibt es Cacaonica, ein privates Entwicklungsprojekt, das von Ritter seit 1990 mit rund 2,5 Mio. Euro unterstützt wird. Die Früchte des langfristig angelegten Projekts werden seit der Jahrtausendwende geerntet. Die Kleinbauern arbeiten genossenschaftlich zusammen und ihre Kooperative mit inzwischen nahezu 400 Mitgliedern ist durch eine von der EU anerkannte Kontrollstelle öko-zertifiziert. Ritter Sport hat einen langfristigen Vertrag zur Abnahme dieses Öko-Kakaos geschlossen, der nach den Fair-Trade-Regeln bezahlt wird. Mittelfristig will das Unternehmen eine eigene Schokoladenlinie auf Grundlage dieses Kakaos auf den Markt bringen.

Sowohl über die verschiedenen Projekte als auch über das Unternehmen selbst informieren Flyer und Broschüren

Verfahren – also stets pro Ökologie. So ging 2002 ein Blockheizkraftwerk in Betrieb, in das drei Mio. Euro investiert worden sind. Durch die Kraft-Wärme-Kopplung können jährlich 12 Mio. kWh Primärenergie und ca. 6.800 Tonnen CO_2-Ausstoß eingespart werden. Seitdem produziert Ritter 30 % seines Strom- sowie 70 % seines Wärmebedarfs selbst. Den restlichen Energieverbrauch deckt man ebenso umweltbewusst und bezieht bei einem regionalen Versorger, der ausschließlich regenerative Energien einspeist.

Als erstes Unternehmen der Süßwarenbranche hat sich Ritter Sport 1996 erfolgreich an der Öko-Audit-Verordnung beteiligt. Das bedeutet, dass der betriebliche Umweltschutz im Rahmen eines umfassenden Managementsystems organisiert wird. Seit Mitte der 70er-Jahre gibt es die bekannte bunte Verpackung der Schokoquadrate mit dem Knick-Pack-System zum Öffnen. Auch hier boten sich Ansätze zur ökologischen Verbesserung. 1991 erstellte Ritter Sport die erste Ökobilanz für Verkaufsverpackungen. Um das Recycling der bunten Hüllen zu ermöglichen, wurde auf ein Einstoff-System umgestellt. In den letzten Jahren konnte damit das Restmüllaufkommen um über 90 % reduziert werden. Dadurch werden im Vergleich zu einer konventionellen Lösung über 1.000 Tonnen Packstoff im Jahr eingespart, zu deren Transport immerhin 50 LKW benötigt würden.

Gerade in der Lebensmittelindustrie bedeutet Produktqualität zugleich auch Verbraucherschutz. Mit anspruchsvollen analytischen Verfahren im neuen Laborkomplex setzt man für die Branche Maßstäbe. Die Untersuchungen auf Mikroorganismen im so genannten PCR-Labor erbringen eine Zeitersparnis von 50 % gegenüber herkömmlichen Verfahren. Auf genauso hohem Niveau wie die Produktsicherheit ist die Werkssicherheit bei Ritter Sport organisiert. Eine betriebliche Sicherheitsgruppe organisiert die aktive und nachhaltige Gefahrenprävention. Dabei profitiert man von den Erfahrungen, die Mitarbeiter z.B. als Angehörige der freiwilligen Feuerwehren ihrer Wohnorte gesammelt haben.

Menschliches Wohlbefinden hängt jedoch nicht allein davon ab, elementare Grundbedürfnisse zu befriedigen und Unfälle zu verhindern. Wer wüsste das besser als die Schokoladenspezialisten, denn der Genuss der kleinen und großen Quadrate setzt schließlich Glückshormone frei. Glücksgefühle werden auch durch Kunstgenuss ausgelöst. Kunst regt die Fantasie an, weshalb sich Marli Hoppe-Ritter die Förderung junger Künstlerinnen und Künstler als Investition in die Zukunft zur Aufgabe gemacht hat. Gerade wenn Kunstförderung über klassisches Mäzenatentum hinausgehen soll, ist die Verbindung zum Unternehmen, seiner Kultur und seinen Pro-

Durch die Kraft-Wärme-Kopplung des Blockheizkraftwerks können jährlich 12 Mio. kWh Primärenergie und ca. 6.800 Tonnen CO_2-Ausstoß eingespart werden

dukten unabdingbar für den Erfolg. Mit dem Museum Ritter, das im Herbst 2005 eröffnete, wird ein spannendes neues Kapitel aufgeschlagen. Die Sammlerin Marli Hoppe-Ritter ist Enkelin der Firmengründer und gemeinsam mit ihrem Bruder Inhaberin des Unternehmens. Seit Mitte der 80er-Jahre fördert sie Künstler und begann Anfang der 90er-Jahre mit dem Aufbau einer Kunstsammlung rund um das Thema Quadrat. Diese wird in dem neuen, nach ökologischen Grundsätzen erbauten Kubus zu sehen sein, in welchem auch das Besucherzentrum zum Thema Schokolade untergebracht ist.

AUF EINEN BLICK:

GESELLSCHAFT

- PPP-Projekt „Cacaonica": agroforstliches Entwicklungsprojekt in Nicaragua
- Kunstmuseums-Bau in Waldenbuch

MITARBEITER

- Führungskräfte-Feedback
- Mitarbeitergespräche
- Keine betriebsbedingten Kündigungen
- Ergebnisbeteiligung für alle Mitarbeiter

UMWELT

- IFS- und BRC-Zertifizierung (höchster Stufe)
- Blockheizkraftwerk
- Vollst. recycelbare Verpackungsfolie
- Umwelt-Leitbild

STIFTUNGEN

- Stiftung Marli-Hoppe-Ritter zur Förderung der Kunst

PREISE & AUSZEICHNUNGEN

- Alfred Ritter: Ökomanager 1997, Prognospreis 1998 für innovative Problemlösungskonzepte, Bundesverdienstkreuz 1999
- Marli-Hoppe-Ritter: Bundesverdienstkreuz 2001

INFORMATION

Alfred Ritter GmbH & Co. KG
Alfred-Ritter-Straße 25
71111 Waldenbuch
www.ritter-sport.de

ROBERT BOSCH GMBH

Vor 30 Jahren veröffentlichten wir die erste verbindliche Richtlinie zum Umweltschutz. Doch der Wandel der Märkte und die gesellschaftliche Entwicklung bedeuten auch für Bosch eine große Herausforderung. 1999 starteten wir deshalb unter dem Leitbild BeQIK einen unternehmensweiten Veränderungsprozess, der uns anpassungsfähig und flexibel hält. In der Folge haben wir unsere Werte erstmals schriftlich formuliert. Sie sollen uns im eingeleiteten Kulturwandel eine verlässliche Orientierung geben und unsere Zukunfts- und Ertragsorientierung stärken. Unsere Werte sind auch ein Versprechen für die Zukunft: Gemeinsam mit unseren Mitarbeitern werden wir weiterhin wichtige Akzente für den Fortschritt in unseren Unternehmensbereichen setzen, unsere Ertragsfähigkeit ausbauen und dabei weltweit ein verantwortlicher Partner für Kunden und Gesellschaft bleiben.

Franz Fehrenbach,
Vorsitzender der Geschäftsführung der Robert Bosch GmbH,
Wolfgang Drees,
Geschäftsführer der Robert Bosch GmbH,
u.a. zuständig für den Umweltschutz

Mit einem Umsatz von 40 Mrd. Euro im Jahr 2004 zählt Bosch zu den größten Industrieunternehmen Deutschlands. In den drei Unternehmensbereichen Kraftfahrzeugtechnik, Industrietechnik sowie Gebrauchsgüter und Gebäudetechnik sind insgesamt rund 242.000 Mitarbeiter beschäftigt. Der Konzern mit Sitz in Stuttgart ist bereits seit Jahrzehnten weltweit tätig und hat sein internationales Geschäft in den vergangenen Jahren stark ausgebaut: 199 der insgesamt rund 260 Fertigungsstandorte befinden sich außerhalb Deutschlands. Mit Tochter- und Beteiligungsgesellschaften ist Bosch auf jedem Kontinent und in mehr als 50 Ländern präsent.
Hervorgegangen ist das Unternehmen aus der „Werkstätte für Feinmechanik und Elektrotechnik", die Robert Bosch (1861-1942) im Jahr 1886 in Stuttgart eröffnet hatte. 1964 übertrugen die Erben des Firmengründers den größten Teil ihrer Geschäftsanteile an die Robert Bosch Stiftung, die ausschließlich gemeinnützige Zwecke verfolgt. Heute ist die Robert Bosch Stiftung mit 92 % am Stammkapital der Robert Bosch GmbH beteiligt, das 1,2 Mrd. Euro beträgt. Die Robert Bosch Stiftung will neue Lösungsansätze für offene Fragen und Probleme in der Gesellschaft entwickeln. Förderprojekte in fünf Programmbereichen setzen zukunftsweisende Konzepte beispielhaft um. Abgesehen von den Mitteln, die in

das stiftungseigene Robert-Bosch-Krankenhaus und in Gesundheitsprojekte flossen, ging der größte Teil der Fördergelder im Jahr 2004 an Projekte zur Völkerverständigung und Vorhaben im Bereich Jugend, Bildung und Bürgergesellschaft.

Eine erste verbindliche Umweltschutz-Richtlinie verfasste Bosch bereits vor 30 Jahren. Die Verantwortung für die Umwelt – bei Bosch ein zentraler Wert – ist auch in den Leitsätzen zum Arbeits- und Umweltschutz festgehalten. Sie gelten für alle Standorte weltweit und beziehen Mitarbeiter, Dienstleister und Lieferanten mit ein. Die Leitsätze verfolgen die kontinuierliche Verbesserung der Umweltleistung und integrieren den Arbeitsschutz. Die erstmals 1996 formulierten Leitsätze wurden inzwischen mehrfach aktualisiert. Ein Steuerkreis koordiniert die Umsetzung der Umweltpolitik mit ihren hohen Standards beispielsweise im Energie- und Abfallmanagement, bei der Abwasserbehandlung und der Regenwassernutzung, bei Altlasten und Emissionsschutz sowie im Gefahrstoffmanagement und in der Logistik ar

BOSCH

UMWELTFREUNDLICHE WÄRMBEHANDLUNG IN DER KOMPONENTENFERTIGUNG

Die Substitution der Salzbadhärtung durch Vakuumöfen vermeidet giftige Betriebsstoffe und verringert den Stromverbrauch. Über 40 Jahre wurden im Werk Bamberg Komponenten für Dieselmotoren wie Düsen, Düsenhalter oder Einspritzventile in Salzbädern gehärtet. Durch den Umstieg auf eine Vakuumanlage mit Unterdruckaufkohlung fallen seit Mitte 2004 am zweitgrößten Standort der Bosch-Gruppe in Deutschland pro Jahr rund 15 Tonnen giftige Cyanid- und Salpetersalze weg. Somit ist eine Gefährdung der Mitarbeiter durch diese Stoffe von vornherein ausgeschlossen. Dies führt darüber hinaus zu einer erheblichen Entlastung der Abwasseraufbereitungsanlage. Die kontinuierliche Weiterentwicklung der Vakuumtechnologie eröffnet inzwischen sowohl in der Automobilindustrie als auch in der Luftfahrt- und Medizintechnik vielfältige Anwendungsmöglichkeiten. Zu den weiteren Vorteilen gehören neben kürzeren Prozesszeiten auch ein geringerer Energieverbrauch. Jährliche Einsparungen von 1.600 MWh reduzieren beispielsweise allein im Werk Bamberg die Energiekosten um mehr als 100.000 Euro.

Der Stifter Robert Bosch steht für die lange Tradition des gesellschaftlichen Engagements des Unternehmens

allen Fertigungsstandorten des Unternehmens.

Kennzeichen wie der Blaue Engel stehen für Produkte, die besondere Kriterien hinsichtlich Umwelt und Gesundheit erfüllen. Auch viele Erzeugnisse von Bosch tragen dieses Umweltzeichen. Bereits in der Produktentwicklung werden mit verschiedenen Programmen die entsprechenden Maßstäbe gesetzt. Energieeffizienz, Emissions- und Lärmminderung zeichnen die neuen Generationen der Produkte aus. Bosch betreibt eigene Recyclingsysteme und trägt mit verschiedenen Erzeugnissen zur regenerativen Energiegewinnung bei. Ebenfalls schon 30 Jahre alt, aber aktueller denn je ist auch das 3-S-Programm, mit dem Bosch seit den 70er-Jahren das Ziel verfolgt, Autos sicherer, sauberer und sparsamer zu machen. Das Programm hat viele Pionierleistungen wie das Antiblockiersystem ABS, das Elektronische Stabilitäts-Programm ESP® oder die Direkteinspritzungen für Benzin- und Dieselmotoren inspiriert. So wird Autofahren weniger belastend für die Umwelt und sicherer für den Fahrer: Beispielsweise lässt sich mehreren Untersuchungen zufolge durch den serienmäßigen Einsatz von ESP® die Anzahl der schweren Fahrunfälle um bis zu 50 % reduzieren.

Das Unternehmen hat jedoch nicht nur den Markt, sondern auch seine Mitarbeiter im Fokus. Bei Bosch sind Programme, die dazu beitragen, Beruf und Familie besser miteinander zu vereinbaren, ein wichtiger Baustein der Personalpolitik. Dazu gehören flexible Arbeitszeitformen wie Teilzeit, Telearbeit oder Job-Sharing, die über Betriebsvereinbarungen geregelt sind. Während der Elternzeit werden für Mütter und Väter Weiterbildungsmaßnahmen angeboten. Auch für die Kinder ist gesorgt. Nach dem Wiedereinstieg hilft Bosch den Eltern, die Kinderbetreuung zu organisieren. Dafür arbeitet das Unternehmen mit unabhängigen Familienserviceeinrichtungen zusammen und hat im Intranet eine Kinderbetreuungsbörse eingerichtet. Darüber hinaus gibt es ein seit 1995 aktives Frauennetzwerk sowie interne und firmenübergreifende Mentoringprogramme speziell für Frauen.

Bosch begrüßt es, wenn sich Mitarbeiter aktiv um das Gemeinwohl kümmern. Dies zeugt nicht nur von Wertebewusstsein und Eigeninitiative, sondern trägt auch zur gesellschaftlichen Akzeptanz des Unternehmens bei. Primavera heißt eine 1990 von Bosch-Mitarbeitern in Deutschland gegründete Initiative. Sie hilft notleidenden Kindern an den Standorten der Bosch-Gruppe weltweit. Einzelne Mitarbeiter, ganze Abteilungen und zahlreiche Freizeitgruppen des Unternehmens engagieren sich ehrenamtlich, indem sie Spenden sammeln oder Benefizveranstaltungen organisieren. Im Jahr 2004 kamen so Spenden in Höhe von

Seit 2004 organisiert Bosch den Nashik Run, an dem sich mehrere tausend Läufer beteiligen und dessen Erlöse gemeinnützigen Einrichtungen zugute kommen

mehr als 250.000 Euro zusammen. In Indien initiiert die Bosch-Gesellschaft MICO seit vielen Jahren eigenständige Hilfsprojekte. Im Jahr 2004 organisierte das Werk in Nashik zum zweiten Mal einen Benefizlauf, den Nashik Run, mit 8.000 Läufern. Zusammen mit Spenden aus anderen Unternehmen erbrachte die Veranstaltung 100.000 Euro, die gemeinnützigen Einrichtungen zugute kamen. Aufgrund des großen Erfolgs wird der Nashik Run künftig jährlich stattfinden.

Um auch das gesellschaftliche Engagement des Unternehmens darstellen zu können, wird der bisherige Umweltbericht vom Jahr 2006 an Teil eines Nachhaltigkeitsberichts sein.

AUF EINEN BLICK:

GESELLSCHAFT

- Grundsätze Sozialer Verantwortung
- Nationale und internationale Hilfsprojekte

MITARBEITER

- Selbstverpflichtende „Code of Conducts"
- Bosch-Werte
- Leitlinien zur Führung
- Modelle zur Vereinbarkeit von Familie und Beruf
- Weiterbildung
- Sozialberatung: Hilfestellung für Mitarbeiter mit persönlichen Problemen

STIFTUNGEN

- Robert Bosch Stiftung:
  hält 92 % am Stammkapital der Robert Bosch GmbH,
  Aufwendungen für gemeinnützige Zwecke 2004: mehr als 49 Mio. Euro
- Hans L. Merkle-Stiftung im Stifterverband für die Deutsche Wissenschaft

MITGLIEDSCHAFTEN

- Global Compact
- econsense
- B.A.U.M. e.V.
- Deutsches Netzwerk Wirtschaftsethik
- Transparency International

INFORMATION

Robert Bosch GmbH
Postfach 10 60 50
70049 Stuttgart
Dr. Sabine Lutz
Corporate Communications – Corporate Citizenship
Fon 07 11 / 8 11 – 62 41
Fax 07 11 / 8 11 – 70 82
sabine.lutz@ce.bosch.com
www.bosch.com

ROLAND BERGER STRATEGY CONSULTANTS

Die Rückbesinnung auf Werte ist heute unverzichtbar. Nur wenn an der Spitze der Unternehmen Werte wie Integrität, Glaubwürdigkeit, Engagement und Verantwortungsbereitschaft vorgelebt werden, kann uns in Deutschland der so notwendige Stimmungswandel hin zu mehr Optimismus und Vertrauen gelingen: Wettbewerbsorientierung für die Starken muss einhergehen mit Respekt, Toleranz und Hilfsbereitschaft. Konkretes Zeichen dieser im besten Sinne bürgerlichen Wertorientierung ist das Eintreten für die Gemeinschaft: die Unterstützung von Kultur und Bildung, das Engagement für soziale Einrichtungen oder für Umwelt und Naturschutz. Viele Unternehmen in Deutschland engagieren sich hier mit hohem Einsatz, und erfreulicherweise schließt sich der Kreis, denn soziales Engagement fördert die Reputation und trägt zweifellos zum Unternehmenserfolg bei.

Dr. Burkhard Schwenker,
CEO von Roland Berger Strategy Consultants

Als Gründer und langjähriger Vorstandsvorsitzender der Strategieberatung Roland Berger Strategy Consultants hat sich Roland Berger mehr als drei Jahrzehnte lang der Aufgabe verschrieben, Unternehmen in Deutschland und weltweit nach vorn zu bringen. Heute ist Roland Berger Europas bekanntester Unternehmensberater. Das von ihm 1967 gegründete Unternehmen gehört zu den führenden Strategieberatungen weltweit. Mit 31 Büros in 22 Ländern ist Roland Berger Strategy Consultants erfolgreich auf dem Weltmarkt aktiv. 1.630 Mitarbeiter haben im Jahr 2004 einen Umsatz von rund 530 Mio. Euro erwirtschaftet. Die Strategieberatung ist eine unabhängige Partnerschaft im ausschließlichen Eigentum von derzeit mehr als 130 Partnern.

Roland Berger tritt nicht nur für wirtschaftlichen Fortschritt ein. Nicht erst seit seinem Wechsel an die Spitze des Aufsichtsrats im Juli 2003 widmet er rund ein Drittel seiner Zeit gesellschaftlichen Aufgaben in Bildung, Wissenschaft, Kultur oder im karitativen Bereich. Er setzt damit sein Lebensmotto um, wonach – frei nach Hegel – jeder entsprechend seinen Möglichkeiten versuchen sollte, zum Fortschritt in der Gesellschaft beizutragen. Unter anderem unterstützt er gemeinsam mit seiner Frau Karin das Gustav Mahler Jugendorchester sowie das Schweizer Lucerne Festival. Zudem ist er in zahlreichen Beiräten wissenschaftlicher, kultureller und sozialer Institutionen tätig.

Auch die neue Geschäftsführung von Roland Berger Strategy Consultants unter Dr. Burkhard Schwenker führt das gesellschaftliche Engagement des Unternehmensgründers fort. Mit hohem Einsatz fördert die Beratungsgesellschaft Bildung und Wissenschaft, etwa durch die Finanzierung zweier Stiftungslehrstühle: Am INSEAD bei Paris, eine der renommiertesten europäischen Business Schools, hat Roland Berger Strategy Consultants einen Lehrstuhl für „E-Business and Information Technology" eingerichtet. Der Forschungsschwerpunkt liegt auf den Auswirkungen von Informatik und Internet auf die Wertschöpfungsketten in Unternehmen. An der TU München stiftete die Strategieberatung gemeinsam mit einem IT-Unternehmen einen Lehrstuhl für Wirtschaftsinformatik und Internet-basierte Lehrsysteme. Um Theorie und Praxis stärker zu verzahnen, gründete Roland Berger Strategy Consultants das „Academic Network" – ein Netzwerk, in dem sich Wissenschaftler und Berater weltweit zu

Roland Berger
Strategy Consultants

COUNTERPARTS – INTERNATIONALES KULTURELLES ENGAGEMENT

COUNTERPARTS
sponsored by
Roland Berger
Strategy Consultants

Unter dem Titel „Counterparts" unterstützt Roland Berger Strategy Consultants Kultur und Bildung in Osteuropa. Der Begriff „Counterparts" steht dabei für den Austausch zwischen Kulturen, für die Auseinandersetzung mit dem Gegenüber und die Suche nach Entsprechungen im Anderen. Das Projekt unterstreicht die Internationalität des kulturellen Engagements von Roland Berger Strategy Consultants. Im Jahr 2005 fördert die Strategieberatung zwei Projekte in Kroatien. Einen besonders reizvollen Weg geht das Unternehmen in Zagreb. Seit der Eröffnung des Büros der Strategieberatung 2003 in der kroatischen Hauptstadt wurden in den dortigen Räumen Werke junger Künstler ausgestellt. Gemeinsam mit dem Goethe-Institut und dem Museum für moderne Kunst Zagreb entsteht nun unter dem Titel „Criss – Cross" eine Ausstellung, die Werke zeitgenössischer Künstler aus Deutschland und Kroatien einander gegenüberstellt. Ergänzt wird die Ausstellung durch ein didaktisches Begleitprogramm und Workshops mit den Künstlern. Darüber hinaus unterstützt das Unternehmen die Stadtbibliothek von Dubrovnik (siehe Bild) dabei, ihre kulturhistorischen Bestände zu erweitern. Roland Berger Strategy Consultants richtet eine „Roland Berger Library" ein, die Standardwerke und Aktuelles rund um wirtschaftswissenschaftliche Themen bereit hält, und finanziert zudem die Klimatisierung des Lesesaals.

Ob America's Cup, Gustav Mahler Jugendorchester oder Bayerische Staatsoper – das Engagement von Roland Berger ist vielfältig

aktuellen Managementthemen austauschen können. Auch das Dissertationsprogramm von Roland Berger Strategy Consultants trägt dazu bei, innovative wirtschaftswissenschaftliche Thesen theoretisch zu fundieren und die Forschungsergebnisse in der Praxis zu überprüfen.

Überdies engagiert sich die internationale Strategieberatung für den Kulturaustausch über Ländergrenzen hinweg. So finanziert das Unternehmen im Jahr 2005 eine Kunstausstellung in Zagreb. Zudem unterstützt es die städtische Bibliothek in Dubrovnik dabei, ihren kulturhistorischen Buchbestand zu erweitern sowie Management- und Wirtschaftstitel zu erwerben. Beide Projekte verwirklicht Roland Berger Strategy Consultants zusammen mit dem Goethe-Institut Zagreb.

An seinem Hauptstandort in München unterstützt das Beratungsunternehmen unter anderem die Bayerische Staatsoper. Als Mitglied des „Premium Circle" hat Roland Berger Strategy Consultants im Jahr 2005 die Durchführung von Festspiel+ ermöglicht, dem experimentellen Zusatzprogramm der Münchner Opernfestspiele. Festspiel+ schafft jenseits des klassischen Kanons Raum für Querdenker und avantgardistische Experimente. Hier setzt auch die Strategieberatung an: In einer immer stärker wissensbasierten Gesellschaft nimmt die Bedeutung von Avantgarde und Innovation ständig zu. Roland Berger Strategy Consultants engagiert sich nicht nur finanziell, sondern auch inhaltlich, beispielsweise in Werkstatt-Gesprächen zwischen Mitarbeitern und Künstlern.

Auch theoretisch setzt sich die Strategieberatung mit Kulturförderung auseinander: Wie Unternehmen von ihrem kulturellem Engagement profitieren können, hat Roland Berger Strategy Consultants 2004 in einer gemeinsamen Studie mit dem Schweizerischen Institut für Kulturwissenschaft untersucht. Fazit: Gesellschaftliche Verantwortung ist das Leitmotiv für kulturelles Engagement. Die Unternehmen nutzen potenzielle Wettbewerbsvorteile allerdings kaum. Viele Firmen kommunizieren ihre Kulturaktivitäten zu wenig fokussiert.

Bei Roland Berger Strategy Consultants schlägt sich gesellschaftliche Verantwortung auch in der Unternehmenskultur nieder. So wirbt die interne Initiative „Forward" gezielt um Hochschulabsolventinnen und unterstützt die Karrieren von Frauen in der Beratung. Darüber hinaus hat Roland Berger Strategy Consultants als erste Strategieberatung das Zertifikat „Beruf & Familie" der Hertie-Stiftung erhalten. Das Zertifikat dient dazu, die Vereinbarkeit von Beruf und Familie zu erleichtern. Damit zielt die Beratungsgesellschaft darauf, familienfreundliche Strukturen im Unternehmen auszubauen.

Prof. Dr. h.c. Roland Berger, Gründer und Chairman von Roland Berger Strategy Consultants, setzt sich seit Jahrzehnten für gesellschaftliche Belange ein

Wie Roland Berger Strategy Consultants begreifen es viele Unternehmen auch als moralische Pflicht, die Gemeinschaft zu unterstützen. Gleichzeitig werden sich Unternehmen der strategischen Bedeutung von gesellschaftlichem Engagement heute zunehmend bewusst. Übernehmen Firmen soziale Verantwortung, kann sich dies auch betriebswirtschaftlich auszahlen – vorausgesetzt, die Unternehmen kommunizieren ihre Maßnahmen überzeugend: Denn eine gute öffentliche Reputation hilft, den Unternehmenswert zu steigern. Dies sichert Arbeitsplätze und kurbelt das Wirtschaftswachstum an.

AUF EINEN BLICK:

BILDUNG / WISSENSCHAFT

- Stiftungslehrstühle an der Business School INSEAD, Fontainebleau, und der Technischen Universität München
- Academic Network: Internat. Netzwerk von Roland Berger für den Austausch mit Wissenschaft und Forschung
- Partner für Innovation: Mitgliedschaft in der Initiative von Politik, Wirtschaft, Wissenschaft und Gewerkschaften zur Stärkung der Innovationskraft in Deutschland
- Step 21: Pro-Bono-Projekte zur Förderung der demokratischen Grundwerte bei Jugendlichen

KULTUR

- Counterparts: Kulturförderung in Osteuropa, 2005: Kroatien (Kunstausstellung, Bibliotheksförderung)
- Gustav Mahler Jugendorchester, Mitglied i.d. Förderstiftung
- Premium Circle, Unterstützung der Bayerischen Staatsoper gemeinsam mit ausgewählten Partnern

GESELLSCHAFTLICHES ENGAGEMENT

- Pro-Bono-Projekte für nicht gewinnorientierte Institutionen und Organisationen
- Sportförderung, z.B. America's Cup 2007

MITARBEITER

- Zertifizierung als familienfreundliches Unternehmen durch die gemeinnützige Hertie Stiftung
- Flexible Arbeitszeitmodelle wie Sabbatical und Teilzeit
- Förderung von Frauen-Karrieren, etwa durch die interne Initiative FORWARD (For Women: Attracting, Retaining, Developing)

MITGLIEDSCHAFTEN

- Unicef / WWF Word Wildlife Fund for Nature
- Deutsche Kinderkrebsstiftung
- Stiftung Deutsche Sporthilfe
- Freundeskreis Anne-Sophie-Mutter-Stiftung e.V.
- Förderung zahlreicher kultureller, wissenschaftlicher und sozialer Einrichtungen (vor allem am Hauptstandort München)

INFORMATION

Roland Berger Strategy Consultants
Arabellastraße 33
81925 München
Susanne Horstmann
Fon 0 89 / 92 30 - 84 83
Fax 0 89 / 92 30 - 85 99
press@de.rolandberger.com
www.rolandberger.com

RWE

Strom, Gas und Wasser sind die Kerngeschäftsfelder von RWE. Ihre Bedeutung für die Qualität unserer Lebensverhältnisse und unserer Umwelt ist enorm gewachsen. Standen bislang Versorgungssicherheit und Preise für Strom, Gas und Wasser im Vordergrund, gewinnt die Nachhaltigkeit wirtschaftlicher Tätigkeit zunehmend an Relevanz. Für uns spielt in dieser Diskussion der Beitrag von RWE zur Klimavorsorge eine zentrale Rolle. Daraus folgt die Frage: Wie gehen wir mit den Ressourcen und unserer Verantwortung für künftige Generationen um?

Wir sind dieser Debatte nie ausgewichen. Wir haben sie mit vorangetrieben. Denn wir nehmen unsere Verantwortung für die Gesellschaft als Herausforderung an. Schließlich will RWE erklärtermaßen weltweit zu einer Entwicklung beitragen, die Ressourcen schont, eine sichere Versorgung mit hoher Qualität gewährleistet und Wohlstand schafft. Diese Philosophie bestimmt auch die Nachhaltigkeitsstrategie von RWE. Sie wird konzernweit umgesetzt und gilt für international rund 98.000 Mitarbeiter.

Harry Roels, Vorstandsvorsitzender der RWE AG

Die zuverlässige Versorgung mit Energie zu marktgerechten Preisen war eine Grundvoraussetzung für die Entstehung unserer modernen Industriegesellschaft. Genau 100 Jahre lang haben die ehemals Rheinisch-Westfälischen Elektrizitätswerke im öffentlichen Auftrag Strom und Gas für Industrie und Privathaushalte bereitgestellt und damit ihren Beitrag zu dieser Entwicklung geleistet. Die Liberalisierung des europäischen Energiemarktes im Jahr 1998 läutete eine neue Epoche in der Unternehmensgeschichte ein: Im internationalen Wettbewerb entwickelte sich RWE AG zu einem der führenden Versorgungsunternehmen in Europa. Heutzutage bietet RWE Produkte und Dienstleistungen rund um die Versorgung mit Strom, Gas und Wasser an – Geschäftsfelder, die für eine Gesellschaft von grundlegender Bedeutung sind und daher ein hohes Maß an unternehmerischer Verantwortung erfordern.

Unternehmerische Verantwortung ist für RWE von je her elementarer Bestandteil des wirtschaftlichen Handelns und der Unternehmenspolitik, getragen von den Prinzipien eines verantwortungsbewussten Verhaltens im Markt, Dialog mit den Stakeholdern, Einbeziehung der Mitarbeiter und der Verantwortung dezentral in den Regionen. Aus der Tradition gewachsen standen Leitlinien für eine nachhaltige Entwicklung bereits im Jahr 2000 im Mittelpunkt der beginnenden Berichterstattung zu Umweltthemen und gesellschaftlicher Verantwortung. Im offenen Dialog mit seinen Stakeholdern hat RWE darauf aufbauend im Jahr 2003 einen Strategieprozess zur „unternehmerischen Verantwortung" gestartet. Sie setzt inhaltliche Schwerpunkte wie Klimaschutz, Ressourcenschonung oder soziale Verantwortung und bezieht alle Unternehmensbereiche in die Umsetzung mit ein. Dieses systematische Vorgehen findet internationale Anerkennung: In der Rangliste des Dow Jones Sustainability Index, in dem RWE im Jahr 2005 bereits zum sechsten Mal in Folge vertreten ist, nimmt das Unternehmen in den letzten beiden Jahren den jeweils ersten Platz unter den Versorgungsunternehmen weltweit ein.

Anfassbar wird die Strategie des Konzerns regional in den einzelnen Gesellschaften. Schwerpunkt Klimaschutz: Mit moderner Kraftwerks- und Anlagentechnik senkt der drittgrößte Energieversorger Europas seine CO_2-Emissionen und leistet damit einen wichtigen Beitrag zum Klima- und Umweltschutz. Parallel

RWE JUGENDSTIFTUNG

Die Zukunft einer Gesellschaft hängt von der Handlungsbereitschaft eines jeden Einzelnen ab, von sozialen Fähigkeiten, die ein Mensch erlernt und durch persönliche Erfahrungen erwirbt. Kinder und Jugendliche, die potenziell gefährdet oder aufgrund negativer Lebensumstände bereits aus der Gesellschaft ausgeschlossen sind, haben es schwer, sich zu verantwortungsvollen Staatsbürgern zu entwickeln. Aus diesem Grund hat die RWE AG 1998 die RWE Jugendstiftung gegründet. Mit einem Stiftungskapital von 16 Mio. Euro fördert sie in Kooperation mit etablierten Partnern Projekte zur Integration, beruflichen und schulischen Qualifikation, Hilfe zur Selbsthilfe und Prävention. Auch hier setzt RWE auf Nachhaltigkeit: Unter dem Motto Aufstieg statt Abwärtsspirale werden Projekte unterstützt, die später von öffentlichen oder privaten Institutionen übernommen und ausgebaut werden. Eines der bisher über 60 Projekte ist das vom ev. Behindertenreferat in Essen betriebene „Regenbogenhaus". In der Integrativen Begegnungsstätte treffen sich Kinder und Jugendliche mit und ohne Behinderung, um an gemeinsamen Freizeit- und Bildungsangeboten teilzunehmen. Sie können wichtige gemeinsame Erfahrungen machen und Vorbehalte im alltäglichen Miteinander abbauen. Von der Suchthilfe über Bildungsmaßnahmen für junge Arbeitslose bis zu einem Spielhaus für Flüchtlingskinder leistet die RWE Jugendstiftung einen wichtigen Beitrag dazu, dass Jugendliche eigene Perspektiven für ihre Zukunft entwickeln können.

Unternehmerische Verantwortung versteht RWE in der gesamten Breite von Umweltschutz bis zum sozialen und gesellschaftlichen Engagement

dazu wird in Großbritannien die Stromerzeugung in Windparks vor der Küste ausgebaut. Schwerpunkt Ressourcenschonung: Für den ebenfalls drittgrößten Wasserdienstleister weltweit ist der Ausbau von Wasserreservoirs und Gewässerschutz von zentraler Bedeutung. In Großbritannien betreibt RWE Thames Water beispielsweise ein integriertes Wasserressourcenmanagement. In den Heimatmärkten in Europa und den USA werden Kunden wie auch die allgemeine Öffentlichkeit über Möglichkeiten zur Verringerung von Wasser- und Energieverbrauch beraten oder beim Kauf energiesparender Produkte unterstützt. Damit leistet der Konzern einen wichtigen Beitrag zum energie- und ressourceneffizienten Handeln.
Schwerpunkt soziale Verantwortung. Europa: RWE hat im Jahr 2004 ca. 15 Mio. Euro für Aktivitäten im Bereich Bildung, Kultur, Soziales und Sport aufgewendet. Da soziale Verantwortung für RWE vor allem an regionale Gegebenheiten und deren Probleme gebunden ist, koordinieren die Unternehmen vor Ort die Ausrichtung geeigneter Projekte. Während in Großbritannien bei RWE-Mitarbeitern das Corporate Volunteering – die freiwillige Mitarbeit in sozialen Projekten oder in Projekten zum Naturschutz – weit verbreitet ist, fördert beispielsweise die RWE Jugendstiftung in Deutschland Projekte für und mit sozial benachteiligten Kindern und Jugendlichen. Dank der Initiative „Ich pack' das!" erhalten jedes Jahr 100 junge Menschen eine praxisorientierte Ausbildungsvorbereitung.
International: Seit 1992 engagiert sich RWE in der e7-Gruppe der weltweit führenden Energieversorger, die nachhaltige Lösungen für einen Ausbau der Energieversorgung in Entwicklungs- und Schwellenländern unterstützen. Im Zusammenhang mit den Millennium Development Goals der UN hat RWE Thames Water das Programm WSUP gemeinsam mit weiteren britischen Unternehmen und NGOs aufgesetzt. Ziel von WSUP: die Versorgung von ca. 700.000 Menschen in den ärmsten Ländern der Welt mit sauberem Trinkwasser.
Im Unternehmen: Soziale Verantwortung bezieht RWE nicht zuletzt auch auf die eigenen Mitarbeiter. Seit Jahren bildet das Unternehmen in über 50 Berufen mehr Fachkräfte aus, als es benötigt und eröffnet so möglichst vielen jungen Menschen eine Berufsperspektive. Im RWE Führungsdialog erhält jeder Mitarbeiter die Gelegenheit, seine Chancen zur beruflichen Weiterentwicklung und persönlichen Förderung zu thematisieren. Wer vorübergehend in einem anderen Land leben und arbeiten möchte, kann an einem der 40 ausländischen Standorte arbeiten. Der zunehmenden Bedeutung der betrieblichen Altersversorgung wird RWE durch entsprechende Angebote zu zusätzlicher, von den Mitarbeitern finanzierter

RWE unterstützt im Rahmen von WSUP internationale Projekte zur Bereitstellung von sauberem Trinkwasser in Entwicklungsländern

Vorsorgeleistung gerecht. Die familienorientierte Personalpolitik ermöglicht die Vereinbarkeit von Familie und Beruf durch betrieblich unterstützte Kinderbetreuung und flexible Arbeitszeitmodelle. Unternehmerische Verantwortung versteht RWE in der gesamten Breite von Umwelt- und Naturschutz über Ressourcenschonung, einer ganzheitlichen und partnerschaftlichen Förderung der Mitarbeiter sowie der Übernahme von Verantwortung in der Gesellschaft. Damit wird der Essener Konzern zum Vorreiter für eine Unternehmenskultur, die das unternehmerische Handeln im 21. Jahrhundert prägen wird.

AUF EINEN BLICK:

GESELLSCHAFT

- Sponsoring mit Schwerpunkt „gesellschaftliche Verantwortung“
- Lokale Initiativen in allen Konzerngesellschaften
- Ausbau des freiwilligen Mitarbeiterengagements (Volunteering)
- Einzelinitiativen mit Schwerpunkt Ausbildung Jugendlicher (z.B. „Ich pack' das“)

MITARBEITER

- Konzernweit verbindlicher Verhaltenskodex
- Konzernweite Programme zu Arbeitssicherheit und Gesundheitsschutz
- Konzernweite Förderprogramme für Mitarbeiter und Führungskräfte
- Programme zur Flexibilisierung der Arbeitssituation (Teilzeit, Telearbeit, „Work-Life-Balance“)

UMWELT

- Kontinuierliche Verbesserung der Kraftwerkstechnik zur Einsparung von Ressourcen und Klimagasemissionen
- Konzernweites Managementsystem zur kontinuierlichen Verbesserung des Umweltschutzes
- Weltweite „best practice“ in der Rekultivierung von Landschaften

MITGLIEDSCHAFTEN, INITIATIVEN, STIFTUNGEN

- UN Global Compact
- Global Coalition on AIDS
- econsense
- E7
- WSUP (Water and Sanitation for the Urban Poor)
- RWE Jugendstiftung

INFORMATION

RWE AG
Opernplatz 1
45128 Essen
Fon 02 01 / 12 - 1 52 50
Fax 02 01 / 12 - 1 59 24
www.rwe.com

SAL. OPPENHEIM

Sponsoring – der Begriff ist in aller Munde. Was aber so modern klingt, hat in Wahrheit eine lange Tradition. Mäzenatentum hingegen klingt altertümlich, gehört aber wahrlich zu den Begriffen, die aktuell eine Renaissance erleben. Beide Begriffe beschreiben die Förderung von zumeist Künsten und Wissenschaften. Einen feinen Unterschied gibt es aber schon, denn der Mäzen erwartet für sein Engagement keine konkrete Gegenleistung. Der Sponsor hingegen strebt wirtschaftliche Vorteile für sein Unternehmen an. Zu diesem Zweck wird die gesellschaftspolitische, zumeist finanzielle Leistung oft werblich kommuniziert. Eine besonders alte Tradition hat das Mäzenatentum in der Stadt Köln, in der es immer ein reges Engagement der Bürger für Kunst und Kultur gegeben hat. Seit ihrer Gründung im Jahr 1789 engagiert sich die Privatbank Sal. Oppenheim jr. & Cie. wie die Eigentümerfamilie in karitativen und kulturellen Belangen der Stadt. Der Familie und dem Bankhaus ist die Unterstützung gemeinnütziger Stiftungen und die Förderung von Kunst, Wissenschaft und Kultur ein wichtiges Anliegen.

Christopher Freiherr von Oppenheim,
Persönlich haftender Gesellschafter der Sal. Oppenheim jr. & Cie. KGaA

Der Römer C. Maecenas (70–8 v. Chr.), einst Förderer der Dichter Horaz und Vergil, ist Namensgeber für den Begriff Mäzenatentum, der die freigiebige Förderung von Künsten und Wissenschaften, im weiteren Sinne von Kultur und Gemeinwesen bezeichnet. Formen und Ziele des Mäzenatentums sind vielfältig: Neben Stiftungen und Spenden zählt auch das ehrenamtliche Engagement dazu. Eine besonders lange Tradition hat das Stiftungswesen, dessen Geschichte bis in die klassische Antike zurückreicht. Einer der ersten Stifter war Platon, der sein gesamtes Vermögen der von ihm gegründeten Akademie vermachte. In Deutschland gab es bereits im 10. Jahrhundert Stiftungen, der moderne Stiftungsbegriff einer mit Rechtspersönlichkeit ausgestatteten Vermögensmasse entwickelte sich allerdings erst im 19. Jahrhundert. Zu dieser Zeit erhielt die bürgerliche Stiftertätigkeit wesentliche Impulse durch die neu entstandene Schicht wohlhabender Unternehmer.

In der Bürgerstadt Köln stand dabei stets die Bankiersfamilie Oppenheim in vorderster Reihe. So gehörten 1839 gleich mehrere Familienangehörige zu den Gründungsmitgliedern des Kölnischen Kunstvereins. Dem Wallraf-Richartz-Museum, das 1861 als erstes kommunales Kunstmuseum Deutschlands entstand, bekundete die Familie durch Schenkung zahlreicher Gemälde ihre Verbundenheit. Albert

Freiherr von Oppenheim (1834–1912), Kunstkenner und Besitzer einer der hochrangigsten privaten Gemäldesammlungen Deutschlands, verdankt Köln die Gründung seines Kunstgewerbemuseums. Sein Bruder Eduard Freiherr von Oppenheim (1831–1909) zählte zu den Gründungsvätern des Kölner Zoos (1859) und des botanischen Gartens „Flora" (1863). Nicht zuletzt gehörte die Familie Oppenheim zu den Mitbegründern und Stiftern des Kölner Zentral-Dombau-Vereins und trug unter anderem mit mehreren Fenstern aus dem Welter-Zyklus (Glasmaler Michael Welter, 1808–1892) zur prachtvollen Innengestaltung des Doms bei, der 1880 nach insgesamt 632 Jahren Bauzeit vollendet wurde.

Das Bankhaus Sal. Oppenheim hat in seiner über 200-jährigen Geschichte wertvolle Erfahrungen im verantwortungsvollen Umgang mit und in der langfristigen Sicherung von großen Vermögen gesammelt. Mit derzeit mehr als 100 gemeinnützig tätigen Stiftungen und einem betreuten Volumen von rund 1 Mrd. Euro begleitet Sal. Oppenheim viele Stifter von der

FASZINATION ORIENT

Eigentlich hätte er Bankier werden sollen, aber Max von Oppenheim (1860–1946) zog es vor, sein Leben der Orientforschung zu widmen, zunächst als Reisender, dann als Diplomat und schließlich als Archäologe. Seine umfangreiche Sammlung orientalischer Kunstobjekte und Gebrauchsgegenstände wird heute im Kölner Rautenstrauch-Joest-Museum für Völkerkunde aufbewahrt. Dank des finanziellen Engagements der Salomon Oppenheim-Stiftung war es im Jahr 2001 möglich, das Lebenswerk Max von Oppenheims erstmals in einer vielbeachteten Ausstellung der Öffentlichkeit zu präsentieren. Die Stiftung fördert außerdem ein spektakuläres Rekonstruktionsprojekt im Berliner Pergamonmuseum. Aus rund 25.000 antiken Trümmerteilen fügen Archäologen die Tempelfassade des Tell Halaf wieder zusammen. Tell Halaf ist der Fundort, an dem Max Freiherr von Oppenheim 1899 auf dem Gebiet des heutigen Syrien die Ruinen der antiken Stadt Guzana entdeckte, der Hauptstadt des spät-hethitisch-aramäischen Fürstentums Bit Bahiani. Es gelang ihm, einen Teil dieses einzigartigen Fundes nach Deutschland zu holen, wo er die Bildwerke der Tempelfassade in seinem eigenen Tell-Halaf-Museum ausstellte. Bomben haben das Museum 1943 zerstört. Die Trümmer der Steinfiguren wurden umgehend geborgen und ins Pergamonmuseum gebracht, wo sie die restlichen Kriegsjahre überstanden. Anfang der 1990-Jahre wurde der Plan zur Wiederherstellung des Palasttores gefasst. Das Projekt wird voraussichtlich im Jahr 2008 abgeschlossen sein.

Das Engagement der Privatbank Sal. Oppenheim erstreckt sich von Kunst, Kultur und Wissenschaften bis hin zu karitativen Stiftungen

Idee bis hin zur Umsetzung und verwaltet auch das Stiftungsvermögen. Das 200-jährige Bankjubiläum im Jahr 1989 war Anlass für die Gründung von zwei eigenen Stiftungen: Die Salomon Oppenheim-Stiftung wird von der Bank getragen, die Alfred Freiherr von Oppenheim-Stiftung von der Familie.

Thematische Schwerpunkte der Alfred Freiherr von Oppenheim-Stiftung sind die Erforschung der DDR-Geschichte sowie die Beschäftigung mit den deutsch-jüdischen Beziehungen. Zu Ehren von Friedrich Carl Freiherr von Oppenheim, der während des Zweiten Weltkriegs verfolgte Juden vor der Deportation gerettet hatte und dafür postum mit dem Ehrentitel „Gerechter unter den Völkern" ausgezeichnet wurde, errichtete die Alfred Freiherr von Oppenheim-Stiftung im Jahr 1997 an der Gedenk- und Forschungsstätte Yad Vashem in Jerusalem einen Lehrstuhl zur Erforschung der Ursachen von Rassismus, Antisemitismus und des Holocaust.

Die Salomon Oppenheim-Stiftung konzentriert sich auf die Förderung der wissenschaftlichen Beziehungen zwischen Deutschland und Osteuropa sowie auf die Unterstützung Kölner Kultureinrichtungen. Das Engagement im Bereich Bildung und Wissenschaft besitzt eine lange Tradition. So unterstützte die Familie Oppenheim die 1889 gegründete erste Kölner Volksbibliothek, aus der später die Stadtbibliothek hervorging. Als nach dem Ersten Weltkrieg die Universität zu Köln wieder ins Leben gerufen wurde, gehörten Bank und Familie von Beginn an zu ihren Förderern. Auf Initiative von Sal. Oppenheim wurde 1957 auch das Institut für Bankwirtschaft und Bankrecht an der Universität zu Köln gegründet. Im November 2002 hat Sal. Oppenheim eine Kooperation mit dem Kölner Friedrich-Wilhelm-Gymnasium geschlossen mit dem Ziel, den Schülern wirtschaftliche Zusammenhänge und die unternehmerische Arbeits- und Berufswelt frühzeitig näher zu bringen.

Die Verbesserung der Lebensbedingungen von Kindern ist ebenso wie die Fürsorge für Kranke und Bedürftige seit Generationen ein Hauptanliegen der Familie Oppenheim. Im 19. Jahrhundert unterstützte sie zahlreiche karitative Stiftungen, gesellschaftspolitische Verantwortung übernimmt sie auch in heutigen Tagen. Seit 1997 engagieren sich Bank und Familie für den „Verein der Freunde und Förderer des Deutschen Kinderschutzbundes Köln e. V.", einem Verein der freien Jugendhilfe, der durch seine vielfältigen sozialen und therapeutischen Angebote eine „Lobby für Kinder" sichert. Als Vorsitzende des Fördervereins leistet vor allem Ilona Gräfin von Krockow mit Benefizveranstaltungen und einer aktiven Öffentlichkeitsarbeit einen wichtigen Beitrag zur finanziellen Absicherung des Kinderschutzbundes. Auch

Zur Erforschung der Ursachen von Rassismus, Antisemitismus und des Holocaust ließ Alfred Freiherr von Oppenheim im Jahr 1997 in Yad Vashem, der Gedenk- und Forschungsstätte in Jerusalem, einen Lehrstuhl einrichten

die Deutsche AIDS-Stiftung wird seit ihrer Gründung vor 17 Jahren durch die Familie Oppenheim gefördert. Jeane Freifrau von Oppenheim initiierte die erste Kölner Operngala zugunsten der Deutschen AIDS-Stiftung, die im Juni 2004 Premiere feierte, und übernahm als Organisatorin der Veranstaltung auch den Vorsitz im Kuratorium der Gala. Die Deutsche AIDS-Stiftung unterstützt HIV-positive und an AIDS erkrankte Menschen finanziell und bemüht sich um deren Integration in die Gesellschaft. Sie beteiligt sich darüber hinaus an Präventionsprojekten in Afrika und finanziert augenblicklich die erste deutsche Studie zu einem neu entwickelten HIV-Impfstoff mit.

AUF EINEN BLICK:

GESELLSCHAFT

- Mitbegründer und Förderer des Kölner Zentral-Dombau-Vereins (seit 1842)
- Mitglied/Unterstützung des „Vereins der Freunde und Förderer des Deutschen Kinderschutzbundes Köln e.V." (seit 1997)
- Mitglied/Unterstützung der Deutschen AIDS-Stiftung (seit 1987)

BILDUNG & WISSENSCHAFT

- Kuratoriumsmitglied der Fritz Thyssen Stiftung (seit 1999)
- Lehrstuhl für die Erforschung der Ursachen von Rassismus, Antisemitismus und des Holocaust an der Holocaust-Gedenkstätte Yad Vashem (seit 1997)
- Förderung der Karls-Universität in Prag und der Bibliotheca Classica in Sankt Petersburg
- Förderung der Stiftung Europäische Begegnung
- Kooperation mit dem Kölner Friedrich-Wilhelm-Gymnasium (seit 2002)

KUNST & KULTUR

- Förderung des Deutschen Forums für Kunstgeschichte in Paris (seit 1997)
- Förderung des Tell-Halaf-Rekonstruktionsprojekts im Berliner Pergamonmuseum (seit 2002)
- Förderung des Ausstellungsprojekts „Faszination Orient. Max von Oppenheim: Sammler, Forscher, Diplomat" im Rautenstrauch-Joest-Museum, Köln (2001-2003)
- Partnerschaft mit der Kronberg Academy zur Förderung junger Musiker (seit 2003)
- Projekte und Veranstaltungen zur Förderung junger Künstler und zeitgenössischer Kunst

STIFTUNGEN

- Salomon Oppenheim-Stiftung: Projekte zur Osteuropa-Förderung sowie zur Unterstützung Kölner Kultureinrichtungen
- Alfred Freiherr von Oppenheim-Stiftung: Projekte zur Erforschung der DDR-Geschichte sowie der deutsch-jüdischen Beziehungen

INFORMATION

Sal. Oppenheim jr. & Cie. KGaA
Unter Sachsenhausen 4
50667 Köln
Kerstin Switala
Unternehmenskommunikation und PR
Fon 02 21 / 1 45 - 29 98
Fax 02 21 / 1 45 - 9 29 98
kerstin.switala@oppenheim.de
www.oppenheim.de

SALUS

Die Erkenntnis, die Heilkräfte der Natur bewusst als ein großartiges Geschenk für die Gesundheit der Menschen anzusehen, hat in der Familie Greither schon eine 100-jährige Tradition. Von meinem Vater, dem Münchner Arzt und Forscher Dr. med. Otto Greither, habe ich diese Wertschätzung und Achtung der Schöpfung gegenüber gewissermaßen als Vermächtnis auf meinen Lebensweg mitgenommen. Einer seiner Leitsätze „Die Natur nicht ausbeuten, sondern hegen, pflegen und dann ernten" ist und bleibt auch nach meiner über 50-jährigen Tätigkeit als Firmenchef die Richtschnur für tägliche, aber auch weitreichende unternehmerische Entscheidungen.

Otto Greither,
Inhaber der SALUS Haus Dr. med. Otto Greither Nachf. GmbH

Sie beruhigen die Nerven, stärken die körperliche Abwehr und steigern die Leistungsfähigkeit: Mit ihren Kräutertees, Tonika, Vitamin-Kapseln, Kräuter-Dragees und Arzneikräuter-Tropfen bietet die Firmengruppe Salus konzentrierte Heilpflanzenkraft für die menschliche Gesundheit. Und weil das traditionsreiche Unternehmen aus dem bayerischen Bruckmühl ganz auf die natürliche Kraft von Kräutern und Heilpflanzen aus ökologischem Anbau vertraut, setzt sich Firmenchef Otto Greither in seinem unternehmerischen Handeln konsequent und nachhaltig für eine intakte Umwelt ein. Dabei basiert die Philosophie des Hauses Salus auf einer indianischen Weisheit, die besagt: „Die Erde gehört uns nicht. Wir haben sie nur von unseren Vätern geliehen, um sie unseren Kindern zu vererben."
Dieser Satz trägt zugleich einen Teil der Firmengeschichte in sich: Der Vater des heutigen Inhabers gründete im Jahre 1916 das Salus-Haus und kam mit der Erzeugung von Heilkräutern und Naturarzneimitteln seiner Aufgabe als Mediziner nach, den Menschen zu helfen. Unbeirrt folgte er dem Gedanken des damals so genannten organisch-dynamischen Landbaus und entwickelte Tees, Tonika und Tropfen. Nach seinem Tod übernahm der Sohn die Geschäfte. Ihm gelang es, trotz der Zerstörungen durch den Krieg, an die Erfolge des Vaters anzuknüpfen und die Firmenphiloso-

phie weiter zu vertiefen. Nach erfolgreichen Zusammenschlüssen mit anderen Herstellern von Naturarzneimitteln machte Otto Greither seinem Unternehmen zum 75. Firmenjubiläum ein ganz besonderes Geschenk: Mit der Übernahme der Firmengruppe Schoenenberger aus dem schwäbischen Magstadt zog das konzentrierte Wissen des „Pflanzensaft-Erfinders" Walther Schoenenberger ins Salus-Haus ein. Seitdem zählt die Firmengruppe Salus-Schoenenberger zu den Marktführern in der Reformwaren-Branche. Kuren und Tonika, darunter das weltbekannte Tonikum Kräuterblut, Tropfen sowie Säfte und diätetische Lebensmittel kommen in ökologischer und naturreiner Spitzenqualität aus Bayern und Schwaben. Erhältlich ist die gesamte Produktpalette in Deutschland in Reformhäusern und Apotheken, aber auch im Fachhandel des europäischen Auslandes und in Überseeländern.

In Zahlen schlägt sich der Erfolg der Firmengruppe wie folgt nieder: Die Produktpalette umfasst etwa 800 Artikel, der Jahresumsatz beläuft sich auf ca. 100 Mio. Euro. Rund 400 Mit-

ÖKOLOGISCHE HEILPFLANZENAUFZUCHT BEI VILLARICA IN CHILE

Ob Melisse, Schafgarbe oder Johanniskraut – mehr als 100 verschiedene Arten von Kräutern und Heilpflanzen wachsen und gedeihen auf den drei Salus-Farmen bei Villarica. Hier im Süden Chiles betreibt der Spezialist für Natur-Arzneimittel seit über 10 Jahren eine umfangreiche Heilpflanzen-Aufzucht, die nach den strengen Prinzipien des ökologischen Landbaus erfolgt: Zum Düngen wird Kuhmist eingesetzt. Regenwürmer aus eigener Aufzucht lockern die Böden und verbessern den Nährstoffgehalt. Und im Kampf gegen Unkraut und Schädlinge kommen ausschließlich biologische Spritzmittel zum Einsatz, die aus Brennnesseln und einer Margeritenart gewonnen werden. Zudem sind die Bedingungen für ökologischen Landbau in Chile ideal, da die Luft frei von Schadstoffen ist und die Böden noch nie mit Chemie behandelt wurden. Darüber hinaus bietet der ökologische Musterbetrieb Arbeitsplätze für die einheimische Bevölkerung: Zum Stammpersonal von 60 Beschäftigten kommen in den Zeiten von Aussaat und Ernte weitere 100 Saisonarbeiter hinzu. Auch dienen die Salus-Farmen dem Artenschutz, da hier in Chile viele Heilpflanzen gezüchtet und vermehrt werden, die – wie etwa der Gelbe Enzian – in Europa bereits vom Aussterben bedroht sind.

Das umfangreiche ökologische Engagement ist auch regelmäßig Thema der Publikationen aus dem Hause Salus

arbeiter in Deutschland und in Chile „geben Tag für Tag ihr Bestes für ein gesundes Leben in einer intakten Umwelt". Diese Umwelt zu erhalten und ihren reichen Schatz für gesundes Leben zu bewahren, ist eines der Kernziele Otto Greithers. „Conservating by cultivating" lautet das Motto, unter dem bedrohte Pflanzenarten kultiviert und somit geschützt werden. So soll erreicht werden, dass auch zukünftige Generationen im Einklang mit der Natur leben können.

Auch die Mitarbeiter, sei es auf den ökologischen Farmen in Süd-Chile oder im heimischen Werk in Bruckmühl, profitieren von der gelebten Solidarität des Firmeninhabers. Sein Verständnis von sozialer Verantwortung reicht von Urlaubs- und Weihnachtsgeld über Geburtstagszulagen – und hört bei der Notfallunterstützung noch lange nicht auf. Die initiierten Anbauprojekte in Afrika, Nepal und auf dem Balkan schaffen Arbeitsplätze und garantieren den Einheimischen durch entsprechende Abnahmeverträge ein sicheres Einkommen. Ökologie besitzt an allen Standorten und Anbaugebieten des Hauses Salus oberste Priorität. Das Bestreben, Wirtschaft und Natur in Einklang zu bringen, hat betriebsinterne Umweltleitlinien hervorgebracht. Diese definieren die Arbeit der 30 Beschäftigten in der Abteilung „Qualitätskontrolle und Qualitätssicherung" und fordern darüber hinaus jeden einzelnen Mitarbeiter dazu auf, sich für Umweltschutz und Qualität zu engagieren. In regelmäßig erscheinenden Umwelterklärungen formuliert die Firmengruppe gemeinsame Ziele, veranschaulicht ihr konsequentes Umweltmanagement und präsentiert die Ökobilanz sowie ein konkretes Umweltprogramm des Unternehmens. 1996 wurde das Salus-Haus als erstes Unternehmen der Reformwarenbranche nach der EG-Öko-Audit-Verordnung validiert und dabei überdurchschnittlich bewertet. Auch die Schwesterfirma in Magstadt kann diesen Erfolg seit 1997 verzeichnen. Im Verbundverfahren wurden beide Standorte 2003 erfolgreich revalidiert.

Der entschlossene Einsatz für eine intakte Umwelt, die den Menschen gesund erhält, zeichnet Otto Greither und sein Unternehmen aus. Der Träger des Bundesverdienstkreuzes erster Klasse zog schon früh die Konsequenzen aus dem Reaktorunglück in Tschernobyl. Da er die strahlenbelasteten Pflanzen aus Osteuropa nicht mehr verwenden konnte, sah er sich nach neuen Anbauflächen für die Heilkräuter um – und fand sie in Chile. Das dortige Klima entspricht dem mitteleuropäischen. Der große Vorteil ist neben reiner Luft, dass die Böden naturbelassen und noch nie chemisch behandelt wurden. Der „Ökomanager des Jahres 2003" setzte ein weiteres Zeichen gegen die Kernkraft. So entschied er sich, gänzlich auf

Der Auwald, den Otto Greither zu einem Biotop umgestalten ließ, liegt in der Nähe des Werksgeländes und ist häufig das Ziel von Exkursionen von z.B. Schulklassen

Atomstrom zu verzichten und überwiegend Energie aus regenerativen und rationellen Stromerzeugungsanlagen zu nutzen. Bereits seit 1968 wird auf dem Betriebsgelände im firmeneigenen Wasserkraftwerk Strom erzeugt. Auch an anderer Stelle zeigt sich der Ehrenbürger der Gemeinde Bruckmühl verantwortlich für Umwelt und Natur: Der Auwald, den Otto Greither zu einem Biotop umgestalten ließ, liegt in der Nähe des Werksgeländes. Er bietet bedrohten Pflanzen- und Tierarten ein Refugium und gibt Kindern die Möglichkeit, Natur begleitet zu erleben. Auf diese Weise dokumentiert der Arzneimittel-Spezialist einmal mehr, dass der Mensch Flora und Fauna in seiner Umwelt schonen und für die Nachkommen bewahren soll. Über ihr verantwortliches Handeln für einen gesunden Menschen in einer intakten Umwelt berichtet die Firmengruppe Salus auf ihrer Website und in regelmäßigen Pressemitteilungen.

AUF EINEN BLICK:

GESELLSCHAFT
- Auwald-Biotop mit Führungsangebot für Schulen etc.
- Stelle für ein Freiwilliges Ökologisches Jahr
- Stiftungsprofessur „Ökol. Lebensmittelqualität und Ernährungskultur"

MITARBEITER
- Prämiensystem für Verbesserungsvorschläge
- Schulungen und Weiterbildungsmaßnahmen

UMWELT
- Ökologischer Anbau und Kultivierung der Heilpflanzen am Standort und in Süd-Chile
- Umweltmanagementsystem für EG Öko-Audit
- Zertifizierung nach ISO 14001
- Umweltpakt Bayern
- Stromversorgung am Standort über Wasserkraft

KOOPERATIONEN
- Rettung bedrohter Pflanzenarten
- PPP-Projekte in Afrika, Nepal und Bolivien zur nachhaltigen Nutzung der Ressourcen

MITGLIEDSCHAFTEN
- B.A.U.M. e.V.
- AOEL (Assoziierte Ökologische Lebensmittelhersteller)

PREISE & AUSZEICHNUNGEN
- 2004 Bayerische Staatsmedaille für Umwelt und Gesundheit
- Öko-Manager 2003
- 1999 Bundesverdienstkreuz 1. Klasse
- 1999 B.A.U.M. Umweltpreis (Umweltreferent)

INFORMATION
SALUS Haus Dr. med. Otto Greither Nachf. GmbH
Bahnhofstraße 24
83052 Bruckmühl
Dr. Ulrich Mautner
Wissenschaftl. Marketing/Pressesprecher
Fon 0 80 62 / 90 12 19
Fax 0 80 62 / 90 13 19
ulrich.mautner@salus.de
www.salus.de
www.schoenenberger.com

SAP

Als Unternehmen können wir wertvolle Beiträge zum Aufbau einer globalen Gesellschaft leisten. Dabei müssen wir insbesondere die Ressourcen fördern, die unsere Zukunft nachhaltig sichern. Eine Schlüsselrolle kommt hier dem Rohstoff „Wissen" zu, auf dem auch unser geschäftlicher Erfolg beruht. Denn nur wenn Menschen die Möglichkeiten erhalten, ihre Fertigkeiten und Kreativität zu entwickeln, sind sie in der Lage, Verantwortung zu übernehmen und sich aktiv für die Gemeinschaft einzusetzen. Innovation und Wachstum wird es nur da geben, wo dieser Grundsatz beachtet wird. Mit unseren Corporate Citizenship Aktivitäten tragen wir dazu bei, dass diese wertvolle Ressource auch nachfolgenden Generationen zur Verfügung steht.

Prof. Dr. Henning Kagermann, Vorstandssprecher der SAP AG

Transparente Geschäftsprozesse für seine Kunden zu entwickeln, ist eine der zentralen Aufgaben, der sich die SAP AG erfolgreich widmet: Der Marktführer für Unternehmenssoftware erzielte im Jahr 2004 einen Umsatz von ca. 7.5 Mrd. Euro. Seinen mehr als 27.000 Kunden in über 120 Ländern bietet SAP komplette Geschäftsanwendungen und kundenspezifische Softwarelösungen. „Good Governance" und Transparenz gehören daher zu den Aufgaben, denen sich SAP als Corporate Citizen stellt. Des Weiteren hat der Softwarehersteller in der Förderung von Bildung seine Rolle als ein verantwortungsbewusstes Unternehmen gefunden, das seine Expertise in Wissenschaft, Technologie und Innovation nutzt, um sich wirkungsvoll für die Gesellschaft zu engagieren.

In den letzten Jahren hat das 1972 in Deutschland gegründete Unternehmen sein Engagement zu einer aktiven Corporate Citizenship weiterentwickelt: Die bisherige Praxis wurde dabei kritisch überprüft und auf eine nachhaltige Basis gestellt: Die mit den Unternehmenszielen verbundenen Werte sollen sich in den CSR-Aktivitäten widerspiegeln. SAP verfügt über umfassendes Know-how im Bereich Bildung und Governance/Transparenz. Diese beiden Themen sind daher die erklärten Schwerpunkte des gesellschaftlichen Engagements. Von Transparenz ist auch die Umsetzung der CSR-Aktivitäten geprägt. SAP hat Corporate

Citizenship Guidelines verabschiedet, die an dem eigenen Code of Business Conduct ausgerichtet sind. Die Kriterien für die einzelnen Projekte werden dadurch nachvollziehbar und in ihrer Wirkung überprüfbar. So wird gewährleistet, dass die Projekte dem gesetzten Ziel dienen, Innovationen in Wissenschaft und Gesellschaft auf eine für alle Beteiligten nützliche Weise voranzutreiben.

In der Überzeugung, dass Bildung der Schlüssel zu Innovation und gesellschaftlicher Weiterentwicklung ist, fördert SAP seit vielen Jahren Bildungsprojekte. Weltweit profitieren über 130.000 Studierende an 500 Universitäten von den SAP University Alliances. Studenten von heute werden dadurch auf den unternehmerischen Alltag von morgen vorbereitet. Über 125 Mio. Euro investierte das Unternehmen in Softwarelizenzen, die Entwicklung von Lehrplänen und die Ausbildung von Lehrkräften. Eigene Hochschul-Kompetenzzentren unterstützen die Hochschulen bei der Betreuung der Software. Seit 1988 besteht das Programm in Deutschland: Über 60.000 Studierende an

FIRST LEGO LEAGUE

Fasziniert von der Möglichkeit, eigene Welten zu schaffen, können Kinder mit LEGO selbstständig entdecken, konstruieren und bauen. Der von der Organisation FIRST und der LEGO Group initiierte Wettbewerb FIRST LEGO League gibt Kindern die Möglichkeit, ihre Kreativität gemeinsam einzusetzen und zu einem tiefgreifenden Interesse an Wissenschaft und Technologie weiterzuentwickeln. Als Partner dieses einzigartigen Wettbewerbs für Kinder von 10 bis 16 Jahren hat SAP die erste globale Mitarbeiterinitiative ins Leben gerufen. Nach dem Prinzip des Corporate Volunteering beteiligen sich SAP-Mitarbeiter als Trainer und Mentoren und unterstützen die aus fünf bis zehn Schülern bestehenden Wettkampfteams mit ihrem technischen Know-how.

Die Herausforderungen ändern sich von Jahr zu Jahr: Galt es zuvor, den Planeten Mars zu erkunden oder das Leben von Menschen mit körperlichen Einschränkungen zu verbessern, ist die Aufmerksamkeit in diesem Jahr auf die Ozeane gerichtet. Innerhalb von acht Wochen muss ein eigener Roboter konstruiert und programmiert werden. Im anschließenden Wettbewerb gilt es, die Praxistauglichkeit und die Teamfähigkeit zu beweisen. 2005 beteiligen sich 170 SAP-Mitarbeiter in 19 Ländern als Trainer und Mentoren. Sie unterstützen 86 Teams mit insgesamt über 700 Kindern bei der Aufgabe, mit Hilfe der Robotertechnologie das Leben in den Weltmeeren zu erkunden.

Bildung ist der Schlüssel zur sozialen Weiterentwicklung: SAP fördert zahlreiche Bildungsprojekte für Jugendliche in aller Welt

mehr als 190 Universitäten und anderen berufsbildenden Schulen nehmen daran teil. In Kooperation mit der FIRST LEGO League veranstaltet SAP Technikwettbewerbe für Kinder und Jugendliche. In den USA ist SAP seit 1999 Partner des Knowledge is Power Programs kurz KIPP, das in verschiedenen Städten der USA Schüler aus sozial benachteiligten Stadtteilen auf den Besuch des College vorbereitet. Es soll allen Kindern eine hochwertige Schulausbildung ermöglichen. Über finanzielle Unterstützung hinaus beteiligen sich auch SAP-Mitarbeiter an der Initiative. In den zwei Jahren seines Engagements hat SAP 400.000 US-Dollar für insgesamt sechs KIPP-Schulen bereitgestellt, um Projekte wie z.B. ein Computerlabor zu ermöglichen.

Korruption ist in einigen Ländern das größte Hemmnis für eine funktionierende Marktwirtschaft. Der UN Global Compact ist für die SAP die Plattform, um auf der Basis weltweit geltender gesellschaftlicher und sozialer Rahmenbedingungen einen Beitrag für transparente und ethische Geschäftspraktiken zu leisten. Als eines der ersten deutschen Unternehmen hat SAP im Jahr 2000 das neun Prinzipien umfassende UN-Programm unterzeichnet. Das Mitte 2004 ergänzte zehnte Prinzip verpflichtet die Mitglieder, sich aktiv gegen alle Formen der Korruption einzusetzen. Für den UN Global Compact entwickelte SAP auch den ersten Internetauftritt www.unglobalcompact.org, der den über 1.700 Mitgliedern als Kommunikationsplattform dient. Dort werden auch Projekte vorgestellt, die von der SAP gefördert werden, wie die nigerianische „Convention of Business Integrity". Ziel dieser Organisation ist es, eine Allianz gegen die in Nigeria weit verbreitete Korruption zu bilden. Ein nationaler Verhaltenskodex zur Wahrung der Integrität der Geschäftsbeziehungen, zu dem sich neben SAP 15 weitere Unternehmen verpflichtet haben, wurde bereits verabschiedet. SAP setzt sich als Partner von Transparency International auch für den Diskurs von Wissenschaft und Wirtschaft ein: Im Rahmen von Workshops an Universitäten wird Wissen über Korruptionsursachen zur Verfügung gestellt und weiterentwickelt – und auf der globalen Handlungsebene in einem weiteren Schritt wieder im Kampf gegen Bestechung eingesetzt.

Glaubwürdigkeit des Managements, Teamorientierung, Respekt gegenüber Kollegen sind hervorgehobene Eigenschaften des Unternehmens, für die SAP vom Wirtschaftsmagazin Capital als „Deutschlands bester Arbeitgeber 2005" ausgezeichnet wurde. Da über 40 Prozent der mehr als 33.000 SAP-Mitarbeiter in Deutschland beschäftigt sind, ist diese Auszeichnung ein vielsagender Beleg für die Anerkennung des verantwortlichen Handelns gegenüber den Mitarbeitern.

Die US-Bildungsinitiative KIPP bereitet Schüler aus sozial benachteiligten Stadtteilen auf den Besuch des College vor. Es soll allen Kindern eine hochwertige Schulausbildung ermöglichen

Klare, durchsichtige Prozesse und Strukturen, überprüfbare Richtlinien sowie zukunftsorientierte Zielsetzungen sind gleichermaßen charakteristisch für die wirtschaftlichen Tätigkeiten wie das gesellschaftliche Engagement bei SAP. Corporate Citizenship ist dadurch ein integrierter Bestandteil des unternehmerischen Handelns, das mit seiner spezifischen Zielsetzung einen Beitrag zur Zukunft unserer Gesellschaft leistet: weltweite Transparenz zu schaffen.

AUF EINEN BLICK:

GESELLSCHAFT

- Transparenz, Integrität, Vertrauenswürdigkeit und Verantwortungsbewusstsein sind zentrale Werte, Förderung und Achtung dieser Werte bei Kunden, Mitarbeitern sowie im Rahmen nationaler und internationaler Initiativen, Unterstützung von NGOs
- Katastrophenhilfe durch den SAP Solidarity Fund e.V.
- Förderung in den Bereichen Bildung, Innovation und Governance
- Globales Engagement durch SAP Landesgesellschaften
- Regionales Förderprogram für die Metropolregion Rhein-Neckar rund um die Konzernzentrale Walldorf/Baden

BILDUNG & WISSENSCHAFT

- Kooperationen mit Hochschulen auf der ganzen Welt im Rahmen des SAP University-Alliances-Programm
- FIRST LEGO League – weltweites Programm für SAP-Mitarbeiter zur Förderung der Begeisterung für Wissenschaft und Technik bei Kindern und Jugendlichen
- KIPP-Schools („Knowledge Is Power Programme") – Bildungsprogramm in den USA
- 3 Stiftungslehrstühle für Existenzgründung und Innovationsmanagement an der Technischen Universität Dresden, Humboldt Universität Berlin und Universität Karlsruhe (TH)

MITGLIEDSCHAFTEN

- UN Global Compact
- Transparency International
- Global Corporations for Transparency Initiative
- Business for Social Responsibility
- FTSE4Good
- Dow Jones Sustainability Index

AUSZEICHNUNGEN

- Bester Arbeitgeber 2005, Zeitschrift CAPITAL

INFORMATION

SAP AG
Dietmar-Hopp-Allee 16
69190 Walldorf
Christopher Sorek
Fon 0 62 27 / 76 62 78
Fax 0 62 27 / 74 63 31
citizenship@sap.com
www.sap.com

SIEMENS

Gesellschaftliche Verantwortung ist Teil unserer Unternehmenskultur und, neben Performance und Portfolio, Operationaler Exzellenz und exzellenten Mitarbeitern, ein wichtiges Kernthema unseres Arbeitsprogramms Fit 4 More. Bereits der Firmengründer Werner von Siemens setzte sich für gesellschaftspolitische Belange ein. Elemente dieses Engagements spiegeln sich heute in unserem Bekenntnis zu guter Corporate Governance und unserem Leitbild wider. Es bestimmt unser Handeln und den Umgang mit unseren Kunden, Mitarbeitern, Investoren und der Gesellschaft insgesamt.

Dr. Klaus Kleinfeld,
Präsident und Chief Executive Officer (CEO) Siemens AG

Wer Zukunft gestaltet, trägt Verantwortung – das gilt in besonderer Weise für ein Unternehmen, das mit seinen technologischen Innovationen das Leben in der Welt von morgen bestimmt. Weil Siemens sich dessen bewusst ist, nimmt der international agierende Elektronik-Konzern seine gesellschaftliche Verantwortung seit je ernst. Dabei richtet Siemens sein unternehmerisches Handeln ebenso wie sein weit reichendes soziales Engagement nach klar definierten Leitlinien aus. Denn was für den Weltkonzern gilt, ist auch für die Gesellschaft richtig: Eine Gemeinschaft, die dauerhaft bestehen und erfolgreich sein will, braucht gemeinsame Werte und feste Regeln, die ihr Handeln bestimmen.

Dieses Selbstverständnis der Siemens AG, das vor allem auf den Erfolg und die Zukunft des eigenen Unternehmens zielt, drückt sich in einem schriftlich fixierten Leitbild sowie in einer verantwortungsvollen und nachhaltigen Unternehmensführung aus. Flankiert wird die Corporate Governance von selbst auferlegten Verhaltensregeln, die neben Gesetzestreue vor allem Respekt, Ehrlichkeit und Integrität im geschäftlichen Umgang fordern und für alle Mitarbeiter verbindlich sind. Da der Weltkonzern nicht zuletzt vom Ideenreichtum seiner international besetzten Teams profitiert, gelten seit 2001 zudem Richtlinien zur kulturellen, ethnischen und religiösen Vielfalt. Auch bekennt sich Siemens zu den Empfehlungen und Grundsätzen internationaler Organisationen wie den Vereinten Nationen oder der OECD. Und weil das Elektronik-Unternehmen selbst nach festen Regeln handelt und bestehende Standards einhält, erwartet Siemens das auch von seinen Geschäftspartnern. Seit November 2002 müssen daher alle Lieferanten eine entsprechende Erklärung unterschreiben.

Soziales Engagement, das sich an klaren und verbindlichen Leitlinien orientiert, besitzt bei Siemens eine lange Tradition und ist von der Verantwortung gegenüber kommenden Generationen geprägt: „Für einen schnellen Gewinn verkaufe ich die Zukunft nicht." Davon war bereits Werner von Siemens überzeugt, der vor mehr als 150 Jahren in einer Berliner Hinterhof-Werkstatt die Kommunikationstechnik revolutionierte und die „Telegraphen-Bauanstalt" gründete. Heute ist die Siemens AG mit Sitz in Berlin und München ein Weltkonzern, der Kunden in 190 Ländern der Erde elektronische Lösungen, Produkte und Dienstleistungen aus nahezu allen Bereichen moderner

SIEMENS

CARING HANDS

Sie renovieren Häuser von bedürftigen Familien, sie betreuen gefährdete Jugendliche, spenden Blut und sammeln für wohltätige Zwecke: Überall in der Welt sind Mitarbeiter des Siemens-Konzerns als freiwillige Helfer aktiv. Caring Hands lautet der Name, unter dem Siemens seine sozialen Aktivitäten bündelt. Dazu zählen Spenden im Kampf gegen AIDS, finanzielle und technische Unterstützung für die Tsunami-Opfer oder die Soforthilfe nach dem Geiseldrama im russischen Beslan: Dort lieferte Siemens Diagnosegeräte, mit denen verletzte Schüler untersucht werden konnten. Im Zentrum aber stehen die „helfenden Hände", die Siemens-Mitarbeiter weltweit benachteiligten Menschen reichen. Denn zu seinem Selbstverständnis gehört es, dass der „Sie-Mensch" Freizeit und Wissen investiert, um Kindern, Jugendlichen und Bedürftigen zu helfen. Das soziale Engagement von Caring Hands wird durch eine strategische Partnerschaft mit Unicef Deutschland ergänzt: Mit Hilfe neuer Fördermitglieder sollen die Lebensbedingungen von Kindern in aller Welt verbessert werden. Zudem malten 700 Kinder von Siemens-Mitarbeitern für einen Unicef-Kalender, mit dessen Verkaufserlös Schulprojekte in Afghanistan unterstützt werden.

Über ihr umfangreiches Engagement informiert die Siemens AG auf ihren Websites sowie durch weitere Veröffentlichungen

Technik anbietet: Information und Kommunikation, Industrie- und Gebäudeautomatisierung sowie Energie, Medizin, Transport und Licht. 64 Regionalgesellschaften und 316 Produktionsstätten in 40 Ländern bilden zusammen ein globales Netzwerk für Innovation, das weltweit 430.000 Mitarbeiter beschäftigt und jährlich rund 75 Mrd. Euro erwirtschaftet.

Da sich Siemens seiner gesellschaftlichen Verpflichtung gewahr ist, tritt das Unternehmen überall in der Welt als verantwortlicher Nachbar auf. Corporate Citizenship ist also ein zentrales und konkretes Handlungsprinzip der globalen Siemens-Gemeinde. Mit zahlreichen Programmen wie Generation21, Caring Hands, Arts Program oder den Siemens Foren setzt sich der Elektronik-Konzern aktiv dafür ein, dass der Dialog mit Gesellschaft und Politik vorangetrieben, die Bildung künftiger Generationen gesichert, hilfsbedürftige Menschen unterstützt sowie Kunst und Kultur gefördert werden. In Deutschland investiert das Unternehmen allein in seine Schulprojekte rund 2 Mio. Euro jährlich. So veranstaltet es den Schülerwettbewerb „Join Multimedia", um junge Menschen für neue Technologien zu begeistern, fördert innovative Lehr- und Lernmethoden durch Bereitstellen von modernen Unterrichtsmaterialien, führt spezielle Technikprogramme für Mädchen durch oder pflegt enge Partnerschaften mit rund 60 Schulen. Darüber hinaus unterstützt Siemens aktiv die Initiative D21, indem das Unternehmen Schulen mit IT-Technik ausstattet und ihnen den Einsatz von Internet und E-Learning ermöglicht. Für Studierende der Technik oder Naturwissenschaften gibt es Austausch- und Stipendiatenprogramme sowie Auszeichnungen für herausragende Abschlussarbeiten.

Wer wie Siemens mit seinen Innovationen zukünftige Entwicklungen mitgestaltet, darf in der Gegenwart nicht zu Lasten der Zukunft handeln. Deshalb sieht es das Unternehmen, das seit dem Jahr 2000 im Dow Jones Sustainability Index geführt wird, als seinen Auftrag an, künftigen Generationen eine intakte Umwelt zu hinterlassen. Dabei dient der Einsatz für Umweltschutz und nachhaltige Entwicklung zugleich dem Ziel, neue Geschäftsfelder zu erschließen und den Erfolg des Unternehmens dauerhaft zu sichern. Mit einem umfassenden Umweltmanagement, das zertifizierte Maßnahmen für den betrieblichen und produktbezogenen Umweltschutz beinhaltet, gelingt es Siemens, in seinen Werken Rohstoffe und Energie einzusparen sowie Abfälle und Emissionen zu vermindern. Betriebe in Österreich, Indien, Pakistan, Australien und Kalifornien wurden bereits für ihren vorbildlichen Umweltschutz ausgezeichnet. Die Entwicklung umweltverträglicher Produkte und umweltschonender Fertigungsverfahren wird abge-

Siemens hat seit 2003 eine enge Partnerschaft mit UNICEF Deutschland unter dem Motto „Wir helfen Kindern!"

rundet durch gesellschaftliches Engagement. So tragen Siemens-Mitarbeiter weltweit dazu bei, in freiwilligen Initiativen Kindern und Jugendlichen mit konkreten Aktionen wie Waldexkursionen oder Theaterstücken den Umweltgedanken näher zu bringen.

Mit einem umfassenden Engagement für die Gesellschaft von heute und die Welt von morgen unterstreicht die Siemens AG ihre Verantwortung für die Zukunft. Als Mitglied der internationalen Initiativen Global Compact und Global Corporate Citizenship informiert der Konzern über seine zahlreichen Aktivitäten ausführlich im Internet.

AUF EINEN BLICK:

GESELLSCHAFT
- Generation21
- Caring Hands
- Horizons2020 Zukunftsstudie
- Siemens Foren zu Technik- und Wirtschaftsthemen
- Siemens Arts Program

MITARBEITER
- Corporate Volunteering
- Leitsätze für Promoting and Managing Diversity
- Arbeitsmodelle zur Vereinbarkeit Familie und Beruf
- Internationales Gesundheitsmanagement
- Siemens-Business Conduct Guidelines

UMWELT
- Zentrales Umweltschutz-Referat seit 1971

PROJEKTE, KOOPERATIONEN & STIFTUNGEN
- Förderer der Lindauer Nobelpreisträgertreffen
- YOLANTE – „Young Ladies Network of Technology"
- Europaweiter Schülerwettbewerb „Join Multimedia"
- Computer helfen heilen und leben
- Barrierefreie Zugänge zu Informationstechnologie
- Unterstützung UNICEF Initiative „Zurück in die Schule in Afghanistan"
- Ernst v. Siemens Kunststiftung, Ernst v. Siemens Kulturstiftung

MITGLIEDSCHAFTEN
- Global Compact
- Dow Jones Sustainability Index
- Agenda 21 zur nachhaltigen Entwicklung
- Global Corporate Citizenship Initiative des Weltwirtschaftsforums
- Global Business Coalition on HIV/AIDS
- UNICEF-Partnerschaft
- Deutsches Netzwerk Wirtschaftsethik (DNWE)

PREISE & AUSZEICHNUNGEN
- Unter den zehn besten Arbeitgeberbern Europas (Fortune)
- Comenius-Siegel für Mediensammlung zu Horizons2020
- Environment Excellence Award in Gold der indischen Greentech Foundation, 2002
- Energy Smart Award für Outstanding Achievement in Australien, 2001

INFORMATION
Siemens AG
Wittelsbacher Platz 2
80333 München
Dr. Barbara Filtzinger
Fon 0 89 / 6 36 - 8 35 40
Fax 0 89 / 6 36 - 8 19 79
barbara.filtzinger@siemens.com
www.siemens.com/responsibility

SPARKASSEN-FINANZGRUPPE

Erst die Vielfalt der Förderungen gewährleistet die Vielfalt des gesellschaftlichen Lebens. Der Staat kann dies allein nicht leisten. Demokratische Entscheidungsgrundsätze können einer ausgewogenen Förderung nicht immer gerecht werden. Und Förderung muss Schwerpunkte setzen. Deshalb ist das gesellschaftliche Engagement von Unternehmen eine notwendige Ergänzung zur Förderung durch den Staat. Die Unternehmen der Sparkassen-Finanzgruppe leisten hier bereits seit vielen Jahren wertvolle Arbeit. Aufgabe der Sparkassen ist es, wirtschaftlich erfolgreich zu sein, um einerseits als leistungsfähige kreditwirtschaftliche Partner vor Ort zur Verfügung zu stehen und um andererseits die Gewinne für gemeinwohlorientierte Zwecke einsetzen zu können. Als Ergebnis dieser Geschäftsphilosophie sind die Sparkassen heute der größte nichtstaatliche Kulturförderer, der größte Förderer des Breitensports, einer der großen Förderer im sozialen Bereich und einer der großen Wissenschaftsförderer.

Dr. Dietrich H. Hoppenstedt,
Präsident des Deutschen Sparkassen- und Giroverbandes

Gut: So lautet der Titel eines 168 Seiten starken Magazins, in dem die Sparkassen-Finanzgruppe ihr gesellschaftliches Engagement darstellt. Gut für Deutschland, denkt der Leser, wenn er erfährt, wie sich die Institute der Sparkassen-Finanzgruppe in den Regionen engagieren. Der Bereich Corporate Social Responsibility ist für die Sparkassen-Finanzgruppe kein modisches Managementthema, sondern stolze Tradition und grundlegendes Merkmal ihrer Identität. Als engagierte Bürger vor 200 Jahren die ersten Sparkassen gründeten, ging es bereits um das Gemeinwesen. Es galt, Armut zu bekämpfen, den Sparsinn der Bürger zu fördern und das gebildete Kapital gewinnbringend für die eigene Region einzusetzen und die Wirtschaftskraft zu stärken. Mit einem zusammengefassten Geschäftsvolumen von 3,2 Bio. Euro und mit rund 384.000 Mitarbeitern ist die Sparkassen-Finanzgruppe heute die größte Kreditinstitutionsgruppe in Deutschland und Europa. Zur Gruppe gehören 477 rechtlich selbstständige Sparkassen, elf Landesbanken und elf Landesbausparkassen, die DekaBank, die Deutsche Leasing, 13 öffentliche regionale Erstversicherer sowie zahlreiche weitere Finanzdienstleister. Als Institute der Bürgerinnen und Bürger gestalten sie das wirtschaftliche und gesellschaftliche Leben vor Ort aktiv mit und leisten damit einen wichtigen Beitrag zur kulturellen Vielfalt und sozialen Balance in

Deutschland. Im Mittelpunkt stehen dabei die Menschen und Ihre Bedürfnisse. Wirtschaftliche Erträge sind Mittel zum Zweck. Im Jahr 2004 umfasste das gemeinnützige Förderengagement der Institute und ihrer Stiftungen insgesamt 353 Mio. Euro.

Förderungsschwerpunkt Nummer eins sind dabei Kunst und Kultur. Mit rund 122 Mio. Euro jährlich ist die Sparkassen-Finanzgruppe der größte nicht-staatliche Kulturförderer der Republik. Einmalig ist dabei die Breite und Tiefe des Engagements. Denn einerseits werden durch die eigene Präsenz in der Region viele kleine Initiativen gefördert. Ausstellungsmöglichkeiten für lokale Künstler, die Unterstützung von Theatern, Konzerten oder Festivals, erste Auftrittsmöglichkeiten für den Nachwuchs: alles Mosaiksteine für ein attraktives kulturelles Leben in der Region. Daneben stehen Projekte von nationaler und internationaler Bedeutung wie beispielsweise die Förderung des Bundeswettbewerbs „Jugend musiziert", der documenta oder die Unterstützung beim Aufbau des neuen Max-Ernst-Museum in Brühl.

JUGEND MUSIZIERT

„Jugend musiziert" ist der bedeutendste Nachwuchswettbewerb für klassische Musik in Deutschland. Ein Wettbewerb, der seit seinem Beginn 1963 selbst zu einem Klassiker geworden ist. Jährlich nehmen bis zu 20.000 Kinder und Jugendliche daran teil. Für sie ist der Wettbewerb eine gute Möglichkeit, Erfahrungen zu sammeln und erste Schritte in Richtung einer erfolgreichen musikalischen Karriere zu machen. Ziel von „Jugend musiziert" ist es, Talente zu finden und zu fördern. Im Rahmen des Wettbewerbs werden aus einer breiten Basis in ganz Deutschland hochbegabte junge Menschen zu Spitzenleistungen geführt und einem breiten Publikum vorgestellt. Erfolgreiche Musiker wie Anne-Sophie Mutter oder Tabea Zimmermann haben ihre Laufbahn hier begonnen. Der Wettbewerb verbindet die Breiten- mit der Spitzenförderung und entspricht damit der Förderphilosophie der Sparkassen-Finanzgruppe, junge Menschen, die zu Leistungsträgern der Gesellschaft werden, auf ihrem Weg zum Erfolg zu unterstützen. Die Sparkassen-Finanzgruppe unterstützt „Jugend musiziert" von Anfang an auf allen Ebenen. Zahlreiche Sparkassen und Sparkassenverbände fördern die Regional- und Landeswettbewerbe. Der Deutsche Sparkassen- und Giroverband unterstützt den Bundeswettbewerb. Die Förderung reicht dabei von finanzieller Unterstützung über die Vergabe von Sonderpreisen bis hin zur Ausgabe von Stipendien.

Gut für Deutschland: Die Sparkasse kommuniziert ihr Engagement für Gesellschaft und Kultur in vielfältiger Weise

Einen zweiten Förderschwerpunkt bildet der Bereich Soziales. Hierfür haben die Institute der Sparkassen-Finanzgruppe im Jahr 2004 mehr als 87 Mio. Euro ausgegeben. Die Maßnahmen sind dabei in den unterschiedlichsten Bereichen angesiedelt. Beispiele für dieses Engagement sind die Unterstützung von Kindergärten und Schulen, Förderung der Integration von Ausländern sowie die Unterstützung bei der Anschaffung medizinischer Geräte und die Förderung seniorengerechter Wohnprojekte.

Die Grundlage für soziales Engagement bildet aber vor allem der persönliche Einsatz der Menschen vor Ort. Mit der Initiative „für mich, für uns, für alle" fördert die Sparkassen-Finanzgruppe deshalb das ehrenamtliche Engagement in Deutschland und zeichnet herausragende Freiwilligen-Projekte mit dem Bürgerpreis aus – eine gemeinsame Aktion mit engagierten Bundestagsabgeordneten, Städten, Gemeinden und Landkreisen, die auch die Arbeitsbedingungen der Preisträger erleichtern sollen.

Hilfe zur Selbsthilfe leistet auch der Sparkassen-Wiederaufbaufonds für die Flutopfer in Südostasien. 100 Mio. Euro stehen bereit, die auch an Menschen vergeben werden, die alles verloren haben und unter normalen Umständen keine Chance auf einen Kredit hätten. In Sri Lanka arbeitet die Sparkassen-Finanzgruppe mit einer Partnerorganisation zusammen und profitiert dabei von den Erfahrungen der Sparkassenstiftung für internationale Kooperation, die auf Micro-Finanzierungen in Entwicklungs- und Schwellenländern spezialisiert ist.

Dritter Schwerpunkt ist der Sport. Hier sind die Sparkassen mit 61 Mio. Euro ebenfalls der größte nicht-staatliche Förderer in Deutschland. Davon profitiert vor allem der Vereins- und Breitensport. Besonderes Augenmerk liegt dabei auf der Nachwuchsförderung. Ein Beispiel hierfür sind die Eliteschulen des Sports. Junge Sporttalente werden hier langfristig und systematisch in ihrer sportlichen und schulischen Entwicklung gefördert und finden die notwendigen Rahmenbedingungen, um sich auf zukünftige Spitzenleistungen vorzubereiten. Die Erfolge sprechen für sich. Bei der Olympiade in Athen stellten diese Sportler 30 % der deutschen Mannschaft und errangen 60 % der Medaillen.

Ein besonders ausgeprägter und direkter wirtschaftlicher Vorteil entsteht in den Regionen durch den vierten Schwerpunkt, die Förderung von Bildung, Wissenschaft und Forschung. In diesem Segment wurden 22 Mio. Euro investiert. Durch die Wissenschaftsförderung entstehen Kristallisationspunkte, die Wirtschaftsunternehmen anziehen und vor Ort Arbeitsplätze sichern. In der Bildungsförderung der Sparkassen-Finanzgruppe unterstützt z.B. der SparkassenSchulservice die Schulen mit seinen Materialien bei der Wirtschaftserziehung,

Nachwuchsförderung- ein Schwerpunkt der Förderaktivitäten der Sparkassen-Finanzgruppe. Dazu gehört die Unterstützung der bundesweit 38 Eliteschulen des Sports

macht junge Menschen sicherer im alltäglichen Umgang mit finanz wirtschaftlichen Themen und vermittelt ihnen wichtige Grundlagen für das Berufsleben.

Der örtliche Bezug bewährt sich auch bei ökologischen Themen. Umwelt- und Naturschutz vor der eigenen Haustür zu beginnen macht Sinn und ist unmittelbar mit der Lebens- und Standortqualität verbunden. Dafür stellt die Sparkassen-Finanzgruppe jährlich rund sechs Mio. Euro bereit.

Regional ausgeprägt ist auch der Bezug der über 600 Sparkassen-Stiftungen, die mit einem Stiftungskapital von über einer Mrd. Euro das gesellschaftliche Engagement der Sparkassen fortsetzen. Im Jahr 2004 wurden von ihnen rund 48 Mio. Euro ausgeschüttet. Die Sparkassen-Finanzgruppe ist damit die stifterisch aktivste Gruppe der Bundesrepublik. Gut für die Regionen. Gut für Deutschland.

AUF EINEN BLICK:

KULTUR
- Gesamtausgaben der Sparkassen-Finanzgruppe im Bereich Kultur: 122 Mio. Euro
- Jugend musiziert
- Max-Ernst-Museum in Brühl
- Zeitgenössische Fotografie

SOZIALES
- Gesamtausgaben: 87 Mio. Euro
- für mich, für uns, für alle
- Sparkassen-Wiederaufbaufonds

SPORT
- Gesamtausgaben: 61 Mio. Euro
- Förderung der Eliteschulen des Sports
- Sparkassenpreis für Vorbilder im Sport

WISSENSCHAFT
- Gesamtausgaben: 22 Mio. Euro
- Förderung von Forschungsprojekten zu zukunftsorientierten Fragen der Kreditbranche und gesellschaftspolitischer Probleme
- Förderung wissenschaftlicher Einrichtungen
- Stiftungsprofessuren

WIRTSCHAFT
- Geld und Haushalt
- SparkassenSchulservice
- StartUp Wettbewerb / Deutscher Gründerpreis
- Planspiel Börse

STIFTUNGEN
- Insgesamt 603 Stiftungen
- Internationaler Museumstag
- Stiftungsportal

INFORMATION
Deutscher Sparkassen- und Giroverband
Charlottenstraße 47
10117 Berlin
Dr. Heike Kramer
Fon 0 30 - 2 02 25 56 20
Fax 0 30 - 2 02 25 56 25
heike.kramer@dsgv.de
www.dsgv.de
www.sparkassen-finanzgruppe.de
www.sparkasse.de

THE BOSTON CONSULTING GROUP

Gewinnorientierung ist nicht Gegensatz, sondern Grundlage für gesellschaftliches Engagement von Unternehmen: Nur eine Win-win-Perspektive, die Projekte eng an die Geschäftsstrategie knüpft, sichert ein langfristiges Engagement mit positiven Ergebnissen für Unternehmen wie Gesellschaft. Internationale Wettbewerbsstärke ist nicht nur eine Frage der Kosten, sondern auch der Kultur und der „Standortfaktoren“: Akzeptanz und Vertrauen beeinflussen die Attraktivität des Unternehmens für Mitarbeiter, Kunden und Investoren. BCG ist seit vier Jahrzehnten weltweit in Pro-bono-Projekten aktiv, aktuell auch für das World-Food-Programm. Eine langfristige strategische Perspektive, hoher – nicht nur finanzieller, sondern auch persönlicher – Einsatz sowie die Verbindung von Denken und Handeln kennzeichnen unser Engagement. In Deutschland liegt der Fokus mit „business@school“ auf dem Bildungssektor. Die Resonanz zeigt, dass es im deutschen Bildungssystem nicht an Ideen fehlt, sondern eher an einer „unternehmerischen“ Haltung, die Freiräume kreativ nutzt – ein Befund, der sich auch auf andere Bereiche übertragen lässt. In der Kooperation von Unternehmen und gesellschaftlichen Institutionen steckt ein großes Potenzial für die Lösung von Problemen mit Gewinn für beide Seiten.

Dr. Dieter Heuskel, Geschäftsführer, The Boston Consulting Group

Das eigene Wissen, die gesammelte Erfahrung eines weltweiten Netzwerks und den eigenen Erfolg mit anderen zu teilen – mit diesem Ziel engagiert sich The Boston Consulting Group (BCG) als „Corporate Citizen“. Die Konzentration auf die Kernkompetenzen steht dabei im Mittelpunkt des gesellschaftlichen Engagements. Die Unternehmensberatung setzt nicht auf anonyme finanzielle Spenden, sondern investiert ihre wichtigsten Ressourcen: die Zeit und das Know-how ihrer Mitarbeiter.

Im Mittelpunkt steht das „Corporate Volunteering“: Ausgewählten Institutionen und Organisationen stellt The Boston Consulting Group ihre Beratung pro bono, d. h. kostenfrei zur Verfügung. Die freiwillige und unentgeltliche Arbeit in Pro-bono-Projekten ist für die Mitarbeiter Teil einer Unternehmenskultur, die Initiative und Leistungsbereitschaft mit einem hohen Maß an Gemeinsinn verbindet. Viele Projekte sind entstanden, weil BCG-Mitarbeiter in ihrem persönlichen Umfeld auf Probleme aufmerksam wurden. Unterstützt werden Projekte, die nach Lösungen für drängende gesellschaftliche Fragen suchen und Signalwirkung entfalten – vor Ort oder global.

1963 in den USA gegründet, ist The Boston Consulting Group heute mit 59 Büros in 36 Ländern vertreten; in den sieben deutschen Büros (Düsseldorf, Köln, Stuttgart, München, Frankfurt, Hamburg und Berlin) arbeiten 550

Beraterinnen und Berater. So international wie die Unternehmensberatung ist auch das vielfältige gesellschaftliche Engagement. Seit 1994 hat The Boston Consulting Group weltweit mehr als 240 Pro-bono-Projekte erfolgreich realisiert. Bis zu drei Prozent der Beratungskapazität werden in diese Aktivitäten investiert.

Gesellschaftliche Verantwortung und Wettbewerbsfähigkeit stellen aus Sicht von The Boston Consulting Group keinen Widerspruch dar. Unternehmerischer Erfolg setzt entsprechende gesellschaftliche Rahmenbedingungen voraus, für die die Strategieberatung Mitverantwortung übernehmen will. In der Projektarbeit erleben BCG-Mitarbeiter, dass ehrenamtliches Engagement keine Einbahnstraße ist, sondern eine zusätzliche Herausforderung, bei der alle Projektpartner voneinander lernen können.

Pro-bono-Kunden werden mit dem gleichen hohen Qualitätsanspruch betreut wie die Unternehmen, die BCG als zahlende Kunden berät.

BUSINESS@SCHOOL

„Non scholae sed vitae discimus" – mit diesem Seneca Zitat versuchen kluge Pädagogen ihre Schüler zu motivieren, wohlwissend, dass bereits der römische Philosoph genau den umgekehrten Tatbestand beklagte. Damit Schülerinnen und Schüler mehr für das Leben als für die Schule lernen können, hat BCG das Projekt business@school ins Leben gerufen. Es dient als Brücke der Verständigung zwischen Schulen und Wirtschaft und will durch eine enge Orientierung an der Praxis Wirtschaftswissen vermitteln. Darüber hinaus erwerben die Jugendlichen Schlüsselqualifikationen wie Recherche- und Präsentationstechniken.

Seit Beginn des Projekts im Jahre 1998 haben 5.000 Jugendliche teilgenommen, im Schuljahr 2005/06 beteiligen sich mehr als 70 Schulen in Deutschland, Österreich und Italien. BCG trägt die Kosten für das Projektbüro und die Aktivitäten von business@school wie beispielsweise Unterrichtsmaterialien oder Lehrerfortbildungen. Zudem engagieren sich 140 BCG-Mitarbeiter über zehn Monate hinweg ehrenamtlich für das Projekt und geben ihr Wissen und ihre Berufserfahrung weiter. Herzstück des Projekts ist ein europaweiter Wettbewerb zwischen Gymnasien. Die Schülerinnen und Schüler entwickeln in Teams eine eigene Geschäftsidee bis zur Umsetzungsreife und präsentieren ihre Geschäftspläne vor einer Jury aus namhaften Wirtschaftsvertretern. Betreut werden die Jugendlichen von Mitarbeitern von BCG und 17 Partnerunternehmen, die ehrenamtlich eine Schulpatenschaft übernehmen. 2002 wurde BCG für business@school mit dem Corporate-Citizenship-Preis „Freiheit und Verantwortung" ausgezeichnet.

Beim Projekt business@school entwickeln Schülerinnen und Schüler in Teams eigene Geschäftsideen bis zur Umsetzungsreife

The Boston Consulting Group hat die Erfahrung gemacht, dass CSR-Aktivitäten dann besonders erfolgreich sind, wenn sie in die Gesamtstrategie des Unternehmens eingebunden sind. Deshalb engagieren sich BCG-Mitarbeiter vor allem für mittel- bis langfristig angelegte Projekte, in denen das Know-how und die Erfahrung der Strategieberatung einen besonderen Mehrwert bieten, wie zum Beispiel die Arbeit für das Welternährungsprogramm (World-Food-Programm), die aktuell einen Schwerpunkt der internationalen Aktivitäten darstellt. In Deutschland engagiert sich The Boston Consulting Group vor allem in den Bereichen Bildung (zum Beispiel im Rahmen der Schulinitiative business@school), Medizin und Kultur.

Zwei Beispiele für das aktuelle Engagement: Die Zusammenarbeit zwischen der DKMS Deutsche Knochenmarkspenderdatei gemeinnützige Gesellschaft mbH und The Boston Consulting Group ergab sich aus einem persönlichen Schicksalsschlag: 1990 erkrankte die Schwester eines BCG-Mitarbeiters an Leukämie. Hoffnung, den für eine Therapie notwendigen genetischen Zwilling zu finden, gab es seinerzeit kaum, da eine entsprechende Spenderdatei noch nicht existierte. Aus der Privatinitiative „Hilfe für Leukämiekranke" entwickelte sich mit Unterstützung von The Boston Consulting Group die Deutsche Knochenmarkspenderdatei. Die Unternehmensberatung und die DKMS erarbeiteten und realisierten gemeinsam ein Konzept für eine deutschlandweite Spenderdatei, welche die Überlebenschancen von Leukämiepatienten erhöhen sollte. Mit Erfolg: Im Januar 2005 überschritt die DKMS die Grenze von 1,2 Millionen Spendern und ist damit die weltweit größte Spenderdatei ihrer Art.

Im „Initiativkreis Ruhrgebiet" (IR) engagieren sich 58 Unternehmen für den Strukturwandel an Rhein und Ruhr. The Boston Consulting Group hat Beiträge zur Strategie sowie zu speziellen Projekten des Initiativkreises geleistet. Dazu zählt beispielsweise der „Klinik-Führer Ruhrgebiet". Die bundesweit einmalige Pilotstudie erfasst die Qualität stationärer Versorgung aus vier Perspektiven und hilft den Patienten, das für sie am besten geeignete Krankenhaus aufgrund methodisch nachvollziehbarer Kriterien auszuwählen.

Intern konzentriert sich The Boston Consulting Group als Dienstleistungsunternehmen auf die sozialen Aspekte des Sustainable Business und bietet Mitarbeitern Möglichkeiten, die weit über branchenübliche Standards hinausgehen. Hierzu zählen zum Beispiel umfangreiche Trainingsangebote, eine betriebliche Altersversorgung und ein besonders umfangreicher Versicherungsschutz. Programme für Auslandsaufenthalte, persönliche Auszeiten und akademische Weiterbildung, etwa zur Erlangung

The Boston Consulting Group übernimmt gesellschaftliche Verantwortung: Seit 1994 haben sich BCG-Mitarbeiter weltweit in über 240 Pro-bono-Projekten engagiert

von MBA- oder PhD-Graden, ergänzen das Angebot. Die gesellschaftliche Akzeptanz ist keine Nebensache, sondern notwendig für das Gewinnen und Halten guter Mitarbeiter. BCG liefert nachahmenswerte Beispiele, wie moderne Unternehmen intern und extern verantwortungsvoll handeln können.

AUF EINEN BLICK:

GESELLSCHAFT

- Seit 1994 mehr als 240 Pro-bono-Projekte vor allem im Bereich Corporate Volunteering
- Schwerpunkte in Deutschland: Bildung, Medizin und Kultur

MITARBEITER

- Dreiwöchiges Einstiegstraining „Professional Service“ („Boot Camp“)
- Weiterbildung mit 20 Trainingstagen im Jahr, national und international
- Mentoringprogramm für Nachwuchsberater
- Finanzielle Unterstützung bei Promotion oder MBA-Studium
- Internationale Projekteinsätze und Karriereplanung (Ambassador-Programm)
- Mehrmonatige Auszeit aus persönlichen Gründen (Leave of Absence)
- Individuelle Teilzeitmodelle, Heimarbeitsplatz mit Breitbandanschluss als Standard
- Vorsorgeregelung durch Gutschriftenplan mit innovativer Anlagestrategie
- Regelmäßige Company Events sozialer und kultureller Art

KOOPERATIONEN, INITIATIVEN, PROJEKTE, STIFTUNGEN

- business@school – eine Initiative von The Boston Consulting Group (seit 1998)

PREISE & AUSZEICHNUNGEN

- Preis der Initiative „Freiheit und Verantwortung“ für business@school (2002)
- Preis „Zukunftsbrücke“ des Landes Nordrhein-Westfalen für business@school (2001)

INFORMATION

The Boston Consulting Group GmbH
Stadttor 1
40219 Düsseldorf
Dr. Babette Claas
Fon 02 11 / 30 11 - 35 36
Fax 02 11 / 30 11 - 34 34
claas.babette@bcg.com
www.bcg.de

TUI AG

Bei TUI nimmt die Integration von Umweltstandards und deren aktive Umsetzung in allen Konzernbereichen eine wichtige Rolle ein. Neben dem ethischen Verantwortungsgefühl geschieht dies natürlich auch aus ökonomischem Interesse: Kein anderer global tätiger Wirtschaftszweig ist so stark abhängig von reinem Wasser, sauberen Stränden, klarer Luft und intakter Natur wie der Tourismus. Um die Umweltstandards nachhaltig zu verbessern, pflegen die Umweltverantwortlichen der TUI-Tochtergesellschaften einen intensiven Austausch. Darüber hinaus arbeitet TUI mit zahlreichen nationalen und internationalen Organisationen zusammen wie dem WWF und der UNESCO. Was die Unternehmenskultur angeht, sollen die Werte der World of TUI – „Opening Doors", „Enjoying Life" und „Going Beyond" – von den Mitarbeitern mit Leben gefüllt werden. Das Ziel: Kollegen, die offen sind für Neues, den Blick über den Tellerrand wagen, innovative Wege beschreiten und ihr Leben genießen.

Dr. Michael Frenzel, Vorstandsvorsitzender der TUI AG

Dafür zu sorgen, dass der Urlaub zur schönsten Zeit des Jahres wird, ist für die TUI AG eine Herausforderung, die sie mit jeder Buchung stets neu und gerne annimmt. Im vergangenen Jahr waren es 18 Millionen Menschen, die ihren Urlaub von der TUI organisieren ließen, und für jeden Einzelnen sollten die Ferien zu einem faszinierenden Erlebnis werden. Eine grundlegende Voraussetzung, um dieses Ziel zu erreichen, ist eine intakte Umwelt in den Ferienländern. „Kein anderer global tätiger Wirtschaftszweig ist so stark von sauberem Wasser, unversehrten Stränden, reiner Luft und intakter Natur abhängig wie der Tourismus", stellt Dr. Michael Frenzel, Vorstandsvorsitzender der TUI AG, fest.

Folglich setzt das Unternehmen einen Schwerpunkt seines Engagements auf den Umweltschutz. Dabei verfolgt der Konzern eine ganzheitliche Herangehensweise, die sich auch am Ethik-Kodex der Welttourismusorganisation (WTO) orientiert. Dessen zentrale Forderung lautet: Der Tourismus soll zum Wohlstand in den gastgebenden Ländern beitragen, ihr kulturelles Erbe erhalten und negative Auswirkungen auf die Umwelt vermeiden. „Nachhaltige Entwicklung" lautet das Stichwort, das für die TUI AG zugleich auch Programm ist. Eine Facette ihres Engagements sind Kooperationen mit Institutionen und Initiativen in aller Welt. International ist man zahlreiche Projektpartnerschaften eingegangen, die unmittelbar dem Umweltschutz zugute kommen. So setzt sich die TUI AG gemeinsam mit der UNESCO und weiteren Partnern für die Erforschung der Korallenriffe des Aldabra Atolls im Indischen Ozean ein, das zum Weltnaturerbe der UNESCO gehört. Zum Schutz des Delfins im Mittelmeer unterstützt das Unternehmen die Arbeit der „Whale and Dolphin Conservation Society" (WDCS). Im aktuellen Report „Nachhaltig wirtschaften in der World of TUI", der Auskunft gibt über das gesamte Umwelt-Engagement des Konzerns, werden beispielhaft 50 solcher Kooperationen vorgestellt.

Die gleiche Sorgfalt und unternehmerische Verantwortung, die die TUI AG im Umgang mit ihrer natürlichen Umwelt walten lässt, bestimmt auch ihr Engagement als Teil der Bürgergesellschaft. An seinen internationalen Standorten ist der Konzern seiner Umgebung ein guter Nachbar und setzt sich mit den Bedingungen der jeweiligen Regionen konstruktiv auseinander. Einer der Schwerpunkte des sozialen Engagements von TUI liegt in der Fürsorge für

TUI-DORF IN YAYAWATTA AN DER SÜDKÜSTE SRI LANKAS

Die Flutkatastrophe, die im Dezember 2004 über Südostasien hereingebrochen ist, hat verheerende Schäden verursacht. Besonders betroffen war u.a. die Südküste Sri Lankas. Allein in der Provinz Hambantota kamen 4.500 Menschen ums Leben, 30.000 Einwohner wurden obdachlos. Hier engagiert sich die TUI AG, um nachhaltige Hilfe zu leisten. Im Mittelpunkt des TUI-Projekts steht der Wiederaufbau eines Dorfes in Yayawatta, für das TUI die Patenschaft übernommen hat. TUI kooperiert dabei mit der Organisation „Plan International", die eine führende Rolle beim Wiederaufbau der Dörfer im Süden Sri Lankas übernommen hat. Seit März 2005 laufen die Bauarbeiten in Yayawatta, und bis Anfang 2006 sollen 200 Häuser entstehen. Außerdem wird an der Errichtung einer Schule, einer Krankenstation sowie verschiedenen Gemeinschaftseinrichtungen gearbeitet, um dem Dorf eine funktionierende Infrastruktur geben zu können. Einmalig ist das Engagement der Mitarbeiter und Kunden von TUI, denn die konzernweite Aktion lebt u.a. von der enorm hohen Spendenbereitschaft und dem Einsatz der TUI-Tochtergesellschaften. So konnten die von TUI bislang zur Verfügung gestellten 800.000 Euro um weit mehr als 100.000 Euro freiwillig gesammelter Spenden ergänzt werden. Insgesamt hat der Konzern 1,25 Mio. Euro für Wiederaufbauprojekte in den Krisenregionen Sri Lankas bereitgestellt.

Das umfangreiche Engagement der TUI AG kann in verschiedenen Broschüren und Berichten sowie auf der Website nachvollzogen werden

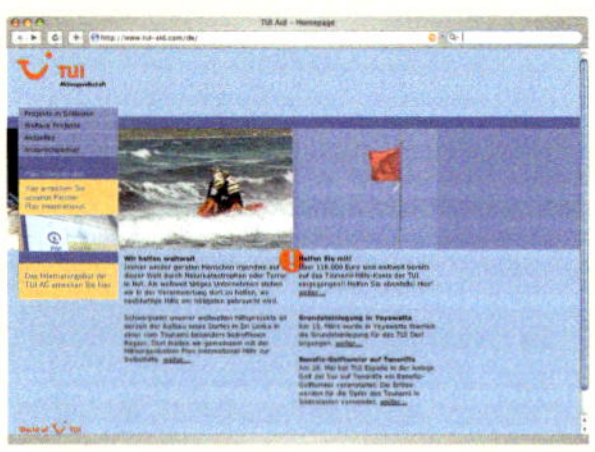

die Ausbildung von Kindern und Jugendlichen. Zu den wichtigsten Projekten in diesem Bereich gehören die konzernweiten TUI-Patenschaften, wie z.B. die Zusammenarbeit mit der NGO „Plan International" in Sri Lanka (s. gesonderte Darstellung). Aber auch die Kooperation mit der Peter Maffay Stiftung, deren Ziel darin besteht, missbrauchten und benachteiligten Kindern und Jugendlichen ein Zuhause zu geben, ist Ausdruck der sozialen Verantwortungsübernahme des Konzerns. In Spanien arbeitet TUI mit der Vicente-Ferrer-Stiftung, die Patenschaften in Indien übernimmt, zusammen. Die Kooperation mit der Initiative Blausand.de sorgt durch Aufklärung für mehr Sicherheit an Europas Badestränden und beugt der Gefahr durch Ertrinken vor. Und schließlich unterstützt der Konzern mit der unternehmenseigenen TUI-Stiftung verschiedene Maßnahmen im Bildungsbereich, die von Schulpatenschaften bis hin zur Ausschreibung wissenschaftlicher Förderpreise reichen.

Für nachhaltige Entwicklung macht sich die TUI AG aber auch auf übergeordneter Ebene stark. Das Unternehmen ist Gründungsmitglied von „ecosense" – dem „Forum für Nachhaltige Entwicklung der Deutschen Wirtschaft". Alle Beteiligten haben sich u.a. zu einem schonenden Umgang mit natürlichen Ressourcen verpflichtet. Speziell für Unternehmen der Tourismuswirtschaft hat die TUI AG mit weiteren Branchenvertretern sowie der WTO, der UNESCO und der UNEP (Umweltprogramm der Vereinten Nationen) die TOI gegründet. Dahinter verbirgt sich die „Tour Operator's Initiative for Sustainable Tourism Developement", deren Mitglieder sich freiwillig zur ökologischen, sozialen und ökonomischen Nachhaltigkeit verpflichten.

Hervorgegangen ist die TUI AG Mitte der 90er-Jahre aus der Preussag AG. Die Umstrukturierung vom Industriekonglomerat zum innovativen Tourismuskonzern ist so gut wie abgeschlossen. Heute versteht sich die TUI AG, die im Jahr 2004 einen Umsatz von gut 18 Mrd. Euro ausweisen konnte, als modernes Dienstleistungsunternehmen, das seinen Kunden ein perfektes Urlaubserlebnis bereiten möchte. Damit das gelingt, nimmt TUI alle Mitarbeiter in die Pflicht – und sieht sich selbst für das Wohl der mehr als 57.000 Beschäftigten in der Verantwortung. Die TUI AG hat sich dem Prinzip der „Work-Life-Balance" verschrieben: Arbeit und Freizeit sollen harmonisch miteinander im Einklang sein. Dafür sorgen zum einen flexible Arbeitszeitmodelle. Zum anderen wird das Thema Gesundheit groß geschrieben. Die Arbeitsplätze werden regelmäßig von Experten hinsichtlich ihrer Ergonomie überprüft. Ein Betriebsarzt steht für allgemeine gesundheitliche Fragen zur Verfügung, führt Impfungen durch und berät vor Auslandsaufenthalten.

TUI sorgt in den Krisenregionen Sri Lankas mit mehreren Hilfsprojekten dafür, dass wieder normales Leben einkehren kann und die Kinder einer sicheren Zukunft entgegenblicken können

Zahlreiche Sportangebote – neben Klassikern wie Tennis auch Exoten wie Drachenbootfahren – verbessern die Fitness der Belegschaft. Auch eine Ernährungsberatung können TUI-Beschäftigte in Anspruch nehmen. Darüber hinaus genießt die Personalentwicklung einen hohen Stellenwert. Alle Mitarbeiter nehmen regelmäßig an Fortbildungen teil, es existieren internationale Bildungsprogramme sowie eine besondere Förderung für Manager und den Führungsnachwuchs. Diese Aktivitäten zum Wohl der Mitarbeiter haben der TUI AG den vierten Platz im Ranking der „TOP-20-Arbeitgeber in Deutschland 2005" eingebracht, das die Corporate Research Foundation (CRF) in Zusammenarbeit mit Wirtschaftsjournalisten, dem Magazin „karriere" und dem geva-Institut aufgestellt hat.

AUF EINEN BLICK:

GESELLSCHAFT

- Patenschaften TUI AG und Tochtergesellschaften
- Förderung von Bildung und Ausbildung Kinder & Jugendlicher
- Tabaluga-Kinderstiftung
- Unterstützung Kunst und Kultur
- Unterstützung Bildung, Wissenschaft und Forschung

MITARBEITER

- Work-Life-Balance
- Telearbeitsplätze
- Benefits
- Integration Schwerbehinderter
- Verschiedene Formen der Altersvorsorge
- Gesundheitsfördernde Angebote und Untersuchungen durch Betriebsärzte
- Arbeitssicherheitsmaßnahmen
- Ausbildungsquote von 7 %

UMWELT

- Konzepte für nachhaltige Entwicklung in Urlaubsländern
- Weitreichende Aktivitäten im Bereich Mobilität und Klimaschutz
- Umweltchecklisten für Hotels
- Internat. Koop. zum Erhalt der Biodiversität
- Tierschutzaktivitäten
- Zertifiziertes Umweltmanagementsystem

MITGLIEDSCHAFTEN, KOOPERATIONEN, STIFTUNGEN

- econsense
- Sustainable Tourism Initiative
- TOI
- FTSE4Good
- Nachhaltigkeitsindex ASPI Eurozone
- ESI
- D21, Agenda 21
- ECAPT, UNEP, UNESCO, WWF
- TUI-Stiftung und Stiftungen der Tochtergesellschaften

SONSTIGES

- Nachhaltigkeitsrating

INFORMATION

TUI AG
Karl-Wiechert-Allee 4
30625 Hannover
Dr. Alexa von Dossow
Fon 05 11 / 5 66 - 14 81
Fax 05 11 / 5 66 - 10 84
alexa.dossow@tui.com
www.tui.com

VAUDE

Als sportliche Firma steht VAUDE seit je für einen fairen und verantwortungsbewussten Umgang mit unseren Mitarbeitern, Partnern und unserer Umwelt. Corporate Citizenship und das Engagement für eine familienfreundliche Personalpolitik sind in unserer Firmenphilosophie verankert. Gemeinsam mit unseren Mitarbeitern gelangen wir in diesen Bereichen kontiniuerlich zu neuen Ansätzen und Lösungen. VAUDE zeigt hier den gleichen Pioniergeist, der auch in unserer Produktentwicklung entscheidend ist: Durch innovative Produkte setzt VAUDE immer wieder neue Maßstäbe und stärkt seine führende Position im europäischen Outdoor-Markt. Der Erfolg beruht auf der Innovationsfreude, dem unternehmerischen Denken und der Motivation unserer Mitarbeiter.

Albrecht von Dewitz,
Persönlich haftender Gesellschafter
der VAUDE Sport GmbH & Co. KG

Wer schon einmal auf einer gemeinschaftlichen Bergtour von einem Unwetter überrascht wurde, der weiß, was Zusammenhalt in der Gruppe bedeutet. Nur wenn man sich auf den anderen voll und ganz verlassen kann, kann das gemeinsame Unternehmen gelingen. Das hat der Bergsport-Ausrüster VAUDE verinnerlicht und zum Leitgedanken seines unternehmerischen Handelns gemacht.
Die mittlerweile über 200 Beschäftigten am Stammsitz in Tettnang am Bodensee erleben ihre tägliche Arbeit in der Gemeinschaft als eine gut gelungene Kombination aus „Beruf & Familie". So lautet folgerichtig auch der Titel des Audits, durch das VAUDE von der HERTIE-Stiftung zertifiziert wird. Innerhalb dieses Projekts engagieren sich Mitarbeiterinnen und Mitarbeiter in Arbeitskreisen für Zusammenhalt und Zufriedenheit im Betrieb. Dabei dienen Mitarbeiterzeitung und Informationen für Neueinsteiger der internen Kommunikationskultur. Außerdem werden Maßnahmen erarbeitet, die allen Kollegen die Gelegenheit geben sollen, sich aktiv in die Entwicklung des Unternehmens einzubringen. Auch die Organisation gemeinsamer Freizeit-Aktivitäten wie Hüttenabende oder Skiwochenende liegt in der Hand der Mitarbeiter.
Die Philosophie des Unternehmens basiert auf der Annahme, dass Beruf und Privatleben untrennbar miteinander verwoben sind. Die berg-

sportbegeisterten Menschen, die bei VAUDE arbeiten, bringen innovative Ideen aus ihrer Freizeit direkt ins Unternehmen ein, im Gegenzug motiviert VAUDE seine Mitarbeiter mit aussichtsreichen Berufsperspektiven. Von der Begeisterung VAUDEs für die Bergwelt profitiert auch der Deutsche Alpenverein (DAV), der im Bereich Natur- und Umweltschutz von VAUDE gesponsert wird. Zudem sind die DAV-Bergführer des Lehrteams „Bergsteigen" mit VAUDE-Ausrüstung im Einsatz. Aber auch die unternehmensinternen Beziehungen beruhen auf Gegenseitigkeit. Flexible Arbeitszeitmodelle sind für VAUDE ebenso selbstverständlich wie Chancengleichheit. So liegt z.B. der Anteil der Mitarbeiterinnen bei über 60 Prozent. Viele von ihnen – wie auch die meisten Kollegen und Führungskräfte – haben Kinder. Der Wiedereinstieg nach der Elternzeit wird für Mütter und Väter durch die lebendige und kreative Personalpolitik vereinfacht. So kehren die jungen Eltern mit ihrem Know-how schnell wieder ins Unternehmen zurück.

VAUDE
THE SPIRIT OF MOUNTAIN SPORTS

VAUDE KINDERHAUS

Wie sich Beruf und Familie wunderbar miteinander in Einklang bringen lassen, zeigt das VAUDE Kinderhaus: Insgesamt 30 Kinder im Alter von einem bis zehn Jahren werden hier von einem pädagogischen Team betreut. So sind die Kleinen gut aufgehoben, während die Eltern beim Bergsport-Ausrüster ihrer Arbeit nachgehen. Im betriebseigenen Kinderhaus können sich die Kinder austoben, die Kletterwand testen oder von hier aus die nahe gelegene Natur erkunden. Neben der altersgemischten Gruppe werden eine Krabbelgruppe sowie an zwei Nachmittagen in der Woche eine Spielgruppe angeboten. Gemeinsam mit der örtlichen Grundschule übernimmt das VAUDE Kinderhaus die verlässliche Halbtagsbetreuung. Mittags treffen die Eltern ihre Kinder zum Essen im Kinderhaus, das täglich von 7 bis 17 Uhr (freitags bis 13 Uhr) geöffnet ist – und das auch während der Schulferien. Dabei ist das familienfreundliche Konzept von VAUDE nicht nur flexibel, sondern auch erfolgreich: Seit der Gründung im Mai 2001 wurde der Bergsport-Spezialist schon mehrfach für sein Kinderhaus ausgezeichnet. Zudem ist die Geburtenrate bei VAUDE um das Vierfache gestiegen, und inzwischen melden die Mitarbeiter ihre Kinder bereits vor deren Geburt im beliebten Kinderhaus an.

VAUDE hat mehrere Modelle und Konzepte zur Vereinbarkeit von Familie und Beruf entwickelt

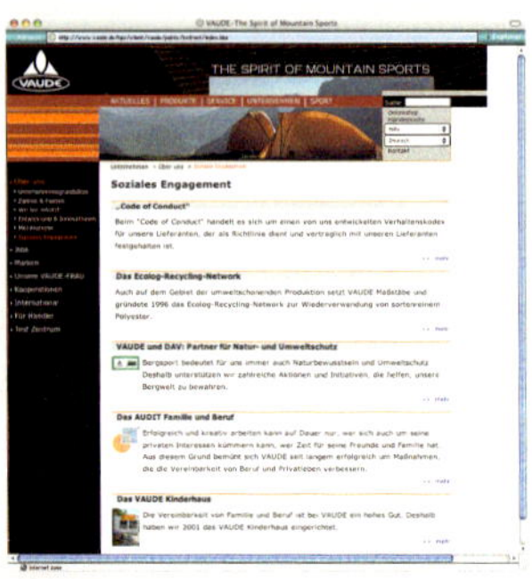

Für einen Familienbetrieb wie VAUDE ist es deshalb nur konsequent, eine firmeninterne Kinderbetreuung zu organisieren. Pünktlich zum ersten Mai 2001 öffnete das betriebseigene Kinderhaus seine Türen. Seitdem werden die Kleinen dort im integrativen Kindergarten kompetent betreut, während sich ihre Eltern für und bei VAUDE engagieren. Für sie entfällt dank der Nähe zur Arbeitsstelle die Anfahrtszeit zur Betreuungseinrichtung. Das schafft mehr gemeinsame Freizeit für Eltern und Kinder und minimiert eventuelle Ausfallzeiten der Beschäftigten. Zudem entspricht das pädagogische Konzept des Kinderhauses der VAUDE-Philosophie: Wie die Erwachsenen, so können auch die Kinder eigene Ideen äußern und gemeinschaftlich in die Tat umsetzen. Aktiv können sie Natur und Umwelt erfahren und sich als Teil der „VAUDE-Familie" erleben.

Auch der ökologische Gedanke ist tief verwurzelt im Denken und Handeln des Herstellers hochwertiger Outdoor-Produkte. Die Verbundenheit mit der Natur und ein verantwortungsbewusster Umgang mit Rohstoffen spiegeln sich wider im ECOLOG-Label, das von VAUDE ins Leben gerufen wurde und für sortenrein recycelbare Funktionskleidung steht. Als erster Sportartikelhersteller produziert VAUDE nach dem bluesign-Standard, der entlang der gesamten Produktionskette auf maximale Schadstofffreiheit und Ressourcenschonung achtet. Die Kernkriterien für die Herstellung werden durch interne und externe Laboranalysen überprüft. Zudem setzt VAUDE für seine Produkte ausschließlich Materialien ein, die nach dem Öko-Tex 100 Standard zertifiziert sind.

VAUDE ist sich seiner gesellschaftlichen Verantwortung bewusst und schreibt dies verbindlich fest. Nicht nur im heimischen Tettnang gelten daher klare ethische, soziale und ökologische Richtlinien. Auch an den ausländischen Produktionsstätten und Fertigungsstandorten sorgt der „VAUDE Code of Conduct" dafür, dass internationale Sozialstandards und Umweltleitlinien eingehalten werden. Der weltweit agierende Familienbetrieb arbeitet zudem ausschließlich mit Lieferanten zusammen, die nicht nur die geltenden gesetzlichen Vorschriften, sondern auch die von VAUDE festgelegten Regeln des Verhaltenskodex befolgen.

Das soziale und ökologische Engagement des Textil-Herstellers ist ausgezeichnet – im wahrsten Sinne des Wortes. Viele Ehrungen belegen die gesellschaftliche Anerkennung, die VAUDE für seine Aktivitäten erfährt. Zuletzt wurde dem Bergsport-Spezialisten für seine familienfreundlichen Maßnahmen das zuvor erwähnte deutsche Qualitätssiegel „Beruf & Familie" verliehen. Neben diesem Gipfel nationaler Wertschätzung reihen sich Preise in landesweiten Ausschreibungen aneinander: Das Kinderhaus wurde bereits kurz nach seiner Gründung vom

Der Natur verbunden – die Philosophie von VAUDE zielt darauf ab, Mensch und Natur in Einklang zu bringen und das ökologische Gleichgewicht zu achten und zu wahren

Bundespräsidenten mit dem Preis „Freiheit und Verantwortung" geehrt. Das baden-württembergische Wirtschaftsministerium würdigte VAUDE 2002 für die gelebte Chancengleichheit im Betrieb. Anerkennungen, die den „Spirit of Mountain Sports" auch in Sachen Umweltbewusstsein und Innovationskompetenz belegen, schließen sich an. Einen Großteil davon verdankt VAUDE nicht zuletzt seiner Zusammenarbeit mit Profi-Sportlern sowie dem Kreativgeist seiner Mitarbeiter.

VAUDE lebt und fördert den Sinn für Gemeinschaft sowie die Verantwortung für Umwelt und Natur. Das so geschaffene wechselseitige Vertrauen bildet die Basis dafür, dass Mitarbeiter und Unternehmen auch in Zukunft gemeinsam neue Herausforderungen meistern können. Über bisherige und künftige Aktivitäten von VAUDE können sich alle Interessierten auf der Website des Unternehmens informieren.

AUF EINEN BLICK:

GESELLSCHAFT

- Regelmäßiges Sponsoring im sportlichen, sozialen, wissenschaftlichen und kulturellen Bereich
- Kooperation mit Universitäten
- Zusammenarbeit mit Stadt, Landkreis und Einzelinitiativen

MITARBEITER

- Internationaler „Code of Conduct"
- Flexible Arbeitszeiten, Telearbeit, Jobsharing
- Familienfreundlicher Wiedereinstieg in den Beruf
- Kontakthalte- und Qualifikationsprogramm für Eltern
- Pensionskasse
- Sportangebote
- Kletterhalle in der Firma für alle Mitarbeiter

UMWELT

- Gründung der Firma Ecolog: Recycling von Funktionsbekleidung
- bluesing-Label garantiert umweltfreundliche Produktion
- Öko-Tex Standard 100
- Regelmäßige interne und externe Laboranalysen
- Sponsoring des Deutschen Alpenvereins (DAV) im Bereich Natur- und Umweltschutz

PROJEKTE & KOOPERATIONEN

- PPP-Projekt VAUDE Kinderhaus
- Kooperation mit dem Deutschen Alpenverein
- European Outdoor Group und Fachgruppe

OUTDOOR SPORT-EVENTS

- Outdoor Trophy, Österreich
- Skitouren-Wettkampf „Mountain Attack", Österreich
- Eiskletter-Event „Eis Total", Österreich
- Mountainbike-Rennen Dolomiti Superbike, Italien

PREISE & AUSZEICHNUNGEN

- Audit „Beruf & Familie" – Zertifikat der Hertie-Stiftung 2004
- „Erfolgsfaktor Familie" 2005
- „Freiheit und Verantwortung" 2002
- „Gleiche Chancen für Männer und Frauen im Betrieb" 2002
- CSR-Rating Stiftung Warentest

INFORMATION

VAUDE Sport GmbH & Co. KG
Vaude Straße 2
88069 Tettnang
Fon 0 75 42 / 53 06 - 0
Fax 0 75 42 / 53 06 - 60
info@vaude.com
www.vaude.com

VICTORIA

Das Grundprinzip unserer Unternehmenspolitik „Vorsorge statt Nachsorge" wenden wir auf alle Geschäftsfelder an, um negative Umweltauswirkungen zu vermindern oder Schäden zu vermeiden, bevor sie entstehen. Unsere Überzeugung ist, dass eine leistungsfähige Versicherungswirtschaft durch ihr Zusammenwirken mit anderen Wirtschaftsbereichen, ihren Aktionären, ihren Kunden und Lieferanten einen wichtigen Beitrag zu einer nachhaltigen Entwicklung leisten kann. Daher ergänzen wir unsere Arbeitsprozesse und unsere Managementpraxis für alle Unternehmensbereiche durch ein aktives Umweltmanagement. Für dieses ist das eigenverantwortliche, umweltbezogene Handeln aller Mitarbeiterinnen und Mitarbeiter von entscheidender Bedeutung.

Michael Rosenberg, Vorsitzender des Vorstands
VICTORIA Versicherung AG

Nachhaltigkeit hat für die VICTORIA Versicherungs-Gesellschaften seit je einen hohen Stellenwert, der sich auch in der nunmehr 20-jährigen Tradition eines umfassenden Umwelt-engagement widerspiegelt. Die VICTORIA zählt zu den größten und ältesten deutschen Versicherern und gehört heute zur ERGO Versicherungsgruppe. Als Rundumversicherer bietet die VICTORIA ihren Kunden Versicherungen für den privaten, gewerblichen und industriellen Bedarf. Mit mehr als 5 Mrd. Euro Beitragseinnahmen und über 18.000 Mitarbeitern ist die VICTORIA-Gruppe eine der führenden Versicherungsgesellschaften. Zur Gruppe gehört auch die D.A.S., der europäische Marktführer in der Rechtsschutzversicherung. Ergänzt wird das Portfolio durch eine umfassende Kooperation mit der HypoVereinsbank.

Bereits seit Mitte der 80er-Jahre setzt sich die VICTORIA aktiv für den Umweltschutz ein und verfolgte zunächst für die damalige Zeit bemerkenswerte Einzelmaßnahmen wie etwa den weitgehenden Verzicht auf energieintensive Klimaanlagen bei der Errichtung des ersten Bauabschnitts der Hauptverwaltung sowie die schrittweise Umstellung auf Recyclingpapier in zahlreichen Anwendungsbereichen. Durch diese positiven Erfahrungen des Zusammenspiels von ökologischen und ökonomischen Handlungsweisen bestärkt, wurde im Rahmen eines gemeinsam mit dem Umweltbundesamt und dem Bundesministerium für Umwelt, Naturschutz und Reaktorsicherheit durchgeführten Forschungs- und Entwicklungsvorhabens ein für einen Erstversicherer geeignetes Umweltmanagementsystem eingerichtet. Im Februar 1998 wurde die VICTORIA als erstes Versicherungsunternehmen Europas nach EMAS validiert. Damit verbunden war die Bündelung aller Umweltaktivitäten an den in das Umweltmanagementsystem eingebundenen Unternehmensstandorten in den Umweltprogrammen. Um die Umweltauswirkungen ihrer Aktivitäten beurteilen zu können, analysiert die VICTORIA systematisch ihren Geschäftsbetrieb sowie ihre Dienstleistungen. Direkt aus dem Geschäftsbetrieb resultierende Umweltauswirkungen zählen zur Betriebsökologie. Dies umfasst an den Unternehmensstandorten neben dem Energieverbrauch den Ressourcenverbrauch sowie den Verbrauch von Betriebsmitteln und Büromaterialien. Standortübergreifende Umwelteinwirkungen resultieren aus den Dienstreisen der Mitarbeiter. Diese bestehen im Ressourcenverbrauch und in der

VICTORIA

„VICTORIANER HELFEN E.V." CENTS LINDERN KINDERLEID

victorianer helfen

Die Hilfe für notleidende Kinder steht im Fokus der Aktionen von „victorianer helfen". Bei der Gründung des Vereins im Jahr 1990 war die Zielsetzung zunächst eine andere: Nach Öffnung der Mauer sollte den Menschen in den neuen Bundesländern wirksam und unbürokratisch geholfen werden. Rund 4.000 Mitarbeiter des Außen- und Innendienstes der VICTORIA spenden seither monatlich die Centbeträge ihrer Gehalts- bzw. Provisionsabrechnung und zusätzlich bis zu 1,50 Euro für den Verein. Die Geschäftsleitung erhöht diesen Beitrag noch einmal um die Hälfte. Unter dem Motto „Hilfe zur Selbsthilfe" folgten zahlreiche Projekte im In- und Ausland. Besondere Unterstützung kommt landminengeschädigten Kindern zu. Gemeinsam mit dem Evangelischen Krankenhaus Düsseldorf, dem Friedensdorf International Oberhausen und dem Hammer Forum werden kriegsgeschädigte Kinder aus vielen Nationen aufgenommen und deren medizinische Versorgung sichergestellt. Nach erfolgter Genesung kehren die Kinder in ihre Heimat zurück. Darüber hinaus unterstützt der Verein zahlreiche Projekte wie Kinderarche Sachsen, Internationaler Hilfsfonds, Kindernothilfe, Deutsche Knochenmarkspenderdatei, AWO „Kinder in Armut" etc. Anfang dieses Jahres spendeten die Mitarbeiter spontan 150.000 Euro für die Flutopfer der Tsunami-Katastrophe. Die Gesellschaft verdoppelte diesen Betrag, so dass insgesamt 300.000 Euro dem guten Zweck zugeführt werden konnten.

Das Umweltengagement der VICTORIA Versicherungs-Gesellschaften wurde wie das Engagement für Beruf und Familie ausgezeichnet

Emission von Luftschadstoffen durch die in Anspruch genommenen Verkehrsmittel. Bereits seit Mitte der 90er-Jahre werden kontinuierlich Daten zu den wesentlichen direkten Umweltauswirkungen erfasst, um eine aussagekräftige Basis für Umweltkennzahlen zu erhalten. So konnte beispielsweise am Standort Düsseldorf durch den Einsatz innovativer Gebäudetechnologie und konsequenten Energiemanagements der Stromverbrauch 2003 gegenüber 1997 um 30 % und der Heizwärmebedarf im gleichen Zeitraum um über 40 % gesenkt werden.

Produktökologie im Versicherungsgeschäft bedeutet, die vorhandenen Wechselwirkungen zwischen dem wirtschaftlichen Handeln, der Gestaltung von Versicherungsverträgen und -bedingungen und den Umweltauswirkungen bei den Versicherungsnehmern zu berücksichtigen. Dazu zählt Beratung des Kunden zu Möglichkeiten der Schadenvorsorge, Berücksichtigung von Schadenpräventionsmaßnahmen bei der Bedingungsgestaltung sowie deren konsequente Umsetzung. Wesentlich – jedoch nicht unbedingt selbstverständlich – ist die grundsätzliche Bereitschaft zur Zeichnung von Risiken, die mit der Entwicklung und dem Einsatz innovativer, umweltfreundlicher Technologien verbunden sind. Diese Möglichkeiten der Produktökologie werden insbesondere bei der Erstellung individueller Versicherungsverträge im Gewerbe- und Industriegeschäft, aber auch bei der Ausgestaltung von Standardverträgen im Privatkundengeschäft genutzt.

Auch bei der Anlage in Wertpapieren spielen bei der VICTORIA nachhaltige Aspekte eine Rolle, indem neben den rein erfolgsorientierten Anforderungen ethische, soziale und ökologische Belange berücksichtigt werden. Hier erfolgt eine Orientierung an den Nachhaltigkeitsindizes „Dow Jones Sustainability World Group Index" und „FTSE4Good", welche Großunternehmen beinhalten, die im Bezug auf ihre ökologischen, sozialen und ökonomischen Leistungen in ihrer jeweiligen Branche führend sind.

Mehrfach wurde das konsequente Umweltengagement der VICTORIA ausgezeichnet, zuletzt im Juni 2002 mit dem von der Europäischen Kommission vergebenen „1. EMAS-Award". Dieser würdigt die beispielhafte Umsetzung der EG-Umwelt-Audit-Verordnung (EMAS) durch die VICTORIA. Im Rahmen des „Deutschen Umwelt Reporting Award" (DURA) erzielte die „Umwelterklärung 2000" den ersten Platz in der Kategorie „Beste Umwelterklärung".

Dass sich Nachhaltigkeit auch auf den Umgang mit und die Betreuung von Mitarbeitern bezieht, stellt die VICTORIA mit ihrer Auszeichnung durch das Grundzertifikat zum Audit „Beruf & Familie" der Gemeinnützigen Hertie-Stiftung eindrucksvoll unter Beweis. Praktische Maßnahmen wie die Einrichtung von Teilzeit-

Die schon wie ein Kunstwerk anmutende Dachbegrünung des Hauptverwaltungsgebäudes ist Teil des konsequenten Umweltengagements der VICTORIA Versicherungen

und Telearbeitsplätzen, Beratungsstunden für Eltern oder die Reservierung von Plätzen im nahe gelegenen Kindergarten gehen über die Umsetzung festgeschriebener Modelle weit hinaus. Ein ähnliches Interesse an dem Wohlergehen ihrer Mitarbeiter lässt die VICTORIA auch in ihrem kulturellen Engagement erkennen. Kunst wird hier als Gestaltung der Arbeitswelt verstanden und so ist z.B. eine Ausstellung von Werken des Künstlers Gerhard Richter in die Düsseldorfer Hauptverwaltung integriert worden, um seine Kunst für jeden Victorianer erlebbar zu machen.

Und schließlich zeigt man auch für Fußballfreunde ein großes Herz: die VICTORIA unterstützt als Hauptsponsor den FC Schalke 04, bietet z.B. Schülern und Studenten Praktika bei dem Kult-Verein an. Hier können die jungen Leute erste Erfahrungen in der Presse- bzw. Marketingabteilung des Fußball-Bundesligisten sammeln.

AUF EINEN BLICK:

GESELLSCHAFT

- Seit Mitte 2001 Hauptsponsor des Fußball-Bundesligisten FC Schalke 04
- Integration von zeitgenössischer Kunst in die Düsseldorfer Hauptverwaltung

MITARBEITER

- Reservierte Kindergartenplätze für Mitarbeiter
- Möglichkeit, Ferienfreizeiten zu besonderen Konditionen zu buchen
- Programm „Projob" mit familienfreundlichen Arbeitszeitangeboten
- Förderung von Frauen durch Croos-Mentoring-Angebote
- Sozial-Kompetenztraining für Auszubildende

UMWELT

- Seit 1997 regelmäßige Umweltberichterstattung
- Validiert nach EMAS und zertifiziert nach ISO 14001
- Niedrigenergie-Hochaus am Düsseldorfer Victoriaplatz
- Umstellung auf Recyclingpapier in fast allen Arbeitsbereichen
- Umfangreiche Begrünung der Düsseldorfer Hauptverwaltung
- Job-Ticket für Mitarbeiter

PROJEKTE, KOOPERATIONEN, MITGLIEDSCHAFTEN

- Kooperation mit der AWO Düsseldorf
- Teilnahme an der Wanderausstellung 2005 zur Völkerverständigung und Toleranz

PREISE & AUSZEICHNUNGEN

- Auszeichnung des Umweltmanagements durch die Europäische Kommission 2002
- Auszeichnung der Umwelterklärung 2000 mit dem Deutschen Umwelt-Reporting Award der Wirtschaftsprüfer-Kammer
- Auszeichnung mit dem Grundzertifikat zum Audit „Beruf und Familie" der gemeinnützigen Hertie-Stiftung

INFORMATION

VICTORIA Versicherungs-Gesellschaften
Victoriaplatz 1
40198 Düsseldorf
Fon 01 80 / 3 12 34 55
www.victoria.de

VODAFONE

Unternehmerische Sozialverantwortung – oder Corporate Responsibility (CR) – ist ein wichtiges Thema für Vodafone, das wir auf nationaler und internationaler Ebene engagiert mit Leben füllen. Engagement für unsere Kunden, unsere Mitbürger und die Welt, in der wir leben. Vodafone hat seine bisherigen gesellschaftlichen Aktivitäten in 2004 hin zu einer umfassenden Corporate Responsibility Strategie entwickelt. Transparenz und Dialog mit unseren Stakeholdern, größtmöglicher gesellschaftlicher Nutzen unserer Geschäftstätigkeit bei gleichzeitiger Ressourcenschonung sind unsere klar definierten Ziele.

Fritz Joussen, CEO Vodafone

Einst erkundigte man sich zuerst nach dem Befinden des Gesprächspartners, wenn er den Telefonhörer abnahm. Das altvertraute „Wie geht's" ist heute von der Frage „Wo bist du?" abgelöst worden. Hinter diesem Wandel steckt eine tief greifende Veränderung der Kommunikation, zu der auch die weltweit operierende Vodafone Group und ihre deutsche Tochter, Vodafone, maßgeblich beigetragen haben. Mobile Kommunikation ist aus dem Alltag nicht mehr wegzudenken. Allein Vodafone zählt in Deutschland mehr als 27 Millionen Handy-Nutzer zu ihren Kunden. Das Unternehmen mit Hauptsitz in Düsseldorf, das über acht Niederlassungen und etwa 200 Filialen in ganz Deutschland verfügt, beschäftigt 9.300 Mitarbeiter. Im Geschäftsjahr 2004/05 konnte der Konzern einen Umsatz von 8,3 Mrd. Euro ausweisen.

Die weite Verbreitung von Mobiltelefonen hat nicht nur Auswirkungen auf die zwischenmenschliche Kommunikation. Auch die Umwelt ist betroffen, neben neuen Geräten sind noch viele Alt-Handys im Umlauf. Schätzungen beziffern die Zahl der Handys in Deutschland auf rund 130 Millionen. Alte und defekte Geräte stellen für die Umwelt eine nicht zu unterschätzende Belastung dar, denn in den Akkus sind schwer abbaubare Stoffe enthalten. Vodafone ist es deshalb ein wichtiges Anliegen, die Alt-Handys einzusammeln und sie wieder zu verwerten oder umweltgerecht zu entsorgen. Vor zwei Jahren hat der Konzern als erster deutscher Netzbetreiber einen Recycling-Service für ausgediente Mobiltelefone eingeführt. Zudem spendet das Unternehmen für jedes eingesammelte Handy fünf Euro. Insgesamt ist bislang ein Betrag von rund 600.000 Euro zusammengekommen, mit dem 20 gemeinnützige Organisationen wie die Lebenshilfe und die SOS Kinderdörfer am Niederrhein und im Sauerland unterstützt werden. Ein gelungenes Beispiel, wie sich Verantwortung für die Umwelt auch in der sozialen Leistungsbilanz niederschlagen kann.

Der Konzern stellt sich seiner unternehmerischen Verantwortung, indem er sich mit den Erwartungen und Bedürfnissen seiner Stakeholder auseinander setzt. Das ist auch in der Strategie des Unternehmens verankert. Die CR-Aktivitäten von Vodafone werden der Öffentlichkeit seit 2004 in einem jährlich erscheinenden CR-Report vorgestellt und damit für jeden überprüf- und nachvollziehbar gemacht. Damit setzt das Unternehmen seinen

DAS BUDDY-PROJEKT

Einen guten Kumpel nennen die Amerikaner umgangssprachlich „Buddy". Diese Bezeichnung verhalf einer Schulinitiative, die 1999 gegründet wurde, zu ihrem Namen: das „Buddy-Projekt". Ziel: das Miteinander von Schülern fördern und soziale Verantwortung steigern. Der Schwerpunkt liegt auf der so genannten „Peer-Group-Education", einem pädagogischen Konzept, das die gleichaltrige Gruppe zur Förderung sozialer Kompetenzen nutzt. Buddys im Sinne des Projektes sind daher Jugendliche, die sich um ihre Mitschüler kümmern. Sie hören zu, unterstützen beim Lernen, schlichten Streit – kurz: Sie verhalten sich wie ein richtig guter Kumpel. Seit über sechs Jahren läuft das Projekt bundesweit und hat nachweislich zur Verbesserung der Schulkultur geführt. Etwa 180.000 Kinder und 14.000 Pädagogen wurden über 280 Projekte erreicht. Schließlich wurde aus dem Projekt der Verein. Der im April 2005 gegründete Buddy e.V. hat sich zum Ziel gesetzt, bis 2010 zum bedeutendsten Programm für Soziales Lernen in Deutschland zu werden. Dazu bietet die Vodafone Stiftung über den Verein kostenlos Buddy-Trainings für Multiplikatoren wie Pädagogen, Sozialarbeiter und Fachexperten an. Darüber hinaus wurden bereits über 2.500 Medienpakete, bestehend aus Lehrerhandbuch, Trainings- und Themenheften, Jugendmagazin und Video bestellt. (www.vodafone-stiftung.de)

Vodafone nutzt verschiedene Medien und Publikationsformen, um über seine Aktivitäten zu informieren

eigenen Anspruch nach „Transparenz und Dialog mit den Stakeholdern" um.

Das unternehmerische Engagement von Vodafone lässt sich in zwei Gruppen einteilen. Zur ersten Gruppe der CR-Aktivitäten zählen alle Maßnahmen, die eng mit dem Thema „Mobilfunk" verbunden sind. Hier liegen dem Konzern neben den ökologischen Auswirkungen zwei weitere Aspekte am Herzen, die mit der enorm gestiegenen Bedeutung des mobilen Telefonierens zusammenhängen. Als Netzbetreiber will Vodafone umfassend über die elektromagnetischen Felder informieren, die bei der Verwendung von Mobiltelefonen entstehen. Elektromagnetische Felder sind das Transportmedium für alle drahtlos übertragenen Informationen. Die Energie der Felder kann auch vom menschlichen Körper aufgenommen und in Wärme umgewandelt werden. Manche Nutzer von Mobiltelefonen fürchten zudem, dass auch nicht-thermische Wirkungen auftreten könnten, durch die eventuell eine Gefährdung der Gesundheit entsteht. Solche Effekte konnten zwar bislang nicht nachgewiesen werden, gleichwohl ist weitere Forschung nötig. Hier setzt das Engagement von Vodafone ein: Unabhängige Forschungsprojekte zur Wirkung der elektromagnetischen Felder werden regelmäßig von Vodafone gefördert, so z.B. über die Forschungsgemeinschaft Funk e.V. oder das Deutsche Mobilfunk Forschungsprogramm. Die Kommunikation zu den Auswirkungen elektromagnetischer Felder ist auch Bestandteil der 2005 begonnenen Kooperation mit dem NABU (Naturschutzbund Deutschland), gemeinsam werden neue Wege zur Gesundheits- und Umweltkommunikation erarbeitet.

Darüber hinaus bietet Vodafone dem NABU die Möglichkeit, seine Themen und Informationen über das Vodafone Live Portal mobil an die 27 Mio. Kunden von Vodafone zu kommunizieren.

Ein weiteres Handlungsfeld auf der CR-Agenda von Vodafone ist der Jugendschutz. Für die junge Generation sind Handys nahezu unverzichtbar. Welche Kosten mit dem mobilen Telefonieren verbunden sind, ist dagegen nicht jedem Jugendlichen bewusst. Vodafone-Kunden, die ihre Kinder vor teuren Handy-Rechnungen bewahren möchten, bietet das Unternehmen zur transparenten Kostenkontrolle die „CallYa-JuniorKarte" an. Auf diese Karte können die Eltern monatlich einen bestimmten Betrag buchen lassen, der den Kindern zum Telefonieren zur Verfügung steht. Außerdem können mit der JuniorKarte kostenpflichtige Sonder- und Servicenummern gesperrt werden.

Eine zweite zentrale Säule der CR-Aktivitäten bildet die Vodafone Stiftung Deutschland. Die Anfang 2003 gegründete Fördereinrichtung

Vodafone beteiligt sich aktiv an mehreren Forschungsprojekten, die mögliche Auswirkungen des mobilen Telefonierens auf Mensch und Umwelt untersuchen

agiert unter dem Motto „Erkennen. Fördern. Bewegen". Ziel ist, Lebensqualität zu verbessern, soziale Prozesse in Gang zu setzen und auch bei Katastrophen zu helfen. Deshalb beteiligt sich die Stiftung mit fünf Mio. Euro am Wiederaufbau der Herzogin Anna Amalia Bibliothek in Weimar, die zum Weltkulturerbe der Unesco gehört. Neben Kunst und Kultur konzentriert sich das Engagement auf die Bereiche Bildung sowie Sozial- und Gesundheitswesen. Insbesondere werden Projekte gefördert, die Kindern und Jugendlichen zugute kommen. So unterstützt die Vodafone Stiftung zahlreiche gemeinnützige Vereine wie den Buddy e.V. (Soziale Kompetenz bei Schülern), den OFF-ROAD-KIDS e.V. (überregionale Hilfe für Straßenkinder) sowie den CHILDREN FOR A BETTER WORLD e.V. (Unterstützung hilfsbedürftiger Kinder und Jugendlicher). Der Schwerpunkt, kranke Kinder und Kinder in Not sinnvoll zu betreuen, entspringt übrigens dem Wunsch der Vodafone-Mitarbeiter – ein Zeichen für engagiert gelebte Unternehmenskultur.

AUF EINEN BLICK:

GESELLSCHAFT

- Soziale Unterstützung von Kindern in Not
- Regelmäßige Spenden an gemeinnützige Organisationen
- Versch. Kunst- und Kultur-Förderprogramme

MITARBEITER

- Betriebliche Gesundheitsförderung/Gesundheitssportzentrum
- Programme zur Integration behinderter Mitarbeiter
- Jährliche Mitarbeiterumfrage, seit 2003 international

UMWELT

- Handy-Recycling: sammeln, wiederverwerten und entsorgen alter Geräte
- Energieeffiziente Sende- und Klimaanlagen
- Selbstverpflichtungserklärung zum Monitoring elektromagnetischer Felder
- Kooperation mit NABU e.V.

INITIATIVEN, PROJEKTE, STIFTUNGEN

- Buddy-Projekt
- Vodafone-Stiftung Deutschland gGmbH
- Vodafone-Stiftung für Forschung
- Zusammenarbeit mit Kindernetzwerk e.V., OFF-ROAD-Kids e.V.
- Vodafone-Stiftungslehrstuhl „Mobile Nachrichtensysteme" und Förderpreis

MITGLIEDSCHAFTEN

- Informationszentrum Mobilfunk e.V.
- Forschungsgemeinschaft Funk e.V.

SONSTIGES

- Jugendschutz: CallYa Juniorkarte zum kontrollierten Telefonieren
- Jährliche Berichterstattung in CR-Reports
- Hauptsponsor Jazz Rally in Düsseldorf
- Unterstützung Stiftung Weimarer Klassik
- Förderung des Deutschen Mobilfunk Forschungsprogramms

INFORMATION

Vodafone
Am Seestern 1
40547 Düsseldorf
Maximilian Schöberl
Direktor Unternehmenskommunikation und Politik
Fon 02 11 / 5 33 - 35 25
www.vodafone.com

VOLKSBANKEN & RAIFFEISENBANKEN

Das Selbstverständnis der Volksbanken und Raiffeisenbanken beruht seit ihren Anfängen in der Mitte des 19. Jahrhunderts auf den genossenschaftlichen Prinzipien der Selbsthilfe, Selbstverantwortung und Selbstverwaltung. Deshalb setzen wir uns für eine Gesellschaft aktiver Bürger und verantwortlich handelnder Unternehmen ein. Die regionale Verankerung spielt dabei eine besondere Rolle: Vor Ort investieren wir, hier schaffen wir Arbeits- und Ausbildungsplätze und sind für gute Lebens- und Arbeitsbedingungen mitverantwortlich. Engagement heißt für uns, die Zukunft mitzugestalten – gerade angesichts aktueller gesellschaftlicher Herausforderungen: Der Wohlfahrtsstaat ist nicht nur immer weniger finanzierbar, er entspricht auch in vielem den Lebensumständen heutiger Generationen nicht mehr. Als genossenschaftliche Bankengruppe verstehen wir gesellschaftliches Engagement als gemeinschaftliche Aufgabe.

Dr. Christopher Pleister, Präsident des Bundesverbandes der Deutschen Volksbanken und Raiffeisenbanken (BVR)

Wer sich zum Erreichen gemeinsamer Ziele mit anderen zusammenschließt, der dient dem Wohl der Gemeinschaft und zugleich dem eigenen. Diesem Leitgedanken sind Volksbanken und Raiffeisenbanken aus Prinzip verpflichtet. Als Genossenschaftsbanken basieren sie auf dem Prinzip der solidarischen Selbsthilfe.

Die rund 1.300 Volksbanken und Raiffeisenbanken sind mit knapp 15.000 Bankstellen in Deutschland flächendeckend vertreten. Zusammen mit Spezialinstituten wie der Bausparkasse Schwäbisch Hall AG, der R+V Versicherung und der Union Investment Gruppe bilden Volksbanken und Raiffeisenbanken den genossenschaftlichen FinanzVerbund. Nach dem Prinzip „Wir machen den Weg frei" stellen sie rund 30 Millionen Kunden die gesamte Bandbreite der Finanzdienstleistungen aus einer Hand zur Verfügung – verbunden mit einer umfassenden, individuellen Beratung.

Zum Selbstverständnis der Volksbanken und Raiffeisenbanken gehört es, für eine aktive Bürgergesellschaft einzutreten und das Engagement des Einzelnen für das Gemeinwohl zu fördern. Denn in diesem Gedanken hat die genossenschaftliche Idee ihren Ursprung. Sie geht auf die Mitte des 19. Jahrhunderts zurück, als Bauern, Händler und Handwerker sich mit der zunehmenden Industrialisierung konfrontiert sahen. Um die wirtschaftliche Selbstständigkeit des Mittelstandes zu erhalten, entwickelten

Hermann Schulze-Delitzsch und Friedrich Wilhelm Raiffeisen fast gleichzeitig, jedoch unabhängig voneinander, die genossenschaftliche Unternehmensidee: Nach dem Prinzip der Selbsthilfe durch freiwillige Kooperation nahmen die Betroffenen ihr Schicksal selbst in die Hand. So entstanden in Delitzsch in Sachsen und im Westerwald die ersten Genossenschaften. Mit den „Vorschussvereinen" war wenig später die Idee der Kreditgenossenschaft verwirklicht – und ist bis heute erfolgreich: Mit 15,5 Millionen Mitgliedern, die zugleich Miteigentümer, Träger und Kunden ihrer Genossenschaftsbank sind, sind Volksbanken und Raiffeisenbanken eine tragende Säule der deutschen Kreditwirtschaft. Die genossenschaftlichen Prinzipien der Selbsthilfe, Selbstverantwortung und Selbstverwaltung bestimmen auch das Verständnis der Bankengruppe als Corporate Citizen. Volksbanken und Raiffeisenbanken fühlen sich einem auf lange Sicht angelegten Engagement in den Regionen, in denen sie verwurzelt sind, verpflichtet.

„AKTIVE BÜRGERSCHAFT" KOMPETENZZENTRUM FÜR BÜRGERENGAGEMENT

Aktive
Bürgerschaft e. V.

„Gemeinsam mehr erreichen" lautet das Motto der Aktiven Bürgerschaft: Seit 1997 setzt sich das Kompetenzzentrum für Bürgerengagement der Volksbanken und Raiffeisenbanken im genossenschaftlichen FinanzVerbund für bürgerschaftliche Selbstorganisation im Sinne der genossenschaftlichen Grundwerte ein. Im Mittelpunkt steht dabei das zeitgemäße Engagementkonzept der Bürgerstiftung: Bürger, Unternehmen und andere Organisationen bauen mit ihrem privaten Kapital gemeinsam eine solche Stiftung auf, um vor Ort kulturelle, soziale und andere gemeinnützige Anliegen auf lange Sicht zu fördern. Im Rahmen der „Kampagne Bürgerstiftungen" begleitet die Aktive Bürgerschaft Genossenschaftsbanken in ihrem gesellschaftlichen Engagement deutschlandweit: Gut drei Viertel der Bürgerstiftungen werden hierzulande von ihrer örtlichen Volksbank Raiffeisenbank unterstützt oder wurden von ihr gegründet. Mit dem Corporate Citizenship-Preis „Freiheit und Verantwortung" wurde die Volksbank Hellweg eG (Soest) 2004 stellvertretend für alle Genossenschaftsbanken ausgezeichnet, die sich für Bürgerstiftungen engagieren. Für die Aktive Bürgerschaft erhielt der Bundesverband der Deutschen Volksbanken und Raiffeisenbanken (BVR) den „Deutschen PR-Preis 2004" in Gold.

Mit langfristig angelegtem Engagement zeigen Volksbanken und Raiffeisenbanken Profil als Corporate Citizen

jugend creativ

Internationaler Jugendwettbewerb

STERNE DES SPORTS

Eine Vielzahl von Stiftungen und Bürgerstiftungen, Wettbewerben sowie Partnerschaften mit gemeinnützigen Organisationen auf verschiedenen Ebenen – von lokal bis international – und aus allen Bereichen – von Kultur, Bildung und Wissenschaft bis zu Engagement im sozialen Bereich und im Umweltschutz – machen das gesellschaftliche Engagement der Gruppe aus. Dabei beteiligen sich Volksbanken und Raiffeisenbanken an für die gesamte Bankengruppe speziell entwickelten Engagementkonzepten.

Dazu gehört mit „jugend creativ" einer der größten Jugendwettbewerbe der Welt. Seit 1970 rufen Volksbanken und Raiffeisenbanken Kinder und Jugendliche jedes Jahr dazu auf, Bilder, Collagen oder Filme zu aktuellen Themen zu entwerfen. „jugend creativ" will junge Europäer aktivieren, sich schöpferisch mit ihrer Umwelt auseinander zu setzen. Der kreative Wettbewerb ist ein Angebot, das die Phantasie der Teilnehmer fordert und zur Persönlichkeitsentfaltung beitragen will. Zugleich sind die Bilder, die hier entstehen, eine Einladung an Erwachsene, die Welt mit den Augen der Jugendlichen zu sehen. Über 100 Millionen solcher Denkanstöße hat „jugend creativ" seit seiner Gründung gegeben – und nichts von seiner Faszination verloren.

Mit „blueOrange" geben Volksbanken und Raiffeisenbanken, deren Farben bekanntlich Blau und Orange sind, ihrer langjährigen Kunst-Förderung einen neuen Anstrich. Der mit 77.000 Euro bestdotierte deutsche Kunstpreis, der 2004 erstmals verliehen wurde, ehrt im Zwei-Jahres-Rhythmus eine international herausragende Künstlerpersönlichkeit sowie einen wichtigen Nachwuchskünstler. So will „blueOrange" Gegenwartskunst auf höchstem Niveau fördern und einem großen Publikum nahe bringen. Gemeinsam mit der „Aktiven Bürgerschaft" engagieren sich Volksbanken und Raiffeisenbanken deutschlandweit für Bürgerstiftungen. Zusätzlich richtet sich ihr bundesweiter Wettbewerb „Förderpreis Aktive Bürgerschaft" an innovative Projekte, die Mitverantwortung und solidarische Selbsthilfe vor Ort in die Tat umsetzen. Die Aktive Bürgerschaft verschafft damit nachahmenswerten Projekten alljährlich eine große öffentliche Aufmerksamkeit.

Ein ähnliches Ziel verfolgt die Initiative „Sterne des Sports", die von Volksbanken und Raiffeisenbanken gemeinsam mit dem Deutschen Sportbund und dem Deutschen Städtetag ins Leben gerufen wurde. Dabei werden bundesweit Vereine einmal nicht für sportliche Leistungen, sondern für ihre sozialen Verdienste ausgezeichnet.

Volksbanken und Raiffeisenbanken engagieren sich nicht nur finanziell, sondern viele der 190.000 Mitarbeiterinnen und Mitarbeiter des

Ein VW Käfer ist der Protagonist der Raum-Klang-Installation „Ensayo I" des in Mexiko lebenden Künstlers Francis Alÿs. Anlässlich der Auszeichnung mit dem ersten „blueOrange" präsentierte der Preisträger das Werk 2004 in Berlin

FinanzVerbundes bringen sich mit Know-how, Zeit und Ideen ein. So übernehmen Bankangehörige in ihrer Freizeit ehrenamtliche Aufgaben, sind in Gremien von Vereinen und Bürgerstiftungen aktiv. In bundesweiten Spendenaktionen, wie zuletzt im Winter 2004/05 zugunsten der Tsunami-Opfer, schließen sich Unternehmen und Mitarbeiter, Mitglieder und Kunden des FinanzVerbundes zusammen.

Mit vielfältigen Aktivitäten, die 2004 erstmals in einem eigenen Corporate-Citizenship-Bericht umfassend dokumentiert wurden, machen Volksbanken und Raiffeisenbanken auch auf gesellschaftlichem Gebiet den Weg frei. Und zwar für eine aktive und partnerschaftlich verbundene Bürgergesellschaft.

AUF EINEN BLICK:

PRINZIPIEN

Genossenschaftliche Werte bilden den Kern des Engagements der Volksbanken und Raiffeisenbanken:

- Eigeninitiative
- Gesellschaftliche Mitverantwortung
- Bürgerschaftliche Selbstorganisation
- Engagement in der Region

GEMEINSAME INITIATIVEN

Volksbanken und Raiffeisenbanken beteiligen sich an für die gesamte Bankengruppe speziell entwickelten Engagementkonzepten. Diese sind sowohl bundesweit als auch regional und lokal verankert:

- Jugendwettbewerb „jugend creativ"
- Kunstpreis „blueOrange"
- „Aktive Bürgerschaft" – Kompetenzzentrum für Bürgerengagement
- „Sterne des Sports"

ENGAGEMENT VOR ORT

1.300 Volksbanken und Raiffeisenbanken sowie die Unternehmen des genossenschaftlichen FinanzVerbundes sind als Corporate Citizens aktiv, zum Beispiel mit:

- Stiftungen
- Bürgerstiftungen
- Partnerschaften mit gemeinnützigen Organisationen

INFORMATION

Bundesverband der Deutschen
Volksbanken und Raiffeisenbanken (BVR)
Kommunikation
Schellingstraße 4
10785 Berlin
Fon 0 30 / 20 21 - 13 01 / 02
Fax 0 30 / 20 21 - 19 05
presse@bvr.de
www.bvr.de

VOLKSWAGEN

Für Volkswagen ist Nachhaltigkeit Leitlinie seiner Politik und Element gelebter Unternehmenskultur. Erfolgreiches Nachhaltigkeitsmanagement erweist sich in der Fähigkeit, Wert und Ertrag des Unternehmens zu steigern und dabei zugleich gesellschaftlichen Nutzen zu stiften. Soziale und ökologische Verantwortung sind in diesem Verständnis keine Begrenzung unternehmerischer Freiheit, sondern Quelle von Kompetenz und Triebkraft innovativer Problemlösungen.

Für Volkswagen ist gesellschaftliche Verantwortung eine dauernde Herausforderung. Mit zahlreichen Projekten und Innovationen hat das Unternehmen gezeigt, wie sich sozial-ökologisches Engagement und wirtschaftlicher Erfolg verbinden lassen.

Volkswagen sieht sich an allen seinen Standorten als dialogorientierter Partner von Gesellschaft und Politik und engagiert sich in nationalen wie internationalen Allianzen für nachhaltige Entwicklung.

Dr. Bernd Pischetsrieder,
Vorstandsvorsitzender Volkswagen AG

Die aktive Gestaltung der Globalisierung hat sich in den letzten Jahren zu einer zentralen Aufgabe für Politik, Wirtschaft und Gesellschaft entwickelt. Die Volkswagen AG als einer der größten Automobilhersteller mit 47 Produktionsstandorten in aller Welt hat diese Herausforderung schon früh angenommen und in innovative Konzepte gesellschaftlich verantwortlicher Unternehmensführung übersetzt. Seit 2002 engagiert sich der Wolfsburger Mobilitätsdienstleister, der mit einer Belegschaft von mehr als 342.000 Mitarbeitern 88.963 Mrd. Euro Umsatz (2004) erwirtschaftet, im Global Compact, der Initiative des UN-Generalsekretärs Kofi Annan. Die hier verabschiedete Vision zur nachhaltigen Entwicklung versteht der Volkswagen-Konzern als Leitbild für sein tägliches Geschäft. Volkswagen macht Nachhaltigkeit an drei zentralen Gesichtspunkten fest. Erstens: Die Priorität für internationale Wettbewerbsfähigkeit auf der Grundlage einer langfristigen Balance des ökonomischen, ökologischen und sozialen Systems, die das Streben nach weitgehender Berücksichtigung unterschiedlicher Interessen beinhaltet. Zweitens: Die Verantwortung für das eigene Handeln und zwar regional, national und global. Drittens: Die transparente Kommunikation und faire Kooperation als Prinzipien einer nachhaltigen Entwicklung. Dazu zählt eine regelmäßige themenorientierte Berichterstattung ebenso wie die Zusammenarbeit mit lokalen Organisationen vor Ort: Die Fluthilfe von Volkswagen in Südostasien wird gemeinsam mit „terre des hommes" koordiniert, an der FH-Ingolstadt konnte im Oktober 2004 dank des Engagements von Audi das Institut für Angewandte Forschung eingeweiht werden, und im März 2005 startete das Pilotprojekt Krebsvorsorge, initiiert von Volkswagen, der Deutschen BKK und einem Netzwerk aus Kliniken und Fachärzten. Das ist nur ein schmaler Ausschnitt aus der Bandbreite unternehmerischen Engagements, das sich auf zahlreiche weitere Projekte und Kooperationen erstreckt.

Um die Stakeholder über seine Aktivitäten zu informieren, gibt Volkswagen u.a. seit 1999 einen Newsletter mit dem Titel political news heraus. Hier berichtet der Konzern in regelmäßigen Abständen über Entwicklungen, Projekte und Kooperationen. Dabei betrachtet man „das Konzept der Nachhaltigkeit nicht nur vor dem Hintergrund ethischer Erwartungen der Gesellschaft, sondern durch die Realisierung von Win-win-Situationen auch

AUTOVISION

wolfsburg AG

Keine Vision, sondern Tatsache: Heute ist Wolfsburg die wirtschaftlich dynamischste Stadt Deutschlands. Dabei sah es dort vor wenigen Jahren noch völlig anders aus. Die Automobilkrise Anfang der 90er-Jahre erschütterte Volkswagen und Wolfsburg und ließ 1997 die Arbeitslosigkeit auf über 17 % ansteigen. Dass sie im Jahr 2002 nur noch 8 % betrug, verdankt sich dem Projektteam der Stadt Wolfsburg und der Volkswagen AG. Mit Unterstützung von McKinsey wurde das Konzept AutoVision entwickelt. Um dessen Umsetzung zügig zu bewerkstelligen, gründete sich 1999 die Wolfsburg AG als Public-Private-Partnership von Stadt und Unternehmen mit dem Ziel, bis 2015 eine neue Wirtschaftslandschaft aufzubauen. Der Kern des Konzepts besteht in der räumlichen Konzentration und Vernetzung von Aktivitäten rund um wirtschaftliche Schwerpunkte. Verteilt auf vier Geschäftsbereiche werden die notwendigen Maßnahmen ergriffen: Förderung von Unternehmensgründungen auf dem InnovationsCampus, Stärkung des Mittelstands durch Ansiedlung von Lieferanten, die PersonalServiceAgentur als Arbeitsvermittlung sowie die ErlebnisWelt zur Steigerung der Lebensqualität am Standort Wolfsburg: eine Vision, die jetzt schon Wirklichkeit ist.

Pünktlich zu seinem Beitritt zum Global Compact hat Volkswagen eine Best-Practice-Broschüre herausgebracht

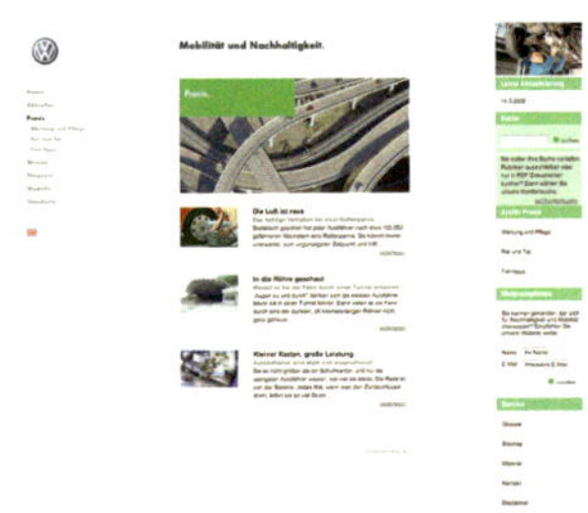

im Hinblick auf die Sicherung und Steigerung der eigenen globalen Wettbewerbsfähigkeit. Vorausschauender Umweltschutz, lebenslanger Wissenszuwachs und soziale Kompetenz unterstützen die Zukunftsfähigkeit des Unternehmens." Dass sich ein Konzern von der Größe und Bedeutung der Volkswagen AG dabei in einem Spektrum engagiert, welches von Kunst und Kultur über Familie, Kinder und Jugendliche bis hin zu Gesundheit und Sport reicht, ist nur folgerichtig. Ebenso wie die Tatsache, dass dem Unternehmen eine besondere Affinität zum Thema Mobilität innewohnt. Mit einem PKW-Weltmarktanteil von 11,5 % und über fünf Mio. an die Kunden ausgelieferten PKWs in 2004 ist man sich der spezifischen Verantwortung für Umwelt und Energieversorgung mehr als bewusst. So hat Volkswagen u. a. die Forderungen nach verbrauchsarmen und schadstoffreduzierten Autos weltweit als Erster in die Tat umgesetzt. Die Gestaltung der automobilen Zukunft, an der allein in Wolfsburg 560 Forscher zusammen mit 9.000 Entwicklern arbeiten, legt ihren Fokus zudem auf so wichtige Themen wie Unfallforschung und Verkehrssicherheit. So konzentriert sich die VW-Konzernforschung u.a. auf die permanente Weiterentwicklung von elektronisch gesteuerten Fahrerassistenzsystemen, die in Notsituationen sinnvoll in das Fahrgeschehen eingreifen.

Auch innerbetrieblich werden eine Vielzahl von Maßnahmen ergriffen, um dem eigenen hohen Anspruch gerecht zu werden. Neben der ständigen Weiterbildung seiner Mitarbeiter und einem organisierten Wissens- und Innovationstransfer, dem Welt-Konzernbetriebsrat und einer nachhaltigen Personalstrategie, die sich Frauenförderung, Familienorientierung (Work-Life-Balance), altersgerechte Arbeit und Angebote für leistungsgeminderte Beschäftigte auf die Fahnen geschrieben hat, ist auch die betriebliche Gesundheitsförderung hervorzuheben. Die Konzeption spezieller „Gesundheitsbausteine" schafft dabei eine klassische Win-win-Situation, indem der sichtbare Mehrwert auf Mitarbeiterseite mit einer Kostenreduktion auf Unternehmensseite einhergeht. Win-win ist auch das Stichwort für die unzähligen internationalen Projekte, für die die Wolfsburger verantwortlich zeichnen. Dabei gelten für VW Mexiko, VW do Brasil oder Volkswagen of South Africa die gleichen Parameter: In politisch und sozial instabilen Gesellschaften ist auch ökonomisch kein nachhaltiger Erfolg zu erzielen. Deshalb kommen Investitionen in Bildung, Gesundheit, Beschäftigung, Infrastruktur oder auch direkte humanitäre Hilfe stets beiden zugute – dem lokalen Umfeld, in dem sie wirken, wie dem Unternehmen, das sie tätigt. Gerade in Südafrika hat sich diese Strategie bewährt. Hier

„Willkommen, Wolf!" Eine Kampagne der Partner NABU und VW: Olaf Tschimpke, NABU-Präsident, Ilka Reinhardt, Wolfs-Expertin, Günter Sager, VW-Umweltplanung, Lutz Runge, NABU Sachsen (v.l.n.r.)

sorgt VW für Tausende von Jobs, hat schon sehr früh schwarze Gewerkschaften anerkannt und verschreibt sich heute insbesondere dem Kampf gegen HIV/AIDS. Als Partner der Ost-Kap-Region sieht sich das Unternehmen in der Verantwortung, hier zu helfen. Nicht zuletzt als Gegenleistung dafür, dass Volkswagen dank der Anstrengungen seiner Mitarbeiter zum größten Auto-Exporteur des afrikanischen Kontinents geworden ist. Abgerundet wird dieses Engagement durch die Mitgliedschaft in verschiedenen Nachhaltigkeits-Allianzen und -Netzwerken. Nicht umsonst bescheinigt eine Studie der unabhängigen Vermögensverwaltungsgesellschaft SAM der Volkswagen AG die beste Nachhaltigkeitsperformance der Automobilbranche.

AUF EINEN BLICK:

GESELLSCHAFT

- PPP-Projekt AutoVision, PPP-Projekte an lokalen Standorten
- AIDS-Care Brasilien, Südafrika (Kooperation GTZ, lokale Partner)
- Globales Straßenkinder-Projekt (Kooperation terres des hommes)
- Initiative für mehr Ausbildung

MITARBEITER

- Zeit-Wertpapier, Work-Life-Balance, vielfältige Arbeitsmodelle
- Projekt Work2Work (für leistungseingeschränkte Mitarbeiter)
- Diversity Management, Frauenförderung
- Ideenmanagement, Wissensstafetten, Wissensbörsen
- Sozialcharta mit globalen (Mindest-) Standards

UMWELT

- ISO/EMAS-Zertifizierungen von Konzernstandorten in aller Welt
- Umwelt- und Nachhaltigkeitsberichterstattung
- Innovatives Recycling nach dem VW-Sicon-Verfahren
- Brennstoffzellentechnologie

INITIATIVEN, STIFTUNGEN, PROJEKTE, KOOPERATIONEN

- VW-Community Trust, Südafrika, VW-Stiftung (Brasilien), VW-Fonds (Mexiko)
- Unfallforschung in China in Koop. Universität Shanghai
- Kooperationsvertrag Naturschutzbund Deutschland (NABU e.V.)
- Globale Kooperationen mit Schulen, Fachhochschulen, Universitäten
- Teilnahme Aktionsprogramm 2015 der Bundesregierung
- Jugendbegegnung und Gedenkstättenarbeit in Auschwitz
- Erinnerungsstätte Zwangsarbeit auf dem Gelände des Werkes Wolfsburg

MITGLIEDSCHAFTEN

- econsense – Forum Nachhaltigkeit der Deutschen Wirtschaft
- CSR Europe, Global Compact, IBLF International Business Leaders Forum
- WBCSD World Business Council for SutsainableDevelopement
- UNEP Mobility Forum, European Disability Forum

PREISE & AUSZEICHNUNGEN

- Deutscher Branchenleader SAM/Dow Jones Sustainability Index
- Top-Rating im Bereich „Soziales" Automobilsektor-Bewertung
- Platz 1 Automobilindustrie, bestes deutsches Unternehmen
- Umweltbericht 2002 „Beste Umweltberichterstattung" Autobranche
- Platz 1 Audi und VW im „Industry Report Automobile"

INFORMATION

Volkswagen AG
38436 Wolfsburg
Reinhold Kopp
Fon 0 53 61 / 9 - 7 86 22
Fax 0 53 61 / 9 - 2 06 54
reinhold.kopp@volkswagen.de
www.volkswagen.de

WELEDA

Es gehört zu unserem Selbstverständnis, dass wir in jeder Hinsicht nachhaltig arbeiten. Dazu gehört unser Engagement für die Vereinbarkeit von Familien- und Berufsarbeit, unser Einsatz für Fair Trade ebenso wie unser Einsatz für die Erhaltung unserer natürlichen Lebensgrundlagen. Dieser Einsatz wird öffentlich wahrgenommen und vielfach honoriert. Unsere Arbeit orientiert sich an den Bedürfnissen unserer Kunden. Deren großes Vertrauen ist uns Geschenk und Verpflichtung. Mit integrativem Wirtschaften wollen wir diesem Vertrauen nachhaltig gerecht werden.

Mathieu van den Hoogenband, Geschäftsführer der WELEDA AG

Ökologische Landwirtschaft, Corporate Social Reponsibility und sozialbewusstes Personal-Management beherzigt die WELEDA AG schon lange bevor diese Begriffe geprägt wurden. Seit der Gründung im Jahre 1921 hat sich die Aktiengesellschaft nach Schweizer Recht das Ziel gesetzt, die Gesundheit des Menschen zu erhalten, zu fördern und wieder herzustellen. Das Leitbild „Im Einklang mit Mensch und Natur" ist nicht nur visionär ausgerichtet, sondern seit Jahren gelebte Realität. Ihre ideellen Grundsätze berücksichtigt die weltweit tätige Unternehmensgruppe in der gesamten Wertschöpfungskette. An deren Ende stehen nach dem anthroposophischen Natur- und Menschenverständnis ausgerichtete, die Selbstheilung fördernde Arzneimittel und Körperpflegeprodukte. Sie sind mittlerweile fast auf der ganzen Welt erhältlich, denn die Hochwertigkeit der Produkte und die Nachhaltigkeit ihrer Herstellung hat sich auch in nicht-anthroposophischen Kreisen herumgesprochen.

Ökologisches Denken und Handeln sind integrale Bestandteile des Unternehmenskonzeptes von WELEDA. Im eigenen 16 Hektar großen, Demeter-zertifizierten Heilpflanzengarten werden heute mehr als 200 Pflanzenarten nach den Richtlinien des biologisch-dynamischen Anbaus bewirtschaftet. WELEDA verwendet – wenn immer möglich – reine Natursubstanzen aus Heil- und Duftpflanzen, die aus der weltweiten Produktion zertifizierter Anbaupartner stammen. Für Pflanzen, die nicht angebaut werden können, hat das Unternehmen Wildsammlungsprojekte gegründet. Bei allen Partnerschaften ist die Verantwortung gegenüber Mensch und Natur oberster Grundsatz. Beispielsweise für die Sammlung der Ratanhia-Wurzel aus Peru hat WELEDA in Zusammenarbeit mit der GTZ (Deutsche Gesellschaft für Technische Zusammenarbeit) ein Projekt zur nachhaltigen Wildernte der gefährdeten Andenpflanze ins Leben gerufen. Um die Bedürfnisse der Sammler zu berücksichtigen, werden Fair Trade-Richtlinien für die Wildsammlung erarbeitet. Für die Herstellung der Naturkosmetik ist der Verzicht auf Tierversuche ebenso selbstverständlich wie der auf gentechnisch veränderte Pflanzen.

Schon 1996 hat das Unternehmen ein Umweltmanagementsystem eingerichtet, das den Umweltschutz auch organisatorisch im Betrieb verankert. WELEDA setzt die Vision der Nachhaltigkeit im unternehmerischen Handeln Schritt für Schritt in die Realität um. Objektiv

NACHHALTIGE ROHSTOFFBESCHAFFUNG IN DER TÜRKEI

700 Tonnen Duftrosenblüten – so viel benötigt WELEDA jedes Jahr zur Herstellung ihrer erfolgreichen Wildrosen-Pflegeserie. Das ist mehr als ein Fünftel der gesamten Weltproduktion. In der Provinz Isparta im Südwesten der Türkei ist das Klima ideal für die Rosenzucht. Seit 2001 baut WELEDA dort Partnerschaften auf, hat die Rosenanbauer im biologisch-dynamischen Anbau geschult und begleitet sie nach wie vor intensiv vor Ort bei ihrer Arbeit. Bei der Umstellung der Region spielte der Rosenblüten-Verarbeiter Hüseyin Kinaci aus dem Dörfchen Senir eine wichtige Rolle. Er stellt in seiner Destille reines ätherisches Rosenöl zur Parfümierung von WELEDA Produkten her. Die Idee des biologischen Anbaus faszinierte ihn sofort, denn er sah sowohl Vorteile für die Umwelt als auch die Chance auf bessere Bedingungen für die Kleinbauern, die ihn mit Rosenblüten beliefern. Endlich bestand Aussicht auf Weiterbildung und einen höheren und gesicherten Lebensstandard. Denn WELEDA bietet stabile Handelsbeziehungen. Inzwischen haben rund 120 Anbauer ihre Duftrosen-Felder auf eine ökologische Wirtschaftsweise umgestellt, sodass WELEDA qualitativ hochwertige Rohstoffe aus Bio-Anbau beziehen kann – für den Duft der berühmten Damaszenerrosen.

Die Unternehmensgrundsätze Dialog und Transparenz spiegeln sich auch in der Unternehmenskommunikation wider

nachvollziehbare Messungen zeigen den Erfolg der Maßnahmen. „Transparenz" ist sowohl nach innen als auch außen Ziel des Unternehmens und gleichzeitig Titel der Unternehmensberichterstattung, die den Stand aller Aktivitäten dokumentiert.

Das gesamte Unternehmen wird seit 1997 nach der EU Öko-Audit-Verordnung (EMAS) zertifiziert. 1999 legte WELEDA die zweite Umwelterklärung mit einem Nachhaltigkeitsbericht vor. WELEDA Deutschland hat 2003 die dritte große Umweltbetriebsprüfung nach ISO 14001 und EMAS erfolgreich abgeschlossen, und den Nachhaltigkeitsbericht „Transparenz 3" veröffentlicht. Die Auditierung wird konsequent weitergeführt: So gibt das Unternehmen mit der Umwelterklärung 2005 diesen Herbst einen weiteren Einblick in ihr erfolgreiches, nachhaltiges Wirtschaften.

Wie erfolgreich WELEDA ist, zeigen zahlreiche Auszeichnungen und Preise, die das Unternehmen in den letzten Jahren entgegennehmen konnte. 2002 wurde Dr. Manfred Kohlhase, Bereichsleiter für Nachhaltigkeit und Umwelt, WELEDA international, vom Wirtschaftsmagazin Capital gemeinsam mit dem WWF zum „Ökomanager für den Mittelstand" gewählt. Die WELEDA Edelweiß-Sonnenmilch 15 erhielt 2004 von Bundeslandwirtschaftsministerin Renate Künast den Naturkosmetik Innovationspreis der BioFach, Weltleitmesse für Naturwaren.

Aber nicht nur der verantwortliche Umgang mit der Natur und ihren Rohstoffen steht im Fokus von WELEDA. Gemäß ihrem Leitbild versteht sich WELEDA auch als Unternehmen, in welchem die menschliche Entwicklung gefördert wird. Seit über 80 Jahren schon finden in monatlichen Abständen Werkstunden zu betrieblichen, gesellschaftlichen oder kulturrelevanten Themen für alle Mitarbeiter während der Arbeitszeit statt. Eine Stunde wöchentlich begegnen sich die Mitarbeiter – ebenfalls während der Arbeitszeit – bei der Eurythmie, Sprachgestaltung oder in einer Theatergruppe.

Darüber hinaus wird die Vereinbarkeit von Beruf und Familie im Unternehmen gezielt gefördert und unterstützt. Dazu gehören beispielsweise eine eigene Waldorf-Betriebskindertagesstätte und Elternseminare. Als Anerkennung für diese Maßnahmen hat Bundesfamilienministerin Renate Schmidt WELEDA 2003 als familienfreundliches Unternehmen ausgezeichnet. Das entsprechende Zertifikat beruht auf dem von der Hertie-Stiftung initiierten Audit „Beruf & Familie".

Das „WELEDA Generationen Netzwerk" ist ein weiterer Ansatz: Unter dem Motto „Dort helfen, wo man sich früher selbst Hilfe gewünscht hätte" wird ein soziales Netzwerk mit einem breiten Angebot an Dienstleistungen aufgebaut, die vom Einkaufsservice über Kinderbetreuung bis hin zur Freizeitgestaltung reichen.

Im firmeneigenen Kindergarten werden die Eckpfeiler der Waldorf-Pädagogik zur gezielten Förderung und Entwicklung der Kinder im Sozialen und in ihrer Umwelt umgesetzt

Hiervon profitieren alle Generationen gleichermaßen die Beschäftigten und ihre Kinder ebenso wie WELEDA Ruheständler. Die Bundesregierung hat WELEDA im Mai 2005 mit dem Innovationspreis für besonders zukunftsweisende, familienfreundliche Maßnahmen ausgezeichnet – eine passende Ergänzung zu dem 2004 und 2005 verliehenen Qualitätssiegel „Top Job", mit dem das stimmige Personalmanagementkonzept des Unternehmens ausgezeichnet wird.

WELEDA, das ist schon lange nicht nur der Name für hochwertige Produkte, sondern auch für Nachhaltigkeit und Verantwortung in ökonomischer, ökologischer und sozialer Hinsicht.

AUF EINEN BLICK:

GESELLSCHAFT

- Leitbild „Im Einklang mit Mensch und Natur"
- Anthroposophisches Natur- und Menschenverständnis
- Partnerschaftliches Wirtschaften, Aufbau von Partnerschaften in der Rohstoffbeschaffung, Unterstützung beim Aufbau einer biologisch-dynamischen Landwirtschaft in den Beschaffungsländern
- WELEDA Tage / WELEDA Nachrichten / WELDA KinderWelt

MITARBEITER

- Vierteljährlich ersch. Betriebszeitschrift von Mitarbeitern für Mitarbeiter
- Familienfreundlichkeit als personalpolitische Orientierung
- WELEDA Generationen-Netzwerk für Beschäftigte und deren Kinder sowie WELEDA Ruheständler, soziales Netzwerk (Dienstleistungen / Freizeit)
- Waldorf-Betriebskindertagesstätte / Werkstunden während der Arbeitszeit

UMWELT

- WELEDA Heilpflanzengarten mit Demeter-Anerkennung
- Strom aus erneuerbaren Energiequellen
- Aktives Mitglied im WWF-Arbeitskreis „Medizin und Artenschutz"
- Schilfkläranlage im WELEDA Heilpflanzengarten
- Umwelterklärung seit 1996 / Nachhaltigkeitsbericht seit 1999
- Zertifizierung d. ges. Unternehmens nach EMAS und ISO 14001 seit 1997
- Rohstoffe aus biologisch-dynamischem oder kontrolliert biologischem Anbau
- Kultivierungsprojekte von Wildpflanzen

PREISE & AUSZEICHNUNGEN

- Zertifikat „Beruf & Familie" der Hertie-Stiftung
- „Ökomanager für den Mittelstand": Bereichsleiter Nachhaltigkeit und Umwelt, WELEDA international (Capital / WWF 2002)
- Innovationspreis der Bundesregierung 2005
- Qualitätssiegel „Top Job" 2003 und 2004
- Innovationspreis der Bio-Fach 2004 für WELEDA-Edelweißsonnenmilch 15

MITGLIEDSCHAFTEN

- B.A.U.M. e.V. / Modell Hohenlohe
- Öko-Institut e.V. / AOEL, Assoziation ökologischer Lebensmittelhersteller
- IÖW, Institut für ökologische Wirtschaftsforschung

INFORMATION

WELEDA AG
Möhlerstraße 3-5
73525 Schwäbisch Gmünd
Theo Stepp
Fon 0 71 71 / 9 19 - 1 78
Fax 0 71 71 / 9 19 - 8 71 78
tstepp@weleda.de
www.weleda.de

WWK LEBENSVERSICHERUNG

Mehr als eine Million Menschen vertrauen heute –wenn es um ihre Sicherheit geht – der WWK. Es ist Zeit, für dieses entgegengebrachte Vertrauen „DANKE" zu sagen und etwas zurückzugeben. Und wie könnte man das besser tun als denen zu helfen, die unsere Unterstützung am notwendigsten brauchen. Als erfolgreiches Unternehmen sind wir uns unserer sozialen Verantwortung bewusst. Denn in einem Unternehmen, das sich mit Menschen beschäftigt, sollte nicht die reine Gewinnmaximierung, sondern immer der Mensch im Mittelpunkt des Handelns stehen. Das Engagement der WWK im sozialen Bereich hat eine lange Tradition. Und diese gute Tradition wollen wir weiterführen.

Dr. Reinhard Fuchs, Vorstandsvorsitzender
WWK Lebensversicherung a. G.

Die WWK-Versicherungsgruppe mit Stammsitz in München definiert sich als umfassender Finanzdienstleister, der am Markt in den Bereichen Lebensversicherung, betriebliche Altersvorsorge, Investment und Personen- und Sachversicherungen präsent ist. Die Kernkompetenzen der WWK Lebensversicherung liegen in der Absicherung biometrischer Risiken sowie im Angebot flexibler, investmentorientierter Vorsorgeprodukte. Im Mittelpunkt des Interesses steht der Privatkunde, was durch einen Kundenstamm von mehr als einer Million Versicherter ausdrücklich dokumentiert wird.

Die Geschichte des 1884 als Selbsthilfe-Einrichtung zur Versorgung von Beamtenwitwen und -waisen gegründeten Konzerns ist dabei immer von dem Bewusstsein geprägt gewesen, dass ökonomischer Erfolg mit sozialer Verantwortung einherzugehen hat: „In einem Unternehmen, das sich mit Menschen beschäftigt, sollte nicht die reine Gewinnmaximierung, sondern immer der Mensch im Mittelpunkt des Handelns stehen."

Der Aufnahme des Kraftfahrt-, Haftpflicht-, Unfall- und Sachversicherungsgeschäfts im Jahr 1961 folgte 1971 die Erweiterung des Portfolios um das Segment der fondsgebundenen Lebensversicherungen. In diesem Geschäftszweig zählte die WWK damals zu den Pionieren und ist auch heute noch einer der Marktführer.

Das Jahr 2001 bedeutete eine positive Zäsur für den Konzern, der sein Kerngeschäft mit der Gründung einer eigenen Kapitalanlagegesellschaft, der WWK Investment S.A., weiter ausbaute. Das neue Selbstverständnis als Allround-Finanzdienstleister erforderte dabei eine Anpassung der Kommunikationsstrategie, die sich in dem Claim „Werte Wachstum Kompetenz" manifestiert. Diese drei Begriffe dienen auch als Taktgeber der WWK-Unternehmensleitlinien. Der besondere Akzent liegt hier auf den Werten, die sich konzernintern wiederum in drei Schwerpunkte gliedern: Gegenseitigkeit, Mitarbeiter und kulturell-soziales Engagement. Die Gegenseitigkeit ist Ursprung der WWK und Erfolgsgarant zugleich. Die Rechtsform „Versicherungsverein auf Gegenseitigkeit" steht für so traditionelle Werte wie Unabhängigkeit, Stabilität, Kundenorientierung und Sicherheit.

Die Mitarbeiter werden von der WWK als das wertvollste Kapital des Unternehmens angesehen. Diese Einschätzung spiegelt sich sowohl in den überdurchschnittlichen Sozialleistungen

WWK-KINDERSTIFTUNG

Dr. Reinhard Fuchs, der Vorstandsvorsitzende der WWK, nahm seinen 60. Geburtstag zum Anlass, im Jahr 2004 die WWK Kinderstiftung zu gründen. Unter dem Motto „Helfen macht glücklich" hat es sich die gemeinnützige und mildtätige Stiftung zum Ziel gesetzt, in Not geratene Kinder und Jugendliche in Deutschland finanziell zu unterstützen. Die Hilfe wird dabei schnell und unbürokratisch geleistet. Dies geschieht oftmals in Form finanzieller Zuschüsse zu Transportmitteln, um eine behindertengerechte Beförderung zu ermöglichen. Für viele Krankheitsbilder bei Kindern ist die Delfin-Therapie eine vielversprechende Hilfsmöglichkeit. Hier konnte in bislang zwei Fällen konkrete Unterstützung geleistet werden. Die WWK Kinderstiftung engagiert sich besonders dafür, Herzenswünsche todkranker Kinder zu erfüllen. Auf der Wunschliste ganz oben steht dabei eine Reise ins Disneyland Paris, die schon einmal realisiert wurde und bald auch für ein zweites Kind möglich werden könnte.

Die WWK unterstützt regelmäßig
regionale Events und informiert
über aktuelle Aktionen

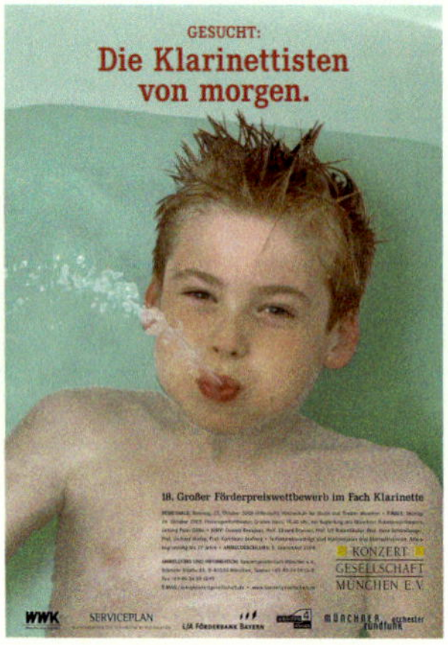

wider als auch den firmeninternen Fort- und Weiterbildungsangeboten. Deshalb hat die WWK begonnen, ihr Schulungszentrum in der Gemeinde Raubling, Landkreis Rosenheim, deutlich zu vergrößern. Der Vorstandsvorsitzende Dr. Reinhard Fuchs erläutert den Sinn der umfangreichen Investition folgendermaßen: „Die WWK legt traditionell hohen Wert auf die Aus- und Weiterbildung ihrer Mitarbeiter. Vor dem Hintergrund des Alterseinkünftegesetzes und der EU-Vermittlerrichtlinie ist die Bedeutung hervorragender Qualifikation nochmals erheblich gestiegen. Diesen Anforderungen tragen wir mit unserer Weiterbildungsoffensive Rechnung."

Und schließlich engagiert sich die WWK sozial und kulturell und leistet damit über ihre Geschäftstätigkeit hinaus einen gesellschaftlichen Beitrag. Die Förderung junger Nachwuchstalente auf dem Gebiet der Musik ist dabei von jeher ein besonderes Anliegen der Versicherungsgruppe. So ist die WWK Mitglied in der Konzertgesellschaft München e.V. und sponsert den ersten Preis und den Publikumspreis des Nachwuchsförderwettbewerbs, um den jungen Musikern so den Weg in das professionelle Geschäft ein wenig zu ebnen. Daneben soll die 2001 ins Leben gerufene Reihe WWK-6-Uhr-Konzerte jungen Künstlern eine weitere Gelegenheit geben, ihre Talente der Öffentlichkeit zu präsentieren. Zu diesen Konzerten sind nicht nur alle WWK-Mitarbeiter, sondern die gesamte Münchener Bevölkerung eingeladen. Die hohen Besucherzahlen sprechen für sich – und das Konzept der WWK. Für den im Jahr 1998 bezogenen Neubau hat die WWK ein Kunstkonzept erarbeitet, das der künstlerischen Gestaltung der Zentraldirektion Inhalt und Richtung geben sollte. Getragen wird das Konzept von der wechselseitigen Beziehung des einzelnen Menschen zu einer Gemeinschaft, einer Idee, die sich aus dem Grundgedanken des Versicherungsvereins auf Gegenseitigkeit ableiten und durch die Begriffe Individuum und Gemeinschaft definieren lässt. In der Auseinandersetzung mit den vor Ort installierten Objekten zeitgenössischer Künstler soll ein konstruktiv-kritischer Dialog zu diesem Thema im eigenen Unternehmen eingeleitet werden. Zugleich soll mit der Rückbesinnung auf den Versicherungsgedanken die Identität des Unternehmens gewahrt werden.

Nachhaltigkeit und Zukunftsfähigkeit sind auch die Stichworte, die dem Projekt Kindersterne zugrunde liegen. Der Eingangsbereich der WWK-Zentraldirektion wurde dazu genutzt, einen Beitrag zur künstlerischen Gestaltung der Stadt München zu leisten. Seit Ende 1998 ziehen vier kadmiumrote Stelen aus Stahl, die in vier leuchtende Sterne aus farbigem Glas münden, die Blicke auf sich. Die

Das Kunstkonzept in der WWK wird getragen
von den wechselseitigen Beziehungen
des einzelnen Menschen zu einer Gemeinschaft

klein und verloren scheinenden Sterne wirken zugleich kostbar und schützenswert und sollen die Würde der Kinder symbolisieren. Die Plastik des Düsseldorfer Künstlers Imi Knoebel trägt daher den Namen Kindersterne. Die Erlöse des gleichnamigen Vereins kommen zahlreichen Hilfsprogrammen im In- und Ausland zugute. Kindern in Osteuropa, die infolge der Reaktorkatastrophe von Tschernobyl noch Jahre später erkrankten, konnte dabei ebenso geholfen werden wie krebskranken Kindern in Deutschland. Die Gründung der WWK-Kinderstiftung im Jahr 2004 stellt eine strategische Fortsetzung des bisherigen Engagements auf diesem Gebiet dar und soll entsprechende Aktivitäten weiter vorantreiben und bündeln.

AUF EINEN BLICK:

GESELLSCHAFT

- Projekt Kindersterne
- WWK-6-Uhr Konzertreihe
- Unterstützung Wiederaufbau Kindergarten in Sachsen
- Musikförderung

MITARBEITER

- Eigenes Schulungszentrum für Aus- und Weiterbildung
- Zusätzliche Sozialleistungen

STIFTUNGEN

- WWK Kinderstiftung

INFORMATION

WWK Lebensversicherung a. G.
Marsstraße 37
80335 München
Fon 0 89 / 51 14 - 0
Fax 0 89 / 51 14 - 23 37
Ursula Schwarz
Presse- u. Öffentlichkeitsarbeit
Fon 0 89 / 51 14 - 25 64
Fax 0 89 / 51 14 - 26 98
ursula.schwarz@wwk.de
info@wwk.de
www.wwk.de

STIFTER & MÄZENE

Mit dem folgenden Kapitel tragen wir der Tatsache Rechnung, dass unternehmerisches Engagement zwei Seiten hat. Zum einen betrifft es die Unternehmen selbst. Im vorhergehenden Kapitel wurde gezeigt, wie sehr „Corporate Social Responsibility" abhängig ist von strategischen Erwägungen und Unternehmenszielen. Über die Frage, wie hier mit Kapital verfahren wird, entscheiden zahlreiche Instanzen. Schließlich hat jede Geschäftsleitung den Auftrag der Gesellschafter erhalten, investiertes Kapital zu mehren. Kurz: CSR interessiert sich nicht für privates Kapital.

Völlig frei aber im Umgang mit ihren Privatvermögen sind die Unternehmer und Gesellschafter. Unzählige Stifter & Mäzene in Deutschland beweisen, dass zu „Unternehmerischer Verantwortung" auch eben die Unternehmerpersönlichkeit gehört. Was auf diesem Gebiet aus privater und freiwilliger Initiative geschieht, ist ein fundamentaler Beitrag für ein gelungenes Gesellschaftsmodell. Anhand einiger ausgewählter Beispiele stellen wir im folgenden Menschen vor, die sich vorbildlich und aus persönlicher Überzeugung gemeinnützig engagieren.

DR. HELGA BREUNINGER

» Unsere Stiftungsarbeit wird beflügelt von Optimismus und Mut, Neues zu denken und zu tun. Jeder ist Teil des Ganzen, gibt Impulse und trägt zur Umsetzung kreativer Ideen bei. «

Dr. Helga Breuninger, Geschäftsführerin und Stifterin

„Unverwechselbar, mutig und unkonventionell" – so charakterisiert Helga Breuninger die Arbeit der Breuninger Stiftung, die sie nach dem Tode ihres Vaters 1980 zu ihrer Herzensangelegenheit und Lebensaufgabe gemacht hat. Die 1968 vom Familienunternehmer Heinz Breuninger zusammen mit seiner Tochter Helga gegründete Stiftung hat in ihrer primär geisteswissenschaftlichen Akzentuierung auf Nischen wie Universal- und Umweltgeschichte gesetzt – die in Deutschland kaum öffentlich gefördert werden – und zu interdisziplinärer Zusammenarbeit eingeladen. Helga Breuningers Urgroßvater Eduard Breuninger eröffnete 1881 sein erstes Geschäft in Stuttgart. Er begann mit nur drei Mitarbeitern, von denen einer ein Lehrling war. Die Idee, eine Firma zu gründen, die modern, großzügig und vor allen Dingen kundenorientiert und mitarbeiterfreundlich sein sollte, trug sehr bald Früchte und brachte dem Geschäft große Beliebtheit und einen hervorragenden Ruf ein. Mitte der 30er-Jahre beschäftigte Breuninger schon rund 2.000 Mitarbeiter, und das Haus Stuttgart war über Jahrzehnte das größte Einzelhandelsunternehmen auf dem europäischen Kontinent. So war Breuninger in den 50er-Jahren beispielsweise das erste Warenhaus mit Rolltreppen und Aufzügen. Sein Enkel Heinz musste nach dem Zweiten Weltkrieg das Unternehmen im Alter von nur 22 Jahren übernehmen. Diese Erfahrung hat den Unternehmer Heinz Breuninger geprägt. Früh schon hat er die Unternehmensnachfolge für die vierte Generation vorbereitet und geplant. Tragender Bestandteil seiner Nachfolgelösung war die Gründung einer Stiftung Ende der 60er-Jahre – der Breuninger Stiftung, die seit 1980 von der Volkswirtin und promovierten Psychologin Helga Breuninger eigenverantwortlich geleitet wird. Als private und unabhängige Institution sieht sich die Stiftung in der Verantwortung, Impulse für die Bewältigung von Herausforderungen unserer Zeit zu geben. Um die Leiterin versammelt sich ein kreatives und flexibles Team mit Visionären, Strategen und Machern, das neue Ideen nicht nur entwickelt, sondern in Zusammenarbeit mit zahlreichen Partnern auf lokaler und globaler Ebene modellhaft umsetzt. Hierbei wird großer Wert auf eine Kultur der Begegnung und des Austauschs gelegt. Auf Wasan Insel – einer kleinen Insel mitten in den Muskoka Lakes in Ontario/Kanada – finden seit einigen Jahren in den Sommermonaten internationale Konferenzen, Seminare und Begegnungen der Breuninger Stiftung mit ihren Kooperationspartnern statt.

„Unsere Stiftungsarbeit", so Helga Breuninger, „wird beflügelt von Optimismus und Mut, Neues zu denken und zu tun. Jeder ist Teil des Ganzen, gibt Impulse und trägt zur Umsetzung kreativer Ideen bei." Entsprechend dieses Mottos sollen die zahlreichen Aktivitäten der Breuninger-Stiftung dazu beitragen, ganzheitlich-systemisches Denken sowie Kooperation und Vielfalt als den echten Reichtum der Welt zu erkennen und zu fördern. Zielgruppen sind Multiplikatoren, Führungskräfte und die heranwachsende Generation, die in internationalen Projekten, Konferenzen und Veranstaltungsreihen erreicht werden sollen. Für die kommenden Jahre besteht das Ziel, im Bildungs- und Gesundheitsbereich zum Umdenken anzustiften und Neues auszuprobieren.

INFORMATION

Breuninger Stiftung GmbH
Breitscheidstraße 8
70174 Stuttgart
info@breuninger-Stiftung.de
www.breuninger-stiftung.de

ALEXANDER BROCHIER

» Elternlose, arme, kranke, behinderte und gewaltgeschädigte Kinder sind an ihrer Situation unschuldig. Deshalb will ich ihnen helfen. «

Alexander Brochier, Inhaber der A. Brochier Holding GmbH & Co. KG und Stiftungsgründer

„Elternlose, arme, kranke, behinderte und gewaltgeschädigte Kinder sind an ihrer Situation unschuldig. Deshalb will ich ihnen helfen" – so formuliert der fränkische Gebäudetechnikunternehmer Alexander Brochier seine Motivation für die 1992 von ihm ins Leben gerufene Brochier Kinderfonds Stiftung. Die Möglichkeit, Liebe zu erfahren, den Schutz einer Familie zu haben und eine Ausbildung absolvieren zu können, gehört zu den Grundvoraussetzungen eines erfüllten Lebens, die vielen Kindern und Jugendlichen nicht zugänglich sind. Hier setzt das Engagement Alexander Brochiers an: Zumindest einigen benachteiligten jungen Menschen soll die Erfüllung dieser Grundbedürfnisse ermöglicht werden.

Während die ersten Ansätze Brochiers zunächst noch auf die finanzielle Unterstützung diverser sozialer Projekte und der Aktivitäten des SOS-Vereins beschränkt sind, entwickelt der Leiter des Gebäudetechnikunternehmens schon bald das Bedürfnis, darüber hinausgehend selbst aktiv zu werden. Nicht zuletzt durch den Erfolg der Brochier-Gruppe sieht sich der Unternehmer zur Gründung einer eigenen Kinderstiftung verpflichtet. Mit einem Stiftungsvermögen von rund 2,3 Mio. Euro wird schließlich die Förderarbeit in drei wesentlichen Bereichen ermöglicht: Die Unterstützung von innovativen Drittprojekten, der Aufbau und die Entwicklung eigener Förderprojekte und das Betreiben eines eigenen Stiftungszentrums in München als Spezialisten für eine stetig wachsende Zahl von Treuhandstiftungen (derzeit 260). Für eine möglichst effiziente Stiftungsarbeit werden alle Verwaltungstätigkeiten wie z.B. Konzeptbearbeitung, Buchhaltung oder Spendenquittungsbearbeitung im Stiftungszentrum gebündelt und von hochkarätigen Mitarbeitern zum Teil ehrenamtlich geleistet oder von Alexander Brochier selbst getragen.

Neben der Unterstützung des Kinderschutzbundes Nürnberg und einem Nothilfefonds für den sozialen Brennpunkt Hasenbergl in München wird z.B. auch der Kauf eines Hauses für das Straßenkinderprojekt „Off Road Kids" in Donaueschingen aus den Mitteln der Stiftung ermöglicht. Zu den eigenen Projekten der Brochier Kinderfonds Stiftung gehören zwei integrative Kindergärten in Nürnberg, in denen mit innovativen Konzepten die vielfältigen Bedürfnisse von Kindern und Eltern berücksichtigt werden können. Ein weiteres erfolgreiches Projekt ist die ebenfalls in Nürnberg angesiedelte „Aktive Kinderwerkstatt". Mit einer Kombination aus Kindergarten, Krippe und Hort wird hier ein Ort geschaffen, in dem verhaltens- und bewegungsauffällige Kinder mit Hilfe von künstlerischen Grunderfahrungen zu mehr Selbstvertrauen, Kreativität und Bewegungspotenzial geführt werden. Im tschechischen Pribram befindet sich zur Zeit ein therapeutischer Bauernhof im Aufbau. Mit fachlicher Unterstützung der Tabaluga Kinder- und Jugendhilfe und nach dem Vorbild des Tabaluga Hofs in Peißenberg können hier zukünftig traumatisierte Kinder z.B. durch ausgebildete Reittherapeuten gefördert werden. Durch die erfolgreiche Arbeit der Stiftung ermutigt, versucht Alexander Brochier inzwischen, das Stiftungskonzept auch auf die Bereiche Umwelt und Bildung zu übertragen.

INFORMATION

Brochier Kinderfonds Stiftung
Sollner Straße 43
81479 München
brochier@kinderfonds.org
www.kinderfonds.org

PROF. DR. HUBERT BURDA

» In der vernetzten Welt von heute kann jeder seine spezielle Verantwortung für das bonum comune tragen. Das gilt im besonderen für die Medien. Sie können Aufmerksamkeit und Öffentlichkeit für gesellschaftlich und für die Zukunft wichtige Themen herstellen. «

Prof. Dr. Hubert Burda, Vorsitzender des Vorstands Hubert Burda Media und Vorsitzender des Stiftungsrats Hubert Burda Stiftung

Hubert Burda Media steht für starke Medienmarken und deren Vernetzung. Die Ursprünge des Unternehmens liegen mittlerweile über 100 Jahre zurück. In dieser Zeit entwickelt sich das Familienunternehmen mit Wurzeln im Druckgeschäft zu einem der größten Medienhäuser Deutschlands. Dr. Hubert Burda, Enkel des Unternehmensgründers und Sohn des erfolgreichen Verlegerehepaares Franz und Aenne Burda, tritt in den 60er-Jahren in das Unternehmen ein. Ende des Jahres 1986 übernimmt er das Stammgeschäft mit insgesamt 15 Zeitschriften und einer Druckerei. Es folgt der rasante Aufstieg des Unternehmens – Heute bilden über 270 Zeitschriften im In-und Ausland, zahlreiche Internet- und Radiobeteiligungen, TV-Produktion und Direktmarketing das Unternehmensportfolio.

Das gesellschaftspolitische Engagement Hubert Burdas ist seit Jahrzehnten gewachsen und spiegelt das im Familienunternehmen verwurzelte Verantwortungsbewusstsein wider. Aufgrund der vielfältigen Aktivitäten ist im Jahre 1999 eine Formgebung notwendig. Seither werden alle Aktivitäten der Hubert Burda Media, die sozialen, kulturellen oder wissenschaftlichen Zwecken gewidmet sind, unter dem Dach der Hubert Burda Stiftung gebündelt. Unter der Leitung von Dr. Christa Maar werden inzwischen insgesamt fünf Einzelstiftungen betreut.

Dazu gehört der 1999 aus dem traditionsreichen Petrarca-Preis hervorgegangene Hermann-Lenz-Preis. Mit der Verleihung des Preises durch eine hochkarätige Jury, den Förderpreisen der Hermann-Lenz-Stiftung und den Hubert Burda Stipendien für osteuropäische Lyriker werden herausragende schriftstellerische Leistungen ausgezeichnet und der Austausch zwischen jungen begabten Lyrikern gefördert.

Bereits 1994 gründet Hubert Burda die Burda Akademie zum Dritten Jahrtausend. Diese versteht sich als interdisziplinäres Forum. Hier tauschen sich renommierte Fachleute aus Kultur und Wissenschaft im Rahmen von Konferenzen, Workshops und Publikationen in der Schnittstelle zur Öffentlichkeit aus.

Nach dem tragischen Darmkrebstod von Felix Burda, dem gemeinsamen Sohn von Christa Maar und Hubert Burda, wird im Jahr 2001 die Felix Burda Stiftung ins Leben gerufen. Mit der Stiftung und dem in 2003 erstmals vergebenen Felix Burda Award sollen die Möglichkeiten der Krebsprävention durch breit angelegte Aufklärungskampagnen in das öffentliche Bewusstsein gerückt werden.

Die Vorlesungsreihe Iconic Turn geht 2002 aus der Kooperation der Akademie mit dem Humanwissenschaftlichen Zentrum der Ludwig-Maximilian-Universität zu München hervor. Mit der Vorlesungsreihe wird die interdisziplinäre Auseinandersetzung mit dem Thema Bild gefördert und die Kraft und Reichweite von Bildern für die Gesellschaft diskutiert.

Das 1999 von Hubert Burda gestiftete Center for Innovative Communications an der Ben Gurion University of the Negev in Beer-Sheva setzt auf den interkulturellen Austausch zwischen Wissenschaftlern, Politikern und Unternehmern und ist so Teil des Dialogs zwischen Israel und Deutschland.

INFORMATION

Hubert Burda Stiftung
Rosenkavalierplatz 10
81925 München
muellerb@burda.com
www.hubert-burda-stiftung.de

RUTH CORNELSEN

» In Zeiten politischer Reformexperimente und leerer Kassen bei Bund und Ländern ist private Initiative nötiger denn je! Mäzene, Stifter und auch Sponsoren sind aufgerufen, mitzuwirken, wo es Not tut. «

Ruth Cornelsen, Vorstand Franz Cornelsen Stiftung Geschäftsführerin der Cornelsen Verlagsholding

Die Familie Cornelsen und die Cornelsen Verlagsgruppe für Bildungsmedien gehören seit rund 60 Jahren zu den treibenden Motoren der deutschen Bildungslandschaft. Mit der Cornelsen Stiftung Lehren und Lernen, die 1978 vom Unternehmensgründer Franz Cornelsen ins Leben gerufen wird und der 1987 gegründeten Franz und Ruth Cornelsen Stiftung sorgen regelmäßig Auftragsstudien und Förderpreise für den nötigen Innovationsschub in der Verbesserung der Unterrichtsqualität und der Entwicklung von Lehr- und Lernmaterialien. Zu den Schwerpunkten der Förderung zählen neben den Bereichen Moderne Fremdsprachen, Computer und Umwelterziehung auch die Begabtenförderung, die Integration ausländischer Kinder und die Förderung von leistungsschwachen Schülern. Herausragende Forschungsprojekte der Cornelsen Stiftung Lehren und Lernen sind die so genannte Delphi-Studie, mit der die zukünftige Entwicklung von Unterrichtsmedien in Zusammenarbeit mit Erziehungswissenschaftlern untersucht wurde und die Ausschreibung des Cornelsen Förderpreises Zukunft Schule. Seit 1996 engagiert sich Ruth Cornelsen, mit der von ihr zum 50. Firmenjubiläum gegründeten Cornelsen Kulturstiftung im Bereich der Denkmalpflege. Den Schwerpunkt der Kulturstiftung bildet die Erhaltung und Wiederherstellung von Kulturschätzen in Berlin und Brandenburg. Die Ehefrau des Unternehmensgründers, die die Leitung der Verlagsgruppe nach seinem Tod übernimmt, entlässt dabei aber die öffentliche Hand ganz bewusst nicht aus ihrer Verantwortung. Der Förderetat der Cornelsen Kultur Stiftung in Höhe von jährlich 750.000 EUR ist vielmehr mit Auflagen verbunden, mit denen öffentliche Gelder in gleicher Höhe mobilisiert werden. Bei den von der Kulturstiftung geförderten Projekten handelt es sich durchgängig um Objekte, die in ihrer kunsthistorischen Bedeutung einzigartig sind.

Das barocke Kleinod Schloss Caputh, dessen Restaurierung mit rund 1,2 Mio. Euro aus der Cornelsen Kulturstiftung ermöglicht wurde und das heute Kunstwerke des 17. Jahrhunderts beherbergt, ist eines der herausragenden Beispiele für den Erfolg der Stiftungsarbeit. Auch die aus dem 18. Jahrhundert stammenden, kostbaren Papiertapeten aus Schloss Paretz und die 1869 von Prinz Carl von Preußen errichtete Loggia Alexandra sind nach den erfolgreich abgeschlossenen Restaurierungsarbeiten wieder für die Öffentlichkeit zugänglich. Das jüngste Förderprojekt, die originalgetreue Wiederherstellung von Albert Einsteins Sommerhaus in Caputh, hat international Aufmerksamkeit erregt. Ruth Cornelsen versteht ihr gesellschaftliches Engagement und das ihres verstorbenen Mannes ausdrücklich nicht als Sponsoring, sondern als modernes Mäzenatentum. Der Zweck der Stiftungsgründung ist vielmehr in einer über das eigene Leben hinausgehenden Förderarbeit zu sehen. Ruth Cornelsen ist mit ihrem Engagement für die kulturhistorischen Denkmäler in Berlin und Brandenburg nicht nur Stifterin, sondern auch Anstifterin, die auch in Zeiten zurückgehender Kultur- und Bildungsinvestitionen wichtige Anreize für die Bereitstellung öffentlicher Mittel setzt. Das Land Berlin honorierte ihr Wirken mit dem Verdienstorden des Landes, der Bundespräsident mit der Verleihung des Großen Bundesverdienstkreuzes.

INFORMATION

Cornelsen Verlagsholding
GmbH & Co.
Mecklenburgische Straße 53
14197 Berlin

Fon 0 30 / 8 97 85 - 0
Fax 0 30 / 8 97 85 - 2 99
e-mail@cornelsen.de
www.cornelsen.com

GEBRÜDER ANDREAS UND MATTHIAS DORNBRACHT

» Ein Unternehmen sollte mehr produzieren als seine Produkte und Dienstleistungen. Unternehmensziel muss es auch sein, eine übergeordnete mentale Ebene zu schaffen, die das eigene Selbstverständnis dokumentiert. « Andreas Dornbracht

Andreas und Matthias Dornbracht, Geschäftsführende Gesellschafter der Aloys F. Dornbracht GmbH & Co. KG

Die Liebe zu den eigenen Produkten ist die wichtigste Triebfeder für den unternehmerischen Erfolg der Brüder Andreas und Matthias Dornbracht. Aus dem kleinen, 1950 vom Großvater Aloys in Iserlohn gegründeten, Herstellungsbetrieb für Standardarmaturen formt die Familie bis heute einen weltweit agierenden Hersteller hochwertiger Designarmaturen und -accessoires für Bad und Küche, der mittlerweile 570 Mitarbeiter beschäftigt. Auch dank Dornbracht wissen wir heute, dass Badarmaturen nicht nur Funktionsgegenstand sind, sondern das Badezimmer zur Quelle ästhetischer Erholung und Anregung machen können.

Die Brüder Dornbracht führen ihr künstlerisches Verständnis und Engagement jedoch weit über die Gestaltung ihrer Produkte hinaus. Dornbracht sucht eine Auseinandersetzung, die die Kunst nicht funktionalisiert. Denn Künstler sind die Antennen für gesellschaftliche Entwicklungen. Ziel aller von Dornbracht unterstützten Projekte ist es deshalb, zeitgenössische Künstler zu fördern und sich mit ihnen und ihrer Vorstellung von der Welt auseinander zu setzen. Und in der Auseinandersetzung mit Künstlern geht es auch darum, neue Orientierungen für das Unternehmen zu gewinnen. Jedem Künstler, der sich darauf einlässt, ist klar, dass es sich bei der Förderung um eine Aktion zu beiderseitigem Nutzen handelt.

Seit 1998 dokumentiert Dornbracht mit den Dornbracht Sponsorships sein gesellschaftliches Engagement der breiten Öffentlichkeit. So sponserte Dornbracht 1998 im Guggenheim Museum SoHo, New York, die Ausstellung des italienischen Medienkünstlers Fabrizio Plessi. Die Zusammenarbeit mit dem Museum für Moderne Kunst, Frankfurt und dem Kölnischen Kunstverein entstand aus der Konzeption der Dornbracht Installation Projects®. Im Rahmen der Statements Projects präsentierte Dornbracht von 1997 bis 2004 regelmäßig international renommierte Künstler, Fotografen, Autoren, Musiker und Designer mit ihren freien Interpretationen zum Thema „Reinigungsrituale".

2005 löst Performance nach sieben Jahren die Statements Projects ab. Damit überführt Dornbracht sein Engagement in eine neue Disziplin: Der temporäre, situative Charakter einer Performance ist zentraler Gedanke bei der Entwicklung des neuen Konzepts. „Performance" dokumentiert damit einmal mehr den Ansatz hin zu einer permanenten und reflexiven Auseinandersetzung mit Kunst – eben genauso, wie das Unternehmen Dornbracht es schafft, mit seinen Armaturen die künstlerische Auseinandersetzung in das Badezimmer zu bringen.

Die tiefe Verwurzelung der Familie in der Heimat ist eine Quelle des gesellschaftlichen Engagements der Dornbracht-Brüder. Durch die ständige Anpassung von Beschaffung, Produktion und Logistik an die sich verändernden Bedürfnisse der Kunden gleicht das Unternehmen gezielt Standortnachteile aus. So werden nach wie vor 75 Prozent des Einkaufsvolumens in der Region Südwestfalen abgewickelt und mehr als 80 % der Mitarbeiter stammen aus der Region. Das sichert Arbeitsplätze und Innovationskraft für den Standort.

INFORMATION

Aloys F. Dornbracht
GmbH & Co. KG
Köbbingser Mühle 6
58640 Iserlohn
info@dornbracht.de
www.dornbracht.com

GISBERT DREYER

» Wasser ist Leben. «

Motto der Stiftung

Gisbert Dreyer,
Vorsitzender des Vorstands
der Dreyer Stiftung

„Wasser ist Leben" – So lautet das Motto der 2001 von Gisbert Dreyer und seiner Frau Regina Schuh gegründeten Dreyer Stiftung. Mit der Anlage und Betreuung eines Stausees im kleinen westafrikanischen Land Burkina Faso gelingt es dem Münchner Architekten-Ehepaar, die Lebensgrundlagen von Bauernfamilien in dem kleinen Ort Dano wesentlich zu verbessern und Hilfe zur Selbsthilfe zu leisten. Was anfänglich als Unterstützung eines kleinen Entwicklungsprojekts gedacht war, entwickelte sich schnell zu einem umfassenden Aufgabengebiet, das schließlich in der Form einer Stiftung gebündelt wurde. Die Stiftung fördert die kleine Region rund um den von ihr angelegten Stausee mit zahlreichen ineinander greifenden Projekten in den Bereichen Landwirtschaft, Bildung, Forschung und Entwicklung.

Der an der Universität Stuttgart ausgebildete Architekt Gisbert Dreyer ist es als erfolgreicher Projektentwickler schon seit langem gewohnt, Großprojekte zu realisieren. Unter seiner Führung entwickelt sich das von ihm gegründete Unternehmen Dreyer Brettel & Kollegen Management GmbH zu einem wichtigen Partner für private und öffentliche Investoren. Die Planung und Durchführung eigener großer Bauprojekte gehört ebenfalls zu den Aufgabengebieten seines Teams. An den Unternehmensstandorten München, Frankfurt am Main und Berlin wird bis heute ein Projektvolumen von rund 600 Mio. Euro betreut.

Mit der Anlage des Stausees und dem dazugehörigen Bewässerungssystem können die Stifter ein ca. 20 Hektar umfassendes Gelände für den Anbau von Reis und Gemüse nutzbar machen. Das Gelände steht in Parzellen unterteilt für 88 Bauernfamilien zur Verfügung und ermöglicht sogar eine zweite Ernte während der Trockenzeit. Die Familien werden zu Beginn des Projekts durch ein technisches Ausbildungsprogramm unterstützt. Mit der Vergabe von Kleinkrediten hilft die Stiftung den Bauern, Saatgut und Düngemittel zu finanzieren und somit die Ernte für das nächste Jahr zu sichern.

Das Ehepaar Dreyer setzte sich von Anfang an auch für den Ausbau der schulischen Infrastruktur ein. In einer Region, in der bisher nur etwa 30 % der Kinder zur Schule gehen können, lässt die Dreyer Stiftung im Jahre 2004 zwei neue Grundschulen errichten. Das Gymnasium von Dano wird durch zusätzliche Klassenräume erweitert. Schulkantinen und Brunnenbohrungen sichern die Versorgung der Schüler mit Nahrung und Wasser und stellen einen zusätzlichen Anreiz für die Eltern dar, ihre Kinder zur Schule zu schicken. Zusätzliche Programme zur Begabtenförderung und zur Ausbildung von Waisenkindern runden das Bildungsprogramm der Dreyer Stiftung ab. Zu den ungewöhnlichen Projekten der Dreyer Stiftung gehört auch der Bau und der Betrieb eines in dieser Form einmaligen Forschungs- und Ausbildungszentrums. Das Centre de Recherche et Formation Scientifique bietet in Zusammenarbeit mit der Universität Bonn Diplom-, Magister- und Doktorandenstudiengänge an. Die Anstrengungen von Gisbert Dreyer und Regina Schuh haben sich gelohnt, denn sie sind ihrem wunderbaren Traum, „einen kleinen Flecken in Westafrika um Jahrhunderte voranzubringen" ein gutes Stück näher gekommen.

INFORMATION

Dreyer Stiftung
Maximilianstraße 10
80539 München
Fon 0 89 / 25 54 16 16
Fax 0 89 / 25 54 16 99
info@dreyerstiftung.de
www.dreyerstiftung.de

PETER DUSSMANN

» In Zeiten schwindender staatlicher Etats entstehen Lücken, die nur durch bürgerschaftliches Engagement ausgefüllt werden können. Als Unternehmer möchte ich diesem Land gerne etwas zurückgeben. Aber auch jeder Bürger kann dazu beitragen, denn jeder Euro zählt. «

Peter Dussmann, Stifter und Aufsichtsratsvorsitzender der Dussmann-Gruppe

Mit dem Peter Dussmann Heimpflegedienst begann bereits im Jahr 1963 die rund 40-jährige Erfolgsgeschichte der heutigen Dussmann-Gruppe. Heimpflege, darunter verstand der findige Jungunternehmer vor allem eines: einen Reinigungsservice speziell für Junggesellenwohnungen. Eine Marktlücke mit beispielloser Innovationskraft, wie sich schnell herausstellte. Inzwischen hat sich die Dussmann-Gruppe mit rund 50.000 Mitarbeitern in 28 Ländern weltweit zu einem der größten und erfolgreichsten Dienstleistungsunternehmen entwickelt, das auf vier Grundpfeilern steht: Ob mit neuen Ernährungskonzepten von Dussmann-Service, mit zukunftsgerechter Seniorenbetreuung von Kursana, mit maßgeschneiderten Bürodienstleistungen wie Pedus Office oder mit den längsten Öffnungszeiten in Deutschland wie Dussmann das KulturKaufhaus – Kundennähe, Dienstleistungsorientierung und Innovationen sind die Merkmale der vier Geschäftsbereiche. Der Gründergeist Peter Dussmanns gelangt besonders eindringlich in der Entstehungsgeschichte seines KulturKaufhauses in Berlin zum Ausdruck. 1995 wurde der Grundstein für das Dussmann-Haus gelegt, von dem die unteren Stockwerke an den Einzelhandel vermietet werden sollten. Da sich jedoch keine Mieter fanden, entwickelte Dussmann kurzerhand ein völlig neuartiges Konzept: 1997 eröffnete er Deutschlands erstes KulturKaufhaus, das auf 6.500 qm alle Medien unter einem Dach bietet und mittlerweile aus der Berliner Kulturszene nicht mehr wegzudenken ist.

„In Zeiten schwindender staatlicher Etats entstehen Lücken, die", so der erfolgreiche Unternehmer, „nur durch bürgerschaftliches Engagement ausgefüllt werden können. Als Unternehmer möchte ich diesem Land gerne etwas zurückgeben." Diesem Stiftungscredo folgend hat die Dussmann-Stiftung seit ihrer Gründung 1991 mehr als 60 Projekte in der Region Dresden gefördert und dabei fast fünf Millionen Euro in die Rettung und Instandsetzung von Kulturdenkmälern investiert. Die Motivation, eine kulturfördernde Stiftung zu gründen, erwuchs Peter Dussmann anlässlich seines ersten Besuchs der ostdeutschen Elbmetropole im Jahr 1990 kurze Zeit nach dem Mauerfall. Die zahlreichen Schlösser, Brunnen, Statuen und Kirchen, die sich nach der Wende überwiegend in einem schlechten Zustand präsentierten, zogen den Unternehmer augenblicklich in ihren Bann und bewogen ihn schließlich zur Gründung der Dussmann-Stiftung. „Der Bürgersinn und der Stolz der Dresdner auf ihre Stadt haben mich dazu bewegt, die Stiftung zu gründen", sagt Dussmann im Rückblick auf seine beginnende Liebe zur Stadt Dresden und seiner Einwohner. Zu den bekanntesten Projekten gehört die Restaurierung der Fama, der Flügelfigur auf der Kuppel der ehemaligen Königlichen Kunstakademie.

Somit stellt Dienstleistung im Leben von Peter Dussmann nicht nur das Erfolgsrezept seiner Unternehmensgruppe dar, sondern bildet darüber hinaus den wesentlichen Bestandteil seines kulturellen Engagements, von dem die Dussmann-Stiftung nur einen Baustein repräsentiert. Dussmann ist außerdem Vorsitzender der Freunde und Förderer der Deutschen Staatsoper Berlin e.V., der sich maßgeblich für die Sanierung des Opernhauses einsetzt.

INFORMATION

Dussmann-Stiftung
Friedrichstraße 90
10117 Berlin
greiner@dussmann.de
www.dussmann.de

INGRID UND KARL EHLERDING

» Jungen Menschen Bildung ermöglichen. «

Ingrid und Karl Ehlerding, Gründer und Vorstand der Ehlerding Stiftung

1997 klingelt das Telefon in Hamburg, und der Bremerhavener Oberschulrat Michael Porwoll lädt Ingrid und Karl Ehlerding in das Schullandheim Barkhausen ein, das beide aus ihrer Kindheit kannten. Während das Ehepaar in alten Gästebüchern stöbert, erklärt ihnen Herr Porwoll, dass das Schullandheim geschlossen werden solle. Schnell ist man sich einig, Personal- und Sachkosten zur Hälfte mitzutragen, um dann 1999 das Haus ganz in die Stiftung zu integrieren. Die Idee für ein erlebnispädagogisches Schullandheim ist geboren und das Konzept mit Hochseilgarten, Schluchtenüberqueren, Umweltbildung und einer Gartengestaltung als „Naturbaustelle" bis hin zur gesunden Ernährung setzen Ingrid Ehlerding und ihre zwölf Mitarbeiter mit viel Enthusiasmus um.

Kindern ermöglichen, einen ökologischen Bauernhof mit allen Sinnen zu erleben – diese Vision begleitet Ingrid Ehlerding seit sie eigene Kinder hat. In einem reetgedeckten Bauernhof direkt an der Ostsee wurde der Traum 1993 Wirklichkeit. Hier hat jeder Gast die Gelegenheit, kennen zu lernen, was für Ingrid Ehlerding ein Muss ist wie die drei Beine eines Melkschemels: eine Kuh zu melken, Getreide anzubauen und sein eigenes Brot zu backen.

Hof Norderlück und das Schullandheim Barkhausen, die Schüler/innen aus sozialen Brennpunkten Hamburgs und Bremerhavens ganzjährig zur Verfügung stehen, bilden die Förderschwerpunkte der Ehlerding Stiftung. Sie liegen der Familie besonders am Herzen.

Die Ehlerding Stiftung ist am 01.01.2000 aus der Pro Jugend Stiftung Ingrid und Karl Ehlerding (1994) und der Ehlerding-Stiftung zur Förderung der Wissenschaften (1993) hervorgegangen. Das Motto der Stiftungsarbeit – „Jungen Menschen Bildung ermöglichen" – wird durch eine starke soziale Ausrichtung akzentuiert. Erfahrungen in den Schullandheimen zeigen, wie wichtig eine angeleitete Streitschlichtung für Schüler ist. Dies führt zu einem dreijährigen Pilotprojekt in Bremerhaven, bei dem in allen Sekundarstufen I Schüler als Mediatoren ausgebildet werden. Die wissenschaftliche Begleitung des Projektes erfolgt an der Universität Bremen.

Die Wissenschaftsprojekte der Stiftung brachte Karl Ehlerding ein. So werden an der Hebräischen Univeristät Jerusalem zwei Lehrstühle errichtet, eine zweijährige Anschubfinanzierung für das Walther-Rathenau-Institut an der wirtschaftswissenschaftlichen Fakultät der Humboldt-Universität zu Berlin geleistet, Projekte mit der Wissenschaftlichen Hochschule für Unternehmensführung Vallendar und in Kooperation mit der Hanns Martin Schleyer-Stiftung durchgeführt.

An der International University Bremen (IUB) vergibt die Ehlerding Stiftung Stipendien für Studierende aus Kirgistan und Osteuropa.

Die Seestadt Bremerhaven, Heimatstadt von Ingrid und Karl Ehlerding, die seit über 35 Jahren in Hamburg leben und arbeiten, würdigt das gemeinsame Engagement der Eheleute für ihre Geburtsstadt 1998 mit der Verleihung der Ehrenbürgerschaft. Für ihre nachhaltige Arbeit in der Natur- und Erlebnispädagogik wird Ingrid Ehlerding 2003 mit dem Bundesverdienstkreuz am Bande ausgezeichnet.

INFORMATION

Ehlerding Stiftung
Rothenbaumchaussee 40
20148 Hamburg
Fon 0 40 / 41 17 23 - 0
Fax 040 / 41 17 23 - 25
info@ehlerding-stiftung.de
www.ehlerding-stiftung.de

ANTON WOLFGANG GRAF VON FABER-CASTELL

» Voraussetzung für die Realisierung eines überdurchschnittlichen sozialen Engagements, und damit auch Sicherung der Arbeitsplätze, ist eine nachhaltig hohe Ertragskraft, ohne die wir im globalen Wettbewerb nicht überleben können. «

Anton Wolfgang Graf von Faber-Castell, Vorstandsvorsitzender der FABER-CASTELL AG

In kaum einem anderen (Marken-) Namen verbindet sich Tradition und Eleganz mit erfolgreichem und modernem Unternehmertum so sehr wie im Namen der Faber-Castell AG. Das Unternehmen vertreibt weltweit 1,8 Milliarden Produkte zum Schreiben, Malen und kreativen Gestalten, die in 15 Fertigungsstätten rund um den Globus hergestellt werden. Der charismatische und eindrucksvolle Vorstandsvorsitzende Anton Wolfgang Graf von Faber-Castell beweist so jeden Tag aufs Neue, dass auch in der Welt der digitalen Kommunikation mit wundervollen, haptischen Produkten, die in ihrer Erscheinungsform teilweise über Generationen unverändert geblieben sind (der berühmte grüne Bleistift!), weltweiter Erfolg möglich ist.

Seit der Übernahme der Firmenleitung 1978 hat „der Graf", wie er in respektvoller Zuneigung von seinen Mitarbeitern genannt wird, jedoch nicht nur die internationale Expansion der Geschäfte erfolgreich betrieben und damit das Unternehmen für die Zukunft gesichert. Er hat auch das über acht Generationen tradierte soziale Selbstverständnis der Unternehmerfamilie den Herausforderungen der Globalisierung angepasst.

Hatte das Unternehmen im 19. Jahrhundert eine der ersten Betriebskrankenkassen und einen der ersten Kindergärten am Stammsitz gegründet, ist die Faber-Castell AG im Jahr 2000 eines der ersten Unternehmen, das einer weltweit gültigen Sozialcharta zustimmt. Diese beinhaltet ebenso das Verbot der Kinderarbeit wie auch die uneingeschränkte Chancengleichheit. Aus diesem Engagement heraus entstand auch die Idee, die Kinderfonds Stiftung ins Leben zu rufen, um Kinderhilfsprojekte vor allem in Entwicklungsländern zu fördern. Nachhaltigkeit, die bei der Einhaltung und Weiterentwicklung der Sozialstandards zum Tragen kommt, bezieht sich aber auch auf den Umweltschutz. Zum Nachhaltigkeitsgipfel in Johannesburg 2002 lässt Faber-Castell z.B. Bleistifte aus zertifiziertem Pinienholz verteilen. Die schnellwachsende Konifere pflanzt das Unternehmen auf eigenen, nachhaltig bewirtschafteten Forsten in Brasilien. In gleichem Maße wie für die Menschen und die Natur engagiert sich der Graf für die Kultur. Er ist überzeugt davon, dass die Reichhaltigkeit des kulturellen Angebots in einer Region ein ganz entscheidender Standortfaktor ist. So ist der Stammsitz der Familie, das Schloss Stein, zu einem Ausstellungsort für zeitgenössische Kunst geworden. Mit mäzenatischem Engagement unterstützt der Graf zudem den ältesten Kunstverein Deutschlands, die Albrecht Dürer Gesellschaft. Als langjähriger Vorstandsvorsitzender steht er hier in familiärer Tradition, denn schon sein Vater hat dieses Amt bekleidet.

Für sein Engagement wurde Graf von Faber-Castell mit zahlreichen Auszeichnungen belohnt; unter anderem dem „Unternehmerpreis des Deutschen Mittelstandes", der „Staatsmedaille für besondere Verdienste um die bayerische Wirtschaft" und dem Nachhaltigkeitspreis der Stadt Nürnberg. 2004 erhielt er den vom Deutschen Netzwerk Wirtschaftsethik e.V. verliehenen „Preis für Unternehmensethik". Bei all seinem Engagement pflegt der Graf das Understatement: „Ich will kein Musterschüler sein," sagt er bescheiden, „Ich tue etwas, was sich von selbst versteht."

INFORMATION

Faber-Castell AG
Nürnberger Straße 2
90546 Nürnberg

Fon 09 11 / 9 96 50
Fax 09 11 / 9 96 55 86
www.faber-castell.de

BRIGITTE FELDTMANN

» Jeder Unternehmer, der für sein Unternehmen und für seine Familie ausreichend gesorgt hat, sollte etwas für das Gemeinwohl erübrigen, sollte „abgeben" können. «

Brigitte Feldtmann, Stifterin der gGmbH Feldtmann Kulturell

Brigitte Feldtmann ist Unternehmerin aus Leidenschaft! Auch nach dem Verkauf der Firma Feldtmann Röhrengroßhandel GmbH & Co. KG, die sie nach dem Tod ihres Vaters über 40 Jahre erfolgreich leitet, verliert sie nichts von ihrem unternehmerischen Geist. Im Gegenteil, nach der Übergabe des seit über 100 Jahren bestehenden Familienunternehmens im Jahr 2001 an eine sorgfältig ausgewählte Firmengruppe setzt sie ihre herausragenden unternehmerischen Qualitäten in einer eigenen Kultureinrichtung ein. In der 1997 gegründeten gemeinnützigen GmbH Feldtmann Kulturell werden die vielfältigen Förderaktivitäten von Brigitte Feldtmann mit den Schwerpunkten „musikalische Nachwuchsförderung", „individuelle Begabtenförderung" und „Denkmalpflege in Mecklenburg -Vorpommern" gebündelt. Die engagierte Mäzenin begreift ihren Erfolg als Unternehmerin mit großer Freude auch als Chance, sich einen „Spielraum für Mitwirkung in der Gesellschaft" zu schaffen und appelliert bei zahlreichen öffentlichen Auftritten immer wieder auch an andere Unternehmer, private Mittel in die Entwicklung und Begleitung von Projekten zu investieren.

Bereits ab 1990 beginnt Brigitte Feldtmann, neben der Leitung des Unternehmens mit vielen Förderprojekten im Umkreis der Firmenstandorte Hamburg, Kiel, Schwerin und Rostock sowie nach und nach in verschiedenen kulturpolitischen Einrichtungen wie z.B. dem Stiftungsrat der Hamburgischen Kulturstiftung und der Stiftung Denkmalpflege Hamburg aktiv zu werden. Dazu gehören regelmäßige Konzertveranstaltungen im Betrieb Hamburg-Osdorf und im Perzina-Saal der Stadtbibliothek Schwerin. Zu den ausgewählten Projekten, die Brigitte Feldtmann mit privaten Mitteln unterstützt, zählen z.B. die Jugend-Akademie der Sommerlichen Musiktage Hitzacker und die Initiative Jugend-Kammermusik Hamburg. Hat sich Brigitte Feldtmann, die 1999 mit dem „Kultur Merkur" der Hamburgischen Kulturstiftung und 2003 mit dem Verdienstorden des Landes Mecklenburg-Vorpommern ausgezeichnet wird, erst einmal in eine Aufgabe verliebt, ist sie so leicht nicht mehr zu bremsen. So ist es auch ihrer Hartnäckigkeit zu verdanken, dass eine der bedeutendsten Großplastiken in Mecklenburg-Vorpommern, das Denkmal der Großherzogin Alexandrine gerettet werden kann und als „weiße Dame" wieder mit ursprünglicher Strahlkraft die herrliche Anlage des Schlossgartens in der Landeshauptstadt Schwerin ziert. Weitere wichtige Denkmalprojekte, die z.T. auch aus den Einnahmen der Kammerkonzerte finanziert werden, sind z.B. die Mithilfe bei der Renovierung des Konservatoriums in Schwerin und die Unterstützung von Restaurierungsarbeiten bedeutender Gemälde aus den Sammlungen der Staatlichen Museen Schwerin.

Mit dem Kauf der ehemaligen LOLA ROGGE Schule, einer historischen Stadtvilla mitten im Zentrum Hamburgs, will Brigitte Feldtmann ihre Vision verwirklichen und einen besonders strahlenden Schlussstein in die Kette ihres Wirkens einfügen: „Tesdorpf 13" zum Forum für Wirtschaft und Kultur zu entwickeln. Der Start ist bereits gelungen. Nach eineinhalb Jahren Renovierungsarbeiten konnte das schöne Haus im August 2005 erstmals der Öffentlichkeit vorgestellt werden. Die ersten Termine für Workshops, Vorträge und Kammerkonzerte stehen bereits fest.

INFORMATION

Feldtmann Kulturell
Gemeinnützige GmbH
Parkstraße 32
22605 Hamburg
heinrich-feldtmann@t-online.de
www.feldtmann-kulturell.de

MARTIN GÖRLITZ

» Unsere Kinder erben eine Welt mit vielen Problemen, Energie und Umwelt sind dabei beherrschende Themen. Das Mindeste, was wir tun können, ist, ihnen wenigstens etwas Handwerkszeug zum Lösen dieser Probleme mitzugeben. «

Martin Görlitz, Unternehmer und Gründer der EUS Stiftung

Bereits im ersten Jahr seines Studiums, 1976, gründet Martin Görlitz, damals gerade 20 Jahre alt, sein erstes Unternehmen für „Mess- und Datentechnik in der Medizin". In einer Zeit, wo der PC noch nicht erfunden ist, beginnt Görlitz mit dem eigenen Entwickeln und Vermarkten von Lösungen im Einsatz von Datentechnik, die in Laboren und Kliniken helfen kann, Versuche automatisiert auszuwerten. Kaufmännische Fähigkeiten erlernt Martin Görlitz auf autodidaktischem Weg. Während sich die Computerbranche langsam zu formen beginnt, wird für den Jungunternehmer eines klar: Er will im eigenen Entwicklungsteam und im eigenen Land Produkte mit eigener Identität schaffen. Ab Mitte der 80er-Jahre werden nicht mehr Messnetze im Labor, sondern verstärkt Datennetze mit Fernübertragung gebaut. In der Folgezeit wird Reinhold Würth (siehe an anderer Stelle dieses Buches) und seine Idee des „Orsymat", ein Warenausgabe-Automat mit Buchungscomputer und Fernübertragung, eines der interessanten Projekte und Wegbereiter.

Später kommt das Ablesen und Übertragen von Energieverbrauchsdaten immer mehr in den Vordergrund. Heute ist die GÖRLITZ Gruppe ein führendes Unternehmen in Europa, dessen Produkte überall dort zu finden sind, wo Energie gemessen und die Daten vor allem von industriellen Großverbrauchern an zentrale Erfassungs- und Abrechnungssysteme übermittelt werden.

So kommt es, dass sich der Firmengründer Martin Görlitz – auch als vierfacher Familienvater – immer häufiger Gedanken macht um die Nachhaltigkeit seiner Unternehmungen und der Energieversorgung unserer Industriegesellschaft überhaupt. „Wir sollten unseren Kindern eine Welt hinterlassen", so Görlitz, „in der es sich zu leben lohnt und an der man erkennt, dass wir unserer Verantwortung gerecht geworden sind." 1995 entsteht dann die EUS Stiftung für Energie, Umwelt und Soziales. In den ersten Jahren werden vorwiegend externe Projekte gefördert, die mit sinnvoller Energiegewinnung sowie dem besonderen Engagement einzelner Personen zu tun haben. Ein Beispiel ist das Projekt www.guasol.de, in dem deutsche Studenten in den Semesterferien für mehr als 300 Waisenkinder in einem Heim in Guatemala eine große solare Warmwasserversorgung bauen. Diese wird komplett selbst entworfen und gebaut mit Material, das die EUS Stiftung bezahlt hat. Für Görlitz ist es von besonderer Wichtigkeit, dass die Kinder und Jugendlichen in das Projekt von den ersten Grundlagen an einbezogen wurden. Sollte einer von ihnen jemals die Chance dazu haben, wird er sich mit dem Thema Solarenergie beschäftigen. Jugendliche an die Wichtigkeit und Tragweite von Energiefragen heranzuführen, ist ein zentrales Anliegen der EUS für die kommenden Jahre. Damit diese Materie dennoch spielerisch erschlossen werden kann, bauen derzeit Schulteams Modellboote, deren Antrieb photovoltaisch erfolgt.

Martin Görlitz meint dazu: „Unsere Kinder erben eine Welt mit vielen Problemen, Energie und Umwelt sind dabei beherrschende Themen. Das Mindeste, was wir tun können, ist, ihnen wenigstens etwas Handwerkszeug zum Lösen dieser Probleme mitzugeben."

INFORMATION

EUS Stiftung für Energie, Umwelt und Soziales Bubenheimer Weg 22–23 56072 Koblenz	Fon 02 61 / 21 04 15 Fax 02 61 / 2 75 00 info@eus.org www.eus.org

DR. ING. EH. HORST GÖRTZ

» Die Horst Görtz Stiftung habe ich 1996 gegründet, weil ich glaubte, einen Teil meines Vermögens an die Gesellschaft zurückgeben zu müssen. «

Dr. Ing. eh. Horst Görtz, Gründer der Utimaco Safeware AG u. d. Horst Görtz Stiftung

Den hohen Stellenwert der Sicherheit im IT-Bereich hat Horst Görtz bereits früh auf nahezu visionäre Weise erkannt. Der 1937 in Solingen geborene Unternehmer absolviert zunächst Ausbildungen zum Kaufmann und Organisationstechniker, bevor er seine bemerkenswerte Karriere im IT-Sektor beginnt. Nach Tätigkeiten beim Generalvertreter für BULL in Hessen und als Geschäftsführer des Rhein-Main Rechenzentrums in Frankfurt gründet Görtz 1983 die Utimaco Software GmbH – später umgewandelt in Utimaco Safeware AG , die sich mit der IT-Sicherheit befasste, ein Thema, von dem man Anfang der 80er-Jahre noch nicht ahnte, welche Bedeutung ihm einmal zukommen würde. Horst Görtz arbeitet bis 1997 in seinem Unternehmen als Geschäftsführer und Vorstandsvorsitzender. Er wechselt anschließend in den Aufsichtsrat, dessen Vorsitz er bis in das Jahr 2005 inne hat. Als die große Krise in der IT-Branche im Jahr 2000 auch die Utimaco trifft, leistet er seinen Beitrag zur erfolgreichen Sanierung der Gesellschaft.

In Zukunft möchte sich der mehrfach mit Preisen ausgezeichnete Unternehmer (u.a. wurde er 1996 zum „Entrepreneur des Jahres" gekürt und ist Ehrensenator der TU Darmstadt) mehr Zeit für sein großes gesellschaftliches Engagement nehmen. Im Mittelpunkt steht hier insbesondere die von ihm 1996 gegründete Horst Görtz Stiftung, mit der er den ausdrücklichen Wunsch verbindet (und umsetzt), der Gesellschaft einen Teil seines Vermögens zurückzugeben. Das Gründungskapital der Stiftung betrug bereits am Anfang beachtliche 17 Millionen DM, zunächst in Form von Aktien der Utimaco Safeware AG, deren großer Aktionär die Stiftung bis heute ist. Die Stiftung verfolgt drei klar formulierte Ziele, die zur Verbesserung von Bildung und gesundheitlicher Betreuung beitragen möchten. Zum einen wird die gemeinnützige Förderung von Wissenschaft und Technik in Forschung und Lehre angestrebt. Einen Schwerpunkt stellt, entsprechend den Kompetenzen des Stifters, die Informationssicherheit dar. Daher hat die Horst Görtz Stiftung drei Stiftungsprofessuren an der Ruhr-Universität Bochum und der TU Darmstadt eingerichtet. So leistet die Stiftung einen vorbildlichen Beitrag zur Forschung und Ausbildung von IT-Studierenden und damit zur Steigerung der Wettbewerbsfähigkeit der deutschen IT-Sicherheitsbranche. Mit der Unterstützung einer Komaklinik widmet sich die Horst Görtz Stiftung ihren sozialen Verpflichtungen.

Trotz hoher Förderbeträge vor allem in den letzten Jahren konnte das Stiftungsvermögen stetig vermehrt werden. Diese Erfolgsbilanz nahm Görtz zum Anlass, eine zusätzliche Ausweitung der Stiftungsaktivitäten vorzunehmen. So beteiligt sich die Stiftung an der Errichtung des „Zentrums für IT-Sicherheit" mit 10 % der Baukosten und wird im Jahr 2005 erstmalig den hochdotierten IT-Sicherheitspreis für innovative Konzepte und Lösungen ausschreiben.

INFORMATION

Horst Görtz Stiftung
horst.goertz@horst-goertz.de
www.horst-goertz.de

OTTO GREITHER

» Die Erde gehört uns nicht. Wir haben sie nur von unseren Vätern geliehen, um sie unseren Söhnen zu vererben. «

Leitspruch von Otto Greither

Otto Greither, Inhaber und Geschäftsführer der SALUS GmbH & Co. KG

„Die Erde gehört uns nicht. Wir haben sie nur von unseren Vorfahren geliehen, um sie unseren Kindern zu vererben" – Die bekannte indianische Weisheit ist das Leitmotiv von Otto Greither und des von ihm geleiteten Salus-Hauses. Schon sein Vater, der Unternehmensgründer Dr. med. Otto Greither erweist sich bereits in den Münchner Anfangsjahren als Pionier des damals so genannten organisch-dynamischen Landbaus und setzt sich in seinen Schriften intensiv mit den Grundsätzen desselben auseinander. Der heutige Firmenchef baut den elterlichen Betrieb, von dem nach den Zerstörungen im Zweiten Weltkrieg kaum mehr als der Name übrig ist, wieder auf und macht ihn – orientiert an ökologischen Grundsätzen – zum Marktführer für Reformprodukte in Deutschland. Inzwischen bietet Otto Greither, der für sein Umweltengagement bereits mit dem Bundesverdienstkreuz und dem Titel Ökomanager des Jahres 2003 ausgezeichnet wurde, rund 1.500 Produkte wie z.B. Kräutertees, Kräutertabletten und Frischpflanzensäfte an.

Für den erfolgreichen und zunehmend nach biologischen Kriterien ausgerichteten Anbau von Arzneipflanzen werden auf den firmeneigenen Anbauflächen Pflanzen mit verbesserten Schädlingsresistenzen gezüchtet. Außerdem wird versucht, mehr und mehr Wildkräuter in Beeten zu kultivieren, um die Wildbestände noch besser zu schützen. Wo dies nicht möglich ist, werden behutsam kontrollierte Wildsammlungen direkt am Wuchsort durchgeführt. Viele der bewährten Bio-Rohstoffe werden direkt in der Magstadter Umgebung nach den Prinzipien der biologischen Landwirtschaft angebaut.

Ein großer Teil der Salus-Rohstoffe wird auf den firmeneigenen Farmen in Chile angebaut. Neben den hervorragenden klimatischen Bedingungen überzeugen Greither auch die weitgehend unbelasteten Böden. Inzwischen werden hier über 100 Heilpflanzen nach den Regeln des ökologischen Landbaus kultiviert. Bei der Verarbeitung der Rohstoffe steht die Nutzung natürlicher Ressourcen im Vordergrund. So wird für die Trocknung der Kräuter die Kraft der Sonne genutzt. Die Reinigung der Heilpflanzen von Kleininsekten wird ganz ohne chemische Mittel durch Kältewirkung erreicht. Der väterliche Pioniergeist setzt sich auch bei der Ökozertifizierung durch. So ist Salus das erste Unternehmen der Reformbranche, das seit 1996 im Rahmen des EG-Öko-Audits regelmäßig mit Bestnoten ausgezeichnet wird. Der Einfluss Otto Greithers als Seele und Motor des ganzheitlich und naturnah geführten Unternehmens bindet auch jeden einzelnen Mitarbeiter ein. So werden alle Mitarbeiter in Umwelt-Lehrgängen geschult und Verbesserungsvorschläge prämiert. Zur erfolgreichen Umweltbilanz des Unternehmens gehört neben der Reduzierung des Wasserverbrauchs und dem verstärkten Einsatz umweltgerechter Verpackungen z.B. auch die ausschließliche Verwendung von regenerativer Energie am Hauptproduktions-Standort Bruckmühl.

Eine besondere Aufgabe stellt der Erhalt des 2,7 Hektar umfassenden Salus-Feuchtbiotops dar, das einen einzigartigen Lebensraum für heimische Tier- und Pflanzenarten bietet und ebenso wie das im Jahr 2000 eröffnete Salus-Naturkundemuseum auch öffentlich zugänglich ist.

INFORMATION

SALUS Haus
Dr. med. Otto Greither Nachf.
GmbH & Co. KG
Bahnhofstraße 24
83052 Bruckmühl
Fon 0 80 62 / 90 10
Fax 0 80 62 / 91 97
www.salus.de

WOLFGANG GRENKE

» Erfolg verpflichtet zu gesellschaftlichem Engagement. «

Wolfgang Grenke, Vorstandsvorsitzender der GRENKELEASING AG und Gründer der GRENKE Stiftung

Wolfgang Grenke ist nicht nur erfolgreicher Unternehmer, sondern auch passionierter Schachspieler und damit ein strategischer Denker par excellence. Er steht beispielhaft für eine Unternehmerpersönlichkeit, in der analytisches Denken und schöpferisches Potenzial auf einzigartige Weise aufeinandertreffen. Der Erfolg der GRENKELEASING AG beruht auf einem Finanzierungsinstrument für den Bereich Bürokommunikation, das einerseits klar abgegrenzt ist und anderseits maßgeschneiderte und flexibel gestaltete Produkte ermöglicht. Das 1978 vom damals 27-jährigen Grenke im heimischen Baden-Baden gegründete Unternehmen hat sich vom Drei-Mann-Betrieb zum deutschen Marktführer im Bereich des „Small Ticket IT-Leasing" entwickelt und ist heute in 15 europäischen Ländern aktiv. Entscheidend für die Durchsetzungskraft des Unternehmensgründers ist sicherlich sein Talent, Marktlücken im Bereich der Finanzierung von modernster Informationstechnologie zu erkennen und mit überschaubaren Konditionen zu schließen.

Die Verbundenheit des Vorstandes und der Mitarbeiter der GRENKELEASING AG mit dem Schachsport und die Förderung desselben ist auch einer der wichtigsten Schwerpunkte der 2004 gegründeten gemeinnützigen Grenke-Stiftung. Mit einer Viertelmillion Euro jährlich ist das Baden-Badener Unternehmen der größte Sponsor für den Schachsport in Deutschland. So unterstützt das Unternehmen u.a. den deutschen Pokalsieger 2003 OSC Baden-Baden und sponsert darüber hinaus verschiedene Schachveranstaltungen. Im von der Stiftung neu erworbenen und sanierten neoklassizistischen Gebäude an der Lichtentaler Allee wird das Karpov-Schachzentrum sein neues Domizil finden. Für das mitten im Stadtzentrum, gleich neben der Städtischen Kunsthalle und der Sammlung Frieder Burda, gelegene Gebäude wird ein neues Nutzungskonzept entwickelt. Zu den wohltätigen Zwecken der Stiftung gehört neben der Förderung von Jugend, Sport und Wissenschaft insbesondere die Unterstützung künstlerischer und städtebaulicher Projekte. Einen weiteren Schwerpunkt der Stiftung stellt die Förderung der Forschung im Bereich der Präventivmedizin dar. Insbesondere der Bereich der Suchtprävention wird mit den Mitteln der Grenke-Stiftung ausgebaut.

Das Engagement Wolfgang Grenkes für seine Heimatstadt bezieht auch das Festspielhaus in Baden-Baden ein. Auch hier spielt wieder der persönliche Bezug des Unternehmers eine Rolle. „Musik ist die Sprache des Geistes, die direkt aus dem Herzen spricht" – so formuliert Grenke sein Verständnis von Musik in einem Interview mit dem Festspielhaus. Das ausschließlich privat finanzierte künstlerische Programm des zweitgrößten europäischen Opernhauses wird im Juni 2004 mit der Übertragung eines Aktienpaketes im Wert von 1,27 Mio. Euro gefördert. Bereits seit dem Jahre 2000 weckt das Projekt „Klassik macht Schule" auf Initiative von GLENKELEASING bei jungen Menschen die Begeisterung für klassische Musik. Nicht zuletzt wird ein Teil der Fördermittel bereitgestellt, um Schülern einen ermäßigten Eintritt in die Veranstaltung „Kolumbus: Klassik entdecken" zu ermöglichen.

INFORMATION

GRENKELEASING AG
Frau Renate Hauss
Corporate Communications
Neuer Markt 2
76532 Baden-Baden

Fon 0 72 21 / 50 07 - 204
Fax 0 72 21 / 50 07 - 112
rhauss@grenkeleasing.de
www.grenkeleasing.de

DR. JÜRGEN HERAEUS

» Man wird in Deutschland nichts bewegen, wenn die Leute an der Spitze keine Vorbilder sind. «

Dr. Jürgen Heraeus, Vorsitzender des Aufsichtsrats der Heraeus Holding GmbH

Die Geschichte beginnt 1851, als der Apotheker und Chemiker Wilhelm Carl Heraeus die Einhorn-Apotheke in Hanau übernimmt. Die kommenden vier Generationen schmieden aus der Apotheke ein weltweit tätiges Unternehmen mit über 10.000 Mitarbeitern, in dessen Kern die Produktion und der Handel mit Edelmetallen und hochwertigen Werkstoffen sowie die Beschäftigung mit komplexer Werkstofftechnik stehen. In die Ära des 1936 geborenen Dr. Jürgen Heraeus als Vorsitzender der Geschäftsleitung fällt die konsequente Internationalisierung des Konzerns und dessen Reorganisation. Als Vorsitzender des Aufsichtsrates der Heraeus Holding GmbH wacht er heute noch über das Familienunternehmen.

Nicht nur bei der Fortentwicklung des Familienunternehmens sind die Eltern und Großeltern für Jürgen Heraeus tätiges Vorbild gewesen. Vier aus privatem Vermögen der Familie Heraeus errichtete Stiftungen zeugen vom langjährigen sozialen und gesellschaftlichen Engagement. Altenpflege in christlicher Fürsorge sowie Kinder- und Jugenderziehung zu sozialer Verantwortung und Leistungsbereitschaft sind die Leitmotive der diakonischen Kathinka-Platzhoff-Stiftung. Sie arbeitet eng mit der Heraeus-Sozialstiftung zusammen, die in Not geratene Mitarbeiter des Unternehmens unterstützt. Forschung und Ausbildung fördern, berufliche Weiterbildung organisieren, innovativen Ideen aus dem Bildungsbereich zum Erfolg verhelfen – das sind die vielfältigen Anliegen der 1964 gegründeten Bertha Heraeus und Kathinka Platzhoff Stiftung und der 1963 gegründeten Wilhelm und Else Heraeus-Stiftung. Mit ihren Programmen fördern diese Stiftungen Leistungsbereitschaft und Kreativität und tragen so dazu bei, die Zukunft des Landes zu sichern.

Heute arbeitet er in drei der vier Stiftungen als Vorstand mit. Darüber hinaus bekleidet er noch eine große Zahl von weiteren Ehrenämtern, in die er seine Überzeugungen einbringt. Sein Amt als Vorsitzender des Arbeitskreises China im Asien-Pazifik-Ausschuss der deutschen Wirtschaft sowie seine Tätigkeit als Präsidiumsmitglied im Bundesverband der Industrie BDI sind hier nur stellvertretend zu nennen. Heraeus ist überzeugt, dass die Verlässlichkeit und Stabilität eines außergewöhnlichen Familienunternehmens auch das Verantwortungsbewusstsein des Managements, die Kreativität und das Engagement der Mitarbeiter sowie eine Identifikation mit dem Unternehmen insgesamt fördern. Tugenden wie Selbstdisziplin, Fleiß und Verantwortung haben für ihn dabei einen großen Stellenwert. Das „Kümmern um Andere" ist Teil seines Selbstverständnisses.

"Man wird in Deutschland nichts bewegen, wenn die Leute an der Spitze keine Vorbilder sind." Dieses öffentlich von Dr. Jürgen Heraeus geäußerte Bekenntnis ist auch das Leitmotiv seines eigenen Handelns. Ans Aufhören denkt er nicht – aber an das Weitergeben. Die nächste Heraeus-Generation wird sicher nicht nur für die Geschicke des Familienunternehmens Verantwortung übernehmen, sondern auch das große Engagement von Jürgen Heraeus fortsetzen.

INFORMATION

Wilhelm u. Else Heraeus-Stiftung
info@we-heraeus-stiftung.de
www.we-heraeus-stiftung.de

Bertha Heraeus und
Kathinka Platzhoff Stiftung
info@bhkp-stiftung.de
www.bhkp-stiftung.de

Kathinka-Platzhoff-Stiftung
info@kathinka-platzhoff-stiftung.de
www.kathinka-platzhoff-stiftung.de

MARLI HOPPE-RITTER

» Die Stiftung unterstützt junge Künstler durch Ausstellungen, Symposien und internationale Künstlertreffen. Sie tritt dort an, wo es gärt, wo neue Ideen entstehen. «

Marli Hoppe-Ritter, Kunstsammlerin, Mäzenin und Miteigentümerin der Firma RITTER SPORT

Eine kleine, fast unscheinbare Postkarte von Sol LeWitt (einem der wichtigsten Vertreter der Minimal Art) aus dem Jahre 1980 steht am Anfang der inzwischen auf über 600 Werke angewachsenen Kunstsammlung von Marli Hoppe-Ritter, die zusammen mit ihrem Bruder Alfred Ritter Eigentümerin der Firma Ritter Sport ist. Mit dem Kauf dieser kleinen Arbeit – sie zeigt eine Abbildung des Pantheons in Rom und ein gezeichnetes Quadrat und verweist damit auf die hohe Bedeutung der geometrischen Grundform für den Erfinder der Concept Art – begründet die Enkelin des Unternehmensgründers im Jahre 1993 ihre Kunstsammlung, bei der sich alles um das Thema Quadrat dreht.

Die im Laufe der letzten zehn Jahre gesammelten Arbeiten stammen alle aus dem 20. und 21. Jahrhundert und bilden den Kernbestand des von der passionierten Sammlerin und Mäzenin gestifteten Museums Ritter. Das gleich neben der Schokoladenfabrik im schwäbischen Waldenbuch bei Stuttgart gelegene Gebäude greift auf Anregung von Frau Hoppe-Ritter auf einer Grundfläche von 44 x 44 Metern die für die Marke Ritter Sport typische Form des Quadrats auf und macht große Teile der Sammlung in wechselnden Ausstellungen für die Öffentlichkeit zugänglich. Die Eröffnungsausstellung mit dem Titel „Square" im September 2005 zeigt zum ersten Mal einen Querschnitt der Sammlung mit wichtigen Werken des Konstruktivismus und der konkreten Kunst sowie den nachfolgenden Strömungen bis hin zu aktuellen Tendenzen wie Computerkunst und Installation. Das nach Plänen des Schweizer Architekten Max Dudler gebaute Museum enthält neben dem eigentlichen Ausstellungsbereich noch einen kleineren Gebäudeteil, in dem der „SchokoLaden" und die „SchokoWerkstatt" der Firma Ritter Sport untergebracht sind. Das Museum stellt mit seiner kubischen Grundform und dem monolithischen Charakter einerseits einen spannenden Kontrast zur malerischen Landschaft her und setzt andererseits ganz bewusst mit großen Fensterfronten und spektakulären Ausblicken die Landschaft selbst in Konkurrenz zur ausgestellten Kunst und zur Architektur. Auch dieses überzeugende Konzept wurde auf ausdrücklichen Wunsch der Museumsstifterin umgesetzt. Eine weitere Besonderheit des Museumsgebäudes, die ebenfalls auf den Einfluss von Marli Hoppe-Ritter zurückzuführen ist, ist die Ausrichtung an ökologischen Kriterien. Die Auseinandersetzung mit ökologischen Fragestellungen gehört schon seit vielen Jahren selbstverständlich zum Alltag im Familienunternehmen Ritter Sport und spiegelt sich z.B. in der umweltfreundlichen Haustechnik und der Verpackung wider. Dank einer ausgeklügelten Mischung aus verschiedenen Technologien kommt das Museum Ritter mit einem Bruchteil der in vergleichbaren Anlagen eingesetzten Energie aus.

Bei ihrer Auseinandersetzung mit der quadratischen Form werden die Besucher des Museums durch hochwertige Vermittlungsangebote wie z.B. dem kostenlosen Audioguide begeleitet. Trägerin des Museums ist eine von Marli Hoppe-Ritter gegründete Stiftung zur Förderung der Kunst, zu deren Aufgaben auch die Förderung junger Künstler durch Ausstellungen, Symposien und internationale Künstlertreffen gehört.

INFORMATION

MUSEUM RITTER	Fon 0 71 57 / 5 35 11 - 0
Sammlung Marli Hoppe-Ritter	Fax 0 71 57 / 5 35 11 - 90
Alfred-Ritter-Straße 27	info@museum-ritter.de
71111 Waldenbuch	www.museum-ritter.de

DIPL.-ING. ERWIN HYMER

» Heute schon gute Zahlen sind die beste Versicherung für die Zukunft. «

Dipl.-Ing. Erwin Hymer, Vorsitzender des Aufsichtsrats der Hymer AG

Der Name Hymer verkörpert nicht nur seit fast 50 Jahren den Gattungsbegriff des Reisemobils, sondern steht auch für eine der facettenreichsten Unternehmerpersönlichkeiten in der deutschen Nachkriegsgeschichte. Der ausgebildete Fahrzeugingenieur und Unternehmensgründer Erwin Hymer hat vom oberschwäbischen Bad Waldsee aus den europäischen Markt für Freizeitfahrzeuge erobert. Der beispiellose Erfolg des Freizeitfahrzeug-Herstellers ist nicht zuletzt auch auf die herausragenden kommunikativen Fähigkeiten Hymers zurückzuführen. Der Unternehmensgründer hat nie den Kontakt zu seinen Kunden verloren und sich die Fähigkeit bewahrt, sehr genau auf die Meinung passionierter Reisemobilisten zu hören.

Das Resultat ist schon seit Jahrzehnten eine technologische Vorrangstellung, mit der regelmäßig Standards im Bereich von Qualität und Sicherheit gesetzt werden. Die Caravans und Reisemobile von Hymer gelten auch durch ihr hervorragendes Design und durch den hohen Komfort im Bereich der Innenausstattung als Trendsetter. Zu den neuesten umwelttechnischen Errungenschaften des Unternehmens gehört die Entwicklung einer Brennstoffzelle, die nach dreijähriger Vorbereitungszeit serienmäßig zur Ausstattung der Hymermobil S-Klasse eingesetzt wird. Damit wird die autarke Energieversorgung ohne störende Geräusche oder Abgase ermöglicht.

Inzwischen trägt der größte Reisemobilhersteller Europas nicht nur die Verantwortung für mehr als 2.700 Arbeitsplätze, sondern erfüllt sich mit der Erwin Hymer Stiftung auch einen lange gehegten Traum: das Museum für Caravan- und Motorcaravan-Oldtimer am Unternehmensstandort Bad Waldsee. Die vom Stifter gesammelten Oldtimermodelle stellen einen in seiner Art einmaligen historischen Schatz dar, der mit einem Museumsbau auch für die Öffentlichkeit zugänglich gemacht werden soll. Mit dem einzigartigen Museumskonzept sollen in absehbarer Zeit die Touristenströme in Richtung Bodensee nicht mehr am mittelalterlichen Städtchen Bad Waldsee vorbeikommen und werden der Region zusätzliche wirtschaftliche Impulse bescheren.

Der engagierte Reisemobilfabrikant setzt sich mit der Förderung der Eugen-Bolz-Schulstiftung auch für die Erziehung von Kindern in seinem Heimatort Bad Waldsee ein. So möchte er einen Beitrag dazu leisten, dass auch für kommende Generationen die Voraussetzungen für eine menschenfreundliche Gesellschaft gesichert werden. Das Engagement Erwin Hymers wird zudem in der Stiftung eines Denkmals für die Totenerinnerung deutlich. Das in der Kleinstadt Wangen – dem Standort für die Leichtmetallfertigung von Hymer – errichtete so genannte Seelen-Mal erinnert an die „christliche Verheißung ewigen Lebens".

Bereits im Jahr 2000 wurde Erwin Hymer für sein außerordentliches gesellschaftliches und unternehmerisches Engagement mit dem Bundesverdienstkreuz der Bundesrepublik Deutschland ausgezeichnet. Im Mai 2004 erhielt er außerdem den Gründerpreis des Landes Baden-Württemberg. Die Initiative Freiheit und Verantwortung und die Zeitschrift Wirtschaftswoche würdigten Erwin Hymer als einen Garanten für das Funktionieren einer aktiven Bürgergesellschaft.

INFORMATION

HYMER AG
Holzstraße 19
88339 Bad Waldsee

Fon 0 75 24 / 9 99 - 0
info@hymer.com
www.hymer.com

DR. ERNST ARNOLD LANGNER

» Was wir in der Jugend an sozialen Werten und Gütern erhalten haben, sollten wir im Alter den Bedürftigen in unserer Gesellschaft in angemessenem Umfang zurückgeben. «

Dr. Ernst Arnold Langner, Gründer der Dr. E. A. Langner-Stiftung

Dr. Langner, Jahrgang 1943, aufgewachsen in einem musischen Umfeld in Norddeutschland, errichtet nach BWL-Studium und Promotion an der Universität München im Jahre 1969 als selbstständiger Diplomkaufmann sein erstes großflächiges SB-Warenhaus in Cuxhaven. Das 8.000 m² große Betriebsgebäude mit 500 Parkplätzen ist der mutige Start einer norddeutschen Handelskette. 1989 trennt er sich angesichts der zunehmenden Handelskonzentration vom operativen Geschäft. Dies geschieht zu einem Zeitpunkt, als sich die Unternehmensentwicklung auf dem wirtschaftlichen Höhepunkt befindet. Dr. Langner behält jedoch sämtliche Handelsimmobilien in seinem Eigentum. Mit dieser Substanz ist die Grundlage für seine private Vermögensverwaltung geschaffen.

Dr. Langner engagiert sich bereits während der Aufbauphase seines Unternehmens für sozial benachteiligte Menschen in unserer Gesellschaft. In den 70er-Jahren fördert er zahlreiche Sozialprojekte. Betriebskindergärten gehören für ihn zu den Selbstverständlichkeiten moderner Unternehmensleitung. Ab Anfang der 80er-Jahre errichtet Dr. Langner als Pionier im deutschen Einzelhandel die ersten behindertengerechten Einkaufszentren mit SB-Warenhäusern und Gastronomiebetrieben. Immobilien, Warenpräsentation und Beratung werden auf die Bedürfnisse körperbehinderter Menschen zugeschnitten. Eigenständige Behindertenberatungsbüros erteilen Sozialberatung in den Einkaufszentren. Bundesweite Anerkennung und Auszeichnungen bei Behinderten-Organisationen, Architektenverbänden und Wettbewerbern sind die Folge. Ein weiteres besonderes Anliegen von Dr. Langner ist die Förderung von Kunst im öffentlichen Raum. Bereits in den 80er-Jahren werden an öffentlichen Plätzen Wandbilder und Plastiken an namhafte Künstler in Auftrag gegeben. Ästhetik in der Kunst und Ethik im Sozialverhalten von Unternehmen liegt ihm am Herzen.

Um dieses langjährige Engagement zu bündeln und zu steuern, gründet Dr. Langner im Jahr 2004 die gemeinnützige Dr. E. A. Langner-Stiftung mit Schwerpunkten im Sozial-, Kultur- und Bildungsbereich. Die Stiftung soll eines Tages die Lebensleistung des Unternehmers bewahren und sein Erbe antreten. Als operative Stiftung konzipiert und initiiert die Dr. E. A. Langner-Stiftung Projekte, die sie gemeinsam mit staatlichen, privaten und gemeinnützigen Partnern umsetzt. Im Mittelpunkt der gegenwärtigen Stiftungsaktivitäten stehen Kinder und Jugendliche. Wobei ein besonderes Augenmerk der Stiftung denjenigen gebührt, die nicht auf der Sonnenseite des Lebens stehen, den sozial Benachteiligten und Behinderten. Aus der Erkenntnis heraus, dass die kulturelle Kernkompetenz Lesen als Fundament bzw. Motor für die Entwicklung junger Menschen fungiert, ist die Dr. E. A. Langner-Stiftung zunächst im Jahre 2004 Hauptförderer und wurde mit Beginn des Jahres 2005 Träger des Leseförderungsprojektes „Hamburger Märchentage". Das Projekt, in dem zahlreiche bekannte deutsche Künstler ehrenamtlich mitwirken, leistet einen wichtigen Beitrag zur sozialen und kulturellen Bildung von Kindern und Jugendlichen. Weiterhin initiiert die Stiftung den mit 20.000,- Euro dotierten „Hamburger Kinder- und Jugendkultur-Preis", der im Jahre 2005 erstmals ausgelobt wurde.

INFORMATION

Dr. E. A. Langner-Stiftung
Rondeel 29
22301 Hamburg
Fon 0 40 / 27 88 06 22
Fax 0 40 / 27 88 08 22
info@dr-langner-stiftung.org
www.dr-langner-stiftung.org

DR. H.C. HANS MÜHLENHOFF

» Es ist unsere Pflicht, die Jugend mit dem besten Rüstzeug auszustatten, um die Probleme der Zukunft zu meistern ... damit es besser wird. «

Dr. h.c. Hans Mühlenhoff, Unternehmer und Stiftungsgründer

Hans Mühlenhoff gehört zu einer Generation von Unternehmern, die geprägt ist von erschütternden Kriegserfahrungen und diese zum Anlass nimmt, dem Nachwuchs unserer Tage mit allen Kräften Derartiges ersparen zu wollen. 1925 in Velbert bei Düsseldorf geboren, wird Mühlenhoff zwei Jahre vor dem Zusammenbruch des NS-Regimes zum Kriegsdienst eingezogen, wobei er schwerste Verletzungen davonträgt, die ihn zeitlebens begleiten sollen. Nach dem Krieg wird der Gärtnersohn in Wuppertal zum Landwirt ausgebildet und 1958 ist er bereits Alleininhaber der Firma Autze & Co, bei der er zuvor als Sozius gearbeitet hatte. In den nachfolgenden Jahren gründet der erfolgreiche Jungunternehmer mehrere Immobilien- und Kapitalunternehmen und übernimmt Ende der 60er-Jahre verschiedene Agenturen. Mitte der 70er-Jahre schließlich muss sich Mühlenhoff aufgrund seiner Kriegsverletzungen einer erneuten Operation unterziehen, woraufhin er im Rahmen einer mehrjährigen Arbeitspause zunächst seine geschäftlichen Aktivitäten einstellt. Von 1979 an konzentriert er seine Unternehmungen auf Australien, wo er hauptsächlich in Farmen investiert. Dabei ermöglicht Hans Mühlenhoff Anfang der 80er-Jahre australischen Studierenden den Aufenthalt in Deutschland, was den Beginn seines sozialen Engagements manifestiert.

Seit einigen Jahren setzt sich der Osnabrücker Unternehmer beispielhaft für soziale Belange ein, wobei sich vor allem die Hans Mühlenhoff-Stiftung die Förderung des wissenschaftlichen Nachwuchs auf die Fahnen schreibt. Die Hans Mühlenhoff-Stiftung, mit festem Sitz an der Universität Osnabrück, hat es sich zum Ziel gesetzt, junge Menschen zu fördern, die sich durch Zielstrebigkeit und Leistungsorientierung auszeichnen und an der Verwirklichung innovativer Ideen und Projekte arbeiten. Dazu hat der Unternehmer Hans Mühlenhoff seine gemeinnützige Stiftung mit einem Gründungskapital von zunächst zwei Millionen DM ausgestattet. „Es ist unsere Pflicht", so der Osnabrücker Mäzen, „die Jugend mit dem besten Rüstzeug auszustatten, um die Probleme der Zukunft zu meistern." Die Stiftung selbst wendet sich vor allem an Studierende der Universität Osnabrück, die sich durch überdurchschnittliche Studienleistungen auszeichnen sowie an Nachwuchswissenschaftler der Hochschule, die an zukunftsweisenden Forschungsvorhaben arbeiten. Schwerpunkte bilden dabei die Naturwissenschaften und die Volkswirtschaft, aber auch das Wirtschaftsrecht und andere innovative, hier insbesondere interdisziplinäre Ansätze.

Dank einer erneuten, großzügigen finanziellen Zuwendung Mühlenhoffs kann die Universität Osnabrück seit 2005 darüber hinaus eine „Hans Mühlenhoff-Stiftungsprofessur für Biochemie" einrichten, für die – bemessen für einen Zeitraum von fünf Jahren – die Summe von 400.000 Euro zur Verfügung steht und deren Anschlussfinanzierung für weitere zehn Jahre gesichert ist. Bei all diesem Engagement versteht sich Dr. Mühlenhoff durchaus nicht als Einzelkämpfer: Dies zeigt die goldene Hans-Mühlenhoff-Medaille, die der engagierte Herr Mitstiftern, Mäzenen und Sponsoren überreicht. Zum Dank für die Unterstützung seiner Stiftungsarbeit.

INFORMATION

Hans Mühlenhoff-Stiftung
c/o Dr. Hans-Jürgen Unverfehrt
Universität Osnabrück
Neuer Graben / Schloss
49069 Osnabrück

Franz-Josef Hillebrandt, Vorsitzender der Stiftung und Vorstandssprecher der Sparkasse Osnabrück
Wittekindstraße 17–19
49074 Osnabrück

DR. MICHAEL OTTO

» Die Bewahrung der Lebensgrundlage Wasser ist das Ziel der Michael Otto Stiftung. «

Dr. Michael Otto, Stiftungsgründer und Vorstandsvorsitzender der Otto Group

Die Hamburger Otto Gruppe ist als weltweit größte Versandhandelsgruppe mit 123 Unternehmen in 19 Ländern Europas, Amerikas und Asiens Vertreten. Durch Verknüpfung der Synergiepotenziale von Katalogangebot, Stationärgeschäft und Internet zu einem zeitgemäßen Multichannel-Vertrieb bietet Otto seinen Kunden täglich die Wahl zwischen unterschiedlichen, sich ergänzenden Einkaufsmöglichkeiten. Dr. Michael Otto ist seit 1981 Vorstandsvorsitzender des Unternehmens und hat den Umweltschutz bereits Mitte der 80er-Jahre zum Unternehmensziel erklärt, denn „Umweltschutz ist ein Thema, das jeden Einzelnen betrifft: Jeder muss seinen Beitrag leisten, die Umwelt für nachfolgende Generationen zu erhalten", so Dr. Michael Otto. 1993 gründete Dr. Michael Otto die Michael Otto Stiftung für Umweltschutz und weitete sein Engagement über das unternehmerische Handeln hinaus aus. Alle seither von der Stiftung geförderten Projekte verfolgen ein gemeinsames Ziel: den Schutz der Lebensgrundlage Wasser sowie der vom Wasser geprägten Lebensräume. Um dieses Ziel zu erreichen, arbeitet die Michael Otto Stiftung mit zahlreichen Partnern aus den Bereichen Politik, Wissenschaft, Wirtschaft und Naturschutz zusammen. Bevorzugt werden solche Projekte gefördert, die Anstöße geben und langfristig wirksam sind. Die Projekte sollen ihre Wirkung möglichst im Sinne einer Vorbildfunktion vervielfältigen.

Neben der Finanzierung konkreter Naturschutzprojekte in Deutschland, Europa und Zentralasien gilt die Förderungstätigkeit der Stiftung insbesondere der Bildung und Ausbildung von Kindern und Jugendlichen sowie des akademischen Nachwuchses. Mit dem Förderprogramm „Junger Naturschutz" will die Stiftung, so Dr. Michael Otto, „die Herzen der heranwachsenden Generation für die Schönheit und die Einmaligkeit der Natur öffnen und sie persönlich für ihren Schutz gewinnen." Zwei Stiftungsprofessuren sollen einen Beitrag leisten, das Bewusstsein für Nachhaltigkeit zu erweitern und Grundlagen für Lösungen zu erarbeiten.

Der Stifter fühlt sich besonders mit einem unserer großen Flüsse verbunden: der Elbe. Sie prägt das Gesicht seiner Heimatstadt Hamburg. Das Naturpotenzial der Elbe ist in Mitteleuropa einmalig. Als dieses Naturerbe nach der deutschen Wiedervereinigung durch Ausbaupläne bedroht wurde, begann die Stiftung einen Dialog zu dessen Schutz. Dieser Dialog, in den alle beteiligten gesellschaftlichen Kräfte einbezogen wurden, führte 1996 zu der so genannten „Elbe-Erklärung" über die ökologische Weiterentwicklung von Elbe und Havel. Unterzeichnet wurde dieses Grundlagenpapier vom Bundesverkehrsministerium und den Vertretern aller großen deutschen Umweltverbände. Das Handlungsprinzip im Sinne von Kooperation, Partnerschaft und Dialog hat sich bewährt. Mit dem Start der Veranstaltungsreihe „Hamburger Gespräche für Naturschutz" im Dezember 2004 führt die Michael Otto Stiftung dieses Prinzip regelmäßig fort. Ziel des einmal im Jahr stattfindenden Symposiums ist es, die verschiedenen Interessen der Wirtschaft und des Naturschutzes zusammenzuführen und durch eine ergebnisorientierte Gesprächsführung Lösungen für aktuelle naturschutzpolitische Fragen zu erörtern und auf den Weg zu bringen.

INFORMATION

MICHAEL OTTO STIFTUNG

Michael Otto Stiftung für Umweltschutz
Wandsbeker Straße 3–7
22179 Hamburg
info@michaelottostiftung.de
www.michaelottostiftung.de

PETER POHLMANN

» Mir wurde schon damals bewusst, dass die Globalisierung nicht ohne Folgen für den deutschen Handel, die Wirtschaft, die Gesellschaft bleibt. Es sollte sich unbedingt jemand mit den Auswirkungen befassen! «

Peter Pohlmann,
Stifter und Geschäftsführer
der POCO Holding GmbH

Peter Pohlmann ist Einzelhändler. Und zwar durch und durch und von der Pieke auf. Mit dem Lehrbrief zum Einzelhandelskaufmann (bei Kaufhof) in der Tasche steigt der junge und früh buchstäblich unternehmungslustige Manager zunächst bei einem italienischen Textilfaser-Unternehmen ein und gründet ein paar Jahre später die Import- und Vertriebsgesellschaft Quadro, welche Aldi, Tchibo und andere große deutsche Handelsunternehmen mit Heimtextilien beliefert. Auf diesen frühen Etappen sammelt Peter Pohlmann jene Erfahrungen, die für seine ausgesprochen erfolgreiche Karriere in der Folge unerlässlich sind. 1989 erobert er mit der Eröffnung der POCO Einrichtungsmärkte das Discount-Segment im Möbel-Einzelhandel. Das geradlinige Konzept, zugeschnitten auf den „Pocowski", der Möbel ohne viel Schnickschnack zu konkurrenzlosen Preisen sucht, scheint auch dem Gründer, Peter Pohlmann, auf den Leib geschnitten. Noch heute sind ihm großspurige Allüren völlig fremd. Pohlmann gehört zu den Managern, die sich mit ihren Kunden identifizieren können. Schließlich hat er auch einmal ganz klein angefangen.

Als der gebürtige Berliner, mittlerweile jedoch bekennender Westfale, mit dem Kauf einer Teppichhalle in Bergkamen den Grundstein seiner steilen Karriere legt, besteht die Erstausstattung seines Büros aus einem alten Schreibtisch und zwei Stühlen vom Flohmarkt. Auch die Old Economy muss damals improvisieren. Doch Pohlmann ist bis heute unprätentiös geblieben. Nach wie vor sitzt er an seinem alten Schreibtisch in einem unauffälligen Büro am Ende des POCO-Marktes im Bergkamener Gewerbegebiet. Er zählt zu den Managern, die anpacken und mit Mut zum Risiko die Chancen des Tagesgeschäfts nutzen. Trotz aller Erfolge sind ihm sein Blick fürs Wesentliche und sein ausgeprägter Realitätssinn erhalten geblieben. Golf spielen und andere Mode-Hobbies sind ihm fremd, viel lieber lädt er gute Freunde zum lebendigen Gedankenaustauch bei einem guten Tropfen in sein Haus nach Spanien ein. Oder er bereist ferne Länder und lässt sich von der fremden Kultur inspirieren.

Während eines Aufenthaltes mit Geschäftspartnern in China 1993 entsteht schließlich die Idee, ein Institut für Handelsforschung zu gründen, das sich insbesondere durch die regelmäßige Verleihung des „POCO-Preises für Handelsforschung" verdient macht. Kurz darauf beschließt Pohlmann, die POCO Holdinggesellschaft in eine Stiftung zu überführen, um die Unternehmenstradition in Form gemeinnütziger Aktivitäten fortzuführen. „Ein Unternehmen ist eine Aufgabe, kein Eigentum." Pohlmann erinnert sich an die Worte seines Vaters. Zum Wohle beider Seiten sollen fortan Geschäft und Familie für immer voneinander getrennt sein. Zu schwer lastet häufig das Erbe auf den Schultern der Nachfolgegeneration. „Für die Entwicklung meiner Kinder war es gut, dass sie wussten: Sie müssen selbst klar kommen," meint Pohlmann, der neben zahlreichen Ämtern Vorsitzender des Kuratoriums der Privaten Universität Witten/Herdecke ist und mit seiner Stiftung die deutsche Handelsforschung maßgeblich unterstützen und fördern will.

INFORMATION

POCO Holding GmbH
Industriestrasse 39
59192 Bergkamen-Rünthe

Fon 0 23 89 / 40 21 90
info@poco.de

HAYMO G. RETHWISCH

» Unsere natürlichen Lebensgrundlagen sind immer mehr bedroht, denn wirtschaftliche Nutzung hat die Lebensräume der Wildtiere vollkommen verändert. Jedoch ermöglicht erst die Intaktheit von Feld, Wald und Luft das Überleben und die Vielfalt der Tierarten – und damit auch die Zukunft des Menschen. «

Haymo G. Rethwisch, Stifter und Vorstand der Deutschen Wildtier Stiftung

Leidenschaft für die Natur und die Liebe zu den in ihr lebenden Wildtieren sind die Grundlage des großen Engagements, mit dem Haymo G. Rethwisch sich seit über 40 Jahren für den Erhalt ihrer natürlichen Lebensräume einsetzt. Die Faszination für die Natur erwacht bereits in früher Kindheit im jagdlichen Elternhaus. Bei regelmäßigen Streifzügen durch die Nordheide (die Familie besaß hier ein Jagdhaus) entsteht so früh seine Bewunderung für die Schönheit und Vielfalt der Natur und ihrer Wildtiere. Aus der Passion des später sehr erfolgreichen Unternehmers ist mittlerweile eine ausgewachsene Stiftung geworden, die vom großen unternehmerischen Erfolg ihres Gründers profitiert. Das elterliche Familienunternehmen boco GmbH & Co. KG expandiert unter seiner Geschäftsführung zum Marktführer in Deutschland. Mehr als 600.000 Menschen in 50.000 Unternehmen tragen täglich boco Berufsmode. Seit 1999 widmet sich Haymo G. Rethwisch ausschließlich der Deutschen Wildtier Stiftung, welche aus der 1992 gegründeten boco-Stiftung hervorging. Mit einem Stiftungskapital von stattlichen 45 Mio. Euro zählt sie zu den einflussreichsten Stiftungen für Natur- und Wildtierschutz in Europa.

„Visionen verwirklichen und Einfluss nehmen, Engagement zeigen und Hilfe leisten," die einleitenden Worte Haymo G. Rethwischs aus dem Jahresbericht 2004 sind alles andere als Lippenbekenntnisse. Der weitblickende und zielstrebige Unternehmergeist findet sich in zahlreichen Aktivitäten, welche von der verantwortungsbewussten Wildtierpolitik über wildtierökologische Forschung und umsichtiges Management von Natur- und Lebensräumen reicht, wieder. Die Vision des Gründers, Menschen, Tier- und Pflanzenwelt wieder in Einklang zu bringen, ist sowohl für die Erforschung von Naturräumen als auch für die praktische Projektarbeit zur Maxime geworden. Die ersten nachhaltigen Ergebnisse der Stiftungsarbeit zeichnen sich bereits ab: Der Anstieg der Anzahl und Dichte der Brutvogelarten auf stillgelegten Grünland- und Brachflächen sowie die politische Festschreibung des Mäh- und Mulchverbotes in brut- und aufzuchtintensiven Zeiträumen zeigen, dass die Stiftung mittlerweile zu einer erfolgreichen Lobby-Organisation für Wildtiere geworden ist. Doch Haymo G. Rethwisch schaut nicht nur auf die kurzfristig realisierbaren Ziele. Zum einen hat sich die große Begeisterungsfähigkeit des Stifters zu einem Magneten für Naturliebhaber entwickelt, die sich seit 2004 im „Freundeskreis der Deutschen Wildtier Stiftung" noch intensiver in die Stiftungsarbeit einbringen können. Zum anderen setzt Herr Rethwisch auf die Verantwortlichen von morgen und sensibilisiert Kinder im Rahmen des „Wildtier-Erlebnis-Camps" und anderen umfangreichen Umweltbildungsangeboten für den Artenschutz der einheimischen Wildtiere.

Damit weitblickende Personen wie Haymo G. Rethwisch auch in Zukunft nicht die Ausnahme bleiben, setzt die Stiftung in ihrem auf Nachhaltigkeit ausgerichteten Zukunftsprogramm auf die verstärkte Popularisierung der Wildtiere, die Vernetzung mit anderen Organisationen und die Durchsetzung wildtiergerechter Lösungen auch im politischen Rahmen.

INFORMATION

DEUTSCHE WILDTIER STIFTUNG

Deutsche Wildtier Stiftung
Billbrookdeich 210
22113 Hamburg
Info@DeWiSt.de
www.DeutscheWildtierStiftung.de

URSULA UND RICHARD VON RHEINBABEN

» Ohne Bildung keine Weiterentwicklung und kein breiter Wohlstand. «

Stifterehepaar Richard und Ursula von Rheinbaben

„Hilfe zur Selbsthilfe für bedürftige Kinder und Jugendliche in Lateinamerika" entwickelt sich für Richard Freiherr von Rheinbaben und seine Frau Ursula zu einer Lebensaufgabe. Der Unternehmer Richard von Rheinbaben, Gründer/Gesellschafter und seit 2001 Vorsitzender des Aufsichtsrates der mediantis AG (ehemals buecher.de), verfügt aufgrund langjähriger Aufenthalte in Bolivien und Mexiko über umfassende Einblicke in die Kultur und Wirtschaft Lateinamerikas. Gemeinsam mit seiner Frau, der u.a. in München und Pennsylvania ausgebildeten Malerin Ursula von Rheinbaben, initiiert er Mitte der 90er-Jahre ein erstes Projekt für Straßenkinder in Mexiko. Der Erfolg dieses Projekts wird zu einem wichtigen Auslöser für die Gründung der ABC-Stiftung für Lateinamerika Ende 1998.

Gemäß dem Motto der Stiftung „Ohne Bildung keine Weiterentwicklung und kein breiter Wohlstand!" verfolgen die Stifter ihr primäres Anliegen, die schulische und berufliche Ausbildung von bedürftigen Jugendlichen in Lateinamerika zu fördern. Die Fördermaßnahmen sollen sowohl zur Anhebung des Bildungsstandards als auch zur ganzheitlichen Entwicklung (Charakterfestigung) junger Menschen beitragen.

Bereits im Sommer 2002 wird das erste aktive Engagement der ABC-Stiftung „PROYECTO SOL" in Kooperation mit dem Salesianerorden ins Leben gerufen. Ziel von Proyecto Sol ist, begabten Jugendlichen eine berufliche Perspektive zu bieten. Ein ca. dreimonatiger Photovoltaik-Lehrgang in der Salesianerniederlassung Alborada in der mexikanischen Stadt Mérida soll zu einer späteren Anstellung oder Selbstständigkeit in der Solarenergiebranche verhelfen. In Alborada, wo eine komplette Solaranlage aufgebaut wurde, wird den Schülern die Leistungsfähigkeit von Sonnenenergie demonstriert und vermittelt, wie durch den Einsatz von Photovoltaik im ländlichen Bereich Energie umweltschonend hergestellt und gewinnbringend genutzt werden kann. Inzwischen ist der fünfte Kurs für Photovoltaik in Yucatán beendet, es sind ca. 50 Jugendliche in diesem Feld ausgebildet und mit ihrer Hilfe in entlegenen Dörfern Yucatáns, wo keine Stromnetze vorhanden sind, bereits Dutzende von Solaranlagen installiert worden.

Auch beim Aufbau einer beruflichen Existenz steht die ABC-Stiftung mit Hilfestellungen u.a. bei der Suche nach potenziellen Arbeitgebern zur Seite. Um den Kreis von Rekrutierung – Ausbildung und Unterbringung auf dem Arbeitsmarkt zu schließen, möchte sich die Stiftung noch stärker um den Markt für photovoltaische Anlagen in Mexiko kümmern.

Die Verbundenheit mit Mexiko und Lateinamerika und der große Erfolg ihres Ausbildungsprojekts ist für Richard und Ursula von Rheinbaben ein kontinuierlicher Anreiz, den Wirkungskreis der Stiftung auszuweiten. Dazu gehört das nun im September 2005 anlaufende Stipendienprogramm „Mano Amiga" für sozialschwache, aber talentierte Jugendliche an 23 Schulen in ganz Lateinamerika. Diese Stipendien werden ab der 7. Schulklasse vergeben und begleiten die Schüler (bei entsprechenden Leistungsnachweisen) bis zur Hochschulreife.

INFORMATION

ABC Stiftung für Lateinamerika

ABC-Stiftung für Lateinamerika
Maximilianstraße 2b
82319 Starnberg
info@abc-stiftung.de
www.abc-stiftung.de

DR. HANS RIEGEL

» Es waren alles Dinge, die ich gerne und spontan getan habe. «

Dr. Hans Riegel, Geschäftsführer und Gesellschafter der HARIBO GmbH & Co. KG

Jedes Kind – „und Erwachsene ebenso" – kennt sie, die köstlichen kleinen Goldbären aus dem Hause Haribo, dem größten Fruchtgummi- und Lakritzhersteller der Welt. Auch der Mitinhaber Dr. Hans Riegel, der kurz nach dem Zweiten Weltkrieg im Alter von nur 23 Jahren zusammen mit seinem Bruder Paul das vom Vater Hans Riegel gegründete Unternehmen übernimmt, ist inzwischen fast ebenso bekannt. Bis heute leitet er, mit über 80 Jahren, die Geschicke des Unternehmens und denkt nicht ans Aufhören. Über sein Privatleben gibt der medienscheue Patriarch nicht viel preis. Er jagt gerne und pendelt zwischen seinen Standorten bevorzugt mit dem Hubschrauber, in dem er selbstverständlich selbst am Steuer sitzt. Als Unternehmer aber gehört er zu jener ersten Garde, die Wirtschaftsgeschichte geschrieben hat. Ein patriarchalischer Führungsstil (im Falle Hans Riegel ebenso legendär wie von den Mitarbeitern geschätzt) gehört zu solchen Persönlichkeiten ebenso wie ein klares Bekenntnis zu sozialem Engagement. Vor allem um die Förderung von Jugend und Sport hat sich der promovierte Wirtschaftswissenschaftler ausgesprochen verdient gemacht.

Angefangen hat alles mit einer Geschäftsreise nach Dänemark. Dort bekommen die Gebrüder Riegel zufällig Gelegenheit, das zu dieser Zeit in Deutschland noch fast unbekannte Badmintonspiel kennen zu lernen. Die Begeisterung für die aus Amerika importierte Sportart ist im Hause Riegel so groß, dass sie 1953 auf dem Grundstück der Unternehmenszentrale in Bonn-Kessenich die erste Badminton-Halle Deutschlands bauen. Die architektonisch ambitionierte Hans-Riegel-Halle ist der Flugbahn eines Federballs nachempfunden und steht mit ihrem Kuppeldach für den sportlichen Pioniergeist der Riegels. Als Gründer und Präsident des ersten deutschen Badminton-Verbands fördert Dr. Hans Riegel viele Jahre den Badminton-Sport und organisiert internationale Meisterschaften in dieser Disziplin. Er selbst wird dreimal hintereinander zum Deutschen Meister gekürt. Seit 1988 ist die Halle öffentlich zugänglich und wird auch für den Schulsport und für Kinderferienkurse genutzt.

Riegels Begeisterung für Sport ist aber nicht nur auf Badminton beschränkt. So bekleidet er seit 1970 viele Ehrenämter – z.B. als Präsident des über 5.000 Mitglieder zählenden Bonner Sportclubs „Schwimm- und Sportfreunde Bonn" und des 1. FC Pech, einem Fußballverein aus seinem Heimatort. Mit dem Ersten Internationalen Haribo-Jugend-Schwimmfest ruft Riegel das weltweit größte Jugend Schwimmfest ins Leben.

Dr. Hans Riegel ist der Kontakt zu Kindern und Jugendlichen, den wichtigsten Konsumenten seiner Produkte, immer wichtig geblieben, denn der Unternehmer alter Schule, der sich auch schon mal bei MTV und Viva informiert, möchte wissen, was gerade im Trend liegt und entwickelt von Zeit zu Zeit selbst ein neues Produkt. Bereits 1972 wird Riegel das Verdienstkreuz am Bande der Bundesrepublik Deutschland für sein gesellschaftliches Engagement verliehen.

INFORMATION

HARIBO GmbH & Co. KG
Hans-Riegel-Straße 1
53129 Bonn
Fon 02 28 / 5 37 - 0

Fax 02 28 / 5 37 - 2 89
info@haribo.com
www.haribo.de

RANDOLF RODENSTOCK

» Markt, aber herzlich. «

Randolf Rodenstock, Aufsichtsratsvorsitzender der Rodenstock Gruppe und Kuratoriumsmitglied der Initiative Neue Soziale Marktwirtschaft

Bei einem Besuch der afrikanischen Länder Tansania und Kenia in den 70er-Jahren wird dem erfolgreichen bayerischen Unternehmer und Buchautor Randolf Rodenstock unmittelbar bewusst, welche eklatanten Auswirkungen unterschiedliche politisch-wirtschaftliche Systeme auf die Ausstrahlung von Menschen haben können. Während im damals sozialistischen Tansania die Menschen eher freudlos ihre Pflicht erfüllen, zeigt sich dem Reisenden im benachbarten, relativ freiheitlichen Kenia ein völlig anderes Bild: Überall stellen sich dort Menschen mit große Leistungsfreude den Anforderungen des Alltags. Dieses Schlüsselerlebnis, das der Aufsichtsratvorsitzende der Rodenstock Gruppe im Vorwort seines Buches „Chancen für alle. Die neue soziale Marktwirtschaft" beschreibt, sei auch heute noch Grundlage seines Verständnisses von gesellschaftlicher Verantwortung von Unternehmen.

Randolf Rodenstock unterstützt seit dem Jahr 2000 die Initiative Neue Soziale Marktwirtschaft, mit deren Hilfe das Verständnis für die Strukturen und das Funktionieren einer neu ins Leben gesetzten Sozialen Marktwirtschaft gefördert werden soll. In diesem Zusammenhang wird auch die Idee für sein Buch geboren, in dem Rodenstock das Konzept einer Neuen Sozialen Marktwirtschaft erklärt, die auch in einer globalisierten Welt zu bestehen vermag. Persönlicher Einsatz und unternehmerisches Engagement bedeuten bei ihm: Einer für sozialen Frieden, für Wohlstand und Freiheit stehenden (und bewährten) Idee, Stimme und Geist zu widmen und für sie mit der ganzen Persönlichkeit in der Öffentlichkeit zu werben. In Zeiten von Heuschrecken-Diskussion und demagogischer Kapitalismuskritik ein kaum zu überschätzender Beitrag für eine konstruktive und sachliche Debatte über die Zukunft unseres Landes. Als Präsident der Vereinigung der Bayerischen Wirtschaft stellt er unter dem Titel „Bildung neu denken" eine Studie mit bildungspolitischen Leitlinien und einem Finanzkonzept vor. Rodenstock vertritt in seinen Publikationen und zahlreichen öffentlichen Auftritten immer wieder überzeugend den Standpunkt der Studie, dass insbesondere am Anfang eines Menschenlebens nicht genug in Bildung investiert werde. Deutschland brauche eine Bildungsrevolution zu der eine Entlastung der Eltern in den ersten Bildungsjahren ihrer Kinder, ein Einschulungsalter von vier Jahren und individuelle Fördermaßnahmen gehören. Nur eine grundlegende Wende im Bildungssystem könne schließlich auch die notwendigen positiven Impulse für die deutsche Wirtschaft erzielen.

Wie wichtig die öffentliche Aufklärungsarbeit des engagierten Unternehmers ist, zeigt sich auch in dem von ihm vertretenen umfassenden Reformkonzept für Deutschland. Demnach sollten wirtschaftliche Subventionen, die in Deutschland rund 10 % über dem gesamten Lohn- und Einkommenssteuerniveau liegen um etwa die Hälfte gekürzt werden. Ca. 53 Mrd. Euro könnten somit sofort für Steuersenkungen und Bildungsausbau freigesetzt werden. Rodenstock sieht den Einsatz für Bildung, Freiheit und größere Eigenverantwortlichkeit mit Blick auf seine Reiseerlebnisse in Afrika zugleich als unabdingbare Voraussetzung für ein Leben in „Wohlstand und Lebensfreude".

INFORMATION

Rodenstock GmbH
Isartalstraße 43
80469 München
Fon 0 89 / 72 02 - 0

Fax 0 89 / 72 02- 6 29
info@rodenstock.de
www.rodenstock.de
www.chancenfueralle.de

DIRK ROSSMANN

» Investitionen in Familienplanung, Sexualaufklärung und in die Gesundheit von jungen Menschen sind der Schlüssel zur Entwicklung. «

Dirk Rossmann, Unternehmer und Stiftungsgründer

Er gehört zu den drei großen Namen des deutschen Drogeriemarkts. Auf seiner Gehaltsliste stehen 13.000 Mitarbeiter und ein Umsatz von 1,4 Milliarden Euro. Dirk Rossmann, der 1972 nach einer Drogistenlehre in den elterlichen Betrieb einsteigt, ist aber nicht nur unternehmerisch aktiv. 1991 gründet er mit Erhard Schreiber die Deutsche Stiftung Weltbevölkerung (DSW). Die DSW unterstützt weltweit, insbesondere in Entwicklungsländern, Familienplanungs- und Aufklärungsprojekte. Bei uns liegen die ersten Kampagnen zur Bekämpfung von AIDS bereits zwei Jahrzehnte zurück. Die Frage einer indiskreten Kassiererin „Tina, watt kosten die Kondome?" würde nur noch wenige Bürger in Grund und Boden versinken lassen. Die Regale der Verhütungsprodukte sind in Drogeriemärkten zwar immer noch eher versteckt, aber fast jeder weiß, dass es sie gibt und wie man sie benutzt. Ganz anders sieht es in den Ländern der Dritten Welt aus.

Mangelnde Aufklärung und die geringe Verfügbarkeit von Präservativen hat zu einer rasanten Ausbreitung der HIV-Infektion geführt. Jeder fünfte Erwachsene ist positiv. Kondome sind rar oder gar verboten. Die Deutsche Stiftung Weltbevölkerung hat zahlreiche Initiativen gegründet, um in Entwicklungsländern durch intensive Beratung und Aufklärung ein Bewusstsein für die Risiken sexuell übertragbarer Krankheiten zu schaffen. Im Rahmen des Projekts „Youth to Youth" werden junge Menschen zu Jugendberatern ausgebildet. Sie organisieren Jugendklubs und geben ihr Wissen an Gleichaltrige weiter. Mehrere hundert Clubs gibt es bereits und überall dort, wo „Let's talk about sex", so auch der Titel einer neuen Kampagne der Stiftung, dank der Aktionen der DSW und der Jugendberater selbstverständlich geworden ist, sinkt die Rate der Infektionen und der ungewollten Schwangerschaften.

Das Konzept funktioniert. Die Jugendlichen werden dort abgeholt, wo sie sind und klären sich untereinander auf. Solche Erfolge in der Entwicklungshilfe bleiben natürlich nicht ohne Resonanz. Schon lang steht nicht nur Rossmann auf der umfangreichen Liste der fördernden Unternehmen. Allein 2004 verbuchte die Stiftung einen Anstieg der Unternehmensspenden von 30 % auf 805.557 Euro. Insgesamt betrugen die Einnahmen 3.209.906,86 Euro. Aber die Zahlen der Resultate sind weitaus beeindruckender. Allein 2004 erreichte die DSW 6.700.000 Kinder und Jugendliche mit ihren Aufklärungsprogrammen. Auch über die eigenen Stiftungsgrenzen hinaus ist die DSW aktiv. Sie kooperiert u.a. mit der UN, dem europäischen und Bundesverband entwicklungspolitischer NGOs und konnte viele Prominente, darunter Alfred Biolek, Doris Dörrie und Barbara Becker, für ihre Kampagnen und Projekte gewinnen.

Dirk Rossmann, der letztlich von einem bekannten Wirtschaftsmagazin als „Hart, aber herzlich" bezeichnet wurde, gilt als cleverer Geschäftsmann auf einem Markt, auf dem mit harten Bandagen gekämpft wird. Aber in Fragen der Entwicklungshilfe hat die von ihm mitbegründete Stiftung ein sensibles Gespür für drängende Probleme in der Dritten Welt bewiesen.

INFORMATION

Deutsche Stiftung Weltbevölkerung

Deutsche Stiftung Weltbevölkerung
Göttinger Chaussee 115
30459 Hannover
Fon 05 11 / 9 43 73 - 0
info@dsw-hannover.de
www.weltbevoelkerung.de

KARL LUDWIG SCHWEISFURTH

» Das Leben ist zu schön und Gesundheit ist zu kostbar, um schlechte und tote Nahrung zu essen – und schlechten Wein zu trinken... «

Präambel der ernährungsbiologischen Grundsätze der Schweisfurth-Stiftung

Karl Ludwig Schweisfurth, Stiftungsgründer

Gäbe es eine Avantgarde der Fleischkultur, Karl Ludwig Schweisfurth wäre der paradigmatische Repräsentant für Fortschrittlichkeit in der Nahrungsmittelherstellung des 20. Jahrhunderts. Immer ein Stück seiner Zeit voraus und ohne Scheu vor radikalen Wendungen legt er eine unvergleichliche Karriere vom Großunternehmer zum überzeugten Tierschützer hin. Als Kind einer traditionsreichen Metzgerfamilie setzt Karl Ludwig die Tradition seines Vaters und Großvaters fort.

Als 25-Jähriger arbeitet Schweisfurth ein Jahr in den USA und in den berüchtigten Schlachthöfen von Chicago und lernt, wie man Fleischprodukte am Fließband herstellen kann. Begeistert kehrt er wieder zurück und dachte: „Das ist die Zukunft! Das ist der Fortschritt!". Die industrielle Revolution macht es möglich, Fleisch für alle zu erschwinglichen Preisen zu produzieren.

Wie viele seiner Generation ist Schweisfurth voller Tatendrang. Er atmet die Luft des stetigen Aufschwungs und revolutioniert das elterliche Unternehmen. In nur 20 Jahren wird aus dem Schweisfurth-Unternehmen Europas größter Fleischhersteller mit 5.000 Mitarbeitern und einem Jahresumsatz von 1,6 Milliarden DM. „Herta, wenn's um die Wurst geht" wird zu einer weltbekannten Marke. Doch die Zeiten ändern sich.

Bilder von Massentierhaltung erobern Titelseiten der Presse, Tierschützer gehen hinaus auf die Straße und protestieren. Der unreflektierte Fleischkonsum gerät in Verruf und das T-Bone-Steak wird zu einer moralischen Portion Zeitgeist. Solch ein gesellschaftlicher Bewusstseinswandel geht an einem erfolgreichen Fleischunternehmer natürlich nicht spurlos vorbei. Den Anstoß zum Umdenken bekommt Schweisfurth aber erst von seinen Kindern. Zu Hause erhält er von seinem Nachwuchs Lehrstunden über Ökologie und was es eigentlich heißt, im Einklang mit der Natur zu leben.

Ein paar Jahre später, während des jährlichen Fastens, geschieht das Unfassbare: Schweisfurth verkauft 1984 das 100-jährige Familienunternehmen und fängt noch einmal ganz von vorne an. Er gründet eine Stiftung und realisiert mit dem Bio-Hof Herrmannsdorf bei Glonn seine Vision von ganzheitlicher Landwirtschaft. Stand sein Name ehemals für das Konzept der Massentierhaltung, so ist heute seine Stimme – auch international – nicht zu überhören, wenn es um ökologische Landwirtschaft, Agrarreform und gute Lebensmittel geht. „Das Leben ist zu schön und die Gesundheit ist zu kostbar", so leitet Karl-Ludwig Schweisfurth seine ernährungsbiologischen Grundsätze ein, „um schlechte und tote Nahrung zu essen – und schlechten Wein zu trinken." 1999 erhält er für seine vorbildlichen ökologischen Innovationen sogar den begehrten B.A.U.M. Umweltpreis sowie 2001 den Preis der Stiftung Europäisches Naturerbe.

An Ruhestand denkt der agile Öko-Landwirt und Autor mehrerer Bücher noch lange nicht. Im Rahmen des Projekts „Dorf für Kinder und Tiere" plant er in Nachbarschaft zu den Herrmannsdorfer Landwerkstätten den Bau einer Schule, um der Naturentfremdung unseres Nachwuchses Einhalt zu gebieten.

INFORMATION

Schweisfurth-Stiftung
Südliches Schloßrondell 1
80638 München
www.schweisfurth-stiftung.de

PROF. DR. RAINER WILD

» Weshalb gelingt es uns nicht, uns gesund zu ernähren, obwohl die Lebensmittel heute so reichhaltig und sicher angeboten werden, wie noch nie in der Geschichte der Menschheit? «

Prof. Dr. Rainer Wild, Stifter und Vorstandsvorsitzender der Dr. Rainer Wild-Stiftung

Dass gutes Essen nicht nur als Synonym für kulinarischen Genuss zu verstehen ist, sondern idealerweise einen wichtigen und gleichsam integralen Beitrag zur Gesundheit des Menschen liefern sollte, stellt das zentrale Anliegen der Dr. Rainer Wild-Stiftung dar. „Denn", so Gründer Rainer Wild, „es ist nicht nur wichtig, was wir essen, sondern auch wie, wann, wo und mit wem." Gesundheit und Ernährung werden somit ganzheitlich betrachtet und vor allem auch als anthropologisch fundiertes Kulturthema. Das Interesse an Fragen der Ernährungswissenschaft und -kommunikation kommt im Leben von Rainer Wild nicht von ungefähr. Der 1943 geborene Unternehmer ist seit 1975 im elterlichen Betrieb, den Rudolf-Wild-Werken in Eppelheim bei Heidelberg, tätig, den Wild in seiner Funktion als geschäftsführender Gesellschafter sukzessive zu einem international erfolgreichen Unternehmen im Bereich Entwicklung und Produktion von Food-Ingredients ausbaut. Seine umfangreichen Kenntnisse als Unternehmer der Lebensmittelindustrie stellt Wild seit 1993 Studierenden am Institut für Lebensmitteltechnologie an der Universität Stuttgart-Hohenheim zur Verfügung, wo er seit 1996 auch eine Honorarprofessur innehat.

Sein besonderes Engagement im gemeinnützigen Bereich geht auf die frühen 90er-Jahre zurück. Zunächst gründet er 1991 die Dr. Rainer Wild-Stiftung, 1994 agiert er als Mitbegründer des „Internationalen Arbeitskreises für Kulturforschung des Essens" und 1998 gründet Wild die fruit – International Fruit Foundation. Im Zentrum von Wilds engagierten Tätigkeiten im Bereich Gesundheit und Ernährung steht jedoch stets seine eigene Stiftung, die sich zuallererst mit den Grundlagen, Bedingungen und Perspektiven gesunder Ernährung beschäftigt. Die Dr. Rainer Wild-Stiftung versteht sich, basierend auf diesem Hauptimpetus, als Mittler zwischen Ernährungswissenschaft und Gesellschaft, dessen Zielgruppe vorrangig Multiplikatoren sind, die sich mit dem Thema Ernährung auseinander setzen und ihr Wissen an die interessierte Öffentlichkeit weitergeben. Im Zeitalter von Fast Food, Diäten und zunehmendem Übergewicht leistet die Stiftung mit ihrem ganzheitlichen Ansatz einen wichtigen Beitrag zum Thema „Esskultur". Hierbei wird gezielt Wert auf einen interdisziplinären Dialog zwischen den einzelnen Wissenschaften gelegt, der insbesondere im Rahmen des von der Stiftung getragenen „Internationalen Arbeitskreis für Kulturforschung des Essens" seine Ergebnisse zum Ausdruck bringt. Dieser Expertenkreis setzt sich gemäß dem Prinzip der Interdisziplinarität aus Vertretern von Natur-, Sozial- und Kulturwissenschaften zusammen.

Die Stiftung kooperiert intensiv mit wissenschaftlichen Institutionen und fördert ferner geeignete wissenschaftliche Arbeiten zum Thema gesunde Ernährung. Für herausragende Arbeiten, die den eigenen Zielen in besonderer Weise entsprechen, vergibt die Stiftung den mit 15.000 Euro dotierten Dr. Rainer Wild-Preis. „Wir brauchen eine neue Esskultur, die geprägt ist von Freiheit, (Selbst-) Verantwortung und Ästhetik, denn", so Wilds kritische Replik auf den Zeitgeist, „Essen hat nichts zu tun mit Diät."

INFORMATION

Dr. Rainer Wild-Stiftung
Stiftung für gesunde Ernährung

Dr. Rainer Wild-Stiftung
Mittelgewannweg 10
69123 Heidelberg
info@gesunde-ernaehrung.org
www.gesunde.ernaehrung.org

MANFRED WITTENSTEIN

» Wir möchten unsere Region kreativ und lebendig ins Bewusstsein einer breiten Öffentlichkeit bringen. Unseren Partnern, Mitarbeitern und vor allem unseren Kunden wollen wir zeigen, dass Leistung und Lebensfreude eng miteinander verbunden und Ausdruck unserer eigenen Unternehmenskultur sind. «

Manfred Wittenstein, Vorstandsvorsitzender der Wittenstein AG, Stifter und Initiator des Europäischen Operngesangs-Nachwuchswettbewerbs DEBUT

„Unseren Partnern, Mitarbeitern und vor allem unseren Kunden wollen wir zeigen, dass Leistung und Lebensfreude eng miteinander verbunden und Ausdruck unserer eigenen Unternehmenskultur sind." Allein mit schwarzen Zahlen im Jahresabschluss gibt sich der moderne Unternehmer Manfred Wittenstein, diplomierter Wirtschaftsingenieur und Vorstandsvorsitzender der Wittenstein AG, nicht zufrieden. Spaß an der Arbeit, Freiräume für Kreativität und gesellschaftliches Engagement sind selbstverständliche Bestandteile der Firmengestaltung beim Mechatronik-Spezialisten.

Wittenstein, der ein großzügiges und unkompliziertes Verhältnis zu seinen Mitarbeitern pflegt, versteckt seinen Erfolg nicht. Aber er protzt auch nicht damit. Zahlreiche Initiativen innerhalb und außerhalb des Unternehmens wie auch die Unterstützung mehrerer gemeinnütziger Stiftungen belegen seine außergewöhnliche Bereitschaft, kulturelle und soziale Projekte zu fördern. Nicht umsonst wurde der dynamische Unternehmer Wittenstein von der Deutschen Gesellschaft für Personalführung im Frühjahr 2004 zum „Arbeitgeber des Jahres" gekürt.

Wittenstein legt großen Wert darauf, dass sich seine klugen Köpfe am Arbeitsplatz wohl fühlen und hat einen Beachvolleyballplatz, einen botanischen Garten und ein Fitness-Studio einrichten lassen. Damit aber nicht genug, der kulturbegeisterte Chef lädt in regelmäßigen Abständen junge Künstler ein, ihre Werke auf dem Unternehmensgelände auszustellen. Beim Igersheimer Getriebespezialisten, der unter Wittensteins Geschäftsführung vom kleinen Nähmaschinenhersteller mit 50 Mitarbeitern zum Weltmarktführer avanciert, kommt es schon einmal vor, dass Baby-Buggys in der Montagehalle geparkt werden und statt dröhnender Maschinengeräusche lebendiger Kindertrubel zu hören ist. Sehr wahrscheinlich hat Wittenstein dann wieder den „Schnulleralarm" ausgerufen, ein Mitarbeiter-Event für Eltern und Kinder.

Wittenstein ist nicht nur im eigenen Unternehmen eine große Nummer. Wenn er in der Region unterwegs ist, winken ihm die Leute zu. Man kennt ihn. In regelmäßigen Abständen schreibt er Stipendien für Abiturienten des Deutschorden-Gymnasiums in Bad Mergentheim, wo er selbst auch die Schulbank gedrückt hat, aus und fördert leistungsbereite Schüler. Er ist außerdem Initiator des Schülerwettbewerbs und Vorsitzender der Stiftung für Nachwuchstüftler „Junge kreative Köpfe im Taubertal". Mit seinem größten Projekt aber verzichtet er auf den regionalen Bezug und betritt sozusagen europäisches Parkett: Der mittlerweile international sehr angesehene europäische Operngesangs-Nachwuchswettbewerb DEBUT, der 2006 bereits in die dritte Runde gehen wird, prämiert Sänger-Talente, die am Beginn ihrer internationalen Karriere stehen. In Zeiten leerer öffentlicher Kassen bleibt ein solch vorbildliches Kultursponsoring nicht unbemerkt. Wittenstein ist mittlerweile nicht nur der Name für Hochpräzisionsgetriebe, sondern auch für Sozialkompetenz im Unternehmen und, nicht zuletzt, für einen agilen Unternehmer, der andere an seinem Glück teilhaben lässt.

INFORMATION

Wittenstein AG
Frau Miriam Spangenberg
Leiterin Public Relations
Walter-Wittenstein-Straße 1
97999 Igersheim
m.spangenberg@wittenstein.de
www.wittenstein.de
www.debut.de

PROF. DR. H.C. REINHOLD WÜRTH

» Ein Unternehmen der Zukunft wird ein weit größeres Betätigungsfeld haben als heutzutage, es wird mehr sein, als nur ein Platz zum Geldverdienen, vielmehr kann und muss ein Unternehmen der Zukunft ein Platz zum Gedankenaustausch, ein Marktplatz der Begegnungen werden, um der fortschreitenden Vereinsamung der Menschen entgegenzuwirken. «

Prof. Dr. h.c. Reinhold Würth, Vorsitzender des Beirats der Würth-Gruppe, Stifter und Mäzen

Dass sein Gewerbe krisensicher ist, da die Welt, so Unternehmer Reinhold Würth, „ohne Schrauben und Gewinde in fünf Minuten kollabieren würde", beweist die inzwischen 60-jährige Erfolgsgeschichte der Adolf Würth GmbH & Co. KG. Diese ist eine jener geglückten Wirtschaftswundergeschichten, die in der harten Nachkriegszeit ihren Anfang nimmt. Der 1935 geborene Reinhold Würth übernimmt im frühen Alter von 19 Jahren die Geschäftsleitung des 1945 gegründeten väterlichen Betriebs im hohenlohischen Künzelsau. Seitdem schreibt das Unternehmen durchgehend schwarze Zahlen und kann seinen Umsatz Jahr für Jahr stetig steigern. Mittlerweile ist die Würth-Gruppe mit 50.000 Mitarbeitern in 80 Ländern Weltmarktführer ihrer Branche.

1994 zieht sich Würth aus der operativen Geschäftsführung zurück und überlässt die Geschäftsleitung einem Managementgremium, dem auch seine Tochter Bettina Würth angehört. Seither stellt Reinhold Würth als Vorsitzender des Beirats der Würth-Gruppe seine Erfahrungen zur Verfügung und setzt sich vor allem für gemeinnützige Projekte ein. Zum einen gründet er bereits 1987 zusammen mit seiner Frau Carmen die gemeinnützige Stiftung Würth, zu deren vorrangigen Stiftungszielen die Pflege und Erhaltung von Kulturwerten, insbesondere des geschichtsträchtigen Hohenloher Landes gehören. Daneben hat sich Reinhold Würth über die Jahre hinweg einen Ruf als passionierter Kunstsammler erworben. Seine Vorliebe für moderne Kunst des 20. und 21. Jahrhunderts hat im Laufe der Jahre eine Sammlung mit über 8.000 Exponaten entstehen lassen, die seit 1991 im Museum Würth in Künzelsau zu bewundern sind. Das Museum präsentiert jährlich wechselnde Ausstellungen, die der interessierten Öffentlichkeit kostenlos zur Verfügung stehen. 2001 schließlich eröffnet Reinhold Würth die Kunsthalle Würth in Schwäbisch Hall. Auch sie versteht sich als weltoffene Schaubühne mit kontrastreichem Programm und möchte einem breiten Publikum den Zugang zu moderner und zeitgenössischer Kunst vermitteln.

Würths kulturelles Engagement geht jedoch über die Förderung bildender Künste weit hinaus. Im Rahmen der Stiftung Würth vergibt der Unternehmer seit Beginn der 90er-Jahre jährlich zahlreiche Förderpreise, u.a. den mit 25.000 Euro dotierten Würth-Preis für Europäische Literatur oder den Würth-Preis der Jeunesses Musicales Deutschland e.V. Der Preis wird jährlich herausragenden jungen Ensembles bzw. bedeutenden Persönlichkeiten des Musiklebens verliehen, die sich den Zielen der Jeunesses Musicales Deutschland (JMD) in besonderer Weise verbunden fühlen. Finanziert wird der mit 5.000 Euro dotierte Preis von der Stiftung Würth. Ferner stiftet Reinhold Würth seit 1993 den mit 15.000 Euro dotierten Robert-Jacobsen-Preis für Bildende Kunst.

Für seine unternehmerischen Verdienste und sein beispielhaftes soziales wie kulturelles Engagement wird Reinhold Würth vielfach mit Auszeichnungen geehrt: Er ist u.a. Ehrendoktor und Ehrensenator der Universität Tübingen, Träger des Großen Verdienstkreuzes der Bundesrepublik Deutschland sowie der Ludwig-Erhard-Medaille für seine Verdienste um die soziale Marktwirtschaft.

INFORMATION

STIFTUNG WÜRTH

Adolf Würth GmbH & Co. KG
Reinhold-Würth-Straße 12–17
74653 Künzelsau-Gaisbach
www.wuerth.com

ANHANG

AUSWERTUNG DER UNTERNEHMENSUMFRAGE

Diesem Buch ging eine umfangreiche Vorarbeit voran. So startete die Redaktion der Deutschen Standards gemeinsam mit ihrem Medienpartner Handelsblatt im Frühjahr 2005 unter anderem eine umfassende Umfrage unter rund 900 deutschen bzw. in Deutschland tätigen Unternehmen, darunter alle DAX-100- und S-DAX-Unternehmen. Ziel dieser Umfrage war es, sich einen breiten Überblick über die aktuellen CSR-Aktivitäten zu verschaffen. Nahezu 250 Unternehmen haben sich an der Umfrage beteiligt und zu den verschiedenen Frageblöcken ausführlich Stellung genommen. Am 27. April 2005 erfolgte eine erste Auswertung in einer Sonderbeilage des Handelsblatts.

DIE ERGEBNISSE:

WOFÜR SICH UNTERNEHMEN ENGAGIEREN:

Wir fragten zunächst nach den grundsätzlichen Bereichen, auf die sich das gesellschaftliche Engagement der Unternehmen bezieht. Die Förderung von Kunst und Kultur steht bei über der Hälfte der befragten Firmen im Vordergrund, eng gefolgt vom Umweltschutz. Ein weiterer Schwerpunkt stellt der Bildungsbereich bzw. die Förderung von Kindern und Jugendlichen dar. Analog zum hohen Sponsoring-Anteil beim Gesamtengagement der Firmen liegt die Sportförderung bei 43 %.

Kunst und Kultur	57 %
Umwelt und Nachhaltigkeit	56 %
Schule und Bildung	55 %
Forschung und Entwicklung	46 %
Sport	43 %
Familie, Kinder und Jugendliche	42 %
Politik und Gesellschaft	42 %
Gesundheit	33 %
Entwicklungshilfe	19 %

WIE SICH UNTERNEHMEN ENGAGIEREN:

Es wurden zehn wichtige CSR-Instrumente definiert, mit denen sich Unternehmen den Themen widmen, die ihren Interessen und Zielstrategien entsprechen. Das Hauptengagement fällt bei den deutschen Firmen weiterhin auf das Corporate Giving wie Spenden und Sponsoring (über 70 %). Corporate-Volunteering-Programme sind erst in über einem Viertel der Unternehmen Teil des gesellschaftlichen Engagements. Allerdings betreiben mehr als 40 % der Firmen ein eigenes Stiftungswesen zur Förderung kultureller oder sozialer Belange.

Spenden	78 %
Sponsoring	76 %
Projekte/Initiativen national	54 %
Stipendien	43 %
Projekte/Initiativen international	39 %
Stiftungen	37 %
Förderpreise	28 %
Corporate Volunteering	27 %
Public Private Partnership	24 %
eigene Vereine	8 %

WAS EIGENEN MITARBEITERN ANGEBOTEN WIRD:

Motivierte Mitarbeiter bilden das Fundament für unternehmerischen Erfolg. Wir fragten, welche Leistungen den Mitarbeitern angeboten werden. Im Zuge einer internen „Win-win-Situation" ist die Weiterbildung der Mitarbeiter fast bei jedem der befragten Unternehmen ein Hauptinteresse (91 %). „Work-Life-Balance" ist mittlerweile kein bloßes Konzept mehr, sondern wird mit konkreten Maßnahmen zur Vereinbarkeit von Beruf und Familie in über 70 % der Firmen umgesetzt, dazu zählt bei einem Viertel der befragten Unternehmen auch ein Betriebskindergarten. Nahezu 20 % engagieren sich im Bereich „Diversity", über die Hälfte der Firmen betreiben ein Ideenmanagement.

Weiterbildung	91 %
Vereinbarkeit von Familie u. Beruf	74 %
zusätzliche Vorsorgeleistungen	62 %
Sonderleistungen Gesundheit	60 %
Ideenmanagement	56 %
Internat. Austauschprogramme	45 %
Betriebskindergarten	24 %
Gleichstellung von Homosexuellen	21 %
Sabbatical	21 %
Integration von Ausländern	17 %
Frauenförderung	16 %

Mehrfachnennungen möglich

WELCHE INTERNEN INSTRUMENTE GIBT ES?

Zur konkreten Umsetzungen von nachhaltigen Unternehmensleitbildern orientieren sich die Unternehmen vor allem am Prinzip der freiwilligen Selbstverpflichtung: 70 % haben sich z.B. ihr Umweltmanagement nach EMAS zertifizieren lassen. Einen Verhaltenskodex berücksichtigen die Mitarbeiter von 64 % aller befragten Firmen. Zum Zeitpunkt der Befragung hatten 20 % der Unternehmen eine eigenes CSR-Management im Hause.

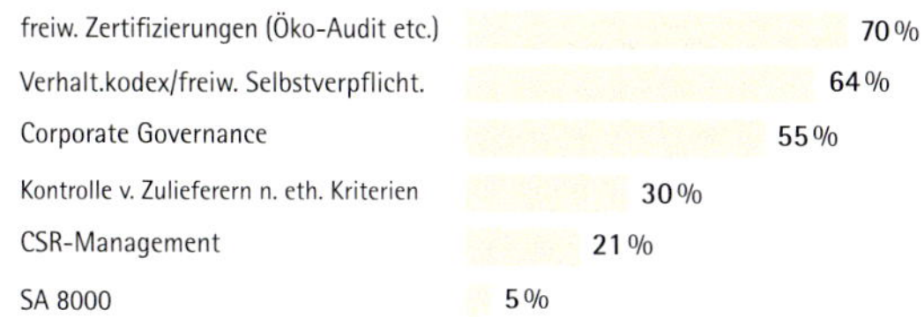

WELCHEN ORGANISATIONEN UND INITIATIVEN GEHÖREN DIE UNTERNEHMEN AN?

Die Mitgliedschaft in einer Umweltorganisation oder einem CSR-Netzwerk ist ein weiteres Instrument zur Umsetzung und Kontrolle von Nachhaltigkeitsstrategien. Nahezu ein Fünftel der befragten Firmen sind in wertorientierten Indices gelistet. Dem B.A.U.M. e.V. gehören mit 16 % die meisten der Unternehmen an, während die zehn Leitsätze des UN-Global Compact von 15 % befolgt werden. Ihre CSR- und Nachhaltigkeitsberichte schließlich verfassen 14 % der Unternehmen nach den Richtlinien der Global Reporting Initiative.

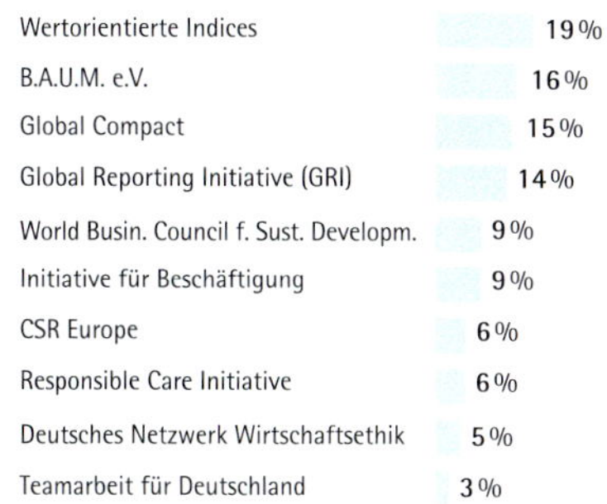

WIE KOMMUNIZIEREN DIE UNTERNEHMEN IHR ENGAGEMENT?

Einen eigenen CSR- oder Nachhaltigkeitsbericht besitzen noch nicht alle befragten Unternehmen: Im April 2005 veröffentlichte lediglich 17 % einen dezidierten CSR-Bericht, aber fast 40 % einen Umwelt- bzw. Nachhaltigkeitsbericht. Der Großteil der Firmen (66 %) kommuniziert sein CSR-Engagement in einem gesonderten Teil des Geschäftsberichts. 7 % der Unternehmen haben einen eigenen CSR-Bericht geplant.

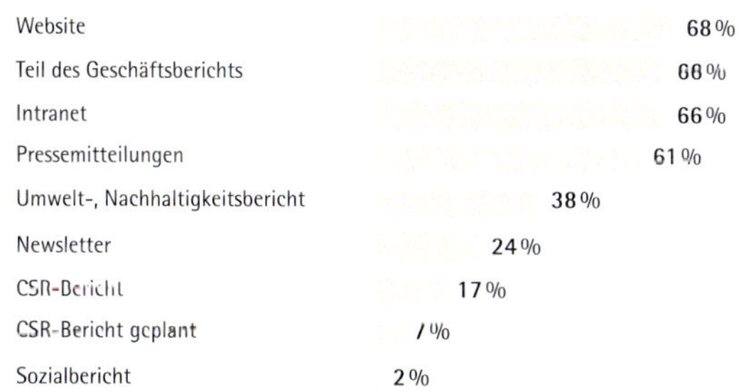

Mehrfachnennungen möglich

GLOSSAR

AA1000 (Social reporting)

Der 1999 in England vom Institute of Social and Ethical AccountAbility ISEA entwickelte Accountability1000-Standard beinhaltet Normen und Gestaltungsmaßstäbe für die Bilanzierung, Auditierung und Berichterstattung der betrieblichen Verantwortlichkeiten zum sozialen Dialog mit den Stakeholdern. Sozialreporte können an diesem Standard geprüft und entsprechend beurteilt werden.

www.accountability.org.uk

Agenda 21

Die „Agenda 21" ist ein weltweites entwicklungs- und umweltpolitisches Aktionsprogramm mit dem Leitziel der nachhaltigen Entwicklung für das 21. Jahrhundert. Beschlossen 1992 in Rio de Janeiro von 178 Staaten auf der „UNO-Konferenz für Umwelt und Entwicklung", umfasst sie detaillierte Handlungsaufträge, die für eine nachhaltige ökologische, ökonomische und soziale Entwicklung im 21. Jahrhundert zu erfüllen sind und die in alle Bereiche der Politik hineinreichen sollen. Ausgangspunkt für die Entwicklung der Agenda 21 war die Erkenntnis zunehmender globaler Missstände, die sich stetig verschlimmern und die beseitigt werden müssen, um allen Menschen ein würdiges Leben in einer gesunden Umwelt zu ermöglichen. Die Inhalte sind Armutsbekämpfung, Bevölkerungs- und Entwicklungspolitik, Gesundheitsvorsorge, Veränderung von Konsumgewohnheiten, Landwirtschaft und Bodenschutz, Siedlungsentwicklung, Schutz der Erdatmosphäre und der Wasserressourcen sowie Umgang mit Abfall- und Chemikalien.

www.un.org/Depts/german/conf/agenda21/agenda_21.pdf

Audit (Umwelt-)

Das Umwelt-Audit ist ein Verfahren zur gründlichen Untersuchung und Verbesserung von Unternehmen und Einrichtungen unter Gesichtspunkten des Umweltschutzes. Dazu gehört die Aufstellung von selbst gesetzten Umweltzielen und Verbesserungsmaßnahmen sowie die Festlegung von Verantwortlichkeiten und Abläufen im betrieblichen oder institutionellen Umweltschutz. Ziel ist es, durch regelmäßige Überprüfungen und neue Maßnahmen das Umweltschutzniveau ständig anzuheben. Genaue Vorgaben für den Ablauf der Umwelt-Audit-Verfahren und den Aufbau des Umwelt-Management-Systems macht die EU-Verordnung über Umwelt-Managementsysteme → EMAS.

Ausbildungspakt

„Ausbildungspakt" ist die Kurzbezeichnung für den „Nationalen Pakt für Ausbildung und Fachkräftenachwuchs", den die Bundesregierung und die Spitzenverbände der deutschen Wirtschaft am 16. Juni 2004 in Anwesenheit von Bundeskanzler Gerhard Schröder in Berlin geschlossen haben. Die Partner verpflichten sich darin, in enger Zusammenarbeit mit den Ländern jedem ausbildungswilligen und ausbildungsfähigen jungen Menschen ein Ausbildungsangebot zu machen. Die Spitzenverbände der Wirtschaft haben zugesagt, in diesem und in den beiden folgenden Jahren jeweils 30.000 neue Ausbildungsplätze sowie 25.000 Plätze für betriebliche Einstiegsqualifizierungen zur Verfügung zu stellen. Der Pakt hat eine Laufzeit von drei Jahren.

www.bmbf.de/pub/ausbildungspakt_2004.pdf

B.A.U.M.

Der Bundesdeutsche Arbeitskreis für Umweltbewusstes Management e.V., kurz B.A.U.M., wurde 1984 als erste überparteiliche Umweltinitiative der Wirtschaft gegründet und ist heute mit rund 450 Mitgliedern europaweit die größte ihrer Art. Der Verein unterstützt seine Mitglieder in allen Fragen des unternehmerischen Umweltschutzes und der nachhaltigen Entwicklung mit einem Schwerpunkt auf praxisorientierten Dienstleistungen. Mitglieder des B.A.U.M.-Förderkreises führen ihr Unternehmen nach einem Ehrenkodex für umweltbewusste Unternehmensführung, dem B.A.U.M.-Kodex, der 10 Verhaltensleitlinien umfasst. Die B.A.U.M.-Idee konnte sich inzwischen durch die Gründung von Schwesterorganisationen in 26 Ländern der Welt international verbreiten. Das bereits 1990 von B.A.U.M. initiierte International Network for Environmental Management (INEM) betreut und koordiniert die internationalen Aktivitäten.

www.baumev.de

Balanced Scorecard

Die Balanced Scorecard (BSC), ein Führungsinstrument des Controlling, geht auf Arbeiten von Robert S. Kaplan und David P. Norton Anfang der 90er-Jahre an der Harvard-Universität zurück. Neben dem → Shareholder Value berücksichtigt diese Strategie auch den → Stakeholder Value sowie weitere Faktoren wie etwa Auswirkungen auf die Umwelt. Aus den daraus ermittelten kritischen Erfolgsfaktoren (KEF) wird ein Kennzahlensystem („Scorecard") abgeleitet, das die Messgrößen für die Erreichung von strategischen Zielen vorgibt. Ziele und Zielerreichung werden laufend überprüft und durch weitere Maßnahmen gesteuert.

Bellagio Forum for Sustainable Development

Das „Bellagio Forum for Sustainable Development" ist ein Zusammenschluss internationaler Organisationen aus Europa, Asien und Amerika – in Deutschland gehört etwa die Bundesstiftung Umwelt dem Forum an. Das Bellagio Forum will länderübergreifende Projekte anstoßen, unterstützen und begleiten und so einen Beitrag zur Verbesserung des ökologischen Gleichgewichts, der ökonomischen Stabilität und der sozialen Entwicklung leisten. Seit Mai 1996 hat das Bellagio Forum eine Vielzahl multinationaler Projekte und Programme initiiert und dafür jeweils namhafte Beteiligte aus privaten Organisationen, Wissenschaft, Industrie, Politik und Medien gewinnen können.

www.bfsd.org

Brundtland-Bericht

Der „Brundtland-Bericht" ist eine Publikation der 1983 gegründeten Weltkommission für Umwelt und Entwicklung (World Commission on Environment and Development, WCED) von 1987, bezeichnet nach ihrer Vorsitzenden Gro Harlem Brundtland. In dem Bericht mit dem Titel „Unsere gemeinsame Zukunft" („Our common future") wurde ein Leitbild zur nachhaltigen Entwicklung gemäss dem heute üblichen Verständnis entwickelt. Kritische, globale Umweltprobleme werden in dem Bericht hauptsächlich auf die große Armut im Süden und die nicht nachhaltigen Konsum- und Produktionsmuster im Norden zurückgeführt. Als Strategie, die Entwicklung und Umwelt zusammenbringt, wird die nachhaltige Entwicklung („sustainable development") definiert als eine Entwicklung, die „die Bedürfnisse der Gegenwart befriedigt, ohne zu riskieren, dass künftige Generationen ihre eigenen Bedürfnisse nicht befriedigen können". Als Reaktion auf den Bericht beschloss die UNO Vollversammlung 1989, die „UNO-Konferenz für Umwelt und Entwicklung" zu organisieren.

www.are.admin.ch/are/de/nachhaltig/international_uno/unterseite02330/

Center for Corporate Citizenship

Das Ingolstädter „Center for Corporate Citizenship" (CCC), welches mit internationalen Partnern kooperiert, ist ein interdisziplinäres Zentrum zur Erforschung des gesellschaftlichen Engagements von Unternehmen. Ziel ist es, strategische und praxisnahe Gestaltungshinweise zur Umsetzung von CSR-Konzepten geben zu können. Neben vielen anderen Projekten betreibt das CCC mit dem PhD-Netzwerk ein europäisches Doktoranden-Netzwerk und unterstützt so die Forschungspraxis mit einem soliden Fundament an interdisziplinärem Know-how. Weiterhin wirkt das CCC beim „Good Company Ranking" des manager magazin in den Bereichen „Gesellschaft" und „Transparenz" mit.

www.corporatecitizen.de

GLOSSAR

CERES

CERES, gegründet 1989, steht für „Coalition for Environmentally Responsible Economies" und versteht sich als Zusammenschluss von Umweltaktiven, Investoren und Unternehmen. Dieses Netzwerk für Veränderung entwickelte die so genannten CERES-Prinzipien, ein Zehn-Punkte-Programm für umweltgemäßes Verhalten in der Wirtschaft. Dazu gehört die Eigenverpflichtung zu nachhaltiger Nutzung der natürlichen Ressourcen oder ein schonender Umgang mit Energie ebenso wie regelmäßige öffentliche Berichte über den Stand des Unternehmens in Bezug auf die selbst gesteckten Ziele.

www.ceres.org

Code of Conduct (COC)

Mit dem „Code of Conduct" (COC) bezeichnet man freiwillige Richtlinien des (ethischen) Verhaltens, die von einzelnen Unternehmen oder von Dachorganisationen aufgestellt und befolgt werden und bestimmte Verhaltensregeln definieren. Der COC kann von Organisation zu Organisation variieren.

Community Involvement

Mit „Community Involvement bezeichnet man eine Form der → Corporate Citizenship bzw. des → Corporate Volunteering, bei der das Unternehmen unentgeltlich Know-how und Arbeitskraft zur Verfügung stellt und so soziale und kulturelle Projekte zur Förderung der Region unterstützt. Die Mitarbeiter werden hierbei für eine befristete Zeit von ihrer eigentlichen Tätigkeit freigestellt.

Compliance-Programm

Das Compliance-Programm ist ein Instrument der Unternehmensführung, mit dem die Einhaltung rechtlicher Vorgaben oder auch des selbst auferlegten → Code of Conduct in der alltäglichen Geschäftspraxis überwacht und gewährleistet werden soll. Das Programm beinhaltet häufig auch eine Verpflichtung zur Einhaltung ethischer Werte.

Copenhagen Centre

Das Copenhagen Centre wurde Mitte der 90er-Jahre vom dänischen Sozialministerium gegründet. Es bildet heute einen Knotenpunkt für Europa zu allen Belangen des Themas → Corporate Social Responsibility.

www.copenhagencentre.org

Corporate Citizenship (CC)

Corporate Citizenship, oft abgekürzt mit CC, bedeutet so viel wie „das Unternehmen als Bürger" und bezeichnet Aktivitäten, mit deren Hilfe Unternehmen in ihr gesellschaftliches Umfeld investieren und soziale Verantwortung übernehmen. Mit Partnern aus allen gesellschaftlichen Bereichen sollen konkrete Probleme ihres Gemeinwesens gelöst werden. In diesen Prozess bringen die Unternehmen im Sinne der CC nicht nur Geld, sondern alle ihre Ressourcen ein – also auch Mitarbeiterengagement, fachliches Know-how und Organisationskompetenz. In Deutschland wird Corporate Citizenship häufig synonym mit → Corporate Social Responsibility gebraucht.

Corporate Giving

Corporate Giving bezeichnet jede Form der materiellen Unterstützung von gemeinnützigen oder karitativen Organisationen, Initiativen oder Projekten durch Unternehmen, also Spenden, → Sponsoring oder die Gründung gemeinnütziger Stiftungen.

Corporate Governance

Unter der „Corporate Governance" versteht man die international und national gebräuchlichen Standards guter und verantwortlicher Unternehmensführung, entweder auf Gesetzen beruhend oder in einem unternehmensinternen Kodex festgehalten. Eine Rahmenempfehlung für Corporate Governance liegt mit dem Deutschen Corporate Governance Kodex vor. Der durch eine vom Bundesjustizministerium berufene Regierungskommission vorgelegte Kodex soll Regeln für die Unternehmensleitung und -überwachung für nationale wie internationale Investoren transparent machen, um so das Vertrauen in die Unternehmensführung deutscher Gesellschaften zu stärken.

www.corporate-governance-code.de

Corporate Social Responsibility (CSR)

Im Grünbuch der Europäischen Union, einer Sammlung amtlicher Dokumentationen, wird Corporate Social Responsibility definiert als „ein Konzept, das den Unternehmen als Grundlage dient, auf freiwilliger Basis soziale Belange und Umweltbelange in ihre Unternehmenstätigkeit und in die Wechselbeziehungen mit den Stakeholdern zu integrieren". Der Begriff CSR beschreibt eine Neuausrichtung der Unternehmensführung, -kultur und -struktur mit Blick auf sozial und ökologisch verantwortliche unternehmerische Handlungsmuster.

Corporate Volunteering

Als spezielle Form der → Corporate Citizenship bezeichnet Corporate Volunteering betriebliche Freiwilligenarbeit: Mitarbeiter werden freigestellt und engagieren sich ehrenamtlich in sozialen Bereichen, wo sie ihr Wissen und Können bestimmten Projekten kostenlos zur Verfügung stellen. Aus Unternehmenssicht handelt es sich um eine nicht materielle Form der Unterstützung, da die Mitarbeiter während ihres sozialen Engagements weiter bezahlt werden, ihre Arbeitskraft in dieser Zeit aber dem Unternehmen nicht zur Verfügung steht. Das Unternehmen profitiert aber unter anderem durch eine verstärkte Mitarbeiterbindung und deren Persönlichkeitsbildung, die das Engagement in der Regel zur Folge hat.

CSD

Die „Commission on Sustainable Development" (CSD – UN-Kommission zur nachhaltigen Entwicklung) ist eine auf der UNO-Konferenz für Umwelt und Entwicklung 1992 in Rio de Janeiro ins Leben gerufene Kommission, die den wirksamen Folgeprozess der Konferenz gewährleisten soll. Im Vordergrund steht die Überprüfung der Umsetzung der Beschlüsse der Konferenz, insbesondere des umwelt- und entwicklungspolitischen Aktionsprogramms → Agenda 21.

www.un.org/esa/sustdev/csd/csd.htm

CSR Europe

CSR Europe ist ein Unternehmensnetzwerk, das sich zu einem Drittel aus Zuschüssen der EU-Kommission finanziert und dem bis heute 60 multinationale Unternehmen angehören. Das Netzwerk will Unternehmen helfen, Grundsätze der Corporate Social Responsibility in ihre tägliche Unternehmensarbeit strategisch einfließen zu lassen.

www.csreurope.org

Deutsches Netzwerk Wirtschaftsethik

Das Deutsche Netzwerk Wirtschaftsethik e.V. (DNWE) ist ein nationaler Verband des European Business Ethics Network (EBEN), das 1987 in Brüssel gegründet wurde und sich um die Förderung des interkulturellen Dialogs über Fragen der Wirtschafts- und Unternehmensethik bemüht. Das DNWE verfolgt das Ziel, den Austausch von Gedanken und Ideen über ethische Fragen des Wirtschaftens zu fördern und wirtschaftliches Handeln ethisch zu orientieren, um zur Lösung von moralischen Dilemmasituationen im wirtschaftlichen Wettbewerb beizutragen.

GLOSSAR

Diversity

Unter „Diversity" versteht man die Verschiedenheit bzw. Heterogenität der Mitarbeiter eines Unternehmens, was Geschlecht, Nationalität, Alter, religiöse Überzeugung oder sexuelle Orientierung angeht. „Diversity Management" ist ein Konzept der Unternehmensführung, welches darauf abzielt, die individuelle Verschiedenheit der Mitarbeiterinnen und Mitarbeiter nicht nur zu tolerieren, sondern im Sinne einer positiven Wertschätzung hervorzuheben. Dabei liegt u.a. auch die Überzeugung zugrunde, dass ein Mitarbeiter wertvolle, kreative Arbeit für das Unternehmen leistet, wenn er seine ganze Persönlichkeit dazu nutzen kann. Ziele des Diversity Management sind neben einer produktiven Arbeitsatmosphäre, die Diskriminierung von bestimmten Mitarbeitergruppen bzw. Minderheiten zu verhindern und Chancengleichheit zu gewährleisten.

DJSI

→ Dow Jones Sustainability Indexes

Dow Jones Sustainability Indexes (DJSI)

Die Dow Jones Sustainability Indexes werden publiziert und lizenziert von der SAM Group (SAM = Sustainable Asset Management), einer Vermögensverwaltungsgesellschaft mit Sitz in Zürich, die Finanzprodukte für Sustainability Investments entwickelt und verwaltet und Unternehmen diesbezüglich bewertet. Die Gruppe der DJSI listet nur Unternehmen, die bestimmten ökonomischen, ökologischen und sozialen Nachhaltigkeitskriterien, an denen Strategie und Management ausgerichtet werden, entsprechen. Die Indexes ermöglichen damit ihren Investoren, Geld entsprechend ethischer Maßstäbe anzulegen.

www.sustainability-indexes.com

econsense

econsense ist ein Zusammenschluss führender global agierender Unternehmen und Organisationen der deutschen Wirtschaft, die das Leitbild der nachhaltigen Entwicklung in ihre Unternehmensstrategie integriert haben. Ziel des in 2000 gegründeten Forums ist es, im Dialog mit der Politik Lösungskonzepte für ein nachhaltiges Innovationsklima auszuarbeiten, die Wege für eine praktische Umsetzung des Leitbildes „Nachhaltige Entwicklung" zeigen. Im Vordergrund steht dabei die ausgewogene Betrachtung ökonomischer, ökologischer und gesellschaftspolitischer Fragestellungen.

www.econsense.de

ECOSA

Das Kürzel ECOSA steht für „European Consumer Safety Association", den europäischen Verband von Organisationen auf dem Gebiet der Erforschung und Verhütung von Heim-, Freizeit- und Sportunfällen. Wichtiges Projekt ist beispielsweise die → European Child Safety Alliance.

www.ecosa.org

EMAS

Die europaweite Verordnung „Environmental Management and Audit Scheme" (EMAS), auch kurz als „Öko-Audit" bezeichnet, sieht vor, dass die Unternehmen für ihre Standorte eine Umwelterklärung erstellen und diese von einem zugelassenen unabhängigen Umweltgutachter für gültig erklären lassen müssen. Die Zulassung der Umweltgutachter erfolgt durch die Deutsche Akkreditierungs- und Zulassungsgesellschaft für Umweltgutachter mbH (DAU). EMAS setzt auf die freiwillige Teilnahme der Unternehmen und geht in vielen Punkten über die gesetzlichen Regelungen hinaus.

www.emas-logo.de

Enquete-Kommission des Deutschen Bundestages zur „Zukunft des bürgerlichen Engagements“

Im Jahr 2000 hat der Deutsche Bundestag die Enquete-Kommission zur „Zukunft des bürgerlichen Engagements" eingesetzt. Neben einer Bestandaufnahme war es deren Aufgabe, Maßnahmen und politische Strategien zur Förderung des freiwilligen, gemeinwohlorientierten bürgerschaftlichen Engagements in Deutschland zu entwickeln. Der Schlussbericht der Enquete-Kommission wurde 2002 veröffentlicht (→ Literaturverz.) und gibt dem Bundestag konkrete Handlungsempfehlungen für eine nachhaltige Förderung des bürgerschaftlichen Engagements.

Environmental Sustainability Index (ESI)

Der Environmental Sustainability Index, kurz ESI, wurde von einem Team von Umweltexperten an den Universitäten Yale und Columbia entwickelt und bewertet 146 Länder anhand ihrer Leistungen für 21 Umweltindikatoren, welche eine breite Palette umweltrelevanter Aspekte abdecken, zum Beispiel das Vorkommen von Natur- und Bodenschätzen, historische und aktuelle Trends in Umweltverschmutzung, nationale und internationale Umweltschutzmaßnahmen, oder auch das aktuelle gesellschaftliche Engagement zur Verbesserung der Umweltsituation. Präsentiert wurde der ESI im Jahr 2005 auf der jährlichen Tagung des World Economic Forum in Davos in der Schweiz.

www.yale.edu/esi/

ESI

1) → Environmental Sustainability Index (ESI)
2) → Ethibel Sustainability-Index (ESI)

Ethibel Sustainability-Index (ESI)

Für die Zusammenstellung des Ethibel Sustainability-Index, kurz ESI, wendet Ethibel, ein unabhängiges Beratungsbüro für nachhaltiges und ethisches Investieren mit Sitz in Brüssel, eigene Auswahlprozesse und Evaluierungsmodelle an. Der ESI wurde nach den Prinzipien der Nachhaltigkeitsforschung der vierten Generation zusammengestellt. Charakteristisch für diesen Ansatz ist die Einbindung der zwei stärksten Konzepte nachhaltigen Wirtschaftens: der „People Planet Profit"-Ansatz und die aktive Kommunikation mit Stakeholdern.

www.ethibel.org

European Academy für Business in Society

Die European Academy für Business in Society, gegründet Juli 2002 in Fontainebleau, soll die wissenschaftliche Forschungs- und Lehrtätigkeit zum Thema → Corporate Citizenship vorantreiben.

www.eabis.org

European Child Safety Alliance

Institutionen aus nahezu allen EU-Mitgliedstaaten haben sich zum Ziel gesetzt, die Zahl der Unfälle bei Kindern zu reduzieren und als Initiative der → ECOSA die „European Child Safety Alliance" gegründet, welche sich für neue Standards und Gesetze für mehr Kindersicherheit stark macht.

www.childsafetyeurope.org

Fair Labor Association (FLA)

Die Fair Labor Association (FLA) wurde als unabhängige Monitoring-Organisation mit dem Ziel gegründet, faire und menschliche Arbeitsbedingungen durchzusetzen. Die FLA zählt Unternehmen, Menschenrechtsvertreter sowie → NGOs zu ihren Mitgliedern und informiert auf der eigenen Website über den Monitoring- und Zertifizierungsprozess.

www.fairlabor.org

GLOSSAR

Fairer Handel / FairTrade

Der Handel auf globalisierten Märkten sichert bei vielen Produkten (z.B. Kaffee, Baumwolle, Zucker) den ursprünglichen Produzenten in den armen Ländern oft nicht einmal mehr das Existenzminimum. Das Konzept des „Fairen Handels" soll den Produzenten daher entgegen den üblichen Mechanismen auf globalisierten Märkten ein angemessenes Einkommen sichern, z.B. durch Direktvermarktung von Agrarprodukten der armen Länder in den reichen Ländern mit einem angemessenen Preisaufschlag, der an die Produzenten weitergegeben wird und ihnen durch langfristige Lieferverträge dauerhaft ein angemessenes Einkommen sichert. Produkte aus Fairem Handel werden u.a. mit dem internationalen FairTrade-Logo gekennzeichnet, das der gemeinnützige Verein TransFair seit 2003 international standardisiert hat. TransFair wird in Deutschland von 40 Mitgliedsorganisation getragen und hat 1997 mit den europäischen Schwesterninitiativen die gemeinsame Dachorganisation Fairtrade Labelling Organizations International (FLO) gegründet, in der weltweit 20 nationale Siegelinitiativen zusammengeschlossen sind. Diese Initiativen handeln selbst nicht mit Waren, sondern kontrollieren neben der Siegelvergabe die Einhaltung der Fairhandelsregeln und übernehmen Marketingaufgaben sowie Lobbyarbeit.

www.transfair.org

FLA

→ Fair Labor Association

FTSE4Good

Die Index-Serie FTSE4Good gestattet Investoren einen Einblick in Unternehmen, die weltweit anerkannte Richtlinien hinsichtlich der Corporate Responsibility (Unternehmensverantwortung) erfüllen. Ermöglicht wird die Identifizierung und Bewertung von Unternehmen, die sich zielgerichtet mit dem nachhaltigem Schutz der Umwelt, dem positiven Dialog mit Interessensgruppen sowie der Einhaltung und Unterstützung der Menschenrechte auseinander setzen.

www.ftse.com

GBC

→ Global Business Coalition on HIV/AIDS

Global Business Coalition on HIV/AIDS (GBC)

Die Global Business Coalition on HIV/AIDS (GBC) bündelt als Organisation den Kampf der Wirtschaft gegen HIV/AIDS. Die GBC, der mittlerweile international mehr als 200 Unternehmen angehören, sieht es als ihre Mission, die Kraft der globalen Wirtschaftsgemeinschaft zu bündeln, um der HIV/AIDS-Pandemie ein Ende zu setzen.

www.businessfightsaids.org

Global Compact

Der United Nations Global Compact, zu deutsch „Globaler Pakt der Vereinten Nationen", ist als weltweiter Pakt zwischen Unternehmen und der UNO eine Selbstverpflichtung, bestimmte soziale und ökologische Standards einzurichten und einzuhalten. Zu den derzeit 10 Leitsätzen gehören unter anderem die Achtung der Menschenrechte, der Ausschluss aller Formen der Zwangs- oder Kinderarbeit, die Entwicklung und Verbreitung umweltfreundlicher Technologien oder der Kampf gegen Korruption.

www.unglobalcompact.org

Global Reporting Initiative (GRI)

Initiative des Umweltprogramms der UN und → CERES sowie von anderen NGOs, Unternehmen, Analysten, Wirtschaftsprüfern und Wissenschaftlern, die verbindliche Nachhaltigkeits-Indikatoren vereinbart haben, so auch die → GRI-Richtlinien zur Nachhaltigkeitsberichterstattung. Ziel ist es, ein System zur einheitlichen, freiwilligen Berichterstattung von ökonomischen, sozialen und Umwelteinflüssen auf betrieblicher Ebene und auf der Ebene von Organisationen zu bilden und zu etablieren.

www.globalreporting.org

Global Sullivan Principles of Corporate Social Responsibility

Die Global Sullivan Principles of Corporate Social Responsibility bilden einen Verhaltenskodex für Unternehmen. Sie tragen den Namen des Pastors Leon Sullivan, der 1977 einen Verhaltenskodex für US-Unternehmen entwickelte, die in Südafrika tätig waren. Neben der Forderung nach Unterstützung der Menschenrechte gehören zu den Grundsätzen der wenig spezifischen Prinzipien die Achtung der Vereinigungsfreiheit der Beschäftigten oder das Recht auf einen gesunden und sicheren Arbeitsplatz und auf ein ausreichendes Einkommen.

www.thesullivanfoundation.org

Good Practice / Best Practice

Mit dem Begriff „Best Practice" aus der amerikanischen Betriebswirtschaft sagt ein Unternehmen aus, dass es über ausgesprochen bewährte und kostengünstige Technologien, Techniken und Managementverfahren verfügt, die es zum Musterbetrieb, zumindest auf wesentlichen Arbeitsfeldern, für andere machen. Kriterien sind unter anderem nachhaltiger Erfolg und Messbarkeit / Übertragbarkeit der Ergebnisse. „Good Practice" ist als Vorstufe zur „Best Practice" zu sehen, also die Umsetzung mustergültiger Standards nur auf Teilgebieten.

GRI-Richtlinien

Die Richtlinien der → „Global Reporting Initiative" (GRI), einer weltweiten und unabhängigen Institution, beschreiben eine international akzeptierte Struktur für die Nachhaltigkeitsberichterstattung. So soll es den Unternehmen ermöglicht werden, untereinander vergleichbare Berichte über ihre soziale, ökologische und wirtschaftliche Leistung herzustellen. Die GRI-Richtlinien für Nachhaltigkeitsberichte werden mittlerweile als internationaler Standard angesehen: 93 der weltweit 100 besten Berichte basieren darauf.
Die GRI wurde durch die → CERES gegründet und beteiligt sich offiziell am → UNEP (United Nations Environmental Programme).

www.globalreporting.org

IAO

Das Fraunhofer-Institut für Arbeitswirtschaft und Organisation IAO in Stuttgart beschäftigt sich mit aktuellen Fragestellungen im Bereich des Technologiemanagements und unterstützt Unternehmen dabei, innovative Organisationsformen sowie innovative Informations- auf ihre Belange anzupassen und konsequent einzusetzen. Das Institut entwickelt markt- und kundengerechte Technologiestrategien nach den Anforderungen der Unternehmen und plant und begleitet den Technologieeinsatz im Gesamtunternehmen ebenso wie in einzelnen Geschäftsbereichen und in Einzelprojekten.

www.iao.fraunhofer.de

imug (Institut für Markt – Umwelt – Gesellschaft)

Das imug Institut für Markt – Umwelt – Gesellschaft ist ein Forschungsinstitut an der Uni Hannover. Die Forschungsschwerpunkte des imug haben einen deutlichen Fokus auf das Konsumentenverhalten und alle Fragen des Marketing von sozialen, ökologischen oder auch nachhaltigen Produkten und Dienstleistungen. Besonders profiliert hat sich das imug in Deutschland durch das von ihm entwickelte und bekannt gemachte Konzept des „Unternehmenstests".

www.imug.de

GLOSSAR

Initiative Freiheit und Verantwortung

Der Initiative „Freiheit und Verantwortung" gehören der Bundesverband der Deutschen Industrie (BDI), die Bundesvereinigung der Deutschen Arbeitgeberverbände (BDA), der Deutsche Industrie- und Handelskammertag, der Zentralverband des Deutschen Handwerks sowie die Wirtschaftswoche an. Der Initiative geht es darum, das Verantwortungsbewusstein der Unternehmen gegenüber der Gesellschaft zu befördern und zu dokumentieren. Einmal im Jahr verleiht sie den Preis „Freiheit und Verantwortung", der das Engagement von Unternehmen für das Gemeinwesen würdigt.

www.freiheit-und-verantwortung.de

Initiative für Beschäftigung

Die „Initiative für Beschäftigung" ist ein Netzwerk von Unternehmen und Persönlichkeiten, das sich durch zahlreiche regionale Netzwerke über das ganze Bundesgebiet erstreckt und sich dafür engagiert, die Arbeitslosenzahlen zu senken. In enger Zusammenarbeit von Persönlichkeiten aus Unternehmen, Verbänden, Gewerkschaften, Kammern, wissenschaftlichen Einrichtungen, Verwaltungen, Kommunen und weiteren Akteuren im Rahmen regionaler Netzwerke werden konkrete Beschäftigungsprojekte entwickelt und umgesetzt.

ISO (Allgemein)

Die International Organization for Standardization (ISO), 1946 gegründet und mit Sitz in der Schweiz, ist die internationale Vereinigung von Standardisierungsgremien aus 151 Ländern. Die ISO legt internationale Normen in allen technischen Bereichen fest mit Ausnahme der Elektrik und der Elektronik, für die die IEC zuständig ist. Deutschland ist durch das Deutsche Institut für Normung (DIN) bei der ISO vertreten.

www.iso.org

ISO 14001

Die ISO 14001 wurde 1996 veröffentlicht. Sie definiert – in Verbindung mit dem Öko-Audit → EMAS von 1993 – erstmals begrifflich und inhaltlich den Bereich Umweltmanagement. Als Umweltmanagementsystem steht sie dafür, dass Umweltschutz systematisch im Management verankert wird und dass bei allen unternehmerischen Aufgaben und firmenpolitischen Entscheidungen die Umweltaspekte berücksichtigt werden. Hierbei werden Managementprozesse und Organisationsstrukturen in den Vordergrund gestellt. Durch die Zertifizierung nach der ISO 14001 kann ein Unternehmen nachweisen, dass es sich umweltgerecht verhält.

www.14001news.de

Kyoto-Protokoll

Das Kyoto-Protokoll, benannt nach dem Ort der Konferenz Kyoto in Japan, ist ein Zusatzprotokoll zur Ausgestaltung der Klima-Rahmenkonvention (UNFCCC) der Vereinten Nationen für den Klimaschutz. Festgeschrieben wird eine Verringerung des Ausstoßes von Treibhausgasen, um so der fortschreitenden globalen Erwärmung gegenzusteuern.

Die Vertragsstaaten streben an, ihre Emissionen bis zum Jahre 2012 um durchschnittlich 5,2 Prozent unter das Niveau von 1990 zu senken. Dabei gelten für die einzelnen Länder abhängig von ihrer wirtschaftlichen Entwicklung unterschiedliche Senkungsraten. Die EU sieht eine Senkung der Emissionen um 8 Prozent vor.

Mäzenatentum

Mit Mäzenatentum bezeichnet man die freigebige, gönnerhafte Kunstpflege und freundschaft durch Zuwendungen, in weiterem Sinne auch jede Form von Unterstützung kultureller und sozialer Einrichtungen und Initiativen. Der Begriff des Mäzens geht zurück auf den Römer Maecenas, einem Vertrauten des Kaisers Augustus, der die Dichter Horaz und Vergil unterstützte. Im Gegensatz zum → Sponsoring wird beim Mäzenatentum keinerlei Gegenleistung erwartet.

Mikrokredite

Mikro- oder Kleinstkredite – oft nicht mehr als der nationale Gegenwert von 50 US-Dollar – haben sich in Entwicklungsländern als eine positive lösungsorientierte Möglichkeit erwiesen, Familien in die Lage zu versetzen, sich beispielsweise durch den Aufbau eines kleinen Gewerbes nachhaltig selbst zu versorgen und so aus dem Kreislauf der Armut auszubrechen.

NGO

NGO ist die Kurzbezeichnung für „Nichtregierungsorganisation" (auch: NRO; englisch: „non-governmental organisation") und wird vor allem als Überbegriff verwendet für Vereine, Organisationen und Gruppierungen, die sich in sozialen und gemeinnützigen Bereichen wie Sozialarbeit, Umweltschutz, Tierschutz, freie Bildungsarbeit oder Menschenrechte engagieren. Beispiele für NGOs sind Organisationen wie Greenpeace, Amnesty International oder Ärzte ohne Grenzen

OECD

Die „Organisation for Economic Cooperation and Development" (Organisation für Wirtschaftliche Zusammenarbeit und Entwicklung) mit Sitz in Paris ist 1961 hervorgegangen aus der Organisation für Europäische Wirtschaftliche Zusammenarbeit (OEEC), die mit der Unterstützung des Marshallplans betraut war. Heute ist es Ziel, durch wirtschaftliche Zusammenarbeit der 30 Mitgliedstaaten (u.a. Deutschland sowie die meisten Industrieländer) sowie durch konstruktiven Dialog mit anderen Staaten einen nachhaltigen Beitrag zur Weltwirtschaft (Wahrung finanzieller Stabilität, hohes und nachhaltiges Wirtschaftswachstum, hohes Beschäftigungsniveau, steigender Lebensstandard in allen Ländern der Welt) zu leisten. Die Beschlüsse der OECD sind für die Mitgliedstaaten nicht bindend, in erster Linie unterstützt die Organisation die Regierungen durch Analysen und Empfehlungen, Publikationen, Statistiken und Studien (u.a. auch PISA-Studie).

www.oecd.org

Public-Private-Partnership

„Public-Private-Partnership" (PPP), eingedeutscht auch „Öffentlich-Private Partnerschaft" (ÖPP) dient als Sammelbegriff für jede Form der Kooperation und des Zusammenschlusses von Unternehmen mit öffentlichen Institutionen. Oft funktioniert PPP als Modell der Teilprivatisierung von öffentlichen Leistungen. Die öffentliche Hand erhofft sich von der Partnerschaft mit Unternehmen die Eröffnung neuer finanzieller Ressourcen und so die Entlastung der angespannten öffentlichen Haushalte. Hinzu kommen Zeitgewinn sowie eine Steigerung der Effizienz bei der Durchführung komplexer Projekte.

Responsible Care

In der weltweiten Initiative Responsible Care, initiiert 1984 in Kanada, drückt die chemische Industrie – unabhängig von gesetzlichen Vorgaben – ihren Willen aus, die Bereiche Umwelt, Sicherheit und Gesundheit verantwortungsvoll zu betrachten und hier stetig Verbesserungen anzustreben. Insbesondere betrifft das die Produktverantwortung: Falls nach den Ergebnissen einer Risikobewertung die Vorsorge zum Schutz vor Gefahren für Gesundheit und Umwelt dies erfordert, wird die Vermarktung für bestimmte Produkte eingeschränkt oder ihre Produktion wird ganz gestoppt.

SA 8000

SA 8000 ist ein von der → SAI (Social Accountability International) entwickelter Sozialstandard für innerbetriebliche Arbeitsbedingungen. Ziel ist eine nachhaltige Entwicklung und der Aufbau eines weltweit gültigen Zertifizierungs- und Kontrollsystems auf der Ebene jedes einzelnen Unternehmens.

Das Konzept unterscheidet sich von der → ISO durch die systematische Befragung der Mitarbeiter und dadurch, dass auch außerbetrieblichen Interessengruppen wie Gewerkschaften und Nichtregierungsorganisationen mit einbezogen werden.

GLOSSAR

SAI

Social Accountability International

www.sa-intl.org

Shareholder

Als Shareholder bezeichnet man den Aktieninhaber bzw. Anteilseigner einer Firma. Eine Erweiterung erfährt der Begriff mit dem → Stakeholder.

Shareholder Value

Im engeren Sinne bezeichnet man mit dem Shareholder Value (deutsch etwa: Wert aus der Sicht des Anteilseigners) den Marktwert des Eigenkapitals eines Unternehmens. Im weiteren Sinne wird mit Shareholder Value auch der Ansatz bezeichnet, dass ein Unternehmen seine Handlungsleitlinien und Strategien auf die Interessen seiner Anteilseigner ausrichten soll. Konzeptionelle Weiterentwicklungen des Shareholder-Value-Ansatzes sind der Ansatz des → Stakeholder Value oder des ganzheitliche Managementsystem → Balanced Scorecard.

Social Reporting

Social Reporting beschreibt eine aus dem Angelsächsischen kommende Kommunikationsform, wobei der systematische Dialog mit den → Stakeholdern gesucht wird. Sozialreporte werden nach klar definierten Kriterien gestaltet und von externen Verifizierern kontinuierlich überwacht (→ AA1000).

www.accountability.org.uk

Sponsoring

Unter Sponsoring versteht man die planmäßige und vertraglich festgelegte Unterstützung von Sportlern, Vereinen, Künstlern, Tourneen etc. durch Unternehmen zum Zweck der Werbung. Die Unterstützung kann dabei finanziell erfolgen oder auch durch Sach- oder Dienstleistungen. Der werbliche Effekt erfolgt entweder via Öffentlichkeitsarbeit des Unternehmens oder durch Einblendung bzw. Darstellung des Unternehmenslogos bei Veranstaltungen. Das Sponsern sozialer Einrichtungen bezeichnet man als Social Sponsoring (→ Corporate Giving).

SRI-Fonds

SRI steht für „Social Responsible Investments", es handelt sich um eine allgemeine, vor allem in den USA verbreitete Bezeichnung für Geldanlagen, bei denen nur Unternehmen mit herausragender Sozial- und Umweltverantwortung als Anlageobjekte in Frage kommen. SRI-Fonds werden in Europa meist umschrieben mit „ethischen", „grünen" oder „nachhaltigen" Geldanlagen. Allgemein spricht man auch von prinzipien- oder wertgeleiteten Geldanlagen.

Stakeholder

Stakeholder sind alle mit dem Unternehmen in Kontakt stehenden Personenkreise, die berechtigte Interessen an der Entwicklung und der Tätigkeit, aber auch an den Auswirkungen eines Unternehmens haben. Neben den → Shareholdern sind das Mitarbeiter, Kunden, Zulieferer und Partner, im allgemeineren Sinne aber auch als nichtmarkliche Anspruchsgruppen Staat, Öffentlichkeit und Natur.

Stakeholder Value

Der Stakeholder Value ist der auf die → Stakeholder bezogene Wert des Unternehmens, im weiteren Sinne wird mit Stakeholder Value eine Strategie der Unternehmensführung bezeichnet, welche das Unternehmen in seinem gesamten sozialökologischen Kontext erfasst und die Bedürfnisse der unterschiedlichen Anspruchsgruppen in Einklang bringt.

Standard & Poor's (S&P)

Die Rating-Agentur Standard and Poor's (S&P), eine Tochtergesellschaft von McGraw-Hill, bewertet und analysiert Unternehmen und ihren Wert auf Basis von Aktien und Anleihen. Bekannt geworden ist das Unternehmen durch seinen 1957 entwickelten S&P 500 Index, einem der meistbeachteten Aktienindizes der Welt, der 500 der größten amerikanischen Unternehmen umfasst.

www.standardandpoors.com

Stiftung

Unter einer Stiftung versteht man zum einen eine Zuwendung oder Schenkung für wohltätige oder gemeinnützige Zwecke, zum anderen die Institution, die durch eine Stiftung finanziert oder unterhalten wird. Unternehmensverbundene Stiftungen haben eine lange Tradition in Deutschland und werden bei Familienunternehmen oft eingesetzt, um die Erbschaftsnachfolge zu regeln oder um gemeinnützige Engagements über mehrere Generationen hinweg aufrechtzuerhalten.

Sustainability

„Sustainability" oder auch „nachhaltige Entwicklung" bezeichnet nach der Definition des → Brundtland-Berichts eine Entwicklung, welche die ökonomischen, ökologischen und sozialen Bedürfnisse einer Gesellschaft befriedigt, ohne die Zukunft der nachfolgenden Generationen zu gefährden.

Sustainability Forum Zürich

Das Sustainability Forum Zürich ist eine → Public-Private-Partnership und organisiert Seminare und Treffen von Unternehmen, um sie für die Themen nachhaltige Entwicklung und soziale Verantwortung zu sensibilisieren. Das Forum dient als Austausch- und Informationsplattform für Unternehmen, indem es den Ideenaustausch und den Dialog mit der Gesellschaft, den Hochschulen und der Politik ermöglicht. Durch internationale Symposien und lokale Events unterstützt das Forum Gespräche zum Thema globale Entwicklung.

www.sustainability-zurich.ch

Total E-Quality

Der Total E-Quality Deutschland e.V. hat sich zum Ziel gesetzt, Chancengleichheit von Frauen und Männern in Wirtschaft, Wissenschaft, Politik und Verwaltung zu etablieren, nachhaltig zu verankern und damit einen Paradigmenwechsel in der Personalpolitik herbeizuführen. Für beispielhaftes Handeln im Sinne einer an Chancengleichheit ausgerichteten Personalführung zeichnet der Verein Unternehmen, Organisationen, Hochschulen und Forschungseinrichtungen mit dem Total E-Quality Prädikat aus.

www.total-e-quality.de

TransFair

→ Fairer Handel

Transparency International

Transparency International in Berlin ist die einzige internationale Nichtregierungsorganisation, die ihren Sitz in Deutschland hat. Hauptziel des Vereins als „the coalition against corruption" ist die Bekämpfung der internationalen Korruption, mit Schwerpunkt auf deren Auswirkungen auf die armen Länder.

www.transparency.de / www.transparency.org

Triple Bottom Line (TBL)

Der Ausdruck „bottom line" bezeichnet den durch ein Unternehmen generierten Profit – also bildlich das, was unter dem Strich herauskommt. Dabei wurde lange Zeit Geldkapital als die einzige Quelle für Profit angesehen, und sämtliche Aktivitäten und Entscheidungen wurden einzig dahingehend beurteilt, ob sie Profit im finanziellen Sinne für die Shareholder abwerfen oder nicht. Dem Ansatz der „Triple Bottom Line" nach gibt es aber auch andere Formen von Kapital, die zur Profiterzielung beitragen, aber üblicherweise nicht in der Buchhaltung auftauchen: das „Sozialkapital" und das „Naturkapital". Das „Triple Bottom Line"-Konzept fordert, dass nachhaltige Unternehmen gemessen an allen drei Formen des Kapitals erfolgreich sein müssen.

UNEP

UNEP ist das Kürzel für das Umweltprogramm der Vereinten Nationen, englisch „United Nations Environment Programme", welches seinen Hauptsitz in Kenia, Nairobi, hat. Programm die „Stimme der Umwelt" bei der UNO. Das Programm wirkt nach eigenem Selbstverständnis als „Stimme der Umwelt" und setzt sich für den schonenden Umgang mit der Umwelt und eine nachhaltige Entwicklung ein. Es arbeitet mit Partnern aus allen Bereichen der Politik, der Gesellschaft und der Wirtschaft zusammen.

www.unep.org

UPJ Bundesinitiative „Unternehmen: Partner der Jugend"

Die Bundesinitiative „Unternehmen: Partner der Jugend", kurz UPJ, wird vom Bundesjugendministerium, von regionalen Stiftungen sowie von einigen Länderministerien gefördert. Weitere Organisationen wie z.B. der Club of Rome oder die Bundesvereinigung der deutschen Arbeitgeberverbände unterstützen die Initiative, welche seit 1996 Kooperationen zwischen Jugendhilfe und Wirtschaft initiiert, mit dem Ziel, eine langfristige Zusammenarbeit zu etablieren.

www.upj-online.de

Verhaltenskodex

Unter dem Verhaltenskodex eines Unternehmens versteht man ethische, soziale und ökologische Richtlinien, die als Grundlage für die Ausrichtung der Unternehmenstätigkeiten und für alle unternehmerischen Entscheidungen dienen. Der Verhaltenskodex findet sich oft als → Code Of Conduct festgeschrieben, darüber hinaus gibt es viele unternehmensübergreifende Formulierungen von Verhaltenskodizes wie den → Global Sullivan Principles of Corporate Social Responsibility.

WBCSD

→ World Business Council for Sustainable Development

Work-Life-Balance

„Work-Life-Balance" bezeichnet eine Sichtweise in der Personalpolitik, die auf eine optimale Vereinbarkeit von Arbeits- und Privatleben abzielt und die privaten Interessen des Arbeitgebers mehr in den Vordergrund rückt. Die Interessen der Beschäftigten und des Arbeitgebers sollen besser koordiniert werden mit der Zielsetzung, ein bessere Balance von Leben und Arbeiten den jeweiligen Bedürfnissen entsprechend zu organisieren. Konkrete Maßnahmen können etwa Betreuungsangebote für Kinder von Alleinerziehenden sein. Die Sichtweise der Work-Life-Balance resultiert aus der Erkenntnis, dass die Zufriedenheit der Beschäftigten auch dazu beiträgt, den wirtschaftlichen Erfolg des Unternehmens nachhaltig zu steigern.

World Business Council for Sustainable Development (WBCSD)

Das World Business Council for Sustainable Development (WBCSD), gegründet 1995, ist ein Zusammenschluss von 150 internationalen Unternehmen, die es sich zum Ziel gesetzt haben, die Nachhaltigkeitsentwicklung zu fördern, und die den Begriff der Öko-Effizienz mitgeprägt haben. In den Kriterien des Council werden sieben Elemente des öko-effizienten Wirtschaftens beschrieben. Europäischer Partner des WBCSD ist die European Eco-Efficiency Initiative (EEEI).

www.wbcsd.org

LITERATUR

Aaron, Henry J.:
Corporate Social Responsibility.
Partners for Progress.
Washington D.C., Paris:
The Brookings Institution, 2001. 152 S.
ISBN 92-64-19512-2

Andes, Wolfgang:
Mehr als Sponsoring und Spende.
Münster: „Unternehmen: Partner der Jugend" (UPJ), 2000. 122 S.
ISBN 3-933158-36-2

Balser, Markus; Michael Bauchmüller:
Die 10 Irrtümer der Globalisierungsgegner.
Wie man Ideologie mit Fakten widerlegt.
Frankfurt a. M.: Eichborn Verlag, 2003. 234 S.
ISBN 3-8218-3992-9

Basseler; Kuhlo; Stoll (Hrsg.)
Dow Jones Sustainability Index.
Der Durchbruch für Sustainability Investitionen.
In: Ethisches Investment
Stuttgart: 2001, S.149-158

Behrent, Michael; Josef Wieland (Hrsg.):
Corporate Citizenship und strategische Unternehmenskommunikation in der Praxis.
In: dnwe schriftenreihe, folge 11
München, Mering: Rainer Hampp Verlag, 2003. 231 S.
ISBN 3-87988-750-0

Berman, J.; T. Webb:
Race to the top: attracting and enabling global sustainable business.
Washington D.C.: World Bank, 2004.

Braun, Barbara; Peter Krommiga (Hrsg.):
Soziale Verantwortung und wirtschaftlicher Nutzen.
Konzepte und Instrumente zur Kommunikation und Bewertung von Corporate Citizenship und Corporate Social Responsibility.
Hamburg: Bundesinitiative „Unternehmen: Partner der Jugend" (UPJ), 2002. 111 S.
ISBN 3-00-009059-2

Bülow, Marco:
Generation Zukunft.
Ein Plädoyer für verantwortungsbewusstes Handeln.
München: Riemann, 2004
ISBN 3-57050-058-6

Bundesinitiative „Unternehmen: Partner der Jugend" (UPJ), Stiftung Mitarbeit (Hrsg.):
Handbuch Unternehmenskooperation.
Erfahrungen mit Corporate Citizenship in Deutschland.
Brennpunkt-Dokumentationen zu Selbsthilfe und Bürgerengagement, Bd.39
Bonn: Stiftung Mitarbeit, 2001. 192 S.
ISBN 3-928053-75-2

Bundesinitiative „Unternehmen Partner der Jugend" (UPJ) (Hrsg.):
Zwischen Shareholder Value und Corporate Citizenship.
Dokumentation des bundesweiten Kongresses „Unternehmen: Zukunft der Jugend" 1999 in Hamburg.
Hamburg: Bundesinitiative „Unternehmen: Partner der Jugend" (UPJ), 2000. 79 S.

LITERATUR

Bundesverband der Deutschen Volksbanken und Raiffeisenbanken (BVR) (Hrsg.):
Investitionen in Corporate Citizenship sind Investitionen in die Zukunft.
Erster Bericht über das gesellschaftliche Engagement des genossenschaftlichen FinanzVerbundes.
Berlin: BVR, 2003. 91 S.

Deutsches Aktieninstitut e.V.; Institut für Ökologie und Unternehmensführung an der European Business School e.V. (Hrsg.):
Nachhaltigkeit und Shareholder Value aus Sicht börsennotierter Unternehmen.
Ergebnisse einer Umfrage.
Heft 22
Frankfurt am Main: Deutsches Aktieninstitut, 2003

Empt, Martin:
Corporate Social Responsibility.
Das Ermessen des Managements zur Berücksichtigung von Nichtaktionärsinteressen im US-amerikanischen und deutschen Aktienrecht.
Berlin: Duncker & Humboldt, 2004. 246 S.
ISBN 3-428-11604-6

Enquete-Kommission „Zukunft des Bürgerschaftlichen Engagements" des Deutschen Bundestages (Hrsg.):
Bürgerschaftliches Engagement.
In: Auf dem Weg in eine zukunftsträchtige Bürgerschaft, Bd.4
Bonn: Vs Verlag, 2002.
ISBN 3-8100-3660-9

Figge, Frank:
Öko-Rating: ökologieorientierte Bewertung von Unternehmen.
Berlin: Springer, 2000
ISBN 3-54066-867-5

Gege, Maximilian:
Die Zukunftsanleihe.
Wie Deutschland ein Modell für nachhaltiges Wachstum und weltweiten Wohlstand werden kann.
München: Oekom, 2004. 256 S.
ISBN 3-936581-43-6

Glombitza, Anna:
Corporate Social Responsibility in der Unternehmenskommunikation.
In: Reihe J+K Wissen
Berlin: Poli-c-books, 2005. 162 Seiten
ISBN 3-938456-51-5

Graf, Ina:
Die globale Verantwortung von multinationalen Unternehmen im Lichte einer nachhaltigen Entwicklung.
In: Strategisches Management, Bd. 5
Hamburg: Verlag Dr. Kovac, 2002. 308 S.
ISBN 3-8300-0657-8

Habisch, André:
Corporate Citizenship.
Gesellschaftliches Engagement von Unternehmen in Deutschland.
Berlin, Heidelberg: Springer, 2003. 247 S.
ISBN 3-540-44335-5

Habisch, André:
Erfolgreiche Corporate Citizenship-Projekte.
Der Wettbewerb Freiheit und Verantwortung.
Berlin: 2003

Habisch, André; Jan Jonker, Martina Wegner:
Corporate Social Responsibility Across Europe.
Berlin, Heidelberg: Springer, 2005. 397 S.
ISBN 3-54023-251-6

Hauff, Volker (Hrsg.):
Unsere gemeinsame Zukunft.
Der Brundtland-Bericht der Weltkommission
für Umwelt und Entwicklung.
Greven: Brundtland-Kommission 1987

Hemel, Ulrich:
Wert und Werte.
Ethik für Manager –
ein Leitfaden für die Praxis.
München: Hanser Wirtschaft, 2005. 306 S.
ISBN 3-446-22813-6

Henkel, Hans-Olaf:
Die Ethik des Erfolgs.
Munchen: Econ, 2002
ISBN 3-43014-286-5

imug (Hrsg.):
Einsichten.
Hannover: Imug – Institut für Markt,
Umwelt, Gesellschaft e.V., 2002. 31 S.

**Initiative
Freiheit & Verantwortung (Hrsg.):**
Corporate Citizenship.
Unternehmen – Partner im
gesellschaftlichen Wandel.
Berlin: Initiative Freiheit und
Verantwortung, 2003. S. 56

**Janning, Heinz; Heinz Bartjes,
Robert Bosch Stiftung (Hrsg.):**
Ehrenamt und Wirtschaft.
Internationale Beispiele bürgerschaftlichen
Engagements der Wirtschaft.
Stuttgart: Robert Bosch Stiftung, 2000. 78 S.

Jansche, Rudolf:
Shareholder Value oder Stakeholder Value?.
Globalisierung und unternehmerische Verantwortung. (2. Aufl.)
Büdingen: Ronneburger Kreis e.V., 2002
ISBN 3-932300-01-7

Kommission der Europäischen Gemeinschaft (Hrsg.):
Grünbuch: Europäische Rahmenbedingungen für
die soziale Verantwortung der Unternehmen.
Brüssel: EU 18. Juli 2001

Köppl, Peter:
Power-Lobbying: Das Praxishandbuch der Public Affairs.
Wie professionelles Lobbying die
Unternehmenserfolge absichert und steigert.
Wien: Linde, 2003. 276 S.
ISBN 3-7143-0010-4

Köppl, Peter; Martin Neureiter:
Corporate Social Responsibility.
Leitlinien und Konzepte im Management
der Verantwortung von Unternehmen.
Wien: Linde, 2004. 406 S.
ISBN 3-7073-0639-9

Kotler, Philip; Nancy Lee:
Corporate Social Responsibility.
Doing the Most Good for Your Company and Your Cause.
0 Hoboken, NJ: Wiley John + Sons, 2005. 307 S.
ISBN 0-47147-611-0

Kuhlen, Beatrix:
Corporate Social Responsibility (CSR).
Die ethische Verantwortung von
Unternehmen für Ökologie, Ökonomie und Soziales.
Baden-Baden: Deutscher Wissenschafts-Verlag, 2005. 134 S.
ISBN 3-93517-639-2

LITERATUR

Litzel, Susanne; Friedrich Loock, Annette Brackert (Hrsg.):
Handbuch Wirtschaft und Kultur.
Formen und Fakten unternehmerischer Kulturförderung.
Berlin: Springer, 2003. 302 S.
ISBN 3-540-44334-7

Lunau, York; Florian Wettstein:
Die soziale Verantwortung der Wirtschaft.
Was Bürger von Unternehmen erwarten.
In: St. Gallener Beiträge zur Wirtschaftethik 35
München: Haupt, 2002. 160 S.
ISBN 3-25806-769-4

McIntosh, Malcom; Jorg Andriof (Hrsg.):
Perspectives on Corporate Citizenship.
Sheffield: Greenleaf Publishing, 2001. 332 S.
ISBN 1-874719-39-X

O.N.:
The good company.
In: The economist, 22.Januar 2005
New York, London, San Fransisco:
The economist group, 2005.

Palm, Reinhard
Race to the Bottom oder Race to the Top?
Sozialsiegel und Verhaltenskodizes als Mittel
zur sozialen Gestaltung der Globalisierung.
In: Internationale Politik und Gesellschaft Online, Nr.3/2001
Bonn: Friedrich-Ebert Stiftung, 2001.

Prahalad, C. K.; Allen Hammond, Michael E. Porter, Harvey C. Fruehauf:
Harvard Business Review on Corporate Responsibility.
Boston: Harvard Business School Press, 2003.
ISBN 1591392748

Reichert, Tobias:
Sozialstandards in der Weltwirtschaft.
Eschborn: Deutsche Gesellschaft für
Technische Zusammenarbeit, 2002. 32 S.

Safranski, Rüdiger:
Wie viel Globalisierung verträgt der Mensch?.
München/Wien: Carl Hanser Verlag, 2003. 120 S.
ISBN 3-446-20261-7

Schäfer, H. (Mitarbeit: E.Preller):
Nachhaltigkeit von Unternehmen aus Finanzmarktsicht.
Konzepte der Nachhaltigkeitsmessung auf
Finanzmärkten des deutschsprachigen Raums.
Düsseldorf: Hans-Böckler-Stiftung, 2003.

Scherer, Andreas Georg; Karl-Hermann Blickle, Daniel Dietzfelbinger, Gerhard Hütter (Hrsg.):
Globalisierung und Sozialstandards.
In: Schriftenreihe Folge 9
München, Mering: Rainer Hampp Verlag, 2002. 234 S.
ISBN 3-87988-649-0

Scherrer, Christoph; Thomas Greven:
Soziale Konditionalisierung des Welthandels:
Die Instrumente der Sozialklausel,
Verhaltenskodex und Gütesiegel in der Diskussion.
Gutachten im Auftrag der Friedrich-Ebert-Stiftung,
Projektgruppe Entwicklungspolitik
Bonn: Friedrich-Ebert-Stiftung, 1999. 60 S.

Schöffmann, Dieter (Hrsg.):
Wenn alle gewinnen.
Bürgerschaftliches Engagement von Unternehmen.
Hamburg: edition Körber-Stiftung, 2001. 162 S.
ISBN 3-89684-033-9

Stadtkanzlei der Landeshauptstadt München (Hrsg.):
Eine interessante Herausforderung für Firmen.
Fachtagung Soziales Engagement.
München: Stadtkanzlei der
Landeshauptstadt München, 2000. 81 S.

Tiberius, Victor A.; Alexander Brink (Hrsg.):
Ethisches Management.
Grundlagen eines wert(e)orientierten Führungskräfte-Kodex.
Bern, Wien: Haupt, 2005. 550 S.
ISBN 3-258-06857-7

Ulrich, Peter:
Integrative Wirtschaftsethik.
Grundlagen einer lebensdienlichen Ökonomie. (3. Aufl.)
Bern, Wien: Haupt, 2001. 518 S.
ISBN 3-258-06276-5

Unterlöhner, Reimar:
Fair zur Gesellschaft.
Macht und Eigentum verpflichten.
Hamburg: Murmann, 2005. 219 S.
ISBN 3-938017-18-X

VIS a VIS Agentur für Kommunikation GmbH (Hrsg.):
Marketing- und Machbarkeitsstudie
„Corporate Volunteering in Deutschland und Köln".
Durchgeführt in Zusammenarbeit mit
der Kölner Freiwilligenagentur.
Gefördert durch die Körber-Stiftung Hamburg
Köln: Selbstverlag, 2004. 72 S.

Vogel, David:
The Market for Virtue.
The Potential and Limits of Corporate Social Responsibility.
Washington D.C.: Brookings Institution Press, 2005. 222 S.
ISBN 0-8157-9076-7

Westebbe, Achim; David Logan:
Corporate Citizenship.
Unternehmen im gesellschaftlichen Dialog.
Wiesbaden: Gabler Verlag, 1995. 152 S.
ISBN 3-409-18783-9

Wieland, Josef;
Walter Conradi (Hrsg.):
Corporate Citizenship.
Gesellschaftliches Engagement –
unternehmerischer Nutzen.
Marburg: Metropolis, 2002. 225 S.
ISBN 3-89518-397-0

Wieser, Carmen:
Corporate Social Responsibility –
Ethik, Kosmetik oder Strategie?
Über die Relevanz der sozialen Verantwortung
in der Strategischen Unternehmensführung.
In: Reihe Wirtschaftswissenschaften, Bd. 11
Münster, Hamburg, Berlin, Wien, London: LIT, 2005. 224 S.
ISBN 3-8258-8575-5

Windfuhr, Michael:
Möglichkeiten der Berücksichtigung
von Sozialstandards in der
Technischen Zusammenarbeit.
Gutachten im Auftrag der GTZ
Bonn: Deutsches Institut für
Entwicklungspolitik, 2002.

Zadek, Simon:
The Civil Corporation.
The New Economy of Corporate Citizenship.
London: Earthscan Publications Ltd., 2001. 258 S.
ISBN 1-85383-813-6

DANK

Dieses Buch wäre ohne die freundliche Begleitung, die Hilfe und Unterstützung, ohne die Motivation und konstruktive Kritik vieler Menschen nicht möglich gewesen. Der Herausgeber und die Redaktion möchten sich an dieser Stelle ausdrücklich bei all jenen bedanken, die an der Realisierung des Projektes beteiligt waren.

Unser ganz besonderer Dank gilt Herrn Prof. Dr. André Habisch von der kath. Universität Eichstätt, der uns freundlich, engagiert und kompetent bei unserer Arbeit unterstützt hat.

Darüber hinaus gilt unser besonderer Dank den weiteren Mitgliedern unseres Beirats:
Frau Dr. Antonella Mei-Pochtler (The Boston Consulting Group),
Frau Liz Mohn (Bertelsmann AG),
Herr Bernd Ziesemer (Handelsblatt) und
Herr Alfred Ritter (Alfred Ritter GmbH & Co. KG).

Für ihre informative und sehr gelungene Einführung in das Thema CSR danken wir außerdem ganz besonders herzlich Frau Dr. Simone Bender.

IMPRESSUM

Die Deutsche Bibliothek – CIP-Einheitsaufnahme

Deutsche Standards: Unternehmerische Verantwortung
Köln, Deutsche Standards EDITIONEN GmbH 2005
(bearbeitet von Steffen Heemann, Olaf Salié und Cläre Stauffer)

ISBN 3-409-12661-9
1. Auflage

Projektleitung: Olaf Salié
Redaktion: Steffen Heemann, Cläre Stauffer
Endlektorat: Julian von Heyl (www.korrekturen.de)
Gestaltung: Stefan Laubenthal
Herstellung: Appl Druck, Wemding
Vertrieb: Gabler Verlag, Wiesbaden

Gedruckt auf Profistar, holzfrei, weiß, matt vollgestrichen 150 g/qm.